HISTOIRE

DU

SECOND EMPIRE

PAR

TAXILE DELORD

TOME DEUXIÈME

DEUXIÈME ÉDITION

PARIS

GERMER BAILLIÈRE, LIBRAIRE-ÉDITEUR

RUE DE L'ÉCOLE-DE-MÉDECINE, 17

Londres   New-York
Hipp. Baillière, 219, Regent street   Baillière brothers, 440, Broadway.
MADRID, C. BAILLY-BAILLIÈRE, PLAZA DE TOPETE, 16.

1870

HISTOIRE

DU

SECOND EMPIRE

II

Paris. — Imprimerie de E. MARTINET, rue Mignon, 2.

HISTOIRE

DU

SECOND EMPIRE

PAR

TAXILE DELORD

TOME DEUXIÈME

PARIS
GERMER BAILLIÈRE, LIBRAIRE-ÉDITEUR
RUE DE L'ÉCOLE-DE-MÉDECINE, 17

Londres	**New-York**
Hipp. Baillière, 219, Regent street.	Baillière brothers, 440, Broadway.

MADRID, C. BAILLY-BAILLIÈRE, PLAZA DE TOPETE, 16.

1870

Tous droits réservés.

HISTOIRE
DU
SECOND EMPIRE
1848 — 1869

L'EMPIRE
(SUITE)

CHAPITRE PREMIER.

LA LOI DE RÉGENCE.

1856.

Sommaire. — La fièvre de l'agiotage. — Fluctuations soudaines des fonds publics. — Ses dangers. — Cupidité universelle. — Le Gouvernement a l'air de combattre cette cupidité. — Lettres de l'Empereur à M. Ponsard et à M. Oscar de Vallée. — La spéculation et l'agiotage redoublent d'ardeur. — Embarras généraux du commerce et de l'industrie. — La Banque de France élève son escompte à 6 pour 100. — Insuffisance de la récolte en céréales. — Crise monétaire et financière. — Enchérissement des substances alimentaires. — Souffrances des classes bourgeoises et des classes pauvres. — Crise des loyers. — Avénement de M. Haussmann à la préfecture de la Seine. — Les inondations. — Voyage de l'Empereur dans les départements inondés. — Paris Césarien. — Corruption des mœurs. — Affluence des princes étrangers dans la capitale. — Baptême du Prince impérial. — L'Impératrice reçoit la rose d'or. — Situation politique du Sénat. — Le Sénat et la Pairie. — Le Sénat reçoit un *avertissement* sous forme de note insérée au *Moniteur*. — Le Sénat s'oppose à la promulgation de la taxe sur les voitures. — Le sénatus-consulte sur la Régence est présenté au Sénat. — Vive discussion sur cette loi. — Le serment de Régence. — Contiendra-t-il l'engagement de faire exécuter le concordat ? — M. de La Valette propose un amendement dans ce sens. — Rejet de cet amendement. — Le sénatus-consulte est adopté à l'unanimité.

La France, depuis le rétablissement de l'Empire, se livrait à la spéculation et à l'agiotage avec une ardeur qui, en 1856, était devenue une véritable fièvre : 80 millions de francs en titres de rente 4 1/2 et 3 pour 100, jetés en moins de dix-huit mois sur la place de Paris par les emprunts du gouvernement; emprunts des départements et des communes pour subvenir aux travaux d'embellissement et d'utilité entrepris sur tous les points du territoire, emprunts des chemins de fer pour l'exécution des nouvelles lignes : quelle proie pour les agioteurs! le marché, surchargé d'un poids énorme d'actions et d'obligations, écrasait la rente. Les fonds publics, soumis aux fluctuations les plus soudaines, ruinaient le public, et enrichissaient les spéculateurs audacieux qui, après avoir exploité pendant la guerre les moindres bruits diplomatiques, les moindres incidents du siége de Sébastopol, s'apprêtaient depuis la signature de la paix à moissonner dans le vaste champ de la commandite ; les gens d'affaires usaient des moyens d'influence que donnent l'intrigue et la corruption pour obtenir des concessions de chemins de fer ou tout autre privilége de nature à être mis en actions et escompté à la bourse.

Un pouvoir créé par la force avec la rapidité d'un changement de décor à vue ne groupe autour de lui que des hommes assaillis d'embarras d'argent, prêts à embrasser la première cause qui leur offre une chance de se délivrer de leurs créanciers. Un tel régime absorbe les intrigants en disponibilité, les rebuts des régimes antérieurs. Le gouvernement né le 2 décembre aurait bien voulu se débarrasser des complices qui pesaient sur lui du poids de leur cupidité et de leurs convoitises. M. Billault, ministre de l'Intérieur, en signalant dans une lettre au préfet de police « certains individus qui, se vantant de l'influence qu'ils n'ont pas, ont réussi à en faire un véritable commerce », ajoutait « qu'il ne venait pas défendre l'administration, qui est au-dessus de tout soupçon, mais affranchir les soumissionnaires des grandes entreprises de cet impôt prélevé sur leur crédulité ». Le préfet de police, invité à prendre tous les moyens pour mettre fin à cette exploitation, crut devoir à son tour adresser une lettre aux commissaires de police; ces précautions ne rassurèrent personne. Le *Moniteur* avait déclaré qu'aucune entreprise donnant lieu à une émission de valeurs nouvelles ne serait autorisée dans le cours de l'année. Mais que pouvaient le préfet, les commissaires de police et le *Moniteur* contre la ligue permanente de l'intrigue et de la cupidité. L'amour de l'or était devenu le sentiment dominant des classes élevées de la société, de celles-là même qui se vantaient d'avoir pour uniques règles dans la vie le désintéressement et l'honneur. Le ministre de la guerre fut obligé de publier une circulaire pour empêcher les officiers de l'armée de s'adresser trop souvent à l'Empereur pour de l'argent. L'Empereur tenta lui-même de calmer cette fièvre : il prit la plume pour féliciter M. Ponsard, qui venait de faire représenter avec succès à l'Odéon une comédie intitulée : *La Bourse*.

« Palais de Saint-Cloud, 15 juin 1856.

» Monsieur, vous avez cru devoir, après la première représentation de *La Bourse*, vous dérober aux félicitations du public et aux miennes. Aujourd'hui l'envoi de votre pièce me donne l'occasion de vous les adresser, et je le fais bien volontiers, car j'ai été vraiment heureux de vous entendre flétrir de toute l'autorité de votre talent, et combattre par l'inspiration des sentiments les plus nobles le funeste entraînement du jeu. Je lirai donc votre pièce avec le même plaisir que je l'ai vu jouer. Persévérez, Monsieur, votre nouveau succès vous y engage, dans cette voie de moralité, trop rarement peut-être suivie au théâtre, et si digne pourtant des auteurs appelés comme vous à y laisser une belle réputation. Croyez à mes sentiments.

» NAPOLÉON. »

Cette lettre ne produisit aucun effet. Une autre lettre de félicitation et d'approbation adressée deux ans plus tard à M. Oscar de Vallée, avocat général à la Cour impériale de Paris sur son livre, *Les Manieurs d'argent*, n'eut pas plus de succès ; le gouvernement n'autorisait pas de nouvelles entreprises, mais les sociétés en commandite pouvaient se créer sans son autorisation. D'ailleurs, en autorisant l'organisation de puissantes machines financières comme le Crédit mobilier, n'avait-il pas pris l'engagement de leur fournir en quelque sorte la matière propre à les alimenter ? La spéculation connaissait bien cette nécessité, elle se sentait puissamment soutenue par la logique du règne, aussi répondit-elle à la note du *Moniteur* par un redoublement d'animation qui se ralentit seulement devant la baisse des valeurs amenée par les embarras généraux du commerce et de l'industrie, par l'élévation des reports, et par les mesures restrictives adoptées par la Banque de France. Cet établissement porta son escompte à 6 pour 100, restreignit à 60 jours la durée des échéances, et rendit plus rigoureuses les conditions du prêt sur la rente et sur les actions des chemins de fer.

La Banque voyant, malgré ces mesures, diminuer sa réserve métallique, était obligée de recourir à de perpétuels achats pour la remplacer. La récolte insuffisante des céréales et des soies en France obligeait les négociants français de payer en numéraire le supplément acheté à l'étranger ; la monnaie d'argent est la seule qui ait cours dans l'Inde et dans la Chine. L'exportation métallique de la France, en 1856, atteignit près de 5 millions de francs. La Banque, pour combler ce vide, et pour conserver son encaisse métallique, achetait chaque mois à l'étranger, moyennant des primes élevées, l'énorme quantité de lingots dont elle avait besoin : Crise financière, crise monétaire à la fois, que serait devenu le crédit public, si la continuation de la guerre avait nécessité l'émission d'un nouvel emprunt?

La paix fit naître d'autres craintes ; les denrées alimentaires subirent une forte hausse. La viande de boucherie récemment taxée à Paris, le sucre, montèrent rapidement : la cherté se fit sentir sur les principaux articles de consommation ; les classes pauvres souffraient, et rendaient largement les gros salaires dont elles étaient comblées. Les départements, les villes, avaient contracté des emprunts pour payer les dépenses dans lesquelles la politique du gouvernement les poussait ; le service et le remboursement de ces emprunts rendaient nécessaire l'augmentation des droits d'octroi et des taxes locales, cause nouvelle de renchérissement. Paris, Lyon, Marseille, jetaient leurs vieux quartiers à bas, et la diminution du nombre des habitations causait une hausse prodigieuse sur les loyers. Les ouvriers, les petits rentiers de Paris et des grandes villes murmuraient contre ces embellissements dont ils payaient trop cher les frais. Le gouvernement répondit aux plaintes des Parisiens par une note du *Moniteur*, d'où il résultait que le nombre des maisons construites dépassant celui des maisons démolies, une baisse prochaine ne pouvait manquer de se produire sur les loyers. Les habitants pauvres, en attendant, ne savaient où se caser. Le gouvernement fut obligé d'affecter de fortes subventions au logement des ouvriers : inutile palliatif. Le mal tenait à une cause trop générale pour être guéri par de semblables moyens.

Cette cause, c'était la transformation improvisée de Paris. M. Berger, préfet de la Seine, administrateur à l'ancienne mode, se croyait tout simplement appelé à continuer les traditions de son prédécesseur M. de Rambuteau; il ne comprenait ni le sens ni la portée de son rôle et de sa mission. Cette mission essentiellement politique demandait un fonctionnaire d'une trempe particulière, capable de comprendre et de mettre en pratique le principe que la fin justifie les moyens. M. Berger fut subitement remplacé par M. Haussmann et nommé sénateur. Furieux et ne comprenant rien à sa destitution, il courut demander des explications à Saint-Cloud. L'Empereur l'invita poliment à déjeuner, et ne lui dit pas un mot des affaires de la ville. L'ancien maire des barricades revint à Paris, le conseil municipal lui vota une médaille d'or, et le 2 juillet 1854, l'homme qui devait attacher son nom à l'œuvre césarienne de la transformation de Paris prit légalement possession de l'administration de la capitale et du département de la Seine.

M. Haussmann, destiné par sa famille aux honneurs du notariat, s'ennuyait de remplir les fonctions de deuxième clerc de notaire à Paris, lorsque la révolution de 1830 éclata. Le jeune Haussmann se souvint alors qu'il avait un grand-père conventionnel et un père lié avec les membres influents du parti libéral, notamment avec les frères Baudouin, libraires, très-influents au *Constitutionnel*. Il sollicita une sous-préfecture, l'obtint, et resta sous-préfet pendant très-longtemps sans que rien vînt révéler ses futures grandeurs administratives. Le président Louis-

Napoléon, qui avait besoin de fonctionnaires dévoués, lui fit franchir enfin la barrière; M. Haussmann devint préfet du Var, de l'Yonne, de la Gironde, et prit le titre de baron. M. Fremy, le directeur du Crédit foncier, était représentant de l'Yonne. Le représentant et le préfet de ce département, tous les deux anciens sous-préfets, se convinrent. M. Fremy, chargé en 1853 d'organiser sur de nouvelles bases le ministère de l'intérieur, parla de son ami à l'Empereur, en quête d'un remplaçant à M. Berger. M. Fremy eut grand'peine à faire passer M. Haussmann de Bordeaux à Paris; il est protestant, et l'orthodoxie de l'Impératrice s'alarmait à la pensée qu'un hérétique pût être placé à la tête du département qui a la capitale pour chef-lieu. Elle finit cependant par céder aux instances de M. Fremy.

Le premier soin de M. Haussmann en arrivant à la préfecture de la Seine fut de renverser le budget préparé par son prédécesseur; plusieurs membres du conseil municipal se récrièrent contre ce procédé, le fonctionnaire chargé de la comptabilité et des finances de la ville de Paris donna sa démission. Le public, habitué encore à régler ses jugements d'après ses souvenirs, crut que le nouveau préfet succomberait devant une opposition si déclarée, le bruit courut même que M. Siméon était désigné pour le remplacer. M. Haussmann resta cependant à l'Hôtel de Ville, et l'année suivante, au mois d'avril, les charpentes des Tuileries et du Louvre tombaient, les Champs-Élysées étaient transformés, la rue de Rivoli et le boulevard de Strasbourg prolongeaient leurs perspectives, le bois de Boulogne montrait les traits principaux de ses embellissements, et l'avenue qui mène de l'Arc-de-Triomphe à ce parc était inaugurée en présence de l'Empereur et de l'Impératrice qui accordait au préfet de la Seine l'autorisation de lui donner son titre.

Le fléau des inondations, attribué par plusieurs évêques, dans leurs mandements, à la non-observation du dimanche, avait, au printemps de l'année 1856, porté la désolation dans les départements du Rhône, de la Saône et de l'Allier. Ces fleuves ravagèrent les riches vallées à travers lesquelles ils circulent. La vallée du Rhône et celle de la Loire formaient deux immenses lacs : Lyon, Tours, Orléans, Blois, étaient envahis par les eaux. L'Empereur se rendit sur les lieux du désastre, parcourut en barque les villes et les campagnes inondées, vida des sacoches pleines d'or sur son passage, et adressa de Plombières, le 19 juillet 1856, une longue lettre au ministre des travaux publics, dans laquelle il recommandait diverses mesures propres, selon lui, à empêcher le retour de semblables malheurs. Les journaux du gouvernement célébrèrent à l'envi ce voyage, les peintres et les dessinateurs en reproduisirent les scènes principales. Napoléon III fut salué par les flatteurs comme la providence visible du pays.

Le peuple qui sacrifie la liberté perd la force de se plaindre de ses maux et quelquefois même la faculté de les sentir : il s'en est remis à quelqu'un de ses destinées, il ne s'appartient plus, il se tait, il en veut même à ceux qui le font s'apercevoir qu'il souffre. Les Romains sous les Césars supportaient plus patiemment la famine que la suppression des jeux. Qui eût dit en voyant les théâtres, les restaurants, les cafés, les bals, les concerts publics, toujours pleins, que Paris était en proie à la double crise de la cherté des vivres et des loyers. La nouvelle société, monde bizarre composé de hauts fonctionnaires à triples appointements, de financiers enrichis, de traitants, de sous-traitants, d'intrigants et de courtisanes, répandait l'or à pleines mains, et vivait en fêtes perpétuelles. Le Pactole coulait à la Bourse. Le fleuve d'or semblait-il baisser, l'émission des actions d'une nouvelle compagnie en faisait remonter l'étiage. Jamais les courtisanes de l'ancienne Rome n'avaient déployé un faste plus insolent que celles de Paris, grâce à l'or des agioteurs et des financiers. Deux des principaux banquiers de Paris, au moment de la répartition des actions du chemin de fer de Lyon, présentèrent la liste des personnes favorisées qu'ils voulaient gratifier d'un certain nombre d'actions de la compagnie au pair; le banquier anglais Bäring, en voyant des noms de femmes former en majorité cette liste privilégiée, ne put s'empêcher de manifester un vif étonnement; ses collègues lui répondirent en riant qu'il venait de faire connaissance avec les plus célèbres courtisanes de Paris. Le financier puritain les raya de la liste, prétendant que ses deux collègues ayant l'un vingt-cinq mille actions, l'autre dix mille, ils pouvaient par conséquent être généreux pour leur compte.

Paris était devenu la capitale de l'agiotage universel, la Bourse y attirait tous les banquiers de l'Europe, l'Exposition tous les curieux, et le gouvernement tous les princes : le duc de Cambridge, le roi de Wurtemberg, l'archiduc Ferdinand d'Autriche, le prince Oscar de Suède, le prince Adalbert de Bavière, le prince régnant de Toscane, le prince Frédéric-Guillaume de Prusse se succédaient dans les résidences impériales.

Tous les jours nouvelle revue au Champ de Mars et nouvelle fête aux Tuileries. La cérémonie du baptême du Prince impérial fut célébrée le 14 juin, avec toute la pompe monarchique, sous la voûte de Notre-Dame, colorée en bleu de ciel étoilé d'or et offrant à chaque nervure une nuance différente par cordon. Les murs cachés sous les tons doux des décorations du xiiie siècle, les gros piliers recouverts de velours cramoisi galonné d'or, les chapiteaux dorés, les noms des villes de France inscrits au bas d'une galerie drapée de cramoisi où s'enlaçaient des guirlandes, complétaient la décoration. L'église contenait près de cinq mille invités. Le cardinal Patrizzi, évêque d'Albano, légat du pape, et la grande-duchesse de Bade, représentaient l'un Pie IX, parrain du prince, et l'autre sa marraine, la reine de Suède. Les curieux se pressaient comme toujours sur le passage du cortége. Le légat, précédé de son porte-croix, s'avançait dans un carrosse traîné à huit chevaux ; les maréchaux Canrobert et Bosquet chevauchaient aux portières du carrosse de l'enfant; les autres maréchaux entouraient la voiture impériale. Le légat, au moment du baptême, entama un discours qui ne figurait pas sur le programme ; la musique étouffa sa voix.

L'Empereur et l'Impératrice, après la cérémonie, se rendirent à l'Hôtel de Ville où les attendait un banquet. Quatre-vingt-six évêques y prirent place; l'Empereur et l'Impératrice décidèrent, selon la tradition monarchique, qu'ils seraient parrain et marraine des enfants nés le même jour que leur fils. Le nombre de ces enfants s'éleva pour la France à plus de quatre mille. Les élèves des écoles primaires reçurent leur part des dragées du baptême. Cinquante mille sacs de bonbons leur furent distribués. Quelques jours après cette fête, un rosier d'or au-dessus duquel s'élevait une rose bénie par le Pape fut déposé, en présence de toute la cour, sur l'autel de la chapelle des Tuileries. Le légat, après avoir lu le bref papal qui conférait à l'Impératrice la rose consacrée, la prit et la lui remit de sa main. Une souscription, dont le chiffre était limité entre cinq et vingt centimes, s'ouvrit à Paris sous l'impulsion des maires et de nombreux comités dans le but d'offrir à l'Impératrice et à son fils un témoignage de l'amour de la population. Soixante mille francs furent recueillis. Cette somme, augmentée par l'Empereur d'une rente de trente mille francs, servit à la fondation de l'orphelinat du Prince impérial.

La naissance d'un héritier du trône obligeait le gouvernement à présenter la loi de régence. Un sénatus-consulte fut donc rédigé et soumis aux délibérations du premier corps de l'État.

La Constitution avait jugé nécessaire de couvrir d'un voile impénétrable les séances du Sénat. La France savait bien que cette assemblée était chargée de veiller à ce qu'aucune atteinte ne fût portée à la Constitution, à la religion, à la morale, à la liberté des cultes, à la liberté individuelle, à l'égalité des citoyens devant la loi, à l'inviolabilité de la propriété, à l'intégrité du territoire et au principe de l'inamovibilité de la magistrature, mais elle ignorait si l'occasion de protéger l'un de ces grands principes s'était présentée. Le Sénat lui-même ne se rendait peut-être pas bien compte des moyens qu'il pourrait employer, le cas échéant, pour rendre cette protection efficace. Investi du pouvoir constituant, il cherchait surtout les occasions d'exercer le pouvoir législatif ; dominé par les vieilles habitudes de ses membres, au lieu d'examiner si le projet de loi ne menaçait aucun des grands principes énumérés plus haut, il s'obstinait à en discuter les dispositions particulières, ne pouvant se faire à l'idée qu'on le condamnât à approuver silencieusement une loi qu'il trouvait mauvaise, comme si le pouvoir constituant devait s'abaisser à de pareilles préoccupations.

Les orateurs du gouvernement avaient beau dire au Sénat : cette loi est finie, l'Empereur n'attend plus pour y apposer sa signature et la promulguer que votre approbation ; il ne s'agit pas de savoir si la loi est bonne ou mauvaise, mais si elle est constitutionnelle ou si elle ne l'est pas, le Sénat se rendait à ces observations pour de petites lois sans importance, mais en présence de lois de premier ordre, comme par exemple la loi de M. Fortoul sur l'instruction publique, il voulait dire son avis. Cette loi contenait tout un système nouveau, elle modifiait profondément l'ancien programme de l'enseignement secondaire, les cléricaux lui reprochaient d'être hostile au clergé, l'un des cardinaux-sénateurs ne put s'empêcher de l'attaquer, or, ce cardinal siégeait justement sur le banc à côté du ministre de l'instruction publique. M. Troplong, qui n'avait pas interrompu le cardinal « par courtoisie », pouvait-il interdire la parole à M. Fortoul ? Un sénateur avait déjà émis cette maxime alarmante qu'il est de jurisprudence parlementaire de répondre à un ministre, que jamais chambre ne s'y est opposée. La jurisprudence parlementaire invoquée ! les vieilles hérésies se réveillaient donc ? les sénateurs échangeaient les plus bruyantes interpellations ! Le Sénat allait se rendre coupable d'une violation de la constitution? Heureusement, le président du Conseil d'État, sommé de s'expliquer au nom du gouvernement, eut la présence d'esprit de refuser de prendre part à la discussion; la Constitution était sauvée, mais on côtoyait l'abîme, et les bureaux du Sénat devenaient le théâtre de discussions de plus en plus vives et ardentes; les rapporteurs s'amusaient à démolir article par article les lois dont ils ne combattaient cependant pas la promulgation. Il était temps d'aviser.

Le *Moniteur* du 11 janvier 1856 publia un article *ex professo*, dans lequel le gouvernement invitait le Sénat, sur un ton assez roide, à oublier désormais les prérogatives de la chambre des pairs, pour se souvenir un peu plus des siennes dont il n'avait seulement pas l'air de se douter. La surprise générale fut grande à la vue d'un *avertissement* aussi public donné à un corps aussi secret; les sénateurs le subirent en silence. M. Drouyn de Lhuys seul donna fièrement sa démission, pour rentrer, il est vrai, au Sénat peu de temps après. Les sénateurs trouvèrent cependant un moyen de témoigner leur mauvaise humeur de cette semonce. La taxe municipale des chevaux et des voitures circulant dans Paris passait des bureaux du Corps législatif vers les bureaux du Sénat, sûre d'avance d'être admise aux honneurs de l'estampille : les sénateurs, riches et vieux pour la plupart, avaient des chevaux et des voitures; ils se feraient sans doute un plaisir et un devoir de contribuer aux embellissements de la ville de Paris auxquels la taxe devait profiter; elle fut repoussée comme une dérogation flagrante au grand principe de l'égalité: le Sénat déclara que le législateur n'avait pas respecté l'article Ier de la Constitution ainsi conçu :

« La Constitution reconnaît, confirme et garantit les grands principes proclamés en 1789, et qui sont la base du droit public des Français. »

Le Sénat se ressentait encore de ces émotions lorsque le sénatus-consulte organique sur la régence fut soumis à ses délibérations le 8 juillet 1856.

L'histoire démontre l'inutilité des lois de régence en général. Ce sont cependant celles qu'on discute avec le plus de passion, car elles cachent des méfiances particulières et semblent toujours dirigées contre quelqu'un. Un motif particulier rendit encore plus vive la discussion de la loi de régence du second Empire.

Aucun sénateur n'ayant cru devoir prendre la parole sur l'ensemble du sénatus-consulte, le Sénat passa tout de suite à l'examen des deux premiers articles.

« Art. 1er. — L'Empereur est mineur jusqu'à l'âge de dix-huit ans accomplis.
» Art. 2. — Si l'Empereur mineur monte sur le trône sans que l'Empereur son père ait disposé de la régence de l'Empire, l'impératrice-mère est régente et a la garde de son fils mineur. »

Ces deux articles furent adoptés à l'unanimité. L'article 3 était relatif au mariage de l'Impératrice-Régente. Le projet du gouvernement portait tout simplement que l'Impératrice-Régente ne pouvait contracter un second mariage. La commission pensant qu'il n'était pas possible d'introduire dans le sénatus-consulte, par exception au droit commun, un empêchement dirimant au mariage, proposa de remplacer l'article primitif par celui-ci :

« L'Impératrice-Régente qui convolerait en secondes noces ne conserverait ni la régence, ni la garde de son fils mineur. »

Ce changement souleva un débat assez vif entre M. Portalis, rapporteur de la Commission, et le général de Cramayel. Ce dernier soutint que l'interdiction du second mariage s'adressait à la régente, et non à la veuve, qu'aucune raison ne motivait un changement dans la rédaction du gouvernement, et que celle de la Commission portait atteinte à la dignité de l'Impératrice, en ce sens qu'elle lui imposait en quelque sorte une destitution à la place d'une démission. L'orateur reprocha ensuite au projet de ne point organiser la transmission de la régence de l'Impératrice au régent qui lui succéderait, et de ne point fixer quelle autorité aurait la mission de retirer le pouvoir à l'Impératrice pour en investir le nouveau titulaire. Il voulait qu'on ajoutât à l'article 3 du projet quelques mots pour dire que l'Impératrice n'était nullement mise en dehors du droit commun, mais qu'elle ne pouvait se remarier avant d'avoir renoncé formellement à la régence et à la garde de l'Empereur mineur. Il termina en faisant observer que sa proposition n'était qu'un retour aux dispositions adoptées par l'empereur Napoléon Ier.

L'amendement du général de Cramayel n'étant pas appuyé par cinq sénateurs, le Président allait mettre aux voix l'article du projet, lorsque M. Bonjean déclara qu'en s'associant au rejet de l'amendement, il reconnaissait néanmoins que les principales critiques qu'on venait d'adresser à l'article 3 lui semblaient justifiées par la rédaction de la commission : « L'Impératrice régente qui convolerait à de secondes noces ne *conserverait* ni la régence, ni la garde de son fils mineur. » Ce conditionnel, dit l'orateur, n'est pas conforme au style législatif. La loi, quand elle règle les conséquences qu'elle attache à un fait, parle au *présent* ou au *futur*, jamais au *conditionnel*. A quel moment précis l'Impératrice remariée cesse-t-elle d'être investie de la régence ? Faut-il, pour lui retirer ses pouvoirs, l'intervention d'une autorité quelconque, du Sénat par exemple ? La commission entend sans doute que par le seul fait du mariage, les pouvoirs de l'Impératrice cessent à l'instant, pourquoi donc alors ne pas dire nettement : « L'Impératrice régente qui convole à de secondes noces perd de *plein droit* la régence et la garde de son fils mineur ? »

M. Bonjean ajouta que l'incertitude et le vague de la rédaction pouvaient devenir la cause de grands périls dans la transmission de la régence de l'Impératrice au nouveau régent : il était donc indispensable, pour les conjurer, que tout le monde pût savoir, sans qu'une autorité quelconque le proclamât, que l'obéissance cesse d'être due à l'Impératrice qui se remarie, et que le régent appelé dans l'ordre du sénatus-consulte y a seul droit. Il proposa donc de modifier ainsi la rédaction : « L'Impératrice régente qui convole à de secondes noces perd de plein droit la régence et la garde de son fils mineur. » Cette rédaction acceptée par la commission fut adoptée.

Le Sénat passa ensuite à l'examen de l'article 4.

« ART. 4. — Au défaut de l'Impératrice, la régence, si l'Empereur n'en a autrement disposé par acte public ou secret, appartient au premier prince français, et, à son défaut, à l'un des autres princes français dans l'ordre de l'hérédité de la couronne. »

Le droit monarchique, à défaut de la mère du souverain mineur, décernait la régence à son plus proche parent. L'Empereur, par cet article, était investi du pouvoir de donner la régence à qui bon lui semblerait, à l'exclusion même du premier prince français, et des princes de sa famille. M. de Flahault ouvrit la discussion sur cet article en protestant qu'aucun motif d'exclusion personnelle n'avait guidé les membres de la commission, et que loin de borner le choix du prince, ils cherchaient à écarter toutes les entraves qui pouvaient gêner sa liberté. M. de Flahault fit ensuite remarquer que l'article 2 assure la régence à l'Impératrice, l'article 4 déclare que la régence appartient au premier prince français, et à son défaut, à l'un des autres princes français dans l'ordre de l'hérédité de la couronne, mais que la loi ne prévoit pas le cas où l'Impératrice, appelée à la régence à la mort de l'Empereur, vient à décéder quelque temps après. L'article 4 s'applique-t-il à ce cas, et le gouvernement et la commission entendent-ils que l'Empereur ait le droit de désigner, dans un acte secret, déposé aux archives du Sénat, le régent destiné à remplacer l'Impératrice si, pour une cause quelconque, la régence venait à cesser?

Le Sénat attendit avec un mouvement très-vif de curiosité la réponse du président du Conseil d'État. M. Baroche maintint que le droit de l'Empereur de disposer de la régence, non-seulement pour le moment de son décès, mais encore pour toutes les éventualités qui pouvaient se réaliser pendant la minorité de son fils, se trouvait parfaitement constaté par le texte et par l'esprit du projet de sénatus-consulte.

M. de la Rochejaquelein soutint que l'article 4 n'était pas assez explicatif, qu'il ne coupait pas court aux prétentions d'un prince français qui viendrait, cet article à la main, réclamer ce qu'il croirait être son droit. L'article 4, renvoyé à la commission, reçut cette rédaction définitive.

« ART. 4. — A défaut de l'Impératrice, qu'elle ait ou non exercé la régence, et si l'Empereur n'en a autrement disposé par acte public ou secret, la régence appartient au premier prince français dans l'ordre de l'hérédité de la couronne.

» L'Empereur peut, par acte public ou secret, pourvoir aux vacances qui pourraient se produire dans l'exercice de la régence pendant la minorité. »

L'article 5 contient la disposition suivante : « Immédiatement après la mort de l'Empereur, le Sénat est convoqué par le conseil de Régence. » Cette disposition ne paraissait pas suffisante à M. de la Rochejacquelein. Il aurait voulu que le Sénat, convoqué de droit, se réunît de droit. « Si les ministres, dit-il, trouvaient plus convenable de réunir le Sénat après avoir pris toutes les précautions qui pourraient leur convenir, quel serait pour le Sénat le moyen de se réunir ? il n'en aurait aucun. Il pourrait n'être convoqué que dans deux ou trois mois. Il y a de ces fins de non-recevoir auxquelles sont très-habitués les anciens parlementaires. « *Immédiatement*, prétendrait-on, ne veut pas dire *tout de suite*, et pendant ce temps-là, on marcherait. »

Ces observations ayant été accueillies par des rumeurs et par des réclamations (1), M. de la Rochejacquelein répondit qu'elles s'adressaient aux ministres de l'avenir et non à ceux du présent. Le général de Lawœstine ne put contenir sa frayeur à la seule idée du Sénat se réunissant de sa propre volonté. « La réunion du Sénat sans convocation est une très-mauvaise chose ; on a vu un

---

(1) *Procès-verbaux des séances du Sénat*, t. IV, 1856, chez Ch. Lahure, imprimeur du Sénat et de la Cour de cassation.

Sénat se réunir ainsi, et chacun se rappelle ce qu'il a fait (*sensation*) (1). » M. Boulay (de la Meurthe), partageant les appréhensions de son collègue, s'écria « qu'il ne saurait se défendre de signaler dans la proposition de M. de la Rochejacquelein une possibilité de révolution, une chance pour un changement de dynastie..... » Le maréchal Magnan, plus calme, proposa de dire : « Dans les vingt-quatre heures qui suivront la mort de l'Empereur, le Sénat est convoqué par le conseil de régence. Dans le cas où il ne serait pas convoqué, le Sénat se réunira de plein droit après les vingt-quatre heures expirées depuis la mort de l'Empereur. » Ces précautions ne paraissant pas suffisantes au général Lawœstine et à ses amis, l'amendement fut rejeté.

La suppression de la mention de faire respecter le Concordat dans la formule du serment de régence avait d'autant plus vivement ému les partisans de ce traité que le clergé ne cessait de le battre en brèche, ainsi que les lois organiques qui en découlent. Un mois à peine avant la discussion de la loi de régence, les effets civils d'un mariage religieux célébré en Espagne avaient été ouvertement réclamés en France dans un procès fameux (2). Ce procès avait été perdu, mais après un premier jugement dans lequel le tribunal s'était partagé. Les sénateurs ne se rappelaient-ils pas d'ailleurs que la Reine-Régente d'Espagne Marie-Christine, grâce au mystère dont un prêtre complaisant peut entourer le mariage religieux, avait gardé, malgré la loi de l'État, la régence et la tutelle

---

(1) *Procès-verbaux des séances du Sénat*, t. VI, 1856.
(2) Procès J.-P. Piscatore, *Tribune judiciaire*, Borrani et Droz, éditeurs, 1856.

de sa fille, quoiqu'elle eût convolé en secondes noces avec un garde du corps et qu'elle eût des enfants de cette union. Les Cortès ne parvinrent jamais à en obtenir la preuve légale, quoiqu'elle ne fût un mystère pour personne. Les recherches faites dans toutes les paroisses d'Espagne restèrent infructueuses. La vérité ne fut connue seulement que le jour où Marie-Christine, pour marier en France une des filles nées de son second mariage, se vit obligée de constater son état civil.

Le serment que l'Impératrice régente devait prêter à l'Empereur mineur, d'après la formule de 1813, contenait l'engagement de respecter le concordat et la liberté des cultes ; l'Impératrice Eugénie, née dans un pays où cette liberté n'est guère en faveur et où le gouvernement est habitué à la considérer comme un danger, s'était posée, depuis son avénement au trône, comme la protectrice des prétentions ultramontaines. Peu préparée par son passé mondain à pénétrer au fond des questions religieuses, elle les abordait avec le zèle maladroit d'une femme peu instruite et d'une Espagnole. Le parti clérical intolérant, haineux, mesquin, avait trouvé en elle une auxiliaire à la hauteur de ses petites passions et de ses petites rancunes, elle signalait à son mari et aux ministres les livres et les articles de journaux écrits par des libres penseurs qu'elle ne lisait pas, mais qui lui étaient désignés par son entourage de dévots. L'Impératrice poussait à la suppression de certaines feuilles, et elle mettait dans ses demandes l'ardeur tracassière d'une femme qui croit assurer son salut et son trône en punissant l'incrédulité religieuse. Ces dispositions alarmaient un assez grand nombre de partisans de la dynastie :

M. de La Valette, ancien ambassadeur de France à Constantinople, demanda formellement que la partie du serment relative au Concordat fût rétablie, afin que si la conscience de l'Impératrice lui inspirait des scrupules sur son maintien, sa conscience lui fît aussi un scrupule de le détruire.

Voici l'article 17 :

« ART. 17. — Le serment prêté par l'Impératrice régente ou par le régent est conçu en ces termes :
« Je jure fidélité à l'Empereur ; je jure de gouverner conformément
» à la Constitution, aux sénatus-consultes et aux lois de l'Empire ; de
» maintenir dans leur intégrité les droits de la nation et ceux de la
» dignité impériale ; de ne consulter, dans l'emploi de mon autorité,
» que mon dévouement pour l'Empereur et pour la France, et de re-
» mettre fidèlement à l'Empereur, au moment de sa majorité, le pou-
» voir dont l'exercice m'est confié. »
» Procès-verbal de cette prestation est dressé par le ministre d'État. Ce procès-verbal est adressé au Sénat et déposé dans ses archives.
» L'acte est signé par l'Impératrice régente ou le régent, par les princes de la famille impériale, par les membres du conseil de régence, par les ministres et par les présidents du Sénat, du Corps législatif et du Conseil d'État. »

M. de La Valette demanda la parole sur cet article, et s'exprima en ces termes :

« Messieurs, le gouvernement et la commission reconnaissent qu'il y a convenance, nécessité même à ce que le sénatus-consulte destiné à organiser la régence contienne dans un de ses articles la formule du serment que doit prêter, avant d'être investi du pouvoir, l'Impératrice régente ou le régent.
» Le sénatus-consulte, sur lequel nous délibérons, fait à cet égard ce qu'avait fait celui de 1813, en ce sens que le serment y est écrit dans toute sa teneur ; mais la formule n'est pas la même, celle qui vous est proposée est générale et dit tout en un seul paragraphe.
» Celle au contraire que nous lisons dans le sénatus-consulte de 1813, après avoir embrassé en des termes indéterminés l'ensemble des obligations morales qu'il s'agit de placer sur la foi des serments, c'est-à-dire la fidélité à l'Empereur et l'engagement de respecter les constitutions, les sénatus-consultes et les lois, la formule de 1813 spécifie certains points importants, certains grands principes sur lesquels il a

semblé utile, à cette époque, de faire porter le serment d'une manière particulière et distincte.

» Ainsi, par exemple, l'article 34 veut que l'impératrice jure d'observer les dispositions faites par l'Empereur sur l'exercice de la régence, qu'elle jure de maintenir l'intégrité du territoire et de faire respecter les lois du concordat et la liberté des cultes, qu'elle jure enfin de maintenir certains faits et certains principes considérés comme étant d'une si grande importance qu'on a pris soin de les mentionner.

» Je me suis demandé pourquoi on a cru devoir restreindre les termes explicites du serment de 1813, pourquoi ce qui a paru nécessaire alors serait aujourd'hui jugé surabondant et inutile.

» M. le rapporteur nous a dit, en faveur d'une formule plus sommaire, que les choses qui pourraient être spécifiées dans un paragraphe additionnel font très-certainement partie de la Constitution, et que jurer d'observer la Constitution, c'est jurer d'observer tout ce qu'elle contient.

» Cette raison pouvait être invoquée en 1813 comme aujourd'hui, et cette espèce de double emploi en matière de serment n'a pas dû échapper aux législateurs du premier Empire. Cela ne les a pas empêchés d'adopter le dernier paragraphe de l'article 34 du sénatus-consulte du 2 février, et j'estime, pour ma part, qu'ils ont eu raison.

» Quel avantage trouve-t-on dans la formule qu'on nous présente ? Un peu plus de concision, j'en conviens, mais je crains fort qu'en nous faisant gagner quelques mots, on ne nous fasse perdre quelques garanties.

» Car l'empereur Napoléon Ier faisait grand cas du laconisme ; personne, plus que lui, n'était porté à élaguer, des discours et surtout du style législatif, toutes les longueurs.

» Ce grand homme, qui a tant écrit, est peut-être l'homme qui a le moins écrit de mots inutiles.

» Croit-on qu'en lisant l'article 34 du sénatus-consulte de 1813, il n'ait pas été frappé de ce fait que le dernier paragraphe de cet article disait, en détail, certaines choses déjà dites implicitement et en bloc dans le paragraphe qui le précède ?

» Il n'a pas reculé devant le pléonasme, il a trouvé bon qu'après avoir généralisé on spécifiât, il a pensé qu'en fait de garanties morales, ce qui abonde ne vicie pas, mais sert.

» Qu'est-ce, en effet, qu'un acte organique de la régence d'un grand empire ? C'est un plan de défense, non-seulement pour l'Empereur mineur, mais pour tous les principes les plus chers à une nation, principe qu'on peut croire exposés, pendant cet intérim de la personne régnante, à de plus grands périls que dans des conditions normales où celle-ci jouit de la plénitude du pouvoir monarchique.

» L'Empereur n'était pas homme à donner son adhésion à un système de défense incomplet.

» Il a jeté ce coup d'œil, auquel rien n'échappait, sur les points les plus essentiels de la Constitution, sur ceux qui lui ont paru les plus menacés, les plus ouverts aux entreprises des assaillants futurs, et là, où il y a un danger spécial, il a mis une garantie spéciale, c'est-à-dire qu'après avoir appliqué un serment général à l'ensemble, il a appliqué un serment particulier à chacune des parties sur laquelle un risque particulier apparaissait à son esprit.

» Le territoire de la France était alors immense et pouvait se prêter à des cessions. Il en plaçait l'intégrité sous la garantie d'un serment.

» L'égalité des droits, la liberté civile, n'avaient alors que vingt ans d'existence. Il donnait à ces droits, encore jeunes, la garantie d'un serment.

» La vente des biens nationaux n'avait reçu de consécration que des gouvernements issus de la révolution qui l'avait faite. Il en demandait l'irrévocabilité à la foi d'un serment.

» Il faisait jurer à la régence de n'établir aucun impôt et aucune taxe que pour les besoins de l'État et conformément aux lois fondamentales de la monarchie ; il craignait qu'on ne restaurât les abus de l'institution antique.

» La Légion d'honneur, enfin, était une institution récente et ne pouvait pas alors s'abriter sous la glorieuse adoption de six gouvernements successifs ; il lui donnait la protection d'un serment.

» Toutes ces choses, l'Empereur avait voulu les mentionner, et la mention alors en était utile. Elle ne l'est plus aujourd'hui, car elles ont aujourd'hui cause irrévocablement gagnée dans toute la France. La formule du sénatus-consulte a raison de les omettre.

» Mais il y a encore un point qui était écrit dans la formule de 1813, point d'une importance incomparable : les lois du concordat et la liberté des cultes.

» Le sénatus-consulte de 1813 voulait que l'Impératrice jurât de les respecter ; je demande que le sénatus-consulte exige que le même serment soit imposé à toutes les régences possibles.

» Pourquoi ? dira-t-on.

» Ces lois et cette liberté ont reçu du temps la même consécration que tous les autres principes à l'égard desquels je considère la précaution d'un serment spécial comme superflu ; non, elles n'ont pas reçu la même consécration et voici pourquoi :

» Intégrité du territoire, égalité des droits, liberté civile, biens nationaux, vote de l'impôt, Légion d'honneur, ce sont là des principes, des institutions, des faits, à l'égard desquels la France seule est partie et juge, et la France tout entière veut tout cela. Il n'y a pas de contestation.

» Mais le concordat et ce qui s'y rattache ?

» La question est bien différente.

» Ici la France n'est plus toute seule. Nous sommes deux. Les parties intéressées sont, d'une part, le gouvernement français, et de l'autre, le saint siége. Le concordat, après tout, c'est un traité entre deux puissances, un traité dont l'interprétation peut n'être pas toujours et partout identique et sur lequel il peut y avoir de certaines réserves.

» L'empereur Napoléon Ier le savait, et s'il a placé le concordat sous la protection d'un serment, il faut y voir un effet de sa prévoyance supérieure et de sa profonde connaissance du cœur humain.

» La situation n'a pas changé. Ne changeons rien à la formule du serment de 1813.

» N'oublions pas un instant, Messieurs les sénateurs, que l'acte qui nous est soumis n'a pas seulement le caractère politique, c'est un acte organique qui doit régler, dans l'avenir, toutes les régences. Or, si ce grand principe que nous avons posé est accepté et pratiqué par les générations futures, que la régence naturelle est la régence des impératrices-mères, il est de notre devoir de les garantir et de les défendre contre des entraînements qui pourraient être d'autant plus dangereux que le principe en serait plus respectable et plus élevé.

» Supposons, en effet, qu'une Impératrice régente, animée des intentions les plus pures, obéissant à un sentiment religieux des plus profonds, plaçât, à l'exemple de nos anciens rois, la direction des affaires de l'empire entre les mains d'un ministre revêtu de la plus haute dignité du sacerdoce.

» Il va sans dire que ce prélat réunit à la capacité qui lui a valu son rang dans l'État toutes les vertus qui sont l'attribut ordinaire de son rang dans l'Église, mais il me sera permis de lui attribuer des opinions peu favorables à ce qu'on appelait autrefois les libertés de l'Église gallicane, à ce qui fait le fond du concordat, tel qu'il est interprété par la France, et aux lois organiques qui en ont appliqué les principes dans un sens conforme à l'interprétation française et qui peut n'être pas toujours celle du sacré collége de Rome.

» Ne serait-il pas naturel que dans de telles conditions le conseiller le plus influent de la régente employât la supériorité de son esprit et l'ascendant de son autorité religieuse pour obtenir d'elle son consentement à une tentative qui aurait pour but de modifier le concordat, et qui sait ? de toucher peut-être à la liberté des cultes en vue de la restreindre, sinon de la supprimer. (*Mouvement d'approbation.*)

» Messieurs, si pour résister à une telle influence dont l'action pourrait être si persévérante, la régente n'avait en elle que le rempart d'un serment général à la Constitution et aux lois de l'Empire, j'ose dire que cette unique sauvegarde ne suffirait pas pour me rassurer et qu'elle pourrait bien être impuissante.

» Car, enfin, un politique habile, un adversaire intelligent des lois du concordat pourrait invoquer la Constitution contre la Constitution elle-même.

» Il montrerait que la Constitution a prévu l'éventualité de modifications et qu'elle contient les moyens de les opérer. Ce droit de modifier a sa limite, et il ne va pas, dira-t-on, jusqu'à ce terrain inviolable.

» Soit, j'en suis, pour ma part, très-convaincu ; mais alors c'est un point litigieux à décider par les lumières de l'esprit, c'est une question de droit, et une régente peut n'être pas juriste, son serment général peut n'être pas un guide suffisant.

» Il en sera autrement si l'Impératrice mère a juré, non-seulement de respecter la Constitution, mais de respecter les lois du concordat et la liberté des cultes.

» Oh ! ne lui demandez plus alors de toucher à cette liberté, de changer ces lois, en lui démontrant, à l'aide d'arguments plus ou moins réels, qu'elle le peut faire.

» Elle n'écoutera pas vos raisonnements, elle vous répondra, en effet, qu'il est possible que la Constitution se prête à de tels changements, mais que son serment s'y refuse, car il porte précisément sur le point dont on l'engageait à s'écarter.

» J'ai envisagé une éventualité, mais il est des intérêts plus actuels et une politique plus pratique qui me paraissent dignes de notre sollicitude. Les minorités sont défiantes et injustes. Les cultes dissidents pourraient se préoccuper de cette omission, dont le caractère et la portée seraient d'autant plus faciles à dénaturer que vos séances ne sont pas publiques. Ils pourraient se demander, et les partis hostiles les aideraient volontiers à cette interprétation, pourquoi le texte du serment de 1856 ne contient pas la même énonciation sur la liberté des cultes que celui de 1813. Ne leur laissons pas cette préoccupation ou cette inquiétude.

» Nous sommes tous d'accord, au fond, sur le principe de liberté et sur la noblesse de ces doctrines professées aujourd'hui par l'immense majorité de notre clergé catholique tout le premier. Ne nous arrêtons donc pas à la crainte d'une énonciation surabondante et disons ce qui a bien été utilement dit en 1813. En cela nous faisons que, si cette crise, toujours redoutable, d'une régence, se réalisait à une époque quelconque pour notre pays, le pouvoir qui devra la traverser aura enlevé à ses ennemis une arme dont ils chercheraient volontiers à abuser ; en considérant notre silence comme l'abandon de ces idées de tolérance et de liberté qui sont une des précieuses conquêtes de notre temps. (*Nouvelle approbation.*)

» Messieurs, sur un autre terrain et dans des circonstances bien différentes, j'ai lutté, avec toute l'énergie de ma conscience, pour la liberté de la foi catholique, je suis conséquent avec moi-même en vous disant d'entourer, dans l'avenir, de toutes les garanties possibles la liberté des autres. » (*Très-bien ! très-bien !*)

M. le Président, après ce discours, ayant demandé à M. de La Valette quel serait son amendement, l'orateur répondit qu'il consisterait à intercaler après ces mots « de la dignité impériale », ceux-ci : *de respecter et de faire respecter les lois du concordat et la liberté des cultes.*

L'amendement fut appuyé par un grand nombre de membres.

Le cardinal Gousset se leva le premier pour le combattre, non dans le fond, mais dans la forme ; il ne mettait pas d'obstacle à ce que, dans la formule du serment, fût compris pour l'Impératrice régente ou le régent l'engagement de faire observer le concordat; mais il n'en pouvait être de même des articles organiques qui, selon lui, n'étaient pas obligatoires. Le cardinal Morlot s'associa complétement aux paroles de son collègue, « la formule du serment est complète, et quand on a obtenu une formule complète, il est toujours dangereux de la refaire ». Le cardinal Morlot ne pouvait donc, ajouta-t-il, voir sans une inquiétude que partagerait peut-être le pays, l'addition proposée précisément sur le point le plus délicat; il y avait là quelque chose qui ressemblait à de la défiance et une défiance mal justifiée.

C'était bien en effet un vote de méfiance que les défenseurs de l'amendement de M. de La Valette demandaient, sans s'en douter, il faut le croire, au Sénat. M. Portalis, rapporteur, défendit la rédaction de la commission par des arguments tirés de la différence des temps entre 1813 et 1856; les principes de tolérance ont jeté, dit-il, de telles racines dans les esprits depuis le premier Empire, que le progrès de la raison publique les défend mieux que toute sanction législative. La discussion se prolongeant, la passion commençait à s'y mêler; plusieurs sénateurs demandèrent la clôture, mais M. Charles Dupin, malgré les cris : *Aux voix! aux voix!* voulut répondre aux considérations de M. Portalis sur l'inutilité de la partie du serment de régence concernant le concordat.

« Non, il n'est jamais inutile, quand on prête un serment de cette nature, de comprendre sous sa protection les grandes et nobles idées comme la liberté des cultes. La proposition était apparue tout d'abord sous un autre aspect; pourquoi à cette première impression semble-t-il y avoir succédé un entraînement si marqué en sens contraire? Prenez garde au vote que vous allez émettre ; s'il est négatif, il semblerait en résulter qu'on aurait proposé de mettre dans le serment la liberté des cultes, que le Sénat ne l'aurait pas voulu. »

Des réclamations nombreuses parmi lesquelles on remarqua celle de M. Baroche, président du Conseil d'État, s'élevèrent contre cette assertion.

M. le Président consulta le Sénat sur l'amendement de M. de La Valette ; deux épreuves par assis et levé furent déclarées douteuses. Il fallut procéder à un scrutin qui donna les résultats suivants :

Bulletins blancs pour l'adoption, 56.

Bulletins bleus contre, 64.

Le Sénat en conséquence n'adopta pas l'amendement (1).

Les sénateurs qui votèrent contre la proposition de M. de La Valette donnèrent pour prétexte qu'il ne convenait pas de témoigner à l'Impératrice une méfiance injuste sur les questions de religion. Mais le serment de fidélité à son fils imposé à l'Impératrice n'est-il pas une marque de défiance ? prendre des garanties contre la mère et négliger d'en formuler contre la dévote ; supposer la première capable de méconnaître les intérêts de son fils, et déclarer la seconde incapable de violer la liberté des cultes, c'était tomber dans une étrange inconséquence.

Les débats sur la loi de la régence prouvent que la vivacité n'était pas exclue des discussions du Sénat, mais que le défaut de publicité diminuait singulièrement leur importance. Les sénateurs choisis et nommés directement par l'Empereur avaient peut-être plus d'intérêt que les

---

(1) *Procès-verbaux des séances du Sénat*, t. IV, 1856, chez Ch. Lahure, imprimeur du Sénat et de la Cour de cassation.

députés à faire connaître leurs votes, et à prouver qu'ils savaient garder leur indépendance de législateurs ; obligés d'attendre la juste récompense de leurs travaux de l'histoire ou de la patience de quelques écrivains curieux de lire leurs discours et de les déterrer dans les froids procès-verbaux du Sénat, ils demandaient comme les députés de l'air et de la lumière.

Le sénatus-consulte sur la régence complète les lois organiques de l'Empire. Le moment est venu de jeter un coup d'œil sur sa situation intérieure, de se rendre compte de la force des partis et des obstacles qu'ils peuvent apporter à la marche du gouvernement.

CHAPITRE II.

LE PARTI RÉPUBLICAIN.

1852-1857.

SOMMAIRE. — Le coup d'État et les associations ouvrières. — Les condamnés dans les départements. — Les prisons départementales. — Les internés. — Les transportés. — Les pontons. — Le *Canada*. — Le *Duguesclin*. — Chiffre approximatif des expulsions. — Situation du parti républicain. — Mort d'Armand Marrast. — Mort et enterrement de Lamennais. — Les conspirations. — Affaire de la Reine-Blanche. — La machine infernale de Marseille. — Arrestation de M. Goudchaux à Paris. — Arrestation du docteur Guépin et de M. Mangin, rédacteur du *Phare de la Loire* à Nantes. — Complot de l'Hippodrome. — Complot de l'Opéra-Comique. — Attentat de Pianori. — Son jugement. — Son exécution. — Bellemare tire un coup de pistolet sur une voiture de la cour. — Il est reconnu fou. — Des arrestations ont lieu à la suite de cette affaire. — Arrestation de l'ancien colonel de l'artillerie de la garde nationale, Guinard. — Il est remis en liberté. — La machine infernale de Derenchies. — L'échauffourée d'Angers. — La *Marianne*. — Faux bruits de nouveaux attentats sur la personne de l'Empereur. — Encore des arrestations dans les départements. — État moral du parti républicain.

Le coup d'État du 2 décembre 1851 ne fut point seulement fatal à la liberté : l'esprit d'association reçut ce jour-là une atteinte dont il se relèvera difficilement; les sociétés ouvrières disparurent presque toutes; la police parisienne fit enlever les emblèmes de fraternité qu'on voyait à la porte des magasins, et arrêta la plupart des gérants. Les membres de la commission exécutive de la *Société des ménages*, qui comptait à Paris et dans la banlieue plusieurs établissements furent emprisonnés. La société des *Travailleurs-unis* à Lyon possédait seize magasins dont une boulangerie avec trois fours, un entrepôt de vins et de charbons. Elle avait mis en circulation des bons d'échange de 1 franc acceptés par les ouvriers dans leurs transactions journalières et fondé un établissement des invalides du travail. Le 4 décembre 1851, des soldats et des agents envahirent ses magasins, et dispersèrent ou arrêtèrent ses associés ; plusieurs des caisses particulières furent brisées et leur contenu enlevé. Un gardien ou séquestre, imposé à la société et payé des deniers de celle-ci, prit résidence au dépôt central. Ce gardien, accusé plus tard de diverses malversations fort graves, arrêté, puis mis en jugement après une détention préventive de plus d'un an, fut acquitté faute de preuves suffisantes. Le gérant et divers sociétaires étaient incarcérés ; plusieurs en fuite, tous les autres se tenaient à l'écart, redoutant le sort de leurs camarades. A peine quelques-uns osèrent-ils se présenter pour faire valoir leurs droits et réclamer leur part de l'actif social, qui s'élevait à 45 000 francs. Le capital social avait été deux fois décuplé en trois ans (1).

Voilà donc des sociétés commerciales en pleine activité dissoutes violemment et liquidées en dehors des formalités protectrices indiquées par la loi. Un jugement du tribunal de commerce de Lyon, en date du 9 janvier 1852, constate avec regret : « que les associations dites fraternelles sont liquidées immédiatement par un commissaire de police sans formalité de justice. » Cette mesure illégale fut appliquée dans toute sa rigueur à la société dite des *Castors*, dont le matériel dut être vendu dans les cinq jours sur la place publique.

Un arrêté signé de Castellane, et daté du quartier général de Lyon du 31 décembre 1851, déclara dissoute

---

(1) L'*Association* du 29 avril 1866.

l'*Association fraternelle des travailleurs unis de la ville de Vienne*. Les intéressés essayèrent vainement de représenter à l'autorité militaire que leur entreprise était de nature commerciale, que grâce à elle les économies de l'ouvrier, au lieu d'être dépensées au cabaret, entreraient désormais dans la caisse sociale et que l'aisance deviendrait plus grande dans les familles de travailleurs; les juges du quartier général n'écoutèrent rien : l'entreprise sombra. Les naufragés partagèrent entre eux les épaves; chacun reçut DIX FOIS sa mise, et un reliquat de 1800 francs fut remis au bureau de bienfaisance par ces hommes traités avec tant de rigueur.

Au moment du coup d'État, 299 sociétés existaient dans toute la France ; quinze seulement survécurent. Celles de Paris, de Lyon, ont laissé des traces de leur chute dans la presse. Les associations de la vie à bon marché du groupe de l'Aisne, les associations des *Cordonniers*, des *Menuisiers*, des *Bouchers*, des *Fabricants de chaises*, des *Ouvriers tailleurs*, des *Peintres* de Montpellier périrent obscurément le 2 décembre, ainsi que les associations des *Charpentiers*, des *Menuisiers*, des *Traceurs carriers*, des *Tailleurs de pierre* de la ville d'Auch ; les associations de Nancy formées par les *Coiffeurs*, les *Ouvriers ébénistes*, les *Artistes musiciens*, les *Ouvriers cordonniers*, les sociétés qui composaient le groupe de Clermont-Ferrand et qui réunissaient les *Menuisiers en fauteuil*, les *Cordonniers*, les *Ouvriers charpentiers*, les *Ebénistes*, subirent le même sort. Les sociétés des *Bottiers-Cordonniers*, des *Corroyeurs*, des *Tourneurs de chaises*, des *Ouvriers ébénistes*, des *Ouvriers tailleurs de Strasbourg* furent violemment dissoutes.

Les boucheries sociétaires de *Sedan*, de *Neumanil*, dans les Ardennes, de *Grasse*, dans l'Aude, de *Caen*, de *Bordeaux*, de *Montpellier*, de *Cherbourg*, de *Nancy*, de *Clermont-Ferrand*, de *Poitiers*, succombèrent le 2 décembre, ainsi que les boulangeries sociétaires de *Sedan*, de *Dijon*, de *Nantes*, les auberges sociétaires fondées dans les Ardennes, le *Restaurant sociétaire de Toulon*, l'*Association pour la vie à bon marché de Roisel*, dans la Somme, la *Société alimentaire de Dijon*.

Le coup d'État détruisit les associations des bottiers-cordonniers de *Sedan*, de *Cettes*, de *Colmar*, de *Schelestadt*; des tailleurs de *Sedan*, de *Bordeaux*, du *Mans*, de *Mulhouse*; des ouvriers en laine de *Formies*, dans le département du Nord ; des ferronniers de *Vrigneaux-Bois*, de *Vivier-Aucourt* installés dans les solitudes de la forêt des Ardennes; des *corroyeurs* de Limoges, des *Tonneliers de Beaune*, l'*Assurance fraternelle contre la perte des bestiaux* de Bobligny, dans le département de Seine-et-Marne; l'*Association de l'humanité* de Lille, des *Travailleurs* de Metz, la *Philanthropie* de Caen, l'*Union fraternelle* d'Orléans, la *Mutualité* de Valenciennes, la *Concorde* de Versailles, l'*Alliance* de Rouen !

Il est impossible de fixer aujourd'hui le chiffre des citoyens arrêtés à la suite du 2 décembre. Celui des condamnés s'élève approximativement à plus de 10 000 ; le département du Var, sur 2900 accusés, fournit 718 victimes à l'Algérie ; les Basses-Alpes, 953 sur 1994, plus 41 déportés à Cayenne ; les prisons de la Drôme renfermaient, le 14 décembre, 500 chefs de famille : « Plus de 500 prévenus pris sur tous les points du département actuellement sous la main de la justice, rendront bientôt compte de leur conduite et des *détestables projets qu'ils voulaient réaliser* (1). L'arrondissement de Béziers comptait, à lui seul, 1500 détenus ; le département du Gers près de 800 ; celui de Lot-et-Garonne au moins 700 ; celui des Pyrénées-Orientales 900 ; Vaucluse, le Gard, les Bouches-du-Rhône, figurent aussi pour un chiffre considérable sur les tables de proscription, ainsi que les départements de Saône-et-Loire, de l'Allier, de la Garonne, de la Haute-Saône ; le chiffre des détenus dans la Nièvre dépassait 1300 : « On peut calculer », dit le *Journal de la Nièvre* du 24 février 1852, « que notre département fournira à la transportation un millier d'individus au moins, soit à Cayenne, soit en Afrique. Ce chiffre énorme est destiné encore à s'accroître par suite des arrestations journalières de la justice. »

Le gouvernement aurait lui-même aujourd'hui beaucoup de peine à fixer le chiffre réel des arrestations, car il a dû s'épargner le soin de réunir les éléments d'une statistique susceptible de se transformer plus tard en acte d'accusation contre lui. Le but des vainqueurs du 2 décembre étant de propager et de surexciter la terreur des esprits pour justifier leur victoire, les emprisonnements s'opéraient en masse par les ordres des préfets, des sous-préfets, des maires, des généraux, qui toléraient chez leurs agents inférieurs des attentats semblables contre la liberté individuelle des citoyens. Tout ce qui portait une épaulette, une écharpe, une carte d'agent de police, se croyait en droit d'ordonner des incarcérations. Nulle différence entre les départements soumis à l'état de siége

(1) Rapport du général Lapène (*Moniteur* du 20 décembre 1851).

et les autres départements, partout l'arbitraire, tempéré uniquement par le caractère et par l'humeur des fonctionnaires. Le commandant militaire dans les Basses-Alpes installa des garnisaires chez les fugitifs et fit placer leurs biens sous le séquestre. Tout individu convaincu d'avoir donné des secours en vivres et en argent à un citoyen qualifié d'insurgé, et de lui avoir accordé un asile, était considéré comme complice de l'insurrection et traité avec toute la rigueur des lois militaires.

Les hommes du 2 décembre se posaient en sauveurs de la société. Chaque département fut donc obligé de fournir à la déportation son contingent, qui varia selon le zèle des préfets, trop bien servi par les jalousies, les rancunes, les haines de petite ville et par les dénonciations arrachées aux paysans effrayés. Des convois de prétendus insurgés sillonnaient toutes les routes, sans compter les prisonniers que les voitures cellulaires dérobaient aux regards.

Un fait pourra cependant donner une idée du nombre des victimes : les bras manquèrent pour les travaux de la campagne dans les départements du Var et des Basses-Alpes; les olives, la richesse du pays, ne purent être cueillies.

Le château d'If, le fort Saint-Nicolas à Marseille, le château des Papes à Avignon, la vieille tour de Nevers, les casemates de Paris, vieux donjons et citadelles neuves, servaient de prison à des milliers de citoyens. Les prisonniers de Nevers étaient renfermés au nombre de dix ou douze dans une chambre avec un baquet non bouché qu'ils vidaient chacun à leur tour : un quart d'heure de promenade sur le préau, défense d'introduire ni tabac ni cigare dans la prison, obligation de faire maigre le vendredi pour les prisonniers nourris du dehors, voilà le règlement appliqué partout avec la même rigueur, tantôt par des employés de l'administration des prisons, tantôt par des commandants militaires. Les républicains, attachés comme des voleurs, traversaient les villes, les villages, les campagnes, suivis de leurs femmes, de leurs filles, de leurs sœurs en pleurs, et défilaient devant leur maison abandonnée; plusieurs furent traînés en prison par une corde à nœud coulant serrée autour du cou; des milliers de paysans, d'ouvriers, d'artisans, passaient de la lumière et de l'air libre aux ténèbres des tours féodales et des entre-ponts des navires de guerre; plus malheureux peut-être encore ceux qui avaient réussi à passer la frontière, le sabotier du Morvan perdu dans les rues de Bruxelles, ou le portefaix du Midi errant dans les brouillards de Londres.

La préfecture de police reçut les prisonniers du coup d'État faits à Paris. Ils étaient dirigés de là sur la prison cellulaire de Mazas et sur les forts de Bicêtre et d'Ivry. Les prisonniers qui ont séjourné au dépôt de la préfecture de police, déclarent que nulle part, même sur les pontons, leurs souffrances n'ont été aussi grandes. Huit cent trente-trois personnes sont restées pendant trois jours et trois nuits dans une salle sans air, entassées les unes sur les autres au point de ne pouvoir ni marcher, ni s'asseoir, et d'être obligées de s'engrener pour ainsi dire les unes dans les autres afin de dormir un moment. On sait qu'un certain nombre de représentants avaient été conduits à Mazas; ils y trouvèrent un tel encombrement que l'un d'eux, M. Lemaire, représentant de l'Oise, partisan du président Louis-Bonaparte, dut entrer dans une cellule de punition vidée pour le recevoir. L'espace manquant de jour en jour, la police fit mettre en liberté successivement les prévenus de vagabondage et les prévenus de la police correctionnelle; d'honnêtes citoyens dont le seul crime était d'être suspects à la tyrannie remplaçaient ces coquins. La prison de Sainte-Pélagie reçut les prisonniers de quelque importance, représentants ou non, sur le sort desquels le gouvernement ne semblait pas encore fixé; M. Duvergier de Hauranne eut le temps de s'y rencontrer (1) avec MM. Marc Dufraisse, Greppo et Miot.

Les arrestations sous les plus futiles prétextes continuèrent longtemps après la victoire des bonapartistes; M. Leman, médecin de Phalsbourg, fut emprisonné et banni, au bout de quarante-huit jours de détention, comme colporteur de journaux sans autorisation; des habitants de Brest, coupables de garder chez eux un buste de Ledru-Rollin, subirent la peine du bannissement. Tout était devenu prétexte à incarcération. Le gouvernement célébrait-il quelque fête, la police arrêtait « les hommes que leurs antécédents politiques rendent dangereux ». Des emprisonnements eurent encore lieu, le 29 mai 1852, à Orléans, par suite d'un nouvel examen des dossiers. Le gouvernement inventait tous les jours de nouveaux délits : Défense absolue, par exemple, de déposer des couronnes au pied de la colonne de la Bastille. Une double condamnation frappa les citoyens Guilbert et Ameline, l'un pour avoir jeté des immortelles par-dessus la grille, l'autre

(1) C'est par suite d'une erreur que le nom de M. Duvergier de Hauranne ne figure pas dans notre premier volume sur la liste des représentants arrêtés par les ordres du président Louis-Napoléon Bonaparte.

pour s'être présenté sur la place avec une branche de laurier ornée de faveurs rouges; un citoyen, à Bordeaux, ayant crié : *Vive la République !* sur le passage des prisonniers politiques, les gendarmes s'en emparent et le forcent à prendre place dans le convoi. Les conseils de guerre fonctionnaient partout avec le même zèle, entravant autant que possible la défense, et dictant en quelque sorte leurs discours aux avocats. Le défenseur du commandant Degromi reçut du président du conseil de guerre de la Gironde l'ordre de ne pas parler dans sa plaidoirie de la violation de la constitution, et ce même président s'appuya sur cette même constitution pour appliquer la peine.

Le gouvernement allait trop loin, il le comprit : M. de Persigny, ministre de l'intérieur, adressa, le 23 janvier 1852, une circulaire aux membres des commissions militaires « pour rendre à leurs familles, quel que soit d'ailleurs l'état de l'instruction commencée, tous les détenus qu'ils jugeraient n'avoir été qu'égarés ». Les commissions mixtes furent instituées en même temps par une ordonnance portant la signature de MM. de Persigny, ministre de l'intérieur, Abbatucci, ministre de la justice, et Saint-Arnaud, ministre de la guerre. Ces commissions, composées du préfet, du procureur général et du général commandant la division militaire, pouvaient ordonner le renvoi devant les conseils de guerre, la transportation à Cayenne et en Algérie, l'expulsion, l'éloignement momentané, l'internement, la comparution devant la police correctionnelle, la mise sous la surveillance, peines appliquées avec une extrême rigueur. La proclamation suivante, concernant les simples internés, peut donner une idée de la dureté avec laquelle les autres condamnés étaient traités :

« M. le ministre de la police générale est informé que des insurgés de décembre, internés ou placés sous la surveillance de la police, se *permettent* de quitter, sans autorisation signée de moi, la résidence qui leur a été assignée et même de se diriger sur Paris sans passeports.

» Ces *individus* se mettent dans le cas d'être arrêtés et traduits devant les tribunaux pour fait de *rupture de ban*, et d'être par suite expulsés du territoire français.

» Je vous invite à donner connaissance de cette disposition aux individus internés ou en surveillance dans les localités dont l'administration vous est confiée.

» Vous ne leur laisserez pas ignorer que s'ils y contreviennent, ce ne sera *pas impunément*.

» Recevez, etc.

» *Le préfet de l'Yonne*, Rodolphe D'ORNANO. »

L'internement avait lieu quelquefois sur place, c'est-à-dire qu'il était interdit aux républicains de quitter la ville qu'ils habitaient au moment du coup d'État ; MM. Emmanuel Arago et Ferdinand de Lasteyrie ne purent s'éloigner de Paris tant que dura ce caprice du gouvernement.

Trois mille quatre cent dix-sept chefs de famille étaient transportés en Algérie ; deux cents travaillaient aux routes sous les ordres de sergents habitués à conduire les ateliers de boulet. L'un d'eux avait commis le crime de cacher chez lui le docteur Lachamp (de Thiers); M. Miot, représentant du peuple, en route pour Cayenne, fut tout à coup, sans connaître la cause de ce changement, dirigé sur l'Algérie. D'autres condamnés, parmi lesquels M. Souesme (du Loiret), partirent pour la Guyane avec les forçats. Le gouvernement, dans toute la ferveur de sa récente alliance avec le clergé, poursuivait les délits religieux avec la même rigueur que les délits politiques. Sur une liste donnée par la *Patrie* figurait un citoyen transporté à Cayenne pour outrage à la religion.

L'histoire ne saura exactement le nombre et le chiffre des transportés que lorsque les archives du ministère de la marine lui auront été ouvertes. Le premier convoi partit, comme on l'a vu dans le volume précédent, le 9 janvier du fort de Bicêtre pour le Havre ; le lendemain, les 420 citoyens qui en faisaient partie furent embarqués à bord de la frégate à vapeur *le Canada* et entassés, 180 dans la batterie, 240 par moitié dans les deux loges du faux pont, et 80 en deux parts dans les deux cabines du gaillard d'avant; défense aux premiers d'ouvrir les sabords malgré la chaleur produite par l'agglomération des prisonniers et celle produite par la machine installée à côté d'eux. Les seconds, enfermés au nombre de 120 dans un espace de 14 mètres de long sur 4^m,40 de large, et environ 1^m,80 de haut, recevaient à peine la quantité suffisante d'air nécessaire à la respiration ; l'air et la lumière n'arrivaient aux troisièmes que par une lucarne d'un pied carré ; les prisonniers de la batterie pouvaient du moins guetter la lame et ouvrir les sabords malgré la défense, mais ceux du faux pont restaient privés de cette ressource sous peine d'être noyés par les vagues qui longeaient la frégate. La manche à vent, énorme sac pareil à celui d'une trémie, mais plus long, et fixé au milieu du mât par un triangle de toile présentant ensuite la bouche du tube à l'air qui s'y engouffre, faisait parvenir un peu de fraîcheur dans cet enfer, mais chaque prison n'en pouvait jouir que pendant deux heures sur vingt-quatre. Les émanations d'un grand baquet placé au centre de chaque loge et destiné à tout le monde, corrompaient le peu d'air respirable qui restait aux déportés ; le commandant aurait pu leur éviter cette torture en leur permettant de monter aux quatre poulaines voisines, il s'y refusa.

Journées terribles, nuits plus affreuses encore ! le roulis, le mal de mer, l'obscurité, une couverture de cheval pour lit ! Encore si chaque prisonnier avait pu s'étendre ; mais faute d'espace, la moitié des condamnés restait debout attendant que l'autre moitié vînt prendre sa place ; pour toute nourriture celle des forçats : débris de biscuits, baquet de bouillon maigre sur lequel nageaient de gros pois secs pleins des charençons, légumes assaisonnés de quelques gouttes d'huile puante et pleine de vers morts. Chaque prisonnier en partant reçut une ration de onze centilitres de vin ; M. Ducos, ministre de la marine, crut devoir interdire cette distribution par dépêche télégraphique, sous prétexte que les règlements de la marine française défendaient d'accorder du vin aux prisonniers de guerre, — les républicains du *Canada* étaient considérés comme tels — ; impossible de se procurer des provisions pour de l'argent ; le commandant, pendant une relâche forcée de quatre jours dans la rade de Cherbourg, ne voulut autoriser aucun achat en ville.

La difficulté de boire était une des plus grandes souffrances des prisonniers : approchant leurs lèvres brûlantes des caisses à eau attachées aux murailles de la frégate, ils tetaient l'eau, car c'est l'expression véritable, par les siphons ; les hommes valides parvenaient à calmer un peu leur soif, mais comment mettre fin à la torture endurée par les malheureux que la maladie empêchait de se lever ? « Un des prisonniers, après avoir pris de l'eau dans sa bouche, la versait dans un gobelet, et l'apportait en rampant à celui de ses compagnons d'infortune dont le mal de mer anéantissait les forces ; quand les gobelets manquaient, il fallait reverser l'eau de sa bouche, comme font les pigeons pour leurs petits, dans la bouche du malade dévoré de soif (1). »

Les prisonniers de la batterie privés de cette triste ressource, allaient, aux heures des repas, chercher dans les bidons une certaine quantité d'eau potable, bientôt épuisée; impossible de la renouveler la nuit, c'est-à-dire au moment de la plus suffocante température. La tempête joignit ses souffrances aux rigueurs de cette discipline de bagne : les transportés du *Canada*, roulant les uns sur les autres, dans un enfer de chaleur et de puanteur, restèrent pendant quatre jours les écoutilles fermées ; la frégate arriva enfin en rade de Brest. Le gouvernement avait, dit-on, fait croire au commandant du *Canada* que les hommes qu'il transportait sur son navire étaient des repris de justice. Cette erreur seule peut expliquer sa dureté. Les matelots de l'équipage cependant ne s'y trompèrent point ; ils se montrèrent humains et compatissants pour les transportés, parmi lesquels figuraient MM. Michot-Boutet, Alexandre Martin, représentants du peuple pour le département du Loiret, M. Pereira, ancien commissaire de la république et préfet de ce département, le colonel Mouton, vieux soldat de Waterloo, le fabuliste Lachambaudie, le docteur Deville, les journalistes Cahaigne, Xavier Durrieu et Magen.

MM. Pereira, Alexandre Martin, Michot-Boutet, avaient tenté d'organiser à Orléans la résistance légale

(1) Récit de M. Cahaigne reproduit dans le livre de M. Victor Schœlcher : *Le gouvernement du 2 décembre.*

contre la violation de la constitution. Voilà pourquoi ils étaient sur la route de Cayenne. M. Abbatucci, revêtu du titre de ministre de la justice, avait été l'ami du premier et le collègue des deux autres, il demanda leur grâce sans pouvoir d'abord l'obtenir. Heureusement le *Canada*, chassé par la tempête, fut obligé de se réfugier à Cherbourg. M. Abbatucci put recommencer ses démarches qui cette fois furent couronnées de succès. M. Deville père, ancien constituant, était emprisonné à Belle-Isle pendant que son fils, médecin, attaché aux travaux anatomiques de la Faculté, roulait dans la cale d'un vaisseau de l'État. La Faculté s'adressa, pour le sauver, à M. Fortoul, ministre de l'instruction publique, qui renvoya les solliciteurs au ministre de la guerre ; ce dernier répondit : « Il est trop tard, le navire qui porte M. Deville vient de partir. » Il se trompait : MM. Martin, Michot, Pereira et Deville furent débarqués à Brest et enfermés dans le château de cette ville. Le *Duguesclin* attendait dans le port les autres transportés du *Canada* pour les conduire à Cayenne : le transbordement de ces infortunés s'opéra le 17 janvier devant quatre pièces de canon et deux équipages armés jusqu'aux dents ; les transportés descendirent dans la batterie basse fermée de chaque côté par des corps de garde en planches cuirassées de plaques de fer. Les gendarmes, carabine chargée au bras, occupaient ces corps de garde d'où leur regard pouvait plonger dans la batterie ; quatre caronnades à l'arrière et deux à l'avant, avec les artilleurs aux pièces, menaçaient les transportés toutes les fois qu'ils étaient autorisés à monter sur le pont pour respirer.

Pourquoi MM. Alexandre Martin et Michot-Boutet

étaient-ils traités avec plus de rigueur que tant d'autres représentants coupables, puisqu'il faut employer ce mot, des mêmes tentatives de résistance ? Impossible de répondre à cette question, car le hasard fut la seule règle chargée de présider aux sentences des hommes du coup d'État.

Le commandant et le commandant en second du *Duguesclin* ne furent guère plus humains pour les transportés que le commandant du *Canada* : même régime à peu près, même traitement. Le directeur de la prison d'Ivry avait fait distribuer une cuiller par homme ; heureux ceux qui n'oublièrent pas ce précieux ustensile ; M. Deville, en quittant le *Canada*, laissait la sienne ; ses compagnons se la disputèrent comme un trésor : sur le *Canada* ils avaient du moins une cuiller par dix hommes; sur le *Duguesclin* ils mangeaient par force avec leurs doigts. Le poëte Lachambaudie était, comme on l'a vu, au nombre des prisonniers. L'aile blanche d'un goëland qui rasait l'étroit sabord de sa prison, lui inspira des vers (1) touchants qui circulèrent dans Brest et ouvrirent les cœurs à la pitié ; les dames de cette ville s'ému-

(1) LES GOELANDS.

J'ai vu les goëlands sur la mer écumante
Dormir insoucieux au sein de la tourmente.
Si l'un d'eux quelquefois poussait des cris plaintifs,
C'était par son doux nid penché sur des récifs.
  Ainsi de nous, pauvres captifs !
  Sur la paille des casemates
  Et sur les humides sabords
  De la plus vieille des frégates,
Nos âmes reposaient calmes et sans remords.
Si des pleurs se mêlaient à nos voix gémissantes,
C'est que nous regrettions nos familles absentes.
Mais du moins les oiseaux retournaient à leurs nids !
  Et nous, les malheureux bannis,
Hélas ! reviendrons-nous vers nos foyers bénis ?

rent au récit des souffrances des républicains ; elles cherchèrent à les adoucir ; une souscription fut ouverte : les prisonniers, entre autres objets précieux, reçurent trois cents cuillers et du savon !

Cependant la privation d'air et d'exercice, la détention prolongée dans un espace insuffisant, les émanations pestilentielles de l'espèce de fosse commune où les transportés étaient entassés, le chagrin, l'incertitude de l'avenir, la nostalgie, ne tardèrent pas à produire leur effet ordinaire : une affreuse maladie pédiculaire se déclara parmi les prisonniers, gale d'un genre particulier dont les plaies envenimées par la vermine causaient d'intolérables souffrances ; l'infirmerie fut bientôt encombrée de malades pour lesquels les médecins demandèrent une ration de vin, ces derniers déclarèrent également qu'il était nécessaire de l'étendre aux autres prisonniers. La réponse des bureaux fut un refus. L'infirmerie du bord n'étant plus assez vaste pour contenir les malades, il fallut les transporter à l'hôpital de Brest.

Le gouvernement, n'osant pas réaliser ses projets de transportation générale à Cayenne, quelques-uns des prisonniers du *Duguesclin* furent mis en liberté ; les autres figurèrent dans trois catégories : expulsés, internés, transportés à Cayenne et en Algérie. Le 12 mars il ne restait plus à bord du *Duguesclin* que trois malheureux républicains, condamnés à suivre les forçats à Cayenne ; les autres voguaient sur le *Mogador* vers l'Algérie ; ils chantèrent la *Marseillaise* jusqu'au moment où les côtes de France disparurent à l'horizon.

La persécution ne se ralentissait pas en France. Les conseils de guerre ayant relâché des suspects, faute de preuves et de témoignages, le gouvernement en conçut un vif mécontentement, et la police redoubla de violence et de sévérité. « M. de Maupas », dit un journal belge, en parlant des détenus dans les prisons de la capitale, « fait *bluter* de nouveau tous leurs antécédents ; ils quitteront Paris non comme insurgés, mais comme *pirates*. » Des hommes, démoralisés sans doute par la peur, ne craignaient pas de venir en aide à la police et d'applaudir à ses exécutions. Plusieurs propriétaires, dans le département de l'Allier, firent des battues pour s'emparer des républicains fugitifs ; les membres d'un cercle à Moulins se mirent à la fenêtre pendant qu'un convoi de ces malheureux passait, et le poursuivirent de leurs ignobles railleries. Le parti conservateur se montrait aussi impitoyable contre les vaincus que le parti bonapartiste : un journal légitimiste, *l'Union*, appelait les républicains traqués de tous côtés, ou entassés dans les prisons, les geôles, les casemates, les cales de navires, « le parti du crime ». Le conseiller d'État Quentin-Bauchart, envoyé en mission avec Canrobert et Espinasse lorsque le gouvernement crut devoir faire semblant de s'adoucir, dit dans son rapport « qu'il ne voit d'hésitation pour la clémence que parmi les hommes connus pour appartenir aux anciens partis ».

La *Patrie* portait le chiffre des expulsions seulement à 6000 ; l'*Indépendance belge* du 16 avril 1852 compte 3200 expulsés, internés, transportés, rien que dans l'Hérault, au moment de la dissolution de la commission mixte de ce département. Les commissaires maintinrent 9144 condamnations, après les révisions et les grâces, dans les vingt-huit départements visités par eux. Les républicains semblaient être tout simplement mis hors la loi : le Prince-président s'approchait-il d'une ville, on les enfermait comme suspects. « Hier et avant-hier, dit un journal de Nîmes (1), quelques arrestations ont été faites dans notre ville. Un certain nombre de personnes placées sous la surveillance de la police, avant l'acte sauveur du 2 décembre, à cause de leur exaltation politique, ont été l'objet de cette mesure toute de prévoyance. Nous croyons savoir que leur relaxation aura lieu aussitôt après le départ du Prince. » Des mesures semblables furent prises à Moulins, Clamecy, Lyon, Saint-Etienne, etc. Malheur aux républicains qui se mêlent encore de politique. MM. Mezaisse et Josse (de Caen), à l'époque des élections pour le Corps législatif, écrivent à leurs amis : « le parti a résolu de s'abstenir ». Leur écriture est reconnue, ils sont arrêtés sous la prévention « de manœuvres électorales frauduleuses ». Ces deux citoyens, mis au secret pendant trois jours, détenus préventivement pendant trois semaines, enfin acquittés par le tribunal, restèrent en prison trois semaines de plus par la seule volonté du préfet du Calvados (2), qui leur fit signifier verbalement un beau matin qu'ils avaient quatre jours pour quitter la France.

La police signalait le moindre acte d'opposition, et les tribunaux le punissaient avec sévérité : M. Selles, ancien conseiller à la cour d'appel de la Martinique, et M. Coqueray, directeur d'assurances à Versailles, furent condamnés à la prison pour résistance aux agents qui voulaient les forcer à saluer le Prince-président.

(1) *Courrier du Gard*, 4 octobre 1852.
(2) Pierre Leroy.

Le 1ᵉʳ janvier 1853, le nombre des soumissions, c'est-à-dire des citoyens rentrés après avoir pris l'engagement de « se soumettre à la volonté nationale si clairement manifestée dans le scrutin, et de ne rien faire désormais contre le gouvernement de l'élu du pays », dépasse à peine le chiffre de 1200, gens sans opinion pour la plupart, arrêtés par hasard, victimes de la faim. Les soumis n'ont d'ailleurs qu'à se bien tenir. Si le préfet juge qu'ils violent leur engagement, que leur présence redevient un danger, ou « qu'ils se montrent indignes de leur pardon », ce fonctionnaire peut les replacer dans la situation où ils se trouvaient auparavant en France : M. Morlac, interné gracié, s'étant mis sur les rangs comme conseiller municipal à Verneuil, « M. le préfet de l'Eure a dû le rappeler à la loi de la pudeur violée, et lui a expédié des gendarmes qui l'ont conduit dans la prison d'Evreux, où il va séjourner jusqu'à ce que l'autorité dont il a affronté la sévérité le fasse réintégrer dans le lieu où il devait rester interné (1). »

Les transportés en Algérie, victimes des mauvais traitements matériels et des souffrances morales, mouraient en plus grand nombre de jour en jour. Le gouvernement, effrayé de la responsabilité de tant de malheurs, proclama, le 8 février 1853, une amnistie qui s'étendait à une faible partie de proscrits. La mort en attendait encore un grand nombre loin de leur famille et de leur pays. Le coup d'État du 2 décembre restera dans l'histoire comme l'une des plus terribles proscriptions que le monde ait vues, l'antiquité n'en connut pas de pareille, des femmes

---

(1) *Courrier de l'Eure*, 29 juillet 1852.

y furent comprises, parmi elles, Mme Pauline Roland, auteur d'écrits éloquents, mère de trois enfants auxquels on l'enleva pour la transporter en Algérie. Mme Pauline Roland et ses compagnes de captivité, couchant sur la paille, soumises à la ration militaire sans vin ni café, occupaient, au nombre de quinze, une pièce des plus étroites de la Casbah d'Oran, n'ayant pour se promener deux fois par jour qu'un préau aussi étroit que leur dortoir, sans un seul arbre pour les abriter du soleil d'Afrique. Mme Roland, transportée d'Oran à Sétif et de Sétif à Bone par les ordres du général Randon, qui voulait la punir d'avoir refusé de demander sa grâce, fut enfin autorisée à rentrer à Paris ; elle mourut en route, à Lyon, épuisée de fatigue, sans avoir revu ses enfants.

Le sentiment républicain survivait cependant à toutes les persécutions du bonapartisme, et le gouvernement en redoutait tellement les manifestations, qu'il ne craignit pas d'aller jusqu'à empêcher les vaincus d'enterrer librement leurs morts, et jusqu'à leur interdire le dernier adieu sur la tombe de leurs amis. La mère de M. Ledru-Rollin étant morte, la police fit enlever le matin son corps, personne ne put le suivre au cimetière. Le gouvernement se montra plus tolérant pour la dépouille mortelle du président de l'Assemblée constituante. Armand Marrast, en quittant le fauteuil de la présidence, avait essayé de reprendre sa plume de journaliste. Il frappa d'abord à la porte du *National*, qui aurait dû être pour lui comme une patrie, c'est à peine si on l'y reconnut ; il voulut s'acclimater ailleurs, il écrivit quelques articles dans le journal *le Crédit*, mais la plus terrible de toutes les maladies, le découragement, le prit ; il se renferma dans la solitude ; ses amis le rencontraient quelquefois, amaigri, pâle, errant dans les rues, au milieu des brouillards des plus froides matinées d'hiver; les médecins l'obligeaient à sortir ainsi tous les jours, malgré les rigueurs de la température; il était perdu. Armand Marrast mourut dans le courant de l'hiver de 1853. Ses amis l'accompagnèrent à sa dernière demeure ; mais, par ordre de l'autorité, aucun discours ne fut prononcé sur sa tombe.

Le mercredi des cendres de l'année suivante, à huit heures du matin, la voiture du préfet de police s'arrêta devant la porte de la maison n° 12, rue du Grand-Chantier, au Marais, où l'auteur des *Paroles d'un croyant* venait de mourir. Le préfet monta dans l'appartement mortuaire où il resta peu de temps. Une affiche placardée la veille à dix heures du soir au milieu des rumeurs du mardi gras avait signifié à la population de Paris que les parents et les exécuteurs testamentaires de Lamennais seraient seuls admis à suivre la dépouille mortelle au cimetière. Le lendemain cependant un assez grand nombre de citoyens, aux aguets pour ainsi dire, attendaient dans la rue enveloppée de brouillard, le moment de se joindre au convoi formé du corbillard des pauvres et de deux voitures de l'administration des pompes funèbres. Le départ du préfet de police fut le signal de la mise en marche du cortége, qui au bout de la rue se trouva en présence d'une rangée de sergents de ville. Un officier de paix dont aucun signe extérieur ne révélait les fonctions, s'écria d'une voix brève : « Sergents de ville, faites sortir cet homme, sa place n'est pas ici. » Il montrait en même temps un prêtre suivant le corbillard en tricorne et en soutane. Les agents de police se jetèrent sur lui ; le prêtre essaya de protester ; les sergents de ville l'enlevèrent.

Les journaux avaient reçu l'ordre de ne publier ni le jour ni l'heure des funérailles de Lamennais, mais son nom se transmettait de bouche en bouche, et les ouvriers prenaient place à la suite du convoi. Leur nombre grossit en traversant le faubourg Saint-Antoine. L'officier de paix, quand il fut parvenu à la rue de Charonne, cria : « Coupez la queue ! » Les sergents de ville barrèrent brusquement la rue. La même manœuvre fut répétée trois fois. Les ouvriers, à la troisième fois, tentèrent de s'y opposer : une lutte s'engagea entre eux et les sergents de ville ; le bruit en venait jusqu'à l'entrée du cimetière du Père-Lachaise, dont les portes ne s'ouvrirent que devant MM. Montanelli, David (d'Angers), Henri Martin, Carnot, Henri Barbet. Béranger ne put les franchir ; M. E. Forgues, chargé par Lamennais de la publication de sa correspondance, parvint cependant à fléchir la consigne. Le cercueil fut descendu, selon la volonté du mort, dans une de ces longues tranchées où l'on enterre les pauvres. Des troupes occupaient les abords de la tranchée désignée ; deux régiments avaient pris position sur les hauteurs du Père-Lachaise.

Des ouvriers et des étudiants, faisant le tour du cimetière, étaient parvenus à s'y introduire par une porte de service, à la suite d'un chariot de maçon. Ils arrivèrent sur le bord de la fosse commune au moment où le cercueil y glissait. Lorsqu'il fut recouvert de terre, le fossoyeur demanda : « Faut-il une croix ? » Non, répondit simplement l'un des exécuteurs testamentaires de Lamennais (1). Au même instant, un individu vêtu de noir s'avançant vers les ouvriers et les étudiants leur cria :

— Que faites-vous ici ? — Nous pleurons nos morts, répondit l'un d'eux, n'avons-nous plus ce droit? Cet homme, ouvrant son paletot, laissa voir l'écharpe d'officier de paix, et ajouta en les menaçant : Au nom de la loi, retirez-vous.

Les jeunes gens descendirent la butte et se dirigèrent vers la grande allée qui conduit à la principale porte. Ils la trouvèrent occupée par les soldats, et prirent une autre voie sur la gauche; poursuivis par des agents de police vêtus en bourgeois, ils parvinrent cependant à s'échapper en se glissant le long des tombes; sortis du cimetière, ils parcoururent quelques rues en criant : Respect aux morts! et en chantant la *Marseillaise*; mais les boutiques et les cabarets pleins de masques avinés se fermèrent sur leur passage. — Défense absolue aux journaux de dire un mot de cet enterrement.

Retournons maintenant de deux ans en arrière et entrons dans le récit de la lutte entre les proscrits républicains et l'Empire. Les vaincus organisèrent en arrivant en Angleterre trois centres de résistance contre le gouvernement qui venait de s'établir en France à la suite du coup d'État, les deux premiers, le *Comité révolutionnaire* et la *Révolution* à Londres, le troisième à Jersey. Ces comités publièrent dans le courant du mois d'octobre 1852 les trois manifestes suivants (2) :

---

(1) Lamennais avait dit dans son testament : « On ne mettra rien sur ma fosse. »

(2) *Moniteur* du 15 novembre 1852.

I.

« Citoyens,

» La démocratie a dû s'imposer quelques mois d'attente et de souffrance avant de frapper le brigand qui souille notre pays, afin de se réorganiser malgré la terreur bonapartiste.

» Soyez donc prêts à tout et à chaque instant. Tâchez de vous voir et de vous rassembler souvent par deux, par quatre, par six, par dix, s'il est possible ; formez des groupes et des centres qui communiquent entre eux de vive voix. Conspirez enfin avec courage et prudence, car la persécution doit rendre ardents ceux qu'elle voudrait anéantir. Quand la grande nouvelle vous arrivera, qu'elle vous trouve debout, sans vous surprendre comme celle du 2 décembre ; rappelez-vous que, ce jour-là, vous avez attendu en vain un signal de la part des traîtres ou des lâches qui se disaient vos chefs ; ne soyez donc plus des moutons qu'on mène, soyez des hommes.

» Aussitôt que vous apprendrez que l'infâme Louis Bonaparte a reçu son juste châtiment, quel que soit le jour ou l'heure, partez de tous les points à la fois pour le rendez-vous convenu entre plusieurs groupes, et de là marchez ensemble sur les cantons, les arrondissements et les préfectures, afin d'enfermer dans un cercle de fer et de plomb tous les vendus, qui, en prêtant le serment, se sont rendus complices des crimes de leur maître. Purgez une bonne fois la France de tous les brigands qu'elle nourrit et qui la rongent. Depuis quatre ans, vous avez appris à les connaître. Lorsque luira le jour de justice, que ni votre cœur ni votre bras ne faiblissent, car vos ennemis généreusement épargnés redeviendraient bientôt vos persécuteurs et vos bourreaux. En punissant les pervers, le peuple devient le ministre de la justice de Dieu !...

» N'oublions pas aussi que la France est chargée des malédictions de la démocratie européenne qui attendait de notre initiative son signal de délivrance. Malgré nos faiblesses et nos défaillances, les nations lèvent encore vers nous leurs mains enchaînées et leurs yeux où brille un dernier rayon d'espoir ; montrons-nous dignes de la sublime mission de progrès et d'avenir que le monde entier semble nous avoir confiée ; ouvrons aux peuples le chemin de la république universelle par la révolution démocratique et sociale de la France ! »

» LE COMITÉ RÉVOLUTIONNAIRE.

» Octobre 1852. »

II.

AU PEUPLE.

« Citoyens,

» Lorsque nos pères, il y a près de cinquante ans, laissèrent monter au trône le soldat d'Arcole et de Toulon, en un seul vote ils consommèrent tous les crimes contre la patrie, plus tard souillée par deux invasions : crime contre l'humanité qu'ils jetèrent dans les crises et dans le sang; crime contre la pensée libre qu'ils livrèrent à la force insolente; crime contre leurs enfants par eux dépouillés et dont le patrimoine à reprendre a coûté deux révolutions; crime, enfin, contre eux-mêmes et contre leur mémoire, car ils se suicidèrent en se déshonorant.

» Aujourd'hui, citoyens, on vous invite à renouveler ce bail infâme de la servitude; on vous convie au second empire, et ce n'est pas la victoire cette fois qui lui sert de marraine, c'est la police, et ses campagnes d'Italie s'appellent Mazas, Cayenne, Lambessa.

» Si la France, éblouie par les éclairs d'une grande épée, se déshonora pourtant et se perdit aux calendes de l'an IV, que dira-t-on de vous par toute la terre, de vous, citoyens majeurs, chevronnés par deux révolutions et venant aujourd'hui, comparses de la police, couronner le César du guet-apens?

» La conscience n'a qu'un nom pour un pareil suicide : lâcheté ; et l'histoire n'aurait qu'une place pour un tel peuple : les gémonies !

» Citoyens.

» L'exercice de la souveraineté n'est qu'une abominable trahison et la plus triste des comédies humaines quand la liberté ne tient pas les urnes; or, qui les tient aujourd'hui? la dictature de l'assassinat, le 2 décembre !

» Le vote au scrutin, même secret, n'est que le vol organisé, quand c'est le mensonge qui dépouille, sous les auspices et sous les faisceaux de la force. Or, qui les dépouille aujourd'hui ces bulletins effacés, tombés dans l'urne sous l'œil des gendarmes? Le mensonge incarné, le parjure hypocrite et sanglant, le système du 2 décembre !

» Un peuple peut voter pour ou contre, sur l'impôt, sur la paix, sur la guerre et sur les formes relatives de la souveraineté, quand elles n'engagent pas le fond; mais sur l'existence elle-même de cette souveraineté, sur le droit inaliénable, éternel, sur le principe et l'essence de la vie, *tout vote est un crime; on ne doit répondre que par les armes!*

» Quelle est, aujourd'hui, la question posée? L'Empire, l'Empire héréditaire! c'est-à-dire l'abdication de la souveraineté se couchant dans la servitude éternelle comme un soleil éteint dans la mer, l'aliénation à perpétuité de soi-même et de ses enfants, la mort volontaire, sans réveil et déshonorée.

» Citoyens, vous ne commettrez pas cet attentat horrible ; vous n'étendrez pas, comme un suaire, sur la tombe de la République scellée par vous, la pourpre souillée d'un César de carrefour ; vous ne porterez pas une main impie sur vos révolutions, sur vos trophées, sur vos espérances, sur la civilisation qui ne vit que de liberté, sur vos enfants et sur vous-mêmes !

» Vous ne consommerez pas ce grand meurtre de l'honneur et du devoir : vous ne voterez pas !

» Laissez la police et les parasites de tous les temps travailler à la guirlande impériale, et vous, préparez le chanvre vengeur.

» Oui, la nuit, le jour, au milieu des foules comme dans l'ombre, reconnaissez-vous, organisez-vous, fortifiez-vous. Que chacun vive dans tous et tout dans chacun ; qu'une foi commune vous anime, la foi révolutionnaire, implacable, persévérante, hardie comme celle de nos pères de 92, et toujours prête à se lever, à frapper.

» Citoyens, devant un tyran, un parjure, un assassin des libertés publiques, voilà le seul grand devoir à remplir.

» La Société LA RÉVOLUTION.

» Octobre 1852. »

III.

AU PEUPLE.

« Citoyens,

» L'Empire va se faire. Faut-il voter? Faut-il continuer de s'abstenir? Telle est la question qu'on nous adresse.

» Dans le département de la Seine, un certain nombre de républicains, de ceux qui jusqu'à ce jour se sont abstenus, comme ils le devaient, de prendre part, sous quelque forme que ce fût, aux actes du gouvernement de M. Bonaparte, sembleraient aujourd'hui ne pas être éloignés de penser qu'à l'occasion de l'empire une manifestation opposante de la ville de Paris, par la voie du scrutin, pourrait être utile, et que le moment serait peut-être venu d'intervenir dans le vote. Ils ajoutent que, dans tous les cas, le vote pourrait être un moyen de recensement pour le parti républicain ; grâce au vote, on se compterait.

» Ils nous demandent conseil.

» Notre réponse sera simple ; et ce que nous dirons pour la ville de Paris peut être dit pour tous les départements.

» Nous ne nous arrêterons point à vous faire remarquer que M. Bonaparte ne s'est pas décidé à se déclarer empereur sans avoir au préalable arrêté avec ses complices le nombre de voix dont il lui convient de dépasser les 7 500 000 de son 20 décembre. A l'heure qu'il est, 8 millions, 9 millions, 10 millions, son chiffre est fait. Le scrutin n'y changera rien. Nous ne prendrons pas la peine de vous rappeler ce que c'est que « le suffrage universel » de M. Bonaparte, ce que c'est que les scrutins de M. Bonaparte. Manifestation de la ville de Paris ou de la ville de Lyon, recensement du parti républicain, est-ce que cela est possible? Où sont les garanties du scrutin? où est le contrôle? où sont les scrutateurs? où est la liberté? Songez à toutes ces dérisions. Qu'est-ce qui sort de l'urne? la volonté de M. Bonaparte ; pas autre chose. M. Bonaparte a les clefs des boîtes dans sa main, les *Oui* et les *Non* dans sa main, le vote dans sa main. Après le travail des préfets et des maires terminé, ce gouvernant de grands chemins s'enferme tête-à-tête avec le scrutin et le dépouille. Pour lui, ajouter ou retrancher des voix, altérer un procès-verbal, inventer un total, fabriquer un chiffre, qu'est-ce que c'est? Un mensonge, c'est-à-dire peu de chose ; un faux, c'est-à-dire rien.

» Restons dans les principes, citoyens. Ce que nous avons à vous dire, le voici :

» M. Bonaparte trouve que l'instant est venu de s'appeler *Majesté*. Il n'a pas restauré un pape pour le laisser à rien faire ; il entend être sacré et couronné. Depuis le 2 décembre, il a le fait, le despotisme ; maintenant il veut le mot, l'empire. Soit.

» Nous, républicains, quelle est notre fonction? quelle doit être notre attitude?

» Citoyens, Louis Bonaparte est hors la loi ; Louis Bonaparte est hors l'humanité. Depuis dix mois que ce malfaiteur règne, le droit à l'insurrection est en permanence et domine toute la situation. A l'heure où nous sommes, un perpétuel appel aux armes est au fond des consciences. Or, soyons tranquilles, ce qui se révolte dans toutes les consciences arrive bien vite à armer tous les bras.

» Amis et frères, en présence de ce Gouvernement infâme, négation de toute morale, obstacle à tout progrès social ; en présence de ce Gouvernement meurtrier du peuple, assassin de la République et violateur des lois, de ce Gouvernement né de la force et qui doit périr par la force, de ce Gouvernement élevé par le crime et qui doit être terrassé par le droit, le Français digne du nom de citoyen ne sait pas, ne veut pas savoir s'il y a quelque part des semblants de scrutin, des comédies de suffrage universel et des parodies d'appel à la nation ; il ne s'informe pas s'il y a des hommes qui votent et des hommes qui font voter, s'il y a un troupeau qu'on appelle le Sénat, et qui délibère, et un autre troupeau qu'on appelle le peuple, et qui obéit ; il ne s'informe pas si le pape va sacrer, au maître-autel de Notre Dame, l'homme qui — n'en doutez pas, ceci est l'avenir inévitable — sera ferré au poteau par le bourreau ; en présence de M. Bonaparte et de son Gouvernement, le citoyen digne de ce nom ne fait qu'une chose et n'a qu'une chose à faire : charger son fusil et attendre l'heure.

» Vive la République !

» Les proscrits démocrates-socialistes de France résidant à Jersey, et réunis en assemblée générale le 31 octobre 1852.

» Pour copie conforme :

» *La commission,*

» Victor Hugo, Fombertaux, Philippe Faure. »

Les proscrits républicains, après avoir protesté contre l'avénement de Louis Bonaparte à l'Empire, se préparèrent à le combattre.

Le gouvernement issu des trois conspirations de Strasbourg, Boulogne et Paris, pouvait-il être renversé par une conspiration ? Les exilés, habitués pour la plupart à conspirer sous Louis-Philippe, répondirent à cette question par l'affirmative. Le gouvernement de Bonaparte leur parut attaquable à la fois par les conspirations militaires et par les conspirations civiles.

L'armée ne s'était pas ralliée tout entière et sans répugnance au coup d'État. Le général Canrobert, uniquement retenu, disait-il, par le point d'honneur militaire, s'était engagé à se séparer du gouvernement après ce qu'il appelait le combat; le maréchal Saint-Arnaud fut sur le point de donner sa démission à la suite des décrets du 22 janvier; la citadelle de Lille avait servi de lieu de prison à un grand nombre d'officiers détenus pour refus de serment. Les exilés crurent donc d'abord à la possibilité de faire servir l'armée à leurs desseins; ils comptaient particulièrement sur l'armée d'Afrique, et le dictateur sembla prévoir le danger qui pouvait lui venir de ce côté en insérant dans le décret d'expulsion des représentants « bannis du territoire français *et de l'Algérie* ». Le général Bosquet devait son avancement à la république, et il lui resta fidèle, du moins en pensée, jusqu'à la fin de la campagne de Crimée. Ce général exerçait sur les troupes d'Afrique une certaine influence dont ses anciens compagnons d'armes, restés ses amis politiques, espéraient profiter dans leurs tentatives contre l'Empire. Un plan de conspiration militaire a-t-il été tracé, des préparatifs sérieux ont-ils eu lieu pour le mettre à exécution ? L'histoire ne peut que le soupçonner, tant que les correspondances de plusieurs généraux de cette époque n'auront pas été publiées. Il est évident toutefois que le parti républicain ne devait pas s'attendre à exercer une action bien grande sur l'armée;

les conspirations militaires répugnaient d'ailleurs aux républicains de l'intérieur. Le nom du général Cavaignac pouvait être utilement invoqué devant les soldats, mais n'était-ce pas déjà trop pour la France que l'armée se fût associée une fois à un coup de main contre le pouvoir? Le général Cavaignac en était trop sincèrement convaincu pour servir de point de ralliement aux conspirateurs de l'armée. Le bruit de la découverte d'un complot militaire à Saint-Omer circula cependant à la veille de la proclamation de l'Empire. Des officiers de la garnison de Lille formèrent, dit-on, le projet de frapper le dictateur dans un bal donné en son honneur à l'Hôtel de ville. Ces complots, s'ils ont jamais été sérieux, ne trouvaient guère alors que des incrédules.

Le dictateur se tenait sur ses gardes, et sa police voyait partout des conspirateurs. Quinze cents billets d'un bal organisé à l'École militaire ayant disparu du tiroir où ils étaient renfermés, la crainte d'un complot fit changer la couleur des cartes d'entrée; une conspiration dont les membres se réunissaient dans une maison isolée de la rue de la Reine-Blanche, presque en face des Gobelins, ne tarda pas à être dénoncée. La police, en pénétrant dans cette maison, trouva les conspirateurs occupés à entourer des tubes en fonte de toile de coutil goudronnée destinés à remplir l'office de canons; des perquisitions à leur domicile amenèrent la découverte d'une association ayant, d'après les feuilles du gouvernement, les plus vastes ramifications; de nombreuses arrestations furent opérées. Le *Moniteur* déclara cependant quelques jours après qu'il ne fallait pas attacher une trop grande importance au complot de la *Reine-Blanche*. Le tribunal de police correctionnelle n'en prononça pas moins, le 18 septembre 1852, les condamnations suivantes contre les accusés Viguier, ancien officier de marine, deux ans de prison (par défaut); Durand père, trois ans; femme Durand, deux ans; Durand fils, quinze mois; Corbet, trois ans; Ménard, dix-huit mois; Berthé, trois ans; Paté, deux ans; Carpeza, deux ans; Brasseur, vingt mois; Machinal, dix-huit mois; Pelletier, deux ans; Gradelet, quinze mois; femme Desmares, deux ans; Henri Favre, médecin, deux ans. Ces citoyens montrèrent une grande fermeté pendant les débats, et ils accueillirent le jugement aux cris de : *Vive la République!*

Le Prince-président allait commencer dans le Midi son voyage à la recherche d'une couronne; M. Sylvain Blot, préfet de police à Marseille, met aussitôt la main sur une machine infernale se composant de 250 canons de front, plus de quatre canons de tromblon divisés en 28 assemblages, déposés dans une maison du grand chemin d'Aix.

La police s'introduit dans cette maison et s'empare de deux hommes : Baekler et Gaillard. Ce dernier s'échappe. Des arrestations ont lieu à Paris et dans toute la France. Les journaux du gouvernement apprennent à leurs lecteurs que la machine infernale de Marseille a été fabriquée par les membres d'une société secrète dite des *invisibles*, dont le but est la mort du chef de l'État, le pillage et la ruine de la société. Les projets incendiaires des invisibles vont se dérouler devant la cour d'assises, car Gaillard a été entouré, pris et garotté à Saint-Étienne dans le bureau même du commissaire de police où il est venu chercher un passe-port. Les journaux officieux s'étendent sur l'arrestation de cet homme et sur ses révélations touchant la terrible société dont il est évidemment le chef. Le lendemain ils sont obligés de se rétracter : l'homme en prison à Saint-Étienne n'est qu'un faux Gaillard, le vrai est en fuite, mais on ne tardera pas à l'arrêter. La machine infernale, en attendant, est déposée au greffe de la cour d'assises d'Aix qui a commencé l'instruction de l'affaire. Le plébiscite pour le rétablissement de l'Empire ayant été adopté à une majorité considérable, la machine infernale fut mise de côté.

Blanqui s'étant échappé de Belle-Isle, et quelques troubles ayant eu lieu à Paris à l'enterrement de l'ouvrier Lebon, de nouvelles arrestations désolèrent les familles dans les départements et à Paris. Le procès de la machine infernale de Marseille allait, dit-on, être repris ; mais bientôt l'attention publique fut attirée par la presse du gouvernement sur une nouvelle conspiration. La police venait, à les en croire, de s'emparer des émissaires du comité de la *Commune révolutionnaire* de Londres, porteurs d'une liste de gens auxquels ils pouvaient s'adresser pour contracter un emprunt. Les vexations et les persécutions redoublèrent à cette occasion contre les républicains. Le préfet de Vaucluse lança des circulaires pour empêcher les réunions aux funérailles ; le commissaire central saisit à Marseille le produit d'une quête qui se faisait, d'après lui, dans un but essentiellement politique. Les prisons se remplirent de nouveau ; la police prétendit avoir trouvé chez certains individus arrêtés des *diplômes* de « membres de la sainte cause ».

La misère était grande parmi les réfugiés à Londres. Le comité de la *Commune révolutionnaire* eut l'idée d'émettre des bons à un franc, qui, joints au produit de la vente de divers manifestes républicains sortis de la plume de Félix Pyat, viendraient en aide aux familles des proscrits. La police mit la main sur les émissaires partis de Londres pour placer à Paris ces bons et ces manifestes. Elle découvrit une partie de leurs papiers dans la boutique d'une fruitière de la rue Neuve-des-Augustins, la veuve Libersalle; elle eut aussitôt recours à sa tactique ordinaire. Elle groupa les personnes arrêtées en diverses catégories, forma un faisceau de faits isolés, de façon à le présenter comme le résultat d'un complot. La justice se chargea du reste. Les débats de l'affaire de la *Commune révolutionnaire* s'ouvrirent le 22 juillet 1853 devant la police correctionnelle; vingt et un individus étaient inculpés.

Premièrement : Félix Pyat, Boichot, Caussidière, L. Avril, Rougée, Raoul Bravard, Aug. Berlier, Génin, Alph. Gravier, veuve Libersalle, Bardot, Cordier, Laugénie, Merlet et Vigneaud, d'avoir, en 1852 et en 1853, fait partie d'une société secrète ;

Deuxièmement : Félix Pyat, Boichot, Caussidière, L. Avril, Rougée, Bravard et Berlier, d'avoir été les chefs et fondateurs de ladite société ;

Troisièmement : Bravard, Berlier, Génin, Gravier, veuve Libersalle, femme Foubard, époux Obin et Desenfants, d'avoir à Paris, en 1853, distribué des écrits sans autorisation ;

Quatrièmement : Bravard, Berlier, Génin, Gravier, veuve Libersalle, femme Foubard, époux Obin et Desenfants, d'avoir, par l'un des moyens énoncés en l'art. 1er de la loi du 17 mai 1819, en vendant et en distribuant l'écrit intitulé : *Lettre au peuple français*, daté de Londres le 22 septembre 1852, et signé : F. Pyat, Caussidière et Boichot : 1° attaqué la constitution ; 2° attaqué le principe de la propriété et les droits de la famille ; 3° excité à la haine et au mépris du gouvernement ; 4° commis le délit d'attaque contre les droits et l'autorité que le président de la République tenait de la Constitution, et d'offenses envers sa personne ; 5° adressé aux militaires des armées de terre et de mer des provocations ayant pour but de les détourner de leurs devoirs et de leur obéissance à leurs chefs ; 6° attaqué le respect dû aux lois et l'inviolabilité des droits qu'elles ont consacrés ; 7° cherché à troubler la paix publique en excitant la haine ou le mépris des citoyens les uns contre les autres ; 8° outragé et tourné en dérision les religions dont l'établissement est légalement reconnu en France ; 9° provoqué au crime d'assassinat sans que ladite provocation eût été suivie d'effet ; 10° provoqué à l'attentat ayant pour but, soit d'exciter la guerre civile en portant les citoyens à s'armer les uns contre les autres ; soit de porter la dévastation, le meurtre, dans une ou plusieurs communes, sans que ladite protestation eût été suivie d'effet ; 11° provoqué à l'attentat ayant pour but d'exciter les citoyens et habitants à s'armer contre le gouvernement, sans que ladite provocation eût été suivie d'effet ;

Cinquièmement : Félix Pyat, Caussidière, Boichot, d'avoir, en écrivant, pour être publié, et en le leur envoyant pour être vendu et distribué, l'écrit ci-dessus désigné, fourni sciemment aux inculpés ci-dessus nommés les moyens de commettre les délits ci-dessus qualifiés, et de s'être ainsi rendus leurs complices ;

Sixièmement : Vergès et Roiné, d'avoir, en 1853, été

trouvés détenteurs, sans autorisation, de munitions de guerre ;

Septièmement : Vigneaud, d'avoir commis divers vols et détournements au préjudice de personnes restées inconnues.

MM. F. Pyat, Caussidière, Boichot, L. Avril, Rougée, François Bardot et Victor Desenfants étaient absents.

Raoul Bravard, suivi par la police depuis son départ de Londres, avait pris un passe-port sous un nom étranger ; le président lui en faisait un crime. Il répondit : « J'étais condamné par délit de presse ; on parlait d'une amnistie pour tous les délits de ce genre. Quelques réfugiés placés sous les mêmes conditions s'étaient présentés à la frontière, la gendarmerie les renvoya avec une feuille de route portant ce mot : *Refoulés*. Voilà pourquoi j'ai pris un passe-port qui n'était pas le mien. » Il ajouta qu'il ne connaissait aucun des coprévenus, excepté Berlier. « Je travaillais dix heures par jour à Londres. Je n'avais pas le temps de m'occuper de société secrète ; j'ai d'abord appartenu à une société de secours, je voyais mes amis avec bonheur, mais bientôt le travail m'a empêché de me rendre aux réunions de cette société. »

L'interrogatoire de Berlier jette un jour nouveau sur la façon de procéder des commissions mixtes. Le président lui rappelle qu'il a été condamné à huit jours de prison pour outrage à un magistrat.

« Oui, à un maire, mon parent, à l'élection duquel j'avais contribué. On se plaignait dans la commune de la mauvaise répartition du pain aux indigents. J'en parlai au maire ; les membres du conseil municipal s'en mêlèrent : le maire m'assigna devant la police correctionnelle sous prétexte que je l'avais appelé voleur. Les débats durèrent deux jours ; on entendit dix-huit témoins. A la seconde audience, je demandai au boulanger quand il faisait une livraison de 200 pains quel bon il recevait,

Sur l'interpellation de M. le président, il avoua qu'il recevait un bon de 400. Je fus renvoyé des fins de la plainte. En appel on m'a condamné à huit jours de prison. Plus tard, cela m'a valu d'être expulsé. »

Répondant à l'accusation d'avoir fait partie d'une société secrète, il ajoutait :

« Je n'ai fait partie que d'une société fraternelle. Voici comment : A l'origine, il y avait une société de secours dont tout le monde faisait partie ; un jour on se réunit et l'on reçoit soixante démissions. A la fin de la semaine, quand il s'agit de faire la distribution des quatre schellings qu'on donnait à chacun pour huit jours, on annonça qu'il n'y avait plus de fonds. Il y avait, à ce moment, de pauvres gens de mon pays, des paysans qui ne savaient même pas le français et qui arrivaient du pays de Galles, dans une misère affreuse. Je travaillai un peu ; un ami travaillait comme moi ; nous nous cotisâmes pour venir au secours de ces malheureux : c'est ainsi que s'est formée la société à laquelle j'ai appartenu. »

L'attitude ferme et républicaine de la plupart des prévenus augmentait encore pour les défenseurs les embarras d'une tâche déjà rendue très-difficile par l'extrême susceptibilité des magistrats. M. Jules Favre, avocat de Raoul Bravard et de la veuve Libersalle, prit le premier la parole pour répondre à l'ensemble du réquisitoire.

« Ma situation est difficile : si l'on envisage isolément les faits, il est complétement impossible de leur imprimer le caractère de la criminalité et d'en faire sortir un texte de condamnation. Il faut, pour arriver à cette conséquence, les réunir, les colorer, et j'ose dire que ce travail n'a été fait par le ministère public que dans la première partie de son réquisitoire, dans le jugement qu'il a porté sur la politique du pays en général, et tant sur l'opinion des prévenus qui sont sur ces bancs que sur les opinions de ceux avec lesquels ils sont intimement liés. C'est là une sorte de fantôme qui s'est dressé au seuil de la prévention et qui a projeté ses ombres sur le tout. S'il était possible de faire disparaître ce fantôme, il ne resterait plus que des faits de colportage d'écrits séditieux qui sont constants, mais qui ne permettraient pas au ministère public de maintenir ses réquisitions dans toute leur étendue.

» Or, ce travail qui a été facile pour le ministère public, l'est beaucoup moins pour la défense. Dans les affaires politiques aujourd'hui, — s'il y a encore des affaires politiques, — les positions ne sont plus ce qu'elles étaient. Messieurs les avocats impériaux me paraissent se tromper de temps et de lieu ; ils parlent comme si nous étions sous un régime qui permît le libre essor de la pensée publique. Cependant, M. le substitut l'a reconnu par un mot, en disant que la publicité ne devait pas éclairer ce débat. Comme il n'y a plus de publicité, il n'y a plus de liberté ; non pas que je veuille dire que les magistrats mettront des limites à ma défense, à Dieu ne plaise, mais la Constitution de notre pays proscrit la défense de certains actes, de certains faits sur lesquels le ministère public, qui n'est gêné par rien, peut s'exprimer librement, de telle sorte qu'il est bien difficile d'arriver à la manifestation de la vérité.

» Eh bien! sans l'appréciation politique de l'accusation, la criminalité disparaît ici, et cette appréciation politique, je suis dans l'impossibilité d'y répondre. Ah! dans les temps où nous vivons, je comprendrais bien qu'on vînt dire : « Voici la loi, elle oblige tous les citoyens, il faut s'incliner devant elle : cette loi a été violée par vous. » Je le répète, je comprendrais ce langage, il serait digne, et je suivrais avec plaisir le ministère public sur le terrain où il m'aurait appelé. Mais à l'heure qu'il est, vouloir faire — passez-moi l'expression — la philosophie de la prévention, essayer d'emprunter ses moyens aux vérités éternelles et aux lois primordiales qui devraient gouverner la société, ah! c'est là une grande témérité. Et que voudrait-on que je répondisse à cette partie du réquisitoire qui représente les prévenus comme étant les instruments d'une armée permanente de désordre, campant sur nos frontières, et rêvant la destruction et le pillage?

» Que veut-on encore que je réponde à ces attaques si ardentes, dirigées contre les proscrits politiques avec lesquels le ministère public suppose que les prévenus sont en complète intimité? Messieurs, je l'avoue, — et je n'aurai pas de peine à être cru du tribunal, — c'est avec une douleur véritable que j'ai entendu les paroles qui sont tombées des lèvres de l'organe de la loi ; et, quelque étroite que soit la limite dans laquelle je veuille et je doive m'enfermer, il ne m'est pas possible de ne pas protester contre elles au nom de l'honnêteté et de la vérité.

» Les proscrits auxquels vous avez fait allusion, monsieur l'avocat impérial, ne méritent pas de telles incriminations. Que parmi eux se soient glissés des hommes ardents, téméraires ; qu'on fasse circuler sous leur nom des écrits dont personne ne veut assurer la responsabilité ; ah! je serai le premier à le reconnaître. Mais les flétrir en masse comme vous l'avez fait, les représenter aux yeux de la société tout entière comme des hommes qui ont renié toute espèce de morale et de vertu, qui veulent déchaîner sur leur patrie — d'où ils ont été chassés — les fléaux du meurtre, de la destruction, du pillage ; c'est là une exagération inqualifiable, et M. l'avocat impérial aurait dû, ce me semble, se souvenir que parmi les hommes qu'il attaquait avec si peu de ménagement, il s'en rencontrait qui avaient été proscrits pour avoir fait ce que je me glorifie d'avoir fait moi-même, pour avoir défendu la loi contre la force... M. l'avocat aurait dû se souvenir encore qu'il en est d'autres qui ont été proscrits par des pouvoirs occultes dont j'ai eu le regret de trouver le nom dans la bouche de l'organe de la loi ; par des commissions mixtes, qui ont bien pu exercer le rôle de victorieux vis-à-vis des vaincus, mais qui n'ont pu prononcer de condamnation.... Rayez ce mot-là de votre réquisitoire, car nous sommes aux pieds de la justice;... il n'y a pas de condamnations là où il n'y a pas de juges.

» Quand de toutes parts se sont produits des faits qui sont de nature à fausser les notions de la vérité et du droit, vous allez vous indigner que parmi des hommes qui sont ainsi chassés de leur pays, se produisent des faits propres à provoquer la sévérité des magistrats!... Mais de ces hommes il en est beaucoup, si vous vous trouviez en leur présence, à qui vous, monsieur l'avocat impérial, à qui vous-même vous tendriez la main.

» Ah! vous avez prononcé un mot que je regrette amèrement, et qui, j'en suis sûr, n'était pas au fond de votre cœur; vous avez dit que ces hommes avaient cessé d'être nos frères.... Non! non! vous avez beau faire, il ne vous est pas donné d'effacer de leurs fronts le sceau que Dieu y a mis.

» Ils n'auraient pas cessé d'être nos frères parce qu'ils seraient égarés; ils n'ont pas cessé davantage d'être nos frères parce qu'ils sont malheureux!

» Ces hommes qui sont ainsi chassés de leur pays, est-ce que vous ne comprenez pas tout ce qu'ils doivent souffrir? Est-ce que vous ne savez pas qu'ils doivent aspirer à la patrie avec toute l'ardeur d'un cœur profondément blessé? Ces douleurs, ces irritations, ne sont-elles pas l'histoire de toutes les émigrations? Est-ce qu'il ne peut pas se glisser dans ces âmes souffrantes des sentiments d'exagération?...

» Vous avez dit que ces hommes sont des ennemis, qu'ils campent sur nos frontières. Ah! il n'y a qu'un moyen de les ramener à d'autres sentiments que ceux que vous leur prêtez, c'est de leur ouvrir les portes de leur pays.

» Quant à ces exagérations que vous avez signalées, elles sont la conséquence inévitable, elles sont le résultat fatal de mesures rigoureuses et qui se prolongent indéfiniment.

» Mais ce sont là, direz-vous, des considérations étrangères ou privées. Je recherche la cause de ces publications, et je rencontre cette cause dans les persécutions politiques qui produisent toujours des fruits si amers. Du reste, si j'examine ces publications elles-mêmes, qu'est-ce que je trouve? la *Lettre au peuple français...* Elle n'est ni plus ni beaucoup moins violente que beaucoup d'autres écrits dont nous sommes inondés,... et ce déluge d'imprimés de toutes sortes n'est-il pas, lui, un fait forcé de la situation dans laquelle nous sommes?...

» Il y a des erreurs, il y a des exagérations au fond de la société. Quand on s'oppose à ce qu'elles se produisent au grand jour qui les confondrait, savez-vous ce qui arrive? Elles minent souterrainement cette société; et le travail mystérieux de leur destruction marche avec une rapidité effrayante. A la surface, pour un œil confiant, tout est calme, tout est bien; mais si l'on va au fond des choses, quel changement! Ce que je pense et ce que je veux dire, c'est que les institutions de ce pays conspirent contre son propre repos, et qu'un jour il se pourra faire que sur ce sol qu'on croyait si parfaitement uni, il y a un gouffre ouvert dans lequel nous descendons sans nous en douter.

» Tenez, il y a cent ans, le despotisme le plus pur régnait en France. La Bastille était ouverte pour quiconque avait offensé les maîtresses des souverains : quiconque avait eu des pensées trop hardies était sûr d'aller passer des années entières à l'ombre de ses murailles ; le bourreau était prêt à brûler les œuvres des philosophes et des mécréants, et cependant les livres qui étaient brûlés sur la place de l'Hôtel-de-Ville, les *Lettres persannes* qui étaient condamnées par le Parlement, elles sont aujourd'hui dans nos bibliothèques. Je suis sûr que M. l'avocat impérial les a dans la sienne… Pourquoi ? Vous connaissez les révolutions accomplies. Le droit et la vérité finissent tôt ou tard par l'emporter sur la force.

» Il ne faut pas s'insurger contre les grands faits qui sont dans la loi forcée de la nature, dans cette loi qui a été faite par un souverain plus puissant que ceux qui gouvernent les hommes.

» Je n'ai pas à critiquer ce qui se passe, mais je le constate avec mon droit de citoyen et devant des magistrats qui ont pour mission de défendre ce droit.

» Parmi les hommes pour lesquels vous vous êtes montré si sévère, monsieur l'avocat impérial, les uns ont été condamnés, mais les autres ont été proscrits par la politique, et je proteste contre cette proscription. Vous vous étonnez que leurs écrits ne soient pas empreints du calme le plus parfait ; vous vous étonnez qu'on y trouve des choses qui vont jusqu'à blesser les règles de la raison ; mais tout cela n'est pas nouveau. Je n'avais pas lu la *Lettre au peuple français*, je ne la connais que par ce que M. l'avocat impérial en a lu. Est-ce qu'il pense, par hasard, que cette théorie sur le gouvernement personnel est dangereuse ?

» M. l'avocat impérial s'est indigné de la phrase sur l'armée, dont le drapeau, dit-il, est la sauvegarde de l'honneur et de la vertu.

» L'armée ! est-ce que je ne peux pas me demander : et Cavaignac ! Qu'est-ce que ce nom de Cavaignac ? son épée vous l'avez bénie…. Elle est brisée !… Et Lamoricière ; et Bedeau ; et Changarnier, qui a été l'idole de tous les fonctionnaires….

» Ceux-là, ils ont été fidèles à leur serment. Est-ce qu'il y a deux drapeaux, est-ce qu'il y a deux serments ?…… Ce dont je suis sûr, c'est qu'il n'y a pas deux consciences.

» Je ne veux pas user de tous mes avantages contre M. l'avocat impérial… Ces discussions générales vers lesquelles il a fait un retour sont désormais impossibles ; elles manquent de grandeur, d'éclat et de sincérité….. L'avocat qui se laisserait aller aux inspirations de son cœur, courrait à chaque instant le risque d'être interrompu, et même s'il n'était protégé par des magistrats dévoués à leurs devoirs, on requerrait contre lui parce qu'il aurait dit la vérité.

» Quant à la prévention, je crois qu'elle se réduit à peu de chose et que j'en aurai raison en très-peu de mots.

» Mais j'ai entendu M. l'avocat général assimiler l'insurrection de Milan à un crime contre le souverain ; quant à moi, je dis que les Italiens, en se soulevant contre leurs oppresseurs, en essayant de chasser les Autrichiens de leur chère patrie, sont dans leur droit vis-à-vis de leur conscience et vis-à-vis de Dieu...... »

Le gouvernement, jaloux d'étouffer tout ce qui pouvait réveiller les âmes, trouva un complice dans le président du tribunal, le compte rendu des débats fut interdit. La noble protestation de M. Jules Favre ne dépassa point l'étroite enceinte du tribunal. Le devoir de l'histoire est de la produire au grand jour, comme une preuve que même dans ces temps de morne silence et d'affaissement la voix de la justice et de la vérité se faisait quelquefois entendre.

Le jugement fut prononcé le 24 juillet. L'audience, qui d'ordinaire commence à dix heures et demie, ne s'ouvrit qu'à deux heures; le tribunal délibérait dans la salle du conseil. Le résultat de cette délibération fut la condamnation des prévenus à un temps plus ou moins long de prison et de surveillance de la haute police. La veuve Libersale, cette fruitière vieille et infirme dont la police avait voulu faire une héroïne de conspiration, n'en fut pas quitte à moins de six mois de prison.

Ce procès à peine jugé, le gouvernement se plaignait déjà de la persistance des sociétés secrètes, d'autant plus dangereuses qu'elles étaient insaisissables. Cependant il était parvenu à mettre la main sur une de ces sociétés dite le *Cordon sanitaire;* elle ne se composait pas précisément de gens d'action, mais de membres des anciennes sociétés secrètes, hommes d'expérience révolutionnaire, sachant organiser et diriger un mouvement. La société plus militante des *Consuls du Peuple,* fondée par un républicain nommé Ruault, s'était réunie au *Cordon sani-*

taire et à la société des *Deux cents* composée d'étudiants. Les trois sociétés, marchant d'accord, se servant des mêmes moyens, recueillant des souscriptions, faisant de la propagande en même temps, disposaient aussi d'une presse clandestine; cent cinquante francs avaient été recueillis pour fabriquer des canons, ce qui n'est pas cher; il s'agissait, il est vrai, de canons de zinc entourés de cordes faisant corps avec le métal au moyen de colle forte et de goudron. La presse clandestine avait été fournie par Jean Bratiano, réfugié moldave, dont le frère faisait partie du comité central européen à Londres. Les membres de la conspiration se réunissaient dans les fossés des fortifications.

La seconde de leurs réunions eut lieu le dimanche 5 juin 1853, du côté de la plaine des Vertus; le comité décida qu'à partir du 7 il se tiendrait en permanence.

L'Empereur devait se rendre le 7 de Saint-Cloud à l'Hippodrome. L'occasion parut favorable aux conspirateurs pour frapper un coup, mais l'attention de la police était éveillée : ses agents remarquèrent que les abords du théâtre présentaient, le jour indiqué, un aspect inaccoutumé; des groupes placés de distance en distance échangeaient des signaux; des individus parcouraient ces groupes, et semblaient leur donner des instructions. La police prit aussitôt des précautions qui firent comprendre aux chefs des groupes que le complot était découvert. Les conjurés persistèrent cependant dans leurs projets. Le lendemain, Ruault et plusieurs de ses associés assistèrent à une réunion de la société secrète d'étudiants dite des *Deux cents*, qui se tint dans le jardin du Luxembourg; Ribault de Laugardière, Laflize, étudiants en médecine, et Arthur Ranc, étudiant en droit, s'y trouvaient. Il fut question dans cette réunion de s'emparer de l'Empereur le jour où il se rendrait à l'exposition de la Société d'horticulture. Ruault avait été mis en rapport avec les étudiants par un médecin de l'hôpital militaire de Lille, qui promettait de livrer la citadelle de cette ville et de faire marcher le 1ᵉʳ régiment d'infanterie qui s'y trouvait en garnison. La police jugea que le moment d'arrêter Ruault ainsi que son principal complice Lux était venu. Les deux conjurés furent pris dans la nuit du 8 au 9 juin. Le 16 du même mois, la police s'empara de l'imprimerie clandestine déposée chez Bratiano. Ces mesures semblaient devoir couper les fils de la conspiration, mais un Belge nommé de Meren parvint à les renouer et à organiser une nouvelle tentative contre la vie de l'Empereur. Toutes les précautions étaient prises par les conjurés. De Meren avait même averti le docteur Follot, demeurant dans la même maison que lui, de se rendre avec sa trousse aux abords de l'Opéra-Comique pour soigner les blessés.

Le 6 juillet 1853, à onze heures du soir, les voitures revenant des Champs-Élysées furent arrêtées à la hauteur de la Chaussée-d'Antin par un ordre de la police. Une heure auparavant, à la suite d'une échauffourée dont le public n'avait pas pu comprendre la nature, et qui s'était produite d'ailleurs sur un terrain fort circonscrit, les sergents de ville et les agents accourus, en proie à une émotion fort grande, avaient immédiatement interdit toute circulation de la rue de Richelieu à la Chaussée-d'Antin ; un fort peloton de cuirassiers et de guides, massé devant l'Opéra-Comique, attendait l'Empereur qui assistait à la représentation d'ouverture après la restauration de la salle; des escouades de sergents de ville sillonnaient les boulevards, en jetant des regards soupçonneux sur les groupes et sur les fenêtres. Le bruit ne tarda pas à se répandre qu'une tentative d'attentat sur la personne de l'Empereur motivait ce déploiement de forces. Voici comment les choses s'étaient passées:

L'entrée de la loge impériale donne sur la rue Marivaux; trois individus, par leur persistance à stationner devant cette porte, avaient attiré les soupçons de la police depuis longtemps sur les traces d'un complot. Les trois individus suspects furent arrêtés avec plusieurs de leurs complices qui essayaient de les délivrer; les prisonniers, conduits à la préfecture, sont fouillés, et l'on trouve sur eux des armes. Les sergents de ville arrêtent pendant ce temps-là d'autres individus qui tentaient de se glisser de nouveau dans la rue Marivaux; Laugardière, Arthur Ranc, Laflize, attendaient à l'estaminet du *Grand Balcon* le moment de « jouer un rôle plus actif aussitôt que l'assassinat aurait ouvert la porte à l'insurrection » (1). L'Empereur mort, Paris devait se couvrir de barricades, les conjurés proclamaient la République et plaçaient Blanqui à la tête d'un comité de salut public.

Un journal officieux prétendit que le *Complot de l'Opéra-Comique* avait été révélé à la police par un prêtre qui en reçut la confidence en confession; un autre ajouta que le prince de Joinville en avait informé lord Palmerston qui s'empressa d'en faire part à l'Empereur; des papiers importants et de mystérieuses correspondances avec

(1) Voyez l'acte d'accusation.

l'étranger auraient été saisies ; des mouvements simultanés devaient éclater dans les Bouches-du-Rhône et dans la Drôme ; mille autres bruits du même genre circulèrent dans Paris et dans les départements. La presse officieuse profita de l'occasion pour s'élever comme à l'ordinaire contre les sociétés secrètes, contre les tristes extravagances révélées, disait-elle, par l'instruction. La saisie d'une tête de mort sur laquelle les prévenus faisaient d'affreux serments devint pour elle une source féconde de déclamations.

Louis Folliet, employé au chemin de fer de Strasbourg ; Joseph Ruault, tailleur de pierres ; Canivet, Auguste Montchirond, teneur de livres ; Lanoix, marchand de futailles ; Joseph Lux, fabricant de chaussons à la mécanique ; Alix, professeur ; Thirès, cordonnier ; Bratiano, propriétaire à Bucharest ; Gérard, tailleur ; Deney, tailleur ; Copinot, papetier ; de Meren dit le Belge, comptable ; Baillet, cordonnier ; Mariet, papetier ; Mazelle, menuisier ; Turenne, tailleur ; Gabrat, tailleur ; Jaud, bijoutier ; Commès, mécanicien ; Joiron, cordonnier ; Baudy, cordonnier ; Follot, médecin ; Ribault de Laugardière, étudiant en médecine ; Arthur Ranc, étudiant en droit ; Laflize, étudiant en médecine ; Martin, étudiant, comparurent devant la cour d'assises, comme accusés d'avoir concerté et arrêté entre plusieurs personnes une résolution ayant pour but : 1° de commettre un attentat contre la vie de l'Empereur ; 2° de détruire ou changer le gouvernement, laquelle résolution a été suivie d'actes commis ou commencés, crimes prévus par les articles 86, 87, 89 du Code pénal, et par la loi du 10 juin 1853. Deux accusés, Jaubert et Poisson, étaient absents.

M. Zangiacomi, président la Cour d'assises, portait un nom tristement célèbre dans l'histoire de la justice politique sous le règne de Louis-Philippe, il ne négligea rien pour accroître cette célébrité. M. Rouland, chargé de soutenir l'accusation en qualité de procureur général, avait passé par tous les emplois du parquet : substitut et procureur du roi de première instance, substitut et avocat général de cour royale, puis avocat général à la cour de cassation, député sous Louis-Philippe, il n'avait du magistrat et de l'homme politique que la phraséologie. Le gouvernement de Louis Bonaparte fut trop heureux, dans sa disette d'hommes, de lui rendre la place d'avocat général à la cour de cassation qu'il avait perdue après la révolution de Février, et le plaça plus tard à la tête du parquet de Paris ; M. Rouland, violent, borné de langage, d'esprit, abondant en paroles, convenait au poste de procureur général à cette époque.

Le gouvernement cherchant à tenir les esprits dans cet état d'alarme qui contribua si puissamment au succès du coup d'État, ne perdait aucune occasion de signaler Londres comme le foyer d'une conspiration permanente organisée par les proscrits républicains contre la vie de l'Empereur. M. Rouland, chargé de soutenir l'accusation, tout en convenant que le complot dénoncé au jury ne pouvait être rattaché directement aux menées de Londres, chercha néanmoins à prouver, en citant quelques phrases échappées aux accusés, que les réfugiés en Angleterre y avaient une part. La présence de M. Bastide, « qui fut longtemps un membre actif des sociétés secrètes, et l'ami des principaux réfugiés de Londres », dans une réunion d'étudiants où figuraient

quelques-uns des accusés, lui parut tenir sa place « au
» premier rang, des considérations qui permettraient de
» rattacher le complot de Paris à une origine lointaine,
» à une organisation redoutable et puissante. Ce qui est
» du moins bien certain, c'est que, par leurs œuvres et
» par leurs écrits, les éternels ennemis de l'ordre social
» ont pesé sur les imaginations, sur les esprits, sur les
» actes des conjurés ; que si aujourd'hui les Ruault, les
» Gérard et tant d'autres ont un compte terrible à rendre
» devant la justice de leur pays, la réprobation qu'ils
» ont encourue doit remonter à leurs corrupteurs, aux
» écrits infâmes, aux doctrines sanguinaires des hommes
» qui composent le comité révolutionnaire européen, le
» club de la révolution, la commune révolutionnaire. »

M. Rouland termina son réquisitoire par ces mots :
« La justice ne faillira pas à sa haute et sainte mission ;
» elle saura venger et défendre le Souverain que la France
» s'est choisi, les institutions qu'elle s'est données, l'édi-
» fice tout entier de la civilisation encore une fois menacé
» par les barbares. »

Les débats de ce procès fourniraient de nombreux
arguments aux adversaires du système judiciaire français
qui transforme souvent le président de la cour d'assises
en adversaire de l'accusé dont il devrait être le protecteur. M. Zangiacomi, changeant l'interrogatoire en acte
d'accusation, achevant la phrase commencée par l'accusé,
déposant pour ainsi dire à sa place, n'épargnant rien pour
l'amener à trahir les autres ou à se trahir lui-même, était
plutôt un accusateur qu'un président.

Deney, tailleur, accuse Gérard de l'avoir perdu en
lui faisant lire l'*Événement*. Il paraît disposé à des

aveux. M. Zangiacomi l'excite à persister dans cette voie.

« D. Il faut tout dire ici. Ayez du courage ; c'est du vrai courage. Nous savons les menaces qui ont été faites ; parlez, la justice est assez puissante pour vous protéger : dites comment les choses devaient se passer. — R. J'ai entendu dire qu'au cri de : « Vive l'Empereur ! » on se précipiterait sur la voiture de l'Empereur et qu'on l'assassinerait.

» D. Et après que devait-on faire ? — R. On devait proclamer la république rouge et abîmer le corps de l'Empereur.

» D. On devait aussi renouveler le hideux spectacle donné à une autre époque à la population ou plutôt à la populace. On devait traîner... ? — R. Ah ! oui ; on devait traîner le corps de l'Empereur sur les boulevards.

» D. Et proclamer la république rouge ? — R. Oui. »

Est-ce l'accusé qui répond ou le président ? Le gouvernement, pour des motifs que le lecteur connaîtra plus tard, n'aurait pas été fâché de compromettre M. Goudchaux, ancien ministre des finances sous la République, et à lui donner un petit rôle dans le complot ; il fallait que Deney secondât les efforts de l'accusation.

« *M. l'avocat général Mongis* : N'est-ce pas à vous, Deney, que Gérard a dit qu'il avait fait ouvrir un crédit aux étudiants chez le banquier Goudchaux ?

» *Deney* : C'est un étudiant qui avait dit ça à Gérard ; il devait se faire ouvrir un crédit pour la même chose.

» D. Quelle même chose ? — R. Pour avoir de l'argent, afin d'avoir des hommes pour commettre l'attentat.

» *Gérard* : C'est faux.

» *M. le président* : Prenez-y garde, Gérard ; tout ceci est grave et votre position est désespérée ; il vient d'être dit un mot très-grave... On peut changer le titre d'une accusation... Prenez-y garde ; asseyez-vous. »

Les natures énergiques peuvent seules résister à de telles insinuations et à de telles menaces. Les natures faibles cèdent, mais après avoir cédé elles reviennent quelquefois sur leurs aveux. M. Zangiacomi redoublait alors d'efforts pour les pousser à une nouvelle rétractation, et si l'accusé persistait, il lui reprochait d'avoir peur.

« *M. le président, à Copinot* : Eh bien ! Copinot, voilà un exemple que vous donne Deney. Vous avez d'abord nié ; puis, voyant que d'autres parlaient, vous avez dit : « Je vois qu'il n'y a pas ici un homme de cœur » pour garder un secret. » Et vous avez parlé. Vous avez fait partie d'une société secrète ?

» *Copinot* : Quelle société ?

» D. Qu'est-ce que c'est que cette question ? Avez-vous fait partie d'une société quelconque ? — R. Oui.

» D. Ah ! nous ne vous demandons pas laquelle, nous le savons. On ne sait pas assez combien ces sortes de sociétés sont percées à jour. Quel était le but de cette société à laquelle vous appartenez ? — R. D'attenter à la vie de l'Empereur et de faire une insurrection. Mais je ne savais pas qu'il s'agissait de ça ; je croyais qu'il s'agissait de résister à une attaque légitimiste-orléaniste.

» D. Vous auriez donc défendu l'Empire ? — R. Non ; j'aurais fait comme en 1848, j'aurais défendu la République.

» D. Ah ! vous auriez fait comme en 1848 ! Ça découvre un homme, cela. Vous êtes allé à l'Hippodrome ? — R. Oui.

» D. Qu'y alliez-vous faire ? — R. Assister à une expérience en ballon dirigeable.

» D. Vous êtes allé le lendemain au Luxembourg ? — R. Oui.

» D. Quoi faire ? — R. Chercher des livres à relier.

» D. C'est bien. Et il n'a pas été question d'attenter à la vie de l'Empereur s'il venait à l'exposition d'horticulture ? — R. Non.

» D. Allons, vous vous étiez relevé un instant en disant la vérité ; maintenant vous avez peur. Asseyez-vous.

» D. Mariet, vous avez connu le complot ? — R. Oui.

» D. Vous avez su qu'il devait y avoir un attentat ? — R. Il ne devait rien se commettre contre Bonaparte.

» *M. le président* : Le mot dont vous vous servez n'est pas le mot convenable. Quand on parle du chef de l'État, il faut lui donner la qualité en vertu de laquelle il est reconnu par la loi. Vous vouliez proclamer la république et par conséquent attenter à la vie de l'Empereur ? — R. Nous voulions la république.

» D. Mais il n'y a pas de république sans attentat. — R. Un républicain n'assassine pas.

» D. Oh ! arrêtez ! Et d'abord nous ne vous permettrons pas de poser ici. Vous n'êtes pas sur un piédestal ici. Vous avez dit dans votre interrogatoire que vous étiez entré dans la société pour attenter à la vie de l'Empereur ? — R. Je n'ai pas dit ça.

» D. C'est-à-dire que vous revenez par peur sur vos aveux. Vous revenez, mais à quel prix ? En accusant un magistrat de mensonge. Vous avez parlé de deux sociétés, l'une de l'attaque, c'était la vôtre. Vous êtes allé à l'Hippodrome ? — R. Oui, monsieur.

» D. Qu'y alliez-vous faire ? — R. J'y allais sur convocation.

» D. Vous étiez armé ? — R. Par pure ostentation, par parade.

» D. Vous avez dit au juge d'instruction que vous étiez philosophe matérialiste. — R. Je lui ai dit cela en conversation.

» *D.* Il n'y a de conversation entre un juge et un prévenu que sous forme d'interrogatoire. Vous dites que vous étiez sous les armes pour le cas où l'Empereur serait assassiné. — *R.* Ou emprisonné.

» *D.* Bien ! Par les légitimistes ou les orléanistes ? — *R.* Ou par une fraction du parti dominant. Il ne m'appartient pas de vous expliquer cela. Je voulais, dans tous les cas, m'opposer au triomphe des légitimistes et des orléanistes.

» *D.* Vous avez su qu'on faisait des canons ? — *R.* Oui.

» *D.* Vous avez dit qu'ils ne serviraient que si l'armée ne tournait pas. Vous vous attendiez donc à la voir fidèle ? — *R.* Il faut s'attendre à tout.

» *D.* Et l'imprimerie ? — *R.* On devait me la remettre.

» *D.* Dans quel but et chez qui était-elle ? — *R.* Je ne peux le dire.

» *D.* C'est dire que vous êtes coupable. — *R.* Je ne me proclame pas comme innocent. Je ne voulais pas l'effusion du sang ; je suis homme de foi.

» *D.* Nous ne savons ce que vous entendez par un homme de foi. — *R.* En effet, dans ce siècle, il y en a si peu ! J'ai toujours refusé l'effusion du sang, parce que ça ne cimente pas le parti qui s'en sert.

» *M. le président :* Allons, taisez-vous, et cessez cette indigne comédie... Vous ne voulez pas l'effusion du sang... et vous armez vos complices ! »

L'accusé Turenne déclare qu'en le conduisant chez le préfet de police, les agents lui ont dit qu'on allait le fusiller. Le président l'interrompt avec colère et traite son assertion de fable. Tous les moyens lui sont bons contre les accusés. L'accusation ne craint pas d'évoquer contre Thirez l'immorale déposition de certains membres de sa famille qui le traitent « d'homme aussi astucieux que méchant qui parvient à se tirer de tous les mauvais pas ». Quand un accusé se défend avec adresse comme Lux, M. Zangiacomi lui interdit la parole :

« Le juge d'instruction a fait placer des agents qui ne me reconnaissent pas, et le juge d'instruction a dit : « Comment, c'est Lux, et vous » ne le reconnaissez pas ! »

» *D.* Allons, nous ne vous permettrons pas d'insulter un magistrat. — *R.* Je n'injurie pas, j'explique les choses.

» *D.* Je vous dis de vous taire. — *R.* Si je ne peux pas parler, condamnez-moi innocent.

» *D.* On ne vous condamnera pas innocent, mais je ne vous laisserai pas insulter un magistrat. »

Alix, auquel le procureur général reproche d'avoir consacré son patrimoine à l'étude des escargots sympathiques, se permet-il de dire : « M. le juge d'instruction, que je regrette de ne pas voir ici... »

« *D.* Ah! permettez. — *R.* Mais permettez aussi.
» *D.* Je ne permets rien contre le juge d'instruction ! — *R.* Vous permettez tout ce qui est la vérité. J'ai dit que j'avais été arrêté en juin 1849 pendant quelques instants ; on a cru que j'avais été arrêté en juin 1848. J'ai protesté, et M. le juge d'instruction, ne tenant pas compte de ma rectification, a mis que j'étais un insurgé de juin. »

De Meren essaye-t-il d'expliquer une de ses réponses au juge d'instruction :

« *D.* Vous avez dit un mot grave qui a été écrit sous votre dictée : « On ne sait pas comment je suis entré là dedans : je ne suis qu'un » instrument. » Instrument de qui ? Vous arrivez de Londres... ce ne serait pas difficile à deviner... — *R.* Je n'ai pas dit ce mot. En me parlant de Londres, l'instruction m'a tendu un piége où je ne suis pas tombé.
» *M. le président* : Non, c'est le juge d'instruction qui l'a inventé. Taisez-vous si vous n'avez rien autre chose à dire. »

M. Zangiacomi use de l'intimidation sur les témoins : il reproche à l'un d'eux d'avoir un frère déporté ; il ne veut même pas que l'on prononce le mot de citoyen :

« *D.* On a dit, ce que vous avez signé, qu'à la réunion il a été question d'une insurrection qui devait avoir lieu après un attentat. Vos souvenirs sont peu exacts. Vous êtes frère d'un ancien représentant déporté. — *R.* C'est vrai, j'ai cet honneur-là.
» *D.* Prenez garde, ce mot n'est pas heureux. En tout cas, ceci explique beaucoup de choses.
» *M. le président* : Laflize, votre situation est la même que celle de Ranc.
» *Laflize* : Je n'ai jamais fait partie de sociétés secrètes.
» *D.* Etes-vous allé à l'Hippodrome ? — *R.* Non.
» *D.* Vous êtes démenti par le Mariet d'autrefois.
» *Mariet* : Pardon, j'ai vu Alavoine ; quant à ces citoyens...
» *M. le président* : Qu'est-ce que c'est que ça ?...

» *Mariet* : Pardon ! Si ce mot est de trop, je le retire. J'ignorais que ce mot ne fût pas *dialectique*. »

M. Frédéric Morin, un des professeurs de philosophie les plus distingués de l'Université, démissionnaire par refus de serment après le 2 décembre, auteur de plusieurs ouvrages remarquables, figurait au procès comme témoin. Il assistait quelquefois à des réunions d'étudiants. Le président Zangiacomi lui reproche un plus grand crime : « *D*. On a trouvé chez vous des pièces d'or à l'effigie de Napoléon avec un trou au cou. Il faut prendre garde à ces choses-là. Ce n'est pas chez un professeur qu'on devrait trouver de pareils objets. — *R*. Si presque toutes les pièces qui circulent sont marquées ainsi, qu'y puis-je ? »

La pensée d'abaisser le caractère d'un ministre de la république en le mêlant à des complots de jeunes gens n'était pas étrangère à la comparution de M. J. Bastide, successeur de Lamartine aux affaires étrangères, M. Zangiacomi profita de l'interrogatoire pour lui faire la leçon du haut de son fauteuil :

« *M. le président* : Vous connaissez un sieur Morin ?
» *M. Bastide* : Oui, monsieur.
» *M. le président* : Il vous aurait conduit dans une réunion de jeunes gens où il était question d'économie politique ?
» *M. Bastide* : Oui, monsieur le président.
» *M. le président* : Vous rappelez-vous ce qui s'est passé dans la réunion Barjaud, d'abord ?
» *M. Bastide* : Je suis allé un jour avec Morin rendre une visite à un de ses amis. Je crois qu'on a parlé d'économie politique, mais il y a si longtemps, que je ne me rappelle pas ce qui a été dit.
» *M. le président* : On a parlé d'organisation de la magistrature ?
» *M. Bastide* : C'est possible. On a passé d'un sujet à l'autre... Je crois avoir parlé des affaires d'Italie, et avoir raconté des anecdotes.
» *M. le président* : Des anecdotes... des anecdotes importantes ! car il a été question de faits qui auraient peut-être dû rester dans les cartons

de l'État et n'être pas divulgués à des jeunes gens. Il a été question du siége de Venise, d'armes fournies, et puis, et puis... d'autres choses qu'il ne fallait pas livrer à la curiosité indiscrète de jeunes gens... Un ancien homme d'État a des devoirs; vous comprenez ce que je veux dire?

M. Bastide : Je le comprends si bien, que je ne répondrai pas à votre question, précisément pour observer ce devoir dont vous me parlez.

» *M. le président* : Vous êtes allé chez Laflize?

» *M. Bastide* : Je lui ai rendu une visite qu'il m'avait faite.

» *M. le président* : Mais on s'est étonné, avec raison peut-être, que vous vous soyez trouvé là avec les mêmes personnes qui s'étaient trouvées chez Barjaud. Il est impossible de ne pas remarquer qu'il eût été désirable de ne pas vous voir avec des jeunes gens qui, quelque temps après ces réunions, sont assis sur ces bancs. Vous avez protesté contre l'assassinat et les sociétés secrètes, ce sont de bons sentiments.

M. Bastide : Je ne crois pas qu'on suppose que ces jeunes gens aient rien fait par mes conseils. On a dit que j'avais autrefois fait partie de sociétés secrètes, c'est pour cela que je n'engagerai jamais la jeunesse à en faire partie.

» *M. le président* : Il est heureux que vous disiez cela, et il est bon que cela soit connu.

» *M. Bastide* : Je dois protester contre le rôle que l'accusation paraît vouloir me prêter.

» *M. le président* : On ne vous accuse pas, croyez-le bien... On regrette seulement qu'ayant occupé des fonctions publiques élevées, vous vous soyez mêlé à ces réunions. Vous comprenez cela, monsieur, et vous comprenez aussi que la justice a le droit de vous faire cette observation... Au reste, je le répète, l'accusation n'entend en aucune façon faire remonter jusqu'à vous les faits dont il s'agit ici... J'aime, au contraire, à répéter l'énergique protestation que vous avez fait entendre dans l'instruction contre l'assassinat politique.

» *M. Bastide* : Telle a toujours été ma pensée. L'assassinat politique ne peut jamais être approuvé, et il est toujours funeste aux partis qui l'emploient.

» *M. le président* : C'est bien, monsieur Bastide, vous pouvez vous retirer. »

M. Zangiacomi, non content de diriger les débats avec tant d'âpreté, rendit la tâche des avocats presque impossible. L'accusé Bratiano avait pour défenseur M° Jules Favre. L'habileté de parole de cet orateur, ses précautions de langage, ne le mirent pas à l'abri des interruptions et des avertissements du président. M° Jules Favre, après s'être efforcé de démontrer que le ministère public se trompait en rangeant Bratiano parmi ces réfugiés qui portent le trouble dans les pays qui leur donnent l'hospitalité, crut pouvoir ajouter :

« Ah ! certes, le ministère public a eu raison de le faire remarquer, rien n'est plus coupable que la conduite de ces hommes qui, sur le territoire français, abusant de la protection que leurs malheurs leur ont méritée, viennent se mêler à nos discordes civiles, et jettent dans les rangs du peuple les brandons d'une éloquence de carrefour ; ceux-là sont condamnable. Mais votre police, — vous en avez fait assez souvent l'éloge pour que nous puissions y croire, — elle a cent yeux ; elle a beaucoup plus de bras ; elle voit tout, elle sait tout, elle décachette les correspondances et les lettres...

» *M. le président* : Nous n'admettons pas cela.

» *Mᵉ Jules Favre* : Nous en avons vu beaucoup décacheter.

» *M. le président* : Pourriez-vous en donner des preuves ? Dans les instructions criminelles, cela s'est fait, cela s'est vu, cela doit être ; mais nous n'admettons pas que la police décachette les lettres.

» *Mᵉ Jules Favre* : L'arrêt de la Cour de cassation est là.

» *M. le président* : Il y avait une instruction.

» *Mᵉ Jules Favre* : Mais d'après l'arrêt, le préfet de police, qui n'appartient pas à l'ordre judiciaire...

» *M. le président* : Arrivez à l'imprimerie Bratiano. Vous êtes à la barre de la Cour d'assises, et, je l'ai déjà dit, la barre de la Cour d'assises n'est pas une tribune politique. Vous avez à défendre un homme chez lequel on a trouvé une imprimerie. A tort ou à raison, on rattache la présence de cette imprimerie à un complot. Voilà le terrain ; maintenant entrez-y et discutons, car, s'il y a toujours des excursions dans le domaine politique, dans le domaine des droits judiciaires, il n'y a pas de raison pour que nous ne restions pas ici indéfiniment.

» *Mᵉ Jules Favre* : Si nous sommes ici ce n'est pas notre faute.

» *M. le président* : Pas de plaisanterie, maître Jules Favre ! Soyons tous sérieux.

» *Mᵉ Jules Favre* : Si je ne puis répondre...

» *M. le président* : Vous savez bien que vous pouvez répondre et vous savez comment vous devez répondre.

» *Mᵉ Jules Favre* : Je n'engagerai pas une lutte qui serait inutile. »

M. Rouland, ayant insisté dans son réquisitoire sur cette coïncidence que les caractères trouvés chez Bratiano ont été vendus par l'imprimeur Saintin et que Saintin est créancier d'Alix, M. Jules Favre répond :

« Oh ! voilà quelque chose de bien fort ! Le ministère public s'en est emparé. Que voulez-vous ? Quand on n'a rien, on prend ce qu'on peut, et M. l'avocat général, en acceptant ceci comme une preuve, a atteint les dernières limites du zèle et du dévouement...

» *M. le président* : Arrêtez-vous, M° Favre, vous venez de dire une chose que vous n'avez pas le droit de dire. Tâchez donc de respecter quelque chose.

» *M° Favre* : Monsieur le président, je respecte la vérité, et je la rétablis quand elle est obscurcie.

» *M. le procureur général* : Vous n'avez pas le droit de dire ici tout ce que vous y dites. Nous avons le droit, nous, d'intervenir dans cet incident pour vous empêcher de dire, à propos d'une argumentation qui, à tort ou à raison, a pu vous déplaire, que le magistrat du ministère public a atteint les dernières limites du zèle et du dévouement. Nous vous dirons, pour parler net, que c'est une insulte déguisée sous les artifices du langage.

» *M. le président* : C'est bien cela.

» *M° Favre* : Ce n'était nullement dans ma pensée, je le déclare hautement. Tout ce que j'ai voulu dire, c'est que M. l'avocat général, en se servant de cet argument, a atteint la limite du zèle comme magistrat, la limite du zèle et du dévouement dans le devoir.

» *M. le président* : Ah ! comme magistrat ! Bien ! bien ! c'est entendu ; cette explication était nécessaire.

» *M. le procureur général* : Il est désormais bien entendu que M° Favre est éloigné de toute insinuation mauvaise, et a voulu seulement parler de l'accomplissement d'un devoir. La rectification est complète. Que M° Favre continue sa plaidoirie.

» *M° Favre* : J'avais fini. »

L'avocat se tut. Il avait raison, la défense n'était pas libre. M. Jules Favre ne fut pas seul à s'en apercevoir. Le ministère public, dans son réquisitoire, se faisait un argument contre Laflize des opinions politiques de son père, et de la peine de l'internement à laquelle ce dernier avait été soumis après le coup d'État. M° Martin (de Strasbourg) voulut combattre ce moyen d'accusation, M. Zangiacomi se hâta d'intervenir.

« *M. le président* : Il est entendu, M° Martin, que M. Laflize père n'a en aucune façon à répondre des opinions de son fils.

» *M. l'avocat général* : Le ministère public n'a pas dépassé la limite de son droit. Il maintient ce qu'il a dit.

» *M° Martin* : Ah ! vous maintenez ce que vous avez dit. Eh bien ! je réponds : quant à la surveillance, c'est une erreur, et vous devez regretter de l'avoir commise. Quant à la mesure judiciaire, M. Laflize a été, il est vrai, interné à Metz pendant quelque temps ; c'était par décision administrative, dont l'autorité n'est pas, pour l'honneur de la justice...

» *M. le président* : Je ne vous laisserai pas dire cela ici ! L'autorité de ces décisions...

» *Me Martin* : Je maintiens le droit de dire sur ces décisions ce que j'ai à en dire. Je ne veux pas élever ici une tribune politique...

» *M. le président* : Et ce n'est pas très-utile pour les accusés, je vous en avertis.

» *Me Martin* : Je dis que ces décisions sont sans autorité juridique.

» *M. le président* : Ce mot ne peut être admis. Il ne reste aux débats que sous réserves.

» *Me Martin* continue sa plaidoirie et arrive à ce qui a été dit de M. Goudchaux dans le réquisitoire. Les quittances qu'on a trouvées chez lui constatent les secours nombreux qu'il accorde...

» *M. le président* : C'est entendu sur ce point ; tout est dit ; mais encore sous toutes réserves, car il y a une instruction commencée.

» *Me Martin* : Je me tais, si mes explications sont admises.

» *M. le président* : Sous toutes réserves, toujours. »

Les interruptions que M. Zangiacomi fait subir à la plaidoirie de Me Maillard, défenseur de Lux, donnent encore mieux l'idée des écueils qui se dressent à chaque instant devant la défense.

« *Me Maillard* : Quiconque a lu l'acte d'accusation, quiconque a lu les charges relevées contre Lux, condamné trois fois pour cause politique, a dû être convaincu de la culpabilité de Lux. Vous l'avez été vous-mêmes, messieurs les jurés. Je l'ai été moi-même d'abord ; mais ensuite j'ai compris que ma conviction ne devait se faire qu'après les débats.

» L'avocat examine ensuite les faits reprochés à Lux par l'accusation et discute les charges. Il récuse le témoignage de Folliet, qui, dans cette affaire, a voulu faire du zèle par ses aveux : « Si j'étais à l'Hippodrome, si j'avais poussé le cri, a dit Lux, on aurait dû m'arrêter. » Ce mot a frappé le défenseur, qui trouve que l'administration, instruite du complot, l'aurait arrêté avant le 7 juin s'il y avait eu complot. L'administration, qui était instruite. .

» *M. le président* : Elle ne l'était pas, elle veillait.

» *Me Maillard* : Elle était prévenue depuis le mois d'avril ; elle a donc eu un mois et quelques jours pour veiller.

» Quoi qu'il en soit, on dit que si Alix n'avait pas été arrêté à l'Hippodrome, on l'avait suivi jusqu'à son domicile pour savoir son nom ; mais son nom, un agent a dit qu'on le savait depuis le 6 juin.

» Quoi qu'il en soit encore, Lux a été arrêté le 8. Pourquoi ? L'administration avait été avertie qu'il se tramait quelque chose ; elle s'est émue ; elle a pris les dossiers des hommes les plus gravement compromis, et elle les a fait arrêter.

» *M. le président* : Nous ne laisserons pas dire que l'administration arrête arbitrairement.

» *Mᵉ Maillard* : Je n'accuse pas l'administration ; mais je demande à rappeler un fait : je veux parler du complot de Marseille. A la nouvelle de cette affaire, l'administration s'est fait apporter les dossiers, et elle a fait arrêter à Paris un grand nombre de personnes qui ont été mises en liberté deux jours après.

» *M. le président* : Je ne laisserai pas dire que l'administration arrête des citoyens innocents ; que c'est sur le vu de dossiers qu'on arrête des citoyens. La justice, et non l'administration, — la justice, il faut dire le mot, — ne provoque l'arrestation que des personnes contre lesquelles s'élèvent des charges suffisantes. Ne parlez pas, vous, Mᵉ Maillard, de l'affaire de Marseille.

» *Mᵉ Maillard* : M. le président vient de dire : Mᵉ Maillard, ne parlez pas de l'affaire de Marseille. C'est vrai, j'ai été arrêté pour avoir pris part au complot de Marseille ; mais j'ai été mis en liberté. Pourquoi ? Parce que, de loin ni de près, je n'avais pris part à ce complot.

» *M. le président* : N'engagez pas votre personnalité dans ce débat.

» *Mᵉ Maillard* : Qui donc l'y a engagée ? Je suis défenseur, monsieur le président, et je veux rester défenseur. »

Mᵉ Hubbard, défenseur de Commès, cherche à expliquer la présence de cet accusé dans le complot, par l'ardeur d'une imagination trop facile à l'émotion et à l'entraînement : « Commès a été excité, on lui a parlé de la république, du 2 décembre, de la terreur qui régnait à cette époque..... »

« *M. le président* : Qu'est-ce que cela ?

» *Mᵉ Hubbard* : C'est Commès qui parle.

» *M. le président* : Vous vous êtes mis sur un diapason que vous ne pourrez pas garder... Il est impossible de voir un contraste plus frappant que celui qui existe entre vos jeunes confrères qui avaient été désignés d'office et vous, Mᵉ Hubbard, qui avez été aussi désigné d'office.

» *Mᵉ Hubbard* : C'est vrai, monsieur le président, et je vous en remercie.

» *M. le président* : Vous n'avez pas à m'en remercier.

» *M. de Mongis, avocat général* : Vos jeunes confrères vous avaient donné un exemple que nous espérions vous voir suivre.

» *Mᵉ Hubbard* : Que M. le président me permette de le lui dire.

quand j'ai accepté la défense d'office qu'il a bien voulu me confier, je m'en suis chargé avec la résolution bien arrêtée de suivre les inspirations de ma conscience de défenseur. J'ai communiqué avec l'accusé. Il m'a fait part de son système de défense; ce que je vous répète ici, c'est Commès qui vous le dit. Je vais vous le dire. (*Mouvement.*)

» *M. le président* : Qu'est-ce que cela ? Il y a des gardes ici ! S'il y a un seul murmure, faites évacuer la salle. »

Les questions posées au jury étaient au nombre de 82, il rentra dans la salle à trois heures du matin, et son président prononça son verdict dans la forme ordinaire.

Étaient déclarés non coupables :

« Thirez, Bratiano, Baudy, Ranc, Laflize et Martin. »

Étaient déclarés coupables :

« Folliet, sur toutes les questions avec circonstances atténuantes ; Ruault, sur toutes les questions ; Montchirond, sur toutes les questions, circonstances atténuantes ; Decroix, sur les deux questions principales, avec circonstance aggravante écartée ; Lux, sur toutes les questions ; Alix, sur toutes les questions avec circonstances atténuantes ; Deney, même décision ; Mailliet, même décision ; Turenne, même décision ; Jaud, même décision ; Commès, même décision ; Joiron, même décision ; la question d'excuse résultant de ce qu'il aurait procuré l'arrestation de plusieurs coupables est résolue négativement ; Gérard, sur toutes les questions ; Copinot, sur toutes les questions ; De Meren, sur toutes les questions ; Mariet, sur toutes les questions ; Gabrat, sur toutes les questions ; Matz, sur les deux questions principales, circonstance aggravante écartée ; Mazille, même décision ; Follot, même décision, avec circonstances atténuantes ; Ribault de Laugardière, même décision, avec circonstances atténuantes. »

Les accusés gardent le plus profond silence en entendant la lecture de ce jugement.

M. le président demande aux défenseurs et aux accusés s'ils ont des observations à faire sur l'application de la peine.

La Cour, après les observations des défenseurs, qui réclament l'indulgence dans l'application de la peine, se retire pour délibérer.

Le silence des accusés est le même pendant le délibéré. L'arrêt condamne :

« Ruault, Lux, Gérard, Copinot, de Méren, Mariet et Gabrat à la peine de la déportation; Montchirond, à dix ans de détention; Maltz, Mazille et Turenne, à sept ans de détention ; Deney, Mailliet, Jaud, Commès et Joiron, à cinq ans de détention ; Folliet, Decroix et Alix, à huit ans de bannissement; Laugardière, à cinq ans d'emprisonnement; Follot, à trois ans d'emprisonnement. »

Les accusés acquittés furent retenus en prison pour répondre à une prévention nouvelle, celle du délit de société secrète, qui devait les amener, ainsi que leurs coaccusés, le 10 janvier suivant, devant la police correctionnelle.

M° Hubbard, arrêté chez lui quelques jours après ce jugement, est conduit et écroué à Mazas. Son emprisonnement met le palais en émoi. La plaidoirie du jeune avocat n'en était pas la cause, comme on le crut d'abord. Un des témoins l'avait reconnu à l'audience et signalé à la justice comme la personne accompagnant chez Bratiano le porteur de la presse qui avait joué un rôle dans les débats. Le procureur impérial l'accusait d'être le complice de son client, et de faire partie d'une société secrète dont étaient membres les accusés du premier procès et dix-neuf nouveaux prévenus qu'on leur adjoignit. MM. Hubbard, Bratiano, Ribault de Laugardière et Furet étaient en outre prévenus de détention d'une imprimerie clandestine; Deney, Commès et Ruault, de détention d'armes de guerre; Augot, d'exercice de la profession de libraire sans brevet.

La 6° chambre du tribunal correctionnel, présidée par M. d'Herbelot, jugea cette affaire. Presque tous les accusés refusèrent de répondre; Lux et plusieurs autres déclarèrent que n'acceptant pas le gouvernement, ils n'acceptaient pas les juges nommés par lui. Le tribunal acquitta quatre prévenus sur quarante-six, et déclara que Ruault, Lux, Gérard, Copinot, de Meren, Folliet, Montchirond, Ribault de Langardière, Mariet, Gabrat, Decroix, Alix, Mazille, Turenne, Matz, Joiron, Commès, Jaud, Deney, Maillet et Follot avaient fait partie d'une société secrète, avec cette circonstance, à l'égard des huit premiers, qu'ils en étaient les chefs ou fondateurs; le jugement déclara également que Watteau, Furet, François, Bratiano, Alavoine, Thirez, Baudy, Ranc, Laflize, Martin, Lamy, Doton, Delbos, Angot, Robin, Poisson, Caron, Jaubert, Bronsin et Pierre-Eugène Régnier avaient fait partie d'une société secrète, avec cette circonstance que les cinq premiers en auraient été chefs ou fondateurs.

Watteau, Furet, François, Bratiano et Alavoine furent condamnés chacun à trois ans de prison et 500 francs d'amende; Thirez, Baudy, Ranc, Laflize, Martin, Lamy, Doton, Delbos, Angot, Robin, Poisson, Caron, Jaubert, Bronsin et Régnier (Pierre-Eugène), chacun à un an de prison et 100 francs d'amende et à la privation de leurs droits civiques pendant cinq ans.

M. Hubbard, atteint subitement d'une maladie grave, ne put être jugé que le 22 mars. Il fut, malgré l'éloquente plaidoirie de Berryer, condamné à trois ans de prison et 500 francs d'amende, comme chef fondateur de la société secrète, et, comme détenteur d'une presse clandestine, à 10 000 francs d'amende et six mois de prison, se confondant avec les trois ans ci-dessus prononcés, plus cinq ans d'interdiction des droits civiques.

Ce procès fut suivi d'une certaine agitation que le gouvernement chercha d'abord à grossir : Arrestation à Paris de M. Delescluze, ancien commissaire général de la République dans le département du Nord ; arrestation à Nantes du docteur Guépin ; visites domiciliaires dans cette ville chez MM. Mangin père et fils, journalistes, et chez M. Rocher, ancien commissaire de la République dans les cinq départements de l'Ouest ; arrestations à Tours et à Lyon, alerte et doublement des postes dans cette ville. On aurait dit qu'une insurrection était à la veille d'éclater, mais tout à coup le gouvernement se ravisa, et le journal officiel réduisit les choses à leur juste valeur. Aucun désordre ne s'est produit ; on n'a doublé les postes à Lyon que sur de fausses indications qui n'exigeaient pas tant de précautions. « Nous ne sommes plus, ajoute le *Moniteur*, » au temps où une poignée de perturbateurs suffisait à » inquiéter les esprits ; les éléments de si faciles désordres » n'existent heureusement plus en France. »

Le gouvernement par ses agents secrets et par les accusés qu'il savait intimider ou corrompre était initié d'avance aux complots et guidé dans leur répression, mais il aurait voulu découvrir surtout la source où les comités de Londres puisaient l'argent nécessaire à leurs projets : il crut enfin l'avoir trouvée. Les républicains proscrits et leurs familles avaient besoin de secours. M. Goudchaux, ancien banquier, ministre des finances de la République, homme de cœur et de dévouement, se chargea de recueillir des souscriptions : dès le matin, il sortait de chez lui et commençait sa quête ; rien ne l'arrêtait ; il frappait à toutes les portes, montait quelquefois trente étages en un jour et recommençait le lendemain ;

tant de fatigues altérèrent sa santé, et l'on peut dire qu'il est mort quelques années plus tard, martyr de la charité démocratique.

M. Goudchaux est réveillé le 4 octobre 1854 à quatre heures du matin : il se lève, il demande le nom de la personne qui se présente ainsi chez lui avant le jour. — « Vous ne me connaissez pas, mais il est indispensable que je vous entretienne un moment. » Goudchaux sur cette réponse ouvre sans défiance, et le visiteur lui dit en montrant son écharpe : — « Je suis le commissaire de police, remettez-moi vos clefs. » Le gouvernement, qui croyait trouver chez Goudchaux des fonds considérables, pour ainsi dire le trésor de la révolution, ne saisit que 142 liasses de papier, formées pour la plupart de reçus de secours portant la signature de proscrits ou de femmes de proscrits. Le commissaire de police, après quatre heures de perquisition, crut indispensable de s'assurer de la personne de M. Goudchaux. L'arrestation de ce citoyen entouré de l'estime universelle produisit sur l'opinion publique, en ce moment bien peu susceptible pourtant, une si fâcheuse impression que le gouvernement le fit mettre en liberté. M. Goudchaux en fut quitte pour une journée passée au dépôt de la préfecture de police, en compagnie des voleurs et des honteux rebuts de la population parisienne.

Les gouvernements des pays voisins de la France, intimidés par la dictature bonapartiste, expulsèrent presque tous les Français réfugiés chez eux depuis 1848. L'Angleterre devint leur principal asile. Les manifestes des proscrits en Angleterre nous sont connus.

Le premier procès de la *Commune révolutionnaire* nous

révélé les tentatives de son comité pour imprimer une direction au parti révolutionnaire. Des comités de la même société furent organisés à Paris. Ces comités, trompés par une illusion bien étonnante, s'imaginèrent en 1854, au moment même où la guerre de Crimée commençait, que l'heure d'agir avait sonné. M. Boichot, chargé par ses collègues de s'assurer si les rapports des comités de Paris étaient exacts, quitta Londres secrètement et se rendit d'abord en Hollande, puis en Belgique, d'où il pénétra en France. Il fut convaincu, à peine arrivé à Paris, de l'exagération des renseignements transmis au comité de Londres sur les forces insurrectionnelles. La seule apparition du proscrit dans la demeure de ses amis y jetait le trouble et l'effroi. Le premier chez lequel il se présenta refusa de lui donner un logement, le second offrit de le conduire hors de Paris. La terreur du 2 décembre pesait encore comme un cauchemar sur les imaginations, le proscrit parvint enfin à trouver un asile dans le faubourg du Temple. Pendant trois jours, il visita un grand nombre de républicains ; il se rendit dans les casernes de la banlieue ; et, bien vite convaincu de l'impossibilité d'un appel aux armes, il résolut de retourner à Londres. La veille de son départ il rencontra, par hasard, un démocrate qui l'engagea fortement à venir le lendemain, à onze heures, chez lui où il le mettrait en rapport avec un groupe d'anciens montagnards. M. Boichot se rendit sans défiance à l'invitation et, après la séance, deux amis dévoués vinrent le chercher pour le conduire à Plaisance, où l'attendaient, disaient-ils, un grand nombre de citoyens affiliés à la *Commune révolutionnaire*. L'idée lui vint en passant devant la maison d'un peintre, son vieil ami, de profiter de l'occasion pour lui serrer la main; la frayeur de son hôte le força d'abréger sa visite. Des ouvriers en blouse l'abordèrent dans la rue: Vous êtes découvert et nous sommes chargés de vous cacher. — Il les suit non sans méfiance, mais comment s'échapper? Deux des prétendus ouvriers dirigent chacun un pistolet sur sa poitrine, pendant que les autres se précipitent sur lui, l'entraînent et le jettent dans un fiacre. Le préfet de police Piétri suivait le fiacre dans sa voiture et semblait donner des ordres sur son passage. Le prisonnier, amené d'abord à la préfecture, fut écroué vers quatre heures à Mazas (1).

M. Boichot avait été condamné par défaut à la déportation, pour tentative de renversement de la République et de la Constitution à la suite des événements du 13 juin. Le temps légal pour purger sa contumace n'étant pas encore expiré, il aurait dû être traduit de nouveau devant la haute cour. Les violateurs de la Constitution n'osèrent pas poursuivre devant leurs tribunaux un citoyen sous l'accusation d'un crime dont eux-mêmes s'étaient rendus coupables le 2 décembre 1851, ils se bornèrent à le traduire en police correctionnelle.

Le représentant Boichot n'était pas seul prévenu dans cette affaire.

Marie-Antoinette Vanderwale, femme Coingt, cinquante-trois ans, rentière, et Félix-Édouard Poirier, vingt et un ans, mécanicien, comparurent le 24 août 1854 devant le tribunal de police correctionnelle présidé par M. d'Herbelot. Les autres accusés, Félix Pyat, Rougée,

---

(1) *Souvenirs d'un prisonnier d'État sous le second Empire*, par A. Boichot. Leipzig, C. Muquardt, 1869.

Vallière, Colfavru, Alavoine et Bianchi étaient absents.

La prévention reproche à tous les accusés d'avoir fait partie de la société secrète connue sous le nom de *Commune révolutionnaire,* et à Marie-Antoinette Vanderwale, femme Coingt, ainsi qu'à Poirier, d'avoir commis le délit de distribution d'imprimés sans autorisation, en distribuant trois brochures intitulées : l'une, *Lettre à l'armée;* l'autre, *L'Empire, la Famine et la Honte ;* la troisième, *Lettre à la bourgeoisie ;* brochures qui auraient été écrites et qui leur auraient été envoyées par les autres prévenus, et d'avoir en les vendant ou distribuant commis les délits d'attaque contre la constitution; d'excitation à la haine et au mépris du gouvernement ; de provocation à des militaires pour les détourner de leurs devoirs; d'attaque contre les lois; d'excitation au mépris et à la haine des citoyens les uns contre les autres ; d'outrages à la religion; d'offenses à l'Empereur ; de provocation à la guerre civile ; de provocation à l'assassinat non suivie d'effet; de provocation à l'attentat contre la vie de l'Empereur non suivie d'effet; et enfin de provocation à détruire la forme du gouvernement actuel.

Les autres prévenus qui ont écrit et envoyé les brochures sont considérés comme complices de ces délits par le ministère public.

Les gardes de Paris amènent Poirier et madame Coingt. Poirier a une figure d'enfant qui ne manque ni d'intelligence ni de régularité. Madame Coingt est une femme de cinquante ans qui ne paraît pas avoir son âge. Sa figure brune ne manque ni de finesse ni de douceur. Unie depuis longues années par d'étroits liens à l'un des accusés, elle avait, comme elle le dit elle-même, plus d'affection encore que d'opinions. Sa mise était simple, sa tenue modeste et ferme. Les auditeurs se demandent où est le principal prévenu, Boichot, qui a été amené le matin au dépôt de la préfecture. Le président du tribunal, après avoir rappelé à Poirier et à madame Coingt les délits qui leur sont imputés, ajoute : « Boichot a refusé de comparaître. Un » huissier a été commis par nous à l'effet de le sommer de » se présenter à l'audience. Le procès-verbal de l'huissier » constate que Boichot a déclaré qu'il ne comparaîtrait » pas, ne reconnaissant pas le tribunal appelé à le juger, » et qu'il protestait d'avance contre tout ce qui serait fait » à son égard. »

Conformément à ces conclusions, le tribunal déclare qu'il sera passé outre aux débats et qu'on statuera en l'absence de Boichot, à qui lecture sera ensuite faite par le greffier du procès-verbal de l'audience et du jugement.

Madame Coingt refusa de répondre à l'interrogatoire, elle s'en tint à ce qu'elle avait dit au juge d'instruction. Le président d'Herbelot se laissa aller envers elle jusqu'à la grossièreté :

« D.... (à Poirier). Qui vous avait engagé à vous mettre en rapport avec cette femme ? — R. C'est une personne séparée de son mari, pour laquelle on faisait une loterie ; je suis allé chez madame pour lui porter des billets. Elle m'a parlé des misères des exilés, et je me suis chargé de vendre des brochures dont le produit leur était destiné.

» D. Vous vendiez la *Lettre à la bourgeoisie* 40 à 50 centimes? — R. Oui.

» *Le président* (à la dame Coingt) : Ainsi, voyez, il y a quelque chose de déplorable dans votre conduite ; voilà un malheureux enfant que vous compromettez, que vous chargez de distribuer ce poison....

» *La prévenue* : Je n'ai rien à répondre.

» *Le président* : Vous n'avez pas plus de cœur que de réponse. Asseyez-vous. »

M. Duprez-Lassalle, substitut, rappelle qu'un jugement du 22 juillet 1853 (1) a déjà frappé les chefs et fondateurs de la *Commune révolutionnaire*, ainsi que plusieurs de ses affidés. « Si douze voleurs de profession étaient choisis
» dans les bagnes pour produire un plan de société poli-
» tique conforme à leurs habitudes et à leurs passions,
» ils ne trouveraient certainement pas mieux que le pro-
» gramme de la *Commune révolutionnaire*. » Telle était alors la violence du langage de la magistrature : « On dira que le tribunal n'a devant lui qu'une femme et un enfant, qu'il peut se montrer miséricordieux, mais la clémence ne doit intervenir que quand la justice a frappé. »

Le tribunal rend un jugement qui déclare les prévenus coupables des délits qui leur sont imputés, et condamne : Boichot, Félix Pyat, Rougée, Vallière, Colfavru, Alavoine et Bianchi, à cinq ans de prison, 10 000 francs d'amende et dix ans d'interdiction des droits civiques ; Marie-Antoinette Vanderwale, femme Coingt, à deux ans de prison, 500 francs d'amende ; Poirier à un an de prison, 500 francs d'amende et cinq ans d'interdiction.

Les mesures de précaution pour la vie de l'Empereur étaient poussées à un tel point de sévérité dans ce temps-là, que M. Pagnerre, ancien secrétaire du gouvernement provisoire et de la commission exécutive au sein de laquelle il avait voix délibérative, homme honorable et des plus modérés, quoique ferme dans ses opinions républicaines, fut obligé de quitter Dieppe par ordre de la police pendant le séjour de Napoléon.

Ces précautions furent cependant mises en défaut.

---

(1) Voy. plus haut, p. 60.

Le 29 avril 1855, l'Empereur remontait à cheval le côté droit de l'avenue des Champs-Élysées, entre ses deux aides de camp Ney et Valabrègue, vers cinq heures et demie du soir ; il arrivait à la hauteur des terrains Beaujon au coin de la rue Balzac, lorsqu'un homme, qui stationnait depuis un moment devant le Château des fleurs, s'approche d'un air très-naturel et décharge son pistolet sur lui sans l'atteindre. Un agent de la brigade corse servant de garde personnelle à Napoléon III s'élance le poignard à la main sur l'inconnu et le blesse au moment où il va tirer une seconde fois. L'assassin est conduit à la barrière de l'Étoile ; on trouve sur lui un revolver et des papiers constatant son origine romaine et son nom de Liverani. Il portait en dessous un second habillement destiné à faciliter sa fuite ; une jeune femme avait été vue sur le trottoir opposé à celui où se commettait le crime, tenant la main sur la portière d'un fiacre prête à l'ouvrir à quelqu'un qu'elle attendait avec impatience.

Le ministre de la justice Abbatucci et le préfet de police Piétri soumirent Liverani à un premier interrogatoire. Le meurtrier répondit que réfugié à Londres après la chute de la République romaine, il avait résolu de la venger par la mort de son destructeur. Les renseignements arrivés d'Italie apprirent bientôt au magistrat instructeur de l'affaire que Liverani était un faux nom inscrit sur un passe-port sarde, et que l'assassin s'appelait Pianori, natif de Faenza, cordonnier de son état, ancien volontaire de Garibaldi, et âgé de vingt-huit ans. Les informations du chargé d'affaires de France constataient que Pianori était marié, père de deux enfants, et réfugié à Genève, « d'où il revenait souvent

dans son pays pour y commettre de nouveaux crimes. »
D'autres renseignements émanés de la police romaine le
donnaient comme condamné à douze ans de bagne
comme assassin et comme incendiaire.

Les journaux officieux s'empressèrent de faire retomber
sur le parti républicain la responsabilité du crime de
Pianori. Ce crime, à les en croire, était attendu d'avance
par les révolutionnaires, qui sur divers points du territoire, à Toulouse notamment, avaient déjà mis les sociétés
secrètes sur pied. M. Turgot, ambassadeur de France en
Espagne, avait écrit, dit-on, de Madrid à l'Impératrice
qu'il se tramait quelque chose contre l'Empereur ; le Pape
avait été prévenu de l'attentat par une lettre anonyme.

Les débats du procès s'ouvrirent le 1ᵉʳ avril et firent
cesser tous ces bruits. M. Benoît-Champy, membre du
conseil de l'ordre, désigné pour présenter d'office la
défense de Pianori, avait figuré sous Louis-Philippe dans
les rangs du parti républicain ; ami de Lamennais, ministre de la république française en Toscane, il montra
dans ce poste une très-vive sympathie pour la cause
italienne. Le choix d'un tel défenseur répondait à la
situation particulière de l'accusé. Tout le monde avant
l'audience s'attendait à une plaidoirie chaleureuse dans
laquelle l'avocat chercherait, sinon à excuser, du moins
à expliquer le crime de l'accusé par l'excès d'un patriotisme mal compris ; Pianori lui-même invoquait ce sentiment. Quel ne fut pas l'étonnement des membres du barreau et des spectateurs présents aux débats en écoutant
le défenseur, qui, oubliant son rôle, vint en aide à l'accusation, et transforma sa plaidoirie en réquisitoire contre
son client ! Le scandale fut grand. Le prétendu défenseur

de Pianori, exclu du conseil de l'ordre des avocats à l'époque de son renouvellement par l'élection, reçut en revanche du gouvernement la croix d'officier de la Légion d'honneur et le fauteuil de président du tribunal de première instance de la Seine.

Pianori, dans un patois barroque, composé de mots français et italiens, protesta contre les crimes qu'on voulait faire peser sur sa mémoire, et déclara qu'il mourait pour la liberté de son pays. Il fut condamné à la peine des parricides.

Le condamné, resté à la Conciergerie contrairement à l'usage, subit dans cette prison des interrogatoires fréquents. La justice espérait de lui des aveux sur ses complices, mais il ne cessa de protester qu'il avait seul conçu l'idée de son crime. Il fallait en finir. Le 13 mai, à dix heures du soir, une voiture cellulaire, escortée par des gardes à cheval, franchit la grille de la prison de la Roquette : Pianori en descendit pour être conduit dans la cellule des condamnés à mort. L'échafaud se dressait presque en même temps devant la prison.

Le parquet comptait que l'approche de l'exécution ferait fléchir le condamné. Un des substituts du procureur général fut introduit à trois heures du matin dans la cellule où Pianori dormait, sous la surveillance d'un gardien de la prison, d'un soldat de la ligne et de deux agents de police : le gardien l'éveilla ; il apprit qu'il ne lui restait plus qu'une heure et demie à vivre. — « C'est bon, dit-il, je suis prêt ; que l'on fasse de moi ce que l'on voudra. » Il se lève et met ses vêtements. Le substitut l'adjure une dernière fois, mais en vain, de décharger sa conscience, et de nommer les instigateurs de son crime. Le gardien l'avertit de la visite de l'aumônier de la prison : il fait un mouvement de tête en ajoutant : « C'est inutile, je prierai bien tout seul. » Cédant enfin aux exhortations, il cause pendant quelques instants avec le prêtre avant d'entrer au greffe, où se fait la toilette des condamnés. L'aumônier lui demande s'il veut prendre quelques aliments ; il répond : « Je n'ai besoin de rien. »

L'exécuteur alors s'empare du condamné, coupe ses cheveux, et lui fait revêtir une espèce de blouse blanche ; il se dispose à jeter sur sa tête le voile noir du parricide : « Je ne veux pas cela, s'écrie Pianori, j'irai bien sans cela, je n'en veux pas. » — C'est la loi, dit l'exécuteur. Pianori se tait ; le voile est attaché ; on lui retire ses chaussures.

Cinq heures du matin sonnent au moment où les portes de la prison s'ouvrent ; le condamné, pieds nus, voilé, paraît entre deux aides de l'exécuteur. Le pied sur la première marche de l'échafaud, il crie d'une voix forte : « Vive la République ! » — L'exécuteur veut le faire taire ; Pianori, debout sur la plate-forme, répète : « Vive la République ! » Un huissier audiencier lit l'arrêt de condamnation. Pianori essaye de parler, mais l'exécuteur serrant le voile sous son menton paralyse sa voix. La lecture de l'arrêt terminée et le voile noir enlevé, Pianori cherche encore à s'adresser au peuple : les aides de l'exécuteur le jettent sur la bascule. Le couteau tombe. Quelques minutes après, une voiture recouverte conduite en poste emporte les restes du supplicié, et les témoins de l'exécution, au nombre d'un millier tout au plus, car la police, gardait les avenues du lieu du supplice, se retirent en silence. Il était six heures du matin.

TAXILE DELORD.

Le *Moniteur* annonça l'exécution de Pianori en quatre lignes. Les autres journaux reçurent du ministère de l'intérieur l'injonction de se borner à la reproduction de la note officielle.

Pianori est-il le premier individu qui ait tenté isolément d'assassiner Napoléon III ? Il est plus facile de poser cette question que de la résoudre. La justice ordinaire dans ce temps-là n'était pas appelée à punir tous les crimes, la police s'en chargeait parfois elle-même. L'événement suivant va le prouver :

« Près d'un an après le 2 décembre, on put lire dans les journaux ce fait divers communiqué par la préfecture de police : « Dans un cabaret de Montrouge, une lutte terrible s'est engagée entre des forçats en rupture de ban et des agents du service de sûreté qui ont dû faire usage de leurs armes. Force est restée à la loi. »

» Les agents avaient dit aux nombreux ouvriers attirés par le bruit, qu'ils arrêtaient trois forçats qui avaient, la nuit précédente, assassiné une femme.

» Les trois hommes arrêtés à main armée *n'étaient point des forçats libérés*, mais deux Italiens et un Français dénoncés à la police comme arrivant de Londres. On avait donné l'ordre de s'emparer d'eux, coûte que coûte. Le Français s'appelait Frédéric Kelsch, et il était lieutenant d'infanterie, démissionnaire.

» Ils déjeunaient chez un marchand de vin de Montrouge, dans l'arrière-boutique, séparée de la pièce principale par une cloison vitrée. Les agents de police cernèrent la maison, puis les plus hardis entrèrent le pistolet au poing.

» Que se passa-t-il alors ? Kelsch, lorsqu'il fut ensuite transporté à l'Hôtel-Dieu, affirmait que les agents de police avaient fait feu au moment même où ils ouvraient la porte, avant que ses compagnons et lui eussent le temps de se lever.

» Ce qui est certain, c'est que Kelsch et l'un des Italiens, blessés, couverts de sang, se jetèrent tête baissée sur la meute assaillante et se firent jour ! Ils passèrent à travers vingt hommes et purent se croire sauvés ! Mais l'Italien, à bout de forces, s'abattit vingt pas plus loin, et Kelsch, que l'on suivait à la trace de son sang, fut arrêté une heure après chez un de ses frères.

» Les deux Italiens s'appelaient, l'un Rassini, l'autre Galli.

» Il n'y eut pas, cette fois, de procès.

» Les deux Italiens et Kelsch, à peine guéris, furent administrativement embarqués pour Cayenne.

» Là-bas, Kelsch obtint, peu de temps après son arrivée, d'être mis en liberté. Il est mort l'an dernier en Chine, où il servait en qualité d'officier instructeur. Rassini et Galli ne sont pas sortis de Cayenne (1). »

Cet épisode, raconté différemment, figure également dans les *Mémoires* (2) écrits par un agent de la police secrète de l'Empire. Voici le récit de cet homme qui se vante d'avoir été le principal acteur de ce drame sanglant :

« M. Walewski, étant ambassadeur à Londres, adressa une dépêche télégraphique chiffrée à Napoléon, lui apprenant qu'un certain Kelsch, évadé de Lambessa et à la solde de Mazzini, venait à Paris pour y assassiner l'Empereur. Sa Majesté Impériale fit appeler immédiatement le préfet de police, lui donna connaissance de la dépêche et lui demanda un agent intelligent, dévoué et énergique. Bien que je fusse tout nouveau dans le métier, M. Piétri me désigna au chef de l'État qui lui répondit :

» — Amenez-le-moi ce soir à l'Opéra ! Je vous ferai appeler dans un entr'acte....

» En sortant des Tuileries, M. le préfet me fit appeler et me communiqua les ordres de l'Empereur. Je poussai un cri de joie, puis un éblouissement, pareil à ceux que j'ai eus toutes les fois que j'ai été sur le terrain et qu'il y a du sang, me prit.... M. Piétri me dit :

» — Qu'as-tu ?

» — Rien... à présent.... Mais dans cette affaire il y aura du sang....

» Le soir, à la fin du premier acte, nous fûmes introduits, M. Piétri et moi, dans la loge impériale. En passant derrière l'Impératrice, qui occupait le devant de la loge avec madame de Bassano, Sa Majesté demanda :

» — Qui est ce monsieur qui entre avec le préfet ?

» — C'est un Corse, répondit M. le maréchal Vaillant qui était sur le derrière avec le général d'Espinasse.

» — Alors il doit avoir un stylet ! — et un éclat de rire succéda à ce mot : de stylet-corse.

» Sa Majesté Impériale, le préfet et moi nous nous retirâmes sur le derrière de la loge, sur la terrasse qui fait l'angle de la rue Rossini et de la rue Lepelletier. Là, Napoléon s'assit en nous ordonnant d'en faire autant, il me parla en ces termes :

» — Griscelli, je suis enchanté que vous soyez Corse. Tous les hommes de cette île ont été, de tout temps, dévoués à ma famille.... M. Piétri, qui vous porte beaucoup d'intérêt, m'a dit que vous joignez au dévouement l'intelligence et l'énergie. Vous aurez besoin de tout

---

(1) *Le Diable à quatre*, par A. Ranc.
(2) *Mémoires* de Griscelli. Bruxelles, 1868.

cela dans le service que nous allons vous confier, car il s'agit d'un certain Kelsch qui arrive de Londres avec des intentions criminelles et pour lequel il faut une surveillance extraordinaire de tous les instants, afin de savoir si ce qu'on me signale est vrai. Maintenant il faut le trouver et ne pas le perdre de vue. Dès que vous l'aurez trouvé, il faudra me le montrer et attendre mes ordres....

» J'avais écouté sans dire un mot. C'était la première fois que le berger corse, qui n'avait jamais vu que ses maquis, se trouvait en présence d'une tête couronnée. Dès que je vis que Sa Majesté Impériale avait fini, je répondis :

» — Sire, il me sera très-facile de le trouver si M. le préfet veut me confier le dossier de cet homme ; je saurais où il demeurait, son signalement, son âge et les personnes qu'il fréquentait.

» — Très-bien, dit M. Piétri, je n'avais pas pensé à cela.

» — Vous le montrer, Sire, je ne puis le promettre.

» — Et pourquoi ? dit l'Empereur.

» — Parce que si Kelsch s'approche de Sa Majesté Impériale avant que j'aie le temps de le lui montrer, je le poignarde.

» Le préfet de police se mit à rire et Napoléon dit :

» — Diable, comme vous y allez !

» Puis, se tournant vers Piétri, il lui ordonna de me donner 1000 francs et de mettre à ma disposition, pour ce service, tout ce dont j'aurais besoin.

» — Je préviendrai également Fleury pour qu'il mette à votre disposition les chevaux et les voitures qui vous seront nécessaires. Demain je sortirai du château à deux heures pour aller au bois de Boulogne. Je serai à cheval.

» Ainsi se termina cette première entrevue que j'eus avec Napoléon III que je devais voir de si près tant de fois. Je pensais à mon vieil oncle s'il avait pu me voir de sa cabane parlant à Napoléon, à l'Opéra, au milieu de tout ce que la France a de plus illustre dans les sciences et dans les arts !

» A la sortie du théâtre, nous accompagnâmes Leurs Majestés Impériales aux Tuileries, puis nous allâmes à la préfecture de police y prendre 1000 francs et voir le dossier de Kelsch, que Balestrino, chef de la police municipale, nous donna. M. Piétri lui fit croire que Sa Majesté Impériale voulait le gracier.

» — Le gracier ! répondit Balestrino, mais c'est l'homme le plus dangereux que je connaisse. Le jour qu'on l'a arrêté sur la barricade de la porte Saint-Martin, quatorze agents ont eu toutes les peines du monde pour le conduire au poste. Il a fallu l'attacher. C'est un hercule redoutable...

» En parcourant son dossier, je vis : 5 pieds 7 pouces, stature herculéenne, homme dangereux, demeurant chez son frère, rue du Transit, à Vaugirard. Il va très-souvent chez Desmaret, même rue, restaurant où il fait la cour à la fille de l'aubergiste. Muni de ces renseignements et de mes 1000 francs, je rentrai chez moi pour me coucher tout habillé sur mon lit. Il était trois heures et je voulais aller de bonne heure rue du Transit, espérant y voir Kelsch ou y trouver quelques renseignements.

» A six heures, bien que nous fussions au mois de décembre, j'étais placé en face de la maison de son frère. Une heure après, une jeune fille descendit, appela un commissionnaire, lui donna une lettre en lui recommandant de ne la remettre qu'à lui-même. Cette recommandation de la jeune fille me parut digne d'être notée. Je suivis donc le porteur de la missive qui traversa Paris et ne s'arrêta qu'à Ménilmontant. Il sonna dans une maison bourgeoise. Un homme, Kelsch lui-même, descendit, prit la lettre et dit au porteur :

» — Je vous remercie. Je vais y aller de suite. Je serai arrivé avant vous.

» Sa vue, sa voix, ne me firent aucune impression ; mais si je n'eus pas d'éblouissement, je remarquai, en revanche, comme de mauvais augure, que nous étions un vendredi.... Comme il l'avait annoncé à l'homme qui lui avait porté la lettre, un instant après il descendit, prit la rue Ménilmontant jusqu'au boulevard du Temple, où il prit une voiture et se fit conduire chez son frère, en descendant les boulevards jusqu'à la Madeleine, la place de la Concorde, boulevard des Invalides, rue de Vaugirard, etc. Aussitôt que sa voiture arriva à la porte, toute la famille descendit précipitamment, lui sauta au cou et le fit entrer dans la maison, en renvoyant la voiture.

» Deux heures environ après, il sortit accompagné de son frère et ils se rendirent rue du Transit, n° 13, chez Desmaret, restaurateur. Là, également on le fêta. La demoiselle surtout ne le quittait pas et prit le café avec les deux frères, pendant que dans un cabinet attenant à la salle je mangeais une côtelette que je payai d'avance.

» Dès qu'ils eurent pris le café, ils sortirent pour se rendre aux Champs-Élysées chez Crémieux, loueur de chevaux. Là les deux frères se quittèrent, et je saisis au vol les paroles de Kelsch :

» — La police de Napoléon est trop bête pour me trouver ; elle me croit endormi à Londres. Il est inutile que je couche chez Girard, je viendrai coucher à la maison. Ne crains rien, à ce soir !

» Pauvre Kelsch, il ne savait pas que ses paroles seraient recueillies justement par un agent de police de Napoléon, chargé de ne pas le perdre de vue, et qu'avant peu il aurait le désagrément de se trouver face à face avec lui. Quoique je ne veuille pas anticiper sur les événements, j'annoncerai à mes lecteurs qu'en entrant chez Desmaret j'eus un éblouissement si fort que je faillis me trouver mal. Était-ce un pressentiment du drame qui devait s'y jouer quelques jours après, ou bien qu'était-ce ?

» En voyant sortir Kelsch à cheval de chez Crémieux et se diriger vers les Tuileries, je courus rue Montaigne (aux écuries impériales), fis seller un cheval et me rendis place de la Concorde, où, à mon contentement, je retrouvai l'assassin chevauchant en cavalier accompli sur un cheval pur sang.

» A deux heures précises, Sa Majesté Impériale, le colonel Fleury et le capitaine Merle arrivaient sur la place, en venant par la rue de Rivoli. Kelsch, qui se trouvait alors vers le pont Royal, accourut au galop au-devant de Napoléon. J'étais déjà derrière lui, la tête de mon cheval touchait la croupe du sien quand l'Empereur passa près de nous. De la main gauche je tenais les rênes de mon cheval, la main droite était sur le manche de mon poignard.

» Kelsch ne fit aucun mouvement : sa mort ne devait pas arriver aux Champs-Élysées...

» Aussitôt que Sa Majesté Impériale fut passée, elle prit le galop de chasse jusqu'à l'Arc de triomphe. Plus de trente cavaliers suivirent avec Kelsch et moi jusqu'au lac ; là, Napoléon, voulant se débarrasser de la foule qui l'entourait, prit de nouveau le galop jusqu'à la porte Maillot. Puis nous descendîmes au pas jusqu'au pont de Neuilly et l'on rentra au Tuileries par le parc Monceau et le faubourg Saint-Honoré. Kelsch nous quitta rue de la Paix... Je ne répéterai pas tous les incidents que cette surveillance occasionna pendant quinze jours et quinze nuits, ce serait allonger ce chapitre déjà trop long. Mais je tiens à ce qu'on sache que Kelsch fut constamment gardé à vue : j'ai mangé à la même table, pris bien souvent le café dans le même cabinet ; à cheval, en voiture ou à pied nous n'avons jamais cessé de nous voir, et jamais le séide, tant il était aveuglé de l'idée de son assassinat, ne s'est aperçu qu'il était surveillé. Toutes les lettres qu'il recevait de Londres et celles qu'il écrivait étaient décachetées, lues et envoyées ensuite à leurs adresses.

» Sa Majesté Impériale, qui m'avait appelé plusieurs fois pendant ce temps, me fit mander le 14, au matin, dans son cabinet. Pendant que j'y étais, M. Piétri y arriva pour donner connaissance d'une lettre que Kelsch écrivait à Mazzini pour lui annoncer que l'Empereur serait assassiné dans deux jours. Malgré les prières du préfet de police qui voulait faire arrêter Kelsch immédiatement, Napoléon refusa, m'ordonnant seulement de changer de cheval pour la sortie à deux heures qui aurait lieu comme à l'ordinaire vers le bois de Boulogne.

» A l'heure indiquée, pendant que Kelsch, en casquette, bottes à l'écuyère, jaquette verte, sous laquelle il perçait quelque chose, faisait caracoler son cheval, Sa Majesté Impériale et M. Fleury arrivaient sur la place de la Concorde. En les voyant, Kelsch se porta au triple galop vers eux, qui, voyant cela, prirent l'avenue de l'Étoile à fonds de train. J'eus le temps de dire aux jockeys de serrer de près Sa Majesté Impériale et de ne laisser passer personne devant eux. En arrivant au bois de Boulogne, commença un steeple-chase furibond. Murs, ruisseaux, allées, lacs furent tournés et franchis au triple galop. Les promeneurs qui nous voyaient passer, disaient que le chef de l'État était ou fou ou ivre....

» Hélas ! il n'était ni l'un ni l'autre... mais il avait peur pour sa vie. Après trois heures d'une course effrénée, nous passions la porte Maillot pour rentrer aux Tuileries. En passant par l'avenue de l'Étoile nos chevaux étaient blancs d'écume. En remontant l'avenue, celui de Kelsch refusa de marcher, malgré les éperons et la cravache de son cavalier. La vue de ce cheval qui refusait d'avancer, m'inspira une idée irréfléchie et audacieuse. Je piquai des deux pour dépasser Sa Majesté Impériale. En passant à côté d'elle, je saluai en criant :

» — Vive à jamais les Napoléon ! l'assassin est vaincu !

» Sa Majesté Impériale se retourna, et voyant que le séide payé était resté au bas de la côte, m'ordonna de le suivre au château. En rentrant dans son cabinet, Napoléon, baigné de sueur, ouvrit un tiroir et me donna 5000 francs en me disant :

» — Allez vous reposer ; on aura besoin de vous, et envoyez-moi Piétri.

» Une heure après, ce dernier venait m'éveiller rue des Moulins, pour m'ordonner de venir à son cabinet à minuit.

» Minuit sonnait quand je me présentai à la préfecture, où je fus étonné de trouver quarante agents de sûreté que le chef de la police voulait m'imposer pour arrêter Kelsch. Après une vive discussion devant le préfet, je consentis à en prendre trois avec moi, et même je dis que si l'on voulait Kelsch mort, je n'avais besoin de personne.

» Hébert, Letourneur et moi, nous sortîmes du cabinet avec mandat d'arrêter l'assassin, mort ou vif. A six heures précises, encore un vendredi, nous arrivions chez Desmaret, où notre homme venait tous les jours prendre l'absinthe ; nous y commandâmes un dîner pour six personnes. A huit heures arrivait un certain Morelli, qui venait de Londres pour assister à la curée de l'Empereur ; il demanda à Desmaret où était Kelsch. On lui répondit qu'il arriverait à neuf heures. A l'heure dite, Kelsch arriva. Pendant qu'il prenait son verre, j'ordonnai à Letourneur d'arrêter Morelli ; Hébert et moi nous empoignâmes Kelsch qui, quoique nous fussions à deux, nous échappa à travers la salle à manger, le salon, les chambres et, sautant par une fenêtre, tomba en dedans du mur d'enceinte au fond duquel se trouvait une porte. Si cette porte eût été ouverte, l'assassin était sauvé, la surveillance de quinze jours était perdue. Mais nous étions un vendredi, la maison Desmaret portait le n° 13, j'avais eu deux éblouissements : il devait y avoir du sang, et il y en eut. Ne pouvant pas se sauver par la porte et sentant que son crime était découvert, Kelsch, en homme de cœur, voulut vendre chèrement sa vie. Il s'arrêta, arma un pistolet. Je fis comme lui : nous étions à trente pas l'un de l'autre ; les deux coups ne firent qu'une détonation. Il tomba baigné dans son sang : — ma balle lui était entrée entre le nez, le front et l'œil droit et lui était sortie derrière l'oreille gauche. La sienne m'avait sifflé à l'oreille. Son complice Morelli accourut au coup de pistolet. Pendant qu'il sautait dans le mur d'enceinte, je lui cassai l'épaule avec mon autre pistolet.

» A dix heures, les deux mandataires de la révolution étaient dans la cour de la préfecture. M. Piétri me sauta au cou et courut annoncer la nouvelle aux Tuileries et aux ministres qui, à cause de la première tentative, attendaient tous avec impatience la nouvelle de cette importante arrestation. »

Ces pages, grossièrement écrites, pleines de détails et de particularités dont l'invraisemblance saute aux yeux, ne mériteraient pas d'être reproduites par l'histoire, si elle n'était obligée de recourir à tous les moyens pour jeter quelques lueurs sur une époque enveloppée de ténèbres que le temps lui-même ne parviendra peut-être pas à dissiper complétement.

Pianori trouva bientôt un imitateur. L'Empereur devait assister à la représentation de clôture de la troupe italienne au théâtre Ventadour. La loge impériale a une entrée réservée donnant sur la rue Marsollier. Le bâtiment des décors, fermé le soir, s'élève en face de la grille; la rue est assez déserte; un homme posté sous le bec de gaz du trottoir et dissimulé dans l'ombre attendait là depuis l'ouverture des bureaux. Cet homme s'avança au roulement de la première voiture de la cour qui débouchait dans la rue, et tira un coup de pistolet sur la glace de la berline occupée par trois dames d'honneur de l'Impératrice et par un chambellan de l'Empereur; une des dames fut égratignée par les éclats du verre. Les sergents de ville accoururent et s'emparèrent de l'assassin qui tenait encore à la main l'arme dont il venait de se servir, un pistolet dit *coup de poing*. Cet homme était un cordonnier nommé Bellemarre, âgé d'une vingtaine d'années, enfermé pendant quelque temps comme aliéné à Bicêtre, d'où il n'était pas sorti dans un état de guérison complète. La police profita de cette circonstance pour faire de nouvelles arrestations dans le parti républicain qu'elle essayait de rendre complice de l'acte d'un fou.

M. Arthur Ranc, qui figurait dans le complot de l'Hippodrome, fut arrêté l'un des premiers. Il a raconté lui-même les suites de son arrestation :

« Cela se passait à neuf heures ; à minuit j'étais arrêté ; à la même heure on arrêtait un ouvrier cordonnier, Pascal Lange, qui, lui aussi, avait connu Bellemarre à Sainte-Pélagie. Lange fut interrogé une fois par M. le juge d'instruction Brault, puis il n'entendit plus parler de rien ; moi je ne fus pas interrogé du tout. J'étais du reste fort tranquille, n'ayant absolument rien fait qui pût me compromettre, et certain que Bellemarre était incapable de porter contre moi une accusation fausse. En effet, plus tard, lorsque j'allai en Afrique, un de mes gendarmes me montra ma feuille signalétique, et j'y vis qu'on me reprochait seulement « d'avoir connu les projets de Bellemarre ».

» Néanmoins les jours se suivaient et se ressemblaient au dépôt de la préfecture. On ne m'interrogeait pas, mais je ne sortais pas pour cela ; un jour j'appris que Bellemarre, « reconnu atteint d'aliénation mentale », avait été conduit à Bicêtre. Donc il n'y aurait pas de procès ! donc j'allais être mis en liberté !

» Ah bien oui ! Les semaines s'écoulèrent sans que rien fût modifié dans ma situation. Enfin un jour, au bout de trois mois, je fus mandé à la préfecture : je descendis et je me trouvai en face d'un commissaire de police qui me lut un arrêté de M. Billault, ministre de l'intérieur, portant en substance que, vu le rapport de M. Piétri, préfet de police, vu le décret du 8 décembre 1851, vu le jugement du tribunal correctionnel qui m'avait condamné à un an de prison pour société secrète, j'allais être transporté à Cayenne.

» Cet arrêté était fort en règle ; le décret du 5 décembre très-formel : il n'y avait rien à dire. Je me bornai donc à demander au commissaire de police quand aurait lieu le départ et si j'aurais le temps de faire quelques préparatifs. Le commissaire, fort poli du reste et presque ému, me répondit qu'il l'ignorait et de m'enquérir auprès de M. le préfet. Je m'adresse au préfet, pas de réponse. Cela sentait mauvais, et me voilà m'attendant à être enlevé le soir même, sans pouvoir embrasser ma mère, sans voir mon père qui était en ce moment absent.

» Heureusement, nous n'étions à Paris que deux politiques en partance, et l'on ne pouvait pas faire pour nous seuls les frais du transférement. On attendit qu'il y eût à la Roquette assez de forçats disponibles pour emplir une voiture cellulaire. Grâce à ce répit, ma famille put se mettre en campagne. Une parente de ma mère, qui connaissait quelques personnes du monde officiel, s'employa avec cette activité que savent mettre les femmes quand on en appelle à leur dévouement, et elle parvint à faire changer Cayenne en Lambessa. Je lui en fus profondément reconnaissant, surtout pour les miens, dont la douleur et les inquiétudes étaient ainsi allégées de moitié, car, pour moi, j'ai la vie dure et j'ai idée que je me serais tiré de Cayenne comme de Lambessa.

» Enfin, un soir, on m'emmena à la Roquette. Je trouvai au greffe Pascal Lange qui arrivait de Mazas. Lui aussi s'était attendu, pendant deux mois, tous les jours, à être mis en liberté ; lui aussi on l'avait mandé devant un commissaire de police qui lui avait lu un arrêté de transportation. Seulement sa pauvre vieille mère, sa mère infirme qu'il soutenait de son travail, n'avait pas de relations en haut lieu, et il s'en allait à Cayenne !

» À la Roquette on nous rasa, on nous coupa les cheveux, on nous déshabilla, et l'on nous revêtit de l'habit gris, l'habit des condamnés pour vol. Le lendemain, nous partions pour Marseille et Toulon, en voiture cellulaire : trente-six heures de route, par un froid glacial, les fers aux pieds ! Je m'arrêtai à Marseille ; Lange continua sa route jusqu'à Toulon. On sait par le récit que M. Delescluze a publié dans le *Réveil* comment les choses se passaient dans cette dernière ville. Quant à moi, sans vouloir insister et sans donner de détail, j'affirme — car il faut que ces choses-là soient sues — que de Marseille jusqu'au jour de mon arrivée à Lambessa, je vécus en promiscuité absolue avec quatre forçats, couchant sur le même lit de camp, mangeant à la même gamelle, accouplé avec l'un d'eux quand nous traversions une ville, enchaîné par les pieds à la même barre sur le bateau. Je dois dire, du reste, que ces quatre malheureux étaient fort convenables, discrets et que je n'eus aucunement à m'en plaindre. Pascal Lange ne resta pas à Cayenne jusqu'à l'amnistie, il fut transféré en Algérie. Mais, hélas ! son séjour à la Guyane dura assez pour qu'il y ait contracté les premiers germes d'une cruelle maladie ; et maintenant, Pascal Lange, un des esprits les plus libres et les plus joyeux, un des cœurs les plus dévoués et les plus généreux que j'aie connus, qui de Cayenne et d'Algérie trouvait le moyen d'envoyer à sa mère un peu d'argent, Lange est brisé par la souffrance : il est paralysé des membres inférieurs. Il a trente-six ans à peine, il a conservé toute son intelligence, toute sa volonté, et il est condamné à l'inaction, à l'immobilité presque absolue.

» De Bellemarre on n'a jamais entendu parler. Est-il mort à Bicêtre, vit-il dans quelque cabanon ? nul ne le sait (1). »

L'enterrement de la mère du représentant Dornès, tué en cherchant à rétablir l'ordre dans les journées de juin, fournit à la police l'occasion de nouvelles captures. M. Guinard, ancien commandant de l'artillerie de la garde nationale parisienne en 1848, fut pris à cette cérémonie ainsi que plusieurs ouvriers. M. Guinard était connu pour la loyauté de son caractère ; son arrestation produisit le même effet que celle de M. Goudchaux. Le gouvernement prétendit, pour s'excuser, que M. Guinard avait été arrêté par erreur pour payement des frais du procès de

(1) Lettre de M. A. Ranc à la fin du *Procès de l'Hippodrome*, par A. Fermé.

Bourges. Le mois d'août 1855 fut également fécond en arrestations. Les journaux citèrent parmi les prisonniers le frère de Pianori et un autre Italien arrivés ensemble à Biarritz où se trouvait alors l'Empereur.

La cour d'assises de Douai jugea dans le même mois les accusés d'un complot découvert à Perenchies, village à 10 kilomètres de Lille. La pluie ayant amené quelques dégâts sur le chemin de fer et enfoncé l'un des rails, les surveillants découvrirent, en faisant leur ronde, une boîte de fer enfouie que le dernier orage laissait à fleur de terre. Cette boîte, d'après l'instruction, était une machine infernale destinée à éclater sous le convoi au prochain passage de l'Empereur sur le chemin de fer de Lille à Calais. Les deux frères Jacquin, mécaniciens, accusés d'avoir fabriqué la machine et organisé le complot, se réfugièrent en Belgique; le gouvernement belge refusa leur extradition. Huit accusés comparurent devant le jury; la cour en condamna deux.

Une échauffourée dont Angers fut le théâtre à la fin d'août 1855 attira l'attention du public sur une nouvelle société secrète, *la Marianne*, dont voici l'origine:

M. Alphonse Gent, représentant du peuple à la constituante, homme intelligent et énergique, avait formé en 1849 une vaste organisation politique dite du *Sud-Est*, embrassant tous les départements compris dans la région qui s'étend de la Saône aux Alpes et à la mer. Les délégués de cette association, les délégués du comité de résistance de Paris, dix représentants de la montagne, parmi lesquels figurait Michel (de Bourges), se réunirent à Mâcon en septembre 1850, le jour même de la foire de cette ville. Les délégués du Jura, de l'Alsace, d'Orléans, de Nantes et de plusieurs autres villes assistaient également à la réunion où la résolution fut prise d'étendre au reste de la France l'association du *Sud-Est*. MM. Bruys et Alphonse Gent se rendirent en Suisse pour rallier l'émigration à la pensée de la nouvelle association. M. Alphonse Gent, de retour à Lyon le 23 octobre, fut arrêté le lendemain, accusé de complot, et condamné à la déportation à Nouka-Hiva. Les cercles, cafés et cabarets de la *Montagne*, très-nombreux avant le coup d'État, donnaient une idée peut-être un peu exagérée de la puissance de la société qui avait pris ce nom. Elle n'en comptait pas moins de nombreux adhérents qui entrèrent dans l'organisation du *Sud-Est*. Les membres de cette association, après la condamnation d'Alphonse Gent, fondirent leurs cadres dans ceux de la *Montagne*. Des groupes nouveaux s'étendirent de ramifications en ramifications sur la France entière, et formèrent une association sous ce nom : *la Marianne*, qui désignait la République.

Paris apprit avec étonnement par le *Moniteur* que dans la nuit du 26 au 27 août 1855, une bande armée de cinq à six cents hommes, forçant et saccageant la caserne de gendarmerie de Trélazé, s'était jetée dans Angers par la rue du faubourg Bressigny jusqu'à la rencontre de la rue Desjardins. Cette bande, croyant surprendre la ville, avait été chargée et dispersée par les soldats, les gendarmes et les agents de police. Les insurgés étaient des ouvriers des ardoisières, de Trélazé et des Ponts-de-Cé, affiliés depuis peu à la *Marianne*.

Les prisonniers faits dans la bagarre furent enfermés dans le château d'Angers. Ils ne savaient guère que répondre quand on leur demandait : Qu'est-ce que la *Ma-*

rianne? qu'alliez-vous faire à Angers? Quelques-uns répondaient : Nous allions pour le *pain*. Attibert, un des chefs de l'échauffourée, aurait dit, d'après l'acte d'accusation, aux ardoisiers : « La France est en insurrection, la République démocratique et sociale est proclamée, voici le moment de tuer et de voler, celui qui refusera de marcher sera fusillé. » Le gouvernement prit des précautions comme s'il s'agissait de dompter une Vendée démocratique. Les armes déposées chez les armuriers furent démontées ou transportées au château. Une forte garnison occupa la ville et la forteresse féodale. La moitié des accusés se composait d'hommes faits ou vieux, presque tous ayant de bons antécédents, très-peu sachant lire ; le ministère public, lorsqu'ils comparurent devant la cour d'assises de Maine-et-Loire convoquée extraordinairement, n'en attribua pas moins leur conduite à des lectures dangereuses.

Les bruits d'assassinat sur la personne de l'Empereur se renouvelaient sans cesse. La nouvelle courut en septembre 1855 qu'un cent-garde avait tenté de tuer Napoléon III d'un coup de poignard ou d'un coup de pistolet. Les cent-gardes demandèrent une enquête. L'Empereur répondit que l'esprit du corps était trop connu pour qu'on le supposât capable de pareilles actions.

Le premier mois de l'année 1856 est signalé par des arrestations nombreuses dans la Charente, la Charente-Inférieure, la Dordogne et quelques autres départements. La *Marianne* sert de prétexte à ces mesures qui portent la terreur dans les familles et donnent lieu à mille petites persécutions locales dont les victimes n'osaient pas même se plaindre. La police française, toujours en éveil, saisit, dans le commencement du mois de juillet 1857, trois lettres de Mazzini : l'une à Campanella, son ancien collaborateur à la *Gazzetta del popolo;* l'autre à Massarenti ; la troisième, un simple billet, était adressée à Tibaldi, ouvrier opticien, demeurant à Ménilmontant. Mazzini recommandait, dans ce billet à Tibaldi, de finir au plus tôt « l'affaire de Paris »; il lui adressait en même temps deux hommes d'action : Bartolotti et Grilli, capables de l'aider dans sa besogne.

Les agents de police, munis de ces renseignements, pénètrent dans le logement de Tibaldi, s'emparent de sa personne et découvrent, chez une de ses voisines où il avait déposé divers objets, une caisse renfermant cinq poignards et vingt pistolets chargés. Les poignards parurent d'abord empoisonnés; on reconnut bientôt qu'ils étaient enduits seulement d'une substance grasse.

Une souricière dressée devant la maison de Tibaldi amena la prompte capture de Bartolotti et de Grilli. Bartolotti fit tous les aveux que pouvait désirer l'instruction. Il prétendit que Massarenti l'avait amené d'York à Londres en lui payant son voyage ; arrivés dans cette dernière ville, ils se rendirent immédiatement chez un homme *très-maigre;* ils le trouvèrent en conférence avec un homme *très-gros* qui l'appelait Mazzini. Lorsque l'homme gros partit, l'homme maigre lui dit: *Bona sera, Drou-Rollin.* Bartolotti, du reste, n'entendit rien de la conversation entre l'homme gras et l'homme maigre, car le premier partit presque au moment où il entrait. L'ancien membre du gouvernement provisoire fut donc englobé avec Mazzini, Massarenti, Campanella, Tibaldi, Bartolotti et Grilli dans une accusation de complot contre la vie de l'Empereur, « ledit complot ayant été suivi d'un acte commis ou commencé pour en préparer l'exécution. »

Un sieur Adolphe Gereaux, condamné pour société secrète à quatre années d'emprisonnement, appelé aux débats pour confirmer les assertions de Bartolotti, déclara sur le ton du plus profond repentir que, cinq ans auparavant, Ledru-Rollin l'ayant chargé de remettre 500 francs à un individu qu'il trouverait sur la place de la Madeleine, et qui lui dirait : *Je suis Beaumont*, il s'était acquitté de la commission. Cette déposition singulière servit de texte au président pour s'élever contre l'ignorance dans laquelle vivaient les exilés au sujet des véritables dispositions d'esprit de leurs compatriotes. Le président, faisant allusion aux tentatives d'assassinat auxquelles l'Empereur avait échappé, rappela le fait suivant : « En 1853, un sieur Kelsch a été poursuivi pour un fait de même nature que celui dont il s'agit aujourd'hui. Il convint avoir reçu de Londres 500 francs, et ajouta qu'il voulait tuer l'Empereur, mais que la réflexion l'avait fait renoncer à ce projet. Cet homme a déclaré ceci : « Il faut savoir ce que
» c'est que l'exil ; on ne sait rien de ce qui se passe en
» France. Je croyais l'Empire impossible, mais quand j'ai
» vu ce qui se passait ici, j'ai changé d'idée. Il y a dans
» l'exil une foule d'hommes de cœur qui changeraient
» aussi d'idées s'ils connaissaient la vérité. »

Les auditeurs se demandèrent ce que c'était que ce Kelsch dont ils entendaient le nom pour la première fois. Le lecteur connaît sa terrible aventure. Si des poursuites avaient eu lieu contre lui, comme l'affirmait le président, elles étaient restées bien secrètes.

Plusieurs lettres saisies chez Tibaldi étaient écrites dans

un langage convenu que la police déchiffra tout de suite : *guérir le malade* voulait dire assassiner l'Empereur, *mon oncle* désignait Mazzini, *Drou-Rolline* Ledru-Rollin. La cour d'assises, siégeant sans jury, ayant admis ce système de traduction, Mazzini, Massarenti, Campanella, Tibaldi et Ledru-Rollin furent condamnés à la déportation ; Bertolotti et Grilli à quinze ans de réclusion. L'*Indépendance belge* annonça, quelques jours après, que Bertolotti et Grilli, renvoyés de France, avaient reçu de l'argent pour faire leur route.

Ledru-Rollin protesta contre sa condamnation ; il offrit de se faire juger par un jury anglais. Tibaldi, qui s'était enfermé dans un mutisme complet à l'audience, partit pour Cayenne, où il est encore (1).

Les tentatives du parti républicain soit pour renverser le gouvernement par un coup de main, soit pour ranimer les esprits par la propagande, entretenaient bien une certaine agitation à sa surface, mais cette agitation n'en atteignait pas le fond. Les républicains, retenus par l'obligation de prêter le serment constitutionnel, et découragés d'avance par les difficultés de la lutte sur le terrain légal, ne se présentaient guère aux élections pour les assemblées

---

(1) On lit dans le *Journal d'un transporté*, par Charles Delescluze :

« Des divers compagnons que j'avais rencontrés à l'île du Diable, celui pour lequel j'avais le plus de sympathies, le seul que je visse le plus habituellement, c'était Tibaldi. La douceur de son caractère, la distinction de ses manières et la dignité de sa conduite l'avaient, autant que son infortune, désigné tout spécialement à mon estime et à mon affection. Jeune encore, Tibaldi portait dans les yeux l'énergie et la douceur, et sa belle et noble figure respirait la forte et digne résignation qui se retrouve chez tous les hommes habitués au sacrifice. Sans nouvelles de sa famille, n'entendant plus parler de ses amis de France, il n'accusa jamais personne ; jamais plainte ni regret ne sortit de sa bouche. Son empressement à obliger, l'égalité de son humeur, étaient de nature à le faire aimer partout, et, ce qui le prouve mieux que toutes les paroles, c'est qu'à l'île du Diable, où les caractères n'étaient pas empreints d'une excessive aménité, il avait beaucoup d'amis et pas un ennemi. »

départementales et municipales. L'esprit français est prompt à donner aux influences passagères qu'il subit la forme d'une théorie politique; il croit ainsi les justifier. Le découragement qui s'empare des partis au lendemain de leur défaite, transformé en doctrine de l'abstention, se propageait sous la forme d'un principe. La plupart des notabilités du parti républicain, en professant cette opinion peu comprise des masses que la meilleure manière d'agir contre le gouvernement était de ne pas agir du tout, allaient au-devant des vœux du pouvoir, et retardaient comme à plaisir le réveil des idées républicaines. Cette politique de l'abdication ne pouvait pas être de longue durée. La jeunesse studieuse n'avait heureusement pas abdiqué; la nomination de M. Sainte-Beuve à la chaire de poésie latine au Collége de France, lui fournit une occasion de montrer, presque au lendemain du coup d'État, que ses vieux instincts d'honneur, de liberté, d'indépendance, vivaient toujours.

M. Sainte-Beuve, ami de Carrel et rédacteur du *National*, cessa bientôt de se plaire dans les rangs de la démocratie. Le gouvernement constitutionnel de Juillet lui offrit la croix d'honneur et une place de bibliothécaire qu'il accepta, mais en homme qui ne se croit point payé à son prix, qui proteste intérieurement et qui attend l'occasion de dire leur fait à ceux qui l'ont marchandé. La révolution de Février, ravivant en lui le souvenir et peut-être le remords de sa défection républicaine, il éprouva le besoin de se croire persécuté, et partit pour la Belgique. Personne ne songeait à lui. Il revint de l'exil à l'appel du docteur Véron, pour se porter au secours de la société, de la famille et de la religion menacées. M. Sainte-

Beuve, devenu rédacteur du *Constitutionnel*, bonapartiste, conservateur et surtout dévot, reparut sous les traits d'un *ultra* de la Restauration, relevé d'une pointe de mysticisme. Il s'en prit non-seulement à l'athéisme et à l'irréligion, mais même à un certain libéralisme innocent et catholique. Il signala comme un délit social la publication des *Ruines* et du *Catéchisme de la loi naturelle de Volney*. Un jour vint même où la liberté de conscience telle que l'entendaient Marguerite de Navarre, Lhospital et Bayle, lui parut incompatible avec l'existence d'un gouvernement stable.

M. Sainte-Beuve, converti au despotisme en littérature comme en politique, regrettait qu'il eût manqué à la littérature de 1830 un Boileau soutenu par un Louis XIV. C'est un tort de croire, disait-il, qu'on ne dirige pas l'esprit public, et pour le prouver, il se mit à le diriger à sa façon, remplissant le rôle de critique d'État, rectifiant, gourmandant, prêchant tous les lundis les écrivains de l'opposition, applaudissant aux déplorables réformes universitaires de M. Fortoul et surtout à la bifurcation.

Les anciens amis de M. Sainte-Beuve, gens d'esprit et d'expérience indulgente, connaissant son caractère facile aux rancunes, patient aux vengeances, prompt au changement, ne s'étonnèrent point de sa métamorphose et s'amusèrent de ses attaques contre l'opposition de l'Académie française dont il faisait partie contre les salons de la monarchie de Juillet dont il avait été l'humble protégé. Mais le cœur généreux de la jeunesse s'indigna en voyant M. Sainte-Beuve se séparer, au lendemain de leur défaite, des hommes avec lesquels il avait passé sa jeunesse, le meilleur temps de la vie, se moquer de leur tristesse et traiter leur fidélité au passé de voile transparent dont se couvrent les envieux, les jaloux, les détracteurs du temps présent. Les étudiants résolurent de profiter de la nomination de M. Sainte-Beuve à la chaire de poésie latine au Collége de France pour lui témoigner leurs sentiments; ils se portèrent à son cours le jour de l'ouverture et l'empêchèrent de parler. M. Sainte-Beuve accepta la condamnation, et donna sa démission.

M. Nisard, quelques années plus tard, en 1855, reçut une leçon pareille. Tour à tour républicain, orléaniste, impérialiste, comme M. Sainte-Beuve, ses travaux sur les poëtes latins de la décadence lui valurent la place de maître des conférences à l'École normale pour la littérature française. Le retentissement donné par la polémique des journaux à son article sur la *littérature facile* rendit son nom presque célèbre, et le fit député de la Côte-d'Or, professeur d'éloquence latine au Collége de France, chef du secrétariat au ministère de l'instruction publique, maître des requêtes et chef de la division des sciences et des arts. M. Nisard perdit tout cela en février. Ayant bien vite fait acte d'adhésion à l'Empire et proclamé dans les journaux son dévouement au nouveau maître, M. Fortoul lui donna comme première récompense l'inspection générale de l'enseignement supérieur, puis la chaire d'éloquence française à la Sorbonne, vacante par la mise à la retraite de M. Villemain. M. Nisard n'était pas homme à refuser son concours à l'œuvre réparatrice du ministère de l'instruction publique, et s'il regretta quelque chose, ce fut de n'être pas chargé de l'accomplir lui-même. La jeunesse lui reprochait d'avoir déclaré en pleine Sorbonne, le jour où M. Duruy soutenait sa thèse de doctorat, qu'il y a deux morales, l'une bonne pour le vulgaire, l'autre à l'usage des hommes politiques et des faiseurs de coups d'État. M. Nisard s'est défendu depuis d'avoir jamais professé une pareille doctrine. Mais dans les premiers moments, les étudiants, sans attendre la justification de M. Nisard, et profitant de cette occasion pour protester contre les palinodies honteuses dont ils étaient journellement témoins, se rendirent à son cours et le sifflèrent. Les sergents de ville ayant opéré des arrestations, un procès eut lieu, à la suite duquel les étudiants Roland (1), Rogeard (2), Lefort et plusieurs autres furent condamnés à l'amende et à la prison.

L'enterrement civil du sculpteur David (d'Angers) eut lieu le 7 janvier 1856 (3). Le chansonnier Béranger, reconnu dans la foule, fut salué par les étudiants (4) aux cris de *Vive la liberté!* Ce cri que Paris n'avait pas entendu depuis le 2 décembre était d'un bon augure sorti du cœur de la jeunesse, et donna lieu à des arrestations. Les générations nouvelles appartenaient à la république, mais leur jour n'était pas encore venu ; les anciennes générations,

---

(1) Fils de madame Pauline Roland.
(2) Auteur de : *Les propos de Labienus.*
(3) M. de Cormenin, conseiller d'État, en apprenant que le corps de celui qu'il appelait son ami ne serait pas porté à l'église, quitta immédiatement la maison mortuaire. Il fit dire à la famille de David qu'il allait à l'église voisine faire célébrer une messe pour le repos de l'âme du défunt.
(4) Une chanson manuscrite, attribuée à Béranger, fut mise en circulation à cette époque. En voici un couplet :

> Oui, j'ai chanté l'épopée héroïque
> Des habits bleus par la victoire usés,
> C'étaient les fils de notre république
> Battant vingt ans les rois coalisés ;
> Mais ce soldat bien brossé qui nous guette,
> Qui nous tuerait pour passer officier,
> Est-ce le mien trinquant à la guinguette?
> Ah! pardonnez au pauvre chansonnier.

accablées par leurs défaites, fatiguées, incertaines, ne pouvaient opposer de sérieux obstacles à la marche du gouvernement. Le parti républicain, privé de chefs, énervé par l'abstention, n'était cependant pas mort. Le peuple de Paris n'avait pas tardé à comprendre la faute commise par lui le 2 décembre en se croisant les bras devant le coup d'État, il n'attendait que des guides et un signal pour commencer la lutte contre l'Empire.

CHAPITRE III.

LA LÉGITIMITÉ. — L'ORLÉANISME. — LA FUSION.

1850-1857.

SOMMAIRE. — Le parti légitimiste. — Manifeste de Wiesbaden. — Le duc de Lévis, le duc Des Cars, le marquis de Pastoret, le général de Saint-Priest, Berryer, désignés comme ses mandataires par le comte de Chambord. — Manifestes du comte de Chambord. — La majorité du parti légitimiste se rallie à l'Empire. — Défection de MM. de la Rochejacquelein, de Mouchy, de Pastoret. — Mesures du gouvernement français contre les correspondants légitimistes. — Arrestations de MM. de Saint-Priest, duc d'Almazan, René de Rovigo, de la Pierre, Villemessant, Virmaître, Aubertin, de Coetlogon, de Mirabeau. — Le gouvernement, pour tenir la balance égale entre les partis, fait arrêter MM. Théodore Pelloquet, Eugène Chatard, Charles Monselet, Vergniaud, Charreau père, Étienne, Gérard. — Procès des *Correspondants*. — Poursuites contre les légitimistes dans les départements. — Le complot de Vincennes. — La *Ligue fédérale*. — Décadence du parti légitimiste. — Le jockey-club et la légitimité. — Le comte de Chambord et le Crédit foncier. — Les légitimistes et la Russie. — L'orléanisme et la légitimité. — Les orléanistes et les républicains. — Le stathoudérat. — Procès du *Bulletin français* à Bruxelles. — Les décrets du 24 janvier au Conseil d'État. — Démission de M. Reverchon, conseiller d'État. — Procès de M. Bocher. — La fusion. — Son origine. — Entrevue entre le comte de Chambord et le duc de Nemours à Vienne. — Mort du dernier Louis XVII. — Brochures bonapartistes contre la fusion. — M. Troplong descend dans la lice. — Le comte de Chambord à Nervi. — La fusion est rompue.

Sous la République, le parti légitimiste était en proie à des dissensions qui dataient du règne de Louis-Philippe ; une fraction de ce parti, représentée par la *Gazette de France*, visait à reconstituer la monarchie héréditaire légitime sur la base du suffrage universel par une sorte de fusion mystique entre le droit divin et la souveraineté populaire. Les partisans du droit divin pur n'attendaient qu'une occasion solennelle pour faire condamner cette hérésie par le représentant même du principe de la légitimité.

Le comte et la comtesse de Chambord s'étaient rendus à Ems en 1849. M. de la Rochejacquelein, alors en grande faveur auprès du prétendant, avait présidé dans cette ville une sorte de congrès légitimiste. L'année suivante, pendant le mois d'août, l'héritier des Bourbons de la branche aînée, profitant de la prorogation de l'Assemblée législative, établit sa résidence à Wiesbaden, où « de tous les points de la France des hommes repré-
» sentant les diverses positions sociales accoururent avec
» un religieux empressement pour présenter leurs hom-
» mages au petit-fils de Henri IV ». Les membres royalistes de l'Assemblée législative se sont fait un devoir de se rendre les premiers à Wiesbaden ; le comte de Chambord les a reçus chacun en particulier, afin de se faire une idée exacte du mouvement des esprits et des divers intérêts des populations dans chaque département. Le comte de Chambord, dans ces différents entretiens, « s'est montré constamment préoccupé de la ligne de
» conduite qu'en ce moment plus que jamais il importe
» de suivre avec ensemble pour activer le progrès des
» opinions légitimistes, et maintenir en même temps les
» principes au-dessus de toute atteinte (1) ».

Cette note s'adressait aux rédacteurs de la *Gazette de France* et à leurs adhérents. Les amis du comte de Chambord lui conseillèrent, pour corroborer et préciser le sens de la leçon, de publier une déclaration qui marquerait le but et les résultats de son voyage.

L'influence de M. de la Rochejacquelein avait considérablement baissé à cette époque. La déclaration parut

(1) *L'Union.*

avec la signature de M. de Barthélemy ; elle se terminait ainsi :

« M. le comte de Chambord a déclaré qu'il se réservait la direction de la politique générale.

» Dans la prévision d'éventualités soudaines et pour assurer cette unité complète de vue et d'action qui seule peut faire notre force, il a désigné les hommes qu'il déléguera en France pour l'application de sa politique.

» Cette question de conduite devait nécessairement amener l'appréciation définitive de la question de l'appel au peuple.

» Le comte de Chambord condamne formellement le système de l'appel au peuple comme impliquant la négation du grand principe national de l'hérédité monarchique.

» Il repousse d'avance toute proposition qui, reproduisant cette pensée, viendrait modifier les conditions de stabilité qui sont le caractère essentiel de notre principe, et doivent le faire regarder comme l'unique moyen d'arracher enfin la France aux convulsions révolutionnaires.

» Le langage de M. le comte de Chambord a été formel, précis ; il ne laisse aucune place au doute, et toute interprétation qui en altérerait la portée serait essentiellement inexacte.

» *Tous* ceux qui sont venus à Wiesbaden ont connaissance de cette décision ; *tous* ont entendu M. le comte de Chambord se prononcer avec la même fermeté, tandis que l'émotion profonde et l'expression du vrai bonheur qu'il pouvait remarquer sur *tous* les fronts semblaient lui promettre que cette déclaration venue de l'exil serait désormais une règle *absolue* pour *tous* les légitimistes de France. Mettre fin à toutes ces dissidences qui l'ont si vivement attristé et qui n'aboutissent qu'à notre amoindrissement ; abandonner sincèrement, *absolument*, tout système qui pourrait porter la moindre atteinte aux droits dont il est le dépositaire ; revenir à ces honorables traditions de discipline qui seules peuvent relever, après tant de révolutions, le sentiment de l'*autorité* ; rester inébranlable sur les principes, modéré et conciliant pour les personnes : tel est le résumé de toutes les recommandations qu'il nous a adressées, et qui, nous en avons la confiance, seront fécondes en heureux résultats.

» Ce qui en ressort incontestablement, c'est que, la direction de la politique générale étant réservée par M. le comte de Chambord, aucune *individualité*, soit dans la presse, soit ailleurs, ne saurait désormais être mise en avant comme représentation de cette politique. En dehors de M. le comte de Chambord, il ne peut y avoir aux yeux des légitimistes que les mandataires qu'il a désignés, et qui sont : MM. le duc de Levis, le général de Saint-Priest, Berryer, le marquis de Pastoret, le duc Des Cars.

» De retour en France, j'aurai comme par le passé l'honneur de vous transmettre leurs instructions, et j'ai la confiance que vous voudrez bien me continuer votre précieux concours et me tenir au courant de la situation de votre département. »

Ces idées étaient peu faites pour rallier les esprits libéraux à la monarchie du droit divin. Le comte de Chambord, averti du mauvais effet de son manifeste, en publia un second sous la forme d'une lettre de félicitation adressée à M. Berryer sur son discours dans la séance du 16 janvier 1851. Le comte de Chambord s'adressa de nouveau à la nation le 27 avril 1852, et le 27 octobre avant la proclamation de l'Empire. Voici le passage le plus important de son manifeste à ce sujet :

« Français, vous voulez la monarchie, vous avez reconnu qu'elle seule peut rendre, avec un gouvernement régulier et stable, cette sécurité de tous les droits, cette garantie de tous les intérêts, cet accord permanent d'une autorité forte et d'une sage liberté qui fondent et assurent le bonheur des nations. Ne vous livrez pas à des illusions qui tôt ou tard vous seraient funestes. Le nouvel Empire qu'on vous propose ne saurait être cette monarchie tempérée et durable dont vous attendrez tous ces biens. On vous trompe, et l'on se trompe quand on vous le promet en son nom. La monarchie véritable, la monarchie traditionnelle, appuyée sur le droit héréditaire et consacrée par le temps, peut seule vous remettre en possession de ces précieux avantages et vous en faire jouir à jamais. Le génie et la gloire de Napoléon n'ont pu lui suffire à fonder rien de stable ; son nom et son souvenir y suffiraient bien moins. On ne rétablit pas la sécurité en ébranlant le principe sur lequel repose le trône. On ne consolide pas tous les droits en méconnaissant celui qui est parmi nous la base nécessaire de l'ordre monarchique. La monarchie en France, c'est la maison royale de France indissolublement unie à la nation. Mes pères et les vôtres ont traversé les siècles en travaillant de concert, selon les mœurs et les besoins des temps, au développement de notre belle patrie. Pendant quatorze cents ans, seuls entre tous les peuples de l'Europe, les Français ont toujours eu à leur tête des princes de leur nation et de leur sang. L'histoire de mes ancêtres est l'histoire de la grandeur progressive de la France, et c'est encore la monarchie qui l'a dotée de cette conquête d'Alger, si riche d'avenir, si riche déjà par les hautes renommées militaires qu'elle a créées, et dont la gloire s'ajoute à toutes nos gloires. »

Le comte de Chambord finissait par cet engagement solennel : « Fidèle aux lois du royaume et aux traditions » de mes aïeux, je conserverai religieusement jusqu'à » mon dernier soupir le dépôt de la monarchie hérédi-

» taire dont la Providence m'a confié la garde et qui est
» l'unique port de salut où, après tant d'orages, cette
» France, objet de tout notre amour, pourra retrouver
» enfin le repos et le bonheur. »

Cette protestation, lancée des rives du Rhin par le comte de Chambord, à la tête d'un corps d'armée, aurait pu produire un certain effet ; mais partie du fond d'un château de la Bohême, elle n'éveilla point d'échos. Le gouvernement la fit publier tout entière dans le *Moniteur* du 15 novembre 1852.

La majorité du parti légitimiste semblait plus disposée à suivre l'exemple du clergé devenu ardent bonapartiste qu'à se rallier à la voix de l'héritier des lis. La célébration officieuse de l'anniversaire du 21 janvier, l'empressement des plus hauts fonctionnaires à contremander leurs fêtes ce jour-là, l'engagement de rendre à la noblesse son ancien lustre et de poursuivre les usurpateurs de titres, le projet de tailler en Algérie des espèces d'apanages au profit des serviteurs du règne, la publication de brochures parlant complaisamment du rétablissement du droit d'aînesse et du mariage religieux, engageaient beaucoup de légitimistes à se rapprocher de l'Empire. Qu'est-ce, après tout, que le droit divin ? un dogme religieux qu'il faut bien se garder de confondre avec le principe dynastique. L'histoire démontre que les races et les familles s'éteignent ; les derniers Mérovingiens, tondus et jetés au cloître, n'avaient-ils pas fait place à une nouvelle dynastie à laquelle le pape conféra la légitimité par le sacre de Charlemagne ? L'Église conférant la légitimité, le premier Napoléon a donc pu être investi régulièrement de ce droit par la cérémonie du sacre. Le comte de Chambord, d'ailleurs, n'ayant pas d'enfant, où trouver un rejeton du tronc bourbonien? Sur la branche usurpatrice d'Orléans, sur la branche de Naples, d'Espagne ou de Parme? La greffe risquait fort de ne pas prendre. Ne valait-il pas mieux se rallier tout de suite à la dynastie des Bonaparte?

La majorité du parti légitimiste se prononça pour l'affirmative et se rapprocha du gouvernement du 2 décembre. S'il y eut de notables exceptions, si des hommes d'honneur continuèrent à défendre les opinions royalistes dans la presse, si d'autres refusèrent le serment comme maires ou membres de conseil général; le plus grand nombre des légitimistes se laissèrent aller à accepter presque tous les postes administratifs de l'Empire. Ses membres sollicitèrent les honneurs de la candidature officielle au corps législatif ; grands décentralisateurs en apparence, mais au fond connaissant les avantages de la centralisation et sachant la faire fonctionner à leur profit, ils peuplèrent, grâce à l'appui du pouvoir, les conseils généraux, les conseils d'arrondissements et les conseils municipaux.

Le sénat faillit compromettre cependant la bonne intelligence entre les légitimistes et les bonapartistes en «rétablissant» l'Empire. Ce verbe *rétablir* employé par les auteurs du sénatus-consulte du 4 novembre 1852, semblait reléguer les règnes de Louis XVIII et de Charles X au rang des faits purement révolutionnaires. La démission de M. Audren de Kerdrel, comme député, montra combien cette expression blessait la conscience de certains légitimistes hésitants. « S'il ne s'agissait, dit-il, dans une lettre adressée au président du corps législatif, que de contribuer librement à la confection des lois de mon pays, je verrais ce que j'aurais à faire; mais appelé à proclamer l'Empire, je n'hésite plus et je donne ma démission. » Le Président de la République, dans son discours d'acceptation du trône, calma ces scrupules en proclamant la solidarité des règnes. La démission de M. Audren de Kerdrel ne fut point imitée; le gros du parti resta fidèle à l'alliance conclue avec l'Empire. Un homme qui s'imaginait avoir une grande situation politique parce qu'il portait un grand nom, M. de la Rochejacquelein, crut justifier son entrée au sénat en déclarant dans une brochure qu'il ne voulait pas contribuer à une nouvelle usurpation orléaniste, et que ne pouvant arriver à la monarchie traditionnelle, il se rattachait à l'Empire en restant légitimiste. Lorsqu'on vit paraître sur une liste de sénateurs les trois noms de MM. de la Rochejacquelein, de Mouchy et de Pastoret, le *Constitutionnel* eut beau dire que ces trois noms représentaient l'alliance de la France féodale et chevaleresque avec l'esprit moderne, la réconciliation du passé avec l'avenir, l'opinion publique ne vit rien de chevaleresque dans cette triste défection.

La bonne harmonie existant entre le parti légitimiste et le gouvernement rendait ce dernier plus sensible aux attaques des royalistes dissidents qui, retranchés derrière les journaux étrangers, dirigeaient contre lui des attaques incessantes. Impossible d'atteindre les journaux belges, suisses ou anglais, mais rien de plus facile que de mettre la main sur leurs correspondants français. Le gouvernement commença par épurer la domesticité du château et par casser aux gages une dizaine d'individus employés soupçonnés d'indiscrétion. Le *Moniteur* publia

ensuite les lignes suivantes : « Un certain nombre d'a-
» gences secrètes, de correspondances politiques s'étaient
» depuis longtemps formées sous les inspirations des
» anciens partis, et de ces centres de diffamation et d'a-
» narchie partaient tous les jours par des voies détournées
» ces odieux et infâmes libelles qui déshonorent une partie
» de la presse étrangère, et qui tendaient à appeler le
mépris de l'Europe sur le gouvernement que la France
» s'est librement choisi. Le gouvernement ne pouvait
» tolérer un pareil scandale, des « mesures d'intérêt
» public » seront prises pour y mettre un terme. »

Le gouvernement donna donc l'ordre d'arrêter le
6 février 1853, à six heures du matin, MM. Charles de
Saint-Priest, René de Rovigo, de la Pierre, Villemessant,
Virmaître, Pagès-Duport, Coetlogon, de Mirabeau, comme
auteurs des correspondances signalées. Ces arrestations
donnèrent lieu à divers quiproquo.

Les agents chargés d'arrêter M. Charles de Saint-Priest
s'adressent précisément à son père qu'ils trouvèrent au lit.
A cette question : Êtes-vous Charles de Saint-Priest? il
répond : Oui, et je suis prêt à vous suivre. Il se lève, et
pendant qu'il s'habille il dit quelques mots en langue
étrangère à son domestique, qui a le temps de prévenir
M. Charles de Saint-Priest. MM. de Mirabeau frères
appartenaient l'un au camp légitimiste, l'autre au camp
bonapartiste. La police arrêta le second au lieu du premier. M. de Saint-Priest père fut mis en liberté le même
jour.

MM. Anatole de Coetlogon et Aubertin, rédacteurs du
Corsaire, s'étaient retirés à Bruxelles après la suppression
de ce journal. La police française les dénonçait non-

seulement comme auteurs de certains articles des deux journaux belges, *l'Observateur* et *la Nation*, mais encore comme y faisant insérer des articles envoyés de France par divers écrivains, parmi lesquels figuraient MM. Virmaître, Planhol et de Chantelauze. Une descente de la police chez ces derniers amena la saisie de lettres au moyen desquelles le parquet parvint à inculper MM. Anatole et Alfred de Coetlogon, Virmaître, Rovigo, Planhol, Flandrin, Herbert, de la Pierre, du délit de société secrète.

La presse légitimiste se montrait disposée à venir en aide au gouvernement dans toutes les occasions où il frappait sur la démocratie. L'arrestation de ces écrivains, tous connus pour professer des opinions favorables à la légitimité, les fouilles brutalement pratiquées dans leurs papiers, la saisie de leurs lettres, même de celles qui étaient tout à fait étrangères à la politique, firent voir à la presse légitimiste que l'arbitraire se retourne bientôt contre ceux qui l'approuvent quand il atteint les autres. Les journaux de la légitimité subirent à leur tour, de la part des feuilles officieuses, les injures qu'ils n'épargnaient pas à la démocratie vaincue. Le *Pays* du 8 février 1853 contenait ce passage: « Depuis quelque temps, surtout les nations étrangères
» sont inondées des inventions les plus monstrueuses,
» écrites et répétées dans un style qui rappelle celui du
» *Père Duchêne* et du *Journal de la canaille*. Le gouver-
» nement pouvait-il laisser traîner dans la boue de la
» calomnie la souveraineté nationale dont il est la repré-
» sentation ? » Le *Constitutionnel* ne se montra pas moins irrité : « On pousse maintenant à la guerre comme il y a

» deux ans on poussait à l'anarchie, avec l'espoir de
» ramasser une couronne dans la honte d'une invasion,
» ne comptant plus la ramasser dans le sang d'une révolu-
» tion. »

Les journaux légitimistes répondirent avec indignation aux journaux officieux : « Comment les écrivains d'une certaine presse ne rougissent-ils de prévenir l'esprit public contre des détenus muets et sans défense. L'instruction est à peine commencée, vous n'en connaissez pas les éléments. Sur quoi repose la prévention ? Vous l'ignorez, et, dans cette ignorance, avec une coupable légèreté vous bâtissez l'échafaudage « d'une propagande clandestine »; vous parlez de « coup redoutable porté à l'autorité »; vous osez prononcer ces mots terribles : « d'agitation, de complots, de conspirateurs ! » Bien plus, vous présentez ces inconnus comme formant une ligue d'ennemis du bien public, obéissant à un « concert » qui « révèle l'action des anciens partis », et dont les effets aboutissaient à « une panique universelle ».

« Voilà ce que du fond de votre cabinet, et sans péril
» de la contradiction, vous ne craignez pas de dénoncer à
» des milliers de lecteurs ! Ce rôle usurpé d'accusateur
» public est un scandale qui soulève l'indignation. On ne
» voit ici que la violence et le mépris des droits les plus
» élémentaires de l'humanité. »

Le rédacteur de l'*Union* oubliait, en écrivant ces lignes, qu'il eût été facile de remettre sous ses yeux vingt passages de ce journal contre le parti républicain non moins violents et non moins injustes que ce qui soulevait son indignation.

Le gouvernement, ne voulant pas avoir l'air de frapper

uniquement sur les journalistes légitimistes, mit la main sur quelques écrivains appartenant à d'autres partis : MM. Chatard et Charreau père, de l'*Estafette*, Théodore Pelloquet, du *National*, Venet, Vergniaud, Monselet, Étienne Gérard, accusés de correspondances clandestines, et sur quelques correspondants italiens et allemands. Un Polonais, M. Tanski, ancien rédacteur du *Journal des Débats*, qui avait reçu des lettres de grande naturalisation de M. Guizot, et qui devait plus tard être mis à la tête du bureau de police de l'armée de Crimée, fut également incarcéré. M. Walewski et M. de Rotschild le réclamèrent vainement, il resta plusieurs jours en prison ainsi que M. Monselet (1).

MM. Aubertin, de Chantelauze, Virmaître, Planhol et Flandrin, traduits en police correctionnelle, subirent une condamnation dont le ministère public crut devoir interjeter appel *à minima;* les condamnés en appelèrent

---

(1) M. Charles Monselet adressa la lettre suivante au rédacteur de l'*Assemblée nationale* :

« Paris, 12 février 1853.

» Monsieur,

» Les motifs de mon arrestation ont été diversement interprétés, je tiens à rétablir les faits.

» Je dînais dimanche dernier chez un de mes amis, en compagnie de plusieurs personnes estimables, lorsque vers le milieu du dessert un commissaire de police se présenta escorté de ses agents.

» Le commissaire de police procéda séance tenante à une perquisition minutieuse. Il trouva chez mon ami deux pistolets en mauvais état, un fusil sans batterie, des brochures politiques et une statuette de la liberté, petit module.

» Lorsque des personnes que je connais pour être parfaitement honorables m'invitent à dîner, je n'ai pas l'habitude de m'enquérir si elles sont ou non bonapartistes. On m'a prouvé que c'était un tort.

» En dépit du mince résultat de la saisie nous fûmes conduits à la préfecture de police. Nous y passâmes la nuit dans un parloir dallé. Le lendemain matin, M. Boudrot, commissaire des délégations, me conduisit en voiture à mon domicile afin que j'y fusse témoin des recherches que l'on voulait faire. Décidément, moi, l'auteur de dix ouvrages réactionnaires, j'étais suspect de démagogie.

» Les premiers objets qui frappèrent la vue du commissaire furent une copie

aussi, car leur condamnation soulevait une question de la plus haute importance. Toute preuve est-elle bonne pour la justice de quelque part qu'elle vienne, et le préfet de police a-t-il le droit sans limite de saisir et d'arrêter les lettres? Le tribunal de première instance avait répondu : oui ; la cour infirma son jugement sur ce point, et dans les considérants de son arrêt elle restreignit le droit du préfet de police au flagrant délit, à charge pour lui d'en prévenir la justice.

Le gouvernement, en insérant au *Moniteur* le manifeste du comte de Chambord, s'était donné les airs de traiter avec la plus souveraine indifférence les actes du prétendant et de son parti. L'évêque de Luçon et M. de Vogué apprirent à leurs dépens que le gouvernement s'était ravisé. Le juge d'instruction et le procureur impérial près le tribunal de première instance de Fontenay se présentèrent chez le prélat escortés de la bri-

du *Dernier appel des victimes de la terreur*, de Charles Muller, et le portrait de Guétry. Sur le bureau étaient éparpillées des épreuves de l'*Histoire du tribunal révolutionnaire*, et les lecteurs de l'*Assemblée nationale* savent l'esprit qui a dicté cette histoire.

» Cela n'empêcha pas M. le commissaire de se livrer à des recherches minutieuses qui amenèrent la découverte d'une lettre de M. Lamoricière me remerciant d'un article publié par moi dans la *Revue de Paris*, et d'une foule de lettres autographes signées : Cuvillier-Fleury, Sainte-Beuve, Arsène Houssaye, Philarète Chasles, etc.

» Ces deux heures de remue-ménage passées, je crus à ma mise en liberté immédiate, d'autant que j'avais écrit le matin à M. le préfet de police pour me réclamer de sa bienveillance très-connue, et lui offrir les plus honorables cautions. Il faut croire que la bienveillance de M. le préfet a été empêchée dans cette circonstance, car, incarcéré le dimanche, je ne suis sorti que le vendredi soir de la Conciergerie, après une instruction de cinq minutes.

» J'ai appris que les conspirateurs mes coaccusés avaient été mis en liberté le même jour.

» Je n'ai rien à ajouter, monsieur, à la narration de cet événement singulier auquel j'accorderais volontiers le nom de mystification, si les temps prêtaient davantage à la plaisanterie.

» Recevez, monsieur le rédacteur, mes compliments empressés.

» CH. DE MONSELET. »

gade de gendarmerie commandée par un lieutenant, et se livrèrent aux perquisitions les plus sévères. La maison de M. de Vogué fut visitée du haut en bas avec le même soin. D'autres perquisitions eurent lieu en 1853 en Vendée. Des légitimistes de Douai et de Bourges, traduits devant les tribunaux sous la prévention d'avoir fait circuler la protestation du comte de Chambord, ayant été acquittés à la suite d'une plaidoirie de Berryer, le gouvernement se promit de prendre les légitimistes en flagrant délit de société secrète.

Les journaux officieux ne tardèrent pas en effet à révéler au public l'existence de la *Ligue fédérale*. Un libraire, un compositeur de musique, un passementier, un ex-greffier, un papetier, un médecin et un invalide composaient, disaient-ils, cette association « essentiellement militaire ». On ne s'en serait guère douté, sans la présence d'un invalide dans ses rangs. La police avait depuis longtemps les yeux sur la *Ligue fédérale*. Le 14 mai 1853, elle saisit chez un corroyeur du quai Saint-Michel, des brevets portant au milieu d'un cachet : « *Liberté, égalité, fraternité !* » et en exergue : « *Justice aux provinces. Tout pour le peuple et par le peuple.* » En tête de ces brevets brillait la devise : « *Fides, robur sic normannis victoria semper,* » puis ces mots : « *France, Deus, rex, patria, récompense.* » Ces brevets étaient destinés aux officiers ; on lisait au bas : « Nourriture : viande, légumes, pain blanc, 1 kilo ; vin, 1 litre ou 2 litres de cidre pur ; tabac, 16 grammes ; eau-de-vie, 3 petits verres. En campagne, le nombre des rations augmentera selon les règles établies pour tous les grades. Les jours de fête, la broche. »

Un certain Adjutor Dubuisson, réfugié en Belgique, expulsé de Turin pour la publication du prospectus d'un journal intitulé *l'Étendard*, dirigeait la *Ligue fédérale*. Dubuisson résidant à l'étranger, comptait principalement sur un papetier du passage Choiseul, nommé Jeanne, pour recruter l'armée royale : « Travaillez le plus possible, » lui écrit-il, le roi et la reine ont déclaré qu'à la première » occasion ils monteraient à cheval, et se feraient tuer ou » qu'ils entreraient à Paris. Donc nous devons redoubler » de travail pour avoir une belle armée pour les recevoir. » Excitons Poissy ; envoyez-moi le plan de Vincennes, il » faut embaucher l'officier de Vincennes : je vous autorise » à promettre grades et faveurs ; tâchons de nous créer un » parti à Vincennes ou au Mont-Valérien. Il faut que nous » enlevions ces deux forts. » Adjutor Dubuisson, dans sa correspondance, se montrait parfois peu respectueux pour certains chefs du parti légitimiste. « Pastoret se con- » duit mal, aussi je vous recommande de ne rien dire au » gros... Il y en a que vous croyez excellents, et qui sont » plus canailles que Pastoret... L'ordre est de ne rien dire » au gros, il faut se méfier d'eux comme de reptiles ; le » patron les connaît bien, aussi ce sont ses instructions » que je vous transmets. »

Le papetier Jeanne, chargé d'enlever Vincennes et le Mont-Valérien, ne demandait pas mieux que d'agir, mais il s'alarmait des bruits répandus sur la réconciliation entre les deux branches de la maison de Bourbon. L'idée d'une fusion répugnait à sa conscience ; Adjutor Dubuisson s'empresse de le rassurer : « Jamais de fusion, le » patron aimerait mieux ne jamais revenir. Il accordera » le pardon, si on le lui demande, rien de plus. Pour le

» patron, la fusion est seulement une soumission de la
» part des Orléans, et il a une tête à lui. Il prétend
» qu'après Louis XIX, c'est Henri V qui a été roi, et
» non pas Louis-Philippe l'usurpateur. »

Les conspirateurs se méfiaient aussi de la noblesse :
« Il n'est que trop vrai, leur répond Adjutor Dubuisson,
la noblesse est gangrenée, mais patience, on l'anéantira. »
Ce qui le préoccupait encore plus que l'avenir de la noblesse, c'était la possession de Vincennes ; il lui faut cette forteresse : « Tout est là. Le patron veut débuter par Paris
» en maître, et moi, je tiens à lui assurer une retraite en
» cas de malheur. Personne ne doit connaître les intentions du patron ; il a secoué son indifférence apparente,
» et à présent il parle en maître et en roi qui est disposé
» à imiter Henri IV, et cela très-prochainement. » Dubuisson pressait d'autant plus le papetier Jeanne de s'emparer de Vincennes que des rapports sûrs lui faisaient connaître que les Orléans étaient à la tête d'une immense organisation, que leur parti se tenait prêt à agir, et qu'il fallait, officiers et soldats, se tenir sur le qui-vive pour profiter de la victoire.

Adjutor Dubuisson ne comparut pas devant la cour, la police se garda bien de mettre la main sur lui. Parmi les accusés on remarquait deux jeunes ouvriers, Sicard et Germain, qui figuraient dans une lithographie publiée à l'époque du voyage de Wiesbaden, et représentant le comte de Chambord présidant la table royale, ayant à ses côtés une paysanne bretonne et M. Berryer. Un nommé Piégeard, ancien mouchard de 1816 à 1830, à qui son titre de beau-père de Proudhon donnait une espèce de célébrité, et un certain Jamet que M. de la Rochejacquelein avait fait nommer directeur du théâtre des Délassements, figuraient parmi les accusés. Ce Jamet, avant de devenir directeur de spectacle et conspirateur, avait arraché des dents « dans l'intérêt légitimiste », dit l'accusation. M. de la Rochejacquelein, interrogé sur le compte d'Adjutor Dubuisson, répondit : « Je déclare que moi qui ai joué un assez grand rôle dans le parti légitimiste, je ne connais pas Dubuisson. J'ignore même s'il existe. » M. de Blamont, adjudant-major à l'hôtel des Invalides, interrogé sur l'invalide Alvarez, membre de la *Ligue fédérale*, ne savait rien sur ses opinions politiques : « Les invalides causent beaucoup entre eux, ajouta-t-il, » mais nous avons un tiers de nos pensionnaires qui ne » savent ce qu'ils disent. » L'invalide n'échappa point cependant à la condamnation qui frappa ses coaccusés. Ce procès ridicule accéléra la chute de M. de Maupas et la suppression du ministère de la police.

Les défections augmentaient chaque jour dans le parti légitimiste militant. La messe annuelle d'actions de grâces pour la naissance du duc de Bordeaux n'avait réuni en 1853 qu'un petit nombre de fidèles, peu de chefs marquants, point d'ouvriers. Le clergé, qui forme une des fractions importantes du parti, se rattachait chaque jour plus étroitement à l'Empire ; l'évêque de Cambrai, Mgr Parisis, s'était mis en quelque sorte aux pieds de l'Empereur à son passage en Flandre. Quelques rares pèlerins allaient chercher à Frohsdorf un mot d'ordre qu'on ne pouvait pas leur donner. Les conseillers du comte de Chambord étaient divisés. M. de Lévis proposait de rester dans une politique expectante ; le duc Des Cars et le marquis de Saint-Priest auraient voulu un peu plus de mouvement et d'action : des dons aux communes, aux écoles, aux églises. Pourquoi le comte de Chambord ne publierait-il pas en outre un livre sur une des questions économiques, politiques, financières, philosophiques, soulevées depuis cinquante ans? Un prétendant essayant de reconquérir son royaume par l'économie politique, c'était une tentative nouvelle assurément.

Une grande victoire vint enfin compenser les échecs de l'opposition légitimiste. Le *Jockey-Club* et le *Club de l'Union*, les deux cercles les plus aristocratiques de Paris, renouvellent leur bureau chaque année. L'habitude est de réélire les membres du bureau. Le président du *Club de l'Union*, M. de Crouseilhes, venait d'être nommé sénateur, en même temps que M. Delamarre, président du *Jockey-Club*; ils ne furent renommés ni l'un ni l'autre : l'un fut remplacé par M. de Chalais ; l'autre par M. de Biron. La lutte fut si vive et l'on attachait tant d'importance au résultat, que les membres du *Jockey-Club*, aides de camp, officiers d'ordonnance ou écuyers de l'Empereur, abandonnèrent leur service à Saint-Cloud pour mettre leur bulletin dans l'urne.

Le gouvernement, alarmé sans doute par cet échec, redoubla de surveillance et de précautions contre les légitimistes. Le comte de Chambord ayant demandé à emprunter au Crédit foncier 800 000 francs sur le domaine de Chambord, le directeur de cet établissement ne crut pas pouvoir, sans en référer au chef de l'État, conclure une affaire « qui pouvait devenir une sorte d'assurance contre les éventualités politiques ». La police, en août 1855, fit des perquisitions très-sévères et très-minutieuses chez des marchands du faubourg Saint-Germain pour découvrir des emblèmes légitimistes.

Les journaux du gouvernement jugèrent à propos, au moment de la guerre de Crimée, d'accuser les légitimistes de rester indifférents aux succès de nos armes. M. de la Rochefoucauld, duc de Doudeauville, protesta contre ce qu'il appelait une insigne calomnie : « Française avant tout, l'opinion légitimiste ne vit que d'abnégation et de dévouement, elle chérit la patrie, et s'il est permis de ne pas partager ses sentiments, il ne l'est pas de les méconnaître. » Un des membres les plus ardents du parti légitimiste, M. Léo de Laborde, prit à son tour la plume pour déclarer qu'il n'avait pas attendu si longtemps pour remercier Dieu d'avoir rendu à son pays le rang qui lui appartient dans le monde : « Il y a plus de vingt-cinq
» ans je bénissais la Providence, quand le drapeau
» français flotta sans partage sur les murs d'Alger la
» guerrière, deux mois après qu'un ministre de Charles X
» avait porté à l'Angleterre menaçante l'éclatant défi de
» s'y opposer, et j'ajoute avec orgueil, et à l'impérissable
» mémoire du gouvernement légitime, que la France
» était libre au dedans, quand son roi la fit grande et
» glorieuse au dehors. »

L'affaire suivante, dans laquelle la police française joua un rôle, servit sans doute de prétexte aux accusations portées contre les légitimistes. Le comte de Montemolin crut devoir, à l'exemple de son cousin le comte de Chambord, lancer en 1854 un manifeste à la nation espagnole pour l'engager à rétablir « dans toute son intégrité et dans son
» ancienne splendeur cette gloire incomparable qui, dans
» d'autres temps, faisait des Espagnols un sujet d'envie

» pour l'univers. » Le comte de Montemolin ajoutait :
« Pour atteindre ce but, trois choses suffisent : un trône
» à l'abri des tempêtes populaires, des hiérarchies et des
» classes modératrices qui éclairent le trône de leurs con-
» seils, le défendent de leurs bras, et soient une repré-
» sentation nationale véritable et indépendante. » M. de
Montemolin offrait aux Espagnols son nom « comme une
» consolation et une espérance », il « les embrassait comme
» un ami, comme un père, avec l'accent de la vérité et
» avec la voix de l'histoire ». Le gouvernement espagnol
eut bientôt réprimé les tentatives d'insurrection légitimiste qui eurent lieu en Catalogne et en Navarre à la suite
de la publication de ce manifeste. Les insurgés carlistes
se plaignirent des rigueurs du gouvernement français. Les
journaux légitimistes s'étant faits les interprètes de leurs
plaintes, la presse officieuse leur répondit : Le mouvement
insurrectionnel espagnol s'est organisé en France, les légitimistes français sont les complices des légitimistes espagnols, le comte de Montemolin et le comte de Chambord
s'entendent, MM. Des Cars et Chapot, leurs agents communs, se sont rendus en Russie, où le duc de Lévis les a
précédés, et ils ont eu une entrevue avec le prince
Gortschakoff pour décider le czar à subventionner la
guerre civile en Espagne.

La police française avait en effet saisi chez le général
espagnol Elliot un rapport écrit de sa main, exposant que
M. le duc Des Cars et M. Chapot, porteurs d'une lettre du
comte de Chambord pour le czar, étaient parvenus, après
beaucoup d'efforts, à obtenir un entretien du prince
Gortschakoff. Le ministre des affaires étrangères russe
avait vu quelque temps auparavant le duc de Lévis, il lui

avait parlé de l'Espagne, mais ce dernier n'ayant aucun pouvoir il n'avait pas pu entamer de négociation avec lui. Gortschakoff hésita longtemps à remettre au czar la lettre apportée par le duc Des Cars ; il lui demandait toujours : Savez-vous ce qu'elle contient ? Il finit pourtant par la recevoir. Une diversion en Espagne ne déplaisait pas au gouvernement russe. Le parti légitimiste ne demandait que quelques millions. Qu'était-ce donc que quelques millions de plus ou de moins quand on avait l'Europe sur les bras et qu'on en dépensait des centaines ? Le czar lut la lettre. Le parti légitimiste se crut un moment sûr du succès de sa démarche auprès de lui. Cabrera n'attendait qu'un signal pour rentrer en Espagne ; ce signal ne fut pas donné. Le comte de Montemolin s'apercevant bientôt qu'il ne pouvait pas compter sur la Russie, ne songea plus qu'à se procurer d'autres subsides par un emprunt souscrit par lui, l'infant, le duc de Modène, le comte de Chambord et « la Berry ». C'est le mot dont se sert le général Elliot.

Le duc Des Cars et M. Chapot protestèrent contre le rôle qu'on leur attribuait dans la pièce saisie par la police ; mais l'insulte faite à quelques-uns des membres les plus marquants de l'opposition légitimiste accusés de menées anti-patriotiques, n'empêcha point le parti légitimiste tout entier de rester fidèle à son alliance avec le gouvernement. La légitimité, loin d'être un danger pour l'Empire, contribuait puissamment au contraire à sa sécurité en lui assurant le concours de l'aristocratie toujours si forte dans un pays comme la France.

L'orléanisme faisait-il courir des dangers plus sérieux à l'Empire ?

La bourgeoisie, qui avait abandonné la monarchie de

Louis-Philippe la veille du 24 février, se rattacha plus tard au gouvernement du général Cavaignac qu'elle aurait voulu conserver, et qu'elle laissa périr par peur du socialisme. La classe moyenne, encore en proie à cette terreur et à celle du 2 décembre, se sentait trop épiée, trop surveillée (1), pour oser seulement donner signe de vie. L'orléanisme, qui recrutait autrefois ses partisans dans cette partie de la société, perdait ainsi sa principale force. L'armée et la magistrature, ses deux autres appuis, lui manquant également, il n'était pas pour l'Empire un

---

(1) La circulaire suivante prouve de quel réseau d'espionnage le gouvernement impérial enveloppait la société française :

« Monsieur le commissaire de police,

» Je vous adresse une première instruction dont je vous invite à méditer l'esprit et la lettre.

» Vous devez correspondre directement avec moi pour tout ce qui concerne la police générale de la sûreté de l'État.

» Vous ne devez donner à qui que ce soit communication de nos dépêches, portant en titre le mot *confidentielle*.

» A partir du 1er avril prochain vous m'adresserez régulièrement un rapport, le 1er et le 15 de chaque mois.

» Vous me ferez connaître avec la plus grande exactitude les noms, demeures et professions de tous les individus, sans distinction de rang, de fonctions ou de professions, qui, par des paroles, des actes, des écrits, des menées, ou des provocations quelconques, manifesteront, soit à l'égard du gouvernement, soit envers la personne du chef de l'État, des *opinions* hostiles ou des *intentions* malveillantes.

» Vous m'adresserez ensuite l'état nominatif, avec indication de la résidence de tous les fonctionnaires actuellement en exercice dans l'étendue de votre arrondissement.

» L'état général comprendra : le clergé ; — les officiers généraux ; — les officiers de recrutement ; — les officiers et sous-officiers de gendarmerie ; — les magistrats, juges et conseillers ; — les juges de paix ; — les greffiers ; — les huissiers ; — les notaires ; — les avoués ; — les commissaires priseurs ; — les membres du conseil général ; — les maires des cantons et des communes ; — les adjoints ; — les conseillers municipaux ; — les professeurs et instituteurs ; — les ingénieurs et conducteurs des ponts et chaussées ; — les employés des finances ; — les employés des contributions directes et indirectes ; — les employés des poids et mesures ; — les administrateurs des hospices, des bureaux de bienfaisance et des caisses d'épargne ; — les médecins et officiers de santé ; — les pharmaciens et sages-femmes ; — les employés des caisses de retraite, des compagnies d'assurance, des entreprises de messageries, etc., etc.

» *Signé* DE RANCÉ. »

ennemi plus redoutable que la légitimité. Il ne perdit pas cependant tout de suite l'espoir de rétablir la monarchie constitutionnelle.

La nouvelle du coup d'État fut connue à Londres le 3 décembre dans l'après-midi. Le prince de Joinville et le duc d'Aumale s'embarquèrent dans la soirée à Folkestone, emmenant avec eux le comte de Paris et le duc de Chartres. Le lendemain ils étaient en France. Les voyageurs se dirigèrent sur Paris par la Picardie. Le prince de Joinville fut obligé par une indisposition grave de s'arrêter à Ham, où d'ailleurs il espérait se mettre en relation avec les généraux prisonniers dans la forteresse, et faciliter leur évasion. Le duc d'Aumale, arrivé aux portes de Paris, s'arrêta dans la maison de campagne d'un serviteur dévoué de sa famille avec ses deux neveux. Son intention était de faire appel à l'armée, et de restaurer le régime parlementaire avec son concours. Les princes d'Orléans comptaient sans doute un grand nombre d'amis particuliers dans l'armée, mais l'armée elle-même était-elle orléaniste? L'armée, comme tous les grands corps, n'obéit, ainsi que nous l'avons dit, qu'à ses propres intérêts. Menacée de changements radicaux dans son organisation par le triomphe des républicains, elle assura celui du bonapartisme. L'arrestation des généraux Cavaignac, Lamoricière, Changarnier, Bedeau, Le Flô, lui causa sans doute un certain mécontentement; elle sentit bien qu'en emprisonnant ses chefs les plus glorieux, elle avait rempli une tâche peu honorable; mais ne devait-elle pas donner des gages et prouver son adhésion au nouveau régime? Les généraux du coup d'État y étaient rivés; aussi le général Canrobert, qui s'était engagé à donner sa démission, ne se contenta pas de manquer à cette promesse, il accepta le titre d'aide de camp de Louis Bonaparte pour l'aider à sauver la société. Le colonel Espinasse, tiré par le duc d'Aumale des mains des Arabes, ne marchandait pas l'expression de sa reconnaissance à son sauveur, mais il gardait son dévouement pour l'homme qui avait sauvé la France de l'anarchie. Le pays avant tout. Les chefs de l'armée, même ceux qui entretenaient des correspondances avec les princes d'Orléans, croyaient justifier leur défection par ce prétexte. Le duc d'Aumale s'aperçut bientôt que toute tentative de séparer l'armée du bonapartisme était inutile pour le moment. Les généraux prisonniers à Ham avaient été mis hors du territoire. Le prince de Joinville, le duc d'Aumale et leurs neveux regagnèrent l'Angleterre.

La magistrature trouva le prétexte de l'armée commode et s'empressa de s'en servir pour couvrir sa défection. L'application du décret du 2 mars 1852 sur la limite d'âge atteignit deux conseillers à la cour de cassation, six premiers présidents de cour d'appel, douze présidents de chambre, soixante-deux conseillers, vingt et un présidents de chambre dans les tribunaux de première instance, huit vice-présidents, quarante-six juges. Les magistrats mis de plein droit à la retraite restaient cependant, aux termes du décret, en possession de leur charge jusqu'à ce qu'il fût pourvu à leur remplacement. Démissionnaires de droit, ils devenaient amovibles de fait. Le gouvernement par ce décret tenait une partie de la magistrature. La dynastie de Juillet comptait encore parmi les magistrats un grand nombre de partisans protégés par l'inamovibilité. Le public s'attendait à des protestations éclatantes de leur part, mais, chose triste à dire, tous, sauf deux ou trois placés sous le coup du décret du 2 mars, se rendirent le 4 avril à l'Élysée pour prêter le serment prescrit par la Constitution entre les mains du président. MM. Portalis, Dupin, Matter, Delangle, Plougoulm, Dessauret, Poulle, Chegaray, Amilhau, Barthe, Merilhou, Franck-Carré, dont les noms sont si intimement liés à l'histoire de Louis-Philippe, les juges qui avaient condamné le prince Louis Bonaparte, les membres mêmes de la haute cour qui, l'année précédente, prononçaient sa mise en accusation, jurèrent de lui être fidèles.

Le « grand parti de l'ordre » voyant dans le camp opposé les forces qui lui servaient autrefois d'appui, la magistrature et l'armée, faisait céder ses rancunes à ses craintes, et se résignait à subir l'Empire pour éviter la république. L'entente entre les membres de ce parti n'avait point d'ailleurs survécu au coup d'État; la discorde séparait non-seulement les deux grandes fractions de ce parti, mais encore chaque fraction était divisée. M. de Montalembert, rallié un moment au coup d'État, expiait ce moment d'erreur sous les coups du journal de l'orléanisme militant imprimé à l'étranger (1); M. de Falloux se tenait dans une espèce de réserve. Les journaux des deux partis se livraient à d'amères récriminations

---

(1) « M. de Montalembert peut durer encore quelque temps avant que son personnage s'évanouisse, comme c'est la destinée de tous ceux qui, dans la vie politique, n'ont eu de l'homme d'État que l'apparence et la vanité ; mais l'heure est marquée où il doit à son tour disparaître dans cette ombre qui a déjà reçu tant de fonctions depuis 1848. Et là, qu'est-ce qui subsistera de lui ? la mémoire de quelques jolies impertinences, de quelques postiches littéraires, et d'un bon nombre d'étourderies. » L'auteur de ce portrait ajoutait pour compléter la physionomie : « Nous n'avons jamais pensé qu'il lui manquât une certaine conviction

les uns contre les autres. Ces récriminations qui auraient dû, semble-t-il, cesser du côté des légitimistes devant la confiscation des biens de la maison d'Orléans, s'envenimèrent à cette occasion. La *Gazette de France* répondit à l'*Assemblée nationale* qui s'apitoyait sur une vente de tableaux de la duchesse d'Orléans : « L'*Assemblée natio-
» nale* contient une élégie sur une prétendue collection
» de tableaux ayant appartenu au duc d'Orléans et que
» sa veuve fait vendre à la criée. Le décret du 22 janvier,
» qui sert ici de prétexte à cette vente, ne s'opposait nulle-
» ment à ce que madame la duchesse d'Orléans fît venir
» à Eisenach ou à Claremont les tableaux choisis par son
» mari pour l'instruction de son fils. Le souvenir d'un
» époux et d'un père devait rendre cette collection plus
» précieuse pour madame la duchesse d'Orléans que les
» quelques cent mille francs qui résulteront de cette
» vente. Le sujet est donc assez mal choisi par l'*Assemblée*
» *nationale* pour une élégie sentimentale.

» Que n'y joignait-on aussi des doléances sur le malheur
» de ces princes faisant vendre à Dreux les fleurs qui dé-
» coraient les tombes de leurs parents, et jusqu'à la cloche
» de la chapelle funèbre, afin de pouvoir ajouter quelques
» mille francs à leur fortune encore colossale...»

Cette acrimonie s'explique par une lettre que M. de Falloux, sortant de la réserve dans laquelle il s'était tenu

---

de son choix : il n'a pas été inutile à la cause de l'ordre, toutes les fois qu'elle offrait un thème commode à ses passions, et nous le prendrions volontiers pour le meilleur chrétien du monde, si la plus vive reconnaissance qu'il sente en lui-même à l'égard de Dieu n'était pas de lui avoir donné tout l'esprit qu'il a. Mais M. de Montalembert n'a point l'âme noire : ceux qui l'en soupçonnent n'en jugent que par les dehors : au fond, c'est un étourdi, mais, répétons le mot, et comme l'on disait aussi du temps de la Fronde, un important : les deux vont assez bien ensemble. » (*Bulletin français* du 8 janvier 1852.)

jusqu'alors, crut devoir publier précisément à la veille de l'apparition du décret du 22 janvier. Cette lettre, favorable au gouvernement bonapartiste, causa une surprise très-pénible aux amis du comte de Chambord et des princes d'Orléans. Le *Bulletin français* se fit l'interprète de l'irritation des orléanistes : « Quelles que soient les
» qualités personnelles et toutes viriles de M. de Falloux,
» il lui manque la plus indispensable peut-être de celles
» qu'il faut pour mener une politique, il n'a pas l'esprit
» sûr. Il est quelqu'un par lui-même, par sa contenance,
» par son sang-froid ; mais il s'efface trop vite devant les
» faits accomplis, et s'amuse à les commenter au moyen
» des lieux communs d'une philosophie superficielle,
» plutôt qu'il ne les domine avec le simple bon sens d'un
» homme d'État. »

Les relations entre les orléanistes et les républicains ne pouvaient pas être bien intimes. Les journaux des deux partis cependant ne cherchaient pas les occasions de se livrer à des polémiques irritantes. Le colonel Charras avait écrit à M. de Sévigny, comme conseiller général du Puy-de-Dôme, une lettre de refus de serment qui se terminait ainsi : « Pour les républicains il n'y a
» qu'un engagement à prendre, et celui-là je l'ai déjà
» pris, c'est de hâter de tous leurs efforts le moment où la
» France brisera le joug qui lui a été imposé en un jour
» de surprise et de défiance.... » Le *Bulletin français* ajoutait après avoir reproduit cette lettre : « Les anciens
» républicains honnêtes et sensés, comme le colonel
» Charras, comprennent, selon ses propres paroles, qu'ils
» n'ont plus maintenant « qu'un engagement à prendre »,
» c'est celui qu'ils peuvent prendre avec nous et que nous

» pouvons prendre avec eux : l'engagement sacré de tra-
» vailler à la délivrance du pays. »

Des tentatives eurent lieu pour amener une action commune entre les deux partis sur le terrain orléaniste et républicain d'un pouvoir personnel à vie, sorte de stathoudérat décerné à l'un des princes d'Orléans en dehors de la loi de l'hérédité ; mais ces tentatives ne pouvaient pas avoir à cette époque de résultat sérieux.

L'orléanisme, composé de gens instruits, appartenant aux professions libérales, est un parti qui fait de la tactique plutôt que de la conspiration. C'est par la tactique parlementaire et par la presse qu'il était parvenu à ébranler la république. Celle-ci avait accordé à ses ennemis le champ libre et le *fair play*. L'Empire se montra moins généreux. Les orléanistes ne purent l'attaquer qu'à l'étranger, dans le *Bulletin français* dont nous venons de citer quelques extraits, publié à Bruxelles depuis les premiers jours du mois de janvier 1852. Ce journal, rédigé par M. Alexandre Thomas, ancien professeur de l'Université, démissionnaire pour refus de serment, rédacteur de la *Revue des deux mondes*, et M. d'Haussonville, qui avaient quitté la France après le coup d'État, excitait les susceptibilités et les alarmes du gouvernement impérial. Le *Bulletin français*, tiré à un nombre considérable d'exemplaires, défiait toutes les saisies de la police, grâce aux précautions de l'éditeur qui faisait circuler son journal en l'intercalant dans d'autres publications, notamment dans la *Belgique communale*. M. Quinette, ministre de France à Bruxelles, reçut l'ordre d'exiger la suppression ou tout au moins la suspension du journal orléaniste. M. Quinette ajoutait à l'appui de sa demande : « On ne saurait objecter que la législation en vigueur en Belgique ne permet pas la suspension d'un journal imprimé et édité par des nationaux ; car évidemment il ne s'agit pas ici d'une feuille périodique destinée à la Belgique, mais d'un pamphlet que son titre dénonce comme une œuvre étrangère, et dont le contenu doit être exclusivement attribué à des plumes françaises. » M. Tesch, ministre de la justice, en transmettant cette lettre au procureur général et en lui demandant son avis sur les mesures à prendre, ajoutait que quels que fussent les rédacteurs, les éditeurs et les imprimeurs d'un journal, il ne se croyait pas autorisé à procéder contre eux préventivement ou par voie administrative.

M. d'Haussonville, ancien chargé d'affaires de France en Belgique, connaissait la plupart des hommes politiques de ce pays. M. Rogier, ministre de l'intérieur, ne lui cacha pas qu'il serait peut-être contraint de l'expulser du territoire belge. M. de Bassano, devenu ambassadeur de France à Bruxelles, se montrait en effet plus pressant encore que son prédécesseur M. Quinette. Il écrivait le 14 février 1852 au ministre pour « provoquer des poursuites immédiates » contre le septième numéro du *Bulletin français* daté du 12 février. Le gouvernement belge ne manquait pas dans ce moment de bonnes raisons pour redouter le mécontentement du gouvernement français. Il se rappelait ce passage du rapport adressé par Saint-Arnaud au Président de la République le 25 décembre 1851 : « La sixième division militaire est celle de Strasbourg, destinée par sa force et sa position à ne changer jamais *tant que les frontières elles-mêmes ne changeront pas.* » La crainte d'une invasion française n'était pas encore calmée. Le ministre de la justice découvrit donc une loi de 1816, dirigée contre les rédacteurs du *Nain jaune*, et qui parut applicable aux rédacteurs du *Bulletin français*. MM. Alexandre Thomas, d'Haussonville et Tardieu, sténographe du *Moniteur*, furent traduits devant le jury. MM. Berryer et Odilon-Barrot, autorisés par le président de la cour d'assises de Bruxelles, devaient défendre les accusés, mais avertis qu'en venant en Belgique ils s'exposaient à ne plus rentrer en France, ils restèrent à Paris. Leur éloquence n'était pas du reste indispensable aux accusés, certains d'avance d'un acquittement. Le séjour de la Belgique fut interdit administrativement à MM. d'Haussonville et Thomas, mais le *Bulletin français* reparut à Londres sous le nom de *Nouveau Bulletin français*.

Un autre procès jugé en France attira de nouveau l'attention publique sur le parti orléaniste. Il s'agissait de la confiscation de l'héritage de Louis-Philippe. Le lendemain de la révolution de Février, les biens de la famille d'Orléans avaient été frappés d'un séquestre provisoire. M. Jules Favre demanda l'annulation de l'acte du 7 août 1830 par lequel le nouveau roi avait fait passer ses biens sur la tête de ses enfants, ainsi que l'avait fait Charles X, sans qu'aucune mesure ait été prise pour annuler l'acte de ce dernier. Cette proposition, renvoyée au comité des finances de l'Assemblée constituante où siégeaient en grande majorité des républicains, ne fut pas prise en considération. Louis-Napoléon Bonaparte, moins scrupuleux, reprit la proposition et l'appliqua, comme on le sait, par trois décrets insérés au *Moniteur* le 23 janvier 1852 (1).

---

(1) Voyez tome Ier, page 396.

M. Teste, ancien ministre des travaux publics, condamné comme concussionnaire, consentit à les rédiger. Il obtint sa mise en liberté pour prix de ce service. Ces décrets devaient être soumis à l'examen du conseil d'État. M. Reverchon, chargé par M. Maillard, président de la section du contentieux, de prendre la parole au procès en qualité de commissaire du gouvernement, fut tout surpris de recevoir un matin la visite de M. le président du conseil d'État Baroche, qui amena bientôt la conversation sur l'importante affaire qui occupait tous les esprits. M. Baroche émit son opinion, comptant par cette marque de confiance s'attirer celle de son interlocuteur. Mais M. Reverchon se tint sur la réserve. « Je suis magistrat, dit-il, je ne dois faire connaître mon opinion qu'à l'audience. » M. Baroche protesta qu'il n'avait nullement l'intention de pénétrer dans la conscience du juge, qu'il parlait à un collègue et à un ami. M. Reverchon, se laissant aller à un mouvement d'abandon, convint de son intention de conclure contre les décrets. M. Baroche aussitôt de lui insinuer qu'il ferait sagement de remettre le dossier entre ses mains. Il parle d'abord en égal et bientôt en maître : l'ami, le collègue cèdent la place au supérieur ; le président du conseil d'État exige que les pièces soient remises entre ses mains. M. Reverchon refuse et va rendre compte de sa conduite à M. Maillard, qui le félicite de sa belle résistance. Il se retire. A peine rentré chez lui, il reçoit de ce même M. Maillard une lettre dans laquelle il lui redemande le dossier pour le confier à M. Magne. M. Baroche s'était rendu chez le président de la section du contentieux, et sa visite avait suffi pour amener ce brusque changement.

Neuf conseillers d'État devaient, dit-on, voter contre le décret; huit en effet déposèrent un vote négatif; le neuvième était M. Waïsse, ancien préfet du temps de Louis-Philippe, ancien ministre de l'intérieur dans le cabinet provisoire de la fin de 1851, on lui fit comprendre qu'il s'agissait d'un acte politique, et qu'il allait se prononcer pour ou contre le prince. Son choix ne fut pas douteux; il ne tarda pas à en être récompensé par la préfecture de Lyon, et plus tard par le titre de sénateur.

M. Bocher, ancien préfet et représentant du peuple à l'Assemblée législative, appelé à continuer la liquidation et l'administration des biens de la famille d'Orléans, ne pouvait laisser sans réponse les décrets du 22 janvier qui portaient une si rude atteinte à la mémoire de Louis-Philippe et aux intérêts de ses enfants; il se contenta de réunir en brochure et de publier la lettre de démission que M. le procureur général Dupin avait écrite aussitôt qu'il eut eu connaissance de ces décrets, une lettre de MM. Dupin, de Montalivet, Scribe, Laplagne-Barris, de Montmorency, exécuteurs testamentaires du roi, et une consultation judiciaire signée des principaux avocats du barreau de Paris. Les journaux anglais admis en France avaient donné à ces documents une publicité considérable. M. Bocher crut donc pouvoir les adresser aux principaux membres du clergé, aux chefs de l'armée, à la magistrature et au barreau; il eut recours pour ses envois dans Paris à une maison dont l'industrie consiste à distribuer des imprimés. M. Bocher fut arrêté au moment où il se rendait chez cet industriel, dont les employés subirent les interrogatoires les plus rigoureux, il comparut en police correctionnelle pour répondre à la prévention de distribution d'écrits prohibés.

M. Odilon-Barrot, qui avait tant contribué à ouvrir au prince Louis-Napoléon Bonaparte le chemin du trône, défendit avec beaucoup d'éloquence la famille d'Orléans menacée dans sa fortune, dit-il, « par un... décret, par un... jugement... comment appellerai-je cet acte ? » — M. le substitut : « C'est une loi. » — M. Odilon-Barrot vivement : « Non, ce n'est pas une loi, car la loi ne s'ap-
» plique qu'à des droits généraux et règle l'avenir. Il
» n'y a pas de loi qui frappe préventivement une famille
» dans son patrimoine, dans son bien ; ce n'est pas non
» plus un jugement motivé, comme le serait un jugement
» émané de votre justice, car il manque de toutes les
» conditions qui constituent un décret judiciaire ; il dé-
» pouille une famille, il annule le plus respecté des actes
» de droit civil : le partage d'une succession faite par
» un père à ses enfants... »

Ce passage de la plaidoirie émut profondément l'auditoire. Le président du tribunal n'avait pas usé du droit dont il était investi par la nouvelle loi sur la presse, d'interdire la publicité de ce procès, mais le soir même un commissaire de police vint prévenir les journaux que toute reproduction des débats entraînerait une suspension immédiate. Le public apprit seulement la condamnation de M. Bocher comme coupable d'une contravention à la loi du colportage. Le ministère public fit appel *à minima* et la cour aggrava légèrement la peine. Un des membres les plus en vue du parti orléaniste, M. d'Haussonville, fut sur le point de succéder à M. Bocher sur les bancs de la police correctionnelle pour répondre à l'accusation de lèse-majesté. L'ancien rédacteur du *Bulletin français* conduisait son fils au catéchisme. Son fiacre est arrêté au coin du Pont-Royal par la file des voitures des sénateurs et des députés qui se rendaient aux Tuileries à l'ouverture de la session. Il se décide à gagner l'église à pied, et dit en marchant à l'enfant : « Ils font bien de l'embarras pour un homme. » Un agent de police l'entend et le dénonce à un sergent de ville qui le conduit au poste. Le commissaire de police eut le bon sens de faire relâcher tout de suite le prisonnier.

La confiscation des biens de la famille d'Orléans avait déjà créé de sérieux embarras au Président de la République au moment où il cherchait à convertir d'avance les gouvernements étrangers au changement qu'il méditait dans la forme du gouvernement de la France. M. de Heeckeren était parti de Paris le 10 mai, après la distribution des aigles, chargé d'une mission de confiance auprès de l'empereur Nicolas, qui se trouvait alors à Berlin. Il s'agissait, non-seulement de préparer les puissances du Nord à reconnaître prochainement le second empire français, mais encore à consentir à la convocation d'un congrès chargé de la révision des traités de 1815. Ce congrès devait se charger par surcroît de proclamer l'abolition du régime parlementaire dans l'Europe entière.

L'étiquette de la cour de Russie s'oppose à ce qu'un diplomate étranger soit présenté au czar hors de ses États. M. de Heekeren eut cependant un entretien avec Nicolas, et les journaux bonapartistes signalèrent comme une victoire cette infraction à une règle jusqu'alors très-rigoureusement observée. Ils n'avaient pas grand sujet de s'en réjouir au fond ; Nicolas, apercevant M. de Heekeren, s'était borné à lui dire : « Je veux du bien au prince Louis-Napoléon, mais je regrette que dans son intérêt il ait commis une faute aussi énorme que la confiscation des biens de la maison d'Orléans, qui lui a fait autant de tort à l'étranger qu'en France. » Le czar se retira sans attendre une réponse.

L'opinion publique en France avait en effet manifesté contre les décrets du 22 janvier une répugnance qui se faisait jour à toutes les occasions. Le procès de M. Bocher en est la preuve, mais la petite agitation qu'il fit naître ne fut pas de longue durée. L'orléanisme, après ce procès, en fut réduit à recommencer dans les salons une opposition qui n'avait guère plus de portée que celle du parti légitimiste.

Une fraction du parti orléaniste et une fraction du parti légitimiste s'étaient réunies pour former un troisième parti connu sous le nom de *Fusion*. L'origine de ce parti remonte presque au lendemain de la révolution de Février. Les ultra-conservateurs légitimistes et orléanistes, après avoir décidé dans les derniers mois de l'Assemblée constituante que la durée de la République était incompatible avec le maintien de la société, se mirent à la recherche d'un principe capable de la sauver : la légitimité leur parut réunir toutes les conditions nécessaires pour remplir cette mission. Ils résolurent donc de rallier autour de ce principe les partisans de la branche aînée et de la branche cadette de la maison de Bourbon ; mais comment le faire adopter par les orléanistes ? Avouer qu'on s'est trompé toute sa vie sur les idées, sur les hommes, sur les faits, renier son passé, c'est dur, et pourtant les orléanistes ne pouvaient pas s'allier aux légitimistes sans s'infliger à eux-mêmes et à leurs opinions un démenti complet. M. Guizot s'y résignait, M. Duchâtel aussi. La fusion, en effet, pouvait seule les ramener un jour au pouvoir. Le comte de Chambord remonté sur le trône ne manquerait pas sans doute de faire au parti orléaniste la gracieuseté d'appeler au ministère les deux membres les plus importants du dernier cabinet de Louis-Philippe, mais il fallait pour entraîner les autres serviteurs de la maison d'Orléans que son chef fît amende honorable à son neveu. Henri V pardonnerait alors à Louis-Philippe ; il lui rendrait ses titres, honneurs, droits et prérogatives de prince du sang, de sorte que les lois ordinaires de l'hérédité étant observées, il n'était pas impossible que le comte de Paris devînt un jour roi de France et de Navarre.

Un ancien ministre de Louis-Philippe, rencontrant M. Guizot qui revenait de Londres, lui demanda : « Que fait le roi ? » M. Guizot répondit : « Le roi sait bien ce qu'il y aurait à faire, mais il ne le fera pas. » Louis-Philippe en effet n'était nullement disposé à demander pardon de son règne, et à faire amende honorable à la légitimité ; « en s'éclairant sur la Révolution, le roi ne s'en était pas entièrement affranchi (1) ». L'affranchissement de M. Guizot, de M. Duchâtel, de M. de Salvandy, de M. Sauzet, était complet ; ils avaient réussi à convertir à la fusion un certain nombre d'anciens serviteurs de la monarchie de Juillet, le général Lamoricière entre autres. Ce dernier, causant un jour avec un de ses collègues au ministère sous la République, lui dit en faisant

---

(1) Guizot, *Mémoires pour servir à l'histoire de mon temps.*

allusion à l'Empire : « Ceci durera-t-il ? je n'en sais rien.
» Vous autres républicains vous êtes violents, intolérants,
» il n'y a pas moyen de rien faire avec vous ; la royauté
» seule a des chances, mais la famille royale est représen-
» tée par deux branches, par deux chefs ; il lui faut un
» seul représentant. Or, quel est le chef des deux branches
» de la famille royale ? le comte de Chambord, n'est-ce
» pas ? Je suis donc pour l'union des deux branches sous
» le comte de Chambord. » Les notabilités du parti légitimiste, des hommes comme le duc de Valmy et M. Laurentie, directeur de l'ancienne *Quotidienne* devenue l'*Union*,
partageaient l'opinion du général Lamoricière sur la
possibilité de faire vivre ensemble la légitimité et l'usurpation : « Nous avons deux monarchies, la monarchie de droite
et la monarchie de gauche, disait un jour M. Laurentie à
M. de Valmy ; et, vous voyez ! elles sont éternellement en
bataille. Pendant ce temps, la révolution s'avance entre
l'une et l'autre, et ceci est sans fin. — Eh bien ! le remède !
demanda vivement M. de Valmy. — Le remède ! il est
simple ; il s'agit de réunir ce qui est divisé... — Je vais
vous embrasser, s'écria le duc de Valmy, pour cette bonne
parole ; et tout à l'heure, s'il le faut, je pars pour porter
nos conseils à la duchesse d'Orléans. » Les circonstances
favorisaient les illusions des partisans du droit divin. Le
parti légitimiste semblait avoir gagné en influence sociale
ce qu'il avait perdu en force politique. Le comte de Chambord s'aperçut de l'augmentation de ses partisans au
nombre toujours croissant des demandes de lettres de
noblesse. La haute bourgeoisie presque tout entière s'était
ralliée à la fusion comme à un parti de bon ton : « Votre
opposition à la fusion est un crime, écrivait un néo-légi-

timiste à un proscrit du 2 décembre, ami de la maison d'Orléans, vous en répondez devant la France ; vous ne comprenez pas la situation, on voit bien que vous êtes un exilé. »

Les idées sentimentales enflamment facilement les esprits et les cœurs généreux, mais les hommes de sang-froid n'en sont point dupes. Rien de plus opposé à la fusion que la politique de la maison d'Orléans telle qu'elle est formulée par Louis-Philippe lui-même dans le passage suivant d'un petit volume publié le lendemain de sa mort (1) :

« Les ducs d'Orléans intriguer ! les ducs d'Orléans conspirer ! Ah ! ça n'a jamais été leur politique, ni dans le présent, ni dans le passé, ni sous la première République, ni sous l'Empire, ni sous la Restauration.

» Leur politique à eux que le hasard de la naissance avait placés à deux pas du trône, a toujours été une politique expectante. Ce n'est pas qu'elle attende dans l'indifférence ou dans l'incurie : loin de là, elle est attentive aux péripéties du présent, et, le regard fixé sur l'avenir, elle s'efforce de n'être jamais au-dessous ou en dehors des circonstances. C'est cette politique que j'avais coutume de définir la politique d'*idonéité*.

» On peut dire des d'Orléans qu'ils se sont toujours appliqués d'être en mesure de donner à leur patrie, au jour et à l'heure voulus par l'intérêt général, leur dévouement, leur épée, leur intelligence et leur vie. Mais qu'on ne les accuse pas d'avoir jamais hâté ni devancé les événements, l'accusation porterait à faux. Seulement, quand les besoins et la volonté du pays réclament les services de la famille d'Orléans, elle est là. »

Les fils de Louis-Philippe n'éprouvaient pas plus de penchant que leur père pour une alliance intime avec la légitimité. La théorie de l'*idonéité* contient un fond de républicanisme, puisque, d'après elle, le rôle des Orléans consiste à se tenir à la disposition de la nation et à recevoir le pouvoir selon sa volonté et dans la forme qu'il lui plaît de lui donner. Les partisans les plus fidèles et les plus intelligents de la monarchie orléaniste ne lui sont attachés que parce qu'elle est le

(1) *Abdication du roi Louis-Philippe racontée par lui-même.*

contraire de la monarchie de droit divin ; obligés de choisir entre la légitimité et la république, ils opteraient peut-être pour la république. Quel intérêt les fils de Louis-Philippe avaient-ils donc à une fusion qui les obligeait à remplacer leurs amis dévoués par des amis douteux?

Les hommes n'ont pas toujours l'intention de se tromper les uns les autres, mais ils obéissent souvent à des idées qui les trompent eux-mêmes. Les partisans de la fusion étaient certainement de bonne foi, pourtant ils cherchaient l'avantage de leur parti dans cette alliance. M. Berryer disait, en parlant du comte de Chambord et du comte de Paris : « Donnons un enfant à ce père, donnons un père à cet orphelin. » Paroles touchantes, mais adoption dont les conditions n'étaient pas faciles à régler. Les fusionnistes, en demandant aux fils de Louis-Philippe de renoncer à la politique de l'idonéité, c'est-à-dire à leurs chances personnelles en vue de l'hérédité lointaine et douteuse du comte de Paris, leur proposaient en somme de s'annuler et de travailler pour le comte de Chambord.

L'*Assemblée nationale*, organe des rancunes et des haines du parti conservateur qui regrettait de n'avoir pu faire à son profit le coup d'État du 2 décembre, défendait seul, sous l'inspiration de M. Duchâtel, la fusion dans la presse orléaniste. M. de Salvandy, l'un des patrons de cette feuille, esprit chimérique et romanesque, se présenta le premier à Wiesbaden au comte de Chambord ; il lui offrit son dévouement et son concours pour préparer les voies à la réconciliation entre les deux branches de la maison de Bourbon. M. de Salvandy s'imagina que cette réconciliation était conclue parce que le comte de Chambord fit célébrer un service funèbre en l'honneur de Louis-Philippe, et qu'il y invita tous les Français présents à Wiesbaden. Un autre événement redoubla cette illusion : le duc d'Aumale, par suite de la mort du prince de Salerne, son beau-père, fut obligé de se rendre à Naples avec sa femme; le duc et la duchesse de Parme firent à la même époque dans la capitale des Deux-Siciles un voyage qu'ils n'auraient pas entrepris sans l'agrément du comte de Chambord. Le duc d'Aumale et le duc de Parme ainsi que leurs femmes se rencontrèrent dans la loge royale au théâtre d'*Il Fundo*. Le public napolitain parut vivement impressionné par cette entrevue : c'était la première fois depuis 1830 qu'un prince de la branche aînée de la maison de Bourbon et un prince de la branche cadette se montraient ensemble.

M. Berryer, M. Benoist d'Azy, le général de Saint-Priest, ne tardèrent pas à se rendre à Londres pour supplier la reine Marie-Amélie de consentir à la fusion. Le cœur affectueux, l'âme dévote, l'esprit peu politique de la femme de Louis-Philippe, s'y prêtaient dans l'espoir de voir renaître l'union entre les Bourbons. Le membre le plus difficile à convaincre de la famille de Louis-Philippe était la duchesse d'Orléans. Le testament de son mari à la main, elle protestait contre toute idée d'une rupture entre la révolution et son fils; les conseillers et ses amis, MM. Thiers, de Rémusat, Jules de Lasteyrie, l'encourageaient dans une résistance qu'approuvaient aussi ses beaux-frères le duc d'Aumale et le prince de Joinville. Le duc de Nemours, de son côté, montrait plus d'empressement à se réconcilier avec son cousin. Mais tout était difficile et délicat dans la négociation qui devait amener cette réconciliation. Les diplomates de la fusion étaient parvenus à décider le duc de Nemours à écrire au comte de Chambord, mais quel titre lui donner? *Mon cousin*, c'était bien froid; *Monsieur le comte*, bien cavalier; *Sire*, impossible. Pendant qu'on cherchait à vaincre la difficulté, le fils de Louis-Philippe fit une démarche directe.

L'opinion publique avait conçu contre le duc de Nemours des préventions que rien ne justifiait, assurent ses amis, si ce n'est un port de tête un peu dédaigneux, et une tournure roide quoique distinguée. Les personnes qui ont gardé la mémoire des petits événements du temps du règne de Louis-Philippe, se rappellent sans doute l'obligation de prendre la culotte courte imposée aux personnes invitées aux soirées particulières du duc de Nemours; cette culotte enleva toute popularité à ce prince. Personne donc en France ne s'étonna en apprenant que M. de Jarnac, ancien chargé d'affaires de France à Londres, s'était rendu à Frohsdorf pour s'entendre avec M. de la Feronnays sur les moyens de conclure régulièrement la fusion. Les deux diplomates essayèrent de jeter sur le papier quelques mots pour servir de base à une sorte de traité; impossible d'y parvenir. Il est des choses qui ont besoin d'être brusquées. Le duc de Nemours, pensant que dans la chaleur d'une première entrevue les deux intéressés parviendraient plus facilement à s'accorder, proposa de se rendre chez son cousin. L'offre acceptée, M. Reille, chef d'escadron, son aide de camp, de concert avec M. de Lévis, régla les préliminaires de la visite. M. de Monti, aide de camp du comte de Chambord, monté dans une voiture royale, attendit le duc de Nemours à quatre lieues de Frohsdorf et le conduisit dans cette résidence. La maison du comte de Chambord était réunie pour recevoir le fils de Louis-Philippe dans un cabinet précédant le grand salon; le comte de Chambord en sortit et s'avançant vers son hôte, il lui prit la main en disant : « Mon cousin, combien je me félicite de votre bonne visite. » — A quoi le duc de Nemours répondit : « Mon cousin, je ne saurais vous exprimer combien je suis heureux de cette démarche que je voulais faire depuis longtemps en mon nom et au nom de mes frères ; je vous déclare que nous ne reconnaissons plus en France d'autre royauté que la vôtre, et que nous hâtons de tous nos vœux le moment où l'aîné de notre maison s'assoiera sur le trône. »

L'histoire, en recueillant cette réponse dans les correspondances des journaux légitimistes, doit faire remarquer qu'elle est un peu solennelle pour la circonstance ; il semble que de pareilles paroles n'aient pas besoin d'être échangées, la simple démarche suffit. Les deux princes restèrent seuls ensemble pendant trois quarts d'heure. Le duc de Nemours se retira, laissant son cousin et la comtesse de Chambord ainsi que les serviteurs de la maison enchantés de lui, surtout le comte de Montbel qu'il félicita de sa fidélité, et qui vantait fort l'à-propos avec lequel le duc de Nemours avait rappelé que le jour de l'entrevue était l'anniversaire de sa nomination au grade de colonel de chasseurs par Charles X. Le duc de Nemours demanda, dit-on, à présenter sa femme et ses enfants au comte de Chambord, qui lui répondit : « Nous parlerons à Vienne de votre séjour ici. » Le comte de Chambord ne tarda pas à rendre dans cette ville une visite à son cousin, et, par égard pour lui, il voulut bien prendre le deuil de la reine de Portugal, sœur de la princesse de Joinville, et alliée aux Orléans par les Cobourg. Le duc de Nemours fut très-complimenté sur sa conduite par l'empereur d'Autriche et surtout par sa mère l'archi-duchesse Sophie. Le comte de Chambord vint l'année suivante en Angleterre, et son premier soin fut d'accourir à Claremont auprès de la reine Marie-Amélie. L'entrevue fut très-affectueuse : Ma tante ! Mon neveu ! Ces mots employés dans la conversation rappelaient les liens de famille qui existaient entre la reine et le comte de Chambord et coupaient court à toute difficulté d'étiquette.

Le duc de Montpensier voulut à son tour, l'année suivante, déposer ses hommages aux pieds du chef de la maison de Bourbon. Il arriva subitement à Vienne le 29 août 1855. Le ministre d'Espagne lui remontra les inconvénients de cette démarche. Le prince répondit qu'il avait de trop graves questions dynastiques à traiter avec le comte de Chambord pour tenir compte de ces observations. Le cabinet de Madrid blâma sa visite, et la reine d'Espagne lui ordonna de se rendre immédiatement en Suisse.

Le duc de Nemours et le comte de Chambord avaient beau échanger des politesses, la fusion, tant que le comte de Paris n'y avait pas donné son assentiment, semblait peu solide. La duchesse d'Orléans, qui vivait retirée à Eisenach, offrit l'hospitalité, pendant quelques jours, dans ce château, au roi et à la reine de Prusse; elle publia, peu de temps après, une lettre où elle déclarait n'avoir pris et ne vouloir prendre aucun engagement au nom de son fils mineur.

Le public regardait ces allées et venues des princes de

la maison de Bourbon avec curiosité, mais sans y attacher aucune importance. Il ne prenait pas la fusion au sérieux. Le gouvernement s'en préoccupait beaucoup au contraire, et faisait publier contre elle brochures sur brochures ; le *Moniteur* lui-même en inséra une tout entière, qui était intitulée : *Du principe d'autorité depuis* 1789, et portait pour signature le nom de Prieur qui cachait celui de M. Troplong, président du Sénat. M. Troplong s'efforçait de prouver que les deux branches de l'ancienne dynastie n'étaient plus qu'un souvenir historique, une tradition impuissante, et que la dynastie napoléonienne seule avait la force et la volonté d'unir l'autorité à la liberté, et de faire sortir du dogme de 89 une nouvelle forme du principe d'autorité.

Le parti de la fusion avait aussi un ennemi intraitable dans la personne du baron de Richemont, dont le procès en usurpation de titre eut un si grand retentissement sous le règne de Louis-Philippe. Il figurait parmi les détenus à Sainte-Pélagie à l'époque où un grand nombre de républicains y étaient renfermés à la suite des journées de juin 1832. Le faux Louis XVII, toujours très-préoccupé des soins de la table, ne dédaignait pas quelquefois de prendre lui-même la casserolle, quoique fils de Louis XVI et légitime héritier du trône de France et de Navarre. « Sire, lui disait Marrast qui partageait alors sa captivité, nous mangerions bien volontiers une de ces omelettes que la main de Votre Majesté retourne avec une grâce vraiment royale. » D'autres prisonniers moins polis s'amusaient à lui dire : « Capet! un bifteck pour ce soir. »

La condamnation de cet aventurier comme faux Louis XVII n'empêchait pas beaucoup de gens d'être cependant convaincus qu'il disait vrai en parlant de son auguste origine; plusieurs légitimistes s'étaient cotisés pour lui fournir une pension; il avait trouvé des fonds pour fonder un journal, *l'Inflexible*, dont la mission principale était de défendre ses droits. Le faux Louis XVII, en 1848, avait eu la singulière idée de proposer au gouvernement provisoire de le reconnaître comme dauphin. Lorsque les bruits d'une fusion entre les Orléans et les Bourbons se répandirent dans le public, le duc de Richemond s'étonna fort de n'avoir pas été consulté sur un acte qui ne pouvait être valable sans lui, et qu'il désapprouvait du reste formellement. La mort mit fin à ses protestations, et délivra les fusionnistes d'un de leurs plus ardents adversaires.

Les progrès de la fusion étaient d'autant plus lents que les fusionnistes eux-mêmes formaient deux camps : celui de la fusion pure et simple au nom des sentiments de la famille et des intérêts de la politique, et celui de la fusion du pardon. Le passé était oublié dans l'un; on se contentait de l'amnistier dans l'autre. Les pièces officielles publiées de temps en temps levaient parfois le voile sur les obscures négociations des diplomates fusionnistes, sans mettre fin à l'incertitude sur leur résultat. Une lettre du comte de Paris protestant contre la fusion circula dans le courant du mois de juillet 1856; le comte de Chambord, de son côté, en chargeant M. Pageot, le 25 décembre de la même année, d'être son interprète auprès de la veuve et des enfants de Salvandy dont il venait d'apprendre la mort, proclama l'accomplissement de la fusion :

« Personne n'apprécie plus que moi cet homme de bien, de tant d'intelligence, de talent et de cœur. Je n'ai pas oublié surtout que c'est lui qui, le premier, est venu me voir avec vous à Wiesbaden, et, en m'apportant les franches et nobles assurances de son entier dévouement, m'offrir le concours de son zèle et de ses constants efforts pour préparer les voies à cette réconciliation désirée qui, depuis, s'est heureusement accomplie, et que la France est en droit d'envisager aujourd'hui comme une des plus fermes garanties de l'avenir. »

Le public se demandait lequel des deux princes avait raison, lorsque la reine Marie-Amélie vint passer l'hiver de 1856 à Nervi, sur les bords de la rivière de Gênes. Le comte de Chambord habitant Parme ne pouvait se dispenser de faire une visite à sa tante ; un grand dîner lui fut offert par la reine ; il prit place à côté d'elle. Le repas fini, l'entretien s'engagea entre quelques-unes des personnes présentes. « La *comtesse de Neuilly*, dit M. de la Feronnays, a vraiment bon visage. » Le docteur Gueneau de Mussy, sans se douter, peut-être, qu'il allait faire un acte politique, répondit : « Oui, la santé de *la reine* ne laisse rien à désirer. » M. de la Feronnays reprit : « Ce climat convient à la *comtesse de Neuilly*. » M. Gueneau de Mussy, averti par le ton de M. de la Feronnays, reprit en insistant sur le mot : « La *reine* s'en trouve en effet très-bien. » La conversation cessa ; les deux interlocuteurs comprirent qu'ils ne devaient pas aller plus loin ; ils se séparèrent poliment. Le duc de Nemours était à Nervi avec sa mère. Averti de ce qui venait de se passer entre le docteur Gueneau de Mussy et M. de la Feronnays, il ne tarda pas à écrire à son cousin une lettre qui ne devait pas être très-favorable à la fusion, si l'on en juge par la réponse du comte de Chambord :

« Mon cousin,

» J'ai lu votre lettre avec un profond sentiment de tristesse et de regret. J'aimais à penser que nous avions compris de la même manière la réconciliation accomplie entre nous il y a quatre ans. Ce rétablissement de nos rapports politiques et de famille, en même temps qu'il plaisait à mon cœur, semblait à ma raison un gage de salut pour la France, et une des plus fermes garanties de son avenir.

» Pour justifier mon espérance, pour rendre notre union efficace et digne tout ensemble, il ne fallait que deux choses qui étaient bien faciles : rester de part et d'autre également convaincus de la nécessité d'être unis, nous vouer une confiance inébranlable en nos mutuels sentiments.

» Je n'ai pas douté de votre dévouement au principe monarchique. Personne ne peut mettre en doute mon attachement à la France, mon respect de sa gloire, mon désir de sa grandeur et de sa liberté ; ma sympathique reconnaissance est acquise à ce qui s'est fait pour elle, à toutes les époques, de bon, d'utile et de grand. Ainsi que je n'ai cessé de le dire, j'ai toujours cru et je crois toujours à l'inopportunité de régler dès aujourd'hui et avant le moment où l'obéissance nous en imposerait le devoir, des questions que résoudront les intérêts et les vœux de notre patrie. Ce n'est pas loin de la France et sans la France que l'on pourra disposer d'elle.

» Je n'en conserve pas moins la conviction profonde que c'est dans l'union de notre maison et dans les efforts communs des défenseurs des institutions monarchiques que la France trouvera un jour son salut ; les plus douloureuses épreuves n'ébranleront pas ma foi. »

La fusion était rompue par celui des princes d'Orléans qui s'en était montré jusqu'alors le plus chaud partisan. Quelques fusionnistes persévérèrent dans leur foi, mais le parti de la fusion créé dans l'intention d'unir les forces de l'orléanisme et de la légitimité ne servait qu'à les diviser davantage. Les légitimistes militants et les orléanistes étaient donc, encore moins que les républicains, en mesure de faire obstacle à la marche de l'Empire appuyé sur l'armée, sur le clergé et sur la grande majorité du parti légitimiste lui-même.

CHAPITRE IV.

LE JOURNALISME.

1851-1857.

SOMMAIRE. — La presse devant l'opinion publique. — La presse anglaise et la presse française. — Causes du peu de sympathie d'une partie du public français pour la presse. — La presse à bon marché. — L'annonce et la presse. — Conséquences de la réforme de M. de Girardin. — M. Charles Duveyrier. — Il fonde la régie générale des annonces. — Le roman-feuilleton. — La presse au lendemain du coup d'État. — La nouvelle législation sur la presse. — Précautions prises par le gouvernement contre les journaux français et étrangers. — Les journaux autorisés. — Journaux du gouvernement. — M. Mirès achète le *Constitutionnel* et à M. de Morny et à M. Véron leur part de gérance du *Constitutionnel* au prix de douze cent mille francs. — Effet produit sur le public par l'énormité de cette somme. — M. Arthur de la Guéronnière désigné par M. Mirès est agréé par le gouvernement comme directeur politique du *Constitutionnel* et du *Pays*. — M. Arthur de la Guéronnière. — La *Patrie*. — M. Delamarre rédacteur en chef de la *Patrie*. — Journaux de l'opposition. — Le *Siècle*. — M. Havin directeur politique du *Siècle*. — Le *Journal des Débats*. — M. Armand Bertin, Saint-Marc Girardin, de Sacy. — L'Assemblée nationale. — La *Gazette de France*, M. Lourdoueix. — L'*Union*, M. Laurentie. — Journaux religieux : l'*Univers*, M. Veuillot. — Situation spéciale de la *Presse*. — M. Émile de Girardin. — Le journalisme sous le régime administratif. — Le *Figaro*, M. de Villemessant. — Rôle de la chronique et de la presse cléricale. — M. de Villemessant et M. Louis Veuillot.

Les petits peuples de l'antiquité, pour être libres, n'avaient besoin que d'une tribune ; des nations modernes ne peuvent jouir du même avantage sans le journal. La liberté de la presse défend et propage les autres libertés : liberté individuelle, liberté de conscience, liberté d'enseignement, liberté du commerce et de l'industrie, toutes les libertés reposent sur la liberté de la presse. Cependant ce privilége que s'arroge le premier venu de discuter les actes du gouvernement et des citoyens, paraît exorbitant à ceux qui n'aperçoivent point les relations secrètes qui unissent la liberté de la presse à la sûreté de la société et à la dignité des individus, ni les compensations par lesquelles l'équilibre se maintient entre ses avantages et ses inconvénients.

La presse française n'a point grandi peu à peu comme la presse anglaise, elle est sortie tout armée du front de la révolution. A peine née, elle se jette dans la lutte, elle attaque les partis et les pouvoirs ; les partis l'attaquent à leur tour, les pouvoirs veulent la dominer ; les esprits les plus modérés et les plus violents se livrent aux mêmes colères contre elle. Barnave donne le premier, à la tribune de l'Assemblée constituante, l'exemple de ces sorties contre le journalisme ; le nombre de ses ennemis s'accroît de jour en jour, et leur haine devient si forte, que Lacroix propose à la Convention de mettre les représentants journalistes en demeure d'opter entre leurs fonctions législatives et leurs occupations de « folliculaires ». Thuriot leur reproche de voler l'indemnité qu'ils reçoivent de la nation, à laquelle ils doivent tout leur temps ; Duhem les traite « d'êtres immondes », et demande que le comité de sûreté générale les tienne en bride ; un de ses collègues consent « à ce qu'on laisse ces vils insectes coasser dans la boue et dans la fange », mais à la condition qu'on leur enlèvera la place qu'ils occupent à la Convention : « Je viens atta-
» quer les vrais assassins de la patrie, s'écrie Talot, dans la
» séance du 5 brumaire an V, au conseil des Cinq-Cents,
» je viens dénoncer une trentaine de gredins qui s'em-
» parent de l'opinion publique et déchirent chaque jour

» le gouvernement... Les clubs ont rendu des services
» dans les commencements de la révolution, bientôt ils
» ont fini par se corrompre et par devenir dangereux ;
» eh bien ! chaque journal est un club ambulant prê-
» chant la révolte et la désobéissance aux lois. Il est
» impossible qu'un gouvernement subsiste et rétablisse
» l'ordre au milieu d'éléments aussi destructeurs. Il faut
» une loi qui réprime enfin la liberté de la presse, ou
» bien permettre à chacun de se servir de la même liberté
» pour *presser* les omoplates de son calomniateur. » La
haine contre le journalisme et les arguments qu'elle
emploie datent, comme on le voit, d'assez loin.

Les partis faisaient porter à la liberté de la presse la peine de leurs propres excès ; ils la traitèrent de telle façon, que réunir la propriété d'un journal au domaine de l'État et en distribuer les parts à ses favoris, conseillers d'État, maîtres des requêtes, chambellans, préfets du palais, secrétaires des ministères, etc., parut bientôt un acte fort simple aux yeux de Napoléon Ier. Les dons étaient acceptés par les fonctionnaires de l'Empire avec aussi peu de scrupule que les produits de la confiscation par les gentilshommes de l'ancien régime. Napoléon Ier, qui, dans l'éclat de sa puissance, s'arrogea ce droit d'aubaine sur la presse, lui fit amende honorable à l'heure de ses revers. Les gens qui se partagèrent les dépouilles des journalistes voulurent bien reconnaître plus tard que la propriété d'un journal était aussi sacrée que toute autre propriété : les événements procurent de ces satisfactions aux défenseurs de la liberté, mais elles durent peu, comme toutes les conversions inspirées par l'intérêt. La bourgeoisie parut comprendre l'utilité du journalisme, lorsque, au bout de cette longue carrière de gloire et de revers à laquelle Napoléon Ier l'avait associée, elle voulut de nouveau prendre part à la direction de ses affaires; la presse eut quelques beaux jours sous la Restauration. La fortune des journaux ne dépendait pas alors de l'annonce; leur polémique, circonscrite aux idées et aux besoins du moment, ne touchait point aux questions sociales. La classe moyenne craignait la révolution, mais elle était obligée de la défendre contre l'ancien régime encore debout et menaçant; les journaux rédigés par des hommes sortis de ses rangs, dévoués à ses intérêts, plaisaient à la bourgeoisie plus que la liberté de la presse elle-même. Le bourgeois anglais, familiarisé avec la libre discussion, lit sans s'émouvoir les attaques les plus violentes des radicaux et des chartistes contre la constitution de son pays; le bourgeois français se crut perdu parce que quelques journaux exposaient sur le rôle de la démocratie des idées plus larges que les siennes. La monarchie de Juillet appela beaucoup d'écrivains politiques aux emplois, et cela fit un grand tort au journalisme dans un pays comme la France, où le public, poussé par un sentiment très-vif d'égalité, n'aime pas que les fonctions publiques aient l'air d'être réservées à une seule classe de la société, même quand cette classe est la mieux préparée à les remplir. Les ennemis du journalisme affectaient de demander si la plume remplaçait le parchemin, et si le droit de l'écritoire était substitué à celui de la naissance, comme si l'on pouvait être surpris que sous un régime de discussion, on arrivât à tout par le talent de discuter?

Le gouvernement de Louis-Philippe ne manquait pas

de défenseurs dévoués et honnêtes, il en eut aussi d'un genre opposé. Les gouvernements, de même que les individus, ont leurs haines, leurs passions, leurs rancunes ; ils emploient des hommes tarés, corrompus, violents, pour les satisfaire : ceux qui prodiguent l'injure savent se la faire payer. Des subventions sur les fonds secrets, des priviléges de théâtre, d'autres faveurs lucratives, devinrent le prix avéré de certains dévouements. Le mépris mérité par quelques journalistes vendus rejaillit sur le journalisme tout entier, et servit de thème au parti de la réaction, après 1848, pour faire des lois qui, sous prétexte de moraliser la presse, contribuèrent à la déconsidérer et à la livrer sans défense aux coups du bonapartisme qui la traita, en décembre 1851, comme il l'avait traitée cinquante ans auparavant.

La révolution de Février prouva que le nombre des partisans sérieux de la liberté de la presse n'était pas bien considérable en France. Les violences des journaux révolutionnaires de 1848 en furent, dit-on, la cause. Tous les partis ont montré la même violence dans la presse, et ils lui ont fait porter la peine de leurs propres excès. Le parti conservateur, après 1848, déploya contre la presse une ardeur aussi passionnée qu'imprudente : il imposa de nouveau le cautionnement et le timbre aux journaux ; il obligea l'écrivain à signer ses articles, obligation rendue plus blessante par les arguments employés pour la soutenir. Le journalisme, disait-on, est un Saint-Wehme dont les juges restent masqués, une barricade derrière laquelle s'embusquent des gens pour tirer sur ceux qui s'avancent à visage découvert, un État dans l'État, un foyer perpétuel de révolutions ; les déclamations du parti con-

servateur sur la nécessité de *moraliser* le journalisme le minaient lentement. Personne ne se doutait en le voyant si vivant en apparence, au lendemain de la révolution de Février, qu'il était frappé d'une maladie mortelle : « Qui
» n'eût écouté que les journalistes eût pu se croire au
» sein de la nation la plus passionnée pour ses libertés, et
» la plus occupée des affaires publiques. Jamais leur lan-
» gage n'avait été plus enflammé, leurs clameurs plus
» vives, qu'au moment où ils allaient se taire pour quinze
» ans. Si l'on veut connaître la vraie puissance de la
» presse, il ne faut jamais faire attention à ce qu'elle dit,
» mais à la manière dont on l'écoute. Ce sont ses ardeurs
» mêmes qui quelquefois annoncent ses faiblesses et pré-
» sagent sa fin. Ses clameurs et ses périls ont souvent la
» même voix. Elle ne crie si haut, que parce que son audi-
» toire devient sourd, et c'est cette surdité du public
» qui un jour permet de la réduire impunément au
» silence (1). » Le coup d'État se chargea de démontrer la vérité de cette réflexion.

Le prix d'abonnement aux journaux, depuis 1814 jusqu'à 1836, n'avait guère varié. L'élévation de ce prix n'empêchait pas le nombre des abonnés de certains journaux d'être très-considérable : le *Constitutionnel* comptait, sous la Restauration, plus de vingt mille souscripteurs. M. de Villèle, voulant justifier une augmentation de timbre sur les journaux, produisit à la tribune le bilan du *Constitutionnel* qui accusait un bénéfice de plus de 800 000 francs, somme qu'aucune feuille à beaucoup près n'a depuis encaissée annuellement. Le journalisme comme industrie

---

(1) *OEuvres et correspondances inédites* d'Alexis de Tocqueville.

se trouvait dans des conditions florissantes et normales qui assuraient son indépendance; mais l'abonné en avait-il, comme on dit vulgairement, pour son argent? M. de Girardin répondit à cette question par la création de la *Presse* à 40 francs qui repose sur ce système : regagner par l'annonce ce qu'on perd sur l'abonnement. Les journaux actuels sont deux fois plus grands que les journaux d'autrefois, mais le lecteur qui s'occupe de politique, de littérature, d'histoire, n'y a pas beaucoup gagné. La place occupée par les questions politiques, littéraires, historiques, dans les journaux d'autrefois, est restée presque la même dans ceux d'aujourd'hui; la place réservée aux annonces seule s'est agrandie. Les anciens journaux n'avaient point d'annonces ou très-peu; la *Gazette de France* donne, à partir de 1818, et seulement deux fois la semaine, ou trois fois au plus, un supplément d'annonces à ses lecteurs. Le journalisme politique mit longtemps son amour-propre à se passer du secours de l'annonce industrielle; il se contentait de l'annonce de librairie. La *Presse* à 40 francs comptait au contraire sur l'annonce pour vivre, mais l'exploitation directe de sa publicité par le journal lui-même offrait des difficultés et des inconvénients graves. Comment les éviter?

M. Charles Duveyrier était un des plus aimables disciples du père Enfantin. Esprit actif, pénétrant, habile à prévoir les situations, philosophe dans l'industrie, industriel dans la philosophie, poëte, orateur, publiciste, auteur dramatique, apôtre au besoin, prodigue d'idées, inventeur désintéressé d'une foule d'entreprises qui ont enrichi les autres, Charles Duveyrier, aimable, spirituel, toujours prêt à fonder et à renverser, à réparer et à détruire, cherchant aujourd'hui à consolider une dynastie, demain à créer un chemin de fer, faisant des drames et des brochures, des vaudevilles et des encyclopédies, toujours en train d'enfanter, mourut pauvre des suites de cet apostolat universel. Charles Duveyrier, portant un jour son regard sur l'ensemble des choses humaines, le laissa tomber par hasard sur le coin que l'annonce occupait à la quatrième page des journaux : il se dit que l'industrie française comprenait mal la publicité et qu'il était temps de lui apprendre à user du système anglais qui consiste à résumer l'annonce en quelques lignes, et qui par conséquent en diminue le prix. Duveyrier eut l'idée de traiter, en 1845, avec le *Journal des Débats*, le *Constitutionnel*, la *Presse*, et d'affermer leurs annonces. Les frères Pereire et M. Arlès Dufour mirent 600 000 francs dans cette affaire. Duveyrier ouvrit soixante bureaux, fit courir dans les rues de petites voitures pour recueillir les annonces anglaises. Le public industriel resta sourd à son appel ; heureusement le succès de l'annonce française ordinaire suffit pour donner des bénéfices à la société. La révolution de Février fut pour elle un moment de crise dont on pouvait la tirer aisément ; mais son directeur, tout entier à la politique au lieu de songer aux annonces, ne s'occupait que des moyens de refaire la société. Charles Duveyrier, renonçant de gaieté de cœur à la perspective assurée d'une grande fortune, se jeta dans le journalisme et livra son entreprise à des industriels qui en ont fait la grande compagnie qui dispose aujourd'hui de la publicité de presque tous les journaux de Paris et des départements.

La diminution du prix de l'abonnement n'a guère

augmenté la fortune et la considération des journaux, quoique, grâce à elle, le nombre des lecteurs de journaux se soit accru dans une proportion assez grande. Malheureusement, en augmentant le nombre des abonnés, la presse à 40 francs n'augmenta pas l'esprit politique en France : elle transforma le journal en cabinet de lecture. Tout journal doit faire une part dans sa rédaction à la curiosité, à l'information, à la nouvelle ; si toutes ces informations ne mènent pas directement le lecteur à la politique, du moins elles ne l'en éloignent pas ; le roman, au contraire, faussa l'éducation publique, il fit de plus en plus de la France une nation romanesque, avide d'émotions et de spectacles. Le succès des journaux ne dépendit plus des rédacteurs politiques, mais des romanciers du feuilleton. Un roman d'Eugène Sue, le *Juif errant*, remit à flot la barque du *Constitutionnel* sur laquelle s'embarquèrent, remorqués par le roman, M. Thiers et les membres du tiers-parti. La presse, après avoir vécu pendant quinze ans sur l'annonce et sur le roman, se trouva subitement en face du coup d'État. La réforme de M. de Girardin était jugée : elle n'avait, au point de vue politique, produit que de tristes résultats ; la considération du journal liée à l'annonce avait baissé ; l'annonce elle-même n'aurait peut-être bientôt plus suffi à faire vivre les journaux, si le décret de janvier 1852, en imposant l'autorisation préalable à tout nouveau journal, n'avait créé au profit des journaux autorisés un monopole qui permit de concentrer la publicité entre les mains d'une grande compagnie.

Le décret de 1852, sans abroger la juridiction ordinaire, plaça les journaux sous la juridiction administrative. En dehors des avertissements, la police correctionnelle seule à la place du jury était désormais chargée de réprimer les délits de presse. Une seule condamnation encourue dans l'année pour crime commis par la voie de la presse, deux condamnations pour délits et contraventions, entraînèrent de plein droit la suppression du journal. Le gouvernement, même après une seule condamnation pour crime ou pour délit, se réserva deux mois pendant lesquels il restait maître de prononcer la suspension ou la suppression; une simple décision ministérielle suffit d'ailleurs pour suspendre un journal pendant deux mois après deux avertissements. La suspension, à moins que le journal ne fût supprimé par mesure de sûreté générale, devait toujours précéder la suppression ; cette dernière ne pouvait, en aucun cas, être ordonnée que par un décret spécial du chef de l'État inséré au *Bulletin des lois*.

Le ministre de l'intérieur eut seul le droit de désigner tout rédacteur en chef de journal sur la présentation des propriétaires, et de le destituer. Le moindre changement dans le personnel des gérant, rédacteur en chef, administrateur et propriétaire d'un journal, ne s'opéra plus sans l'autorisation du ministre. La distribution des annonces judiciaires, enlevée aux tribunaux, devint entre les mains des préfets une véritable subvention au profit de certaines feuilles. L'augmentation du cautionnement et du timbre rendit désormais impossible la publication de feuilles politiques à bon marché.

Le gouvernement, rassuré du côté de la presse française, prit également ses précautions contre la presse étrangère : les journaux étrangers ne circulèrent plus qu'avec son autorisation.

La dictature trouva bon de laisser un organe à chacune des grandes fractions de l'opinion : les républicains eurent le *Siècle* et le *Charivari;* les orléanistes le *Journal des Débats;* les légitimistes l'*Union* et la *Gazette de France;* les fusionnistes l'*Assemblée nationale.* Sous la direction de M. Émile de Girardin, la *Presse* put suivre une politique toute personnelle; le *Constitutionnel,* la *Patrie* et le *Pays* furent admis à l'honneur de défendre le gouvernement.

La décadence du *Constitutionnel,* si influent sous la Restauration, date de 1830 : le *Constitutionnel* était moribond en 1842; M. Véron, fondateur de la *Revue de Paris* et directeur de l'Opéra, l'acheta. Dans ce temps-là, pour ressusciter un journal, il suffisait d'avoir beaucoup d'argent et de commander un roman à l'un des trois ou quatre romanciers en vogue. M. Véron paya cent cinquante mille francs le *Juif errant* à M. Eugène Sue, et ce roman remit le *Constitutionnel* à flot. Le *Constitutionnel* se fit remarquer en 1848 par l'éclat de son adhésion au gouvernement provisoire, et par la vivacité de sa reconnaissance pour les combattants de février. Cet enthousiasme dura peu. M. Véron, légitimiste rallié à la monarchie de Juillet, plein d'une secrète rancune contre ce dernier régime qui n'avait trouvé en lui que l'étoffe d'un directeur de théâtre, furieux contre la République qui se passait de ses conseils, se jeta dans le bonapartisme. Si la France, comme le prétendait M. Véron, ne pouvait trouver la fortune et la prospérité que sous un Bonaparte, il n'en était pas de même du *Constitutionnel.* Ce journal, dès le lendemain du coup d'État, vit non-seulement partir peu à peu ses abonnés, mais encore il apprit par deux avertissements reçus coup sur coup que le despotisme permet encore moins la discussion à ses amis qu'à ses ennemis : M. Véron essaya inutilement d'une forte réduction du prix de l'abonnement. Que faire? emprunter ou revenir à l'ancien prix? Question d'autant plus grave que le *Pays* joignait sa concurrence à celle que le *Moniteur* faisait dès lors aux journaux officieux. Le *Pays* se trouvait entre les mains d'un financier, M. Mirès. M. Véron lui proposa de l'acheter. M. Mirès répondit : « Je ne vends pas mon journal, mais si vous voulez j'achète le vôtre. »

Cette proposition ne sonna point mal aux oreilles de M. Véron, mais la propriété du *Constitutionnel* se divisait en deux parts : commandite et gérance. M. de Morny ayant acheté moyennant la somme de cent mille francs la moitié des droits de M. Véron comme gérant, il fallait son consentement pour vendre le *Constitutionnel*. M. Mirès courut chez M. de Morny, et ne le quitta qu'après avoir échangé contre la somme de cinq cent mille francs sa moitié de gérance.

Un bénéfice de 400 000 francs pouvait à la rigueur suffire à M. de Morny; mais le docteur Véron, gérant et de plus rédacteur du *Constitutionnel*, se payait richement ses articles; il n'avait pas de traitement fixe, mais il touchait 4000 francs par mois dont il ne rendait compte à personne. Il entendait bien être indemnisé de tout cela. « Soit, lui dit M. Mirès, vous aurez 180 000 francs de plus que M. de Morny, et si, rendu aux loisirs de la vie privée, vous éprouvez le besoin de faire valoir votre argent, je vous apporterai des affaires à choisir. » M. Mirès qui ne lésinait sur rien offrit en outre 4000 francs par action du *Constitutionnel*; un acheteur ordinaire n'en aurait pas donné 1000 francs, le marché ne pouvait manquer de se conclure.

L'intervention des hommes de finance et d'industrie dans le journalisme n'était pas nouvelle en France. M. Aguado, sous Louis-Philippe, avait été propriétaire du *Messager* et du *Journal du commerce*, mais cette intervention cherchait à se dissimuler; la vente du *Constitutionnel* la mit à nu. Un journal payé un tiers de plus que sa valeur, une place de gérant estimée à près de douze cent mille francs et ne rapportant que mille francs par mois, il y avait là de quoi donner à penser au public sur la source des bénéfices des journalistes. L'alliance entre le gouvernement et la spéculation fit naître également en lui des réflexions de plus d'un genre, lorsqu'il vit M. Mirès, propriétaire du *Constitutionnel* et du *Pays*, mettre immédiatement ces deux journaux à la disposition du pouvoir, qui s'empressa d'accepter leur concours et de les placer sous la direction de M. Arthur de la Guéronnière.

M. de la Guéronnière avait fait ses premières armes dans un journal de Limoges fondé par les légitimistes de l'endroit, *l'Avenir national*. Journaliste de vingt ans, il mêlait l'ode à l'article; poëte et publiciste, il dédiait sa prose à Henri V et ses vers à M. de Lamartine. L'auteur des *Méditations*, ayant définitivement cessé d'être légitimiste et s'apprêtant à promulger du haut du Sinaï de Mâcon une loi nouvelle, se rappela le jeune poëte de Limoges; il en fit l'enfant de chœur de son église : M. Arthur de la Guéronnière devint l'un des collaborateurs du *Bien public*. Ce journal, bientôt à l'étroit dans une préfecture de troisième classe, vint en 1846 se fixer à Paris dont le climat malheureusement ne lui fut point favorable. M. Arthur de la Guéronnière, après la mort du journal de M. de Lamartine, devint l'un des collaborateurs de M. Émile de Girardin. La grâce bonapartiste ne l'avait point encore touché : contempteur de la vérité, persécuteur des croyants, il lançait contre les « décembraillards » des articles terribles dans la *Presse*. Un de ces articles, intitulé *l'Empire au gourdin*, produisit une assez vive sensation ; c'était l'époque où la *Société du 10 décembre* se livrait sur la place du Havre aux prouesses qu'on a pu lire dans le premier volume de cette histoire. M. de la Guéronnière ne fit pas longtemps partie de la rédaction de la *Presse*. M. de Lamartine, pour remplacer le *Bien public*, avait fondé le *Pays*. Désirant en confier la rédaction en chef à une lyre amie, il s'empressa de s'adresser à M. Arthur de la Guéronnière, qui eut l'ingénieuse idée de transformer le *Pays* en galerie de portraits historiques. Buffon mettait des manchettes pour écrire, M. Arthur de la Guéronnière prit la coiffe blanche d'une sœur de charité ; il peignit toutes les infortunes, consola tous les partis. Le prince Louis-Napoléon, le prince de Joinville et le comte de Chambord passèrent tour à tour sous son pastel : « La figure de Napoléon III est douce et calme, mais elle n'est que le masque d'une vie intérieure forte et puissante. » Le prince de Joinville « reflète le fatalisme sur son visage comme l'ombre mystérieuse d'une destinée humaine ». Quant au comte de Chambord : « sa beauté physique n'est sur ses traits que le reflet de la beauté morale ». M. de la Guéronnière se joignait-il aux martyrs de la société du 10 décembre autrefois persécutés par lui, passait-il à l'orléanisme, ou revenait-il au culte de sa jeunesse? Non. M. Arthur de la Guéronnière, en distribuant la louange à tous les prétendants, restait fidèle à ses convictions républicaines. « Le fourbe ! » s'écriait-il le 2 décembre sur la place de la Concorde en parlant du Président de la République, au milieu d'un groupe de représentants du peuple et de journalistes, « comme il nous a trompés ! » Un de ces représentants, pressé par le besoin d'argent, manifestait cependant la plus vive répugnance à se présenter à la caisse de l'Assemblée législative pour toucher son indemnité : « Que craignez-vous? s'écria M. de la Guéronnière, tout le monde sait bien que nous sommes pauvres, nous autres démocrates ! »

M. de la Guéronnière s'indignait à la pensée seule qu'on pût croire un des siens capable de servir le gouvernement du coup d'État. Il écrivit, pour démentir l'acceptation d'une place de sous-préfet par son frère, une lettre qui n'a pas été imprimée en France, mais dont de nombreuses copies circulèrent dans Paris. M. de la Guéronnière ne tarda pas cependant à se réconcilier avec le nouveau régime, il eut sa vision de Damas. L'ami de Lamartine, le démocrate de la *Presse*, l'adversaire du coup d'État, élu par la grâce de l'administration député au Corps législatif et directeur du *Constitutionnel* et du *Pays*, essaya en se drapant dans sa phrase brodée des grands mots : société, religion, famille, autorité, gouvernement des intelligences, de faire oublier la mouvante légèreté de ses opinions. Il se mit à la recherche de nouveaux moyens pour assurer le salut de la société, pour opposer des barrières aux progrès de l'esprit de désordre.

La commission du colportage et l'estampille ne lui suffisant pas, il proposa de créer les *bibliothèques communales* et la *librairie de colportage :* les premières, essentiellement ecclésiastiques, confiées au curé, fourniraient aux ouvriers une nourriture morale sans danger ; les secondes, alimentées par des livres que le gouvernement ferait confectionner et distribuer gratis comme la Société biblique, mettraient en circulation des publications morales à l'usage de tout le monde.

Les deux journaux de M. Mirès et du gouvernement semblaient suivre, sous la direction de M. Arthur de la Guéronnière, une route sinon brillante du moins sûre ; mais qui peut répondre que le journal le plus dévoué ne laissera pas un jour échapper un mot imprudent ? Le *Pays* reçut un beau matin un avertissement pour s'être exprimé légèrement sur les finances turques. M. Arthur de la Guéronnière aurait dû, en rédacteur en chef généreux, couvrir ses collaborateurs ; il s'empressa de déclarer que depuis l'ouverture de la session des conseils généraux il était étranger à la direction politique du *Pays* et du *Constitutionnel.*

La *Patrie* formait avec ces deux feuilles le trio des journaux chargés de la défense officieuse du gouvernement. M. Delamarre, ancien garde du corps de Charles X, devenu banquier, avait quitté la finance pour le journalisme. L'ambition d'être un homme politique lui étant montée au cerveau comme au docteur Véron, il acheta la *Patrie*.

M. Goudchaux, ministre des finances de la République, avait reçu de M. Delamarre le conseil de pourvoir à la pénurie du trésor en frappant une contribution nationale sur les principaux banquiers de Paris dont il donnait la liste avec le chiffre de leur fortune. M. Goudchaux repoussa ce conseil avec indignation. M. Delamarre passa dans le camp bonapartiste. Il se croyait destiné à devenir ministre des finances; grand interrogateur de tables tournantes, il évoquait les esprits à volonté, et vivait en perpétuelle communication avec le monde invisible. Des relations plus utiles le liaient aux principales administrations de la ville de Paris qui lui réservaient la primeur de leurs informations. Ce privilége était bien dû à l'homme qui dans les journées de décembre transforma les bureaux de son journal en corps de garde pour les sergents de ville armés de fusils à deux coups. La *Patrie* était la feuille de Paris la mieux fournie de ces crimes, catastrophes et accidents qui intéressent un si grand nombre de lecteurs; les nouvelles politiques que le gouvernement voulait porter à la connaissance du public, jointes à ces informations, faisaient de la *Patrie* un journal très-lu, mais sans influence.

Le *Siècle*, héritier du *National*, de la *Réforme*, de la *République*, servait d'organe à l'opinion démocratique. La suppression de ce journal avait été demandée, à l'époque du coup d'État, au sein du conseil intime de M. Louis-Bonaparte, mais M. de Morny s'étant fait l'interprète et le défenseur des intérêts de ses actionnaires, on lui permit de reparaître. La logique de la situation contribua pour le moins autant à sauver le *Siècle* que la protection de M. de Morny; le gouvernement laissant un organe à toutes les opinions, ne pouvait pas faire une exception pour l'opinion républicaine.

M. Havin, ancien député de la Manche, membre du

conseil de surveillance du *Siècle*, avait été chargé d'exercer une sorte de direction officieuse sur ce journal, en attendant que le conseil eût fait choix d'un homme pour remplacer M. Louis Perrée, rédacteur en chef, mort récemment. Cette surveillance, en réalité, c'était la rédaction en chef ; M. Havin la prit, s'en acquitta à la satisfaction du conseil de surveillance, et finit par la garder. M. Havin ne se doutait pas en 1848 qu'il passerait les dernières années de sa vie dans le journalisme. Député pendant dix-huit ans, il était entré à la chambre dans les premiers jours de la monarchie de Juillet, à la limite d'âge permise, c'est-à-dire à trente ans, et il était l'un de ses doyens, non par les années, mais par la durée du service. Il siégeait sur les bancs de la gauche dynastique, tenant convenablement son rôle au second rang, parlant peu, chargé de rapports importants, tacticien politique, actif, habile, sachant agir sur les hommes et les grouper, très-apprécié à cause de ces qualités qui ne sont pas communes. L'opposition dynastique n'avait rien de bien farouche : un député, en faisant la guerre au ministère, ne perdait pas de vue les intérêts de ses électeurs. La politique, quand il s'agissait du clocher, fermait les yeux : tel député qui aurait rougi à la seule pensée de solliciter une place pour lui, ne craignait pas de faire quelques concessions pour doter ses amis d'un bureau de tabac ou de papier timbré. Le député de l'opposition ne s'en retrouvait pas moins aux grands jours homme de conviction forte et arrêtée, mais il fallait les grands jours.

M. Havin, fils d'un conventionnel, très-dévoué à la Révolution, aurait approuvé le 18 brumaire, et servi le Consulat et l'Empire qu'il confondait avec la Révolution elle-même, comme beaucoup d'hommes de sa génération. L'erreur s'explique aisément. Qu'on se rappelle l'insolence et les menaces de la noblesse émigrée, les colères du clergé après le renversement de l'Empire; quelle dut être la joie des révolutionnaires en lisant l'acte additionnel! La Révolution représentée par Washington à cheval, c'était leur idéal; ils le crurent réalisé; leurs yeux restèrent éblouis par cette vision de la liberté unie à la gloire. Les bancs de la gauche dynastique, sous la monarchie de 1830, étaient en grande partie occupés par des gens nés à la politique pendant les Cent-Jours. Un gouvernement comme celui de Louis-Philippe n'était qu'à demi leur fait; ils le virent tomber avec résignation. La formation d'un ministère Barrot aurait sans doute fait plus de plaisir à M. Havin que l'avénement du gouvernement provisoire; il accepta beaucoup plus franchement pourtant la République que bien des gens qui la saluèrent de leurs acclamations. M. Ledru-Rollin, son ancien collègue, le pria de la servir. Il accepta les fonctions de commissaire dans le département de la Manche. Un jour, il vit arriver de Paris à Saint-Lô un républicain de la veille envoyé pour le seconder, un peu aussi pour le surveiller. Ce républicain était M. Viellard, ancien précepteur du fils aîné de la reine Hortense. M. Havin n'eut pas de peine à s'entendre avec ce démocrate farouche; ils furent envoyés tous les deux à l'Assemblée constituante, M. Havin le premier sur la liste des représentants de la Manche; cette Assemblée le choisit pour un de ses vice-présidents. Très-ferme et très-courageux devant les barricades de juin, ses votes avaient compromis sa réélection dans son département dominé par la réaction; il accepta les fonctions de conseiller d'État dont les membres étaient alors élus par le pouvoir législatif.

Le 2 décembre trouva M. Havin occupé à se tirer des difficultés de ses nouvelles fonctions de directeur politique du *Siècle*. Il connaissait fort peu les hommes et les choses de la presse ; il avait à se démêler au milieu des prétentions d'un monde difficile, à se tirer des piéges d'une législation plus que sévère, à prévoir les avertissements, à les conjurer, à en adoucir les conséquences ; il était fort propre à cette diplomatie. Quoique, en sa qualité de Normand, on lui trouvât plus de finesse que d'esprit, il avait autant de l'un que de l'autre

Le directeur politique du *Siècle*, sans renier ce qu'il y avait dans son passé de républicain, ne portait cependant pas le deuil de la République ; il voyait même, avant qu'il fût question du couronnement de l'édifice, l'horizon se colorer des feux d'un nouvel acte additionnel. Que la France avec la gloire reconquît la somme de liberté dont elle jouissait sous Louis-Philippe ; M. Havin ne demandait rien au delà. Homme pratique, peu disposé à admettre les raisonnements d'une nuageuse abstention, il poussait le parti démocratique à l'action, et il y entrait lui-même, avec l'heureuse confiance de ceux qui croient aux sommeils alternatifs et aux réveils de la France. Le parti républicain aurait souhaité que le *Siècle*, héritier des journaux tués par le coup d'État, se souvînt mieux de cet héritage ; il lui demandait plus d'audace, plus de passion. Le *Siècle* ne répudiait pas la succession de la presse démocratique, mais il voulait la défendre à sa façon ; là des tiraillements, des accusations, des récriminations fréquentes entre ce journal et les républicains : le général Cavaignac, qui faisait partie du conseil de surveillance, donna sa démission ; quelques personnages marquants du parti républicain s'associèrent à des tentatives pour substituer un autre directeur politique à M. Havin. Le parti républicain ne pouvait rien gagner au change : le successeur de M. Havin aurait été obligé d'imiter sa conduite ou de sacrifier la propriété du *Siècle*. M. Havin, indifférent à tout ce qui dans la politique ne touche pas uniquement à l'intérêt du moment, au débat quotidien, dévoué à la Révolution, homme d'honneur, incapable de trahir les devoirs que sa situation lui imposait, mais voulant les remplir à sa manière, était bien l'homme qui convenait en ce moment à la direction politique du *Siècle*, avec des collaborateurs comme MM. Louis Jourdan, Eugène Pelletan, Léon Plée, Émile de la Bédollière, Edmond Texier, dont l'influence personnelle et le talent déteignaient favorablement sur lui.

Le *Journal des Débats* avait traversé des épreuves plus dures que celles qui l'attendaient sous le règne d'un nouveau Napoléon. M. Armand Bertin, rédacteur en chef de ce journal, avait pu recueillir de la bouche de son père et de son oncle l'histoire des persécutions subies par le *Journal des Débats* sous Napoléon Ier, et apprendre par leur exemple à subir la force sans y céder. M. Armand Bertin, très-ferme dans ses opinions libérales quoique comptant parmi ses proches parents et parmi ses associés dans la propriété du *Journal des Débats*, des serviteurs et des amis du gouvernement, groupait autour de lui MM. Saint-Marc Girardin, Sylvestre de Sacy, Louis Alloury, John Lemoine, polémistes éminents, et Jules Janin, qui allait faire voir dans cette seconde partie de sa carrière tout ce que le talent de l'écrivain peut emprunter d'éclat et de force à la fidélité de l'homme à ses principes. Le gouvernement du coup d'État s'était mis en frais de coquetterie pour M. Saint-Marc Girardin, à qui il offrit vainement une place dans le conseil de l'instruction publique. M. Saint-Marc Girardin avait été l'un des défenseurs les plus constants de la monarchie constitutionnelle. Ses fonctions de professeur et de député, ses doutes sur les résultats de la politique de M. Guizot, avaient fini par rendre sa collaboration au *Journal des Débats* moins assidue. M. de Sacy ne quitta pas un seul instant son poste, ses articles firent pendant dix-huit ans les délices de la majorité et de la cour. Louis-Philippe, qui n'aimait pas trop les journalistes, lui fit pourtant l'insigne faveur de lui adresser une invitation à dîner, ce qui fut un événement à cette époque, M. de Sacy s'excusa de ne la point accepter : il vivait modestement dans une sorte de clair-obscur; étoile lointaine et voilée du journalisme conservateur, ses rayons ne brillaient que sur un public d'élite. La renommée, cette déesse bruyante, entrait chez lui discrètement : il se laissait admirer, mais de loin, il vivait blotti dans le nid parlementaire que lui avait ménagé le gouvernement dans une des bibliothèques de Paris. La République se garda bien de l'y troubler. Élu à l'Académie, comblé de toutes les faveurs et de toutes les récompenses du parti libéral, rien ne faisait présager qu'il serait un jour sénateur.

L'*Assemblée nationale* représentait la fusion.

La Révolution de 1830, en renversant la royauté des Bourbons de la branche aînée, laissa la liberté de la presse à ses partisans. Les membres du parti légitimiste se groupèrent, dans les grandes comme dans les petites villes, autour d'un journal qui maintînt la discipline et la foi parmi eux. La légitimité comptait, à Bordeaux, à Lyon, à Toulouse, à Marseille, à Nîmes, à Rennes, etc., des organes que la révolution de Février respecta, et qui devinrent même plus nombreux, grâce à l'esprit libéral des dispositions fiscales de la loi sur la presse. Les journaux légitimistes venaient de faire une brillante campagne contre la République, le coup d'État se garda bien de les supprimer : ils n'étaient pas un obstacle, ils pouvaient même devenir des auxiliaires. Le coup d'État les respecta. M. de Genoude, rédacteur en chef de la *Gazette de France*, avait créé un système de droit divin mélangé de suffrage universel, effroi des partisans de la légitimité pure ; M. de Lourdoueix continua la tradition de son prédécesseur. M. Laurentie, entouré de MM. de Riancey, Poujoulat, Nettement et d'autres écrivains distingués, eut toute latitude pour démontrer dans le journal *l'Union* que la liberté émane du droit divin et ne peut fleurir qu'à l'abri du trône et de l'autel.

La presse cléricale, représentée par l'*Univers*, avait passé, depuis le 24 février 1848, par des phases bien diverses et bien opposées. L'*Univers*, en 1848, accueillit avec enthousiasme la chute de la monarchie : « Immorale » avec Louis XIV, scandaleuse avec Louis XV, despotique » avec Napoléon, inintelligente jusqu'en 1830, astucieuse, » pour ne pas dire plus, jusqu'en 1848, la monarchie » succombe sous le poids de ses fautes. » Sa mort ne surprit nullement l'*Univers* : « La monarchie meurt de gangrène sénile, » Elle attend à peine qu'on lui dise :

« Nous ne voulons plus de toi, va-t'en. Le coup n'est pas nécessaire, le geste suffit. » L'*Univers* ajoute : « Qui songe aujourd'hui en France à défendre la mo-
» narchie? Qui peut y songer? La France croyait encore
» être monarchique, et elle était républicaine. » Il ne suffit pas à l'*Univers* que la France soit républicaine, il faut que l'Europe le devienne : « La destruction du
» vieil édifice européen est aujourd'hui consommée, elle
» sera complète et irrémédiable. Sur quoi ce vieil édifice
» repose-t-il en partie? Sur l'Autriche ; cet appui ne du-
» rera pas longtemps. Personne ne sait en France si, à
» l'heure où nous écrivons, l'empereur d'Autriche est
» encore sur le trône ; ce que tout le monde sait très-
» bien, c'est qu'il n'y est pas pour longtemps. Un tel
» pouvoir ne tombera pas à demi. Dans tous les cas, cette
» grande puissance de la maison d'Autriche, ce joug
» qui étouffait tant de nationalités est à jamais brisé. »
L'*Univers* devance le *Siècle* dans la défense du principe des nationalités. Il reconnaît « le droit de la Sicile à se soustraire à la domination napolitaine ». Les journaux démocratiques attaquaient fort cette domination; mais il n'était venu à la pensée d'aucun d'eux d'accuser Ferdinand II d'avoir voulu faire mourir les Siciliens par la peste. L'*Univers*, moins scrupuleux, assure que le roi de Naples « voulut et réussit à faire présent à la Sicile de ce
» dernier fléau. Violant par la force les lois sanitaires, et
» cela malgré les réclamations et les protestations des
» autorités locales, il fit aborder à Palerme un bâtiment
» chargé d'uniformes de soldats portés par les militaires
» morts à Naples du choléra, et il eut ainsi la satisfaction
» cruelle d'inoculer à la Sicile cette maladie terrible qui

» moissonna dans la seule ville de Palerme quarante mille
» habitants. »

L'*Univers,* après les journées de juin, partage les tristesses des républicains ; il n'a qu'une crainte, c'est « qu'on ne fasse expier à la liberté le crime des factions ». Quant au socialisme, ce n'est point là ce qui l'effraye ; il remarque même que le socialisme vient du christianisme : « Un certain nombre de socialistes ont
» été élevés dans les séminaires. En perdant la foi, ils
» avaient à choisir entre divers systèmes d'erreurs ; ce qui
» restait de christianisme dans leur âme les a entraînés
» de ce côté. Qui s'en étonnerait ? » Plusieurs socialistes, les phalanstériens entre autres, demandaient que le gouvernement leur fournît de l'argent pour mettre leurs théories en pratique ; l'*Univers* veut qu'on leur ouvre les coffres de l'État : « La France est généreuse, elle paye
» volontiers la gloire et la folie de ses enfants ; nous ne
» lui reprocherons jamais d'employer en pure perte les
» millions qu'elle employera à éclaircir un problème dont
» dépend le sort des travailleurs. Elle fera pour le pha-
» lanstère de M. Considérant ce qu'elle a déjà fait pour
» les ateliers nationaux de M. Louis Blanc, elle s'exécu-
» tera de bonne grâce. Que M. Considérant demande une
» lieue carrée de terrain, et elle ne lui sera pas refusée,
» pas plus que d'autres secours si c'est nécessaire. »

L'*Univers* est d'avis que « le droit d'insurrection peut être le plus saint des devoirs dans certains cas ». Son opinion sur la liberté de la presse est que : « Tout principe illibéral est anti-chrétien ; le refus de la liberté de la presse est un scandale. » Quant à la liberté de conscience, son dévouement à ce principe est absolu : « liberté d'as-

» sociation et liberté de conscience, voilà notre mot
» d'ordre et de ralliement... Nous exigeons une adhésion
» franche et absolue à ces deux principes qui peuvent
» seuls relever la France et sauver la République. »

Interrogez l'*Univers* de cette époque sur la liberté des cultes, il vous répondra : « La liberté des cultes est chose
» sacrée pour nous, nous l'avons toujours demandée dès
» 1846, et si nous la revendiquons en notre faveur, nous la
» voulons au même titre pour toutes les sectes dissiden-
» tes. » Comment l'*Univers* ne serait-il pas dévoué à la démocratie? « Le grand mouvement démocratique qui
» agite l'Europe, et qui vient de s'épanouir glorieusement
» en France, a eu son berceau dans Rome où la démo-
» cratie, cette héroïne sauvage, a reçu le baptême des
» mains de Pie IX. » Pourquoi d'ailleurs l'*Univers* redouterait-il la liberté ? « Plus la monarchie est forte, plus l'Église est asservie. L'Église n'est tout à fait libre que dans la grande et glorieuse République des États-Unis. » L'*Univers* n'est pas moins dévoué à la liberté de conscience qu'à toutes les autres libertés : « Plus de
» chaînes pour les croyances, plus de verrous pour les
» doctrines, plus de bourreaux contre ceux qui s'offrent
» aux luttes de la raison ! La loi religieuse a cessé d'être
» la loi politique : depuis longtemps déjà Rome a muré
» les prisons du Saint-Office, et les foudres pontificales
» ne sont qu'un jugement de l'esprit contre l'esprit dont
» la presse et l'opinion sont ici-bas les seuls exécuteurs. »

Le bonapartisme commençait à peine alors à se montrer, et déjà l'*Univers* frémissait et s'indignait : « Ce n'est pas le comité de salut public qui a détruit la France, c'est le code Napoléon. » Ne lui parlez pas de l'ordre rétabli par Bonaparte : « L'Empire n'était pas une monarchie, c'était un despotisme ; le despotisme n'est autre chose qu'une forme de l'anarchie, une halte durant laquelle le désordre régularise et fortifie son action. » Que fait Louis Bonaparte ? « il court après une dictature qui ne sera jamais qu'une parodie ».

L'*Univers* perdit cependant peu à peu sa ferveur républicaine. En 1850, il se fit légitimiste : « A moins d'un
» miracle qui change nos mœurs, qui efface nos souvenirs,
» qui transforme les défauts de notre caractère national,
» nous ne pourrions revenir à l'ordre que par la monar-
» chie avec la branche aînée des Bourbons. Voilà le
» terrain où toutes les espérances, où toutes les volontés
» doivent se réunir. » L'*Univers* était trop dévoué à la maison de Bourbon pour ne point appuyer la fusion :
« L'un des plus grands maux de la société consiste dans
» l'atteinte qui a été portée aux lois, aux droits de la
» famille. La famille des Bourbons, la première de la
» France et du monde, n'est pas dans l'ordre, il faut
» qu'elle y rentre. Il faut que toute division soit bannie
» de son sein, que toute contestation cesse. Voilà l'exemple
» que les Bourbons doivent au monde, le devoir qu'ils
» ont à remplir, la seule politique dont ils puissent
» attendre des résultats qui ne fassent pas gémir la justice
» et qui n'ensanglantent pas l'humanité. »

Un an s'est à peine écoulé. L'*Univers* est à genoux devant l'Empire sorti du coup d'État : « Si jamais, depuis un
» siècle, on a pu espérer une restauration sociale, c'est
» tout à l'heure, c'est en ce moment. Devant quelle entre-
» prise de pacification politique et intellectuelle se senti-
» rait-il trop faible le pouvoir privilégié qui a le profit de

» tout ce que Napoléon Ier a fait de grand et d'utile, qui
» n'a la responsabilité d'aucune de ses fautes, et à qui
» une expérience de quarante années permet de les cor-
» riger? Il ne peut rien redouter sérieusement de ses
» ennemis révolutionnaires dont les doctrines font hor-
» reur, ni de ses adversaires parlementaires dont les
» entêtements font pitié. Contre cette troupe en désarroi,
» deux armées se donnent la main pour sa cause au sein
» du peuple qui les a fournies et qui l'aime. L'une com-
» posée de quatre cent mille hommes de guerre, pleins
» de discipline et de jeunesse dans le vieil honneur de
» leur drapeau; et l'autre, celle que Napoléon Ier n'eut
» pas, et qu'aucun peuple n'eût jamais peut-être vu si
» florissante et si belle, l'armée de charité, forte de qua-
» rante mille prêtres et de cinquante mille religieuses. »

L'homme qui tour à tour républicain, légitimiste, fusionniste, bonapartiste, sautait ainsi pour tout le monde, était un ancien employé du bureau de l'esprit sous Louis-Philippe, nommé Louis Veuillot, journaliste nomade, commis-voyageur de l'ordre public, allant de département en département prêter à tant par mois le secours de sa plume aux feuilles de préfecture; M. Louis Veuillot s'était converti au catholicisme en admirant les pompes de la semaine sainte à Rome. Ce singulier néophyte, tour à tour secrétaire de M. Bugeaud, chef du bureau de la presse au ministère de l'intérieur, rédacteur en chef de l'*Univers*, sans sortir de son obscurité, allait, favorisé par les circonstances, devenir un personnage. La haute bourgeoisie sous Louis-Philippe ne songeait pas encore à se rallier au catholicisme; attaquer Molière, Voltaire, Montesquieu, J.-J. Rousseau, c'était alors perdre son temps. Le coup d'État opéra la conversion des libres penseurs de la monarchie de Juillet. M. Louis Veuillot put donc briser, aux grands applaudissements des voltairiens devenus dévots, les idoles du libéralisme. La religion, comme la farine, rend les farceurs plus drôles : M. Louis Veuillot enfariné de dévotion obtint un succès immense. L'Église tressaillit d'allégresse en voyant que la Providence lui envoyait un railleur, ce n'était qu'un sottisier. La cour de Rome l'adopta et lui sacrifia l'épiscopat ; M. de Montalembert et ses amis furent obligés de compter avec M. Louis Veuillot devenu père de l'Église et chef véritable du parti catholique. Ce parti ne voit dans la religion qu'une institution politique ; la défense des dogmes lui est facile. Il n'y a qu'un dogme pour lui, le pape ; Lamennais avait essayé d'établir philosophiquement le principe de l'autorité, M. de Maistre déclare tout simplement que l'autorité est infaillible parce qu'elle est l'autorité. Discutant comme on fait de l'escrime, sans scrupule dans les accusations, ardent à l'hyperbole, donnant à sa pensée une forme paradoxale, présentant un lieu commun comme une grande découverte, solennel et comique à la fois, tenant d'une main la croix, de l'autre la marotte, tranchant, cassant, mêlant l'anathème au sarcasme, l'auteur du *Pape* est le créateur d'une école de journalistes mal élevés, tapageurs, sans conviction réelle, dans laquelle M. Louis Veuillot prit le premier rang. Un homme de sa trempe devait facilement s'entendre avec le gouvernement du coup d'État. Le despotisme impérial n'eut pas, en effet, dans les premiers temps de son existence, d'apologiste plus effronté que l'*Univers*.

Nous avons dit que la *Presse* suivait, sous la direction

de M. Émile de Girardin, une voie particulière. Le rédacteur en chef de la *Presse* offre dans son esprit un plus singulier mélange de bon sens et de folie, de logique et de sophistique, se jetant dans toutes les questions, devançant l'heure ou ne l'entendant pas sonner, oubliant le lendemain ce qu'il a dit la veille, insensible aux démentis qu'il peut recevoir des autres et de lui-même, célèbre sans être influent, on ne l'écoute pas, mais on le lit. Révolutionnaire quand il se croit conservateur, et conservateur quand il s'imagine être révolutionnaire, il a, tout en se déclarant partisan de la liberté illimitée de la presse, soutenu les lois les plus opposées à cette liberté, comme le compte rendu uniforme des débats législatifs, l'obligation de la signature imposée aux journalistes. Éloigné de la France par le décret du 9 janvier 1852, il y rentra deux mois après. La *Presse*, avec MM. Alph. Peyrat, Pelletan et Nefftzer pour rédacteurs, appartenait à l'opposition, quoique son chef ne fût pas un opposant. M. de Girardin, en effet, depuis longtemps en relations intimes avec le prince Napoléon, facile à séduire par l'audace heureuse, ne pouvait pas être très-hostile au régime impérial. Il voyait passer devant lui le défilé des expédients du règne, laissant à ses collaborateurs la liberté de les apprécier, regardant les événements sans s'y mêler, et la polémique de ses collaborateurs sans y prendre part. Fatigué cependant du rôle de rédacteur en chef honoraire, qu'il s'était donné à lui-même, il se décida à vendre sa part de propriété de la *Presse* à un homme d'affaires célèbre, M. Millaud, moyennant 800 000 francs.

MM. Peyrat et Pelletan quittèrent ce journal. MM. Da-

rimon et Capo de Feuillide y restèrent. M. de Girardin déclara, dans une lettre rendue publique, qu'il ne comprenait pas la conduite des deux écrivains démissionnaires. « Depuis la proposition Tinguy, chacun, dans un journal, n'est responsable moralement, légalement, politiquement, que de ce qu'il a signé ; il y a responsabilité, il n'y a plus de solidarité. MM. Proudhon et de Céséna pourraient écrire dans la même feuille sans que le rapprochement de leurs articles impliquât, comme en 1848, communauté d'idées. » M. de Girardin ajoutait : « Selon moi, Peyrat a courbé la tête sous la
» routine, tandis que Darimon, lui, s'en est affranchi.
» Qui connaît l'esprit des deux hommes ne s'en éton-
» nera pas. Peyrat est un infatigable liseur qui se com-
» plaît dans l'étude du passé, Darimon est un patient
» chercheur qui, lui, préfère l'étude de l'avenir. »

M. de Girardin oubliait que l'anonyme est aussi une liberté, et que la signature imposée au journaliste blesse l'égalité, puisque l'auteur du livre n'y est point soumis. La signature seule ne crée pas la solidarité entre les collaborateurs d'un journal, mais elle en augmente la force et la nécessité ; la considération d'un homme dépend de la considération même de ceux qu'il fréquente. Qu'un journal, intitulé *le Pour et le Contre*, publie sur la même page un article de M. Proudhon et un article de M. de Céséna, c'est son métier ; mais les rédacteurs de l'*Univers* pourraient-ils écrire impunément à côté des rédacteurs du *Siècle ?* Le principe de M. de Girardin admis, on verrait donc les partis les plus opposés, la légitimité et l'orléanisme, acheter un journal à frais communs, exalter le comte de Paris à la première page, et chanter les

louanges du comte de Chambord à la seconde; le droit divin et l'orléanisme, trop pauvres pour avoir un journal dans telle ou telle ville, s'adjoindraient un noyau de bonapartistes et de républicains, créeraient un journal à frais communs, et la signature sauverait tout ! Avant la loi sur la signature, on avait vu, assure-t-on, des hommes écrire à la fois dans des journaux d'opinions opposées; le seul avantage de la signature était de rendre ce scandale impossible et d'accroître les liens de la solidarité en la rendant publique. M. de Girardin donnait à cette solidarité le nom de communisme. « Si le
» journal où personne ne signe, où chacun répond pour
» tous, où tous répondent pour chacun, où il est im-
» possible de reconnaître et de séparer ce qui appar-
» tient à l'un de ce qui appartient à l'autre, où la res-
» ponsabilité ne se divise point et ne s'individualise pas ;
» si un tel journal n'est pas le communisme déguisé
« sous le faux nom d'unité, qu'est-ce donc que le com-
» munisme? » C'est précisément le contraire de la responsabilité libre et de la solidarité acceptée; la règle n'est pas la solidarité; la règle fait les couvents, la solidarité les partis.

Le ministère de la police, rétabli le 22 janvier 1852 et supprimé le 10 juin 1853, avait la surveillance des journaux dans ses attributions. M. Latour-Dumoulin fut le premier chargé de la division de la presse. M. de Maupas et les préfets, dans une période de quatorze mois, infligèrent quatre-vingt-onze avertissements à la presse, et trois suspensions pour deux mois, l'une au *Journal de la Meuse*, l'autre au *Corsaire*, et la troisième à la *Gazette du Languedoc*.

Ces avertissements étaient motivés par les causes les plus diverses et les plus futiles : tantôt par une « critique acerbe du décret du 29 mars 1852 sur les sucres », tantôt par un article dans lequel Napoléon Ier est traité de missionnaire de la révolution, « article qui outrage la vérité autant que le héros législateur auquel la France reconnaissante a dû son salut, le rétablissement de la religion, sa législation, et son organisation modèle ». Le ministre de la police intervient dans toutes les discussions, et donne aux journaux des leçons de philosophie de l'histoire. Aujourd'hui, il discute avec un journal légitimiste qui « s'attache avec une regrettable partialité à représenter la souveraineté nationale en France comme boutissant fatalement, soit à l'anarchie, soit au despotisme, qui sont des faits accidentels inhérents à la fragilité des hommes bien plus qu'au vice des institutions »; le lendemain il redresse une autre feuille qui se permet d'assimiler la chute de Charles X et de Louis-Philippe à celle de Napoléon : « L'histoire démontre, au
» contraire, que si le trône des Bourbons a été renversé
» par des mouvements populaires, Napoléon n'a suc-
» combé, après des efforts héroïques de la part de l'armée,
» que devant la coalition étrangère; et les événements
» contemporains attestent combien la France est restée
» fidèle à la mémoire du grand homme, et si elle a
» jamais été complice de la chute de l'Empereur. »

M. de Maupas n'épargne pas plus les amis de l'Empire que ses ennemis. Le *Constitutionnel* reçoit deux avertissements pour avoir douté de la véracité d'une note du *Moniteur*. La police est très-orthodoxe; elle n'entend pas que les journaux s'expriment librement sur la religion catholique. Un ministre protestant écrit-il dans un journal religieux protestant : « Cinq personnes viennent d'abjurer à Édimbourg les erreurs du catholicisme romain »; le préfet du Finistère lui donne aussitôt un avertissement. Les préfets ne se contentent pas de réprimer les écarts politiques de la presse, ils veillent également sur ses écarts littéraires; ils se chargent de faire son éducation au point de vue de la politesse et du bon goût : L'*Ami des salons* de Béziers est rappelé à l'ordre pour un feuilleton dramatique « qui contient une appréciation aussi injuste que malveillante d'un acte de l'autorité municipale, et qui dépasse les bornes d'une critique convenable et modérée »; le *Papillon* d'Agen, à cause de « sa persistance dans sa polémique acrimonieuse contre les personnes ». Le préfet de la Loire-Inférieure frappe d'un avertissement l'*Union Bretonne* et l'*Espérance du Peuple*, parce que, dans une polémique récente, ces deux feuilles ont, s'il faut s'en rapporter à lui, « dépassé les bornes du bon goût ». Quelquefois le préfet ne prend pas la peine de motiver l'avertissement. L'*Indicateur du Nord* fut averti « vu les articles publiés dans ses numéros des 4 et 11 de ce mois ».

M. de Maupas mande un jour les rédacteurs de la partie financière des journaux, pour les avertir qu'il a l'œil ouvert « sur tout ce qui pourrait ressembler, de près ou de loin, à des exagérations intéressées », et que « le cas échéant, il n'hésitera pas à faire de sévères exemples ». Le gouvernement ne perdait pas une occasion de tonner contre l'agiotage, mais les journalistes n'attaquaient pas impunément les agioteurs. Les grands exploiteurs financiers du moment, au moindre mot hostile d'un journal, accouraient au ministère et déposaient leur plainte ; le journaliste recommandé recevait le lendemain l'invitation de se rendre au cabinet du directeur de la division de la presse ; il y trouvait un chef ou bien un simple commis qui, debout devant la cheminée, une jambe croisée sur l'autre, le pouce dans l'entournure de son gilet, voulait bien prendre la peine de le prémunir contre le danger de servir involontairement d'instrument à des manœuvres illicites, et de se livrer à des attaques qui pouvaient paraître intéressées. Que lui répondre ? Malgré toutes les précautions de langage qu'il pouvait prendre, le journaliste n'en était pas moins indirectement accusé de se livrer à cette ignoble industrie qui s'appelle le *chantage*. L'administration ne se contentait pas de veiller sur l'honneur de Turcaret, elle protégeait aussi le talent de Camargo. Le feuilleton de théâtre a été plus d'une fois averti d'avoir à prendre garde à ses opinions sur les pirouettes des demoiselles du corps de ballet de l'Opéra !

La direction de la presse fut rendue au ministère de l'intérieur lorsque M. de Persigny en devint titulaire. Ce ministre, dans l'espace d'un an, du 10 juin 1853 au 20 juin 1854, date de sa première sortie du ministère, frappa les journaux de Paris et des départements de trente-deux avertissements. Le premier est adressé à la *Gazette du Languedoc*, « pour avoir publié sous le titre :
» *A monseigneur le comte de Chambord*, une pièce qui,
» n'empruntant en rien la forme ordinaire des articles de
» presse, est un véritable manifeste dans lequel le signa-
» taire, parlant au nom d'une collection d'individus,
» déclare que ce parti est uni de pensées et de sentiments

» pour espérer que le comte de Chambord sera le sau-
» veur de la France ». Le coup d'État n'avait guère
laissé subsister que des feuilles légitimistes dans les départements ; M. de Persigny déploya contre elles une certaine
sévérité. A Paris, son zèle de répression alla jusqu'à faire
peser sur les journaux même du gouvernement les imputations les plus déshonorantes. Le *Constitutionnel* ayant
publié un bulletin hebdomadaire de la Bourse, contenant
des appréciations qui n'étaient pas de son goût, sur certaines opérations financières, M. de Persigny l'avertit,
« attendu que, sans tenir compte des avis officieux qui
» lui ont été donnés, ce journal persiste, dans un but de
» spéculation privée, à exalter systématiquement cer-
» taines affaires industrielles et à en déprécier d'autres,
» en les discréditant à l'aide d'appréciations erronées
» et malveillantes ». Le *Journal des Économistes* est également averti, « attendu que, dans un article sur la taxe
du pain et sur le service de la caisse de la boulangerie, ce
journal cherche à discréditer, au profit d'intérêts privés,
une institution d'intérêt public ». Le *Progrès du Pas-de-Calais*, ce journal dont l'Empereur avait été le collaborateur, ne put lui-même échapper à la vindicte de M. de
Persigny ; il fut averti à cause d'un article sur le service
de la remonte, et de « ses tendances générales, qui ont
fait naître à plusieurs reprises de vives réclamations de
la part des autorités religieuses et judiciaires ».

Le *Siècle*, s'étant élevé contre l'arrestation d'un membre
du barreau de Paris, M. Hubbard, et réclamant trop vivement sa mise en liberté, reçoit un avertissement, « attendu
qu'en dénaturant un acte de la justice ordinaire, il tend
à exciter à la haine et au mépris de l'autorité publique »,

Le gouvernement tient absolument à ce que le public ne connaisse que par lui les nouvelles politiques, les journaux officieux ne doivent ouvrir la bouche que sur son ordre. La *Patrie* reçoit un avertissement motivé sur ce qu'elle a publié des nouvelles de Constantinople « probables », mais « non officielles ». Un avertissement est donné au *Lorientais*, qui se permit de publier les mouvements de la marine ; un autre à la *Gazette de Flandre et d'Artois*, pour avoir fait un article « en opposition avec le sentiment national » ; un autre à l'*Union*, qui « persiste dans ses attaques contre les alliés de la France ». La presse ne peut pas même traiter librement la question des engrais. Le préfet des Côtes-du-Nord, Rivaud de la Raffinière, donne un avertissement au *Journal de Loudéac :* « Considérant que la polémique ouverte dans ce journal,
» au sujet des engrais industriels, est de nature à infirmer
» la valeur et les résultats des mesures de vérification
» prises par l'administration, et qu'elle ne peut porter
» que l'indécision dans l'esprit des acheteurs. » L'*Assemblée nationale* fut suspendue pour deux mois, sous l'administration de M. de Persigny.

M. Billault le remplace le 23 juillet 1854. Le nombre des avertissements donnés pendant son ministère s'élève à cinquante-sept, dont six dans l'année 1855 seulement sont motivés par des articles contenant des attaques contre des gouvernements alliés à la France. La *Presse* est avertie à cause d'un feuilleton de George Sand, intitulé *Daniella*, dans lequel le ministre a découvert des passages offensants contre le pape ; l'*Écho agricole*, « attendu que, nonobstant les avertissements officieux
» qui lui ont été donnés, ce journal n'a pas cessé de peser

» sur les transactions en matière de subsistances par une
» polémique systématiquement alarmante, et de nature à
» produire une hausse factice. » Il est interdit à l'*Observateur de la Corse* de discuter la question de la vaine
pâture, « cette polémique pouvant exciter le mécontentement d'une classe de citoyens ». Le gouvernement n'entend pas que les journaux se servent de la forme dubitative : d'*après l'agence Havas*, quand ils empruntent à cette
correspondance certains détails relatifs à l'Empereur. Le
Phare de la Loire imprime-t-il dans son compte rendu
de la séance d'ouverture de la session : « L'Empereur a
» prononcé ensuite le discours que nous avons publié, et
» qui, d'*après l'agence Havas*, a provoqué à plusieurs re-
» prises les cris de : vive l'Empereur, vive l'Impératrice !
» vive le Prince impérial ! » Ce journal est averti, « con-
» sidérant que cette formule dubitative est inconvenante
» en présence de l'enthousiasme si éclatant que les paroles
» de l'Empereur ont inspiré aux grands corps de l'État
» et à tous les bons citoyens ». Les avertissements sont
parfois motivés de la façon la plus vague : un article
de l'*Union du Var* attire sur ce journal le courroux
administratif, « attendu que cet article est très-incon-
» venant et très-malveillant pour les actes du gouverne-
» ment ».

Le *Correspondant*, dans son numéro du 25 avril 1857,
insère un article intitulé : *De l'appel comme d'abus*, portant la signature de M. de Montalembert, le ministre
lance aussitôt un avertissement contre cette revue, « considérant que cet article contient une excitation au
mépris des lois, et tend à semer la discorde entre l'État
et l'Église ». Le *Siècle*, dans un article relatif aux élec-

tions de 1857, se faisant l'organe des craintes des amis de la révolution, en présence de l'alliance entre le gouvernement et les cléricaux, déclare-t-il que voter pour les candidats officiels, c'est porter atteinte indirectement aux principes de 1789, cet article, signé par son directeur politique, attire un avertissement à ce journal. Il en avait déjà reçu deux. Un troisième, aux termes de la loi, le menaçait de la suspension; heureusement, le gouvernement, voulant avoir l'air de laisser à la lutte électorale la plus grande latitude, déclara qu'il ne voulait pas « frapper aux derniers jours de cette lutte même l'un des organes les plus vifs et les plus agissants d'une opposition dont l'opinion publique appréciera la portée ». Le *Siècle*, averti une troisième fois, ne fut donc pas suspendu. La *Revue de Paris*, moins heureuse, avait été frappée d'une suspension de deux mois, le 24 janvier 1857. L'*Écho de l'Aude* eut son tour le mois suivant : ce journal déclara, en recevant le décret de suspension, qu'il cessait de paraître. Le mois de juillet fut signalé par la suspension de l'*Assemblée nationale* et de la *Foi bretonne*. L'année 1857 se termina par la suspension de la *Presse* et par la suppression de la *Gazette du Languedoc*.

Le gouvernement, outre l'*avertissement*, qui constituait une pénalité, s'était réservé le droit de répondre aux journaux sous forme de *communiqué*. Le *communiqué*, ne portant aucune signature, rédigé presque toujours en termes cassants, souvent impolis, devait être inséré en tête du journal avant tout autre article. L'administration lui donnait toutes les formes, même celle du réquisitoire : le sous-préfet de Cherbourg termine un *communiqué* adressé au journal de cette ville par ces mots : « l'article suivant ne pourra être précédé ni suivi d'aucune rectification, d'aucun commentaire, ni même du présent *réquisitoire* ». Le *Journal de la Côte-d'Or*, ayant publié le mémoire de M. Bocher sur les biens de la famille d'Orléans, est obligé de reproduire les articles publiés par M. Granier de Cassagnac dans le *Constitutionnel*, pour justifier cette mesure ; l'*Union* est également forcée d'insérer la réponse officielle faite à un article de M. Anot de Mézières, inspecteur d'Académie à Versailles, destitué lui-même pour le fait de sa publication. Les fonctionnaires de tout ordre se croyaient le droit d'adresser des *communiqués* aux journaux, et ils en usaient largement.

Le gouvernement était trop maître de la presse pour qu'elle pût lui inspirer la moindre inquiétude. L'opinion publique, qui fait la force de la presse, ne lui revenait qu'avec une lenteur qui s'explique surtout par des circonstances particulières. La France était lancée en plein dans un mouvement industriel, cause de fortunes et de ruines nombreuses. Le journalisme avait pris par l'annonce une part active à ce mouvement. Toutes les précautions étaient bien prises dans les journaux pour s'opposer à la trop grande influence de l'annonce : elle fut complétement aux ordres de la politique, elle obéit à sa censure, elle se soumit à son visa. Si on lui fermait la porte du journal, elle s'en allait sans murmurer ; le rédacteur en chef avait droit de vie et de mort sur elle, mais un homme a-t-il la conscience bien libre pour exercer ce droit lorsque sa fortune, celle de ses actionnaires, de ses collaborateurs, de ses ouvriers, dépendent des recettes d'une compagnie qui a pris à bail sa page d'annonces ? Voilà ce que se demandait un public défiant, comme si le mouvement industriel auquel il s'associait lui-même avec tant d'ardeur n'avait été qu'une espèce de conspiration de la filouterie et de l'annonce. Le mouvement industriel a produit de bonnes et mauvaises entreprises, mais les meilleures elles-mêmes n'auraient pas pu se constituer sans le secours de la publicité des journaux; malheureusement, le public français veut que tout le monde le protége, il ne lui suffit pas que son journal lui dise : « je n'accepte pas la responsabilité de mes annonces »; il n'attache pas toujours assez d'importance à cette déclaration, et s'il perd de l'argent dans une affaire, il s'en prend à son journal. La présence de financiers célèbres à la tête de plusieurs journaux n'était pas faite pour diminuer la méfiance contre le journalisme. Le public entendait parler tous les jours de fortunes faites par certains journalistes, et il les suspectait tous. Quelques-uns furent ouvertement désignés. La *Patrie* se crut obligée de publier cette note :

« Le public s'est ému de la présence trop fréquente à la bourse de plusieurs personnes attachées au journal la *Patrie*, en cela le public a eu raison, un journal ne peut mériter sa confiance qu'à la condition de ne donner lieu à des soupçons d'aucun genre.

» En ce qui nous concerne personnellement, nous croyons pouvoir déclarer, et le public le sait d'ailleurs, que jamais nous ne nous sommes livré à aucune spéculation de bourse; mais ce n'est pas assez, et nous considérons comme indispensable qu'il en soit de même de toutes les personnes qui sont sous nos ordres.

» Par ces considérations nous avons dû faire quelques modifications dans le personnel attaché au journal, et le public peut être assuré qu'au besoin les mesures les plus sévères seront prises ultérieurement pour qu'il ne lui reste aucun motif de défiance sur les nouvelles qui lui seront transmises par la *Patrie*. »

Le public croyait peu à ces protestations. Il avait pu remarquer après le coup d'État que des journaux sérieux publiaient un plus grand nombre d'articles sur l'industrie, et consacraient ce qu'on appelle le *Premier Paris* à des affaires industrielles. Il lui semblait que par un accord tacite entre la presse et le pouvoir, celui-ci eût offert à celle-là la richesse en échange de la liberté. Les journaux étrangers annonçaient, sans que personne en parût surpris, que l'intention de l'Empereur était de donner une pension à chaque écrivain un peu en vue, et de mettre à la disposition des « écrivains du jour » 5000 francs pour rédiger l'*Encyclopédie du XIXe siècle*.

La liberté crée l'opinion publique ; sans esprit public, point d'esprit individuel. Le Français, si la liberté ne l'aide pas à s'élever au-dessus de lui-même, tombe au-dessous de ce qu'il est réellement. La conversation vit de passions et d'idées. La société nouvellement sortie du coup d'État ne l'alimentait plus que de cancans. Des journaux se fondèrent donc pour recueillir les bruits du jour. La chronique se mit à écouter aux portes, à rôder dans les antichambres, et dans les boudoirs des femmes que leur indignité même aurait dû protéger contre la publicité. Les courtisanes devinrent, grâce à cette presse qui prit si mal à propos le nom de littéraire, l'objet de l'attention, non-seulement du public désœuvré, usé, blasé, qui foisonne dans les grandes villes, riches étrangers, chevaliers d'industrie, faux écrivains, faux artistes, écume des estaminets, des foyers et des coulisses, mais encore des bourgeois honnêtes. L'apathie énerve les ressorts de l'intelligence, une curiosité malsaine les fausse et les rend incapables de servir à un usage sérieux. La société française, ne s'occupant plus des grandes questions politiques qui la remuaient autrefois, désintéressée de ses affaires les plus importantes, ne s'affaiblissait pas seulement, elle se corrompait ; uniquement occupée d'oisives médisances, de frivoles bavardages, elle passait son temps à commenter la chronique scandaleuse de la ville et de la cour.

L'exemption du timbre accordée aux feuilles littéraires leur permettait de se répandre, l'indulgence intéressée du pouvoir leur permettait de déployer parfois sur les hommes et sur les choses du temps une hardiesse qui dépassait de beaucoup celle des feuilles politiques. La chronique pouvait répondre à ceux qui s'étonnaient de son audace : « Je suis un dérivatif, un instrument de règne ; en fournissant à la France son scandale quotidien je l'empêche de s'ennuyer. Je tiens boutique de révélations, j'imprime les mémoires des filles, les lettres de leurs galants, l'historiette des hommes marquants. Je conduis le public chez eux, il les suit avec moi dans tous les coins et recoins de leur existence intime, car il n'y a pas de mystères pour moi. Cette lettre était destinée à rester secrète, je l'imprime, tant mieux si elle force deux hommes honorables à mettre l'épée à la main, je raconterai le duel, et je vendrai mille exemplaires de plus de mes feuilles ; la vie privée autrefois était mûrée, aujourd'hui c'est la vie publique ; le pouvoir me livre la première en échange de la seconde. J'ai patente pour le commerce des scandales. » La chronique allait quelquefois si loin, qu'il fallait lui retirer sa patente, les tribunaux se voyaient obligés d'intervenir, et le journal littéraire était menacé de périr étouffé entre deux procès. Souple, insinuant, sachant s'humilier à propos, frappant à toutes les portes, profitant de toutes les occasions, il parvenait à se sauver : le *Figaro*, sur le point d'être supprimé, put se glisser aux Tuileries et déposer dans le berceau du Prince impérial une demande en grâce qui lui fut accordée.

M. de Villemessant, créateur de journaux de modes sous la monarchie de juillet, et de journaux satiriques sous la république, légitimiste au demeurant, possédait toutes les qualités nécessaires au fondateur de cette presse littéraire destinée à prendre un si rapide développement : l'audace, l'expérience, le frottement de la vie de Paris, et pas de scrupules. Le journal de M. de Villemessant et le journal de M. Veuillot se partagèrent bientôt l'influence sur la société de l'Empire : *Figaro* était lu dans les sacristies autant que l'*Univers* dans les salons et dans les coulisses. Le gouvernement rendit hommage au zèle de M. Louis Veuillot en lui offrant une place de conseiller d'État ; M. de Villemessant se contenta de la protection et de la complicité du pouvoir. L'Empire devait bien une récompense à ces insulteurs quotidiens des idées et des hommes restés debout en face du césarisme.

Les esprits enclins à la sévérité et au découragement reprochaient au journalisme d'accepter la vie dans de pareilles conditions, de consentir à jouer un rôle dans cette comédie de la discussion ; ne valait-il pas mieux, disaient-ils, plutôt que de mener cette vie sans honneur, rejoindre par un suicide éclatant les journaux frappés au 2 décembre ? C'était conseiller l'abstention sous une forme particulière. Si la politique repousse l'abstention, les intérêts la comprennent bien moins : des journaux nouveaux auraient sollicité les priviléges abandonnés par les anciens ; le gouvernement se serait empressé de les accorder. A quoi eût servi leur sacrifice ? Les journaux se plièrent donc aux conditions qui leur étaient imposées depuis le coup d'État; les journalistes de l'opposition ceux-là même qui se faisaient le moins d'illusion sur leur dure position, s'y résignèrent par honneur : ils avaient demandé à la presse puissante la renommée et l'influence, ils ne marchandèrent pas le dévouement à la presse vaincue; dévouement bien méritoire quand on songe que le journaliste, sur une invitation portée par un employé, quelquefois par un garçon de bureau, était obligé de comparaître devant un fonctionnaire chargé de le rappeler en maître à son devoir; heureux encore quand ce fonctionnaire chargé de lui faire la leçon n'était pas lui-même un de ces journalistes errants, sous la monarchie constitutionnelle et sous la République, à la recherche d'une position sociale, recueillis par l'Empire et chargés de surveiller la presse qui n'avait jamais voulu d'eux.

Le journalisme retrouvera un jour la liberté et la considération auxquelles il a droit; mais les journalistes qui ont traversé la période des quinze dernières années garderont comme empreinte de ces tristes temps une tristesse composée d'humiliation et de doute, une crainte vague que la liberté du présent ne devienne encore une fois la déception de l'avenir.

CHAPITRE V.

LE CLERGÉ.

1848-1857.

SOMMAIRE. — Les querelles religieuses renaissent avec l'Empire. — La monarchie de Juillet et l'Église. — La révolution de Février et l'Église. — La loi sur l'instruction publique. — L'Église et le bonapartisme. — Les congrégations et les sociétés religieuses travaillent à la fondation de l'Empire. — M. Sibour archevêque de Paris. — Alliance entre la philosophie et la religion. — La fête des Écoles. — Le *ver rongeur*. — La question des études classiques. — Lettre entre l'*Univers* et l'archevêque de Paris. — Une partie de l'épiscopat se déclare en faveur de l'*Univers*. — L'Encyclique du 21 mars 1853. — Défaite de l'archevêque de Paris. — Le sacre de Napoléon III. — Conditions que le pape met à son voyage en France. — Surveillance exercée sur la chaire. — Le sermon du père Lacordaire à Saint-Roch. — Les catholiques libéraux et les ultramontains. — L'Immaculée Conception. — Proclamation de ce dogme.

Le feu des querelles religieuses s'était rallumé depuis l'avènement de Napoléon III ; la discussion ne roulait plus sur la question de savoir si le pape peut commander et ordonner, soit en général, soit en particulier, sur les choses temporelles, ou bien si sa puissance de simple suzerain des choses spirituelles est bornée par les canons des anciens conciles reçus en France ; le clergé qui, dans la déclaration de la Faculté de théologie de Paris en 1663, et par celle du clergé de France en 1682, avait traduit ce dernier principe en langage théologique, n'existait plus ; ses successeurs, sous l'empire même du concordat, s'éloignaient chaque jour davantage de ses idées. Quelques pauvres prêtres relégués dans d'obscurs presbytères de campagne, relisant l'histoire de l'Église au moment de la révolution de Février et voyant surgir le suffrage universel, se dirent peut-être que l'Église pourrait bien un jour reprendre pour règle ce précepte du temps des apôtres : « Celui qui commande à tous, doit être élu par tous ; » mais la majorité du clergé inclinait vers des doctrines contraires. Le Saint-Siége avait grandi par ses luttes avec l'Empire, par les services qu'il lui avait rendus et par la persécution dont il en avait été récompensé ; l'ultramontanisme, représenté et défendu par des hommes comme de Maistre, de Bonald, Lamennais, avait fait de notables progrès sous la Restauration. L'Église, ébranlée par la révolution, privée des institutions qui lui servaient d'appui, devenue de propriétaire riche et puissante, simple salariée de l'État, était poussée à chercher hors d'elle-même l'appui qui lui manquait et à fortifier son unité par une alliance de plus en plus étroite avec Rome. Les catholiques français, d'un autre côté, éclairés par l'exemple de leurs coreligionnaires de Belgique, avaient compris la nécessité de lutter avec leurs ennemis sur le terrain de la liberté : liberté d'enseignement. Tel est le mot d'ordre qu'ils adoptèrent sous Louis-Philippe ; le hasard leur donna à cette époque non un chef, mais ce qui vaut quelquefois mieux, un agitateur dans M. de Montalembert, pair de France héréditaire, qui avait trouvé une tribune à l'âge où la loi refusait aux roturiers même le droit d'être électeurs. M. de Montalembert commença sa carrière par une lutte en faveur de la liberté d'enseignement ; ses efforts ne furent pas perdus ; un parti catholique béni par Grégoire XVI et encouragé par M. Guizot existait en France à la fin du règne de Louis-Philippe. L'ami des libres penseurs du temps de la Restauration, en vieillissant, avait l'air de se convertir ; M. de Salvandy, depuis longtemps converti, préparait un projet de loi sur l'enseignement dont les catholiques ne se montraient pas trop mécontents.

Le clergé, malgré les avances du gouvernement, se rapprochait chaque jour davantage de Rome. L'attitude de Pie IX, récemment élevé au pontificat, était faite pour rassurer d'ailleurs les esprits défiants. Les catholiques saluèrent la révolution de Février avec enthousiasme ; cette révolution ne s'était point, il est vrai, dès ses débuts, montrée anti-catholique comme la Révolution de 1830 ; diverses écoles, et le saint-simonisme lui-même, avaient infusé du sang catholique dans ses veines. M. Buchez, passant après la défaite du carbonarisme des émotions de la lutte politique aux méditations de la philosophie et de l'histoire, avait été ramené à la pensée chrétienne et au catholicisme par la lecture du *Nouveau christianisme* de Saint-Simon. Dieu entre Jésus et Robespierre, telle était la trinité Buchésienne, la religion du nouveau révélateur ; elle enseignait que tout le mouvement civilisateur qui aboutit à la révolution française, n'est qu'un développement de l'idée chrétienne, et que, loin d'inaugurer une civilisation aussi distincte du christianisme, que celui-ci l'était du paganisme et du judaïsme, la révolution française n'est qu'une évolution du catholicisme. M. Frédéric Arnaud (de l'Ariége), dévoué comme Buchez à la révolution, s'était refait Gibelin pour imposer au pape la tâche d'assurer la liberté universelle. Les romantiques, quoique un peu revenus de leur ferveur pour le moyen âge, gardaient au catholicisme un reste d'attachement ; les souvenirs de l'Église constitutionnelle, un vieux ferment de jansénisme, poussaient encore la révolution de

Février vers le sanctuaire et lui faisaient croire que l'arbre de la liberté pousserait mieux arrosé d'eau bénite. L'erreur des républicains ne fut pas de longue durée. Le clergé ne tarda pas de son côté à se tourner contre la République et à seconder les efforts des partisans de la candidature de M. Louis Bonaparte à la présidence. Les catholiques laïques travaillaient également au succès de cette candidature. « M. de Montalembert eut plusieurs entretiens » avec le prince. Il stipulait là comme ailleurs pour la » liberté religieuse. Toutes les idées patriotiques et sages » furent agitées dans ces audiences confidentielles ; toutes » les paroles utiles à la France y furent prononcées ; tout » ce qui pouvait naître des préoccupations du présent et » de l'avenir s'y fit jour (1). »

Les chefs de l'ancien parti libéral, dupes de leurs terreurs et de leurs préjugés, ayant déclaré que le rétablissement de l'ordre était impossible sous la république, ne pouvaient manquer de se rapprocher des chefs du parti catholique et de mettre leurs efforts en commun pour sauver la société. Le suffrage universel venait de révéler aux catholiques leur puissance ; ils avaient bien exercé une certaine influence sur les élections censitaires où leurs voix pouvaient décider du résultat, mais qu'était ce faible appoint en comparaison des populations rurales marchant au scrutin précédées de leurs curés ? Les libéraux, état-major sans armée, durent accepter le mot d'ordre auquel ils s'étaient montrés jusque-là si rebelles : liberté de l'enseignement. M. de Falloux, ministre de l'instruction publique après le 10 décembre, se chargea

(1) De Falloux, *Le parti catholique.* Paris, 1856.

de faire passer dans la pratique ce principe reconnu théoriquement par la constitution. M. de Falloux n'était pas homme à se contenter des expédients secondaires, à glisser en fraude quelques jésuites dans l'enseignement, sous le couvert ministériel, à autoriser quelques établissements catholiques; le *Moniteur* annonça dès les premiers jours de son entrée au ministère, la formation de deux commissions chargées de préparer une loi sur l'instruction publique :

« Les membres de la commission qui avaient professé de tout temps leurs convictions en faveur de la liberté d'enseignement étaient : M. l'abbé Dupanloup, M. l'abbé Sibour, MM. de Montalembert, de Corcelles, de Melun, de Riancey, Fresneau, Cochin, de Montreuil. L'Université était représentée dans cette commission par MM. Cousin, Saint-Marc Girardin, Dubois, Poulain de Bossay, Laurentie, directeur de l'*Union*, Roux-Lavergne, rédacteur de l'*Univers*. La partie flottante ou neutre de la commission, portant tour à tour son appoint à sa droite ou à sa gauche, comptait dans ses rangs MM. Freslon, ancien ministre de l'instruction publique sous le général Cavaignac; Janvier, conseiller d'État; Cuvier, pasteur protestant; Peupin, représentant du peuple; Michel et Bellaguet, chefs d'institution du département de la Seine.

» La présidence de la commission était réservée au ministre ; la commission nomma M. Thiers vice-président. C'était lui en effet qui devait exercer et exerça réellement l'action la plus directe sur l'œuvre commune. Assidu à toutes les séances, ardent à toutes les enquêtes, M. Thiers déploya, durant trois mois, un infatigable dévouement et la douleur patriotique qui jaillit du fond de son âme révélait un intime sentiment de l'état moral du pays.

» Assailli en sens contraire par les lumières de son grand esprit et par de chères et paternelles illusions, M. Cousin combattit souvent M. Thiers corps à corps ; néanmoins quand il s'agissait de sonder les plaies de la société moderne, nul ne le surpassa en fécondité d'aperçus et d'éloquence. Il repoussait le mode, non le but; en dehors de la commission, il faisait cause commune avec M. Thiers pour la défense du christianisme et pour la défense du saint-siège.

» M. Saint-Marc Girardin n'avait à vaincre ses antécédents ni lui-même : c'était le trait d'union de toutes les nuances difficiles à rapprocher, et quand l'esprit de conciliation eut besoin de l'esprit pratique, la délicatesse de ses inspirations ne fit jamais défaut (1). »

(1) De Falloux, *Le parti catholique.* Paris, 1856.

Le parti catholique ne se sentait pas encore assez fort pour détruire l'Université :

« Substituer brusquement un clergé déshabitué d'enseigner, garrotté d'étroits liens, à une Université largement privilégiée, en possession de longues préparations ; faire soudain apparaître une soutane partout où il y avait un frac, ce n'eût pas été seulement prendre la forme pour le fond, c'eût été constituer un mal énorme et certain, c'eût été faire calomnier par une imitation trompeuse et informe comme presque tout ce qui est improvisé, l'enseignement religieux tel qu'il peut être quand le temps et les vocations lui ont prêté leur force (1). »

Le parti catholique se contenta pour le moment de modifier le conseil de l'instruction publique, de créer un recteur et un conseil académique par département. Trois archevêques ou évêques, désignés par leurs collègues, entrèrent dans le conseil de l'instruction publique, l'évêque ou son délégué fit partie du conseil académique en même temps que le préfet et les conseillers généraux ; les grades cessèrent d'être rigoureusement exigibles pour les directeurs d'institutions, pour les collaborateurs secondaires, notamment pour les surveillants. Les chefs de corporations religieuses autorisées par l'État purent créer des instituteurs par lettre d'obédience.

Ce projet de loi, qui assurait au clergé une si large part d'influence sur l'instruction publique, ne suffisait pas à l'*Univers* : « Aucune sollicitation, quelque affectueuse
» qu'elle fût, aucune séparation, quelque douloureuse
» qu'elle dût être, n'eut le pouvoir de l'éclairer ou de le
» fléchir. En vain on essaya de lui soumettre les symptômes
» évidents du retour vers le catholicisme ; en vain on le
» conjura de ne pas entraver par des contradictions de
« détail l'ensemble d'un mouvement réparateur ; en

---

(1) De Falloux, *Le parti catholique*. Paris, 1856.

» vain on lui rappela que les tempéraments de la pru-
» dence consolident plus de victoires que les emporte-
» ments n'en font gagner ; toutes les instances furent
» inutiles (1). »

Le projet de loi reparut devant l'Assemblée en novembre 1849, dans un moment où l'Assemblée, en proie à l'accès de réaction qui l'avait prise après le 13 juin, était encore agitée par le choix de la commission de permanence durant la suspension de ses travaux, et par une crise ministérielle. Il s'agissait d'abord de vider la question du renvoi de la loi au conseil d'État. L'Assemblée, malgré le rapporteur, décida que le renvoi aurait lieu. L'*Univers* se réjouit de ce vote autant que les journaux démocratiques : « .... Nous avons exhorté les représentants catholiques à voter pour le renvoi au conseil d'État.... Plusieurs l'ont fait, d'autres se sont abstenus. Si nous avons pu exercer quelque influence sur leur détermination, nous sommes loin d'en éprouver le moindre regret.... Nous consentirions de bon cœur à ce que le bulletin, l'unique bulletin qui a formé la majorité fût tombé de notre main. »

M. de Parieu présenta sur ces entrefaites la loi provisoire sur l'instruction publique, et la commission, profitant de l'excitation produite chez les membres de la majorité par quelques lettres d'instituteurs primaires habilement triées, obtint que la première délibération aurait lieu le 14 janvier 1850.

La loi avait contre elle non-seulement l'opposition, mais encore une fraction de la majorité composée de dis-

---

(1) De Falloux, *Le parti catholique*. Paris, 1856.

sidents du côté de M. Thiers, et de dissidents du côté de M. de Montalembert. M. Thiers s'adressa pathétiquement aux catholiques de l'*Univers* et à ses propres amis : « On nous reproche d'avoir substitué l'alliance à la lutte. Oui, messieurs, j'ai fait la guerre et je l'ai aimée, mais je n'ai pas cru que la guerre fût la première nécessité du pays. Au contraire, j'ai pensé qu'en présence du danger commun, des circonstances si graves et si menaçantes où nous sommes, et en présence aussi (pourquoi ne le dirais-je pas?) des dispositions que je rencontrais chez des hommes que nous avions été habitués à regarder comme des adversaires, le premier de nos devoirs était de répondre à ces dispositions nouvelles, et c'est à cette pensée honorable que j'ai consacré depuis un an toute l'activité et tout le dévoûment de mon âme. » M. Thiers, à la fin de son discours, conjura ses anciens amis de ne pas l'abandonner : « Maintenant je m'adresse plus particulièrement aux hommes qui m'ont suivi dans ma carrière, qui ont partagé toutes mes opinions, que j'ai vus quelquefois soucieux du projet que nous proposons, se demander, après avoir entendu tant de fois que la conciliation était impossible, si elle était possible en effet. Eh bien! oui, messieurs, je crois à cette conciliation…. En présence des dangers qui menacent la société, j'ai tendu la main à ceux que j'avais combattus. Ma main est dans la leur, elle y restera, j'espère, pour la défense commune de cette société qui peut être indifférente à quelques-uns, mais qui nous touche profondément. »

La loi fut votée, et ce vote consacra l'alliance entre le clergé et le bonapartisme qui s'apprêtait à lui donner de nouveaux gages.

Un décret présidentiel fut rendu le 31 janvier 1852 expressément pour faciliter aux congrégations de femmes les moyens d'obtenir leur reconnaissance. L'Église comptait déjà mille huit cent trente-six établissements religieux, parmi lesquels quatre-vingt-quinze congrégations de femmes à supérieure générale et deux cent vingt-quatre à supérieure locale : les premières avaient le droit de fonder des établissements sur toute l'étendue du territoire français; les secondes seulement dans la circonscription du diocèse ou des diocèses mentionnés dans le décret qui les a reconnues ; cinq cents maisons religieuses étaient dispensées de la reconnaissance légale. Treize associations religieuses d'hommes voués à l'enseignement primaire tenaient 1749 écoles; les congrégations, depuis la loi du 15 mars 1850, avaient repris leur place dans l'enseignement secondaire; les jésuites dirigeaient 16 établissements libres soutenus par les souscriptions, les offrandes, les dons volontaires des fidèles et des membres de la compagnie elle-même. Le père de Blacas donna une somme de 600 000 francs au collége de Sainte-Marie à Toulouse; les dominicains ou frères prêcheurs, les bénédictins reprirent le cours de leurs anciens travaux dans l'enseignement ou dans la science.

Cinq congrégations pour la conversion des païens avaient leur principal point d'appui dans l'*Œuvre de la propagation de la foi* établie à Lyon en 1822 ; un *pater* et un *ave* appliqués tous les matins à la conversion des gentils et cinq centimes par semaine font un membre de cette association, et lui donnent droit à toutes les indulgences dont elle dispose; un percepteur reçoit les dons de dix membres, un autre percepteur est institué pour dix de ces dizaines, un troisième percepteur prend cette recette et la verse dans la caisse centrale ; deux conseils siégeant l'un à Paris, l'autre à Lyon, répartissent les fonds entre les congrégations. La recette totale s'élève à près de trois millions et demi dont deux millions fournis par la France. De nombreuses associations laïques venaient au secours des associations religieuses. La société de Saint-Vincent de Paul, la plus puissante de toutes, avait pour but de ramener le pauvre à la pratique des devoirs religieux, de remplacer les unions illicites par le mariage, d'établir des écoles ; le centre de cette société était à Paris, elle y comptait cinquante de ses conférences, son revenu dépassait 200 000 francs par an.

La force dont disposait cette armée religieuse avait été mise au service du coup d'État. Le clergé régulier s'associa dès le début de la dictature à la fortune du dictateur. Quelle fut la conduite du clergé séculier?

Le gouvernement du général Cavaignac avait donné pour successeur à M. Affre, archevêque de Paris, M. Sibour, évêque de Digne, auteur d'un livre dans lequel il réclamait une plus grande indépendance pour les chapitres et pour le clergé inférieur. M. Sibour, choisi par les électeurs des Basses-Alpes comme candidat aux élections de 1848, avait refusé ce mandat pour se consacrer tout entier à ses fonctions épiscopales. Dès son arrivée à Paris, il s'empressa de visiter les ateliers, prêcha les ouvriers, leur parla de la rédemption du prolétariat et du devoir de défendre la constitution. Le diocèse de Paris, sous l'active impulsion de son archevêque, donna le premier l'exemple de la tenue des conciles provinciaux. Un décret sur la conduite que le clergé devait tenir dans les affaires politiques, fut l'acte le plus important du concile de Paris; M. Sibour lui donna une gravité particulière, en le publiant avec des commentaires dans son mandement de janvier 1850. Il disait à ses collaborateurs que l'Église n'a pas été établie en faveur de tel ou tel gouvernement, que les prêtres doivent se tenir en dehors des luttes politiques, et ne point se présenter aux élections, ni écrire dans les journaux, leur devoir est de prêcher le respect des lois et l'amour de la patrie. L'évêque de Chartres prit feu contre ce mandement, et M. Sibour fut obligé de déférer la critique peu mesurée de son collègue au saint-siége, qui se contenta de conseiller au bouillant Clausel de Coussergues de retirer les expressions blessantes dont il avait pu se servir contre un de ses collègues de l'épiscopat.

Le concile de Paris avait porté un autre décret contre *les erreurs qui renversent les fondements de la justice et de la charité*, sorte de réponse aux théories socialistes de l'époque; M. Sibour, portant ce décret à la connaissance des prêtres de son diocèse dans son mandement de juin 1851, s'enhardit à proposer au nom de la religion une alliance à la philosophie pour rétablir la morale et la société. Ce n'était pas trop, selon lui, de toutes les lumières réunies de la foi et de la science, « pour dissiper les épaisses ténèbres qui nous environnent, et nous faire sortir du dédale dans lequel nous nous trouvons enfermés ».

Lorsque Venise, de sa voix expirante, invoqua le secours de la France, M. Sibour ne craignit pas d'ordonner des prières pour elle; le bruit se répandit même dans le clergé de Paris qu'il avait écrit au pape, à Gaëte, pour lui conseiller de renoncer au pouvoir temporel. L'archevêque de Paris avait institué la *Fête des écoles* : chaque année, le dimanche qui précède l'Avent, le ministre de l'instruction publique et les principaux employés du ministère, les membres de l'Institut, les notabilités des sciences, des lettres et de l'enseignement, les professeurs, les élèves des écoles spéciales supérieures, les élèves les plus distingués des lycées et des institutions publiques, les représentants de la presse devaient être conviés à une messe après laquelle les membres de la réunion liraient des vers, prononceraient l'éloge d'un saint connu par sa science, et célébreraient dans un discours l'alliance entre la philosophie et la religion. Le programme de la fête instituée par M. Sibour proposait un prix de 1000 francs à l'auteur du meilleur mémoire sur les rapports entre la science et la foi. Le jour où la fête des écoles eut lieu pour la première fois, ce prix ne fut pas distribué faute de concurrents. Le programme de la seconde fête des écoles portait comme sujet de prix pour l'année suivante : « De l'influence du christianisme sur le droit public européen. » La fête des écoles parut froide malgré le *Te Deum*, la bénédiction du saint-sacrement, le discours de M. Sibour sur saint Augustin, et la présence de M. Fortoul, ministre de l'instruction publique ; la lettre pastorale dans laquelle l'archevêque de Paris explique sa pensée, n'en reste pas moins comme le manifeste du clergé libéral.

Un tel pasteur ne pouvait pas être du goût du parti représenté par l'*Univers*. Ce journal avait seul protesté contre la loi sur l'enseignement, fruit, disait-il, d'une dangereuse collaboration ; il s'efforça d'entraîner l'épiscopat à refuser la part de surveillance qui lui revenait sur les écoles ; plusieurs ecclésiastiques du diocèse de Langres protestèrent, à l'exemple de l'*Univers*, contre l'adhésion donnée à la loi par M. Parisis, leur évêque ; l'*Univers* ne cessait de provoquer le clergé à semblables protestations ; il aurait mis le feu à l'Église si le pape n'était intervenu pour éteindre ce commencement d'incendie.

L'*Univers*, trouvant les noms de Maistre et de Bonald trop usés, avait inscrit sur son drapeau le nom de M. Donoso Cortez, journaliste espagnol converti, député revenu des erreurs parlementaires, nommé marquis de Valdegamas et ministre d'Espagne à Paris par la reine Isabelle, auteur d'un gros livre de philosophie politique et religieuse, dont tous les principes peuvent se résumer ainsi : Il n'y a d'autorité que dans l'Église, ni de gouvernement logique que dans la théocratie ; en politique comme en religion, tout découle du principe d'autorité ; la liberté, fille de l'enfer et du péché originel, cause de tous les désordres qui ont ensanglanté la terre, mère du libéralisme lequel a procréé le socialisme, est le fléau universel ; dans la société il n'y a pas de droits pour les citoyens, mais des devoirs, car s'il existait des droits, on pourrait s'insurger pour se défendre, et se soustraire à l'obéissance due à toutes les puissances, depuis le pape souverain seigneur et les rois jusqu'aux nobles et aux chefs. Si les sujets se révoltent contre les rois, l'Église les condamne ; si les rois se révoltent contre l'Église, elle les dépose. L'Église, domptant ainsi la tyrannie et la révolte, devient l'arbitre du monde. Les théories de M. Donoso Cortez n'étaient au fond que celles de M. de Maistre gonflées d'emphase espagnole.

La scolastique de saint Thomas avait trouvé une politique dans le livre de M. Donoso Cortez, l'*Univers*, réduit au silence sur la loi de l'enseignement, essaya de tirer de cet ouvrage une littérature ; il porta la discussion sur le terrain des livres et des méthodes, et parla de transformer l'éducation. La littérature du moyen âge convenait seule à la réforme proposée ; l'abbé Gaume se chargea de le démontrer dans un livre intitulé *le Ver rongeur*. La littérature, d'après l'auteur, se partage en deux époques : l'une, la bonne, comprise entre la chute de Rome et la fin du moyen âge ; l'autre, la mauvaise, commençant à la renaissance et finissant à nos jours. L'abbé Gaume trouvait encore bien du paganisme chez les pères de l'Église, depuis la renaissance il y a du paganisme chez tous ceux qui ont écrit ; ce ver rongeur communique aux sociétés modernes la terrible maladie qui les fait périr. La renaissance, en substituant le culte de l'antiquité classique à l'étude de la littérature chrétienne du moyen âge, et en abandonnant saint Grégoire, saint Léon, saint Thomas et les latinistes du VIIIe siècle, bien supérieurs, malgré leurs barbarismes, à ceux du siècle d'Auguste, pour les remplacer dans les écoles par Virgile, Horace, Cicéron, Tite-Live, Tacite, rendra cette maladie inguérissable, si l'on ne se hâte de changer le système des études. L'Église parut surprise devant l'*ultimatum* brusquement posé par l'abbé Gaume et soutenu par l'*Univers*. L'Église se vante souvent et se fait un titre d'honneur d'avoir propagé les études classiques par ses papes, ses cardinaux et ses corporations religieuses ; il semblait dur à quelques prélats de renoncer pour elle à cette gloire. M. Dupanloup, qui faisait jouer des tragédies grecques par les élèves de son petit séminaire d'Orléans, se jeta courageusement dans la polémique suscitée par le livre de M. Gaume, et publia des mandements qui contiennent des réponses fort vives contre le rédacteur en chef de l'*Univers ;* il finit par l'excommunier en quelque sorte, en interdisant la lecture de l'*Univers* aux curés de son diocèse. M. Dupanloup réunit en faveur de l'étude des classiques quarante-cinq adhésions parmi ses collègues ; les autres évêques se rangèrent plus ou moins ouvertement du côté de l'abbé Gaume ; ceux-là même qui avaient la prétention de rester neutres dans la querelle, laissaient échapper le secret de leurs préférences réelles dans des lettres comme celle-ci, adressée par l'évêque de Gap à l'évêque d'Orléans :

« Monseigneur,

» Je crois en Dieu, créateur de l'Univers, mais je ne crois pas à la bonne foi de ceux qui veulent détruire l'*Univers.*

» Je crois en Jésus-Christ qui a établi son Église avec les docteurs chrétiens, mais non avec les doctes du paganisme.

» Je crois au Saint-Esprit qui a parlé par les prophéties et non par les Sibylles.

» Je crois à la communion des Saints, mais je ne veux pas être de celle du *Siècle*, des *Débats*, de la *Presse* et du *Charivari*.

» Je crois à la résurrection des morts, mais je crains beaucoup celle des gallicans et des parlementaires.

» Je crois à la vie éternelle, mais je ne veux pas de celle des Champs-Élysées, quelque belle que la fassent les poëtes païens.

» C'est-à-dire, monseigneur, que je suis pour l'adoption des auteurs chrétiens dans une juste proportion, sans renoncer aux chefs-d'œuvre de Rome et d'Athènes soigneusement expurgés de ce qu'ils ont trop souvent de contraire aux bonnes mœurs et à la foi catholique. »

L'*Univers,* soutenu par la moitié de l'épiscopat, put redoubler de vigueur dans la campagne entreprise contre M. Sibour et contre les classiques. L'archevêque de Paris, ayant averti une première fois ce journal, fut obligé de le suspendre. Le mandement de suspension de l'*Univers* était motivé par « ses insultantes et calomnieuses accusations contre quelques évêques, sa persistance à railler avec un rire imité de Voltaire les prêtres qui défendent l'Église à l'aide d'une méthode que les écoles du monde catholique ont consacrée, ses tentatives pour rendre quelques prélats odieux ». Il ajoutait dans son dernier considérant : « L'*Univers* a méconnu les règles de la controverse chrétienne et même de la simple honnêteté ; au lieu de discuter avec mesure et modération pour établir ses opinions ou ses doctrines, il a eu recours aux facéties, au persiflage le plus insultant pour déconsidérer les personnes, il a calomnié des prêtres et des évêques français en répétant avec affectation qu'on poursuit en lui un journal ultramontain. »

L'*Univers*, suspendu par l'archevêque de Paris, trouva un défenseur dans l'évêque de Moulins, qui déclara publiquement que « la suppression et même la suspension de ce journal serait un malheur pour le catholicisme ». L'archevêque de Paris répondit à ses adversaires par un mandement qui se termine ainsi : « Nous n'avons qu'un
» juge en dernier ressort des actes de notre administration,
» le chef visible de l'Église, notre saint-père le pape ; le
» recours à son tribunal est ouvert non-seulement aux
» écrivains du journal l'*Univers*, mais aussi à ceux de
» nos vénérables collègues qui apprécieraient autrement
» que nous la situation qui nous est faite par le présent
» acte de notre autorité. »

M. Sibour, renouvelant le blâme qu'il avait infligé à l'*Univers* le 20 août 1850, défendit à tous les ecclésiastiques et à toutes les communautés religieuses de son diocèse de lire ce journal, et aux ecclésiastiques d'y écrire ; les journaux et les revues catholiques du diocèse furent en même temps priés de ne plus reproduire dans leur rédaction, en manière de qualificatifs injurieux, les termes d'ultramontains et de gallicans. Comme si interdire les mots, c'était supprimer les choses.

« Comprimée dans la société civile, avait dit M. Sibour
» dans une lettre adressée aux journaux religieux, la
» démagogie a fait invasion dans l'Église par le moyen
» d'une partie de la presse appelée catholique. La dé-
» magogie dans l'Église, c'est le presbytérianisme et le
» laïcisme voulant se substituer à l'épiscopat pour l'en-
» seignement et pour le gouvernement des âmes. La
» démagogie tend au renversement de la constitution de
» l'Église, et sous le masque du plus grand dévouement
» au saint-siége, elle attaque d'abord l'autorité épi-
» scopale en attendant l'heure de se tourner contre le
» saint-siége lui-même. » Le saint-siége ne parut nullement effrayé de ce péril ; il n'y avait, en effet, ni presbytériens dans le camp de l'*Univers*, ni gallicans dans celui de l'archevêque de Paris ; le temps n'était plus où Lamennais se plaignait avec tant d'amertume du gallicanisme épiscopal, et où M. d'Astros, archevêque de Toulouse, dénonçait les doctrines de l'*Avenir*. Le haut clergé, de plus en plus ultramontain, consentait à recevoir la liturgie romaine, et tous les décrets des congrégations romaines y compris celle de l'*Index ;* il considérait la suspension de l'*Univers* comme un malheur pour le catholicisme ; les curés s'inquiétaient de savoir s'ils pourraient lire ce journal ; l'évêque de Châlons répondit à ce sujet à un de ses collaborateurs : « Vous me de-
» mandez si je trouve bon qu'on lise l'*Univers*. A vous

» parler franchement, je n'ai pas de raison de le trouver
» mauvais. Le rédacteur de ce journal est un homme
» de zèle et de probité ; il est homme de foi et homme
» d'esprit. Cette qualité qui le rend supérieur à tels
» et tels qui courent la même carrière, n'est pas propre à
» le leur faire aimer ; il y a de l'homme partout, et beau-
» coup. Quant à moi, je suis abonné à l'*Univers*, et je
» continuerai à l'être ; c'est vous dire assez qu'on peut
» en faire autant. Si l'on m'en demandait la raison, je
» répondrais ou ne répondrais pas, n'ayant de compte à
» rendre qu'à Dieu, en de telles affaires, de mes actes et
» de mes actions. » Accuser un archevêque, un collègue,
un prêtre, de n'obéir dans une circonstance aussi grave,
directement ou indirectement, qu'à la jalousie littéraire,
cela n'avait rien de digne ni de charitable. La querelle
s'envenimait et se changeait en véritable combat entre
les derniers gallicans et les ultramontains. M. de Dreux-
Brézé, évêque de Moulins, publia une réfutation de
la lettre de M. Sibour et un plaidoyer en faveur de l'*Univers*, à la grande surprise du public qui se demandait
comment un prélat légitimiste pouvait se faire le
champion d'un journal auquel, d'après lui-même, on
pouvait reprocher « d'accepter tous les événements avec
trop de complaisance, d'acclamer avec excès l'autorité
et la liberté selon le souffle du moment, de paraître con-
vier le clergé à n'apprécier l'une et l'autre qu'au point
de vue de son avantage, et de compromettre ainsi la dignité du prêtre devant la conscience publique ». M. de
Dreux-Brézé, sans nier « les tristes habitudes de polémique de l'*Univers*, ni son fatal oubli du sens moral dans
son acception la plus élevée », ajoutait : « s'il tâche d'exer-

cer une pression sur les évêques et de fomenter le presbytérianisme, au moins cela ne se produit pas à Nevers. »

M. Sibour, en déférant au pape la lettre de M. de Dreux-Brézé, constate que la portée naturelle de cet acte, c'est de frapper de blâme une sentence rendue par un évêque dans l'exercice canonique de ses fonctions. M. Sibour éprouve, on le sent à son langage, une vive émotion : « Moi vivant, la presse religieuse sera surveillée, et au
» besoin réprimée par les armes dont je dispose, les
» armes spirituelles ; elle restera dans son devoir ou elle
» sortira du diocèse, elle ira chercher ailleurs une juri-
» diction plus complaisante pour prêcher le mépris de la
» hiérarchie et faire la guerre à l'autorité que je tiens
» de la miséricorde divine et de la grâce du saint-siége
» apostolique. »

Les rédacteurs de la feuille interdite, devançant l'archevêque de Paris, avaient soumis son mandement au pape ; la décision du saint-siége était attendue avec impatience : Pie IX hésitait. M. Salinis, évêque d'Amiens, ancien disciple de Lamennais, réussit à mettre fin aux hésitations du saint-père. Les ultramontains, sûrs du triomphe, répandaient déjà le bruit qu'un avertissement secret serait adressé à M. Sibour, et que cet avertissement serait rendu public s'il ne se soumettait pas tout de suite.

Une lettre encyclique du pape adressée aux cardinaux, archevêques et évêques de France, et une autre lettre adressée à M. Veuillot par M. Fioramonti, secrétaire du pape, mirent fin au débat. Voici le passage important de cette seconde lettre :

« Vous n'avez jamais rien mis au-dessus de la doctrine catholique vous vous êtes appliqué à donner sur les autres la prééminence aux institutions et aux statuts de l'Église romaine, voilà pourquoi votre journal excite tant d'intérêt partout, et on le regarde comme très-propre à traiter les choses qui doivent l'être dans le temps présent. Il n'est pas étonnant que des personnes qui tiennent fortement à certains principes, à certains usages, à certaines coutumes, soient d'un autre avis, et que, ne pouvant rejeter ouvertement les doctrines de votre journal, elles cherchent à voir s'ils n'auraient pas autre chose à reprendre que la vivacité de son langage et sa manière de l'exprimer. Les autres rédacteurs religieux vous attaquent avec une vivacité d'autant plus déplorable qu'elle retarde le mouvement de plus en plus marqué qui entraîne les populations vers l'obéissance et l'amour du saint-siége apostolique, et contrarie la nation qui se fait manifestement remarquer par le vif désir de se voir unie par des liens plus étroits à la mère et maîtresse de toutes les Églises..... Continuez, mais soyez prudent, ceux qui vous attaquent finiront par reconnaître votre talent et votre zèle. »

Le 7 avril 1853, l'*Univers* publiait la note suivante en tête de ses colonnes :

« Nous, Marie-Dominique-Auguste Sibour, par la miséricorde divine et par la grâce du saint-siége apostolique, archevêque de Paris ;

» Après avoir pris connaissance de la lettre encyclique adressée par notre saint-père Pie IX aux cardinaux, archevêques et évêques de France, sous la date du 21 mars 1853 ;

» Voulant mettre en pratique les conseils qui y sont contenus, et entrer, pour notre part et sans réserve, dans les intentions du chef de l'Église ;

» Désirant contribuer par là à l'apaisement des discussions qui ont été soulevées dans ces derniers temps et réjouir le cœur du souverain pontife ;

» Nous levons spontanément les défenses portées dans notre ordonnance du 17 février. »

Les remarquables lettres pastorales de M. Guibert, évêque de Viviers, contre l'*Univers*, avaient fort diminué l'influence de ce journal; l'archevêque de Paris l'accrut en engageant avec lui une lutte d'où il sortit vaincu. Les rédacteurs de l'*Univers* publièrent une déclaration relative à la levée de l'interdit épiscopal dans laquelle, à travers une feinte modestie, perce l'accent du triomphe : « Cet acte nous impose une nouvelle et plus » étroite obligation de n'user de la liberté qui nous est

» laissée que pour corriger dans notre œuvre ce qui a
» besoin d'être corrigé... Nous devons surtout nous
» attacher à éviter tout ce qui pourrait paraître con-
» traire à cette modération chrétienne qui n'exclut pas
» la défense libre, franche, énergique de la vérité...
» Notre rédacteur en chef, M. Louis Veuillot, est encore à
» Rome; mais les sentiments que nous exprimons furent
» toujours les siens, et dans les lettres que nous avons
» publiées récemment, il a déjà pris, en son nom et au
» nôtre, les engagements que nous sommes heureux de
» renouveler aujourd'hui. »

Les rédacteurs de l'*Univers* se rendirent en corps à l'archevêché pour offrir leurs hommages respectueux à M. Sibour. L'archevêque de Paris dut se sentir profondément humilié de cette réconciliation : accuser les gens d'être scandaleux, impérieux, diffamateurs, et les embrasser pour obéir au pape, c'était le triomphe de la discipline ecclésiastique, mais non de la dignité épiscopale.

Le pape, en se rangeant du côté de l'*Univers* contre un évêque, avait pris une résolution grave. Les cardinaux italiens étaient trop fins, trop éclairés, pour se tromper sur le compte des rédacteurs de l'*Univers* : leur esprit devait répugner au ton, au langage de ce journal; mais l'Église ne parle pas uniquement aux gens lettrés, délicats, aux consciences scrupuleuses, aux esprits sérieux ; elle a besoin de se faire écouter aussi de la plèbe ignorante et vulgaire, immense public qui demande prédication à sa taille. Les moines de tous les ordres catéchisaient autrefois ce public. L'Église cherchait à remplacer le moine par le journaliste, le sermon par l'article. A quoi bon combattre la philosophie? Ne vaut-il pas mieux turlupiner les philosophes? M. Veuillot et les rédacteurs de l'*Univers* remplaçaient pour l'Église les anciens sermonnaires de la borne et du carrefour.

Le saint-père demandait dans son encyclique qu'on encourageât les laïques à écrire pour la défense de la religion : « s'ils se trompent, qu'on les redresse avec douceur. » Les laïques répondirent en foule à cet appel. M. Sauzet, ancien ministre, ancien président de la chambre des députés sous Louis-Philippe, demanda que le mariage civil et le mariage religieux fussent réciproquement obligatoires. C'était transporter le mariage et par conséquent la société dans la religion, et défaire l'œuvre de la révolution. M. Sauzet s'était, comme tant d'autres libéraux, réveillé au lendemain de la révolution de Février légitimiste et ultramontain ; sa proposition soulevait les questions les plus importantes : L'acte de mariage serait-il inscrit sur l'état civil au moment même de sa célébration? le bifferait-on s'il n'était pas suivi du mariage religieux? Après quel délai le mariage civil serait-il nul faute d'avoir été suivi de l'autre? Le mariage civil ne sera-t-il porté sur le registre qu'après preuve donnée de l'accomplissement du mariage religieux? Se marierait-on en deux fois, et la première serait-elle en quelque sorte provisoire? Le mariage, quelle que fût la solution donnée à ces questions, dépendait en réalité du prêtre, libre de ne pas admettre le mariage mixte et de refuser l'absolution au mari. M. Sauzet ne se préoccupait pas de savoir quel serait l'effet du mariage civil dans le cas où l'un des conjoints viendrait à mourir entre les deux mariages. L'essentiel était d'en finir avec une législation qui n'était aux yeux du parti clérical que la sanction du concubinage.

Les exigences de ce parti ne se bornaient pas à la suppression du mariage civil; il voulait le droit exclusif de désigner et de nommer les évêques, le retrait des articles organiques du concordat, l'observation du dimanche; à ce prix, mais à ce prix seul, Pie IX consentirait à se rendre à Paris pour sacrer Napoléon III.

Les cérémonies et les fêtes du mariage de l'Empereur terminées, il fallait bien trouver d'autres motifs de fêtes et de cérémonies. Quel programme plus vaste à remplir que celui d'un sacre? L'idée de renouveler le couronnement de Napoléon Ier à Notre-Dame devait sourire à Napoléon III; un voyage en France n'était pas non plus désagréable au pape. Les choses d'apparat et de mise en scène ne lui déplaisaient pas : il serait donc venu avec plaisir à Paris, dût cette course ne lui rapporter, au lieu de la suppression des articles organiques, que le plaisir de traverser la France et de bénir Paris. Ses conseillers ordinaires eurent de la peine à lui faire comprendre qu'un pape peut, à la rigueur, se déplacer pour sacrer un fondateur de dynastie, mais qu'un métropolitain suffit à couronner un empereur ordinaire. Le pape ne quitta donc pas Rome, et Paris dut renoncer au spectacle d'un sacre; il le comprit le jour où il lut dans le *Moniteur* un démenti fort sec donné à tous les bruits qui circulaient sur les prétendues modifications du concordat.

Malgré quelques accès de mauvaise humeur l'un contre l'autre, le clergé et le gouvernement vivaient en bonne intelligence. Si quelques prêtres faisaient entendre un autre langage que celui de l'éloge, on leur imposait vite

silence; la chaire était surveillée. Le père Lacordaire prononça devant le cardinal Donnet et devant l'archevêque de Paris, à Saint-Roch, un sermon qui contenait ces passages : « Il ne faut pas faire le mal pour que le bien en
» sorte, quelque puissantes que soient les vues, quelque
» grand que puisse être le résultat, même quand il s'agit
» de ce qui s'appelle sauver un pays... Dieu permet qu'il
» y ait des empereurs et des bourreaux pour qu'il y ait
» des saints et des martyrs,... » La police fit son rapport, les ministres se réunirent ; le préfet de police se rendit par leur ordre à l'archevêché et somma M. Sibour de lui dire tout ce qui s'était passé à l'église de Saint-Roch. Le prélat convint que le père Lacordaire avait pu, sans y songer, prononcer quelques mots dont l'esprit de parti pouvait s'emparer, et quelques citations inopportunes. Le père Lacordaire, qui s'était retiré à Flavigny dans une maison de son ordre, déclara dans une lettre que la sténographie de son discours était inexacte, et qu'il avait parlé comme il parle depuis vingt ans. Le gouvernement se contenta de cette déclaration, et l'affaire n'eut pas d'autres suites.

Les catholiques libéraux auraient peut-être approuvé en 1849 l'*Univers* stimulant par les phrases suivantes le zèle des maires à combattre le colportage démocratique :
« Avec les ridicules idées de liberté et de respect des opi-
» nions, avec l'opprobre public jeté sur l'inquisition et la
» crainte de la *faire revivre*, avec l'absence de foi et de
» règle dans les consciences, peut-on supposer que les
» maires soupçonneront qu'ils ont en ce point (le col-
» portage) quelque devoir à remplir? » Mais en 1853, les catholiques libéraux commençaient à trouver qu'il n'était

pas bon de vanter l'inquisition non plus que la Saint-Barthélemy et la révocation de l'édit de Nantes. On sait de quelle vénération les légitimistes entourent les parlements et leurs grands magistrats, les Lamoignon, les Malesherbes, etc. Quelle ne dut pas être leur douleur en lisant dans l'*Univers* que « si Louis XVI avait trans-
» formé en parlement quelques compagnies de gardes
» françaises, il en aurait reçu de meilleurs conseils que
» de tous ces robins entichés de leur importance et de
» leur popularité », et que Louis XVI était un roi auquel
« les idées philosophiques avaient brouillé toute espèce d'idée de justice et de devoir ».

La querelle entre l'*Univers* et le parti catholique libéral était si ardente, que la feuille ultramontaine s'emporta jusqu'à répondre à un journal qui figurait au premier rang de ses adversaires : « Si l'*Union* était catholique ou
» même honnêtement protestante, elle ne consacrerait
» pas ses apologies au système de gouvernement inau-
» guré en 1814. Elle lutterait plutôt contre la pente qui
» y entraîne tant d'esprits aujourd'hui et qui en rend le
» retour trop facile ; car, pour le voir remis en pratique,
» il n'y aurait plus besoin d'un prince aussi profondé-
» ment perverti de cœur et d'esprit que l'auteur de la
» Charte : il suffirait d'un prince faible. » L'*Univers*, en 1850, imposait d'autorité la fusion aux princes bannis ; en 1856, il traite cette fusion « d'alchimie, de ridicule mixture », et il la flétrit comme « un acte de scepticisme ».

Le réveil de la croyance au merveilleux coïncide toujours avec le réveil de l'esprit religieux. Les tables tournantes, prises au sérieux par des prélats, leur fournirent l'occasion de lancer des mandements pleins de considérations profondes sur les bons et sur les mauvais esprits. Les fidèles, prévenus que Satan avait reparu sur la terre, se mettent à trembler ; les curés se lancent dans l'érudition. L'un d'eux écrit à l'*Univers* que le trépied de Delphes était une table tournante et parlante : « L'Écriture » sainte a consacré cette expression pour nous raconter » les prouesses de l'Esprit des ténèbres ; il nous tente en » *tournant* autour de nous, *circuit quærens quem devoret.* » Les démons ne sont pas, heureusement, les seuls à faire des miracles. Deux enfants, Maximin Giraud et Mélanie Mathieu, laissant leur troupeau sous la garde des chiens, dormaient, par une chaude matinée du mois de septembre 1853, au bord d'une fontaine sur la Salette, montagne des Alpes du Dauphiné ; tout à coup ils sont réveillés par une dame dont la tête est surchargée d'une coiffure en pain de sucre ; une robe blanche brodée d'une tenaille et d'un marteau, un sabot jaune frangé d'argent, et une écharpe ornée d'une guirlande de roses forment son costume ; elle est chaussée de souliers blancs à pompons. Cette dame dit au berger et à la bergère : Je suis la Vierge ; on danse trop, on ne va pas assez à la messe, on fait gras ; si cela continue, les pommes de terre, qui sont déjà passablement malades, périront tout à fait ; que ceux qui ont du blé ne le sèment pas, ou les insectes le mangeront ; une grande famine est prochaine, sans compter une mortalité générale ; les hommes feront pénitence par la faim, à moins qu'ils ne se convertissent ; alors les pierres se changeront en blé, et l'on n'aura pas besoin de semer les pommes de terre pour les cueillir. La Vierge, en quittant les enfants, leur communiqua un secret important en leur recommandant de le faire passer à « son peuple ».

Les deux enfants racontent l'apparition au curé de leur village. Ce dernier l'annonce à son évêque, qui fait part de ce miracle à quatre cents religieuses en retraite annuelle à Correne; le bruit s'en répand de paroisse en paroisse. Une première commission refuse de certifier le miracle. Le pastoureau et la pastourelle sont mis au couvent. Maximin, Vert-Vert en sabots, choyé, dorloté, seriné par les nonnes; Mélanie devenue l'objet d'une espèce de culte, ne tarissent pas en détails sur l'apparition. L'évêque de la Rochelle prend le miracle sous sa protection. Le diocèse de Grenoble est partagé en deux camps : les incrédules, rappelant le fameux secret dont la mère de Dieu a fait part aux enfants, demandent pourquoi ils ne le communiquent pas au peuple comme la Vierge leur en a donné l'ordre ; on leur répond que le pape doit en avoir la primeur. Les enfants, sous la dictée du prêtre, écrivent séparément une lettre au saint-père ; le supérieur du séminaire, rapporteur de la commission épiscopale pour l'examen du miracle, s'offre pour porter les lettres à Rome. En vain plusieurs prêtres soumettent-ils leurs doutes au pape au sujet de ce miracle, en vain lui font-ils remarquer que plusieurs faux miracles ont été admis dans le diocèse; que la grâce ne produit pas le moindre effet sur Maximin et Mélanie qui ne font que se contredire ; que les relations adoptées dans les livres composés en faveur de la Salette ne sont point celles qui ont été données en principe ; en vain les signataires de la protestation insistent-ils sur la rétractation de l'un des enfants, et sur l'impossibilité dans laquelle on a toujours été de pouvoir faire concorder les faits racontés ; en vain prouvent-ils que c'est par l'emploi de tous les moyens humains et de tous les genres de propagande que la Salette s'est établie ; la cour romaine n'écoute que le supérieur du petit séminaire de Grenoble. Cet ecclésiastique revient de Rome avec des indulgences spéciales pour le pèlerinage de la Salette ; l'évêque de Grenoble reconnaît la vérité de l'apparition, institue une dévotion particulière en son honneur, et fait bâtir un sanctuaire avec oratoire aux stations où se reposa la Vierge. Une source avait surgi là où elle s'était arrêtée ; cette eau miraculeuse, guérissant toutes les maladies, était rapidement devenue l'objet d'un commerce fructueux. L'anniversaire du miracle fut célébré en grande pompe. Les évêques publièrent des mandements, et permirent de prêcher dans leurs diocèses l'apparition de Notre-Dame de la Salette. Aussi les miracles allèrent-ils se multipliant. L'évêque de Luçon avait, le premier, donné le signal de la propagande en leur faveur, en annonçant, sur l'autorité d'une visionnaire du département de Vaucluse, que les yeux d'une image de la Vierge remuaient, et que des villes et des provinces voisines on venait contempler ce miracle qui durait pendant des mois entiers, et faisait rentrer les spectateurs dans les voies du salut.

La loi d'enseignement avait reçu de profondes modifications ; la grande part d'action réservée aux corps électifs, comme les conseils municipaux et les conseils généraux, se trouvait singulièrement restreinte au profit de celle des préfets ; l'intervention du clergé dans la surveillance et dans la direction de l'enseignement était notablement affaiblie. Le parti catholique libéral s'en alarmait, mais comme le clergé régulier et séculier jouissait de la plus grande liberté pour fonder des établissements de charité publique, d'instruction et de prosélytisme religieux, ses réclamations étaient très-modérées. Quant au parti ultramontain, comme les nominations des évêques se faisaient toujours dans son sens, et qu'elles exerçaient une grande influence sur le clergé des campagnes toujours disposé à penser comme les évêques, il ne trouvait de comparable au règne de Napoléon III dans l'histoire de l'Église que le règne de Charlemagne et de Constantin ; il arborait plus haut que jamais le drapeau de l'absolutisme dans l'Église et dans l'État. L'école du *Correspondant* et de l'*Ami de la religion* luttait avec plus de talent que de succès contre ces théories, que Rome ne démentait pas, lorsqu'un grand événement eut lieu dans l'Église.

La chute d'Adam et le péché originel transmis à sa race et effacé par le baptême, est un des dogmes essentiels du christianisme ; Marie, seule des filles d'Ève, a-t-elle été exempte du péché originel et conçue immaculée dans le sein de sa mère ? L'Église catholique, en professant, au dire de plusieurs théologiens, cette croyance de temps immémorial, avait négligé d'en faire un de ces articles qu'un catholique est obligé de croire pour être sauvé. Le moment parut propice au pape pour transformer cette croyance en article de foi. Le pape, en vertu de son autorité apostolique et comme vicaire de Jésus-Christ, créerait-il et proclamerait-il *ex cathedrâ* ce dogme réservé mais non pas nouveau, parce que tout jugement dogmatique du pape ou de l'Église n'est que la déclaration de ce qui est contenu explicitement ou implicitement dans la doctrine de Jésus-Christ et des apôtres ?

Le saint-père se décida, d'après les traditions de l'Église, à consulter tous les évêques de la catholicité, pour savoir si la naissance immaculée de la Vierge est une croyance universelle, et si l'on peut en faire une définition dogmatique. Deux évêques seulement répondirent d'une façon négative sur la question d'opportunité. Le 8 décembre 1854, le pape convoqua donc les évêques à Rome, et définit en leur présence le dogme de l'Immaculée Conception. Les gallicans, en se soumettant à cette décision, considérèrent pourtant le procédé employé par Rome comme portant un nouveau coup à leurs doctrines qui n'admettent point l'infaillibilité du pape, et ne regardent ses décisions dogmatiques comme infaillibles que lorsqu'elles ont été acceptées par les évêques de la catholicité réunis en concile. Si les catholiques en masse respectèrent au fond la décision dogmatique de Pie IX, qui correspondait aux vieilles et chères croyances de l'Église, il y eut des dissidents de deux sortes : ceux qui désiraient ne rien changer à l'enseignement traditionnel de l'Église par une définition *ad hoc*, et ceux qui, au lieu d'exalter la Vierge, auraient voulu que son culte ne dépassât pas les bornes d'une saine théologie. Quelques prêtres allèrent jusqu'à protester : l'abbé Laborde de Lectoure se rendit à Rome pour déposer aux pieds du saint-père sa protestation contre le nouveau dogme ; le lieutenant de police de conscience l'arrêta, fit des perquisitions chez lui, et saisit sa supplique au pape; le tribunal de l'inquisition lui donna vingt-quatre heures pour partir, et la gendarmerie le reconduisit à Civita-Vecchia.

La bulle relative au dogme de l'Immaculée Conception fut envoyée au conseil d'État par la section de l'instruction publique et des cultes. Il s'agissait de savoir si sa publication serait autorisée en France. Une discussion fort vive s'engagea ; les avis furent partagés. M. Cormenin et M. Cornudet se déclarèrent pour l'incompétence du conseil d'État, attendu qu'il s'agissait d'un dogme ; les trois autres membres de la section se prononcèrent dans un sens contraire. Le président Bonjean et M. Boulay (de la Meurthe) défendirent la législation gallicane. La bulle fut autorisée.

Une question d'un autre genre divisait le clergé, celle de la liturgie ou des prières et des cérémonies en usage dans le culte public de l'Église. L'*Univers*, approuvé par Rome, avait déclaré une guerre acharnée aux liturgies particulières de l'Église de France en opposition, selon lui, avec l'esprit et les canons de l'Église, bien que ces liturgies, surtout celles de Lyon et de Paris, eussent été au moins tolérées par les papes. La lutte entre les partisans des deux liturgies fut très-vive, mais les liturgies des diocèses de France, calquées sur celles de Paris et de Lyon, cédèrent peu à peu la place à la liturgie romaine. Celle de Lyon fut sensiblement modifiée dans le sens romain, malgré les suppliques adressées au saint-père par le clergé lyonnais. En 1856 il ne restait plus en France que deux diocèses, Paris et Orléans, ayant conservé la liturgie de Paris, qui est regardée comme un chef-d'œuvre littéraire.

Les évêques n'avaient pas attendu le visa du conseil d'État pour proclamer le dogme de l'Immaculée Conception dans leurs diocèses. Partout cette proclamation fut célébrée par des fêtes et des processions. L'Église eut ses grands spectacles publics comme l'État : illuminations, processions, cortéges, solennités musicales. Des vierges de carton-pierre furent installées à la place où devaient se dresser plus tard les statues de pierre que le gouvernement permettrait aux fidèles d'élever : promenades, clochers, places publiques, buttes, collines, montagnes, aucun lieu propice ne fut négligé. L'Empereur, non content de fournir de sa cassette aux dépenses de tous ces monuments, décida qu'une partie des canons pris à Sébastopol serait fondue pour la statue de Notre-Dame du-Puy. Cette statue, érigée sur le rocher de Corneille, devait par ses dimensions servir de pendant au saint Charles Borromée du lac Majeur, aux anciens colosses du forum de Néron et de Dioclétien, et porter jusqu'aux nues le témoignage éclatant de l'alliance entre l'Empire et l'Église.

CHAPITRE VI.

L'ACADÉMIE. — L'UNIVERSITÉ. — LA LITTÉRATURE.

1850-1857.

SOMMAIRE. — L'opposition à l'Académie. — Les partis à l'Académie. — Réception de MM. de Montalembert, Alfred de Musset, Dupanloup. — Le prix de morale partagé entre le père Gratry et M. Jules Simon. — M. Berryer demande à ne pas faire la visite traditionnelle à l'Empereur. — Correspondance à ce sujet entre M. Berryer et M. Mocquart. — Séances secrètes de l'Académie. — Réception de M. de Broglie. — *Laboremus.* — M. de Sacy. — Mort de M. Molé. — M. de Falloux.— M. Guizot. — Son influence sur l'Académie. — Une nouvelle classe de l'Académie des sciences morales et politiques. — Dix académiciens par décret. — Le décret de réforme. — Les salons. — L'Université. — M. Fortoul ministre de l'instruction publique. — Réforme de l'Université. — M. Dumas est nommé vice-président du Conseil général de l'instruction publique à la place de M. Thiers. — Suppression de l'enseignement philosophique dans les lycées. — La bifurcation. — Mort de M. Fortoul. — La littérature. — Quelques écrivains seulement se rallient à l'Empire. — MM. Sainte-Beuve, Prosper Mérimée, Théophile Gauthier.

L'idée de réunir les principaux hommes de lettres d'un pays en une sorte de corporation placée sous la protection de la couronne est vraiment monarchique ; l'avantage qu'on en peut tirer pour l'ornement et pour l'éclat du trône n'échappa point à la sagacité du cardinal de Richelieu, ni à celle de Louis XIV, qui fut le second fondateur de l'Académie française. Une institution qui faisait de lui le centre des beaux esprits, comme il était le centre des gentilshommes de son royaume, devait plaire à sa vanité ; la monarchie créait à chaque instant de nouveaux priviléges, il semblait tout simple que la gloire littéraire émanât de la puissance royale et qu'il y eût des hommes de lettres du roi. Les gens de lettres au xvii° siècle ne pouvaient se passer de la protection des grands ; le roi leur offrit la sienne, ils la préférèrent naturellement à celle des seigneurs. L'Académie française éleva en quelque sorte l'homme de lettres au grade de fonctionnaire ; l'académicien exerçait en effet une fonction, celle de contribuer à la formation et au progrès de la langue.

Une corporation comme l'Académie semble incompatible avec la société moderne ; mais les contradictions sont nombreuses dans cette société. L'Académie française, abolie par la Convention, refondue, remaniée par le Directoire, refaite par l'Empire, est au nombre des institutions de l'ancien régime qui lui ont survécu ; elle eut ses périodes de grandeur et de décadence ; elle a servi quelquefois d'asile et de refuge à la liberté dans les temps où le despotisme imposait silence à la plume et à la parole ; elle n'a pas servi à grand'chose quand la nation eut une tribune et des journaux libres.

Le public s'occupait peu de l'Académie sous les règnes de Louis XVIII, de Charles X et de Louis-Philippe. Les romantiques lui redonnèrent un peu de vie en l'attaquant et en montrant le plus vif empressement à occuper ses fauteuils ; les chefs de la révolution poétique de 1830 s'imaginèrent qu'ils entraient à l'Académie en conquérants. Grande erreur : la seule manière de triompher des corporations, c'est de les dissoudre ; elles absorbent ceux auxquels elles ouvrent leurs rangs : le jour où M. Victor Hugo sollicita de l'Académie l'honneur de l'admettre dans son sein, l'Académie triompha du romantisme. Elle serait retombée dans l'oubli après cette victoire, si, au milieu du silence qui se fit en France au lendemain du coup d'État, elle n'avait pas eu seule le droit de parler.

Les ennemis de l'Académie lui ont souvent reproché de ne pas choisir ses candidats parmi les gens uniquement voués à la profession des lettres. Il est facile en prenant, à toutes les époques, dans le théâtre, dans le roman, dans le feuilleton, les quarante auteurs les plus populaires, les plus connus par leurs succès, de se convaincre des incompatibilités morales qui existent entre la vie privée des écrivains et le titre d'académicien. Ce titre exige des conditions de mœurs, de caractère, de fortune, qui ne sont pas souvent réunies chez les hommes voués aux hasards et aux servitudes de la vie littéraire. Pourquoi d'ailleurs restreindre le domaine de la littérature? pourquoi se plaindre lorsque l'Académie nomme un prélat, un avocat, un savant, un orateur politique et même un grand seigneur? L'éloquence de la chaire, du barreau et de la tribune ne fait-elle point partie de la littérature? Les grands seigneurs ne représentent-ils pas cet esprit de conversation dont les Français sont si fiers, et qui, disent-ils, contribue tant à la popularité de la langue française en Europe.

L'Académie, fidèle à ces principes, a toujours ouvert avec empressement ses portes aux hommes politiques. M. de Montalembert avait parlé à l'Assemblée législative d'un radeau sur lequel s'étaient réfugiés les partis monarchiques. Ce radeau c'était l'Académie : légitimistes, fusionnistes, orléanistes, les vieux partis s'y réfugièrent tous, et y formèrent la majorité. Le premier résultat de leur entente fut l'élection de M. de Montalembert en remplacement de M. Droz, auteur de l'*Art d'être heureux* et d'une *Histoire de Louis XVI*. Belle occasion pour parler de la révolution et pour l'attaquer. M. de Montalembert ne manqua pas d'en profiter : il prouva dans son discours de réception que la révolution est incompatible avec le principe nouveau et le principe ancien, et qu'il faut en finir avec elle si l'on veut que la civilisation l'emporte sur la barbarie.

M. Alfred de Musset, reçu après M. de Montalembert, n'était pas cependant un homme d'opposition. Une pièce de vers publiée par lui et intitulée le *Rêve d'Auguste*, prouve que l'Empire aurait trouvé en lui un courtisan plutôt qu'un adversaire. Ce choix était une satisfaction donnée en même temps aux bonapartistes et à ceux qui pensent que l'Académie n'est faite que pour les gens de lettres. Le nouvel élu, dans son discours de réception, ne crut pas cependant devoir s'abstenir de politique. Il n'avait jamais connu son prédécesseur, M. Dupaty, et il s'en prit aux révolutions « qui brisent le commerce du monde et les relations aimables des gens d'esprit ». M. de Musset et M. Dupaty habitaient Paris tous les deux, ils étaient poëtes tous les deux, ils vivaient tous les deux en dehors des affaires : quel obstacle les révolutions pouvaient-elles donc avoir mis entre ces deux hommes ?

Ce fut un piquant contraste de voir Alfred de Musset succédant à Dupaty, et l'auteur de *Rolla* faisant l'éloge de l'auteur des *Voitures versées*. M. Alfred de Musset eut l'air de réclamer l'indulgence pour sa jeunesse un peu turbulente, et de fournir en quelque sorte des explications sur sa présence au milieu des membres de l'illustre compagnie. Le bon goût défendait à M. Nisard, chargé en quelque sorte de recevoir ses soumissions, d'abuser de cette humilité et de transformer la séance de réception en classe et le récipiendaire en écolier qui reçoit une réprimande. M. Nisard ne le comprit pas. Il protesta en pédant contre les écarts poétiques de l'auteur des *Contes d'Espagne et d'Italie*, et trouva moyen, à propos de *Mardoche*, de faire l'apothéose de Boileau et de parler des « doctrines sauvages de 1848 ». Il félicita ensuite M. de Musset de n'avoir pas voulu être autre chose qu'un homme de lettres, éloge difficile à comprendre. L'écrivain, qu'il soit poëte, historien, philosophe, dramaturge, romancier, journaliste, doit compte de sa pensée à un parti. Cette nécessité a donné à la littérature française son cachet particulier d'élévation et d'utilité pratique. Les gens de lettres n'auraient pas sans elle occupé depuis 1789 la première place dans le gouvernement. Le discours de M. Nisard n'était qu'une reproduction des articles de M. Sainte-Beuve, ne cessant de répéter aux gens de lettres : « Ne vous mêlez pas de politique », et jetant le cri d'alarme dans le *Constitutionnel* à propos du sujet de concours choisi par l'Académie : *L'éloquence parlementaire chez les Anglais*.

M. Cousin exerçait une grande influence sur l'Académie. Réconcilié sinon avec le christianisme du moins avec l'Église, il croyait à la possibilité de l'alliance entre la philosophie et la religion ; l'idée de nouer cette alliance par l'élection d'un membre du clergé à l'Académie ne lui déplaisait pas. M. de Falloux, qui se mêlait de faire des académiciens en attendant de le devenir lui-même, mit en avant la candidature de M. Dupanloup, évêque d'Orléans. M. Dupanloup fut le premier prêtre admis à l'Académie depuis la restauration. Il avait commencé sa carrière en 1825 sous les auspices de M. Feutrier, qui lui fit donner une place de vicaire à l'Assomption, alors une des paroisses les plus aristocratiques de Paris. Le catéchisme est après la confession le moyen le plus sûr pour assurer l'influence du clergé sur les familles. Le prêtre, en préparant les enfants à la première communion, se met en communication avec les parents, et plus tard il renoue avec les jeunes gens les relations d'une sorte de paternité spirituelle. M. Dupanloup, grâce à ses fonctions de catéchiste, prit bientôt une telle prépondérance dans la paroisse, que le curé jaloux demanda le changement de son vicaire. M. Dupanloup, éloigné de l'Assomption et nommé chanoine honoraire, entra comme préfet des études au séminaire de Saint-Nicolas. M. Ollivier, curé de Saint-Roch, qui devait, comme évêque d'Évreux, être menacé par les ultramontains d'une déposition, le prit en qualité de vicaire sur la recommandation de M. de Quélen. Il avait été désigné pour remplir les fonctions de confesseur du duc de Bordeaux; la révolution de Juillet lui enleva son pénitent; il se tint à l'écart et comme sous l'égide de M. de Quélen pendant les premières années du règne de Louis-Philippe.

L'abbé Dupanloup avait préparé à la première communion les petites nièces du prince de Talleyrand. L'ancien évêque d'Autun, vieux et presque retiré du monde, ne recevait plus qu'un nombre très-restreint d'amis. La vue d'un visage nouveau semblait lui être désagréable. L'étonnement fut donc très-grand dans son entourage familier quand on apprit qu'il avait invité à déjeuner un abbé nommé Dupanloup. Ce dernier, quoique vivant dans des relations assez étroites avec plusieurs personnages du monde aristocratique, affectait de les éviter et de ne les accepter que comme un devoir inhérent à ses fonctions religieuses. Ce devoir rempli, il se dérobait à toutes les invitations. Il refusa donc celle du prince de Talleyrand. Ce dernier allait se mettre à table avec quelques convives lorsqu'il reçut le billet froid et respectueux contenant le refus de l'abbé Dupanloup. Talleyrand, après l'avoir lu, dit d'un ton bref : « Voilà un prêtre qui ne sait pas son métier. » Les convives se regardèrent ; un long silence suivit cette réflexion.

L'abbé Dupanloup, sollicité par les membres de la famille du prince, revint cependant à l'hôtel de la rue Saint-Florentin, et figura bientôt parmi ses hôtes les plus assidus. Sa présence, ses entretiens intimes avec le maître de cette demeure, devinrent l'objet des plaisanteries et des sarcasmes de M. de Montrond, le familier du prince, qui affectait d'estropier le nom de l'abbé Dupanloup et de le changer en celui de Cantalou. Personne ne se faisait illusion sur la cause des colloques fréquents entre le prince et l'abbé. Les grands seigneurs du xviiie siècle n'avaient au fond aucune croyance religieuse ; fidèles à un certain décorum, ils croyaient convenable et de bon goût de mourir en chrétiens après avoir vécu en philosophes. M. de Talleyrand n'entendait pas faire exception à la règle commune des gens de sa caste. Il choisit l'abbé Dupanloup, non pas pour le réconcilier avec l'Église, la chose était faite depuis longtemps, mais pour remplir les dernières formalités de la vie avec un prêtre éclairé et de bon sens. M. de Talleyrand reçut de l'abbé Dupanloup, à qui il montra le bref du pape qui le relevait de ses vœux et qui sanctionnait son mariage, l'absolution et la communion avec l'indifférence de son caractère, de son âge et de sa maladie.

L'abbé Dupanloup avait été nommé grand-vicaire à Paris par M. de Quélen. Le successeur de ce dernier, M. Affre, lui enleva ces fonctions en lui laissant le titre de vicaire général honoraire; il fut appelé en 1841 à la chaire d'éloquence sacrée à la Faculté de théologie de Paris, et profita de l'occasion pour lancer contre Voltaire une diatribe violente. Le ministre de l'instruction publique suspendit son cours. M. de Falloux, ministre légitimiste d'un gouvernement républicain présidé par un Bonaparte, vint, sept ans plus tard, chercher M. Dupanloup, son ami, au séminaire de Saint-Nicolas pour le nommer à l'évêché d'Orléans; il devint bientôt dans cette ville riche et dévote un évêque selon Dieu, mais un peu aussi d'après Fénélon. M. de Salvandy, qui connaissait son faible, lui dit, en le recevant à l'Académie, qu'il s'était formé à l'école du cygne de Cambray. M. Dupanloup se rangea du côté des classiques contre l'abbé Gaume, c'était un titre pour l'Académie. Son discours de réception se fit remarquer par un éloge éloquent des lettres anciennes : le *Siècle* le reproduisit tout entier.

L'élection de M. Dupanloup ne fut pas le seul gage donné par l'Académie à l'union entre la religion et la philosophie : elle partagea ses palmes entre un ancien professeur de philosophie à la Sorbonne, M. Jules Simon, et le père Gratry, appartenant à cette nouvelle école de l'Oratoire qui fait sa part à la raison, et qui, marchant sur les traces de saint Augustin, de saint Anselme, de saint Thomas, nourris eux-mêmes de Platon et d'Aristote, reste fidèle à l'école spiritualiste moderne de Descartes et de Leibnitz, de Bossuet et d'Euler. Le prêtre et le philosophe reçurent chacun un prix de 2500 francs : l'un pour son traité de la *Connaissance de Dieu*, l'autre pour son livre intitulé *le Devoir*. M. de Salvandy présidait la séance de la distribution des prix; il annonça que, vu l'heure avancée, il supprimerait une partie de son discours, très-virulent contre Voltaire. L'Académie l'avait prié de la passer sous silence; elle eut de la peine à obtenir ce sacrifice.

M. Berryer, nommé en 1854, fit quelque difficulté d'insérer dans son discours de réception l'éloge traditionnel du chef de l'État. Le célèbre orateur succédant à M. Henri de Saint-Priest, ancien pair de France, ne pouvait se dispenser de parler de la Restauration, du régime parlementaire, de la tribune, sujets assez délicats à traiter à cette époque. La réception de M. Berryer finit pourtant par avoir lieu le 23 février 1855, au milieu de toutes les notabilités du parti légitimiste. M. Berryer, son cahier à la main, surpris de voir sa pensée présente sans qu'il l'eût appelée, et embarrassé de lire des phrases qui ne naissaient pas en lui au moment où il les prononçait, resta fort au-dessous de lui-même.

L'Académie nomme ses membres, mais si son choix déplaît au gouvernement elle est obligée de recommencer l'élection. Le *veto* royal ou impérial s'exerce rarement, mais la tradition exige que le nouvel académicien, après sa réception, se rende auprès du chef de l'État pour le remercier d'avoir bien voulu lui donner l'estampille; c'est en quelque sorte le quart d'heure de Rabelais des académiciens de l'opposition. M. Berryer, dans cette extrémité, écrivit à M. Mocquart, chef du cabinet de l'Empereur :

« Paris, 22 février 1855.

» Je fais appel aux souvenirs de mon ancien confrère, M. Mocquart, pour réclamer de lui un bon office. Je viens d'être reçu à l'Académie française. Il est d'usage à peu près constant que chaque académicien aille présenter aux Tuileries son discours de réception. La situation particulière qui m'a été faite en décembre 1851 rend cette présentation tout à fait impossible de ma part.

» Je crois avoir acquis, il y a quinze ans, le droit de m'abstenir aujourd'hui d'une formalité dont l'accomplissement ne serait pas pénible pour moi seul. M. Mocquart sait bien que par principe comme par caractère, j'ai autant de répugnance pour le bruit inutile et les vaines manifestations que pour un manque d'égards personnels ; je le prie donc de vouloir bien sans retard faire connaître la détermination qu'un sentiment honorable m'impose.

» Je prie M. Mocquart de recevoir les compliments de ma vieille confraternité.

» BERRYER,
» Avocat, ancien membre de l'Assemblée législative. »

M. Berryer ne se bornait pas à négliger l'observation d'une simple formalité, M. Mocquart le lui rappela :

« L'ancien confrère s'est empressé de se rendre à l'appel de M. Berryer ; la réponse suivante en est la preuve.

» L'Empereur regrette que dans M. Berryer les inspirations de l'homme politique l'aient emporté sur les *devoirs* de l'académicien. Sa présence aux Tuileries n'aurait pas causé l'embarras qu'il semble redouter. De la hauteur où elle est placée, Sa Majesté n'aurait vu dans l'élu de l'Académie que l'auteur et l'écrivain, dans l'adversaire d'aujourd'hui que le défenseur d'autrefois.

» M. Berryer est parfaitement libre d'obéir à ce que lui prescrit l'usage ou à ce que ses répugnances lui conseillent. »

M. Mocquart ajouta :

« L'ancien confrère est heureux, dans cette circonstance, d'avoir pu rendre à M. Berryer ce qu'il appelle, ce qu'il croit un bon office, et il lui offre les compliments sincères de la vieille et cordiale confraternité. »

Cette affaire, considérée en dehors des personnes mêmes qu'elle mettait en jeu, avait son importance ; elle pouvait créer un précédent. L'Académie profiterait-elle de l'occasion pour rendre facultative une démarche qui jusqu'alors avait été considérée comme obligatoire ? Se partagerait-elle désormais en membres visitants et non visitants ? La docte compagnie tint à ce sujet plusieurs séances secrètes. M. Sainte-Beuve fit constater, dans le procès-verbal, qu'il protestait d'avance contre tous les précédents qu'on pourrait invoquer par suite de la conduite de M. Berryer ; M. Nisard accusa M. de Salvandy d'avoir, dans cette circonstance, méconnu ses devoirs de directeur. M. de Salvandy répondit que la demande d'audience avait été adressée au grand chambellan dans les délais ordinaires, mais que, dans l'intervalle, M. Berryer avait jugé à propos de se soustraire à une obligation toujours respectée. Les académiciens timorés s'évertuèrent à montrer les dangers de la situation de l'Académie menacée d'une dissolution. Il y eut vote sur la question, et « l'Académie déclara qu'elle n'entendait pas considérer » ce fait personnel et non approuvé comme l'abandon » de l'usage qui est à la fois un privilége et un devoir » dont elle s'honore ».

M. Ponsard, appelé à remplir le fauteuil de M. Baour de Lormian, appartenait de droit à l'Académie par son talent de poëte tragique ; quelle fraction de l'Académie allait-il grossir ? M. Ponsard, républicain en 1848, avait, au lendemain même du coup d'État, accepté la place de bibliothécaire du Sénat ; il donna, il est vrai, presque tout de suite sa démission. Son discours de réception, sans couleur politique bien tranchée, mais plein de beaux sentiments, contenait un éloge de Victor Hugo et de Lamartine, fort applaudi par les auditeurs et par les journaux.

M. le duc de Broglie, ministre des affaires étrangères sous Louis-Philippe, auteur de plusieurs articles publiés dans les journaux et dans les revues, n'était pas membre de l'Académie française. Elle répara cet oubli dans les commencements de l'année 1856. Les journaux crièrent beaucoup contre cette élection et contre l'influence que le *parti des ducs* prenait à l'Académie, ils ne purent cependant s'empêcher de louer son discours de réception dont la péroraison produisit une très-profonde impression sur l'auditoire. « L'empereur Sévère, soldat porté au
» trône des Césars par la fortune, surpris par la mort
» à York lorsqu'il accourait des extrémités de l'Asie
» pour repousser une invasion des Calédoniens, disait à
» l'ami qui, penché sur sa couche, soutenait sa tête acca-
» blée : « J'ai été toutes choses et rien ne vaut ; *omnia fui*
» *et nihil expedit.* » Puis, voyant s'avancer le centurion
» qui chaque matin venait lui demander le mot d'ordre,
» il se leva sur son séant et lui dit d'une voix ferme :
« *Laboremus*, travaillons. » Ce fut sa dernière parole. —
« Que ce soit aussi la mienne en ce moment, que ce soit
» la nôtre aussi longtemps qu'il sera donné à chacun de
» nous de vivre et d'élever une voix entendue de notre
» pays : *Laboremus.* »

L'orateur avait malheureusement consacré une partie de son discours à la défense du 18 brumaire. L'Empereur s'en souvint et l'en félicita lorsqu'il vint, selon l'usage, lui présenter ce morceau d'éloquence. M. de Broglie essaya de faire des réserves et d'établir une différence entre le

18 brumaire et le 2 décembre. L'Empereur lui répondit :
« L'histoire jugera qui de nous deux a raison. »

M. Silvestre de Sacy, rédacteur du *Journal des Débats*, avait été élu académicien dans le même scrutin que M. Dupanloup, en remplacement de M. Jay, rédacteur du *Constitutionnel*. M. de Sacy, dans ces temps heureux où les journalistes n'avaient pas de signature, mais où ils se faisaient un nom, aimait à se dérober dans les vaporeux lointains de la politique. Détaché de toutes les ambitions terrestres, sans envie, sans autre passion que celle des livres et de l'ordre public, il vivait en sage, loin du bruit et de l'agitation. Le gouvernement constitutionnel dut lui faire violence pour attacher un bout de ruban rouge à sa boutonnière. M. de Sacy ne paraissait jamais dans les salons ministériels, encore moins à la cour. Des bureaux des *Débats* à sa cellule en traversant la boutique des libraires, voilà sa vie; cénobite du journalisme, il dirigeait la conscience du parti conservateur comme ces directeurs d'autrefois que leurs pénitents ne voyaient pas et n'entretenaient que par correspondance. Cette existence, toute confite en littérature et en dévotion, touchait profondément les cœurs en faveur de cet homme de solitude et de renoncement. Défenseur de la monarchie constitutionnelle et de la liberté, il reçut de l'Académie la simple couronne de laurier à laquelle il avait droit; la presse fit taire ses divergences pour chanter son élection; le journalisme se sentit pour ainsi dire académicien en lui : c'est par là surtout que sa réception fut une réception politique.

La mort de M. Molé en 1856 laissa un fauteuil vacant à l'Académie. M. Molé, jusqu'au 2 décembre, n'avait point passé pour un ennemi bien farouche du prince Louis-Napoléon; le grand parti de l'ordre le soupçonnait même d'entretenir des relations assez intimes avec l'Élysée. Une réunion d'hommes politiques appartenant à ce parti eut lieu vers la fin du mois de novembre aux Tuileries, dans les appartements occupés par le général Changarnier, en qualité de commandant en chef de l'armée de Paris. Le général Changarnier aurait, s'il faut en croire le *Constitutionnel*, proposé d'arrêter le président, de le mettre à Vincennes, de fermer l'enceinte législative en prorogeant l'Assemblée à six mois, et de s'emparer de la dictature. Louis Bonaparte aurait été prévenu de ce projet, toujours au dire du *Constitutionnel*, par M. Molé en personne. M. Molé démentit ce journal avec indignation. Les membres de la commission de surveillance de l'Assemblée législative s'étaient pourtant plaints ouvertement de ses rapports avec le président de la République. Quant à l'Académie, elle ne pouvait guère douter du bonapartisme de M. Molé en songeant à la verte semonce que M. de Vigny s'attira de sa part, le jour de sa réception, pour avoir critiqué l'Empire; les choses allèrent si loin, que le récipiendaire, justement blessé, refusa de se faire présenter au roi, suivant l'usage, par le confrère qui l'avait traité si peu convenablement.

M. Molé n'avait pas d'autre titre à l'Académie qu'un petit livre publié dans sa jeunesse sous ce titre: *Essais de morale et de politique;* il serait resté le plus obscur des moralistes français sans la protection de Cambacérès et sans la faiblesse de Napoléon Ier pour les noms de l'ancien régime. M. Molé, successivement maître des requêtes, conseiller d'État, préfet, directeur des ponts et

chaussées, ministre de la justice, et comte par-dessus le marché, se trouva chargé de justifier le sénatus-consulte qui enlevait au Corps législatif le droit de désigner les candidats à la présidence : « Il peut arriver, dit M. Molé
» dans son rapport, que les hommes portés sur la liste
» des candidats, quelque honorables et distingués qu'ils
» soient par leurs lumières, n'aient jamais été connus de
» l'Empereur. Or, il est dans le palais des étiquettes, des
» formes, qu'il est convenable de connaître, et qui, faute
» d'être bien connues, peuvent donner lieu à des mé-
» prises, à des lenteurs, que les corps interprètent tou-
» jours mal. Tout cela est évité par la mesure que nous
» proposons. » Voilà comment M. Molé justifiait une mesure qui violait ouvertement la constitution.

M. Molé se rallia tout de suite à la Restauration, ce qui ne l'empêcha point pendant les Cent-Jours de reprendre la place de directeur des ponts et chaussées qu'il avait occupée sous l'Empire. Les corps constitués vinrent tour à tour, selon l'usage, débiter au pied du trône impérial restauré une de ces longues tirades de flatterie et de mensonge qu'on appelle des adresses. Celle du conseil d'État parlait de liberté de la presse, de liberté individuelle, d'égalité de droits, de révision des institutions par une grande assemblée représentative. Elle fut signée par tous les conseillers d'État, à l'exception de M. Molé, à qui sa conscience défendait de reconnaître la souveraineté du peuple. Trois mois après, se glorifiant de ce refus auprès des Bourbons, il le motivait sur sa haine pour l'usurpation et par son dévouement à la légitimité. Serviteur de la monarchie constitutionnelle et usurpatrice de Louis-Philippe, il était revenu à la fin de sa carrière aux impressions et aux sentiments de son origine et de sa première jeunesse. Le comte de Chambord recevait ses visites, et il figurait parmi les plus ardents entremetteurs de la fusion.

M. Molé passait l'été à son château de Champlâtreux. Le jour de sa mort il présidait au dîner, entre M. de Montalembert et M. de Falloux, et jamais il n'avait montré tant de lucidité, lorsque tout à coup il devint très-pâle, et eut par deux fois une sorte de hoquet convulsif; sa tête s'inclina légèrement sur sa poitrine. Retrouvant son énergie par un effort de sa volonté, il se redressa, et appuyé sur son gendre il rentra chez lui en cherchant d'une voix ferme à rassurer ses convives. M. Molé se mit au lit, et quoiqu'il eût reçu précédemment la communion des mains de M. Dupanloup, il fit appeler le curé de son village, bénit sa fille et sa petite-fille, et pendant que son médecin traçait une ordonnance, il mourut dans une légère convulsion à l'âge de soixante-quinze ans.

A qui son héritage académique était-il destiné? La presse démocratique s'indigna en entendant prononcer le nom de M. de Falloux. Elle avait pris l'Académie sous sa protection; mais l'élection de M. de Broglie et la candidature de M. de Falloux prouvaient que sa protégée ne la payait que d'ingratitude. Le *Siècle* commença par contester ses titres de noblesse; s'il ne parvint pas à prouver qu'il descendait d'un marchand de chandelles d'Angers, il fit rire le public en racontant comment son père, nommé comte par Charles X quelques jours avant sa chute, avait prêté serment entre les mains de l'usurpateur Louis-Philippe Ier.

M. de Falloux, quoique comte, n'a point le style gentilhomme ; sa phrase est courte, sèche, guindée ; ses amis, pour atténuer les hostilités soulevées par sa candidature à l'Académie, répétaient partout qu'il s'était complétement retiré de la vie politique et que, tout entier aux travaux de l'agriculture, il drainait ses champs, engraissait ses bestiaux, sans autre ambition que celle d'obtenir les couronnes du concours de Poissy ; on le trouvera certainement à la charrue, disaient-ils, le jour où on lui apportera la couronne académique. L'opinion publique ne se laissait pas persuader. La polémique des journaux contre l'élection de M. de Falloux devenait chaque jour plus ardente ; entamée au moment où les représentants des puissances allaient se réunir à Paris pour mettre fin à la guerre d'Orient, elle partagea presque l'attention publique avec les délibérations du congrès.

Le grand protecteur de M. de Falloux à l'Académie, M. Guizot, avait pris à tâche d'écarter les ronces sur les pas de son candidat de prédilection, de convaincre les académiciens, de rallier le nombre de voix nécessaires à son succès. Le dernier chef de cabinet de Louis-Philippe avait transporté sur le terrain académique ses haines et ses rancunes contre la révolution française. Cette révolution, entreprise pour assurer le triomphe de la liberté et de l'égalité, n'avait réalisé jusqu'alors que la seconde partie de son programme, la plus facile du reste, celle que la nation française devait comprendre le mieux. Quoique l'idée de liberté n'ait pas encore pénétré jusqu'à présent assez profondément dans l'esprit d'un peuple formé depuis dix siècles au despotisme, la liberté et la révolution n'en sont pas moins inséparables en principe.

TAXILE DELORD.

M. Guizot s'est toujours montré ardent à empêcher cet accord. Des hommes politiques dont le dévouement à la monarchie de Juillet n'était pas douteux proposèrent de la faire sanctionner à son origine par le suffrage universel. M. Guizot et ses amis crièrent à la révolution, et l'ère du quasi-droit divin fut inaugurée. Cependant quand les diverses fractions du parti monarchique, réunies en 1849 sous le nom de grand parti de l'ordre, rappelèrent leurs anciens chefs sous les drapeaux, M. Guizot, seul, fut mis à la retraite la veille de la bataille. Représentant des opinions conservatrices, sans avoir été le représentant du parti conservateur, ce n'était pas sa chute en 1848 qui le rendait inutile à son parti, mais son passé tout entier, ou pour mieux dire lui-même. N'admettant ni l'élection, ni le droit divin, faisant résulter le droit d'un contrat conclu en dehors de la souveraineté du peuple et de l'hérédité, entre une monarchie sans sujets et une révolution sans révolutionnaires, M. Guizot, las d'offrir à la France un dogme dont il était l'unique créateur et le dernier adepte, avait fini, en désespoir de cause, par se réunir à la fusion. L'Académie étant le seul lieu où il pût faire de la politique et exercer encore une certaine influence, il se mêlait beaucoup des élections : celle de M. de Falloux fut son œuvre.

La presse démocratique protesta contre cette élection, comme si les destinées de la liberté dépendaient du vote de l'Académie ; c'était s'exagérer singulièrement son importance. Le spectacle de la salle du palais des Quatre-Nations s'ouvrant pour recevoir la portion de la société française fidèle encore à la littérature, à l'histoire, à la philosophie, à toutes les nobles études que la société de l'Empire avait l'air de rejeter comme inutiles et dangereuses, aurait paru plus grand si les attaques contre Voltaire, le xviiie siècle et la révolution n'avaient formé le fond des discours des orateurs. Les hommes vraiment libéraux n'attachaient donc qu'une importance relative aux séances de l'Académie. Quant au gouvernement, il se consolait des épigrammes et des allusions qui pleuvaient sur lui aux jours de réception, en songeant qu'elles lui permettaient de se glorifier à peu de frais de la liberté de parole qu'il laissait à ses ennemis.

L'opposition de l'Académie française n'était pas pourtant sans causer quelques ennuis au pouvoir. L'Académie avait été plus d'une fois avertie qu'elle finirait par obliger le gouvernement à prendre des mesures contre elle. M. Fortoul tenait suspendu sur sa tête un règlement menaçant. Il s'en prit d'abord à l'Académie des sciences morales et politiques.

Napoléon Ier, qui n'aimait pas, comme on sait, les idéologues, avait supprimé, le 3 pluviôse an XI, la classe de l'Institut dite des sciences morales et politiques, où ils s'étaient réfugiés; M. Guizot, qui ne se mettait pas souvent en opposition avec l'esprit de dévotion et de conservation, eut la fantaisie, en 1832, de proposer à Louis-Philippe de la rétablir; le roi répondit : « Elle sera utile pourvu qu'elle ne soit pas pressée de se faire écouter, et qu'ailleurs on ne fasse pas trop de bruit. » Mais comment reconstituer cette Académie? Louis-Philippe n'eût pas consenti à instituer des académiciens de droit divin; heureusement à cette époque tous les membres de la classe supprimée n'étaient pas morts : Daunou, Garat, Lacuée, Cessac, Merlin, Pastoret, Reinhart, Rœderer, Sieyès,

Talleyrand, Destutt de Tracy, de Gerando, vivaient encore, le noyau de l'institution existait, il ne s'agissait plus que de la compléter. Le gouvernement eut d'abord la pensée de porter à vingt le nombre des membres commençant la liste de la nouvelle Académie, en leur adjoignant ceux des membres de l'Institut qui s'étaient fait connaître par des ouvrages relatifs aux sciences morales et politiques. Réunis aux douze premiers membres, les huit autres auraient complété par voie d'élection le nombre de trente ; mais le choix de ces nouveaux académiciens était difficile, il imposait à la puissance royale la nécessité de l'arbitraire. Ces huit académiciens auraient été choisis mais non élus. Le plus convenable était donc de charger les douze survivants de désigner quatre nouveaux membres pris dans l'Institut : le titre de ces nouveaux membres désignés par leurs pairs équivaudrait à une élection régulière. Les choses se passèrent ainsi. L'Académie, constituée au nombre de seize membres, en nomma sept autres, et elle choisit ensuite, sauf l'approbation du roi, un secrétaire perpétuel.

Ces précautions n'étaient pas faites pour un homme comme le ministre de l'instruction publique ; M. Fortoul créa du même coup une nouvelle section dite de politique, d'administration, de finances, dont personne ne voyait bien la nécessité, et il pourvut en même temps à coups de décrets au choix de ses membres, qui furent : MM. d'Audiffret, Barthe, Bineau, Pierre-Clément, Cormenin, Greterin, Laferrière, Armand Lefebvre, Mesnard, général Pelet. Les membres de l'Académie française furent par là prévenus qu'on pouvait créer des fauteuils d'académicien, et trouver des gens se passant fort bien d'y siéger par suite du suffrage de leurs collègues, pensant que l'investiture impériale vaut bien celle du scrutin.

Aussi le bruit d'une réforme de l'Académie française circulait-il toujours. Les journaux étrangers annonçaient même la prochaine publication au *Moniteur* d'un décret ainsi conçu :

« Considérant que le chiffre des membres de notre
» Académie française n'est plus en rapport avec le chiffre
» de la population, et que la diffusion des lumières a
» augmenté le nombre des gens qui s'occupent de litté-
» rature, avons arrêté et arrêtons ce qui suit :

» 1° Le nombre des membres de notre Académie est
» porté de quarante à cinquante.

» 2° Sont nommés membres de l'Académie française :
» MM. Théophile Gautier, Achille Jubinal, Granier de
» Cassagnac, Amédée Thierry, Arthur de la Guéron-
» nière, etc. »

Louis XVIII, en expulsant Sieyès, Cambacérès, Regnault Saint-Jean d'Angely, Lucien Bonaparte, Fontanes, Étienne, Rœderer, Arnault, Maret, Maury, avait réduit un moment l'Académie à trente membres. La *Quotidienne* lui conseilla, en pourvoyant aux vacances, d'augmenter le nombre des fauteuils. « Quoi ! répondit-il, on ne dirait plus les quarante ? » Il refusa. Louis XVIII aimait à maintenir les traditions ; M. Fortoul s'en souciait médiocrement.

La crainte de ne trouver aucun écrivain sérieux résigné à devenir académicien d'État ne pouvait l'empêcher de présenter à la signature de l'Empereur un décret analogue à celui qui avait ajouté une nouvelle classe de dix membres à l'Académie des sciences morales et politiques. M. Bineau, seul parmi les membres nommés par l'Empereur pour faire partie de la classe créée à l'Académie des sciences morales et politiques, refusa une fonction qu'il ne tenait pas de l'élection ; ce précédent était de nature à encourager le ministre de l'instruction publique.

M. Fortoul n'aimait pas l'Institut où il aurait voulu entrer, et où il n'obtint une place (1) qu'après de longues sollicitations et de pénibles manœuvres. Il s'était souvent demandé si son organisation était bien conforme à la pensée du règne, et s'il avait été mis en rapport comme toutes les autres forces enseignantes avec les nouvelles institutions. N'y avait-il pas là quelque fissure par où les mauvaises doctrines pouvaient se glisser dans la société? Les hommes d'État de l'Empire ne croyaient qu'à l'influence de l'or. M. Fortoul, pour rattacher les membres de l'Institut au nouveau gouvernement, avait eu l'idée de porter à six mille francs le traitement annuel des académiciens et d'augmenter l'indemnité des rédacteurs du *Journal des savants* dans une proportion semblable. C'était mal comprendre l'esprit des académiciens et les sentiments qui guident les écrivains dignes de ce nom.

« On voit bien, répondit M. Biot à M. Fortoul, qui lui parlait de ces projets, que les ministres ont envie d'être de l'Académie et les chambellans aussi. »

M. le ministre ne pouvant séduire les académiciens ne renonça pas à son plan de mettre en harmonie le régime intérieur de l'Institut avec les institutions nouvelles ; il fit paraître un décret qui peut se résumer ainsi : Les cinq académies se réuniront en séance publique et générale le jour de la Saint-Napoléon ; le ministre de l'instruction

---

(1) A l'Académie des inscriptions et belles-lettres.

publique réglera lui-même l'ordre et l'époque des séances publiques particulières à chacune des cinq Académies, la police des séances lui appartiendra, c'est-à-dire qu'il se chargera de la distribution des billets, et qu'il *fera sa salle* d'avance comme certains directeurs de spectacle. Le scandale de certaines séances où l'Académie et l'auditoire ont poussé l'esprit d'opposition presque jusqu'à la sédition, exige que ces précautions soient prises; les bibliothécaires, les préposés des académies, forment un nombreux personnel d'employés jouissant d'avantages qui ne doivent pas servir à encourager l'esprit de faction; le ministre, à l'avenir, nommera les titulaires de ces emplois. Il y avait là ce qu'on appelle un coup de balai à donner : l'intrépide M. Fortoul avait déjà saisi l'instrument par le manche, mais M. Prosper Mérimée se chargea de voir l'Empereur et de lui faire comprendre qu'il n'avait aucun intérêt, pour le plaisir de nommer quelques employés, à se brouiller complétement avec une corporation littéraire encore puissante. M. Fortoul reçut l'ordre d'arrêter l'exécution de son projet; le gouvernement se contenta de prouver aux employés de l'Académie, en les confirmant dans leur emploi, qu'il pouvait au besoin les destituer.

L'œil du ministre réformateur n'avait pas pu voir sans en être ébloui le chiffre des sommes destinées aux prix annuels. Quel chagrin de songer que tout cet or s'en allait, par des canaux souterrains, féconder les travaux des écrivains de l'opposition; impossible de mettre la main sur ces prix; mais ne pouvait-on au moins associer le gouvernement à leur distribution? M. Fortoul chercha beaucoup; il finit par trouver qu'il était bon que l'État fît concurrence à l'Académie, et cherchât à se rattacher les gens de lettres par l'appât de récompenses considérables. Le gouvernement ne voulant pas paraître moins généreux que l'Académie, et pour avoir l'air d'éprouver une grande sollicitude pour les progrès de l'esprit humain, institua donc un prix de 20 000 francs décerné dans les trois ans, par les cinq Académies, à l'ouvrage ou à la découverte qu'elles jugeront le plus propre à honorer le peuple français.

Napoléon III s'était souvenu des scrupules de Louis XVIII. Le décret du 13 juillet 1855 ne contenait aucune disposition nouvelle relative au nombre des membres de l'Académie; mais il supprimait plusieurs de ses prérogatives. Le bureau de l'Académie, composé de MM. de Noailles, Dupanloup et Villemain, se rendit aux Tuileries pour remettre à l'Empereur un mémoire renfermant de respectueuses observations au sujet de ce décret. M. de Noailles fit remarquer au chef de l'État que la mission du bureau était de défendre le passé et le présent de l'institution académique, et que les priviléges de leurs prédécesseurs formaient un héritage qu'ils devaient transmettre intact à leurs successeurs. L'Empereur répondit que, loin de vouloir diminuer l'Académie, il songeait à en augmenter l'éclat; mais qu'en laissant de côté des choix qu'il ne voulait pas contrôler, on lui avait dit que l'Académie avait apporté de fâcheuses préférences politiques dans la distribution des prix. Etait-ce une allusion au prix décerné au *Devoir*, par M. Jules Simon, ancien membre de la Constituante et du conseil d'État de la République, professeur de l'Université, démissionnaire par refus de serment?

L'Empire, plus qu'à demi brouillé avec l'Académie, ne vivait pas en meilleure intelligence avec les salons. Ils prennent une grande importance dans les pays où il n'y a ni tribune ni journaux libres ; les salons quand tout le monde se tait parlent encore et il est impossible de leur imposer silence ; mais, par leur tendance à mépriser ce qui ne vient pas d'eux et à régenter l'opinion publique, ils finissent par l'indisposer et par lui inspirer une sorte de méfiance contre leurs hommes d'État et contre leurs hommes d'esprit ; leur opposition dans certains moments est cruelle cependant, et les gouvernements la redoutent d'autant plus qu'ils ne peuvent rien contre elle. L'Empereur s'y montrait d'autant plus sensible que l'opposition de l'Université et de presque tous les hommes de lettres se joignait encore contre lui à celle de l'Académie et des salons.

M. Fortoul était ministre de la marine lorsqu'on vint le chercher sur son banc de quart pour le charger d'approprier l'Université à ses nouvelles destinées, et pour l'organiser d'une façon conforme au jeu des institutions du second empire. Il avait pour consigne de ne laisser subsister de l'ancienne Université que ce qui était indispensable pour prouver qu'elle n'était pas supprimée. M. Fortoul accepta cette tâche avec empressement. Un décret imposa le serment politique aux membres de l'Université, et força ses professeurs les plus illustres, depuis M. Guizot jusqu'à M. Barthélemy Saint-Hilaire, depuis M. Vacherot jusqu'à M. Michelet, à se retirer de l'enseignement découronné par leur retraite. MM. Barni, Frédéric Morin, Challemel-Lacour, Despois, Morel et bien d'autres encore donnèrent noblement leur démission.

Le ministre se mit ensuite à bouleverser le conseil de l'instruction publique. MM. Thiers, Beugnot, Orfila, Dubois, Cousin et Flourens en furent expulsés; M. Dumas en eut la vice-présidence à la place de M. Thiers; M. Désiré Nisard remplaça M. Saint-Marc Girardin comme secrétaire. M. Fortoul aurait voulu que ce dernier acceptât l'inspection générale de l'enseignement des lettres, mais les plus pressantes sollicitations restèrent vaines. La section permanente du conseil général fut supprimée. M. Fortoul, pour appliquer les principes propres à rétablir l'ordre et la hiérarchie dans le corps enseignant, fit perdre à l'Université la garantie de l'inamovibilité dont elle jouissait, comme l'armée et comme la magistrature. Les facultés, le Collége de France, le Muséum d'histoire naturelle, l'École des langues orientales, le bureau des longitudes, soumis à une réforme complète, au lieu de se recruter eux-mêmes comme autrefois, durent admettre parmi eux des professeurs et des membres nommés par l'État sur la présentation du ministre. Ce dernier, dans le cas de nominations à faire dans les établissements particuliers, put désormais joindre aux deux candidats présentés par les professeurs et par les membres de la classe correspondante de l'Institut, un troisième candidat connu par ses travaux. Le ministre se réserva toutes les nominations dans l'enseignement secondaire, dans les écoles préparatoires de médecine et de pharmacie, ainsi que dans tous les établissements d'enseignement de l'État.

M. Fortoul, s'imaginant que ce qu'on enlève à l'étude des lettres profite à l'étude des sciences, et que ce qu'on ôte à l'étude des langues anciennes doit servir à l'étude des langues modernes, établit ensuite une division radicale entre les études scientifiques et les études littéraires : deux divisions furent créées dans les lycées. L'enfant, après un premier cours élémentaire, devait choisir la division dans laquelle il voulait entrer; c'est ce que M. Fortoul appela la bifurcation. L'étude de la philosophie fut rayée du programme des études, et remplacée par un cours de logique portant sur les méthodes et sur les procédés de l'esprit humain. M. Fortoul voulait faire des hommes sans leur apprendre ce que c'est que l'homme. L'enseignement religieux devint obligatoire pour tous les internes, à quelque classe qu'ils appartinssent; le cours de religion devait avoir lieu une fois par semaine dans chaque division, durer une heure et donner lieu à des compositions. Des prix de dogme furent institués; l'enseignement religieux devait être inspecté par l'évêque diocésain ou par ses délégués.

L'enseignement de la théologie se trouvait ainsi à moitié restauré. M. Fortoul porta ensuite sur l'École normale un regard investigateur : il voulait qu'au lieu d'élèves pour l'agrégation, on n'y formât plus que des professeurs; le concours d'agrégation fut supprimé. Les études littéraires occupaient à son gré une place trop exclusive; elle sera partagée à l'avenir entre l'étude de la langue et celle de la littérature; l'étude de la langue doit être placée au premier rang, elle devient le fond même de l'enseignement, les élèves n'apprennent plus la grammaire à l'école, mais à la faculté. M. Fortoul, après ces réformes, ne pouvait laisser l'enseignement de la philosophie dans l'état où il se trouvait; il devait empêcher le virus de se répandre. L'enseignement de la philosophie à l'École normale fut donc réformé d'après le principe consacré par le décret sur les lycées : Première année : révision et développement du cours de logique; deuxième année : étude de l'histoire de la philosophie limitée aux époques classiques; troisième année : étude et démonstration des points fondamentaux de la théodicée, de la morale, et de l'esthétique. Les autres parties de l'enseignement de la philosophie furent éloignées de l'enseignement comme vaines subtilités. L'infatigable réformateur ajouta un choix des pères de l'Église et des morceaux tirés de Tertullien et d'Augustin, à la liste des auteurs profanes dont les textes furent scrupuleusement choisis; une chaire nouvelle de langue et de littérature françaises au moyen âge fut créée; la chaire de littérature prit le nom de chaire de langue et de littérature françaises modernes; la chaire des langues et littératures de l'Europe méridionale fut réunie à celle des langues et littératures d'origine germanique.

La loi de 1850 n'avait été acceptée que comme une concession insuffisante par les catholiques. Ils trouvaient que cette loi laissait une part trop grande à l'intervention de l'État dans l'enseignement : l'État, selon eux, gouverne, mais n'enseigne pas. L'enseignement est l'affaire de l'Église, qui, grâce aux congrégations religieuses sorties de son sein, peut satisfaire à toutes les nécessités de l'instruction publique. Les catholiques ajoutaient que la liberté d'enseignement pour tous, hormis pour l'État, est le seul principe capable de rendre à la religion l'influence qui lui appartient, et de purifier l'esprit de la France des illusions et des préjugés sans nombre que lui ont inculqués le xviiie siècle et la révolution française.

M. Fortoul, dans son rapport sur la situation de

l'instruction publique en 1853, justifia le langage des catholiques par les accusations qu'il fit peser sur l'Université. Les doctrines détestables qui alarmaient justement l'Europe avaient, à l'entendre, des adhérents dans les écoles de l'État; les facultés, sans lien entre elles et sans règle certaine, ne pouvaient pas utiliser le savoir des professeurs; les chaires de Paris semblaient plutôt remplies pour la satisfaction de maîtres brillants que pour l'éducation régulière de la jeunesse. L'École normale, uniquement occupée de philosophie et d'histoire, négligeait la haute culture littéraire, et oubliait les conditions laborieuses et modestes de l'art d'enseigner; les concours d'agrégation, tournois ingénieux et brillants sans utilité pratique, ne servaient qu'à gêner l'initiative du pouvoir, de même que l'obligation de choisir certains titulaires sur une liste de candidats; les règlements semblaient faits plutôt pour garantir la position du professeur que pour garantir l'État contre ses écarts; le baccalauréat n'était plus qu'une simple formalité mnémotechnique et un commerce déshonoré par des fraudes sans répression. Le rapport de M. Fortoul était un véritable acte d'accusation contre l'Université.

Le recrutement des corps enseignants par l'élection étant supprimé, et le droit de présentation réduit à l'état de formalité vaine, puisque le ministre n'est nullement tenu de s'y conformer, M. Fortoul s'arroge les pouvoirs disciplinaires les plus étendus, il nomme à son gré, révoque, suspend à tous les degrés de la hiérarchie et sur les plus futiles motifs; un jour il rend un arrêté qui condamne à la réprimande un professeur de la Faculté de Grenoble pour avoir publié dans un journal une pièce de vers dédiée à M. Philoxène Boyer, ancien professeur lui-même. Les changements succèdent aux changements : l'Université était divisée en vingt-sept Académies ; le recteur, assisté de deux ou trois inspecteurs, avait sous ses ordres plusieurs départements; il était un personnage même à côté de l'évêque. M. Fortoul décide en 1850 qu'il y aura désormais autant d'académies que de départements; le recteur n'est plus qu'un petit fonctionnaire admis au bas bout de la table où siégent le préfet, les magistrats, les membres du clergé; un an s'est à peine écoulé, et l'on réduit les Académies à seize; M. Fortoul, dans son discours au concours général de 1854, se félicite d'avoir rétabli le *trivium* et le *quadrivium*, comme au temps où la théologie était l'unique science d'où découlaient toutes les autres; il parle ensuite de la chevalerie, de Louis XIV, des desseins que l'Empereur a sur la jeunesse française, et il émet cette maxime obscure que, dans la lutte de la civilisation, il n'est permis de ramener le passé qu'à ceux qui sont dévoués au présent.

La bifurcation avait eu pour effet inévitable de détourner la moitié au moins de le jeunesse française des études philosophiques et littéraires. Le système et le ministre qui l'avait appliqué furent bientôt jugés. M. Fortoul, dans son passage au ministère, avait touché à tout, bouleversé tout, menacé tout, sa mission était finie; épuisé de fatigues, il mourut à Ems le 7 juillet 1856, trop tôt pour voir crouler son œuvre et un autre reconstruire l'ancien édifice. C'eût été le châtiment de M. Fortoul, si on ne lui avait pas laissé à lui-même le soin de démolir son œuvre, tâche qu'il eût acceptée avec empressement, car les hommes comme lui ne demandent pas à administrer, mais à servir.

M. Rouland, procureur général à la cour impériale, fut désigné à l'Empereur comme ministre de l'instruction publique par M. Chaix-d'Est-Ange, qui avait envie de sa place. Il entra en fonctions le 13 août 1856. La bifurcation fut remplacée par l'enseignement spécial, invention non moins fâcheuse. Un enseignement intermédiaire entre l'instruction primaire et l'instruction secondaire était sans contredit nécessaire; mais il fallait l'instituer au profit du peuple en le rendant gratuit. Le prix des colléges nouveaux était trop élevé pour le peuple, et l'enfant riche n'y recevait que des leçons médiocres et techniques. Il n'est pas même nécessaire d'être bachelier pour enseigner dans ces établissements.

Le Collége de France gardait encore ses franchises ; elles inquiétaient le gouvernement. Un décret daté du camp de Châlons le 8 octobre 1857 les supprima. L'assemblée des professeurs perdit le droit presque absolu d'administration dont elle était investie : ordre et succession des cours, époque de l'ouverture et de la fin des cours, l'assemblée réglait tout cela. Un administrateur nommé par le ministre de l'instruction publique était dorénavant chargé de ce soin. Le ministre avise lorsqu'un cours devient une occasion de plaintes ou de désordres ; il ne statue dans les cas disciplinaires, sauf dans les cas urgents, qu'après avoir entendu le conseil des professeurs ; il nomme aux chaires vacantes sur la présentation du conseil, et aux suppléances dont l'institution n'est valable que pour un an.

L'asservissement de l'Université était complet, cependant elle se résignait à remplir son devoir sans élever de plaintes. L'esprit d'opposition ne pouvait pas se faire jour aussi facilement chez elle, quoiqu'il existât chez elle aussi fort que dans l'Académie, dans les salons et dans la littérature.

MM. Sainte-Beuve, Alfred de Musset, Prosper Mérimée, Émile Augier, Théophile Gautier, seuls parmi les hommes de lettres entourés de quelque popularité, osaient en effet se montrer les partisans d'un régime hostile aux lettres par essence, non moins que par la profonde indifférence affichée par les hommes du pouvoir. M. Sainte-Beuve s'était fait bonapartiste pour satisfaire quelques vieilles rancunes; M. Alfred de Musset, esprit flottant, cœur indécis, après avoir chanté la naissance du comte de Paris, racontait les rêves d'Auguste; M. Mérimée avait reçu son brevet de sénateur comme un témoignage d'amitié de l'Impératrice, qu'il connaissait depuis son enfance et à qui il servit, dit-on, de secrétaire avant son mariage; Émile Augier, camarade du duc d'Aumale, petit-fils de Pigauld-Lebrun, le secrétaire et l'ami de Jérôme Bonaparte, roi de Westphalie, suivait une tradition de famille en se ralliant à l'Empire; M. Théophile Gautier, incapable d'aucune idée et d'aucune conviction politique, obéissait, en se rangeant parmi les écrivains du bonapartisme, à cette théorie commode que les hommes de talent sont faits pour vivre grassement aux dépens de tous les gouvernements. La presse, l'Académie, les salons, l'Université, toutes les forces intellectuelles du pays, sauf le clergé, étaient donc en hostilité ouverte ou cachée contre le gouvernement, réduit à les comprimer pour assurer son existence.

CHAPITRE VII.

1857.

Sommaire. — Assassinat de l'archevêque de Paris. — L'assassin est un prêtre interdit nommé Vergès. — Condamnation à mort et exécution de Vergès. — Dernière session de la législature de 1852-1857. — Le libre échange et la protection. — Loi de dotation de 100 000 francs au maréchal Pélissier. — Révision du code militaire. — Rejet des circonstances atténuantes. — Renouvellement du privilége de la banque de France. — Le projet de loi est faiblement défendu par M. Devinck. — M. Kœnigswaster l'attaque avec vigueur. — Il est adopté par la chambre. — Les paquebots transatlantiques. — Loi sur les grands travaux de Paris. — L'impôt sur la propriété immobilière. — Le Grand-Central. — Rachat de l'habitation de Longwood. — Les élections. — Mort de Béranger. — Inauguration du Louvre. — Mort du général Cavaignac. — Ouverture de la session. — Vérification des pouvoirs. — Trois élections contestées. — Procès Migeon. — Fin de l'année 1857.

Les premiers jours de l'année 1857 furent marqués par l'assassinat de l'archevêque de Paris. M. Sibour recevait depuis quelque temps des lettres anonymes. La veille du jour de l'an, répondant aux félicitations du clergé, il avait fait avec tristesse et mélancolie allusion aux menaces qu'elles contenaient ; de sombres pressentiments l'agitaient au moment où il inaugurait, le 3 janvier à l'église de Saint-Étienne du Mont, la neuvaine de Sainte-Geneviève.

Les cérémonies venaient de finir ; quatre heures et demie sonnaient. L'archevêque, sortant du chœur pour passer dans la sacristie, est arrêté par un homme qui écarte sa chape et le frappe au cœur en criant : A bas les déesses ! L'abbé Surat, grand vicaire du diocèse, accourt trop tard pour repousser l'assassin ; une dame est légèrement blessée en essayant de retenir son bras. L'auteur du crime jette des regards de joie sur l'archevêque qui tombe en défaillance.

L'assassin était un prêtre interdit nommé Vergès, natif de Neuilly, attaché à la paroisse de Saint-Germain l'Auxerrois, et un moment porte-croix de la chapelle impériale. « J'ai prévenu tout le monde, dit-il plus tard, parquet, police, de mon projet de tuer Sibour! » Transféré à la mairie du Panthéon, il subit divers interrogatoires du préfet de police, du procureur général, du procureur impérial et d'un aide de camp de l'Empereur. Ses réponses incohérentes se terminaient par des menaces; il répétait sans cesse : Ce n'est pas la fin! ce n'est pas la fin!

Vergès, vêtu en laïque, portait un paletot bourré d'écrits et de brochures. Il s'était servi pour commettre son crime d'un couteau catalan acheté quelques jours auparavant chez un coutelier de la rue Dauphine. L'ornement brodé et passementé de l'archevêque aurait amorti le coup, mais au centre était une place unie; c'est là que Vergès avait frappé. Conduit à la Conciergerie, ses premiers mots en arrivant furent : « Donnez-moi à manger; je suis à jeun depuis ce matin. — Pourquoi, lui demanda le procureur impérial, n'avez-vous pas mangé? — Afin que ma main ne tremblât pas. — Comment avez-vous pu commettre ce crime? — La faute en est au célibat des prêtres; pourquoi ne voulez-vous pas qu'ils se marient? » Interrogé sur ce cri : A bas les déesses! il répondit qu'il s'adressait à l'Immaculée Conception, contre laquelle il avait prêché, et à la confrérie des Génovéfains.

Le mélange d'incohérence et de cynisme dont Vergès

fit preuve dès ses premiers interrogatoires s'explique par sa vie. Élevé par le curé de Saint-Germain l'Auxerrois, il répond à ses bienfaits par la plus complète ingratitude ; renvoyé du séminaire de Saint-Nicolas du Chardonnet, puis vicaire à Meaux, collaborateur du cardinal Wiseman pour répandre le catholicisme en Angleterre, curé de Cerris, il consacre une brochure à la défense d'une empoisonneuse condamnée à Melun et injurie les juges de cette femme. Une instruction à ce sujet est commencée, la justice n'y donne pas suite, mais les supérieurs de Vergès le frappent d'interdiction ; il se donne alors en spectacle sur l'escalier de l'église de la Madeleine à Paris avec un écriteau sur la poitrine portant ces mots : « J'ai faim et ils ne m'ont pas nourri. J'ai froid et ils ne m'ont pas vêtu. Prêtre interdit. » M. Sibour, après avoir retiré l'interdiction qui pesait sur Vergès, se vit forcé, en présence de ces excentricités, de la rétablir. Le malheureux sachant cette punition définitive s'était vengé.

Vergès, désireux de se défendre lui-même, se pourvut contre l'arrêt de la chambre des mises en accusation, dans l'espoir de faire remettre les débats à la deuxième quinzaine de janvier, mais la cour de cassation, délibérant sur-le-champ, prononça le rejet du pourvoi. Le public, en se présentant le jour de l'ouverture des débats pour occuper la partie de la salle qui lui est ordinairement réservée, la trouva envahie par des personnes munies de billets de faveur. Le nombre des banquettes était doublé et le banc des accusés envahi ; nul ne pouvait circuler dans l'intérieur du palais s'il n'était muni d'une carte ; des agents postés à chaque porte du prétoire plaçaient les arrivants selon la couleur de leur carte, comme au théâtre. La foule était déjà énorme à huit heures, et la cour n'entrait en séance qu'à dix heures et demie : l'ambassadeur turc, le secrétaire des commandements de l'Impératrice, des chambellans, le prince Murat, des actrices, des femmes galantes, attendaient que le spectacle commençât.

Triste spectacle! Un petit homme, malingre, assis non loin d'une serviette renfermant les pièces à conviction, l'étole, le surplis tachés de sang, examine les documents de la procédure et de ses mains couvertes de gants de coton blanc les remet à l'avocat qui lui a été donné d'office, M. Nogent-Saint-Laurens. Vergès a la parole : Tantôt se plaignant d'être une victime de l'inquisition papale et de l'inquisition judiciaire qui refuse d'admettre la liste de ses témoins, tantôt protestant contre les coups qu'il a reçus au moment de son arrestation et contre les deux sous que lui a coûtés sa chaise à l'église de Saint-Étienne du Mont, il laisse échapper de sa bouche un torrent de plaintes absurdes, d'idées sans suite et de menaces incohérentes. Le vicaire de Saint-Germain l'Auxerrois, sur lequel l'accusé a fait peser les plus ignobles calomnies, prête le serment légal de dire la vérité. La colère de Vergès déborde en écoutant sa déposition; il se démène, il trépigne, il écume; les gendarmes sont obligés de l'emporter hors de la salle ; il crie : « Peuple, défends-moi ! » Des voix lui répondent du fond de l'auditoire : Assassin ! calomniateur !

Le procureur général menace Vergès qu'on vient de ramener de continuer les débats hors de sa présence, il réplique : « Je m'en moque ! » Le ministère public ne crut pas nécessaire de prononcer un réquisitoire. M. Nogent-Saint-Laurens invoqua en faveur de son client la circonstance atténuante de la folie; le jury, après le résumé du président Delangle, déclara l'accusé coupable sans circonstances atténuantes, et la cour prononça contre lui la peine de mort. Vergès se pourvut à la fois en cassation et en grâce.

La porte de la Conciergerie donnant sur la cour du Mai s'ouvre le lendemain devant un homme maigre, pâle, les yeux hagards, vêtu de la veste jaune de la prison, et conduit par les gardiens vers la voiture cellulaire qui doit le transporter à la Roquette; cet homme, c'est Vergès. En voyant les curieux rassemblés dans la cour il devient livide et fait un pas en arrière; il croit qu'on le mène à l'échafaud. Les gardiens le rassurent; il fait mettre sous ses bras attachés les quatre cahiers de papier noircis par lui dans sa prison : « C'est pour mon frère, dit-il, cela vaut un million ! » Plusieurs personnes s'adressèrent à ce malheureux pour lui demander des autographes.

Le directeur de la Roquette, en faisant mettre la camisole de force à Vergès, permit qu'on lui laissât la main droite libre pour écrire. Le condamné comptait que la peine de mort serait commuée pour lui, d'après ses expressions, en un exil honorable : « Vous n'avez pas le droit de me tuer, cria-t-il, quand on lui eut annoncé la terrible nouvelle, accordez-moi une heure seulement, je me défendrai ! » Il se cramponnait en même temps à son lit; les gardiens l'habillèrent de force. Après avoir subi la toilette dans un état complet de prostration, il parut plus résigné en marchant à l'échafaud; il cria sur la plate-forme, en baisant le crucifix : Vive le Dieu d'amour! vive notre Seigneur Jésus-Christ ! Un instant après, sa tête tomba, et l'on put écrire une fois de plus que la justice des hommes était satisfaite par la mort de cet halluciné.

Les ultramontains laissèrent entrevoir que la fin de M. Sibour était le châtiment de son opposition au dogme de l'Immaculée Conception. L'archevêque de Paris avait en effet adressé au pape une note contre ce dogme, que le cardinal Gousset lui fit la malice de publier dans un livre sur cette matière. La crainte des ultramontains troubla l'agonie de l'archevêque de Paris : les quatre dernières lignes écrites par lui du presbytère de Saint-Étienne du Mont sont adressées à l'abbé Cognat, rédacteur de l'*Ami de la religion*. Dans ces lignes, il le prie de voir M. Dufaure, afin que celui-ci prenne en mains sa défense contre l'*Univers* dans le procès intenté par ce journal à l'auteur de la brochure *l'Univers jugé par lui-même*.

L'émotion produite par l'assassinat de l'archevêque de Paris était à peine calmée, lorsque la session s'ouvrit le 16 février. M. Schneider remplaçait au fauteuil présidentiel M. de Morny, chargé d'une mission en Russie.

Le libre échange et la protection engagèrent une escarmouche dès les premières séances. Il ne s'agissait que de convertir en lois les décrets rendus en matière de tarifs, décrets dont l'utilité n'était pas contestée ; mais le gouvernement avait trop clairement manifesté l'intention de lever les prohibitions pour que les protectionnistes ne dressassent pas l'oreille. La commission, par l'organe de son rapporteur M. Randoing, député de la Somme, crut devoir faire une grande manifestation et protester contre toute atteinte portée au régime protecteur. Le libre échange ne jugea pas à propos d'engager la bataille ; l'agriculture se borna, par l'intermédiaire de M. de Kergorlay, à présenter quelques observations sur les tarifs des machines à fabriquer les tuyaux de drainage et sur la taxe différentielle qui frappait le guano à l'importation ; M. de Kergorlay demandait que ces articles fussent admis à de meilleures conditions, et qu'on ouvrît les portes de la frontière à l'exportation de l'écorce à tan.

Le ministre d'État avait présenté un projet de loi relatif à une dotation annuelle de 100 000 francs pour le maréchal Pélissier, duc de Malakoff. L'opinion publique se demandait pourquoi le gouvernement tenait à cœur de récompenser les grands faits de guerre, plutôt que les grands faits de littérature, de science ou d'art. Le gain d'une bataille contribue sans doute à la gloire d'une nation, et met quelquefois en lumière le génie d'un homme, mais à quoi se réduit la question du siége de Sébastopol et de tous les siéges? à faire arriver le plus promptement le plus grand nombre de troupes sur un point, soit pour l'attaquer, soit pour le défendre; le talent des officiers du génie retarde quelquefois le dénoûment d'un siége, mais ne l'empêche jamais. Or, on savait depuis longtemps que la France et l'Angleterre pouvaient mieux pourvoir aux dépenses d'hommes, de matériel et d'argent nécessitées par les besoins de l'attaque, que la Russie aux frais de la défense; la victoire à Sébastopol n'était qu'une question de temps et d'argent. La Restauration avait pris Alger, et la monarchie de Juillet Anvers, sans décerner aucune récompense pécuniaire aux auteurs de ces grands faits d'armes. L'honneur d'attacher son nom à un siége mémorable devait suffire au maréchal Pélissier, qui d'ailleurs touchait déjà près de 100 000 francs par an de l'État. Ces sentiments, exprimés assez ouvertement dans le public, ne trouvèrent pas d'écho au Corps législatif. La dotation fut votée.

Les lois pénales militaires appelaient depuis longtemps une révision. En attendant que cette réforme, commencée sous la Restauration, interrompue par la révolution de Juillet, fût menée à bonne fin, les anciennes lois pénales avaient été adoucies. Le meilleur adoucissement c'était un code. Le gouvernement en fit élaborer un en 227 articles par une commission spéciale ; une question des plus importantes aurait pu être soulevée par la discussion de ce code : Le soldat doit-il avoir d'autres juges que les citoyens? mais cette question était d'avance tranchée par la loi qui reconnaît au plus petit fonctionnaire le droit de se soustraire à la juridiction commune ; les militaires français ne pouvaient être responsables de leurs crimes et délits que devant la juridiction spéciale des conseils de guerre. Ce privilége n'existe pas en Angleterre, où le gouvernement, chaque année, soumet au vote du parlement un projet de loi autorisant les autorités militaires à appliquer aux soldats certaines dispositions d'une loi spéciale.

L'ancien code militaire français contenait presque à chaque ligne la peine de mort et les châtiments infamants; ces peines étaient plus rares dans le code nouveau, mais l'arbitraire y tenait toujours une grande place. Le président du conseil de guerre pourra-t-il admettre des militaires au rôle de défenseurs, ou sera-t-il obligé de les prendre exclusivement parmi les avocats et les avoués? Un long débat engagé à ce sujet se termina par l'adoption de l'article qui sanctionnait le droit du président de choisir des militaires. Le colonel Reguis demanda l'admission des circonstances atténuantes ; il fut appuyé par M. Riché. Les généraux Allard et Niel, commissaires du gouvernement, ce dernier surtout, se prononcèrent contre l'introduction des circonstances atténuantes dans le code militaire. M. Niel s'appuya sur cette singulière raison que la peine des travaux forcés était infamante, et que la peine de mort ne l'était pas toujours. Les circonstances atténuantes ne furent donc pas admises, et la nouvelle loi, malgré ses adoucissements, n'en resta pas moins une loi à la marque du passé.

Le privilége de la banque de France n'expirait que dans dix ans; on avait donc du temps devant soi pour le renouveler. Le gouvernement, craignant cependant d'être pris au dépourvu, proposa brusquement à la chambre un projet ainsi conçu : « Le privilége de la » banque de France est prorogé du 1er janvier 1867 au » 31 décembre 1897, c'est-à-dire de trente ans ; la » banque verse dans les caisses du trésor 100 millions » en échange de la quantité de rentes 3 pour 100 néces- » saires pour former la contre-valeur de ce versement. »

Ce projet arrivait au moment même où la chambre allait se séparer, elle l'accueillit avec une certaine méfiance. Lier l'État avec la banque jusqu'à la fin du siècle et sans intervalle fixé où l'on pourrait résilier le bail, c'était grave. La commission proposa un amendement qui fut repoussé par le conseil d'État; M. Devinck, financier habile à montrer les inconvénients des mesures qu'il finissait presque toujours par voter, soutenait le projet à contrecœur ; son rapport, peu fait pour échauffer la majorité, devait être discuté, en même temps que la loi, le lendemain même du jour où il avait été distribué; c'était aller en besogne plus vite que la chambre n'aurait voulu.

M. Kœnigswarter attaqua vigoureusement le projet, M. Devinck lui répondit avec mollesse, et en déplorant la non-adoption des amendements de la commission; M. Vuitry, commissaire du gouvernement, s'efforça de prouver que la mesure était aussi bonne pour l'État que pour la banque; M. Baroche qui lui succéda ne parvint pas aisément à démontrer que le droit donné à la banque d'élever au-dessus de 6 pour 100 le taux de ses escomptes et l'intérêt de ses avances, était compatible avec la loi de 1807 relative à la fixation du taux de l'intérêt. Prorogation de trente ans; doublement du capital; attribution des actions nouvelles aux détenteurs des anciennes; versement de 100 millions en 1859 dans le trésor public en atténuation des découverts; inscription sur le grand livre de la dette de rentes 3 pour 100 nécessaires pour l'emploi de ces 100 millions; transfert des rentes à la banque au cours moyen du mois qui précédera chaque versement, sans que ce prix puisse être inférieur à 75 francs; autorisation à la banque de faire des avances sur les obligations émises par la Société de crédit foncier, d'élever de 6 pour 100 le taux de ses escomptes et l'intérêt de ses avances, et d'abaisser à 50 francs la moindre coupure de ses billets, tels sont les principaux articles de la loi votée par 225 voix contre 15. Les premières dispositions de la chambre faisaient prévoir un autre résultat.

Une commission était chargée depuis 1855 de préparer le cahier des charges d'un système complet de navigation transatlantique; son travail servit de base au projet par lequel le ministre des finances était autorisé à s'engager, au nom de l'État, au versement annuel d'une subvention ne pouvant dépasser 14 millions pour l'exploitation de trois lignes de bateaux à vapeur entre la France et 1° New-York ; 2° les Antilles, le Mexique, Aspinwall et Cayenne ; 3° le Brésil et Buenos-Ayres.

Le projet de loi fut mieux accueilli que le cahier des charges. La chambre craignait qu'en voulant satisfaire à la fois le Havre, Bordeaux et Nantes, en les faisant têtes de ligne de New-York, des Antilles et du Brésil, on ne rendît irréalisable une affaire de cette importance ; aussi, en présence de l'antagonisme des ports, elle adopta le projet sans que cette adoption impliquât l'approbation du cahier des charges.

Le préfet de la Seine continuait à démolir Paris ; l'Empire voulait une capitale neuve et stratégique : boulevards et casernes, c'était le mot d'ordre ; il exigeait beaucoup d'argent ; où le prendre ? dans la caisse municipale ou dans le trésor public ? Le gouvernement décida qu'on puiserait dans ce dernier 12 millions et demi pour l'achèvement du boulevard de Sébastopol et de la rue des Écoles. M. Desmolles, député, soutint que la France ne devait pas payer les embellissements de Paris, et qu'il n'y avait aucune utilité à dépeupler les campagnes pour concentrer tous les ouvriers dans une seule ville ; M. Lanquetin, député de la Seine, le réfuta par les plus poétiques considérations de patriotisme et d'honneur national. La majorité n'aimait pas beaucoup Paris; mais M. Roulleaux-Dugage, rapporteur, parvint par un ingénieux artifice à faire accepter le boulevard de Sébastopol et la rue des Écoles comme des routes impériales, à la création desquelles l'État était obligé de participer.

M. Alfred Leroux, ancien agent de change, paraissait préposé par la Chambre à l'examen des budgets. Celui de 1858 fut soumis encore à ses investigations. Son rapport, souriant d'un bout à l'autre, insinuait cependant que « l'excédant final était obtenu par des éléments de recettes transitoires qu'il serait peut-être difficile de continuer dans les exercices prochains. » En effet, on ne pouvait pas considérer comme des recettes permanentes la réserve de l'amortissement encore suspendu pour 1858 et le montant des impôts créés pendant la guerre et dont le gouvernement demandait le maintien pour une année encore. Le Corps législatif voulait entraver la spéculation sur les valeurs de bourse ; le gouvernement admit donc dans le projet de budget un droit de transmission des titres et valeurs des sociétés ou entreprises industrielles quelconques. Le produit de ce droit était estimé à 11 millions. MM. de Beauverger et Leroy de Beaulieu demandèrent en outre l'allégement des charges de la propriété foncière. « Je suis surchargée d'impôts, dit la propriété foncière, dégrevez-moi. » La propriété immobilière répondit : « Je le suis aussi, si vous me grevez encore, vous frappez l'esprit d'association et d'entreprise, la vraie force du monde moderne. » Un orateur, oubliant l'engagement pris par l'État envers ses prêteurs, soutint que la rente devait être imposée. L'impôt était voté en principe, mais le Corps législatif voulait simplement affirmer ses tendances en matière d'impôt et rassurer la fortune immobilière. MM. Gouin, de Belleyme, Alfred Leroux, André, du Miral, Lequien, Chasseloup-Laubat s'y employèrent de leur mieux, et prouvèrent que le Corps législatif, gardien de toutes les propriétés, n'entendait pas sacrifier l'une à l'autre. Après cette discussion académique, chaque député, pour ainsi dire, parla en faveur de ses pauvres : M. Paul Dupont pour les employés dont les appointements n'étaient pas à la hauteur du prix des denrées ; MM. de Champagny, Leroy de Beaulieu, de Piré, Dalloz, pour les employés des préfectures et sous-préfectures ; le colonel Reguis pour les officiers en retraite décorés : 138 députés se joignirent à lui, et réclamèrent pour ces officiers le traitement que le décret du 22 janvier attribue aux divers grades de la Légion d'honneur. La propriété foncière et la propriété immobilière firent valoir leurs prétentions à l'occasion de l'impôt sur la rente.

Le Corps législatif vota la loi sur les marques de fabrique, sur le défrichement des landes de Gascogne, et la fusion du chemin de Lyon avec celui de la Méditerranée. Une charge assez lourde fut imposée à cette compagnie : MM. de Pourtalès et de Seraincourt, propriétaires des mines d'Aubin, avaient chargé deux ingénieurs d'étudier un projet de chemin de fer de Clermont à Montauban passant par leurs mines. MM. de Pourtalès et de Seraincourt, gens en grand crédit, mirent à la disposition de leurs ingénieurs les cartes des ponts et chaussées de l'état-major, et même les dessinateurs de ce corps. M. de Pourtalès, ces études terminées, forma une société en vue d'obtenir la concession de ce chemin qui donnait un débouché sur ses mines. Le gouvernement ayant refusé les subventions et les garanties d'intérêt qu'il demandait, M. de Seraincourt et son associé eurent l'idée de construire 300 kilomètres de chemins sans subvention et sans garantie, à condition que le gouvernement accorderait en

cinq ans 600 autres kilomètres dont il solderait les terrains, les terrassements et les travaux d'art. M. de Morny se chargea de faire réussir la demande; il forma une compagnie anglo-française, en se réservant le droit d'en nommer les administrateurs. Telle fut l'origine du Grand-Central dont les actions firent à la Bourse une prime de 70 à 80 francs, avant qu'on eût donné un seul coup de pioche aux travaux. Ce chemin, après bien des vicissitudes, était tombé en déconfiture, et pour l'honneur des compagnies il fallait à tout prix le sauver. Les chemins d'Orléans et de Lyon y étaient directement intéressés; ils prirent les sections du Grand-Central et se les partagèrent contre indemnité au propriétaire qu'ils liquidaient. Les grands industriels de l'époque cessèrent d'être choqués par la vue de ce misérable chemin ruiné; le Grand-Central fut absorbé, malgré les efforts de M. Anatole Lemercier qui s'effrayait de voir diminuer le nombre des compagnies et augmenter les grands monopoles. Le gouvernement traitait à cette époque une grave affaire aux États-Unis : l'Empire et le célèbre industriel Barnum se trouvaient en concurrence pour l'achat de la maison où mourut Napoléon. L'Empire se faisait fort d'évincer son concurrent avec la somme de 80 000 francs : « L'ha-
» bitation de Longwood a été appropriée aux conve-
» nances d'une exploitation agricole. La maison que
» Napoléon habitait a été convertie en un bâtiment de
» ferme ; une grange se rencontre sous les voûtes où il
» dictait sa pensée ; la chambre où il a rendu le dernier
» soupir est aujourd'hui une étable. Son tombeau a éga-
» lement subi de déplorables transformations ; le terrain
» appartient à un particulier, et la spéculation américaine

» en dispute la possession au patriotisme de la France. »
Ainsi s'exprimait M. Conti dans son rapport. Le Corps législatif vota d'enthousiasme les fonds demandés ; Barnum recula devant une surenchère.

Le gouvernement proposait cette même année de voter 100 000 hommes pour le contingent, au lieu de 80 000, et de considérer à l'avenir ce chiffre comme normal ; il était question aussi d'organiser une réserve. M. Legrand s'efforça de prouver que rien ne forçait la France à tenir une armée de 600 000 hommes sur pied, et qu'avant de créer la réserve, il convenait d'attendre du moins que les autorités militaires se missent d'accord. Le général Allard persista dans ses demandes au nom du gouvernement ; il fallait augmenter ou la durée du service ou le contingent. L'intérêt des familles conseillait le premier moyen ; l'appel de 100 000 hommes fut accepté à l'unanimité. Le gouvernement fit valoir en faveur de ce vote cette considération que, grâce au système des réserves, les appelés pourraient n'être astreints qu'à deux ans de présence sous les drapeaux, et que ce système élèverait de 1 à 2 pour 100 le chiffre des exemptions accordées aux soutiens de famille.

Pendant que le Corps législatif se livrait aux travaux de sa dernière session, Paris assistait aux fêtes données au grand-duc Constantin et à Maximilien II, roi de Bavière. Des préoccupations plus dignes de la capitale d'un grand peuple allaient remplacer ces distractions vaines. Le décret de dissolution du Corps législatif, le décret de convocation des colléges électoraux pour le 21 du mois de juin, et le décret déterminant les circonscriptions électorales, parurent le 29 mai au *Moniteur*.

Chaque département, d'après la constitution, a un député à nommer à raison de 35 000 électeurs. Les départements où le chiffre de l'excédant atteint 35 000 choisissent un député de plus. Ce système avait porté le nombre des députés en 1852 à 261. Le recensement électoral arrêté au 31 mars dernier donnait un député de plus aux départements de la Seine et de la Loire, mais il en enlevait un à neuf départements (Côtes-du-Nord, Gers, Indre-et-Loire, Puy-de-Dôme, Haute-Saône, Sarthe, Seine-et-Marne, Somme, Var). Le Corps législatif n'aurait donc plus compté que 254 députés au lieu de 261.

Un projet de loi fut présenté le 12 mai au Corps législatif pour réduire la fraction de 35 000 à 17 000; mais le gouvernement, effrayé bientôt à l'idée de faire trancher une question constitutionnelle par le pouvoir parlementaire, remplaça ce projet de loi par un sénatus-consulte portant : « Il y aura un député au Corps législatif à raison » de 35 000 électeurs. Néanmoins, il est attribué un dé- » puté de plus à chacun des départements dans lequel le ». nombre excédant des électeurs dépasse 17 000. » Un décret fixa le nombre des députés à élire à 267.

Le *Moniteur* du 11 juin se chargea de prononcer l'oraison funèbre du Corps législatif défunt. Nos archives s'étaient enrichies, grâce à lui, d'un millier de lois nouvelles, mais ce nombre prodigieux de lois enregistrées plutôt que votées touchait peu le public. Ce dernier, ne connaissant les débats de la chambre que par un procès-verbal sans vie et sans couleur, ne croyait pas à une discussion sérieuse. L'opinion publique s'inquiétait peu d'ailleurs de ce Corps législatif dont les membres, placés pour ainsi dire sous la haute surveillance du pouvoir, étaient durement menacés de perdre son patronage à la moindre velléité d'indépendance (1), un Corps législatif n'ayant pas même la liberté de nommer son président, sans aucune prise sur les ministres, recevant les projets de loi élaborés par le Conseil d'État, obtenant à grand-peine de temps en temps l'admission de quelques amendements timides, ne pouvant agir sur le budget qu'en rejetant en bloc des chapitres dont le vote était indispensable à la marche du service public.

Cette assemblée sans droit d'initiative et n'exerçant aucun contrôle sérieux, composée de députés désignés par les ministres et nommés par les préfets, faisait dire à bien des gens : « A quoi bon nous déranger pour nommer des députés, le gouvernement ne ferait-il pas mieux de les nommer lui-même ? »

M. Billault, ministre de l'intérieur, était fermement résolu à suivre les errements de son prédécesseur M. de Persigny et à pousser la force administrative jusqu'à l'intimidation. La fameuse circulaire sur les élections des

---

(1) Au mois de juillet 1852, M. Chasseloup-Laubat se présente comme conseiller général pour le canton de Marennes, dans la Charente-Inférieure ; le préfet adresse cette proclamation aux électeurs :

« Électeurs,

» Déjà vous devez l'avoir pressenti, l'attitude, les actes et le langage de M. le comte de Chasseloup-Laubat, dans la dernière session du Corps législatif, n'ont pas justifié la confiance du gouvernement. Ces actes et ce langage n'ont malheureusement que trop prêté le flanc à de regrettables équivoques et servi même, à l'insu de leur auteur, de nouvel et dangereux stimulant aux funestes passions qui rêvent le bouleversement de la société.

» Électeurs de Marennes ! vous êtes sincèrement, sans arrière-pensée ni détours, dévoués au Prince-président et à la cause que vous savez très-bien n'être au fond que celle de l'ordre social en France. Dans les circonstances graves où nous sommes encore, je dois vous prémunir contre un choix qui ne serait pas d'accord avec vos véritables sentiments. »

TAXILE DELORD.

28 et 29 février 1852 lui servit de modèle (1). M. Billault déclara que, « sauf quelques exceptions commandées par » des nécessités spéciales, le gouvernement considérait » comme juste et politique de présenter à la réélection » tous les membres d'une assemblée qui avait si bien » secondé l'Empereur et servi le pays ». Il voulait bien permettre cependant à d'autres candidatures de se produire, on va voir dans quelles conditions :

« En face de ces candidatures hautement avouées, résolûment soutenues, d'autres pourront également se produire. On a dans les derniers temps calomnié notre législation sur la distribution des bulletins de vote, les règles en sont cependant simples et libérales. Pendant les vingt jours qui précèdent l'élection, tout candidat qui aura soumis à la formalité du dépôt légal un exemplaire signé de lui, de ses professions de foi, circulaires ou bulletin de vote, pourra, sans qu'il soit besoin d'aucune autorisation, les faire afficher et distribuer en pleine liberté. Tout électeur qui, non content d'écrire ou de faire écrire son vote, et d'exercer son droit individuel, voudra propager une candidature, en pourra librement distribuer les bulletins, si, sur l'un de ces bulletins légalement déposé, la signature du candidat constate son assentiment. Certes, dans ces conditions, on peut dire que l'éligible et l'électeur auront une entière liberté, l'un pour se produire, l'autre pour exprimer son choix et le proposer à ses concitoyens. Si cependant les ennemis de la paix publique croyaient trouver dans cette latitude l'occasion d'une protestation sérieuse contre nos institutions ; s'ils tentaient d'en faire un instrument de trouble ou de scandale, vous connaissez vos devoirs, monsieur le préfet, et la justice saurait aussi sévèrement remplir les siens ; mais ces excès ne se produiront pas : vinssent-ils à se produire, la répression n'en portera

---

(1) « La nouvelle constitution ne permet plus sans doute ces vaines agitations parlementaires qui ont si longtemps paralysé les forces du pays; mais il ne suffit pas d'avoir rendu ce régime impuissant à faire le mal, il faut rendre le gouvernement puissant à faire le bien. Comme c'est évidemment la volonté du peuple d'achever ce qu'il a commencé, il faut que le peuple soit mis en mesure de discerner quels sont les ennemis du gouvernement qu'il vient de fonder.

» En conséquence, monsieur le préfet, prenez des mesures pour faire connaître aux électeurs de chaque circonscription de votre département, par l'intermédiaire des divers agents de l'administration, par toutes les voies que vous jugerez convenables, selon l'esprit des localités, et au besoin par des proclamations affichées dans les communes, celui que le gouvernement de Louis-Napoléon juge le plus propre à l'aider dans son œuvre réparatrice. » (Circulaire Persigny pour les élections des 28 et 29 février 1852.)

aucune atteinte à la liberté du suffrage universel ; trois fois sacré par lui, l'Empereur l'invoque avec confiance. »

Cette circulaire, pleine de menaces, permettait la distribution des bulletins, mais à condition que les noms portés sur ces bulletins conviendraient au gouvernement. Elle se terminait par un appel énergique « aux loyaux travailleurs des campagnes, et aux intelligents ouvriers de nos villes ». Surtout, disait M. Billault, pas d'abstention ! Les préfets devaient pousser les électeurs au scrutin, afin de « noyer dans une immense manifestation populaire l'imperceptible minorité des partis hostiles ».

Le nouveau Corps législatif allait donc, comme le précédent, être choisi par les préfets et nommé par les électeurs. Cette parodie du suffrage à deux degrés est la loi même du gouvernement impérial, qui, représentant la volonté personnelle d'un homme, n'accepte que l'apparence du contrôle législatif exercé par des députés fonctionnaires. Le pouvoir personnel et le suffrage universel libre ne sauraient vivre en bonne intelligence ; voilà pourquoi le système des candidatures officielles a été inventé ; il n'est pas dans la constitution, mais seul il la rend possible. Voyons par quels moyens on le fit triompher en 1857.

La faiblesse des partis, la terreur dans laquelle vivaient les populations depuis le coup d'État, donnaient beau jeu au gouvernement. Le parti catholique, quoique dévoué au pouvoir, présenta quelques candidats particuliers. L'*Univers* appuya à Strasbourg dans les termes suivants la candidature de M. de Schauenburg, conseiller général, contre M. A. de Bussière, candidat officiel appartenant à la religion réformée. Les deux rivaux étaient d'ailleurs également disposés à soutenir la politique impériale :

« Les électeurs qui ont pris cette détermination veulent protester par leurs votes contre la participation de M. de Bussierre dans les décrets surpris au gouvernement pour la construction de temples protestants à Haguenau et à Benfeld, et pour l'érection en pastorat du vicariat protestant de Saverne ; cette extension administrative du culte protestant n'étant justifiée en rien, dans ces différentes localités, par l'état des choses.....

» Nous engageons vivement nos amis à voter pour M. de Schauenburg. Le vote est toujours une protestation plus ferme et plus efficace que l'abstention. »

Les préfets de l'Empire étaient décidés à employer tous les moyens pour assurer le triomphe de leurs candidats. M. de Lowasy de Lonwy, préfet des Deux-Sèvres, écrit aux fonctionnaires de son département : « Imposez silence aux adversaires s'il s'en rencontre ; empêchez énergiquement leurs manœuvres. »

M. Sencier, préfet de la Somme, impose lui aussi le silence aux adversaires de l'administration, mais d'une façon indirecte, en défendant de distribuer des bulletins dans les cabarets.

M. Fonsard, préfet de Saône-et-Loire, va plus loin : il interdit la publication et l'affichage des circulaires et professions de foi du candidat non officiel. Ce candidat était précisément son prédécesseur dans l'administration du département, un préfet du coup d'État, M. de Romand. L'*urne du bien* et l'*urne du mal*, voilà comment un préfet désigne les urnes où les électeurs du gouvernement et ceux de l'opposition déposent leur vote.

M. E. Le Roy, préfet de la Seine-Inférieure « devançant l'opinion publique », explique aux maires la nature de leurs devoirs en matière d'élection :

« Le devoir de l'administration, à tous les degrés de la hiérarchie, est tracé. Il faut laisser à l'élection une liberté complète, mais il faut aussi éclairer et diriger l'esprit des populations.

» Il vous appartient, monsieur le maire, d'aider dans ces limites le zèle des électeurs de votre commune. Rappelez-leur combien il importe que ce nouvel exercice de leurs droits de citoyens consacre une fois de plus leur étroite union avec la politique impériale. Engagez-les à se rendre tous au scrutin et à y déposer le témoignage de leur sympathie pour les hommes honorables présentés à leur choix par l'administration. Elle a la conscience de servir les intérêts de la population en appelant sur ces candidats la préférence des électeurs, et par cette déclaration franche elle entend favoriser, comme elle espère devancer la véritable expression de l'opinion publique. »

La circulaire de M. Tonnet, préfet du Calvados, contient cette phrase significative :

« Dans cette grande manifestation de l'opinion publique, c'est un devoir pour chacun de nous d'apporter dans l'urne notre bulletin de vote. C'est un témoignage de reconnaissance que nous devons au gouvernement de l'Empereur, et s'il m'était permis de mêler à ces sentiments l'expression de l'estime que vous portez à mon administration, je serais heureux d'en avoir la mesure par votre empressement à répondre à mon appel. »

Voter pour les candidats extra-officiels c'était donc montrer des sentiments peu sympathiques non-seulement au gouvernement de l'Empereur, mais encore à l'administration départementale.

M. Remacle, préfet du Tarn, donne aux sous-préfets et maires les instructions suivantes :

« Vous mettrez un soin particulier à presser les électeurs, principalement dans les campagnes, de se rendre au scrutin. Pleins de confiance dans l'élu de la nation et témoins de sa sollicitude pour toutes les classes de citoyens, ils s'en remettront volontiers à lui du soin de tous leurs intérêts. Montrez-leur qu'il s'agit du fonctionnement régulier de la constitution que l'Empereur lui-même nous a donnée ; qu'en allant nommer leurs députés ils feront preuve d'attachement aux institutions impériales ; qu'il s'agit d'une grande manifestation populaire servant à faire ressortir l'insigne faiblesse des partis hostiles, s'ils osent se produire, et que toute hésitation doit cesser devant ce grand but politique à atteindre. »

M. le préfet des Deux-Sèvres recommande l'unité du vote, gage de l'unité de sentiments :

« Imposez silence aux adversaires, s'il s'en rencontre ; empêchez énergiquement leurs manœuvres. Excitez ceux qui voudraient s'abstenir ; rappelez-leur que le temps n'est pas encore bien loin où ils tremblaient pour leurs intérêts les plus chers. Rassurés aujourd'hui, voudraient-ils risquer de ralentir les progrès de la politique glorieuse et réparatrice de Napoléon III? Ingrats et imprudents ! ils seraient les premiers à gémir et à regretter. »

M. le préfet de la Nièvre, en recommandant aux maires de la 1re circonscription électorale la candidature de M. le général baron Petiet, député sortant, leur trace ces règles de conduite :

« Aucun comité électoral, aucune réunion spéciale ne doivent être tolérés. La liberté de suffrage universel n'a pas besoin de ces moyens pour s'exercer avec sincérité. »

M. Belurgey de Granville, préfet de l'Aube, s'adresse en ces termes à ses agents :

« Pour nous, fonctionnaires publics, à quelque degré de la hiérarchie que nous soyons placés, nous n'oublierons pas que l'autorité et la légitime influence que donnent les fonctions que nous tenons de la confiance du gouvernement, doivent tout entières être consacrées à faire prévaloir ses décisions et à faire respecter les lois.
» Dans cette ligne de conduite, toute simple et toute loyale, aucun fonctionnaire, aucun agent de l'administration, j'en suis convaincu, ne fera défaut. »

M. Bourlon de Rouvre, préfet des Vosges, apprécie ainsi la candidature extra-officielle de M. Buffet :

« L'ex-ministre se plaint d'être signalé aux électeurs comme sollicitant les suffrages pour faire de l'opposition à celui qui fut son bienfaiteur.
» Il ne nie pas qu'il est l'adversaire du gouvernement impérial. Il prend même soin, par des attaques plus violentes et plus injustes que celles contenues dans sa circulaire du 14 de ce mois, de mieux indiquer les sentiments haineux qui l'ont déterminé à se mettre sur les rangs pour la députation.

» *Il nie donc les bienfaits dont il a été comblé par le chef de l'État.*

» Les électeurs des arrondissements de Mirecourt et de Neufchâteau sont appelés à décider si l'homme qui manifeste sa reconnaissance de cette manière mérite leur confiance.

» Ils n'hésiteront pas à donner une leçon sévère à M. Buffet. »

De nombreux journaux, entretenus aux frais du gouvernement par les subventions et par les annonces judiciaires quand les subventions ne suffisent pas, servent d'auxiliaires dévoués aux préfets. Les uns, comme le *Journal du Tarn*, célèbrent la grandeur de la candidature officielle :

« Ce qui assure le succès des honorables candidats, ce qui donnera un grand éclat à leur triomphe, c'est la désignation que le gouvernement a faite d'eux pour les circonscriptions dans lesquelles ils se présentent. À leurs titres personnels viennent se joindre, dès ce moment, ceux que le gouvernement lui-même présente à la confiance et à la reconnaissance du pays. Représentants de sa cause, ils reçoivent de lui leur principale force. Ils deviennent ses hommes, et les suffrages de ses amis, c'est-à-dire des amis de l'ordre, leur appartiennent tous sans exception. »

Le *Mémorial de la Creuse* fait valoir l'influence du candidat officiel :

« Nos lecteurs apprendront avec plaisir que, sur la recommandation de M. Sallandrouze de Lamornaix, S. Exc. M. le ministre des cultes vient d'accorder un secours de 3000 francs à l'école chrétienne communale de notre ville...

» Nous avons la douce assurance que M. Sallandrouze de Lamornaix, notre député, qui connaît et sait si bien servir les intérêts des arrondissements qu'il représente, recevra dans quelques jours, de la part de ses concitoyens, un nouveau et éclatant témoignage de confiance, d'estime et d'affection. »

Le *Napoléonien*, seul journal désigné pour l'insertion des annonces légales et judiciaires de l'arrondissement de Troyes, — tel est son titre, — trace ce portrait flatteur du candidat qui se présente avec l'appui de M. le préfet :

« *De mœurs faciles*, d'un abord accessible à tous, M. Moreau ne sera jamais plus heureux que lorsqu'il pourra se faire, auprès du gouvernement, l'interprète de ses compatriotes. Son mandat lui sera rendu par sa position indépendante, les fonctions qu'il a remplies, ses relations de de famille et la haute confiance dont l'honore l'Empereur... »

Le *Var* est le plus ingénieux et le plus fécond avocat pour M. Lescuyer-d'Attainville :

« La même activité que M. d'Attainville a déployée dans les questions de l'embranchement de Draguignan et de la route de Vence, il va la mettre au service des intérêts de ce canton qui attend avec anxiété la solution des affaires relatives aux chemins du Muy à Sainte-Maxime, et de Sainte-Maxime à Roquebrune. L'opposition du génie pèse sur ces voies de communication projetées, mais nous espérons qu'avec un tel avocat l'intérêt des populations finira par triompher. »

Une loterie a été tirée à Angoulême : la *Charente napoléonienne* saisit habilement cette occasion pour faire l'éloge de M. le général Gellibert des Seguins, candidat de l'administration :

« Trois mille trois cents billets ont été pris et deux cent vingt-trois lots tirés. Le beau lot donné par S. M. l'Empereur a été gagné par l'honorable général Gellibert des Seguins, qui a représenté la Charente avec tant de dignité, et qui a su, pendant le cours de son existence parlementaire, acquérir de beaux droits aux suffrages des électeurs. »

Les journaux subventionnés ne se contentent pas de chanter les louanges des candidats officiels, ils combattent à outrance les autres. La *Franche-Comté* prête à M. de Montalembert l'intention de se présenter aux élections, en se résignant « à avoir contre lui les campagnes et le clergé ». M. de Montalembert réplique qu'il se représente, mais qu'il ne renonce point à l'appui « des honnêtes gens, sans distinction entre les villes et les campagnes, entre les prêtres et les laïques ». M. le comte de Montalembert ajoute :

« Je n'ai renoncé à aucun des principes, à aucune des croyances qui m'ont valu trois fois l'honneur de représenter les électeurs indépendants du Doubs, et j'ai la conscience de ne leur avoir fourni aucun motif légitime de changer d'opinion sur mon compte. »

La *Franche-Comté* reprend avec indignation :

« Tant que le député du Doubs a défendu, avec le talent que chacun se plaît à lui reconnaître, le grand principe d'autorité, ses commettants l'ont applaudi et lui ont maintenu leur confiance ; mais, depuis qu'aux yeux du clergé catholique il s'est fait le chef d'une petite Église et qu'aux yeux des habitants des campagnes il s'est montré l'adversaire du gouvernement de celui qu'ils ont acclamé comme le sauveur et la gloire de la France, à quel titre M. de Montalembert pourrait-il revendiquer leurs suffrages ? »

La *Franche-Comté* trouve ensuite, pour démolir la candidature de M. de Montalembert et pour défendre celle de M. de Conegliano, des arguments qui ne manquent ni d'imprévu ni d'originalité :

« M. de Montalembert ne doit compte qu'à lui-même et à l'histoire des errements de sa vie politique. Mais nous dirons aux électeurs : Votre ancien député a perdu la confiance de l'Empereur ; voyez si vous voulez lui conserver la vôtre. Il s'est posé en adversaire déclaré de ces institutions que vous avez fondées, de cet ordre de choses que vous avez fait, de ce gouvernement que vous aimez parce qu'il est votre œuvre, parce qu'il répond essentiellement à vos instincts et à vos besoins, parce qu'enfin il a porté la France au plus haut degré de prospérité et de grandeur ; voyez si vous voulez vous déjuger.

» Et à ceux qui discuteront les titres de M. le marquis de Conegliano, nous ne répondrons que ceci : Quand on a l'honneur d'être le petit-fils du maréchal Moncey, on peut se présenter avec confiance devant des Francs-Comtois. »

M. J. Brame, candidat dans le département du Nord, a commis l'imprudence de se dire indépendant ; le *Mémorial de Lille* trouve l'épithète surannée et impliquant une *antithèse injurieuse* pour son concurrent et pour le gouvernement qui propose celui-ci aux suffrages des électeurs. Le *Mémorial de Lille* n'admet pas qu'un candidat veuille même causer un déplaisir au gouvernement. Voici le dilemme dans lequel il place M. Brame :

« En résumé, ou M. Jules Brame est un adversaire de la politique impériale, et il ne doit pas être nommé par une population intelligente, laborieuse, dévouée, qui a si grand intérêt à ce que l'avenir soit calme pour permettre à l'Empereur d'achever son œuvre ; ou bien M. Jules Brame a la même foi politique que M. Th. Descat, et il ne devrait pas jeter la division parmi les électeurs, provoquer un acte qui, en même temps qu'il serait empreint d'ingratitude envers un député qui a fait son devoir, ressemblerait à une tentative d'opposition, et apporterait, sinon une entrave, au moins un déplaisir au gouvernement de l'Empereur. »

M. Louis Bazile, député sortant pour les arrondissements réunis de Châtillon et de Semur (Côte-d'Or), a pour concurrent M. L. Philippon de Larrey. Le *Moniteur de la Côte-d'Or* ne publie point la circulaire électorale de ce dernier, mais il la critique vivement. Deux choses dans cette circulaire ont le privilége de l'indigner :

« M. Philippon « désirerait, dit-il, que le gouvernement rendît de » l'initiative aux mandataires du pays et ouvrît un champ plus large à » la discussion ». C'est-à-dire que M. Philippon voudrait nous replacer précisément dans la situation périlleuse d'où le 2 décembre nous a si heureusement fait sortir.....
» Tout le monde a déjà remarqué que M. Philippon garde un silence absolu sur les institutions impériales, qu'il n'exprime pas la moindre adhésion à ces institutions qui ont rendu à la France sa force, sa gloire, sa grandeur et sa prospérité.
» Les électeurs qui connaissent M. Philippon sauront parfaitement ce que veut dire ce silence intentionnel.... »

M. de Romand dit dans sa circulaire aux électeurs de Saône-et-Loire : « Je me suis assuré depuis longtemps de » l'agrément du gouvernement de l'Empereur, en ce qui » concerne mon entrée au Corps législatif. » Et plus loin : « J'ai prévenu de mes intentions le gouvernement de » l'Empereur, ainsi que M. le préfet du département. »

Le *Journal de Saône-et-Loire* s'élève contre cette affirmation :

« Il est vrai que M. le baron de Romand se garde bien de dire quel accueil ont reçu ses dernières ouvertures, et nous comprenons fort bien sa réserve. Mais que lui importe que son nom n'ait pas été l'objet d'une désignation officielle ? Il s'en console aisément, et, à l'aide d'une interprétation ingénieuse, il trouve le moyen de donner au langage de M. le ministre de l'intérieur un sens favorable à ses vœux..... »

Le *Périgord* insère la note suivante : « Le gouverne-
» ment dément formellement l'assertion que M. Gibiat
» s'est permis d'insérer dans sa lettre aux électeurs, en
» affirmant qu'il *se présente* à leurs suffrages *avec l'auto-*
» *risation du gouvernement*. Sa candidature est, au con-
» traire, complétement désavouée. » M. E. Gibiat renonce alors à la candidature pour ne pas engager ses amis dans une voie qui *pourrait devenir périlleuse pour eux*.

Le *Corrézien de Tulle*, déconcerté dans sa marche par la publication tardive de la circulaire de M. le ministre de l'intérieur, expose avec une naïve tristesse les inconvénients de la position d'un journaliste de province :

« La province n'a plus d'opinion ; elle l'attend par le courrier. Nous avons compris autrement notre mission. Depuis tantôt sept ans que nous écrivons dans ce département, nous avons voulu, avant tout, être *nous*, c'est-à-dire ne jamais accepter les jugements tout faits, et suivre la ligne que nous nous sommes tracée, sans emportement mais aussi sans faiblesse, car nous ne sacrifions nos convictions à quelque intérêt que ce soit.

» Cette indépendance, qui n'exclut pas la prudence, n'est pas suffisamment comprise et appréciée autour de nous. »

La *Charente napoléonienne* publie un article destiné à prémunir les électeurs contre les fausses nouvelles :

« Il faut se défier des parents, des amis, des agents intéressés : ils transforment en réalité ce qu'ils espèrent.

» Nous engageons les lecteurs à ne pas se laisser surprendre, à se défendre des égarements dans lesquels on tente de les entraîner, et à réserver leurs suffrages pour les candidats qui représentent le mieux leurs véritables sentiments, pour les candidats présentés par le gouvernement. »

Le *Courrier de la Rochelle* dit le vrai mot sur le rôle de la presse en ce moment :

« La presse départementale étant condamnée à se mouvoir dans un cadre si restreint qu'elle craint à chaque instant de se heurter contre un danger imprévu, son rôle se réduit à exposer simplement les faits. »

Aucun candidat, quelque dévoué qu'il soit au gouvernement, n'ose solliciter les suffrages des électeurs s'il n'en a pas obtenu l'autorisation officielle. Des renseignements particuliers, adressés à la *Patrie* par son correspondant du département de Vaucluse, affirment qu'il était question de remplacer M. Millet par M. Pamard, maire d'Avignon, et chaudement appuyé par le préfet, M. Durand Saint-Amand. M. Pamard, maire d'Avignon, s'empresse de répondre à la *Patrie* qu'il ne croit pas devoir accepter la candidature qui lui a été offerte par un certain nombre de ses concitoyens, tant que le gouvernement ne s'est pas décidé à l'appuyer.

Les préfets ne sont pas seuls à imposer leurs candidats aux électeurs, l'Empereur a aussi les siens. Voici la lettre qu'il adresse à un de ses protégés :

« AU BARON MARIANI.

» Mon cher commandant,

» Le ministre de l'intérieur a dû vous dire que j'avais décidé que vous seriez en Corse le candidat du gouvernement. Vous pouvez donc le proclamer hautement, car je serai très-heureux que la confiance des électeurs vous amène à la chambre. Croyez à mes sentiments d'amitié.

» NAPOLÉON.

» Tuileries, le 7 mai 1857. »

Le parti catholique soutint, comme on l'a vu, quelques candidats isolés. Les légitimistes purs et les orléanistes restèrent sous leur tente ; les républicains étaient divisés : les uns voulaient nommer des députés qui prêteraient serment et qui siégeraient à la chambre ; les autres consentaient bien à désigner des candidats, à la condition que les élus refuseraient le serment constitutionnel ; une troisième fraction, la moins nombreuse de toutes, était pour l'abstention complète.

Les républicains proscrits furent consultés sur le parti à prendre définitivement. M. Louis Blanc, en réponse à cette question, publia la lettre suivante qui donnait gain de cause aux partisans du refus de serment, en ajoutant à ce refus la condition de le motiver publiquement :

« Aide-toi, le ciel t'aidera ! » Voilà tout d'abord ce que je réponds à ceux qui m'ont demandé : « Aux prochaines élections, que faut-il faire ? »

» .... Il est vrai que les difficultés de la situation sont immenses ; qu'un mur de baïonnettes entoure Paris désarmé, et que le peuple, dans une atmosphère de délation, suffoque. Quel mouvement d'ensemble est possible, quand la rencontre de vingt personnes sur un même lieu est réputée crime ? Raison de plus pour qu'on ne néglige aucun des moyens d'actions qui restent. La politique d'abstention serait fatale, évitez que la paralysie ne soit réduite en système. S'abstenir ne servirait qu'à décourager les bons, à réjouir les pervers, à fournir un masque aux sceptiques, à livrer les hommes de cœur et à protéger les lâches. Le nœud gordien ne se dénoue pas de lui-même. Si vous ne savez rien oser ni tenter, attendez-vous à voir la France passer de l'engourdissement de l'habitude dans le sommeil de la honte, et du sommeil de la honte dans celui de la mort...

» Autre question : Que feront les candidats élus s'il est permis de croire à une victoire électorale même partielle ? Iront-ils prendre rang parmi des législateurs eunuques, dans l'antichambre officielle de l'Empire ? impossible. Prêter serment avec intention de le tenir serait un crime sous forme de suicide. Le prêter sérieusement avec arrière-pensée de le violer serait une bassesse. Que faire alors ? La seule chose possible, selon moi, serait de tracer aux candidats, comme condition des suffrages obtenus, un rôle de nature à produire en France, non pas une agitation superficielle, mais une émotion profonde et durable. Supposons que, dans une occasion solennelle, à propos d'un de ces événements qu'on ne peut ni taire ni voiler parce qu'ils fixent les yeux du monde, des hommes d'une position sociale élevée se fussent mis d'accord pour exprimer courageusement, au nom de la France, ce qu'elle pense, ce qu'elle veut, ce qu'elle souffre, le but que je viens d'indiquer ne serait-il pas atteint? Eh bien! l'ouverture du Corps législatif fournit l'occasion désirée. Que les élus du peuple, ce jour-là, ne se bornent pas au refus du serment. Ce qu'il faut, c'est un refus motivé de telle sorte qu'on y entende vibrer ce grand cri qu'a retenu au fond des consciences le succès prolongé de l'attentat par où la liberté de la tribune et celle de la presse ont péri ; interrompus, que les élus de la nation insistent; menacés, qu'ils résistent, jusqu'à ce que la force brutale, intervenant, les empoigne.

» Je me sers à dessein de ce mot grossier parce qu'il a une valeur historique. Qui ne sait combien fut favorable à la cause de la liberté, sous le règne de Louis XVIII, le scandale parlementaire qui montra Manuel *empoigné* sur son banc par des gendarmes. Ce traitement indigne, loin de le flétrir, lui fut un impérissable titre de gloire. J'avoue que, sous le règne de Louis XVIII, l'opinion publique avait plus de force que ne semble lui en laisser le régime impérial ; et je pense qu'aujourd'hui toute protestation individuelle serait de nul effet, si même elle n'en avait un funeste, en jetant sur ceux qui ne s'y seraient point associés l'ombre d'un triste contraste. Mais comment mettre en doute la portée d'un déploiement *collectif* d'énergie, résultant d'une entente préalable entre les élus du peuple?

» Qu'arriverait-il?

» Le gouvernement impérial se contenterait-il de dévorer un pareil affront?... Les opposants seraient-ils emprisonnés, jugés ou proscrits sans jugement? et quand bien même cela serait? La France a besoin d'hommes dont le talent, la position sociale et la renommée rendent le dévouement utile. Des cœurs dévoués battent certainement sous la blouse de l'ouvrier et sous l'humble habit du paysan; mais du complet asservissement de la presse, il résulte que les sacrifices individuels venant d'hommes obscurs ne peuvent qu'être perdus. Nul ne les connaît : comment contribueraient-ils au réveil de l'esprit public? Mais que des hommes éminents donnent, dans une circonstance solennelle, un grand exemple de courage civique, croit-on que cet exemple serait inefficace?

» Le parti que je propose aurait, en outre, l'avantage de placer Louis Bonaparte dans l'alternative, ou de s'humilier devant un jugement qui serait un des faits les plus saillants de l'histoire contemporaine, ou de frapper, dans la personne d'un certain nombre de ses élus, le corps électoral tout entier. Et quelle ne serait pas l'impression produite en France, quel démenti ne serait pas donné en Europe à ceux qui affectent de croire au respect de l'Empire pour le suffrage universel, si Louis Bonaparte était amené à étouffer avec scandale la voix de cette même souveraineté du peuple dont il ne craint pas de prétendre que son pouvoir dérive! Laissez-le, laissez-le, s'il l'ose, mettre à nu les seuls vrais fondements de son despotisme. C'est à nos amis en France de décider jusqu'à quel point il est possible d'y réaliser le projet en question, et quelles seraient les précautions à prendre pour le mener à bonne fin. En tout cas, la difficulté ne saurait être de rassembler un nombre suffisant d'hommes de cœur dans un pays où il y a toujours eu des milliers de citoyens prêts à immoler au bien public ou à une croyance forte leur fortune, leur repos, leur famille, leur vie. Le peuple, en France, à chaque page de nos modernes annales témoigne de son dévouement ; et si les membres de la bourgeoisie avaient besoin d'être rappelés au sentiment de leur devoir, ils n'auraient qu'à relire l'histoire de leurs pères. Là, ils verront comment les membres du tiers état (20 juin 1789) réussirent à reconquérir leurs droits...

» Voilà l'héritage que ceux qui le tiennent de leurs pères doivent à leurs enfants. Je n'ignore pas que les héros du 2 décembre sont gens à ne reculer devant rien. Soit. La question est de savoir si la France possède des moyens capables de mettre quelquefois de plus tant d'audace à l'épreuve. Que l'homme le plus robuste soit condamné à un état d'incessante violence, il tombera bientôt d'épuisement. Il en est de même du despotisme... Le mal est que la terreur servit presque toujours aux causes qui l'engendrèrent. Le danger passé, la peur reste, et de là vient que la tyrannie, même sans aucune vitalité intrinsèque, peut vivre longtemps sur la réputation de force que lui a faite un seul jour d'heureuse témérité. Poussez droit au fantôme, il s'évanouira.

» Pour moi, je ne mets pas en doute un instant l'aptitude de la France à racheter son honneur.... Elle se retrouvera debout, soyez-en sûrs, à la voix de ceux qui oseront l'aimer par-dessus tout, l'aimer à tout prix. Osez ! »

Ce système d'opposition dramatique, qui n'était qu'une forme pittoresque de l'abstention, ne pouvait pas être du goût d'un homme pratique et positif comme le directeur du *Siècle;* il voulait opposer des candidats sérieux aux candidats officiels, mais où les trouver? M. Havin, dont la vie s'était passée dans l'ancienne Chambre des députés, en connaissait admirablement le personnel, mais son horizon ne s'étendait pas au delà de la salle du Palais-Bourbon. Cet homme, qui dans les circonstances les plus délicates, aurait fait autrefois le choix le plus prompt et le plus sûr du meilleur candidat pour une commission importante, pour des fonctions au bureau de la Chambre, et même pour une combinaison ministérielle, semblait ne pas se douter que des hommes politiques eussent surgi depuis février. Heureusement il avait un goût naturel pour la jeunesse ; il savait interroger les gens compétents et se faire une idée juste des hommes par ce qu'on lui en disait.

M. de Benazé, avoué, ancien maire du Ier arrondissement sous la République, membre du conseil de surveillance du *Siècle*, homme d'esprit et de bon sens, très-ferme dans ses opinions républicaines, exerçait une certaine influence sur la direction politique de ce journal. M. de Benazé aimait à s'entourer de jeunes écrivains et de jeunes avocats amis de ses fils. Parmi ces jeunes gens promis tous à un brillant avenir, figuraient MM. Émile Durier, Émile Ollivier, Hérold, Ernest Picard, etc. M. de Benazé ouvrit même à ce dernier les portes du conseil de surveillance du *Siècle;* il fit à M. Havin la proposition de présenter MM. Émile Ollivier et Darimon comme candidats à la députation. M. Ollivier représentait la jeune république. M. Darimon, ancien rédacteur du *Peuple*, ami et familier de Proudhon, se flattait de réunir les voix des ouvriers socialistes.

Le gouvernement provisoire de 1848 avait envoyé dans les départements des hommes jeunes pour la plupart, mais non nouveaux. M. Émile Ollivier, seul de tous les commissaires de la République, n'avait encore figuré à aucun titre dans les rangs du parti républicain, lorsque M. Ledru-Rollin qui, dit-on, avait contribué aux frais de sa pension de l'institution de Sainte-Barbe, lui confia l'administration du département des Bouches-du-Rhône à la recommandation de son père, l'un des chefs de l'opposition démocratique dans le Midi, sous le règne de

Louis-Philippe. M. Démosthène Ollivier, nommé représentant du peuple, inaugura la tribune de la Constituante, en demandant que tous les représentants du peuple fussent astreints à prêter le serment de fidélité à la République.

M. Émile Ollivier, dans toute la ferveur de ses vingt ans et de son enthousiasme républicain, remplit ses fonctions en apôtre plutôt qu'en proconsul : avocat débutant, prompt aux harangues et aux allocutions, s'il parla plus qu'il n'agit, il parla du moins avec la douceur et l'onction d'un Chaumette. Ce jeune homme attendri, larmoyant, sermonneur, donnant la main aux républicains rectilignes de la veille et souriant aux républicains douteux du lendemain, devint bientôt suspect aux uns et aux autres. Marseille eut ses journées de juin de même que Paris et Lyon. M. Émile Ollivier, comme tous les fonctionnaires républicains qui craignaient le triomphe de l'anarchie non moins que celui de la réaction, fut accusé par les vaincus de trahison, et par les vainqueurs de connivence avec l'émeute. Le gouvernement du général Cavaignac lui fit descendre un degré de l'échelle administrative ; il passa de la préfecture des Bouches-du-Rhône à celle de la Haute-Marne. M. Ollivier accepta philosophiquement sa disgrâce, et garda son poste après l'avénement de M. Louis Bonaparte à la présidence, jusqu'au jour où M. Léon Faucher, exécuteur des hautes œuvres du parti de l'ordre, le frappa de destitution. L'ex-préfet de la Haute-Marne revint à Paris et reprit la robe d'avocat. Les clients n'affluaient pas dans son cabinet. Les avoués, effrayés de sa réputation de républicain, n'osaient pas lui confier des affaires à plaider, il fut obligé de donner des répétitions de droit pour vivre.

TAXILE DELORD.

M. Émile Ollivier, très-ardent républicain, n'ayant que des antécédents républicains, orateur de talent, pouvait être opposé avec succès par le *Siècle* aux candidats de l'opposition républicaine soupçonnés de ne chercher, dans le mandat de député, qu'une occasion de protester contre le gouvernement : M. Havin le comprit tout de suite ; le jeune avocat malheureusement ne semblait pas disposé non plus à sortir de l'abstention. Un des rédacteurs du *Siècle*, candidat lui-même dans un département du Midi, rencontra M. Ollivier à la porte du cabinet de M. Havin : « Eh bien, lui dit-il, vous voilà donc candidat ? — Non, répondit avec animation M. Émile Ollivier, je ne saurais accepter un rôle dans cette comédie qui se joue au Palais-Bourbon, et je vous engage à suivre mon exemple. » Le collaborateur du *Siècle* apprit, une heure après, que l'ardent partisan de l'abstention, séduit par l'éloquence de M. Havin, acceptait la candidature.

Ce sacrifice était fait depuis longtemps dans l'esprit de M. Émile Ollivier, s'il faut s'en rapporter à cette lettre écrite à l'un de ses amis (1) :

« Mon cher ami,

» J'espère que Picard vous trouvera : il vous parlera de nos projets pour Dampierre.....

» Je vous remercie de vos renseignements. En l'état de choses, je crois que l'arrondissement qu'il faut que je choisisse est Toulon *extra-muros*. J'ai écrit dans ce sens dans le Var et à M. Comte lui-même. J'espère donc que cela ira. Du reste, ils feront ce qu'ils voudront. Si j'écoutais ma raison, je n'aurais pas ces ardeurs de cheval de bataille qui m'emportent quelquefois.

» Amitiés à vous.

» *Toto corde.* » Émile Ollivier.

» Dans votre comité soyez sage, et surtout ne vous pressez pas. Que la liste paraisse quinze jours ou douze jours avant, cela suffit. »

(1) M. Hérold, avocat à la Cour de cassation, membre du comité électoral de la rue Gaillon.

Le comité auquel M. Ollivier faisait allusion se réunissait chez un des avocats les plus distingués de Paris, M. Desmarest, 10, rue Gaillon. Il se composait de MM. Amiel, chef d'institution ; F. Arnaud (de l'Ariége), ancien représentant ; Jules Bastide, ancien représentant, ancien ministre ; Bethmont, ancien représentant, ancien ministre ; Buchez, ancien président de l'Assemblée constituante ; Carnot, ancien représentant, ancien ministre ; le général Eugène Cavaignac ; Ed. Charton, ancien représentant, ancien conseiller d'État ; A. Corbon, ancien membre de l'Assemblée nationale constituante ; Degousée, ancien questeur de l'Assemblée constituante ; Degouve-Denuncques, ancien préfet ; Hippolyte Duboy, avocat à la Cour de cassation ; L. Laurent Pichat, directeur de la *Revue de Paris ;* Armand Lefrançois, secrétaire du comité de rédaction de la *Revue de Paris ;* de Montfleury, ancien adjoint du IIe arrondissement ; Frédéric Morin ; Eugène Pelletan ; Jean Reynaud, ancien membre de l'Assemblée constituante, ancien conseiller d'État ; F. Sain, ancien représentant ; Jules Simon, ancien représentant, ancien conseiller d'État ; E. Vacherot, ancien directeur de l'École normale.

Les fonctions de secrétaire étaient remplies par M. Lefrançois tenant la plume, et par M. Hérold chargé des communications extérieures.

Plusieurs citoyens, sans faire précisément partie du comité, MM. Guinard et Labélonye entre autres, suivaient avec assiduité ses séances. M. Havin, directeur politique du *Siècle ;* M. Husson, rédacteur ; MM. de Bénazé et Picard, membres du conseil de surveillance de ce journal ; M. Dumont, rédacteur en chef de l'*Estafette ;* M. Félix Mornand, rédacteur en chef du *Journal de Paris;* M. Darimon, rédacteur de la *Presse,* assistaient aux réunions du comité en qualité de représentants du journalisme. MM. Buchez, Garnier-Pagès et Carnot occupaient tour à tour le fauteuil présidentiel.

Le comité, dès sa première séance, se prononça nettement contre l'abstention. Des conférences commencèrent ensuite sur le choix des candidats pour les diverses circonscriptions du département de la Seine. Le général Cavaignac fut proposé pour la 3ᵉ circonscription, Garnier-Pagès pour la 4ᵉ, M. Carnot pour la 5ᵉ, M. Goudchaux pour la 6ᵉ, M. Havin pour la 2ᵉ qui n'était pas alors composée comme aujourd'hui. M. Bethmont n'y ayant échoué qu'à mille voix environ de minorité, nul doute que M. Havin secondé par des amis plus résolus n'y eût réussi.

M. Havin n'accepta pas la 2ᵉ circonscription ; il annonça même à M. Garnier-Pagès son intention de poser sa candidature dans la 3ᵉ circonscription, de reporter celle du général Cavaignac dans la 4ᵉ, celle de M. Garnier-Pagès dans la 5ᵉ, et celle de M. Carnot dans la 6ᵉ à la place de M. Goudchaux qui avait manifesté l'intention formelle de refuser le serment. M. Garnier-Pagès ne crut pas devoir accepter ces modifications qui déplaçaient le général de sa circonscription, et écartaient M. Goudchaux de la liste ; mais, pour faciliter une nouvelle combinaison, il annonça son désistement.

Telle était la situation, lorsque le général Cavaignac, absent jusque-là, revint à Paris. Les membres du comité, les journalistes, plusieurs démocrates, furent convoqués pour le 9 juin, à l'effet de fixer définitivement la liste des candidats. La 2ᵉ circonscription fut de nouveau offerte à M. Havin, qui finit par la refuser après des hésitations plus sincères que les membres du comité ne le crurent.

L'opinion générale du comité était de présenter le général Cavaignac dans la 3ᵉ circonscription, où il avait été nommé en 1852. Le représentant du *Siècle* fit remarquer que c'était dans la 3ᵉ que ce journal avait le plus d'abonnés. Cela parut une raison de plus pour y porter Cavaignac. Ce dernier fut de cet avis. L'observation du *Siècle* fit supposer aux membres du comité que M. Havin voulait la 3ᵉ circonscription pour lui-même. Le comité la lui aurait donnée sans l'attitude de Cavaignac, et comme dédommagement il aurait eu la 4ᵉ s'il l'avait demandée, mais il flottait incertain, ne sachant quelle résolution prendre devant l'opposition que rencontrait sa candidature de la part du conseil de surveillance du *Siècle*.

M. Labélonye, malgré le désistement de M. Garnier-Pagès, le proposa pour la 4ᵉ circonscription ; une timide objection fut faite sur son impopularité. MM. Desmarest, Labélonye et Corbon la repoussèrent avec chaleur ; M. Garnier-Pagès se retranchait derrière son désistement, mais le général Cavaignac s'écria : « Monsieur Garnier-
» Pagès, vous étiez candidat hier, il ne faut pas que l'on
» puisse dire que vous avez cessé de l'être le lendemain de
» mon arrivée. » M. Garnier-Pagès répondit : « Après
» vos paroles, il ne m'est plus possible de me retirer ;
» j'accepte. » Son nom fut adopté pour la 4ᵉ, sans autre difficulté et sans un mot de la part du *Siècle*, quoique MM. Havin et Picard fussent évidemment contre lui.

Plusieurs membres du comité n'attendaient qu'un signe de ces derniers pour les appuyer, non par hostilité contre Garnier-Pagès, mais par désir de donner satisfaction au directeur politique du *Siècle*. MM. Havin et Picard ne firent aucune objection.

Jean Reynaud était mis en avant pour la 1re circonscription. M. de Benazé proposa M. Laboulaye ; M. Hérold le combattit comme fonctionnaire du 2 décembre. On objecta alors que si M. Laboulaye était candidat, on avait chance de faire publier la liste par le *Journal des Débats*. MM. Jules Simon et Husson furent chargés de faire, séance tenante, une démarche auprès du directeur de ce journal : elle n'eut aucun résultat positif. Il fut convenu que M. Laboulaye serait adopté si les *Débats* adhéraient publiquement à la liste de l'opposition, et que Jean Reynaud le remplacerait dans le cas contraire.

Les noms proposés pour la 7e et la 8e circonscription étaient ceux de MM. Bastide et Jules Simon. Ceux-ci, présents, hésitaient à se prononcer. La question du serment était au fond de leur hésitation ; mais comme alors le serment n'était pas *préalable* ; comme, sur la liste, il y avait déjà des hommes décidés à le refuser, entre autres Goudchaux, et d'autres décidés à le prêter, entre autres Garnier-Pagès ; comme le *Siècle*, qui était *pour* le serment, acceptait résolûment Goudchaux qui était *contre*, tout le monde s'accordait à dire que ce serait une question à résoudre par les candidats *élus*.

M. Bastide hésitait encore à donner son acceptation parce qu'il voulait une liste homogène ; le *Siècle* et la *Presse* semblaient préférer la candidature de M. Vavin à la sienne. Le résultat de la discussion fut que le *Siècle* pourrait mettre Vavin à la 8ᵉ, dans les mêmes conditions que Laboulaye à la 1ʳᵉ, et que Jean Reynaud ou Bastide serait alors placé à la 7ᵉ. On était toujours sûr d'avoir un candidat, parce que Jean Reynaud s'était purement et simplement mis à la disposition du comité sans tenir à une circonscription plutôt qu'à une autre.

L'intérêt se portait principalement sur la 10ᵉ circonscription : elle était mauvaise, mais on les croyait toutes mauvaises alors, excepté celles de MM. Carnot, Goudchaux et Cavaignac. M. Havin déclara qu'il lui paraissait de bonne politique de porter dans la 10ᵉ M. Émile Ollivier, fils d'un proscrit et jeune homme d'un grand avenir ; un autre membre, en approuvant cette pensée, mit en avant le nom de François-Victor Hugo. Une longue discussion s'engagea sur les deux candidats. M. Havin ne dit que ces quelques mots en faveur de M. Émile Ollivier : « Jeune homme de talent. » On parla des pères des candidats, deux exilés ! La majorité convenait qu'Ollivier avait une certaine valeur politique ; quelques membres, M. Bastide entre autres, ne dissimulaient pas leur défiance contre lui. Le principal argument en faveur de F. V. Hugo était l'immense notoriété de son père. M. Guinard et M. Hérold soutinrent chaleureusement la candidature Ollivier. Cavaignac partit avant le vote sans exprimer d'opinion, les journalistes s'abstinrent. M. Ollivier obtint onze voix et F. V. Hugo dix. M. Hérold inscrivit aussitôt le nom de M. Émile Ollivier sur la liste du comité comme candidat dans la 10ᵉ circonscription.

Les membres de la réunion se séparèrent tard, persuadés que la liste serait publiée par le *Siècle* et par la *Presse*, soit le lendemain, soit le surlendemain, selon le moment où l'on serait fixé sur l'attitude des *Débats*. Mais l'intention de M. Emile Ollivier n'était nullement de faire une campagne inutile, et comme une espèce de stage électoral ; il ne se contentait pas d'un succès moral, d'une belle minorité de consolation, il voulait la majorité. Il lui fallait une circonscription où la victoire fût à peu près certaine. M. Havin, de son côté, éprouvait sans aucun doute un certain regret d'avoir vu échouer la combinaison dont il avait parlé à M. Garnier-Pagès ; mais la question personnelle n'était pas la seule à exercer de l'influence sur son esprit. Une question d'un intérêt plus élevé le préoccupait : il savait que M. Garnier-Pagès était pour la prestation du serment. Or, M. Carnot élu et M. Goudchaux écarté, M. Carnot aurait probablement adopté la ligne de conduite de M. Garnier-Pagès dans cette grave circonstance. Le général Cavaignac serait donc resté seul et libre, grâce à sa position spéciale, de prendre une détermination différente. Il s'agissait donc pour le directeur politique du *Siècle* d'introduire au Corps législatif des députés radicaux.

Le 11 juin, parut dans le *Siècle* et dans la *Presse* une liste entièrement différente de celle du comité. M. Havin se désistait définitivement et présentait M. Bethmont à sa place ; M. Ollivier était indiqué pour la 4° au lieu de M. Garnier-Pagès, et M. Darimon remplaçait M. Bastide dans la 7°. Voici quelle était la liste complète des candidats :

1° circonscription, Laboulaye ; 2°, Bethmont ; 3°, Cavaignac ; 4°, E. Ollivier ; 5°, Carnot ; 6°, Goudchaux ; 7°, Darimon ; 8°, Vavin ; 9°, Ferd. de Lasteyrie ; 10°, Reynau.

Le comité se réunit le 12 au matin, au milieu d'une vive agitation provoquée par la lecture de la liste du *Siècle* et de la *Presse*. MM. Goudchaux, Bethmont et Carnot, portés à la fois par les journaux et par le comité, étaient présents ainsi que Cavaignac, ils déclaraient tous qu'ils se considéraient comme solidaires du comité. M. Reynau, porté à la 10ᵉ circonscription par le *Siècle*, s'apprêtait à faire savoir publiquement qu'il n'était pas candidat. Le comité résolut de publier la liste arrêtée le 9 en présence des journalistes, en la complétant seulement par les circonscriptions dont les candidats n'avaient pas été définitivement choisis. M. Jean Reynaud fut désigné comme candidat dans la 1ʳᵉ circonscription, M. Bastide dans la 7ᵉ, Jules Simon dans la 8ᵉ, tous trois présents et acceptant. Le comité, qui ne pouvait cependant se méprendre sur l'attitude de M. Émile Ollivier, crut devoir le maintenir sur la liste comme candidat dans la 10ᵉ circonscription, parce qu'il avait été adopté dans la séance du 9, sans condition résolutoire, à la différence de MM. Laboulaye et Vavin, et que d'ailleurs il n'avait pas encore fait connaître formellement ses intentions. La liste fut donc dressée et signée des citoyens présents au nombre de vingt-quatre. Cavaignac n'était pas là; un délégué se rendit chez lui pour le prier de signer, ce qu'il fit immédiatement. Deux autres membres du comité, absents, MM. Catalan et Albert Leroy, signèrent quelques jours après.

Le comité, qui était en permanence, ne tarda pas à savoir que M. Émile Ollivier, porté par le *Siècle* à la 4ᵉ circonscription, ne signerait pas de bulletin pour la 10ᵉ. Il devenait impossible de le maintenir. M. Pelletan fut proposé pour le remplacer et adopté à l'unanimité. La liste fut envoyée aux journaux, le *Courrier de Paris* et l'*Estafette*. Elle se composait des noms suivants : 1° J. Reynaud, 2° Bethmont, 3° Cavaignac, 4° Garnier-Pagès, 5° Carnot, 6° Goudchaux, 7° Bastide, 8° J. Simon, 9° F. de Lasteyrie, 10° Pelletan.

Un des membres les plus actifs du comité ayant rencontré, en quittant le lieu des séances, M. Ernest Picard dont le zèle s'était exercé en faveur de la candidature de M. Émile Ollivier, lui demanda : « De quel droit avez-vous refait la liste du comité? — Du droit du plus fort, » répondit-il. Le *Siècle* en effet était maître des élections à cette époque.

Ces divisions intestines, si utiles au gouvernement, étaient mises à nu avec le plus vif empressement par la presse fusionniste et légitimiste ; il semblait qu'il s'agissait beaucoup moins pour elle de défendre la liberté électorale contre le gouvernement, que de se réjouir des faiblesses de l'opposition. L'*Assemblée nationale*, l'*Union*, la *Gazette de France*, au lieu de défendre la liberté électorale, ne songèrent qu'à s'amuser aux dépens du parti républicain et de ses querelles : « Les légitimistes, répondit la *Gazette* à un journal étranger qui s'étonnait de sa conduite, combattent la révolution dans toutes ses manifestations et dans toutes ses formes, voilà tout. »

Le comité publia dans l'*Estafette* un récit de ce qui s'était passé. M. Ollivier écrivit à M. Garnier-Pagès la lettre suivante :

« Mon cher Garnier-Pagès,

» Je vais faire appel à votre cœur, nos deux noms sont un des principaux obstacles à l'unité.

» Je vous sacrifierais sans hésiter le mien, si je n'étais engagé avec le *Siècle* et la *Presse* avant la publication de la liste du comité. Je ne puis manquer à ma parole. Du reste, ma retraite ne terminerait rien.

» Votre retraite, au contraire, change les termes de la question, ménage tous les amours-propres, me permet de vous *imiter*. Ensuite tous les deux réunis nous tenterons une fusion entre les deux listes, et après l'exemple que nous aurons donné, personne n'osera résister à notre action.

» La force de notre idée a toujours été dans le désintéressement et le sacrifice.

» Donnons-en un exemple :

» Ce qui se passe à Paris en ce moment est l'objet des entretiens de l'Europe; nos ennemis se réjouissent de nos discordes. Je vous en prie, je vous en conjure, au nom de la mémoire de votre frère, au nom de nos proscrits, au nom de tous ceux qui souffrent, qui pleurent pour la vérité, faisons cesser ce spectacle.

» Vous êtes naturellement à la hauteur de tout ce qui est magnanime. Vous proposer une bonne action, c'est être sûr qu'elle sera accomplie. Je ne vous supplie plus, je vous remercie.

» D'ailleurs, croyez-moi, notre Montaigne l'a dit : il est des défaites triomphantes à l'envi des victoires.

» À vous de cœur.

» ÉMILE OLLIVIER.

» Samedi 13 juin 1857. »

M. Ollivier ajoutait dans un post-scriptum que cette lettre ne devait être lue que par le général Cavaignac.

M. Garnier-Pagès ne pouvait se désister sans consulter le comité. Ce dernier, irrité de la conduite du *Siècle*, exigea de M. Garnier-Pagès qu'il maintînt sa candidature. Il répondit à M. Émile Ollivier par la lettre suivante, dans laquelle il lui conseillait de ne pas faire son entrée sur la scène politique en rompant avec les décisions de son propre parti :

« Mon cher monsieur Ollivier,

» Vous vous méprenez étrangement sur la situation.

» Dans le comité, malgré un premier refus, j'ai été désigné comme candidat de la quatrième circonscription, parce qu'elle comprend l'arrondissement habité par des commerçants au milieu desquels j'ai passé ma vie entière. Sur la proposition de M. Havin, vous avez, après débats, été accepté pour la dixième circonscription.

» Voilà les faits ! ils sont bien simples.

» Maintenant, que penseriez-vous de moi si, transportant ma candidature de la circonscription indiquée par le comité, je la posais contre un de mes amis porté sur la même liste ?

» Jugez-en vous-même ; vous diriez, certes, que j'ai commis un acte de félonie envers vous !

» Eh bien ! voilà ce que l'on veut vous pousser à faire pour servir des amours-propres que je n'ai jamais cherché à froisser ou des rancunes que je n'ai jamais méritées.

» Croyez-moi, c'est mal débuter dans la vie politique. Je vous plains sincèrement de vous voir perdre l'avenir brillant qui sourit à votre talent.

» Je vous le dis pour vous et non pour moi ; car, dans les circonstances actuelles, je n'ai accepté la candidature que comme un lourd fardeau et comme un devoir à remplir, devant lequel je ne puis, ni ne dois, ni ne veux reculer.

» Croyez à mes sentiments affectueux.

» GARNIER-PAGÈS.

» Paris, 11 juin 1857. »

Les électeurs parisiens ne montraient aucun penchant pour l'abstention sous quelque forme que ce fût. Plusieurs d'entre eux se rendirent chez Cavaignac pour savoir à quoi s'en tenir sur ses intentions relativement au serment : il refusa de répondre, laissant chacun libre de voter ou de ne pas voter pour lui. La presse officieuse exploita ce silence qui plaçait Cavaignac dans une assez fausse position et qui faillit le faire échouer au second tour de scrutin.

Quelques hommes marquants du parti républicain essayaient vainement de rétablir la paix entre le *Siècle*, représentant la théorie de la double candidature dans chaque circonscription, et le comité, défendant la candidature unique. Les partisans de la double candidature avaient beau soutenir que c'était le meilleur moyen d'augmenter le nombre des électeurs, les gens de bon sens ne se dissimulaient pas le tort qu'elle faisait au parti démocratique, en ravivant des divisions qui auraient dû être oubliées dans la commune infortune. M. Garnier-Pagès, voyant qu'on ne parvenait pas à s'entendre, offrit alors de prendre pour arbitres M. Ledru-Rollin et les comités des exilés à Londres et à Bruxelles. La proposition fut acceptée. M. Garnier-Pagès était à Londres le lendemain matin, et le surlendemain à Bruxelles. Le mercredi 17, il rentrait dans Paris porteur d'une lettre de M. Ledru-Rollin, à laquelle avaient adhéré les républicains de Belgique. Cette lettre se prononçait sans hésitation en faveur de la candidature unique dans chaque circonscription. La question était de savoir lequel des deux partis s'effacerait devant l'autre. Aucun d'eux ne voulut céder. Les élections étaient une guerre civile entre le parti républicain plutôt qu'une bataille contre le gouvernement.

Le scrutin allait s'ouvrir. Le *Siècle* publia tout à coup la lettre de M. Ollivier à M. Garnier-Pagès, et la réponse de celui-ci suivie de cette réplique :

« Monsieur,

» Un refus précédé d'une injure, voilà votre réponse à une lettre pleine d'effusion et de respect.

» Je n'insisterai pas sur vos procédés. Vous avez sur moi l'avantage de l'âge, et bien qu'ayant été fatal au peuple, vous avez eu l'honneur de le représenter.

» Je ne l'oublie pas et je me borne à rétablir la vérité de la situation.

» Ce qu'a décidé votre comité m'importe peu, je n'en ai pas fait partie; et, quoiqu'il contînt quelques hommes que je vénère, et d'autres qui sont des amis très-chers, je ne reconnais aucune force à ses décisions par deux motifs :

» 1° Les candidats dont les noms étaient mis en avant ont assisté aux réunions ; vous notamment. Par là, toute liberté a été enlevée aux délibérations ; ceci est élémentaire.

» 2° Au lieu d'être une large représentation des éléments divers de l'opinion démocratique, ce comité n'a été que la réunion de quelques-uns de ses groupes.

» L'autorité de votre comité écartée, que reste-t-il ?

» Quelque chose de bien simple. *Avant que votre liste fût publiée*, MM. Havin et Nefftzer, qu'alors je n'avais pas l'avantage de connaître, me proposèrent une candidature au nom d'un certain nombre d'électeurs. On voulait, disaient-ils, honorer en moi la vie de dévouement et de souffrances de mon père, la mémoire de mon frère, et enfin accorder un encouragement à l'avenir et appeler au maniement des affaires publiques un de ces jeunes gens qu'on tient à l'écart.

» J'avais écrit dans le Var, dans les Bouches-du-Rhône, dans la Haute-Marne, que je refuserais toute candidature et que je ne voulais pas me distraire même un instant de mes travaux de jurisconsulte. En présence de telles raisons et de l'insistance de ces messieurs, je me suis laissé vaincre et j'ai accepté.

» *Deux jours après*, votre liste parut.

» Si j'avais été libre, je me serais retiré à l'instant, ne fût-ce que pour éviter d'aussi misérables débats.

» J'ai consulté mes amis, ceux qui sont l'honneur et la lumière de notre foi, ils m'ont répondu : Vous êtes lié. Un des plus distingués, empruntant le langage théologique, est allé plus loin : « Un concile œcuménique lui-même ne pourrait pas vous rendre votre parole. M. Garnier-Pagès peut seul vous délier en changeant la situation par sa retraite. »

» C'est alors que je me suis adressé à vous.

» Cette conduite est-elle une félonie?

» Est-ce mal débuter que de prouver à mes amis comme à mes adversaires que ma parole est un roc sur lequel on peut bâtir avec confiance?

» Vous me plaignez de mon bel avenir perdu. Vous avez tort. La fidélité à un engagement, dût-elle, en effet, me faire perdre ce que vous appelez un bel avenir, je ne la regretterais pas.

» Mais, à vous dire le vrai, je n'ai pas besoin de ce stoïcisme ; je ne crains rien. On peut contester mon intelligence, mes opinions, mes jugements ; quoique jeune encore, j'ai acquis le droit de ne pas redouter qu'on suspecte jamais mon désintéressement et ma probité.

» J'ai retenu cette lettre et je suis resté sous l'outrage aussi longtemps qu'une réconciliation a été possible ; maintenant que la lettre est inévitable, je me relève.

» ÉMILE OLLIVIER.

» Samedi 20 juin 1857. »

M. Garnier-Pagès attendit le résultat du scrutin. Il avait laissé prendre pendant son voyage beaucoup d'avance à son concurrent.

Le lendemain de cette publication, les électeurs de la Seine reçurent à domicile la lettre suivante :

« PRÉFECTURE DU DÉPARTEMENT DE LA SEINE.

» Paris, 21 juin 1857.

» Monsieur,

» Les élections des députés au Corps législatif ont commencé ce matin.

» Chacun est libre d'user ou de ne pas user du droit que la Constitution lui confère ; mais alors que certains partis érigent l'abstention en système, beaucoup d'électeurs regretteraient peut-être de s'y trouver associés involontairement par suite d'un oubli ou de quelque préoccupation d'affaires.

» Je prends donc la liberté de vous rappeler que le scrutin restera ouvert demain lundi, de huit heures du matin à quatre heures du soir.

» Recevez, monsieur, l'assurance de ma considération distinguée.

» *Le préfet de la Seine,*
» G. H. HAUSSMANN. »

Le gouvernement ne se contentait pas de pousser ses partisans au scrutin, il en écartait ses ennemis. Le dimanche matin, premier jour de l'élection, M. Garnier-Pagès, sortant de chez M. Carnot, rue du Cirque, pour se rendre avec lui et Jean Reynaud dans une réunion d'électeurs qui devaient l'entendre comme candidat, fut abordé par trois messieurs qui déclarèrent avoir une communication importante à lui faire, et qui le prièrent de monter dans un fiacre. Ces messieurs étaient un commissaire de police, le secrétaire général de la préfecture de police, et le secrétaire particulier du préfet. Ils annoncèrent à M. Garnier-Pagès qu'ils étaient porteurs d'un mandat de perquisition : « En ce cas, répondit-il, vous pouvez vous rendre chez moi, j'ai une course pressée à faire, je vous rejoindrai aussitôt après. » Le commissaire reprit : « Notre mandat est également un mandat d'amener, vous n'êtes plus libre, remettez-moi votre portefeuille. »

M. Garnier-Pagès, appelant alors MM. Carnot et Jean Reynaud, spectateurs de cette scène, les pria de se rendre auprès des électeurs et de trouver une excuse pour son absence, en leur cachant son arrestation.

La voiture partit et s'arrêta un quart d'heure après rue Chaptal, devant la maison de M. Garnier-Pagès. La perquisition opérée par les agents de la police resta sans résultat. Les correspondances relatives aux élections avaient été mises en lieu de sûreté. Les agents de la préfecture de police rendirent à M. Garnier-Pagès sa liberté. Il exprima le désir d'être conduit chez le préfet de police pour lui demander l'explication de son étrange mesure. M. Piétri se retrancha derrière l'obéissance qu'il devait aux ordres de ses supérieurs (1). Le bruit de l'arrestation de M. Garnier-Pagès se répandit dans Paris. Il n'était point fait pour rassurer les électeurs. Le *Siècle* avait été frappé d'un avertissement, le 18, en pleine agitation électorale. Le gouvernement ne voulait pas tolérer qu'il se posât comme l'unique représentant des principes de 89. « Déjà » atteint par deux avertissements, il pourrait être sus- » pendu, aux termes de la loi, mais le gouvernement, qui » a laissé à la lutte électorale la plus grande latitude, » ne veut pas frapper, aux derniers jours de cette lutte » même, l'un des organes les plus vifs, les plus agissants » d'une opposition dont l'opinion publique appréciera la » portée. »

Cet avertissement n'en était pas moins une menace redoutable. Le *Siècle* ne s'effraya pas cependant, et la

---

(1) Une autre perquisition eut lieu le lendemain des élections chez M. Desmarest, avocat au barreau de Paris, chez lequel était établi le siége du comité électoral. Le gouvernement espérait cette fois mettre la main sur les lettres et les listes électorales ; il ne fut pas plus heureux que chez M. Garnier-Pagès. Ce dernier reçut une assignation pour comparaître devant le juge d'instruction, mais après un premier interrogatoire l'affaire en resta là.

veille de l'élection, il publia en faveur de la candidature de M. Émile Ollivier un article suivi de quelques lignes très-chaudes de M. Ernest Picard. L'article du *Siècle* se terminait par ces paroles significatives :

« N'était-ce pas un devoir de préférer ce nom ? Ceux
» qui l'ont exclu de leur liste ne se sont pas sans doute
» rappelé les rapports qu'il avait avec les souffrances de
» l'exil, autrement ils l'eussent recommandé plus que tout
» autre aux électeurs de Paris comme pouvant leur servir
» à adoucir de trop longues peines ; qu'il aille, c'est
» notre vœu le plus cher, porter au dehors souvenir et
» consolation. »

Le gouvernement l'emporta dans la 1re, la 2e, la 8e, la 9e et la 10e circonscription. M. Carnot fut nommé dans la 5e; M. Goudchaux dans la 6e. Dans la 4e, la 3e et la 8e, il y eut ballottage entre le général Cavaignac et M. Germain Thibault, entre MM. Ollivier et Varin, entre MM. Darimon et Lanquetin. MM. Cavaignac, Ollivier et Darimon furent élus au second tour de scrutin. Paris, en nommant M. Émile Ollivier, ancien commissaire de la République, fils d'un proscrit, dont la candidature était présentée par le *Siècle* comme une consolation à l'exil, inaugurait donc cette série de choix empreints d'une hostilité particulière, qui à chaque élection sont comme la protestation individuelle de Paris contre le coup d'État.

Le lendemain des élections, le comité de la rue Gaillon publia la pièce suivante :

« La différence des listes de candidats adoptées par le comité électoral démocratique de Paris et par les deux journaux le *Siècle* et la *Presse* ayant causé une certaine préoccupation dans le public, le comité a résolu, avant de se dissoudre, de publier la note suivante :

» Dans le courant du mois de mai, une réunion de membres du parti démocratique s'est formée en vue des élections de Paris, et, dès sa première séance, deux résolutions ont été prises : 1° de se rassembler aussi fréquemment que possible ; 2° de se constituer régulièrement en comité électoral dès l'ouverture de la période légale des vingt jours précédant l'élection.

» Le 2 juin, le comité s'est constitué avec l'adjonction des représentants des journaux. A la séance du 9, le comité, avec la participation de MM. de Benazé, Havin, Husson et Picard, représentant le journal le *Siècle*, et Darimon, représentant le journal la *Presse*, consentit, afin d'éviter toute difficulté de la part des journaux, à présenter aux élections une liste de transaction. La liste ainsi arrêtée de commun accord par le comité et les journaux, fut immédiatement transmise par le télégraphe dans les départements.

» Le lendemain, sans aucun avertissement au comité, le journal la *Presse*, et le surlendemain le journal le *Siècle*, publièrent une autre liste différant notablement de la liste arrêtée de commun accord dans la séance du comité.

» Le comité, délivré de tout engagement par suite de cette rupture inattendue, se résolut immédiatement à présenter au suffrage des électeurs une liste homogène. Cédant à son autorité morale, MM. Jules Bastide, Eugène Pelletan, Jean Reynaud, Jules Simon, consentirent à la candidature qui leur était ainsi offerte ; et la liste, adoptée à l'unanimité, fut publiée ce jour même, 12 juin, dans le journal l'*Estafette*.

» Après avoir décidé la publication de cette liste par tous les moyens en son pouvoir, le comité, afin de ne pas augmenter les divisions, prit, dans la même séance, les deux résolutions suivantes : 1° de n'opposer aucune récrimination aux candidats présentés en dissidence par le *Siècle* et par la *Presse* ; 2° de ne porter ces débats devant le public qu'à la fin de la lutte électorale.

» *Pour le comité* :
» CARNOT, F. HÉROLD, E. VACHEROT.

» Paris, le 21 juin 1857. »

Les élections de 1857 laissèrent subsister dans le parti républicain à Paris un ferment de discorde qui fit encore sentir son influence sur les élections suivantes. Les républicains des départements restèrent en dehors de ces luttes. Leur action ne fut pas très-sensible dans les élections. Comment auraient-ils pu lutter sans liberté de la presse, sans droit de réunion, contre les forces du gouvernement dont un voile mystérieux couvrait toutes les manœuvres : télégrammes des ministères, circulaires des préfets, allocutions des juges de paix, menaces des maires, des commissaires de police et des gardes champêtres, arrestations illégales des citoyens, urnes à doubles clefs, violation des urnes, soupières, boîtes, vases et engins de toute sorte à contenir les votes, la pratique générale de tous ces moyens de fausser le suffrage n'avait rien à craindre de la publicité; les citoyens en présence des décrets qui mettaient leur liberté individuelle à la merci de l'autorité, et la presse menacée par le régime des avertissements étaient sobres de plaintes et de réflexions. Le gouvernement, libre de tout contrôle, joignant la force à l'arbitraire, pouvait se livrer, sans crainte de rencontrer de résistance sérieuse, à cette parodie de l'élection. L'opposition parvint à grand'peine à faire passer six ou sept candidats à Paris, Lyon, Bordeaux et Lille; mais l'écrasante majorité obtenue par le gouvernement fut due surtout aux votes des campagnes. Les villes avaient montré moins d'obéissance aux préfets, un nombre considérable de voix et souvent la majorité attestaient la résistance des grands centres de population à s'abandonner à la direction des autorités de l'Empire; aussi peut-on dire que les élections de 1857, malgré leur résultat favorable au gouvernement, donnèrent le signal du réveil de l'opinion publique.

Le gouvernement, pendant les élections, mit fin au différend entre la Prusse et le canton de Neuchâtel. Le pays de Neuchâtel, par suite des traités de 1815, était à la fois canton suisse et principauté prussienne; plus tard il avait brisé les liens qui le rattachaient à la Prusse. Le parti royaliste prussien, croyant le moment venu de prendre une revanche, essaya le 3 septembre 1856 de s'emparer de Neuchâtel et d'y rétablir l'ancien état de choses. L'insurrection ayant été battue, ses chefs pris les armes à la main furent traduits devant les tribunaux.

Le gouvernement prussien consentait à régler cette question, mais à une condition, l'élargissement sans jugement des détenus neuchâtelois. Napoléon III appuya cette demande. Le conseil fédéral répondit qu'il amnistierait les détenus si la Prusse s'engageait d'avance à ratifier l'indépendance de Neuchâtel.

Napoléon III avait confidentiellement engagé le général Dufour à user de son influence sur le gouvernement fédéral pour le pousser à un arrangement. Le général Dufour, ayant fait connaître ces ouvertures au conseil fédéral, fut envoyé en mission extraordinaire en France. Il avait pour instructions d'accorder l'amnistie, en échange d'une renonciation sans aucune réserve impliquant une dépendance quelconque vis-à-vis de l'étranger, et la moindre restriction de la législation et de l'administration du canton.

La mission du général Dufour échoua, et la Prusse s'adressa directement au conseil fédéral; son ministre en Suisse reçut l'ordre d'exiger d'abord l'élargissement des prisonniers, en ajoutant que la Prusse était prête à entrer ensuite en négociations. Le refus d'acquiescer à cette proposition amena une rupture de rapports diplomatiques entre la Prusse et la Suisse. Les deux gouvernements se livrèrent à des préparatifs militaires. Le conseil fédéral, après une tentative vaine des ministres étrangers résidant à Berne pour opérer une réconciliation, ouvrit un crédit illimité au département de la guerre; le cabinet de Berlin de son côté prépara le décret de mobilisation de ses troupes pour lesquelles il s'était déjà assuré un libre passage à travers la Saxe, la Hesse, la Bavière, le Wurtemberg et le grand-duché de Bade. Le *Moniteur*, dans un article rédigé par une plume officielle, attribuait les exigences de la Suisse à l'influence des partis extrêmes ; les autres puissances soutenaient la Prusse. Le conseil fédéral, voyant son isolement, envoya en France le docteur Kern, député au conseil des États, porteur d'une note déclarant qu'il était prêt à demander aux conseils législatifs la suppression de la procédure contre les insurgés de Neuchâtel, s'il recevait du gouvernement français l'assurance que l'arrangement auquel il promettait de travailler ne contiendrait aucune clause incompatible avec l'indépendance absolue de Neuchâtel.

Les plénipotentiaires signataires du protocole de Londres s'assemblèrent à Paris le 5 mars 1857, et ils formulèrent le vœu au nom de l'Europe que le roi de Prusse voulût bien céder ses droits sur Neuchâtel : le roi de Prusse y consentit à condition que ses héritiers et successeurs conserveraient le titre de prince de Neuchâtel et de comte de Valengin, qu'il recevrait une indemnité de deux millions, que les biens sécularisés en 1848 seraient rendus à l'Église, et que la Constitution de Neuchâtel serait revisée dans un délai qui permît aux royalistes compromis dans l'insurrection de rentrer dans leur pays pour exercer leurs droits. La Suisse refusait d'insérer la clause relative au titre de prince de Neuchâtel dans le traité, mais elle l'admettait dans un protocole, en repoussant toutes les autres demandes. Les plénipotentiaires, faisant ce qu'on appelle une cotte mal taillée, réduisirent l'indemnité d'un million, laissèrent à l'État les biens de l'Église, à l'Église les revenus de ces biens, et repoussèrent tout ajournement à la Constitution. Le conseil fédéral s'empressa d'accepter; le roi de Prusse, satisfait de voir le principe de l'indemnité reconnu, refusa d'en toucher le montant, il se contenta de voir son titre de prince de Neuchâtel figurer dans les protocoles de la conférence. L'Empereur des Français put se réjouir d'avoir joué encore une fois le rôle d'arbitre.

Les élections à peine terminées, on apprit la révolte des Cipayes dans les Indes et la mort de Béranger.

Béranger était de ce xviiie siècle où, depuis la publication de l'*Émile*, on cherchait à faire des hommes plus que des savants. La mémoire de Rousseau devrait être à jamais bénie, lors même qu'il n'aurait fait que ressusciter le respect et l'amour de l'enfance oubliés par l'ancien régime, et créer le dévouement à l'instruction et à l'éducation des enfants, sans lequel la Révolution restera toujours incomplète. Rousseau, bien plus que Voltaire, a fait cette bourgeoisie intelligente et dévouée d'où sortirent les premières générations révolutionnaires. Jusqu'au moment où fut créée l'Université, qui mit aux mains de l'État le monopole de l'instruction publique, les tentatives de solution du difficile problème de l'éducation des enfants et des jeunes gens furent dues à des disciples de Rousseau. M. Ballue de Bellenglise, membre de l'Assemblée législative, établit à Péronne des écoles gratuites sur un plan où l'on sent tout de suite la pensée de Rousseau. L'école était modelée sur la commune et sur l'État. Les élèves choisissaient parmi eux des juges, des membres du district, un maire, des officiers municipaux, un juge de paix. Deux fois par semaine, ils formaient un club dont les séances étaient publiques et auxquelles assistaient les habitants de Péronne.

On a dit souvent que l'homme tout entier est en germe dans l'enfance; il y a des exceptions à cette règle. Qui retrouverait, par exemple, dans l'homme timide, ennemi du bruit, de l'éclat, que la France a connu, le jeune Béranger, président du club de son école, haranguant les conventionnels de passage à Péronne, prononçant des discours de sa composition dans les cérémonies publiques, où, par suite d'une mesure excellente, les écoles primaires avaient leur place marquée, rédigeant même, dans les grandes circonstances, des adresses à la Convention.

Le tribun de douze ans, devenu chef d'une maison de banque à dix-sept ans, empruntait de l'argent à 3 pour 100 par mois, et le faisait valoir avec bénéfice. C'était le moment de la dépréciation complète des assignats; le numéraire avait alors une valeur énorme; des gens de toute sorte se mêlaient de commerce; beaucoup d'anciens nobles cherchaient dans les opérations de banque une compensation aux pertes éprouvées pendant la Révolution. La contre-révolution faisait des affaires pour payer ses conspirations. Le père de Béranger, grand partisan de l'ancien régime, entiché même de noblesse au point de joindre la particule à son nom, de parler de ses parchemins et d'avoir chez lui son arbre généalogique, était le banquier et même un peu le complice des royalistes. Le jeune Béranger, pour obéir aux ordres paternels, dut souvent porter aux conspirateurs l'argent arrivé de Londres. C'est ainsi qu'il fit la connaissance de M. de Bourmont, venu à Paris pour se mettre à la tête d'un mouvement royaliste, et qui, en attendant, se tenait caché au milieu des jardins d'un ancien hôtel de la rue des Marais-au-Temple.

Béranger, philosophe précoce, déjà mûri à dix-huit ans par l'expérience et par le malheur, observait, du haut de son comptoir de banquier, cette société bizarre, où tant d'éléments opposés s'amalgamaient dans une fermentation commune, où deux courants contraires s'entre-choquaient avant de se confondre; époque d'insouciance et de calcul, de colère et d'apaisement, pendant laquelle le père de Béranger, ruiné par suite de ses menées légitimistes, se vit réduit à tenir un cabinet de lecture au coin de la rue Saint-Nicaise. Plus d'une fois, le futur chansonnier du *Marquis de Carabas* et de la *Marquise de Pretintailles* s'assit à la modeste table paternelle, à côté de marquis et de comtesses qui ne savaient où trouver un dîner, et qui devaient plus tard se refaire des privations du Directoire avec le milliard d'indemnité de la Restauration. Béranger regagnait son logis, lorsque la terrible explosion de la machine infernale eut lieu : deux minutes plus tôt, il était tué. Le hasard ne fut pas cette fois du côté des Bourbons; il sauva en même temps l'homme qui allait les remplacer sur le trône et celui qui devait achever de détruire leur prestige en France.

Béranger vit le 18 brumaire et la chute de la République avec tristesse, il nous le dit lui-même : « Bien » moins homme de doctrine qu'homme d'instinct et de » sentiment, je suis de nature républicaine. Je donnai » des larmes à la République, non de ces larmes écrites » avec points d'exclamation, comme les poëtes en prodi- » guent tant, mais de celles qu'une âme qui respire l'in-

» dépendance ne verse que trop réellement sur les plaies
» faites à la patrie et à la liberté. » Les premières années
de l'Empire nous montrent Béranger dans les appréhensions continuelles de l'homme qui n'a point satisfait à la
loi sur le recrutement, ne dormant que d'un œil, craignant sans cesse d'être surpris au gîte, chassé, relancé
par les limiers de la police. Sa calvitie précoce, son air
maladif et vieux avant l'âge le sauvèrent des gendarmes ;
il n'avait qu'à les saluer : son front dénudé lui servait de
certificat.

Béranger fut tiré de la misère par Lucien Bonaparte,
et nommé à un modeste emploi, grâce aux sollicitations
d'Arnault. Il vécut modeste et ignoré au milieu de quelques amis obscurs comme lui, jusqu'en 1813, époque
à laquelle sa réputation commença : le *Sénateur*, le *Petit homme gris*, les *Gueux*, le *Roi d'Yvetot*, copiés à la
main, avaient révélé au public l'existence du chansonnier. Son nom n'était plus inconnu lorsque arriva la chute
de l'Empire. Les hommes qui ont vécu sous la Restauration n'oublieront pas l'effet des premières chansons de
Béranger sur eux-mêmes et sur le peuple. Faut-il maudire
l'auteur aujourd'hui parce qu'elles ont contribué au rétablissement de l'Empire ? Malédiction puérile qui devrait
s'étendre à presque tous les poëtes de son temps. Ils sont
rares les républicains âgés de cinquante ans qui n'ont pas
partagé les sentiments de Béranger. S'il n'a point fait,
comme beaucoup d'eux, un *meá culpá* éclatant de son
admiration pour Napoléon Ier, jamais il ne voulut voir
Napoléon III. L'Impératrice lui fit une visite et lui écrivit
plusieurs fois ; Béranger reçut ces avances avec la politesse due à une femme, lors même qu'elle n'obéit qu'à un

mot d'ordre. Le monde blasé, désœuvré, sans opinion, où la jeunesse de l'Impératrice s'était écoulée, ne connaissait point en effet Béranger ; le monde où elle fut plus tard appelée à vivre le détestait ; elle-même, Espagnole et dévote, ne devait guère l'aimer ; mais la femme de l'Empereur ne pouvait rester en froideur avec cette gloire. Elle envoya donc plusieurs fois prendre des nouvelles de Béranger pendant sa maladie ; elle lui offrit un bois de lit machiné avec des ressorts épargnant toute espèce de mouvement au malade, et construit sur le modèle du lit préparé pour elle avant ses couches.

L'Impératrice, le jour de la mort de Béranger, devait se rendre au théâtre de la Porte-Saint-Martin ; le régisseur, au lever du rideau, vint annoncer au public que Sa Majesté n'assisterait pas à la représentation, et qu'elle désirait que sa loge restât vide pendant le spectacle.

Béranger répétait souvent à ses amis : « Mon vœu le » plus cher est de mourir tout entier, mais si je perds » mes facultés par la maladie ou par l'âge, vous con- » naissez les idées que j'ai professées toute ma vie, c'est » à vous à veiller sur moi. » Les amis de Béranger n'eurent pas besoin de remplir ce devoir. Le poëte avait encore toute son intelligence quand le curé de la paroisse vint le voir ; il le reçut en voisin. Le curé le bénit en partant : « Et moi aussi, je vous bénis, priez pour moi, » je vais prier pour vous... Nous avons pris une voie » différente pour arriver au même but, voilà tout. » Telles furent les dernières paroles adressées à l'homme d'église par l'auteur du *Dieu des bonnes gens*.

Le 15 juillet les journaux du soir publièrent la note suivante :

« La France vient de faire une perte douloureuse :
» Béranger a succombé aujourd'hui à une longue et
» pénible maladie.

» L'Empereur, voulant honorer la mémoire de ce poëte
» national, dont les œuvres ont si puissamment contribué
» à maintenir le culte des sentiments patriotiques en
» France et à populariser la gloire de l'Empire, a décidé
» que les frais de ses funérailles seraient faits par la liste
» civile impériale. »

Le préfet de police fit placarder le lendemain l'affiche suivante :

« OBSÈQUES DE BÉRANGER.

» La France vient de perdre son poëte national !
» Le gouvernement de l'Empereur a voulu que des honneurs publics fussent rendus à la mémoire de Béranger ; ce pieux hommage était dû au poëte dont les chants consacrés au culte de la patrie ont aidé à perpétuer dans le cœur du peuple le souvenir des gloires impériales.
» J'apprends que des hommes de parti ne voient dans cette triste solennité qu'une occasion de renouveler des discordes qui, dans d'autres temps, ont signalé de semblables cérémonies.
» Le gouvernement ne souffrira pas qu'une manifestation tumultueuse se substitue au deuil respectueux et patriotique qui doit présider aux funérailles de Béranger.
» D'un autre côté, la volonté du défunt s'est manifestée par ces touchantes paroles :
« Quant à mes obsèques, si vous pouvez éviter le bruit public, faites-
» le, je vous prie, mon cher Perrotin. J'ai horreur, pour les amis que
» je perds, du bruit de la foule et des discours à leur enterrement. Si le
» mien peut se faire sans public, ce sera un de mes vœux accomplis. »
» Il a donc été résolu, d'accord avec l'exécuteur testamentaire, que le cortége funèbre se composera exclusivement des députations officielles et des personnes munies de lettres de convocation.
» J'invite les populations à se conformer à ces prescriptions. Des mesures sont prises pour que la volonté du gouvernement et celle du défunt soient rigoureusement et religieusement respectées.

» *Le sénateur, préfet de police,*
» Pietri.

» Paris, 16 juillet 1857. »

L'Empire essayait de confisquer à son profit la gloire de Béranger, mais grâce à la présence de MM. Lamartine, Thiers, Mignet, Alfred de Vigny, Auguste Barbier, etc., la tentative resta vaine. Le gouvernement, pour justifier sa conduite et pour fournir un prétexte à ses précautions, parlait de projets de trouble dont le parti républicain n'avait pas même la pensée. Le peuple se contenta de sourire tristement à l'appareil officiel de ce convoi menteur. MM. Perrotin et Benjamin Antier, les plus vieux amis de Béranger, un ouvrier imprimeur et un sous-chef de musique, ses cousins, conduisaient le deuil. Une voiture de la cour, occupée par M. de Cotte, aide de camp de l'Empereur, suivait le corbillard. Les boulevards étaient gardés par des forces considérables ainsi que les rues aboutissantes. Le peuple fut éloigné du cortége de Béranger comme il l'avait été de celui de Lamennais. Cependant le préfet de police, qui, cette fois encore, s'était chargé de diriger le convoi, n'osa pas lui faire traverser la place de la Bastille. Le corps de Béranger, conduit au Père-Lachaise, fut descendu dans le caveau de Manuel au milieu des larmes de quelques amis.

La popularité sans nuage de Béranger avait été troublée dans les derniers temps de sa vie. Il se consolait des attaques de ceux qui le traitaient presque comme un complice du 2 décembre, en songeant qu'on lui rendrait justice après sa mort. En effet, si la gloire, rehaussée par la simplicité de la vie et par la générosité du cœur, mérite le respect des hommes, celle de Béranger est destinée à grandir. Homme d'opinion et non de parti, maître de sa destinée, obstiné à repousser la fortune, et, ce qui est plus rare en France, les honneurs, Béranger vit naître trois gouvernements de qui il aurait pu tout obtenir, la monarchie de Louis-Philippe, la République de février, le second Empire. Il ne leur demanda rien, pas même un ruban ; il ne fut ni chevalier de la Légion d'honneur, ni membre de l'Académie française, dans le sein de laquelle il aurait pu cependant entrer présenté par Châteaubriand.

La renommée poétique de Béranger faiblira peut-être, mais sa renommée d'honnête homme grandira par la comparaison avec les caractères de l'époque qui a suivi la sienne.

Les mois de juillet et d'août 1857 s'écoulèrent, pour la cour, en voyages. L'Empereur, au retour de Plombières, se rendit avec l'Impératrice à Osborne, où il passa quelques jours auprès de la reine d'Angleterre. La médaille de Sainte-Hélène fut instituée le 13 du mois d'août. Le lendemain eut lieu l'inauguration du Louvre.

Lorsqu'en 1564 Pierre Lescot, architecte de Henri II, continuait sur les fondations du vieux Louvre de Philippe-Auguste l'élégant Louvre commencé par François Ier, et lorsque en même temps Philibert Delorme construisait les Tuileries pour Catherine de Médicis, ces deux architectes, élevant deux palais, sans parenté de plan ni de style, sans rapport d'aile ni de niveau, ne se doutaient pas qu'ils seraient un jour réunis. Cette réunion décrétée par la République avait été accomplie en quatre ans, du moins à l'extérieur, car rien n'était terminé à l'intérieur, et la cérémonie de l'inauguration se fit dans la salle placée au-dessus de la galerie du rez-de-chaussée et décorée provisoirement : tentures en toile, moulures en grisaille, faux plafond en toile et verre dépoli, murs en tapisserie de Beauvais, deux trônes de bois doré sous une estrade à draperie de velours rouge à crépines d'or, telle était la mise en scène. L'Empereur, l'Impératrice, le prince Jérôme, le prince Napoléon, la princesse Mathilde étaient présents. Les dignitaires ayant pris place, M. Fould prononça un discours assez terne sur la mort de MM. Visconti et Simart qui avaient présidé aux premiers travaux du Louvre ; pas un mot sur la pensée intime du monument. Une de ces interminables distributions de récompenses dont l'Empire a tant abusé suivit le discours. Un banquet, offert dans la même salle aux architectes, sculpteurs, entrepreneurs et ouvriers, termina la fête. Le monument était ce qu'il pouvait être après les études précipitées, les erreurs corrigées, les raccords improvisés, les oppositions de style dont il portait les traces. M. Lefuel, successeur de M. Visconti, architecte de l'Empereur, avait modifié le plan général ; les incertitudes, les repentirs, le défaut de symétrie, le décousu, les erreurs de goût se trahissaient partout dans les détails et dans l'ensemble, mais il fallait faire vite, et dans quatre ans, 436 280 mètres de superficie avaient été couverts de bâtisses. L'Empire pouvait loger dans le même édifice les chefs-d'œuvre de l'art, le surintendant des beaux-arts, ses soldats, ses écuries et ses cuisines.

Une autre inauguration, celle des kiosques, suivit de près l'inauguration du Louvre. La vente des journaux sur la voie publique avait pris un grand développement, favorisé d'ailleurs par le gouvernement. C'était un privilége qu'il pouvait accorder ou retirer à volonté, et par conséquent un nouveau moyen d'action sur le journalisme. Des kiosques élégants remplacèrent sur les boulevards et dans plusieurs autres lieux fréquentés de Paris les petites baraques des marchands de journaux.

Les curieux, deux mois après, se pressaient autour des kiosques pour connaître les détails d'un événement qui excitait au plus haut degré la curiosité publique. Il s'agissait du départ de l'Empereur des Français pour Stuttgard où se trouvait le czar de Russie. Les ministres des affaires étrangères de France et de Russie, MM. Walewski et Gortschakoff, accompagnaient leurs souverains. Rien ne transpira cependant sur les causes et les résultats de cette entrevue, bientôt suivie d'une rencontre à Weymar entre le czar et l'empereur d'Autriche ; le roi de Prusse l'avait préparée. Elle amena un rapprochement entre les deux cours de Vienne et de Saint-Pétersbourg, en froideur depuis les difficultés soulevées en 1856 par la question de Belgrad.

L'année 1857 touchait à sa fin, lorsque la nouvelle de la mort du général Cavaignac se répandit dans Paris.

Cavaignac était atteint depuis quelques années d'une maladie de cœur qu'il savait mortelle.

« Je vous suppose, écrivait-il à un de ses amis (1) quelques jours avant sa mort, partageant comme toujours votre temps entre le palais et Saint-Cloud ; moi, mon cher, je ne me partage pas, je me pelotonne et me ratatine au contraire dans un coin de la Sarthe, où je me suis arrangé un gourbi, tâchant d'oublier que je passe ma vie à étouffer et à palpiter, et m'apercevant qu'il n'y a rien de moins grand qu'un gros cœur. »

Il vivait au fond du département de la Sarthe, dans sa propriété d'Ourne, commune de Flée ; il se promenait un fusil à la main dans son jardin, lorsque se sentant pris d'un violent mal de tête, il remet son fusil à son garde ; ses jambes fléchissent. Conduit et soutenu par le garde et

(1) M. Sénard.

par un de ses serviteurs jusqu'à un fauteuil qui se trouvait dans le vestibule de sa maison, il s'assied en poussant un soupir. Ce fut le dernier.

Madame Cavaignac accourt, quelques amis prévenus dans le voisinage se rendent à son appel; l'embarcadère du chemin de fer n'est pas éloigné d'Ourne, mais le chef de gare ne peut accorder de train spécial sans une autorisation de Paris. Le télégraphe fonctionne, l'autorisation arrive, et la courageuse veuve, plaçant le cadavre de son mari entre elle et son fils, arrive à Paris où elle dit à son enfant : « Embrasse une dernière fois ton père. »

Le général Cavaignac était mort de la blessure faite à la liberté le 2 décembre. Homme de cœur avant tout, c'était par le cœur qu'il devait périr. Personne ne poussa plus loin que lui la fierté et le désintéressement. Lorsque les affaires commerciales de son beau-père, banquier à Paris, s'embarrassèrent, il voulut que la dot de sa femme fît retour aux créanciers. Un matin, deux personnes demandent à le voir pour une affaire importante; il quitte les amis qui devaient partager son déjeuner et entre dans son salon : » Général, lui dit l'un des deux visiteurs, je me nomme Dupoty; compagnon des luttes de votre frère, je lui ai prêté trente-cinq mille francs pour soutenir la *Réforme*. Il devait me les rendre à la mort de sa mère; voici X... que vous connaissez et qui vous certifiera la vérité de mes paroles. » Le général Cavaignac se lève, ouvre son secrétaire et en tire trente-cinq billets de mille francs qu'il remet à Dupoty. C'était le produit de la vente récente d'une maison à Bordeaux. Il ne lui restait plus rien de l'héritage maternel.

Paris vit passer avec une émotion respectueuse le cercueil

du général Cavaignac; une simple couronne d'immortelles y eût été mieux placée que les insignes militaires de son grade. Le citoyen avait fait oublier le soldat. Cavaignac fut véritablement citoyen, lorsque au lendemain des journées de juin, placé entre sa conscience et son ambition, il n'obéit qu'à sa conscience en repoussant la dictature. La France estimera peut-être un jour ce genre d'héroïsme à sa juste valeur.

Eugène Cavaignac fut enterré au cimetière Montmartre, dans le même tombeau que son frère Godefroid. Il n'y eut pas de discours prononcé. Le gouvernement confisqua son oraison funèbre comme il avait confisqué celles de Marast, de Lamennais et de Béranger; les journaux officieux balbutièrent quelques mots d'éloges qu'il aurait méprisés, et le *Constitutionnel* se crut habile en plaçant le fier et honnête soldat républicain, le prisonnier de décembre, à côté des généraux d'Afrique « de la génération brillante des Saint-Arnaud, des Canrobert, etc. »

Un décret du 2 juillet avait constitué le bureau du Corps législatif, et maintenu M. de Morny dans les fonctions de président, et MM. Schneider et Reveil dans celles de vice-présidents. La chambre fut convoquée pour le 28 du mois de novembre, l'article 46 de la Constitution exigeant que le Corps législatif élu à la suite d'une dissolution fût réuni dans le délai de six mois. Le ministre d'État déclara, le jour de l'ouverture de la session, que l'Assemblée procéderait uniquement à sa constitution, à la vérification des pouvoirs, et qu'elle serait ensuite prorogée au 18 janvier pour l'expédition des affaires. M. de Morny termina une courte allocution dans laquelle il rappelait les services rendus par l'Empereur au pays, par cet

appel banal : « Restons fidèles aux principes qui ont dirigé
» la précédente législature, ne nous laissons pas écarter
» de cette politique qui avait pour programme que la
» véritable indépendance n'est ni dans une approbation
» aveugle, ni dans une opposition constante, que l'accord
» des grands pouvoirs de l'État est la première condition
» du repos public, et que la plus parfaite constitution ne
» saurait fonctionner sans la sagesse des hommes. » Le
président reçut ensuite le serment des membres présents
à la séance. MM. Curé, nommé à Bordeaux par l'opposition
démocratique, Darimon et Émile Ollivier remplirent cette
formalité. MM. Carnot et Goudchaux, élus à Paris, et
M. Hénon, élu à Lyon, écrivirent au président trois lettres qu'il lut dans la séance du 1er décembre. Les deux
premiers déclaraient persister dans la résolution déjà
manifestée par eux en 1852, de refuser le serment prescrit
par la Constitution. Ils furent donc déclarés démissionnaires. M. Hénon rappelait également son refus de serment en 1852, en ajoutant que ses électeurs l'ayant nommé
cette fois, non plus pour rester sur le seuil de l'Assemblée,
mais pour le franchir, il donnait son adhésion à la formule du serment, quoique son avis n'eût pas changé sur
le fond des choses. M. Hénon était présent à la séance ; le
président lui ayant fait observer que sa lettre ne pouvait
pas tenir lieu du serment, et qu'il fallait savoir s'il voulait le prêter oui ou non, il le prêta en déclarant qu'il
avait tenu seulement à expliquer sa conduite. Le septième
des élus opposants, le général Cavaignac, venait de
mourir. Il avait manifesté plus d'une fois avant sa mort
la ferme intention de refuser le serment.

Trois élections seulement étaient contestées : celles de

M. de Ségur dans la Meuse, de M. de Cambacerès dans l'Aisne, et de M. Migeon dans le Haut-Rhin. M. de Ségur prit le parti de donner sa démission pour empêcher la discussion des abus relevés contre lui, comme si, en bonne règle parlementaire, la retraite du candidat pouvait supprimer les manœuvres illégales employées pour faire réussir son élection. M. Émile Ollivier, voulant à propos de l'élection de M. de Ségur engager un débat général sur les élections de 1857, proposait à la chambre de repousser la démission. Le président, malgré ses vives réclamations, lui retira la parole, en alléguant que, par suite de l'acceptation de la démission du député de la Meuse, il n'y avait plus rien en délibération. L'élection de M. de Cambacerès fut annulée, le candidat n'ayant pas l'âge exigé par la loi ; mais il se représenta quelques semaines plus tard, et fut nommé sans difficulté, de sorte qu'une violation de la loi servit à rendre nulle la volonté du législateur. Quant à M. Migeon, député du Haut-Rhin, il avait déjà siégé sur les bancs de la droite à l'Assemblée législative. Réélu en 1852 comme candidat du gouvernement, il s'était montré fidèle à son mandat. Cependant l'administration l'en jugeant brusquement indigne en 1857, choisit à sa place un autre candidat. M. Migeon persista néanmoins à se présenter aux électeurs, qui le réélurent à une forte majorité. C'était d'un mauvais exemple. Le gouvernement, pour rétablir la discipline parmi les électeurs et parmi les candidats, fit procéder à une enquête administrative, à laquelle succéda une instruction judiciaire. Le parquet de Colmar, à la suite de cette instruction, intenta une action en police correctionnelle contre M. Migeon, pour avoir répandu de fausses nouvelles, de fausses promesses d'emploi et de fausses menaces de retrait d'emploi; pour avoir, par des paroles et par des écrits, porté atteinte à la considération de fonctionnaires, pour avoir porté le titre de comte, la croix d'honneur et d'autres croix sans autorisation.

Ce procès venait trop tard; les deux derniers délits imputés à l'inculpé étaient antérieurs à la dissolution du Corps législatif. Les poursuites, exercées après l'élection de M. Migeon, ressemblaient trop à une vengeance du gouvernement pour produire l'effet qu'il en attendait. Les débats du procès éveillèrent au plus haut point la curiosité publique : un maire faisant voter les électeurs dans la salle du cabaret où il vend des liquides, un zouave qui s'empare de l'urne électorale, des enfants votant pour leurs pères, des pères votant pour leurs enfants, un sous-préfet, M. de Barthélemy, s'écriant, en parlant de M. Migeon et en faisant allusion à sa qualité de député autrefois élu par le concours de l'administration : «Quand on a un mauvais domestique, on le chasse sans lui donner de raisons »; le président du tribunal disant à un témoin: « Vous étiez un des colporteurs les plus actifs de Migeon, vous devez vous estimer heureux de n'avoir pas été plus inquiété »; vingt autres faits du même genre, en montrant ce qu'était le suffrage universel sous l'Empire, permirent à M. Jules Favre de soutenir avec vérité, dans sa plaidoirie pour M. Migeon, que ce procès n'était qu'un fragment brisé du miroir dans lequel la France pouvait se voir tout entière.

M. Migeon, condamné à un mois de prison pour port illégal de la Légion d'honneur, n'était pas déchu de son titre de député. Il donna cependant sa démission dans une lettre où il annonçait l'intention de se représenter de nouveau devant ses électeurs.

L'année 1857 se termina par une suspension de deux mois infligée à la *Presse* pour un éloquent article de son rédacteur en chef, M. Alphonse Peyrat, sur les dernières élections. La société de l'Empire, tout entière à ses plaisirs, semblait ignorer qu'il y eut dans le monde autre chose que le bal, le jeu et la table. Le préfet de police adressa pour la forme des circulaires aux cercles pour les exhorter à modérer le jeu de leurs habitués; l'or inondait chaque soir les tapis verts; des loteries redoublaient les effets du jeu. Le clergé les patronnait avec ardeur.

La charité des fidèles ne suffisant plus à payer les frais de toutes les églises qu'on était en train de bâtir, on imagina un moyen d'avoir l'argent des profanes. Des billets de loterie donnant droit à une pendule ou à une messe pour vingt sous, s'étalèrent à la vitrine des coiffeurs et des bureaux de tabac, à côté des billets du bal Mabille. La presse est sans contredit une invention de Satan, mais les journaux dénoncés tous les matins au prône étaient des auxiliaires indispensables pour le placement des billets de loterie. Les curés traitèrent avec les fermiers d'annonces. Les billets se placèrent, l'église se bâtit, la passion du jeu se mêlant ainsi aux sentiments les plus respectables et les plus délicats de l'âme.

Conduire un cotillon, voir des jambes de femmes au théâtre, telle fut la vie de la jeunesse élégante et riche de l'époque. Ce qui restait à la société de son ancienne activité intellectuelle se résumait dans une sorte de curiosité banale effleurant et confondant les hommes et les choses, l'homme d'État et le comédien, la grande dame et la courtisane, et ne se complaisant qu'aux détails puérils de la chronique. La princesse de Lieven est morte, personne ne parle de son rôle politique, mais chacun raconte qu'elle a légué en mourant un carrosse et deux chevaux à M. Guizot. Eugène Sue, de Musset, Gustave Planche, disparaissent dans l'année, la chronique laisse de côté leurs œuvres pour apprendre au public que le premier ne dînait jamais qu'en manchettes, que le second ne se procurait l'ivresse qui lui était devenue nécessaire que par un terrible mélange d'absinthe et de bière, que le troisième enfin ne se lavait pas les mains. Les défauts et les vices des hommes illustres intéressent seuls le public; leur talent est oublié. Les sociétés sans opinion et sans croyance sont toujours hypocrites. La société de l'Empire affichait la dévotion. Malheur à ceux qui ne suivaient pas exactement les pratiques de l'Église. M. Viellard, sénateur et ami particulier de l'Empereur, meurt; on trouve dans son testament une clause qui défend de porter son corps à l'église. Le chambellan ou l'aide de camp envoyé par l'Empereur pour assister aux funérailles se retire et déclare qu'il ne suivra pas le mort au cimetière. Voilà où en était la France.

CHAPITRE VIII.

1858.

Sommaire. — Réception du corps diplomatique aux Tuileries le 1ᵉʳ janvier 1858. — Discours du nonce. — Réponse de l'Empereur. — Tranquillité générale des esprits. — Attentat d'Orsini. — Antécédents de l'auteur de l'attentat. — Orsini en Angleterre. — Il cherche des complices. — Fabrication des bombes. — Orsini et Pieri à Paris. — La police aurait pu les arrêter. — Orsini fixe le jour de l'attentat au 14 janvier. — Arrestation de Pieri sur le trottoir de la rue Le Peletier. — Cette arrestation ne change rien aux dispositions ordinaires de la police. — La triple explosion. — L'Empereur, l'Impératrice, le général Roguet. — L'Empereur à l'Opéra. — Attitude morale de la foule sur les boulevards. — L'Empereur et l'Impératrice aux Tuileries. — Arrestation des auteurs de l'attentat. — Procès d'Orsini et de ses complices. — Lettre d'Orsini à l'Empereur. — A-t-il jamais été sérieusement question de faire grâce à Orsini ? — Testament d'Orsini. — Dernière lettre d'Orsini à l'Empereur. — Exécution d'Orsini.

Le 1ᵉʳ janvier 1858, l'Empereur répondit au nonce chargé de lui présenter les souhaits du corps diplomatique : « Je suis toujours heureux de recevoir les vœux du corps diplomatique. J'aime à croire que l'année qui s'ouvre, comme celle qui vient de finir, verra se raffermir encore l'union entre les souverains et la concorde entre les peuples. Je vous remercie de vos souhaits. »

L'Empereur s'approcha ensuite de lord Cowley, lui serra la main, ainsi qu'à l'ambassadeur de Russie, et passa sans leur adresser la parole devant les ambassadeurs de Turquie et d'Autriche. Cette dernière circonstance n'excita pas beaucoup l'attention ; il suffisait, pour rassurer l'opinion publique sur le maintien de la paix, que le gouvernement parût en bonne entente avec l'Angleterre et avec la Russie. Les dernières élections avaient donné une majorité considérable au gouvernement, aucune cause d'émotion intérieure n'était à craindre ; rien ne semblait donc devoir entraver l'essor de la France dans la seule voie ouverte à son activité, celle des affaires, lorsque l'attentat d'Orsini vint montrer au pays sur quelles bases frêles reposaient sa fortune et sa tranquillité.

Orsini avait trente-neuf ans, la taille haute, la figure pleine, l'œil petit mais brillant, les cheveux noirs déjà parsemés de fils d'argent. Fils d'un père tombé en 1831 sous la balle d'un soldat pontifical dans cette insurrection de la Romagne à laquelle prit part le fils aîné de Louis Bonaparte, il entra de bonne heure dans les conspirations. Prisonnier en 1839, dans la citadelle de Civita-Castellano, et condamné aux galères à perpétuité comme conspirateur contre tous les gouvernements de l'Italie, il fut amnistié en 1846, et erra dans toute l'Italie jusqu'en 1848. Devenu membre de la constituante romaine, envoyé en qualité de commissaire extraordinaire à Ancône, il souleva les Marches contre les Autrichiens, qui le prirent et l'enfermèrent dans la citadelle de Mantoue ; il en sortit par une évasion qui semble tenir du prodige. Fixé à Londres en 1855, il revit Mazzini, mais ses relations avec lui cessèrent bientôt à la suite de dissentiments politiques.

Orsini, dans les derniers mois de 1857, semblait uniquement occupé de la correction des épreuves de ses Mémoires, et de la fondation à Londres d'un journal destiné à combattre les idées et la politique de Mazzini. Une lettre de lui, datée du 16 novembre 1857, est relative à l'impossibilité où il se trouve de publier ce journal

pour le moment : « Une crise commerciale sévit en Angle-
» terre, la banque a été autorisée à émettre de nouveaux
» billets, le cours forcé est prévu, les faillites se succèdent
» sans interruption, on ne trouve d'argent nulle part (*non
» si trova danaro di sorta*). »

Orsini ajoute que son départ pour les États-Unis est ajourné, car la situation de ce pays est encore moins brillante que celle de l'Angleterre ; en attendant, il continue à voyager pour affaires commerciales.

Orsini, absorbé par l'idée fixe de rendre l'indépendance à sa patrie ou de mourir, crut Napoléon III seul capable de délivrer l'Italie ; mais bientôt, voyant se resserrer chaque jour les liens qui l'unissaient au parti conservateur, il se dit : il faut supprimer cet obstacle : « *Allora dissi fra me, che bizognava toglierlo di mezzo* (1). » Il chercha donc les moyens de tuer l'Empereur. Quelques réfugiés avaient été poursuivis et condamnés à Bruxelles en 1854 pour avoir fabriqué des bombes d'un genre particulier. Ces bombes restèrent exposées dans une collection scientifique où Orsini les vit. Il résolut d'en fabriquer de nouvelles.

Orsini était en relation avec un nommé Pieri qui s'occupait de recueillir l'argent des souscriptions pour ses conférences publiques sur la situation de l'Italie ; il lui fit des ouvertures ; Pieri les accueillit avec empressement ; ils convinrent que le seul moyen d'opérer un changement en Italie étant de faire une révolution en France, la mort de l'Empereur pouvait seule la rendre possible ; ils parlèrent de leur projet à un certain Allsop et au docteur

(1) Cette phrase ne figure pas dans l'allocution d'Orsini reproduite par le *Moniteur*.

Simon Bernard, ancien chirurgien de marine, ancien rédacteur du journal républicain *l'Indépendance des Pyrénées-Orientales*, réfugié en Angleterre (1). Allsop (2) reçut d'Orsini les instructions nécessaires pour la fabrication des bombes et les transmit à un ingénieur de Birmingham.

« 16 octobre 1857.

» Faire une boule en fer fondu de la meilleure et de la plus dure qualité, de la dimension exacte du grand modèle ; les trous devant être faits de la même dimension et dans la même direction, le haut devant être fait avec les mêmes matériaux et arrangé de manière à visser parfaitement dessus et à s'adapter très-fortement ; une grosse vis pour le haut devra être faite de manière à s'adapter très-exactement et très-fortement, et faire saillie d'un quart à l'intérieur et à l'extérieur d'une petite rainure, afin de permettre de la visser très-fortement, attendu que la rainure ne se projettera qu'au-dessous de la convexité. Les petites vis devront être également adaptées avec beaucoup de netteté et faire saillie d'un quart environ à l'intérieur.

» L'extérieur devra être pareil au modèle ; toutes les petites vis devront être perforées exactement comme celle qui a été envoyée et adaptées avec grande précision et serrées fortement. On devra faire exactement de même pour le petit modèle ; deux de chaque.

» N. B. Les modèles devront être conservés soigneusement et renvoyés.

» Trois douzaines de vis en plus pour chaque trou.

» Vis ou cheminées semblables à celles des fusils.

» M. Ch. Allsop,
» Hôtel Ginger, pont de Westminster. »

Allsop commanda les bombes à M. Taylor, à Birmingham, le 5 février 1857 ; cet industriel en fabriqua cinq ou six. Orsini affirme n'en avoir jamais eu que cinq à sa disposition ; les bombes, transportées en Belgique, furent remises à Bruxelles à un garçon du *Café suisse*,

---

(1) Le docteur Simon Bernard est présenté dans l'acte d'accusation comme l'âme du complot du 14 janvier. Traduit devant un jury anglais à raison des faits que lui reprochait le procureur général Chaix-d'Est-Ange, il fut acquitté.

(2) La police, qui signale Allsop en même temps que Simon Bernard, ne put découvrir sa trace. Il ne figura point au procès.

Casimir Zeguers, chargé de conduire le cheval d'Orsini à Paris; il n'en reçut que quatre et la partie supérieure de la cinquième, le reste de la pièce fut porté à Paris par Pieri.

Orsini arriva le 12 décembre dans cette ville, portant dans son sac de nuit les capsules commandées par Allsop, en même temps que la poudre fulminante fabriquée à Londres et destinée à charger les bombes. Elle était enveloppée de papiers et de chiffons qu'il mouillait de temps en temps. Orsini descendit à l'hôtel de Lille et d'Albion, rue Saint-Honoré. Les cinq bombes, déposées par Casimir Zeguers à cette adresse, s'étalèrent longtemps sur un divan dans l'antichambre de l'hôtel.

Orsini ne resta que trois jours à l'hôtel de Lille et d'Albion. Se donnant pour un Anglais, il s'installa rue du Mont-Thabor, n° 10, dans un appartement garni où il reçut bientôt les visites d'un soi-disant Allemand nommé Pierey; il prit pour domestiques Gomez, parent de Pierey, et Rudio, qui se disait ancien commis voyageur.

Ces allées et ces venues n'éveillèrent nullement l'attention de la police, fait d'autant plus surprenant, que M. de Morny, dans son discours d'ouverture du Corps législatif, avait dit que le gouvernement savait que les sociétés secrètes des départements s'attendaient, vers le milieu du mois de janvier, à une catastrophe suivie d'un mouvement. Le *Moniteur*, en outre, a déclaré après l'attentat, que depuis le mois de juin précédent, le gouvernement surveillait la fabrication en Angleterre de bombes d'un genre nouveau, destinées à être jetées sous la voiture impériale; une dépêche télégraphique du ministre de France en Belgique avait prévenu le ministre de l'intérieur que le nommé Pieri se rendait à Paris, avec un autre individu, dans l'intention de tuer l'Empereur. Le préfet de police avait donc prescrit au chef de la police municipale de se livrer à d'actives recherches pour opérer l'arrestation de Pieri. Ces recherches semblaient d'autant plus faciles que l'officier de paix chargé de la surveillance des logements garnis et des réfugiés politiques connaissait Pieri. Cet employé reçoit chaque matin la liste des noms, prénoms, âge, lieu de naissance de chaque voyageur logé dans un garni, ainsi que l'indication de la ville d'où il vient. Pieri avait sa femme et son fils à Paris : l'une habitait la rue du Champ-d'Asile, à Montrouge, l'autre était en apprentissage place Dauphine. La prévision naturelle que Pieri viendrait les voir aurait dû engager la police à établir autour de ces demeures une surveillance particulière. Elle n'y songea pas.

Pieri et Gomez, partis de Londres le 6 janvier, arrivèrent à Calais à une heure et demie du matin ; ils quittèrent immédiatement cette ville pour aller à Lille, où Gomez attendit le retour de Pieri qui s'était rendu à Bruxelles. Les deux voyageurs arrivèrent le 8 janvier à Paris. Pieri descendit rue Montmartre, n° 132, à l'hôtel de France et de Champagne, qui lui avait été indiqué à Bruxelles. Il ne prit d'autre précaution que celle de changer, en se faisant inscrire sur le registre de l'hôtel, son nom de Joseph André Pieri en celui de Joseph Andreas Pierey. Pieri, loin de se cacher, dînait tous les jours à table d'hôte, prolongeait la conversation après le dîner, lisait les journaux dans la salle commune, fréquentait les cafés, les promenades, les théâtres, allait voir sa femme et son fils absolument comme s'il n'eût pas été placé sous la surveillance spéciale de la police.

ARRESTATION DE PIERI.

Orsini avait-il eu, comme l'a dit l'acte d'accusation, des relations avec un professeur de chimie? est-il l'inventeur de la poudre fulminante, ou bien est-ce Allsop qui l'a fabriquée? Ces points n'ont jamais été bien éclaircis. Il est probable cependant qu'Orsini eut connaissance de certaines expériences sur la poudre fulminante, faites à Bruxelles par un réfugié français, et qu'il en savait le maniement.

Si la police s'était présentée chez lui dans l'après-midi du 14 janvier, elle l'aurait trouvé, la montre et le thermomètre à la main, faisant sécher près du feu la poudre dont il chargeait ses bombes; une étincelle pouvait le faire sauter, ainsi que toute la maison; Orsini, aidé par Gomez, boucha les bombes à demi remplies avec les vis adaptées à la partie supérieure de chaque projectile. Ce travail terminé, il fut rejoint par Pieri et Rudio; ils sortirent ensemble, et se dirigèrent vers l'Opéra portant chacun une bombe et des pistolets. Orsini avait deux bombes. Il pouvait être huit heures du soir. Pieri marchait en avant. Les agents de police l'avertirent plusieurs fois de quitter le trottoir de la rue Le Peletier, interdit pour le moment à la circulation; il ne tint nul compte de ces avertissements; un agent plus soupçonneux que les autres le heurtant à dessein, crut sentir sous son coude quelque chose ayant la forme d'une crosse de pistolet. L'officier de paix, averti, accourut aussitôt et reconnut enfin Pieri qu'il fit arrêter.

Les autres conjurés aperçurent leur complice au milieu des agents, mais sans comprendre son clignement d'yeux qui voulait dire : je suis pris; ils se rangèrent contre la maison qui portait le n° 21, derrière la foule, attendant l'arrivée de l'Empereur.

Les quatre brigades des agents de la police politique, la brigade du service de sûreté, la brigade des garnis, reçoivent l'ordre, lorsque l'Empereur se rend au théâtre, de se trouver à la descente de voiture. Le chef de la police municipale fait inscrire, sur un carré de papier, l'heure et le lieu où les brigades doivent se trouver : les chefs de brigade signent ce papier et partent pour l'endroit indiqué; leur consigne est de placer les agents devant la foule. Les projets depuis longtemps annoncés, l'arrestation de Pieri sur lequel on avait trouvé un poignard, un revolver et une bombe, auraient dû conseiller d'autres précautions; il fallait faire évacuer la rue Le Peletier, refouler la foule dans les rues adjacentes; le temps ne manquait pas pour cela. Pieri avait été arrêté vingt-cinq minutes avant l'arrivée de l'Empereur.

La soirée était douce, malgré la saison ; les portes du Divan à l'entrée de la rue Le Pelletier étaient ouvertes; le bruit des roues de la voiture et des chevaux de l'escorte de l'Empereur venait à peine de cesser; tout à coup les habitués de cet établissement entendirent une explosion sourde et étouffée qui ne ressemblait pas aux explosions ordinaires; elle fut bientôt suivie d'une seconde explosion et d'une troisième; il y eut entre les deux dernières un intervalle plus long qu'entre la première et la seconde; des acclamations suivirent la dernière. Le pressentiment général fut, dès la première explosion, qu'un attentat venait d'être commis sur la personne de l'Empereur. Au moment de l'arrivée de la voiture impériale, Gomez en effet avait jeté la première bombe, qui éclata un peu au-devant des chevaux. « Jette la tienne », dit Orsini à Rudio dont la bombe fit explosion même sous la voiture impériale. La troisième fut-elle lancée par Orsini ? l'instruction l'affirme ; Orsini l'a toujours nié.

Les bombes avaient porté la mort dans les rangs de la foule pressée aux abords de l'Opéra. L'extinction subite du gaz redoubla l'épouvante générale, on crut que les assassins voulaient continuer leur œuvre de destruction dans les ténèbres, mais bientôt la lumière reparut et vint éclairer une scène de désolation : des morts, des blessés, des chevaux, des débris de voiture couvraient le sol ensanglanté. Le nombre des personnes atteintes s'élevait à 141. Un projectile avait traversé le chapeau de l'Empereur, dont le nez était légèrement écorché par un éclat de vitre ; le général Roguet, son aide de camp, était blessé.

Orsini, atteint à la figure par un éclat de bombe, était parmi les blessés qui reçurent les premiers soins à la pharmacie Vautrin, rue Laffitte. Un passant lui donna le bras pour le conduire à la plus prochaine station de voitures ; un fiacre le ramena chez lui, où il se mit au lit. Rudio, rentré également dans sa chambre, s'était aussi couché. La police, qui se livrait à des perquisitions dans tous les hôtels et les garnis, l'interrogea et le laissa libre. Gomez, soupçonné plus tard de trahison par ses complices, était entré après l'attentat dans la salle du restaurant Broggi, rue Le Peletier, n° 19, où il se lamenta avec une véhémence telle sur les conséquences que pouvait avoir l'attentat, que les garçons de l'établissement, étonnés de l'exagération de son désespoir, en conçurent des soupçons ; ils les communiquèrent à un sergent de ville. Gomez fut arrêté. Dans son interrogatoire il déclara être le domestique d'un Italien nommé Orsini, il donna son adresse et permit à la police de mettre la main sur le principal auteur de l'attentat.

La triple détonation des bombes répercutée dans la salle de l'Opéra y avait semé une vague épouvante. Les spectateurs s'interrogeaient mutuellement du regard, et cherchaient à se rassurer en parlant d'une explosion de gaz, mais un secret pressentiment leur faisait redouter un autre malheur. Il y eut un moment d'anxiété terrible pour les fonctionnaires, les agioteurs, les industriels, les gens d'affaires de tous les genres, qui représentaient la société nouvelle, et dont la fortune était si étroitement liée à celle de l'Empire. Bientôt l'Empereur et l'Impératrice parurent sains et saufs dans la loge impériale ; les spectateurs apprirent en même temps l'attentat et son insuccès, et ils éclatèrent en applaudissements et en acclamations. Le duc de Saxe-Cobourg, qui assistait à la représentation, se rendit dans la loge impériale pour féliciter Napoléon III et sa femme.

La nouvelle des grands événements se transmet d'une extrémité à l'autre de Paris comme par un fluide mystérieux. Une demi-heure ne s'était pas écoulée depuis l'attentat, et déjà une foule immense, composée en grande partie d'ouvriers, couvrait les boulevards depuis la rue Montmartre jusqu'à la Chaussée-d'Antin. Ni bruit ni tumulte dans cette foule sérieuse et attentive. Les détails de l'attentat n'étaient pas encore bien connus, ils circulaient de groupe en groupe, et excitaient peu de réflexions. L'incertitude plus que tout autre sentiment se lisait sur les visages. Que serait-il arrivé si la bombe destinée à Napoléon III l'avait frappé mortellement ? Un seul cri serait certainement parti des rangs serrés de ce peuple : Vive la République ! Ce cri, il aurait fallu le réprimer à la minute et l'éteindre dans le sang de vingt mille hommes ou se résigner à l'entendre répété dans tout Paris. L'Empereur sauvé, le peuple se taisait. Un bruit de chevaux et d'armes retentit du côté de l'Opéra vers minuit ; la voiture impériale, entourée d'une forte escorte, suivit le boulevard illuminé jusqu'à l'entrée de la rue de la Paix, entre une double haie de spectateurs curieux et silencieux. Un quart d'heure après, l'Empereur et l'Impératrice rentraient aux Tuileries ; la foule regagnait les faubourgs ; il n'y avait plus que quelques promeneurs sur le boulevard.

Le prince Jérôme avait été prévenu au Théâtre-Lyrique. Le prince Napoléon donnait une soirée intime à laquelle assistaient la princesse Mathilde et le prince Murat. Mademoiselle Plessy, actrice du Théâtre-Français, jouait devant les invités le proverbe d'Alfred de Vigny : *Quitte pour la peur*. Le prince Napoléon et le prince Murat coururent à l'Opéra : l'Empereur donna l'ordre au prince Napoléon de retourner auprès de ses invités. La nouvelle de l'attentat parvint à M. de Morny au Cirque : arrivé au château et admis tout de suite en présence de l'Empereur et de l'Impératrice, il les trouva furieux et donnant un libre cours aux émotions qu'ils avaient été obligés de contenir pendant si longtemps. L'Impératrice éplorée accusait le préfet de police qui la gardait si mal. L'Empereur, appuyé sur le rebord de son lit, réfléchissait profondément. Au bout de quelques minutes, il dit au chef de son cabinet, M. Mocquart : « Qu'on aille me chercher le dossier du procès de la machine infernale. »

Personne ne pouvait dire encore quels étaient les auteurs de l'attentat de la rue Le Peletier, et déjà, comme le premier consul son oncle, Napoléon III était résolu à en faire porter la peine aux républicains.

L'Empereur, le lendemain, visita le lieu de l'attentat, après avoir reçu les félicitations du corps diplomatique et des grands corps de l'État. Les journaux bonapartistes, comme s'ils avaient reçu le même mot d'ordre, se mirent avec un ensemble effrayant à tenir le langage le plus menaçant contre l'Angleterre; la presse officieuse parlait tout simplement d'exiger du gouvernement anglais la transportation de Mazzini en Amérique. Les mesures les plus violentes à l'intérieur étaient annoncées; il était question de convoquer la haute cour, d'interdire la vente des journaux, d'imposer le serment aux rédacteurs en chef et de supprimer l'Institut.

Les auteurs de l'attentat étaient sous la main de la justice. M. Jules Favre avait reçu d'Orsini une lettre qui le priait de se charger de sa défense, mais il hésitait. Il avait trouvé dans le dossier de l'accusé deux lettres destinées, l'une à Berryer, l'autre à M. Lachaud, prouvant qu'il avait aussi songé à les choisir pour défenseurs. La façon dont le crime avait été exécuté lui répugnait autant que le crime lui-même; tant de vies sacrifiées pour en atteindre une seule! mais Orsini exerçait autour de lui une espèce de fascination que M. Jules Favre subit peut-être à son insu. La pensée de l'Italie demandant grâce pour un de ses fils égaré mit surtout fin à ses hésitations. Il consentit, comme il le dit lui-même en parlant d'Orsini, « à l'assister à l'heure suprême, non pour
» présenter une inutile défense, non pour le glorifier,
» mais pour faire luire sur son âme immortelle un rayon

» de cette vérité qui peut protéger sa mémoire contre
» des accusations imméritées ».

Orsini et ses complices comparurent le 25 février devant la Cour d'assises présidée par M. Delangle, premier président de la Cour impériale; M. Chaix d'Est-Ange occupait le siége du ministère public; Orsini fut celui qui dirigea réellement les débats. Il s'insinuait dans le cœur de ses juges par sa grâce italienne, par l'aisance et la douceur de ses manières, et il les dominait par sa fermeté sans forfanterie et par sa présence d'esprit exempte de finesse; singulier produit de la vieille civilisation italienne et de la civilisation moderne; homme du moyen âge et de l'ère actuelle, tribun diplomate, Rienzi et Machiavel, moitié condottière, moitié prêtre, Orsini, sans se draper dans son crime, le portait fièrement, et parvenait à le faire oublier parfois. Assassin par patriotisme, il faisait moins horreur que pitié. M. Chaix d'Est-Ange n'était pas de taille à se mesurer avec un tel crime et un tel criminel : il se montra faible et déclamateur dans son réquisitoire. Mᵉ Jules Favre prononça un plaidoyer d'une grande éloquence qui, selon le vœu de l'accusé, n'était pas une défense, et qui mérite d'être conservé par l'histoire :

« Messieurs les jurés,

» Je voudrais pouvoir un instant écarter de mon âme les émotions douloureuses qui l'assiégent et la dominent, pour rendre un public et sincère hommage au talent de l'orateur éminent que vous venez d'entendre ; il a longtemps illustré notre ordre où sa place est restée vide, sa personne regrettée ; il devait jeter un vif éclat sur les fonctions redoutables qu'il a acceptées et qui empruntent à sa parole un prestige rehaussant singulièrement leur autorité ; et cependant, messieurs les jurés, si un écueil pouvait s'offrir à lui, dans cette cause, c'était de ne rencontrer aucun obstacle, de se trouver, dans ce lugubre débat, sans adversaire sérieux.

» Il n'avait pas en effet besoin, messieurs les jurés, de faire devant nous cet appel éloquent à la pitié, cette mâle invocation au respect de la vie humaine, pour que nous fussions comme lui saisi d'horreur au récit de la sanglante tragédie dans laquelle tant de victimes sont tombées mutilées ! Qui de nous n'a frémi à la peinture de cette hécatombe nouvelle offerte au fanatisme politique ?

» Avant d'entrer dans cette enceinte, tous, nous étions prêts à déplorer les destinées de notre nation trop de fois exposée au retour de pareils forfaits.

» Certes, on peut ici rencontrer des opinions différentes sur bien des choses, et pour ma part, — que M. le procureur général me permette de le dire, — je suis loin de m'incliner devant tous les principes, tous les actes, tous les hommes qu'il défend. Oui, messieurs les jurés, malgré les temps où nous vivons et qui s'opposent à la libre expression de ma pensée, je n'en conserve pas moins au fond de mon cœur, avec une fierté jalouse, le dépôt sacré de mes sentiments et de mes croyances, mais leur symbole n'a jamais été le glaive ni le poignard. Je suis de ceux qui détestent la violence, qui condamnent la force toutes les fois qu'elle n'est pas au service du droit. — Je crois qu'une nation se régénère par les mœurs et non par le sang. — Si elle était assez malheureuse pour tomber sous le joug d'un despote, ce n'est pas le fer d'un assassin qui briserait sa chaîne. Les gouvernements périssent par leurs propres fautes, et Dieu, qui compte leurs heures dans les secrets de sa sagesse, sait préparer à ceux qui méconnaissent ses éternelles lois des catastrophes imprévues, bien autrement terribles que l'explosion d'une machine de mort imaginée par des conspirateurs.

» Voilà ma foi, messieurs, ma foi profonde, et cependant, quand Orsini m'a appelé, je ne l'ai point repoussé, j'ai senti le poids de cet horrible fardeau : j'ai mesuré la grandeur de l'effort et sa vanité. J'ai vu se dresser devant moi ces ombres lamentables, dont l'image m'assiége. J'ai deviné toutefois qu'un aussi grand crime ne pouvait avoir pour mobile ni la convoitise, ni la haine, ni l'ambition. La cause d'un pareil attentat devait se trouver dans l'égarement d'un patriotisme ardent, dans l'aspiration fiévreuse à l'indépendance de la patrie, qui est le rêve de toutes les nobles âmes. — J'ai dit à Orsini : Je condamne votre forfait, je le proclamerai bien haut ; mais vos malheurs me touchent, votre constance à combattre les ennemis de votre pays, cette lutte acharnée par vous entreprise, ce sacrifice de votre vie, je les comprends, ils vont à mon cœur. Italien, j'aurais voulu souffrir comme vous pour mon pays ; m'offrir aussi en holocauste ; verser mon sang pour sa liberté ; tout, excepté ces meurtres que ma conscience réprouve. Mais vous confessez votre crime, vous l'expiez, vous donnez votre tête à la loi que vous avez violée, vous êtes prêt à mourir pour subir la peine de votre attentat à la vie d'autrui ; eh bien ! je vous assisterai à cette heure suprême...., non pour présenter une inutile défense, non pour vous glorifier, mais pour essayer de faire luire sur votre âme immortelle qui va retourner au sein de Dieu un rayon de cette vérité qui peut protéger votre mémoire contre des accusations imméritées.

» Me voici donc, messieurs, devant vous, non encore une fois pour excuser, mais pour expliquer le coupable entraînement auquel cet infortuné n'a pu résister. Il ne m'appartient pas, et je n'en ai pas la liberté, il ne m'appartient pas, dis-je, de faire devant vous l'œuvre de l'histoire et de rechercher les causes qui ramènent si fréquemment dans notre pays le retour de pareils actes. Mais à ce moment solennel où la société va frapper, qu'il me soit permis d'étendre quelques instants ma faible main sur la tête du malheureux Orsini, et d'examiner avec vous l'intérêt et le mobile de l'acte dont on demande l'expiation, et je ne désespère pas de faire entrer dans vos cœurs une partie des sentiments qui agitent le mien.

» M. le procureur général se trompe. Non, messieurs les jurés, le crime d'Orsini n'a été dicté ni par la convoitise, ni par la haine, ni par l'ambition; ce n'est pas en semant la mort et les ruines autour de lui qu'il a voulu conquérir la puissance; non, il n'a pas voulu monter au pouvoir par ces degrés sanglants…. Quelle est donc cette histoire, monsieur le procureur général? Elle n'est pas celle d'Orsini. — Qu'a t-il voulu? — Affranchir sa patrie. Il nous le dit, accusez-le de folie, mais ne contestez pas la loyauté de sa déclaration; nous en avons pour caution sa vie tout entière; je n'en connais pas de plus inflexiblement logique. Il l'a usée sans partage dans une lutte énergique, incessante, contre les étrangers qui foulent son pays. Il n'en pouvait être autrement, la haine de l'étranger, messieurs les jurés, il l'a puisée au berceau dans le lait de sa mère, dans le sang de son père.

» Le père d'Orsini était capitaine dans l'armée italienne organisée par Napoléon Ier, il a suivi nos légions jusque dans les glaces de la Russie, il a mêlé son sang au nôtre sur tous les champs de bataille, il n'a déposé les armes qu'après avoir vu tomber le dernier soldat de la cause bonapartiste qui, alors, était celle de l'indépendance.

» Quand le dernier soldat de cette noble cause fut tombé, que fit-il ? Ce que plus tard a fait son fils. Après avoir mis son épée au fourreau il conspire. En 1831, on le voit attaquer le pouvoir pontifical avec d'illustres complices dont l'histoire retient les noms et dont l'un d'eux est tombé sous les balles des sbires.

» Félix Orsini avait douze ans à peine quand il fut témoin de ces malheurs ; il vit la pierre du foyer domestique brisée, son père fugitif, jeté en exil, condamné à une vie errante. Et vous ne voulez pas qu'il ait senti naître en son cœur cette haine ardente, vivace, inflexible, qui l'anime contre les ennemis de sa patrie ! Toutes les autres passions de son âme ont cédé devant ce sentiment profond qui a été comme un flambeau auquel son cœur s'est embrasé. Il n'y a qu'un instant, M. le procureur général vous dépeignait Orsini comme un conspirateur vulgaire, ne travaillant à la chute des gouvernements que pour monter au pouvoir et s'y livrer aux enivrements des voluptés et de la puissance. Je l'ai dit, M. le procureur général n'a pas fait l'histoire d'Orsini. Je ne veux pas d'ailleurs discuter avec lui sur ce point, ni agrandir ce débat. Seulement je le lui demande : Italien, ne souffrirait-il pas du mal qui dévore l'Italie, ne sentirait-il pas le poids des chaînes de la patrie, et tous ses efforts ne seraient-ils pas employés à secouer le joug odieux de l'étranger? Orsini l'a tenté, sa vie entière a été consacrée à ce noble but. L'indépendance, l'unité de l'Italie a été aussi la pensée de Napoléon Ier. Pour y arriver, que fallait-il ? Briser le pouvoir temporel du pape. Telle était la croyance d'Orsini ; entraîné par cette pensée dans un complot, il est condamné en 1845 par le gouvernement pontifical. Amnistié, on lui fait prêter le serment de ne rien entreprendre à l'avenir contre le pouvoir papal. Quoi qu'on nous en ait dit, ce n'est pas lui qui violera son serment ; il quitte les États romains, toujours pour conspirer, mais en Toscane, contre les Autrichiens.

» Les événements de 1848 éclatent. Je n'ai pas à m'expliquer ici sur ces événements ni à reprendre le récit de l'expédition de Rome, si diversement jugée et qui a donné lieu à des débats si animés, à des incidents si funestes. Je me borne à constater l'état des esprits en ce moment. Le manifeste de Lamartine avait fait luire l'espoir de l'indépendance en Italie, et cet espoir était salué avec enthousiasme par beaucoup d'hommes qui tiennent aujourd'hui un tout autre langage. L'Autriche épouvantée repliait son drapeau derrière le Tagliamento. La France tout entière applaudissait à cette délivrance. Telles étaient nos promesses à cette époque. Le gouvernement pontifical est renversé, Orsini n'avait pas changé ; mais il n'a pas violé son serment, on ne peut l'accuser d'avoir alors conspiré le renversement du pouvoir du pape. S'il entre dans l'assemblée constituante, c'est par le suffrage universel qu'il y arrive. Comment en est-il sorti ? Dieu me garde, messieurs les jurés, de laisser tomber de mes lèvres des paroles amères ou imprudentes, mais peut-on ne pas dire que cette assemblée, issue, comme nos institutions à cette époque, du suffrage universel, a été renversée par l'Europe ? Et qui l'a dispersée ? Le canon de la France!

» Alors cet homme, condamné à la vie de proscrit, chassé par la violence, que va-t-il faire ? Obéira-t-il aux anciens ennemis de la patrie? Le patriotisme du vieux soldat de l'Empire, ce patriotisme ardent que son père a allumé en lui par ses exemples et par ses malheurs, s'éteindra-t-il dans son cœur ? Non, il sera plus brûlant encore ; Orsini n'aura désormais ni paix, ni trêve qu'il n'ait brisé les fers de sa patrie. Que fait-il, en effet ? Il conspire, il parcourt l'Italie, réchauffe les courages, organise la résistance. En Piémont, en Toscane, à Lucques, à Modène, partout même pensée. Arrêté à Gênes en 1853, il est mis en liberté, mais exilé. Il traverse la Suisse et la France, et se dirige sur Londres. En mars 1854, sous le nom de Tito Celsi, il essaye une expédition dans le duché de Parme, il échoue ; arrêté en Suisse, il échappe par miracle. En 1855, il se rend à Vienne sous le nom d'Herwag, toujours poursuivi par le même démon, par la même folie, diront les sages du temps. Il va chercher des soutiens, préparer des soulèvements, mais il est découvert, arrêté, chargé de chaînes et jeté dans la citadelle de Mantoue, un véritable tombeau. Pendant dix mois il voit sans fléchir la mort, une mort ignominieuse, suspendue sur sa tête. Les juges eux-mêmes reconnaissent en secret la noblesse de son âme et la pureté de son patriotisme. Cependant il est condamné. Mais la générosité et le dévouement veillent près de lui. Une femme, sachant qu'un jeune patriote italien allait mourir, s'intéressa à cet infortuné.... Grâce à des miracles de tendresse, à des prodiges de divination dont les femmes seules sont capables, des moyens de salut sont préparés, des intelligences ménagées jusque dans l'intérieur de la prison. Enfin l'heure de la délivrance est arrivée.... Huit barreaux sont sciés.... les instruments d'évasion miraculeusement fournis !!! Vous dirai-je, messieurs les jurés, le temps, la patience nécessaire à tous ces efforts ? Je le voudrais en vain. Orsini, à l'aide d'un lien bien fragile, essaye de descendre d'une hauteur de quarante mètres ; le lien se brise, et le fugitif tombe à demi brisé dans les fossés de la forteresse ; il se traîne néanmoins et reste vingt-quatre heures dans un lac glacé où des chasseurs viennent le recueillir.... Vous le voyez, messieurs les jurés, la Providence ne voulait pas qu'il mourût.... Pourquoi ne l'a-t-elle pas voulu ? Mais est-ce bien à nous, faibles vermisseaux que nous sommes, qu'il appartient de l'interroger ? Que savons-nous, que pouvons-nous savoir de ses desseins ! Cependant le voici encore subjugué par les mêmes idées. Vaincu par les entraînements de toute sa vie, le voici de nouveau précipité dans l'entreprise horrible que je condamne, mais que je viens d'expliquer.

» Après ce que je viens de vous faire entendre, aurai-je besoin d'une défense ultérieure ? Me faudra-t-il encore discuter des preuves et des témoignages ? Ne seriez-vous pas dès à présent persuadés qu'Orsini n'a eu en vue qu'une seule chose, la délivrance, l'affranchissement de sa noble et chère patrie ? Encore une fois, cette pensée, ce désir, ne peuvent pas excuser un pareil attentat, ni la mort de ces tristes victimes auxquelles Orsini, il vous le disait hier, voudrait pouvoir rendre la vie au prix de tout son sang, mais ils l'expliquent : des sentiments impérieux, dominateurs, ont armé son bras.

» Nous-mêmes, messieurs les jurés, n'avons-nous pas subi l'empire de ces redoutables sentiments ? Parfois, dans les cabinets des rois, il arrive que leurs conseillers politiques essayent de disposer de la vie et de la puissance des nations. La nôtre a été l'objet d'une de ces tentatives dans un temps qui n'est pas encore bien loin de nous. Dans les pages récentes de notre histoire, ne rencontrons-nous pas les sanglants souvenirs de 1815 ? Napoléon 1er, malgré le prestige de son nom, malgré sa puissance, n'a-t-il pas été précipité du pouvoir par les nations alliées ? Le gouvernement qui a remplacé le sien n'est-il pas resté impopulaire parce qu'il était imposé ? n'a-t-il pas été attaqué par les conspirateurs, ne lui ont-ils pas fait une guerre incessante et acharnée, et le pays enfin n'a-t-il pas, sinon glorifié, au moins plaint les victimes tombées dans cette lutte patriotique ? Eh bien ! messieurs, vous avez devant vous un Italien qui a voulu faire pour l'Italie ce qu'elles ont fait pour la France. Descendez dans son cœur, et voyez le mobile de son crime ; vous ne le mépriserez pas, et surtout vous n'ajouterez pas à ce crime le sang des malheureuses victimes enveloppées dans cet horrible attentat. La responsabilité de ce sang répandu, il la portera devant Dieu, mais elle ne peut peser sur lui devant la justice des hommes ; la loi le défend ; pour elle, le crime, vous le savez, n'est que dans l'intention. M. le procureur général l'a compris comme nous ; aussi, dans son loyal réquisitoire, s'est-il peu étendu sur ce point. Je n'en dirai donc pas davantage moi-même sur ces accusations accessoires.

» Faudra-t-il parler plus longuement des réticences dans lesquelles Orsini a cru devoir envelopper ses explications, des contradictions, des dénégations contenues dans ses interrogatoires ? Quoi ! messieurs, est-ce qu'il est ici douteux pour personne que cet infortuné offre sa tête en expiation de son crime ? Il a nié d'abord, il est vrai, son forfait ; mais en face d'accusés qui niaient comme lui, il ne voulait pas les compromettre ; ils avaient nié, il les a suivis dans cette voie. Vous voulez qu'il ait eu peur ? Oh ! non, non, vous ne le croyez pas ! Enfin, voici le jour de la justice, le jour où il se trouve en face du jury, c'est en ce moment qu'il doit vous apporter et qu'il apporte ses dernières explications. Eh bien ! dissimule-t-il, et dans ses justifications entendez-vous une seule parole de forfanterie ou de faiblesse ? Encore une fois, il avoue franchement, courageusement, et sa faute et ses desseins. Le voici donc, messieurs, devant vous, prêt à mourir.... mais désireux encore que son sang soit utile à la cause de l'indépendance italienne ; il a formulé ce vœu dans un testament suprême, dans un écrit que du fond de son cachot il adresse à l'Empereur. Vous allez voir de nouveau, messieurs les jurés, dans ce document que je dois vous lire, après en avoir obtenu la permission de celui-là même à qui il a été adressé, se révéler la pensée de toute la vie d'Orsini :

« A NAPOLÉON III, EMPEREUR DES FRANÇAIS.

» Les dépositions que j'ai faites contre moi-même dans le procès
» politique intenté à l'occasion de l'attentat du 14 janvier sont suffi-
» santes pour m'envoyer à la mort, et je la subirai sans demander grâce,
» tant parce que je ne m'humilierai jamais devant celui qui a tué la
» liberté naissante de ma malheureuse patrie, que parce que, dans la
» situation où je me trouve, la mort est pour moi un bienfait.
» Près de la fin de ma carrière, je veux néanmoins tenter un dernier
» effort pour venir en aide à l'Italie, dont l'indépendance m'a fait jusqu'à
» ce jour traverser tous les périls, aller au-devant de tous les sacrifices.
» Elle fut l'objet constant de toutes mes affections, et c'est cette dernière
» pensée que je veux déposer dans les paroles que j'adresse à Votre
» Majesté.
» Pour maintenir l'équilibre actuel de l'Europe, il faut rendre l'Italie
» indépendante ou resserrer les chaînes sous lesquelles l'Autriche la
» tient en esclavage. Demanderai-je pour sa délivrance que le sang des
» Français soit répandu pour les Italiens ? Non, je ne vais pas jusque-là.
» L'Italie demande que la France n'intervienne pas contre elle ; elle
» demande que la France ne permette pas à l'Allemagne d'appuyer
» l'Autriche dans les luttes qui peut-être vont bientôt s'engager. Or,
» c'est précisément ce que Votre Majesté peut faire, si elle le veut ; de
» cette volonté donc dépend le bien-être ou le malheur de ma patrie,

» la vie ou la mort d'une nation à qui l'Europe est en grande partie
» redevable de sa civilisation.

» Telle est la prière que de mon cachot j'ose adresser à Votre
» Majesté, ne désespérant pas que ma faible voix ne soit entendue.
» J'adjure Votre Majesté de rendre à l'Italie l'indépendance que ses
» enfants ont perdue en 1849 par la faute même des Français. Que
» Votre Majesté se rappelle que les Italiens, au milieu desquels était
» mon père, versèrent avec joie leur sang pour Napoléon le Grand partout
» où il lui plut de les conduire; qu'elle se rappelle qu'ils lui furent fidèles
» jusqu'à sa chute; qu'elle se rappelle que tant que l'Italie ne sera pas
» indépendante, la tranquillité de l'Europe et celle de Votre Majesté ne
» seront qu'une chimère.

» Que Votre Majesté ne repousse pas le vœu suprême d'un patriote
» sur les marches de l'échafaud; qu'elle délivre ma patrie, et les béné-
» dictions de 25 millions de citoyens la suivront dans la postérité.

» *Signé* : Félice Orsini.

» De la prison de Mazas, le 11 février 1858. »

» Telle est, messieurs, la dernière parole de cet homme qui se résigne
à son sort. Elle est, vous le voyez, conséquente avec tous les actes de
sa vie.

» Cependant, je le reconnais, c'est une sorte de témérité de sa part
de s'adresser à celui-là même qu'il voulait détruire comme un obstacle
à la réalisation de ses desseins; mais encore une fois, toujours fidèle à la
conviction, à la passion de toute sa vie, il ne veut pas que son sang
versé soit inutile à son pays. Oui, messieurs les jurés, Orsini engagé
dans l'entreprise qu'il a tentée et dans laquelle il a échoué, grâce à
Dieu, s'incline; il ignore, il va mourir!... Du bord de la tombe il adresse
cette solennelle prière à celui contre lequel il n'a eu aucun sentiment
de haine personnelle, à celui qui fut l'ennemi de son pays, mais qui
peut en être le sauveur : Prince, vous vous glorifiez d'être sorti des
entrailles du peuple, venez au secours des nationalités opprimées,
secourez un peuple ami de la France, relevez le drapeau de l'indépendance italienne que votre vaillant prédécesseur avait restaurée! Prince,
ne souffrez pas que cette contrée si belle, si noble, si infortunée, soit
éternellement la proie des enfants du Nord qui l'étreignent; ne vous
laissez pas prendre aux démonstrations hypocrites des vieilles royautés
qui vous trompent! Prince, les racines de votre maison sont dans la
souche révolutionnaire, soyez assez fort pour rendre à l'Italie l'indépendance et la liberté, soyez grand et magnanime, et vous serez invul-
nérable!

» Voilà, messieurs les jurés, ses paroles; il ne m'appartient pas de
les commenter, je n'en ai ni la puissance ni la liberté; mais ces paroles
dernières d'Orsini vous disent clairement et la pensée et le but de son
acte. J'ai fini, messieurs, ma tâche est terminée. Vous n'aviez pas
besoin des adjurations de M. le procureur général pour faire votre devoir
sans passion comme sans faiblesse. Mais Dieu qui nous jugera tous,

Dieu devant qui les grands de ce monde, dépouillés du cortége de leurs courtisans et de leurs flatteurs, apparaissent tels qu'ils sont, Dieu qui seul mesure l'étendue de nos fautes, la force des entraînements qui nous égarent et l'expiation qui les efface, Dieu prononcera son arrêt après le vôtre, et peut-être ne refusera-t-il pas un pardon que les hommes auront cru impossible sur la terre.

L'arrêt est du 26 février ; les trois accusés furent condamnés à mort et signèrent le lendemain matin leur pourvoi en cassation : « Si je signe ce pourvoi, disait » Orsini, ce n'est pas par faiblesse, mais pour avoir le » temps de régler quelques intérêts de famille; car je ne » me fais pas illusion, il y aurait des moyens de cassa- » tion gros comme les tours de Notre-Dame qu'on ne les » verrait pas. »

Le même jour, Orsini, Pieri et de Rudio furent conduits de la Conciergerie à la Roquette, dans trois fiacres, où chacun des condamnés se trouvait avec trois agents du service de sûreté ; ces voitures n'étaient suivies d'aucune escorte.

Les condamnés, arrivés à la Roquette, furent placés séparément dans une de ces chambres qu'on nomme : « Chambres des morts. » Ils ne se virent ni à leur départ de la Conciergerie, ni à leur arrivée à la Roquette. De Rudio manifesta, en entrant dans cette prison, une grande satisfaction, espérant qu'on lui retirerait la camisole de force. Pieri montra, en prison comme aux débats, un grand penchant au verbiage. Orsini, calme et poli avec tous, ne fit entendre ni plainte, ni récrimination, ni regret, ni repentir.

Son défenseur voulut lui faire ses adieux. Il le trouva, dans la prison comme sur les bancs de la cour d'assises, calme, souriant, résigné. M. Jules Favre, craignant de se laisser aller à l'attendrissement, abrégea sa visite. Orsini s'est souvenu de lui dans son testament :

« Prison de la Roquette ou Dépôt des condamnés, 10 mars 1858.

» Près de finir mes jours, j'écris de ma propre main les suivantes dispositions que je veux qui soient exécutées exactement et qu'elles aient force d'acte de ma volonté libre et indépendante :

» 1° Je veux que M. Enrico Cernuschi (de Milan), Italien, demeurant à Paris (1), retire mon argent qui m'a été saisi à l'instant de mon arrestation (2), et qui est déposé près le procureur général de la Seine, en leur laissant préalablement les frais du procès qui me regardent.

» 2° Je veux que l'argent qui reste, prélevés les frais susnommés, il en dispose ainsi qu'il suit :

» A. Il achètera une montre d'or et une chaîne d'or pour donner un souvenir à M. Jules Favre, avocat, qui m'a défendu. Le tout de la valeur de 800 francs au moins (huit cents francs). Sur la montre il fera graver les mots suivants : « Felice Orsini, à M. Jules Favre, souvenir. »

» B. Je veux que mon cadavre soit mis dans une caisse en bois ordinaire et qu'il soit envoyé à Londres, parce que je veux être enterré dans le cimetière où se trouvent les dépouilles du patriote italien Ugo Foscolo et mis à son côté. — M. Cernuschi fera les frais nécessaires avec l'argent susnommé, etc., etc. »

» C. Une fois accomplis tous ces frais, l'argent qui reste, je veux qu'il soit envoyé à mon oncle Orso Orsini ou à mon frère Leonida Orsini, tous deux demeurant ensemble à Imola, États romains (Italie); lesquels en devront disposer seulement à profit de mes deux petites filles Ernestina et Ida Orsini, demeurantes à Nice, États sardes (Italie).

3° J'autorise T. D. P. Hodge (de Glastonbury near Bath-Somersetshire) en Angleterre, de retirer près de soi ma fille aînée Ernestina Orsini, née à Nice-Maritime, États sardes (Italie), le 9 avril 1852 et demeurant dans la même ville.

» 4° J'autorise M. Peter Stuart, de Liverpool (Angleterre), de retirer près de soi ma seconde fille Ida Orsini, née à Nice-Maritime, le 12 mars 1853 et demeurant avec l'aînée dans la même ville.

» 5° Je recommande avec tout mon cœur à mes amis intimes T. D. P. Hodge (de Glastonbury) et à Peter Stuart (de Liverpool) mes deux petites filles susnommées, afin que l'éducation qu'elles recevront soit tout à fait conforme aux principes de l'honnêteté, de la vraie vertu, de la sagesse et du vrai amour de la patrie.

» 6° Je veux que tous mes effets de vestiaire, de livres, etc., existant près de M. Lasalle, directeur de la Roquette, soient envoyés à miss Elisa Cheney (de Londres), demeurant à Londres — Angleterre N° 2. Grafton

(1) « Avec la coopération de M. de Lasalle, directeur de la prison de la Roquette, si ses fonctions le lui permettent. »   FELICE ORSINI.
(2) « Plus les objets existants. »   FELICE ORSINI.

street. Aland Road Kensith New Town — N° 10. — Londres. Miss Elisa Cheney en disposera selon sa volonté libre et indépendante, ainsi que des autres effets que je lui ai déjà laissés avant mon arrestation et pendant mon emprisonnement. Tout ce que j'ai fait pour elle, ce n'est qu'un très-humble et très-petit souvenir pour la bonté et le dévouement extrême qu'elle m'a porté en toute circonstance. Je recommande à mes amis d'Angleterre cette demoiselle honnête et vertueuse.

» 7° Je veux, en dernier lieu, que M. Enrico Cernuschi susnommé soit l'exécuteur des dispositions ci-énoncées à Paris, et quant à celles qui doivent être exécutées en Angleterre, qu'il ait la coopération de M. Vincenzo Caldesi de Faenza, États romains (Italie), demeurant à Londres.

» Le tout écrit de ma propre main.

» Felice Orsini. »

La lettre citée par M. Jules Favre dans son plaidoyer avait été publiée. Orsini se montra très-reconnaissant de cette publicité. Il en remercia l'Empereur dans cette lettre :

« A S. M. NAPOLÉON III, EMPEREUR DES FRANÇAIS.

» Sire,

» L'autorisation donnée par Votre Majesté Impériale à l'impression de ma lettre du 11 février est une preuve de sa générosité. Elle me montre que les vœux qui y sont exprimés en faveur de ma patrie trouvent un écho dans son cœur. Les sentiments de sympathie de Votre Majesté pour l'Italie ne sont pas pour moi un mince réconfort au moment de mourir.

» Bientôt je ne serai plus. Je déclare avant de rendre le dernier souffle vital, que l'assassinat, de quelque prétexte qu'il se couvre, n'entre pas dans mes principes, bien que par une fatale aberration d'esprit j'aie organisé l'attentat du 14 janvier. Non, l'assassinat politique ne fut jamais mon système, et je l'ai combattu au péril de ma vie par mes écrits et par les actes de ma vie politique.

» Que mes compatriotes, au lieu de compter sur ce moyen de l'assassinat, apprennent de la bouche d'un patriote prêt à mourir, que leur abnégation, leur dévouement, leur union, leur vertu, peuvent seuls assurer la délivrance de l'Italie, la rendre libre, indépendante et digne de la gloire de nos aïeux.

» Je vais mourir avec calme et je veux qu'aucune tache ne souille ma mémoire.

» Quant aux victimes du 14 janvier, je leur offre mon sang en sacrifice, et je prie que les Italiens devenus indépendants dédommagent un jour ceux qui en auront souffert.

» Que Votre Majesté me permette en finissant de lui demander grâce de la vie non pour moi, mais pour ceux de mes complices condamnés à mort.

» Je suis, avec le plus profond respect,

» De Votre Majesté Impériale,

» Felice Orsini.

» De la prison de la Roquette, 9 mars 1858. »

La Cour de cassation rejeta ce jour-là son pourvoi. Orsini ne signa pas de recours en grâce, mais la clémence régalienne n'a pas besoin d'être provoquée pour venir trouver un condamné dans son cachot. M. Jules Favre, subitement atteint d'une maladie qui mit ses jours en péril, trouva des forces pour écrire à l'Empereur une lettre dans laquelle il faisait valoir les raisons qui pouvaient militer en faveur de la grâce de son client. Cette lettre n'a jamais reçu de réponse. Le conseil des ministres, sous la présidence de l'Empereur, s'occupa de la question de commutation de peine; elle était encore l'objet de ses délibérations le 12 mars au matin. M. Piétri était d'avis d'accorder la grâce. Ses adversaires exhumèrent des Archives une lettre de Napoléon Ier écrite à l'occasion de la condamnation des accusés de la machine infernale de la rue Saint-Nicaise : « ... Si ma personne seule eût été » en danger, disait l'Empereur dans cette lettre, et si » autour de moi ne fussent pas tombées autant de vic- » times, je n'aurais pas hésité à faire grâce... » Le crime du 14 janvier avait atteint lui aussi trop de victimes, Napoléon III ne crut pas pouvoir accorder la vie à son principal auteur; de Rudio seul devint l'objet de la clémence impériale. La peine de mort fut commuée pour lui en celle des travaux forcés à perpétuité.

La foule, depuis une semaine, stationnait toutes les nuits sur la place de la Roquette; les étudiants y étaient fort nombreux. La nouvelle se répandit le 12 mars que l'ordre était donné de procéder à l'exécution d'Orsini le lendemain ; les curieux, dès onze heures du soir, s'acheminaient vers le lieu du supplice. L'échafaud fut dressé à deux heures du matin. Les premiers arrivés croyaient conserver leur place ; mais à quatre heures du matin, un bataillon de ligne et un bataillon de gardes de Paris balayèrent la place ; bientôt arrivèrent plusieurs escadrons de cavalerie fournis par le 3ᵉ hussards, la gendarmerie de la Seine et des gardes de Paris à cheval. Les troupes étaient sous les ordres d'un général de division. La foule, refoulée à 100 mètres au moins des abords de la place, se dispersa dans les rues Basfroid, Saint-Maur et de la Roquette. Impossible de passer la barrière du boulevard extérieur. Cinquante mille personnes étaient accourues pour assister à ce spectacle, mille peut-être purent le voir.

Le directeur de la prison de la Roquette, accompagné des aumôniers de cette maison et de ceux de la Conciergerie, se rendit à cinq heures trois quarts aux cellules des condamnés ; Orsini dormait d'un sommeil paisible et léger ; il se leva et dit : « Je suis prêt. » Pieri s'écria en se réveillant en sursaut : « Ah ! ah ! c'est aujourd'hui jour de barbe ; me voilà ! » Les deux condamnés, conduits à la chapelle, y restèrent environ une demi-heure.

Orsini et Pieri entrèrent à sept heures moins un quart dans l'avant-greffe, où se fait la toilette. Pieri demanda du café ; on lui en servit. Comme il portait les cheveux très-ras, on n'eut pas de peine à les lui couper ; sa chemise et son gilet de flanelle rouge furent échancrés par derrière. « Ne me serrez pas tant, dit-il, pendant qu'on
» le liait, je ne veux pas me sauver... vous me faites

» mal. » Il aperçut, en se retournant, Orsini qu'il n'avait pas vu depuis la cour d'assises : « Eh bien, c'est aujour- » d'hui ! Chantons mon hymne patriotique. » Orsini lui recommanda le calme. « Oh ! du calme, j'en ai, » mais je veux chanter. » L'un des aides de l'exécuteur s'étant baissé pour lui retirer ses bas, Pieri lui dit : « Heureusement, je me suis lavé les pieds. » Quand on lui jeta le voile noir sur la tête, il ajouta : « Je vais ressembler à une vieille coquette. »

Orsini ne demanda rien ; pendant tout le temps que durèrent les apprêts du supplice, il conserva sa fierté calme, son teint rosé, son sourire gracieux ; on eût dit un homme du monde au milieu d'un salon. Il s'entretint avec M. le directeur de la prison et avec MM. les aumôniers, mais à voix basse.

Pieri, avant de partir, voulut embrasser le brigadier préposé à sa garde. Les deux condamnés se mirent ensuite en marche, le voile noir sur la tête et pieds nus. Pieri s'appuyait sur l'un des aumôniers. L'exécuteur des hautes-œuvres de Rouen marchait à sa droite ; l'exécuteur des hautes-œuvres de Paris se tenait à côté d'Orsini.

Pieri, au moment de franchir le seuil de la prison, entonna ce chant :

> Mourir pour la patrie
> C'est le sort le plus beau,
> Le plus digne d'envie.....

Sa voix était tellement forte que, malgré la pièce d'étoffe de laine noire qui retombait sur sa bouche, on put l'entendre facilement. Orsini, la tête haute sous son voile, l'engageait à garder le silence.

Les condamnés franchissent d'un pas ferme les degrés

de l'échafaud. Un huissier de la Cour lit à haute voix l'arrêt qui les condamne à la peine des parricides. L'exécuteur s'empare de Pieri, qui pousse le cri : « Vive l'Italie ! vive la République ! » Orsini en se livrant à l'exécuteur crie : « Vive la France ! »

Au moment où le couteau tomba, toutes les têtes se découvrirent, et saluèrent celui qui savait mourir.

A sept heures dix minutes, tout était fini. Les journaux reçurent l'ordre de garder le silence sur cette exécution.

CHAPITRE IX.

1858.

Sommaire. — Attitude du gouvernement après l'attentat d'Orsini. — Suppression de la *Revue de Paris* et du *Spectateur*. — Création des grands commandements. — L'Impératrice est désignée régente. — Formation du conseil privé. — Adresses des colonels. — Menaces contre l'Angleterre. — Motion de M. Milner-Gibson au parlement anglais. — Démission de lord Palmerston. — Discussion de la loi de sûreté générale au Corps législatif. — Le général Espinasse ministre de l'intérieur et de la sûreté générale. — Les transportations de 1858. — Élections partielles à Paris : MM. Jules Favre, Ernest Picard et Perrot sont élus. — Suite de la session du Corps législatif. — La loi sur l'exonération militaire. — Le budget. — Loi sur la noblesse. — Loi sur les grands travaux de Paris. — Fin de la session. — Renouvellement des conseils généraux. — Circulaire sur les établissements de bienfaisance. — Elle cause la chute d'Espinasse. — M. Delangle le remplace. — Le prince Napoléon ministre de l'Algérie et des colonies. — Voyage à Cherbourg. — Procès de M. de Montalembert. — Mort de la duchesse d'Orléans.

Les premiers coups du gouvernement après l'attentat portèrent sur la presse. Le *Spectateur* (ancienne *Assemblée nationale*) et la *Revue de Paris*, qui avait pour gérants MM. Laurent Picbat et Maxime Ducamp, furent supprimés : l'un « pour n'avoir cessé de faire aux institutions de l'Empire une guerre sourde mais constante, déguisée sous les formes les plus adroites » ; l'autre, « pour s'être fait le centre d'une sorte d'agitation par correspondances, dont le gouvernement venait de trouver la trace dans plusieurs départements ». La terreur planait sur tous les journaux : il était question d'imposer le serment à leurs gérants, comme aux préfets et aux procureurs généraux ; de spécifier les sujets livrés à l'appréciation des journalistes, enfin de ne plus tolérer qu'un seul journal, le

Moniteur. Tous les journaux avaient témoigné spontanément leur indignation contre l'attentat d'Orsini. M. Granier de Cassagnac dénonça dans le *Constitutionnel* les hommes de parti qui gardaient le silence. Ces hommes de parti n'étaient pas tous, à ce qu'il paraît, dans la presse, car les feuilles officielles menaçaient l'Institut d'une dissolution par décret.

Le territoire militaire de l'Empire fut divisé en cinq grands commandements confiés à des maréchaux de France, et ayant leurs siéges à Paris, Nancy, Lyon, Toulouse et Tours.

Le gouvernement s'occupa ensuite de réorganiser la régence. Si l'Empereur eût été tué le 14 janvier, à quelles mains le pouvoir eût-il été confié? Le sénatus-consulte du 17 juillet 1856 ne conférait la régence à l'Impératrice, ou, à son défaut, aux princes français, que si l'Empereur n'en avait autrement disposé par acte public ou secret. L'Empereur dissipa l'incertitude que cet article laissait planer sur la régence en la conférant expressément, par lettres patentes du 1er février 1858, à l'Impératrice et, à défaut de l'Impératrice, aux princes français suivant l'ordre de l'hérédité de la couronne. Un décret impérial de la même date constitua un conseil privé qui, avec l'adjonction des deux princes français les plus proches par ordre de l'hérédité, deviendrait conseil de régence par le seul fait de l'avénement de l'Empereur mineur, si, à ce moment, l'Empereur n'en avait pas institué un autre par acte public. L'archevêque de Paris M. Morlot, le maréchal Pélissier, le président du sénat Troplong, MM. Fould, Baroche, de Morny, de Persigny, furent nommés membres du conseil privé. Le prince Jérôme

Napoléon reçut en même temps l'autorisation d'assister aux conseils ordinaires et extraordinaires des ministres de l'Empire avec droit de les présider pendant les absences de l'Empereur.

Le corps diplomatique et les grands corps de l'État avaient été reçus le 16 janvier en audience solennelle aux Tuileries. Les présidents du Sénat, du Conseil d'État, du Corps législatif, dénoncèrent avec une indignation véhémente l'hospitalité accordée en certains pays aux fauteurs d'attentats. Les adresses des corps constitués de Paris et des départements succédèrent aux discours; le *Moniteur* en fut inondé; celles des colonels de l'armée se firent remarquer par un langage menaçant contre l'Angleterre.

M. Walewski, ministre des affaires étrangères, avait adressé sans perdre de temps, le 20 janvier, à M. de Persigny, ambassadeur de France à Londres, une dépêche menaçante sur la question des réfugiés. Cette dépêche, déposée par lord Palmerston le samedi suivant sur le bureau de la chambre, contenait cette accusation : « C'est en Angleterre que Pianori a formé le dessein d'attaquer l'Empereur ; c'est de Londres que, dans une affaire dont le souvenir est encore frais, Mazzini, Ledru-Rollin et Campanella ont dirigé les sicaires dont ils avaient armé les mains. C'est là aussi que les auteurs de la conspiration ont préparé à leur aise les moyens d'action... » M. Walewski voulait bien reconnaître que l'Angleterre avait horreur de ces tentatives, et que l'hospitalité voulait être respectée ; mais comment le gouvernement britannique pouvait-il hésiter à donner à la France une garantie de sécurité qu'aucun État ne saurait refuser à un État voisin? M. Walewski ne voulait pas indiquer de mesures, il s'en rapportait à la loyauté du cabinet anglais.

Lord Palmerston consentit à présenter un bill tendant à modifier la loi relative aux conspirations ayant pour but l'assassinat. Le premier ministre, en soumettant ce bill à la chambre, fit remarquer, au milieu des applaudissements, qu'il ne s'agissait pas de prendre des mesures pour expulser les étrangers sur un simple soupçon; une telle loi donnerait lieu à tant d'abus, que n'importe quel gouvernement reculerait devant cette proposition, et que le Parlement ne la sanctionnerait pas. Cependant, ajouta-t-il, puisque les légistes reconnaissent qu'il y a des modifications utiles à faire au code criminel, pourquoi reculerait-on devant la crainte d'avoir l'air de céder à la pression des adresses de divers corps militaires français; le gouvernement de Sa Majesté ayant d'ailleurs informé celui de France du fâcheux effet de ces menaces, M. Walewski n'a-t-il pas chargé M. de Persigny de déclarer que leur insertion n'eut lieu au *Moniteur* que par suite d'une inadvertance?

La modification proposée par lord Palmerston à l'ancienne législation anglaise, consistait en ceci : le complot pour assassinat sera considéré comme félonie et puni de la *penal servitude* depuis cinq ans jusqu'à la perpétuité; la loi s'appliquera aux étrangers et aux Anglais, que le complot ait été dirigé contre un Anglais ou contre un étranger. Lord Russell fit remarquer que le gouvernement français voulait avant tout obtenir l'expulsion des réfugiés, et que s'il était vrai, comme il le prétendait, qu'on prêchât ouvertement à Londres l'assassinat de l'Empereur, l'ancienne législation suffisait pour mettre un terme à ces prédications, et qu'il fallait tout simplement poursuivre les délinquants. Lord Russell, pour prouver que la loi permettait cette poursuite, cita l'exemple de lord Hawkesbury qui fit mettre en jugement Peltier, accusé d'avoir conseillé l'assassinat du premier consul Bonaparte et d'avoir insulté le gouvernement d'une nation amie. La première lecture du bill fut adoptée; M. Milner-Gibson, à la deuxième lecture, présenta une motion qui mit lord Palmerston en échec. M. Milner-Gibson, en exprimant le regret que le complot eût été préparé en Angleterre, se plaignait que « le gouvernement anglais, avant d'in- » viter la chambre à modifier la loi, n'eût pas cru » devoir faire une réponse à la menaçante dépêche du » gouvernement français en date du 20 janvier 1858 ». Cette dépêche avait vivement ému l'opinion en Angleterre. De nombreux meetings s'étaient formés pour protester contre toute concession aux exigences du gouvernement français, et contre toute atteinte portée au droit d'asile dont la vieille Angleterre est à bon droit si fière. La chambre, qui partageait les sentiments de la nation, adopta la motion de M. Milner-Gibson, et le ministère Palmerston se retira. Voilà tout le fruit que le gouvernement impérial, qui se flattait de forcer l'Angleterre à déporter Mazzini en Amérique, recueillit des demandes de M. Walewski.

Revenons maintenant en France. Le Corps législatif se réunit le 18 janvier, quatre jours après l'attentat d'Orsini. Le discours de l'Empereur roula principalement sur les projets accomplis dans les principales branches de l'administration : « On a souvent prétendu que pour gouverner » la France, il fallait sans cesse donner comme aliment à

» l'esprit public quelque grand incident théâtral. Je crois
» au contraire qu'il suffit de faire le bien pour mériter la
» confiance du pays. » Les finances, d'après le discours,
n'avaient jamais été dans un état plus prospère : « Le
» budget de 1859 qui vous sera présenté se soldera par
» un excédant de recettes; l'action de l'amortissement
» pourra être rétablie, le grand livre fermé, la réduction
» de la dette flottante assurée. » L'Empereur faisait ressortir le bon état de nos alliances en Europe, ajoutant
que si notre attitude était partout bien appréciée, «c'est
» que nous avions le bon esprit de ne nous mêler que
» des questions qui nous intéressent directement ».

L'Empereur expliquait ensuite comment l'Empire a
pour but de dégager les principes de 89 de toute théorie
abstraite, et de les faire rayonner sur le monde sans
porter cependant la moindre atteinte au principe d'autorité. « Une liberté sans entrave est impossible tant qu'il
» existe dans un pays une fraction obstinée à méconnaître
» les bases fondamentales du gouvernement... Je ne
» crains pas de vous le déclarer : quoi qu'on en dise, le
» danger n'est pas aujourd'hui dans les prérogatives
» excessives du pouvoir, mais plutôt dans l'absence des
» lois répressives. »

Le refus de serment de MM. Goudchaux et Carnot
avait été très-sensible au gouvernement. Aussi l'Empereur demanda-t-il des mesures pour rendre à l'avenir
de pareils refus impossibles. Il ajouta comme une menace
à ses ennemis : « La pacification des esprits devant être
» notre but constant, vous m'aiderez à rechercher les
» moyens de réduire au silence les oppositions extrêmes
» et fâcheuses. En effet, n'est-il pas pénible, dans un

» pays calme, prospère, respecté en Europe, de voir d'un
» côté des personnes décrier un gouvernement auquel
» elles doivent la sécurité dont elles jouissent, tandis que
» d'autres ne profitent du libre exercice de leur droit
» politique que pour miner les institutions. »

La présentation du projet de loi de sûreté générale, destiné, d'après l'exposé des motifs, à en finir avec les chefs de « l'armée du désordre », suivit de très-près ce discours. M. de Morny, rapporteur de la commission, déclara d'abord que la nouvelle loi « n'était pas une loi de suspects, comme on l'avait qualifiée avec une frayeur plus ou moins vraie ». Le gouvernement n'a montré jusqu'ici que trop de tolérance aux ennemis de l'ordre, « l'émotion causée par la loi trahit l'indéfinissable malaise de ceux qui ont à se reprocher des actes d'opposition ». Le rapporteur, passant ensuite à des considérations fort vagues et fort légères sur la constitution des partis, reprochait au parti légitimiste d'être privé de ce qu'il appelait la première condition d'existence d'un parti, la possession du pouvoir, et au parti orléaniste d'être fondé sur un fait, et de n'avoir aucune raison d'exister après la suppression de ce fait. M. de Morny termina son rapport par un pathétique appel au parti de l'ordre dont « la division impose des moyens de défense exceptionnels, et nous force d'ajourner la liberté ».

Le projet de loi relatif à des mesures de sûreté générale (1) contenait les dispositions suivantes :

« ART. 1er. — Est puni d'un emprisonnement de deux à cinq ans et d'une amende de 500 à 10 000 francs tout individu qui a provoqué publiquement, d'une manière quelconque, aux crimes prévus par les arti-

(1) Nouvelle rédaction adoptée par la commission et le conseil d'État.

cles 86 et 87 du Code pénal, lorsque cette provocation n'a pas été suivie d'effet.

» ART. 2. — Est puni d'un emprisonnement d'un mois à deux ans et d'une amende de 100 à 2000 francs, tout individu qui, dans le but de troubler la paix publique ou d'exciter à la haine ou au mépris du gouvernement de l'Empereur, a pratiqué des manœuvres ou entretenu des intelligences, soit à l'intérieur, soit à l'étranger.

» ART. 3. — Tout individu qui, sans y être légalement autorisé, a fabriqué, débité ou distribué : 1° des marchandises meurtrières agissant par explosion ou autrement ; 2° de la poudre fulminante, quelle qu'en soit la composition, est puni d'un emprisonnement de six mois à cinq ans et d'une amende de 50 à 300 francs.

» La même peine est applicable à quiconque est trouvé détenteur ou porteur, sans autorisation, des objets ci-dessus spécifiés.

» Ces peines sont prononcées sans préjudice de celles que les coupables auraient pu encourir comme auteurs ou complices de tous autres crimes et délits.

» ART. 4. — Les individus condamnés par application des articles précédents peuvent être interdits, en tout ou en partie, des droits mentionnés en l'article 42 du Code pénal, pendant un temps égal à la durée de l'emprisonnement prononcé.

» ART. 5. — Tout individu condamné pour l'un des délits prévus par la présente loi peut être, par mesure de sûreté générale, interné dans un des départements de l'Empire ou en Algérie, ou expulsé du territoire français.

» ART. 6. — Les mêmes mesures de sûreté générale peuvent être appliquées aux individus qui seront condamnés pour crimes ou délits prévus : 1° par les art. 86 à 101, 153, 154 § 1er, 219 à 241, 213 à 221 du Code pénal ; 2° par les art. 3, 5, 6, 7, 8 et 9 de la loi du 24 mai 1834 sur les armes et munitions de guerre ; 3° par la loi du 7 juin 1848 sur les attroupements ; 4° par les art. 1 et 2 de la loi du 27 juillet 1849.

» ART. 7. — Peut être interné dans un des départements de l'Empire ou en Algérie, ou expulsé du territoire, tout individu qui a été, soit condamné, soit interné, expulsé ou transporté par mesure de sûreté générale, à l'occasion des événements de mai et juin 1848, de juin 1849 ou de décembre 1851, et que des faits graves signalaient de nouveau comme dangereux pour la sûreté publique.

» ART. 8. — Les pouvoirs accordés au gouvernement par les art. 5, 6 et 7 de la présente loi cesseront au 31 mars 1865, s'ils n'ont pas été renouvelés avant cette époque.

» ART. 9. — Tout individu interné en Algérie ou expulsé du territoire, qui rentre en France sans autorisation, peut être placé dans une colonie pénitentiaire, soit en Algérie, soit dans une autre possession française.

» ART. 10. — Les mesures de sûreté générale autorisées par les art. 5, 6 et 7 seront prises par le ministre de l'intérieur sur l'avis du préfet du département, du général qui y commande et du procureur général. L'avis de ce dernier sera remplacé par l'avis du procureur impérial dans les chefs-lieux où ne siège pas une Cour impériale. »

M. Émile Ollivier ouvrit la discussion générale en prouvant d'abord que la loi était fondée sur un faux prétexte, l'attentat du 14 janvier n'étant pas un crime français; qu'elle confondait le pouvoir judiciaire et le pouvoir exécutif, qu'elle supprimait les garanties légales, et ne définissait point les crimes et les délits qu'elle était destinée à frapper, enfin qu'elle avait un effet rétroactif. « Les hommes que vous voulez atteindre ont été déjà » punis. Les lois existantes sont assez nombreuses et assez » efficaces pour réprimer les conspirateurs, repoussez celle » qu'on vous propose par dévouement pour votre gou» vernement. » M. d'Andelarre, après M. Émile Ollivier, fit remarquer que la loi violait à la fois le principe de non-rétroactivité, et celui qui défend qu'un citoyen soit soustrait à ses juges naturels. La loi étendait en outre ses menaces jusqu'aux propos échangés autour du foyer ; elle créait un nouveau genre de délit, le délit de conversation. Les salons s'effrayèrent : M. Riché crut les rassurer en déclarant que les auteurs du projet n'entendaient nullement menacer leurs franchises, qu'il s'agissait uniquement de réfréner les partisans avoués ou secrets du socialisme. « La loi n'est pas dirigée contre les honnêtes gens, ceux-ci n'ont point à s'en occuper. » Plus d'un honnête homme, quelques jours plus tard, devait commenter sur la route de Lambessa ou de Cayenne ces paroles de M. Riché. Une pareille loi dépassait tout ce que l'esprit de conservation le plus exalté pouvait exiger. Les partisans du régime de compression s'en alarmèrent; MM. Plichon, d'Andelarre et de Pierres se firent vainement l'écho de leurs plaintes.

M. Baroche clôtura la discussion générale en déclarant

nettement que le projet de loi continuait la politique de réparation et de conservation inaugurée le 2 décembre; que « l'Empire repoussait ce système de concessions, ce » respect exagéré des scrupules des légistes, qui ont » amené les révolutions de 1830 et de 1848, et qu'il lui » fallait une arme contre les débris des corps insurrec- » tionnels de 1848 ».

M. Legrand parla contre l'article 2 rédigé avec un vague si terrible, et soutint, contre M. Riché, que la loi devait être faite contre tout le monde et non exclusivement contre les malhonnêtes gens, « catégorie dans laquelle on a toujours vu chaque régime faire tour à tour entrer ses adversaires ». M. de Talhouët pria le gouvernement d'exposer avec netteté quels étaient les faits et les personnes que l'article 2 voulait atteindre. Cet article punissait d'un emprisonnement d'un mois à deux ans, et d'une amende de 100 à 2000 francs, tout individu qui, dans le but de troubler la paix publique ou d'exciter à la haine et au mépris du gouvernement de l'Empereur, a provoqué des manœuvres ou entretenu des intelligences soit à l'intérieur, soit à l'étranger. Qu'était-ce donc que des « manœuvres » et des « intelligences » ? M. Baroche disserta longuement sur ces mots sans qu'on pût rien conclure de son discours, sinon que les tribunaux apprécieraient la nature des faits. Il voulut bien ajouter que les légitimistes et les orléanistes n'avaient rien à redouter de cet article puisqu'ils ne conspiraient pas, et qu'ils se bornaient à faire une guerre d'allusions et d'épigrammes au gouvernement qui les sauvait. La nouvelle loi, ajouta M. Baroche, n'est point « dirigée contre ceux qui vivent » sous l'empire de regrets et de souvenirs ou même

» d'espérances assurément futiles et déraisonnables, mais
» contre ceux qui applaudissent aux actes les plus détes-
» tables. »

Les dispositions de l'article 5, portant que tout individu condamné pour l'un des délits prévus par la loi nouvelle peut être, par mesure de sûreté générale, interné dans un des départements de la France, ou en Algérie, ou expulsé du territoire français, augmentaient la gravité de l'article 2. Le droit d'user de toutes ces mesures exceptionnelles était remis par l'article 10 entre les mains du ministre de l'intérieur, des préfets, des généraux et des procureurs généraux. Ces dispositions draconiennes furent adoptées sans discussion.

M. Aymé se plaignit que la commission, en rejetant un amendement présenté par lui, eût refusé de motiver son rejet. M. Legrand souleva un incident du même genre, et protesta contre une pratique portant atteinte aux prérogatives de la Chambre. Ces plaintes n'obtinrent aucune réponse.

La loi de sûreté générale fut discutée et votée en une séance, le 18 février 1858, par 126 voix contre 24. Le nombre des membres portés *comme absents* au *Moniteur* fut de 14.

Le devoir de l'historien est de conserver les noms de ceux qui ont fait à leur pays et à la civilisation l'outrage de voter cette loi :

Scrutin sur le projet de loi relatif à des mesures de sûreté générale.

Nombre des votans.	241
Majorité absolue.	121
Pour l'adoption.	217
Contre.	24

Le Corps législatif a adopté.

Absents par congé :

MM. Alengry, Dalloz (Édouard), le général baron Gorsse, Lemaire (Oise), le baron Mercier, Pouyer-Quertier, le baron Roguet, Sapey.

Absents au moment du vote :

MM. le duc d'Albuféra, Busson, Cazelles, le comte de Chasseloup-Laubat (Prosper), Chevalier (Auguste), du Miral, le baron Hallez-Claparède, le vicomte de Kervéguen, le comte de Lagrange (Frédéric), le général Lebreton, O'Quin, de Parieu, le vicomte de Richemont, de Wendel.

Ont voté pour :

MM. Abatlucci (Séverin), Allard, André, André (Ernest), le comte d'Arjuzon, Arman, Arnaud, Aymé. — Balay de la Bertrandière, le comte de Barbantane, de Beauchamp, le prince de Beauveau (Marc), de Beauverger, le comte de la Bédoyère, de Belleyme, Belliard, Belmontet, le marquis de Blosseville, Bodin, Blois de Mouzilly, le comte Boissy-d'Anglas, Bouchetal-Laroche, le général Boullé, le comte de Bourcier de Villers, Bourlon, Briot de Bouremy, Bruhier de Littinière, le général baron Brunet-Denon, le comte de Bryas (Eugène), Bucher de Chauvigné, le baron Buquet, le baron de Bussierre. — Le comte Caffarelli, Calvet-Rogniat, le comte de Cambacerès, Canaple, le baron de Carayon-Latour, Carteret, le baron Caruel de Saint-Martin, le marquis de Caulaincourt, le comte de Chabrillan, le comte de Chambrun, le comte de Champagny (Jérôme-Paul), le comte de Champagny (Napoléon), le comte de Charpin-Feugerolles. Chauchard, le marquis de Chaumont-Quitry, de Chazelles (Léon), Choque, le vicomte Clary, de Clebsattel, le baron de Cœhorn, Collot (Edme) (de la Meuse), le marquis de Conégliano, Conneau, Conseil, le baron de Corberon (Emile), de Corneille, Corta, le comte du Couëdic, Coulaux (du Bas-Rhin), Creuzet, Crosnier, de Cuverville. — Darblay jeune, le général Dautheville, Dauzat Dembarrère, David (Ferdinand), Debrotonne, Delamarre (de la Creuse), Delapalme, Delavau, Deltheil, Descours (Laurent), Desmaroux de Gaulmin, Devinck, Didier, Doûmet, Drouot, Duboys (d'Angers), Duclos (Édouard), le colonel du Marais, Duplan, Dupont (Paul), Durand (Justin), Dusolier. — Le baron Eschassériaux, Etchevery. — Faugier, Faure, le marquis de Fay de La Tour-Maubourg, Fleury, (Anselme), Floquard de Mépieu, Foucher-Lepelletier. — Garnier, le baron de Geiger, le général Gellibert des Séguins, Geoffroy de Villeneuve, Girou de Buzareingues, Gisclard, Godard-Desmarest, Le Gorrec, le comte de Gouy d'Arsy, le marquis de Grammont, Granier de Cassagnac, le vicomte de Grouchy, Guillaumin, Guyard-Delalain. — Le comte du Hamel, Haudos, Hébert, le colonel Hennocque, d'Harambault, le baron d'Herlincourt, le comte d'Houdelot. — Le comte Janvier de la Motte, le comte de Jonage, Josseau, Jubinal (Achille). — — Le comte de Kergorlay. — Le baron de Ladoucette (Eugène), Laffitte (Charles), Lafond, Larrabure, le comte de Las-Cases, le vicomte de La Tour, Latour-du-Moulin, le baron Laugier de Chartrouse, Leclerc d'Osmonville, le Comte (Eugène) (Yonne), Lédier, Lefébure, Lefebvre-Hermand, Le Harivel, le comte Lehon (Léopold), Lélut, Lemaire (Nord), Le Méloret de la Haichois, de Lénardière, le comte Le Pelletier-d'Aunay, Lequien, Leret-d'Aubigny, Leroux (Alfred), Lescuyer-d'Attainville. Louis-Bazile, Louvet. — Le baron Mariani, Marrast (François), Massabiau, de Maupas, Mercier (Mayenne), le général Meslins, Millet, Monier de la Sizeranne, de Morgan, Morin, le comte de Morny, le comte Murat (Joachim). — Le comte de Nesle, Nogent-Saint-Laurens, le

NOMS DES DÉPUTÉS AYANT VOTÉ LA LOI.

colonel Nornand, Noualhier, Noubel. — Le comte d'Ornano (Rodolphe). — Le général Parchappe, Pérouse, de Perpessac, le général baron Pétiet, le marquis de Piré, le vicomte de Pimey, le baron Portalis (Jules). — Quesné. — Rambourg de Commentry, Randoing, le baron de Ravinel, le colonel Réguis, le baron Reille (Gustave), le baron de Reinach, Renée (Amédée), Reveil, Riché, le baron de Richemont (Paul), Rigaud, le comte de Rochemure, de Romeuf, Roques-Salvaza, Roulleaux-Dugage. — Le marquis de Sainte-Croix, le marquis de Sainte-Hermine, de Saint-Germain (Manche), de Saint-Paul, Sallandrouze de Lamornaix, Schneider, le comte de Ségur, Seydoux, Simon (Joseph). — Taillefer, le duc de Tarente, le comte Tascher de la Pagerie (Charles), le comte de Tauriac, Tesnière, le colonel Thiérion, Thoinnet, le baron Tillette de Clermont, le marquis de Torcy, le baron Travot, le comte de Tromelin, le comte de Toulongeon. — Le général baron Vast-Vimeux, Vautier (Abel), le baron de Veauce, le marquis de Verclos, Vernier, Véron, le baron Viard, de Voise. — Wattebled.

Ont voté contre :

MM. Ancel, le marquis d'Andelarre, Brame, Curé, Darimon, le comte de Flavigny, Gareau, Gouin, Halligon, Hénon, Javal (Léopold), le baron de Jouvencel, le comte Henri de Kersaint, Kœnigswarter, Legrand, le vicomte Lemercier (Anatole), le baron Lespérut, le marquis de Mortemart, Ollivier, Ouvrard (Jules), le comte de Pierres, Plichon, le vicomte de Rambourgt, le marquis de Talhouët.

Les chiffres annoncés en séance avaient été de :

Nombre des votans	251
Majorité absolue	126
Pour l'adoption	227
Contre	24

Mais après vérification, il a été trouvé de doubles bulletins blancs aux noms de MM. Brohier de Littinière, de Corneille, Doûmet, Lefébure, Morin, Noualhier, le général baron Pétiet, le baron Portalis, le colonel Réguis, le général Gellibert des Séguins.

Une majorité si considérable avait de quoi surprendre ceux qui connaissaient les répugnances manifestées par beaucoup de députés contre cette loi, et leur intention de ne pas y attacher leur nom. Un signe du maître avait suffit pour briser leur résistance. Comment ne lui auraient-ils pas obéi, eux qui n'étaient que ses créatures, ses serviteurs obéissants et tremblants, jusqu'à ne pas oser sous l'œil du président de la chambre adresser la parole à un des trois députés républicains !

M. Billault, ministre de l'intérieur, voulut, après l'attentat du 14 janvier, réorganiser la police et la concentrer dans ses mains; l'Empereur n'ayant pas goûté ses vues, il donna sa démission le 6 février. M. Piétri quitta également la préfecture de police. Quel serait le successeur de M. Billault? M. Rouland, membre de l'instruction publique, M. Laity, un des conspirateurs de Strasbourg, ou M. de Royer, ministre de la justice? Pendant que les nouvellistes discutaient les chances de ces trois candidats, et parlaient comme d'une chose certaine du rétablissement du ministère de la police confié au général Niel, l'Empereur avisa le général Espinasse dans le salon des aides de camp de service aux Tuileries.

Espinasse était un homme de quarante ans environ, né dans le Midi, d'une physionomie vulgaire et d'une intelligence nulle, sorti avec un assez mauvais numéro de l'école militaire de Saint-Cyr, lieutenant du 47e de ligne. Quand ce régiment fut appelé d'Algérie en France, il obtint de passer dans la légion étrangère, ce qui lui permit de rester en Afrique, où les occasions d'avancer se présentent fréquemment. La légion étrangère fit dans l'Aurès une expédition commandée par le duc d'Aumale. Le capitaine Espinasse, placé au combat de Mediounez à la tête d'une compagnie de l'extrême arrière-garde, attaqué par les Kabyles, blessé de trois coups de feu, allait périr abandonné par ses soldats, lorsque le duc d'Aumale courut à son secours et le sauva du yatagan déjà levé sur lui. Le duc d'Aumale s'attacha désormais au capitaine Espinasse en raison du service qu'il lui avait rendu, et le capitaine Espinasse sut exploiter ce sentiment naturel aux âmes généreuses. Militaire brave mais ignorant, incapable de s'intéresser aux questions politiques, économiques, ethnographiques et sociales soulevées par la colonisation, ne connaissant ni les besoins, ni les mœurs, ni la langue des Arabes, il serait resté longtemps capitaine sans le duc d'Aumale; il fut nommé, grâce à son protecteur, chef de bataillon aux zouaves en 1845. Le prince ayant quitté la France après la révolution de Février, le commandant Espinasse chercha un appui auprès du général Cavaignac qu'il poursuivit de ses sollicitations, et ensuite auprès du président Louis Bonaparte qui le nomma lieutenant-colonel. Espinasse commanda vaillamment une colonne au siége de Rome, et revint en Afrique, où M. Fleury, chargé de recruter des complices au coup d'État, entra en relations avec lui. L'expédition de Kabylie s'organisait à cette époque dans l'intention de fournir à quelques officiers dévoués à la fortune du président Bonaparte l'occasion de faire parler d'eux, et au président de la République Bonaparte le prétexte de les élever dans la hiérarchie. Le lieutenant-colonel Espinasse fit partie de cette expédition; la campagne terminée, il fut nommé colonel du 42º régiment de ligne dans la promotion où figuraient Saint-Arnaud comme général de division et Marulaz comme général de brigade. M. Fleury n'avait trouvé dans tout le corps expéditionnaire que ces trois officiers pour signer le pacte avec le futur dictateur. Ils furent tous les trois pourvus de commandements à Paris.

Le 42º régiment tenait garnison à Boulogne, à Saint-Omer et dans quelques places du département du Pas-de-Calais à l'époque de l'échauffourée du prince Napoléon à Boulogne. Le colonel Husson, commandant le 42º, passait pour secrètement favorable à la conspiration; le lieutenent Aladenize, qui en faisait partie, servait dans ce régiment ; d'autres officiers n'attendaient que le succès pour se prononcer. C'est à la tête du 42ᵉ qu'Espinasse occupa le siége de l'Assemblée nationale, exploit qui lui valut la place d'aide de camp du prince à 30 000 francs d'appointements par an, et le grade de général de brigade, malgré la loi sur l'avancement qui exige deux années du grade inférieur en temps de paix et une année en temps de guerre. Espinasse était colonel depuis sept mois à peine. Le même homme, quinze jours avant le coup d'État, écrivait au duc d'Aumale une lettre dans laquelle Louis Bonaparte était traité d'aventurier.

Espinasse, nommé après le coup d'État l'un des trois commissaires chargés par Louis Bonaparte de réviser les dossiers des citoyens condamnés par les commissions mixtes, prononça deux ou trois cents commutations de peine sur quinze mille ; le rapport d'Espinasse, rédigé par Granier de Cassagnac, injurieux et violent contre les victimes, froissa le sentiment public même au milieu de la prostration matérielle et morale dans laquelle la France se trouvait plongée. Espinasse, envoyé ensuite en Algérie avec la mission de provoquer des demandes en grâce de la part des quinze mille transportés entassés dans des cabanons malsains, s'y montra vindicatif et cruel, sans obtenir des républicains autre chose que le mépris de ses promesses et de ses menaces. C'est à cet homme vulgaire, à ce soldat brutal, que l'Empereur eut l'idée de remettre l'administration intérieure de l'Empire, et la vie et la fortune des trente-six millions de Français auxquels s'appliquait la loi de sûreté générale.

L'Empereur lui demanda s'il accepterait le ministère

de l'intérieur ; Espinasse répondit qu'il obéirait en tout à l'Empereur. Un quart d'heure après, le décret qui le nommait ministre de l'intérieur et de la *sûreté générale* était signé : le général Espinasse interrompit son service pour se rendre à l'hôtel du ministère.

Le ministre de l'intérieur et de la sûreté générale commença par mander tous les préfets à Paris. Il reçut chacun d'eux en audience particulière. Voici le dialogue échangé entre ces fonctionnaires et le général Espinasse : « — Vous êtes préfet ? — Oui, Excellence. — De quel département ? — De la Sarthe (1). — Ah ! vous êtes préfet de la Sarthe (il consultait une liste où les départements étaient inscrits avec des chiffres en regard), la Sarthe, *tant* d'arrestations. — Mais, monsieur le ministre, qui faut-il arrêter ? — Qui vous voudrez, je vous ai donné le nombre, le reste vous regarde. »

Les préfets s'empressèrent de mettre à exécution ces instructions sommaires.

L'affaire d'Orsini avait prouvé, de la façon la plus irréfragable, que la France était restée complétement étrangère à l'attentat du 14 janvier. Les vrais coupables punis, le gouvernement aurait dû, semblait-il, se tenir pour satisfait ; mais la demande faite par l'Empereur du dossier du procès de la machine infernale, indiquait que les traditions et la politique du consulat et de l'empire seraient encore suivies, et que Napoléon III profiterait de l'occasion pour frapper les républicains, comme le premier consul Bonaparte profita du complot légitimiste de la rue Saint-Nicaise pour déporter les débris du parti de la révolution.

(1) Ou tout autre nom.

Le Sénat ne s'opposa nullement à la promulgation de la loi, et un décret impérial du 27 février 1858 la rendit exécutoire sur toute l'étendue de l'empire français. Les prisons cependant étaient pleines avant le décret et même vant la présentation de la loi. Les membres restants du *comité de résistance*, Louis Combes, Eugène Fombertaux, Frédéric Gérard, Chardon, Goudounèche, G. Tilliers et quelques autres, furent désignés les premiers à la police. Frédéric Gérard, employé au ministère de la guerre, naturaliste distingué, était mort : les agents surprirent par leur visite sa famille encore en deuil. M. Chardon, instituteur, fut arraché à la prison par son frère, officier d'artillerie; Fombertaux fut emporté par la voiture cellulaire sans avoir pu dire adieu à sa femme; M. Goudounèche, maître de pension, ancien rédacteur en chef du journal *l'Avenir*, subit le même sort; M. Georges Tilliers, homme de lettres, traîné de prison en prison, tondu, rasé, jeté à la Roquette, attendit, au milieu des condamnés dont il portait le costume, le départ de onze forçats avec lesquels il fut conduit à Marseille. Sa mère et sa fiancée étaient, pendant ce temps-là, jetées dans une prison de Nevers. M. Benjamin Gastineau, rédacteur en chef du *Guetteur de Saint-Quentin*, et plusieurs autres journalistes des départements furent arrêtés et prirent également le chemin de Marseille et de l'Afrique.

Pour donner une idée de ce qui se passa alors dans toute la France, nous citerons une page de l'ouvrage de MM. E. Ténot et A. Dubort (1) :

« Les voilà, ces hommes, chassés de leur patrie, arra-

---

(1) *Les Suspects en* 1858.

» chés à leur famille, à leurs amis, jetés dans les cachots
» et transportés en Afrique!

» Qui sont-ils? Nous ne craignons pas de le dire : ils
» sont tous d'honnêtes gens, contre lesquels nous défions
» qu'on relève le moindre délit! Médecins, avocats, offi-
» ciers ministériels, négociants, artisans, ils ne s'oc-
» cupaient plus de politique : qui donc s'en occupait
» depuis 1852! Ils descendaient, non pas gaiement,
» comme on le leur conseillait, le fleuve de la vie, mais
» laissant à d'autres le souci des affaires publiques! Ils
» regrettaient le passé, et ils s'en font gloire, mais en
» silence!

» Les uns étaient couchés, moribonds, sur leur lit de
» douleur; les autres vivaient retirés au fond de leurs
» montagnes, évitant avec soin jusqu'au mot qui pou-
» vait donner prise au gendarme. Ceux-ci revenaient,
» depuis quelques mois à peine, d'exil, de Cayenne ou
» de Lambessa; ceux-là étaient morts depuis des années!

» Une nuit, entre minuit et deux heures, à peu près
» partout, le jour anniversaire de la révolution de Février,
» on va frapper à la porte des vivants et jusqu'aux tom-
» beaux des morts! « Qui va là? — La police. — Que
» me veut-elle? — Tu es républicain? — Il ne m'est pas
» permis de le dire. — Tu l'es, tu as défendu la républi-
» que en 1848, la constitution et la loi en 1851. Suis-
» moi, tu es un gibier de prison, un pensionnaire désigné
» de Cayenne ou de Lambessa! Viens, et suis-nous, la
» chaîne au cou et les menottes aux mains! Tu es malade?
» tu vas mourir? En voiture cellulaire, c'est bien bon
» pour un républicain! — Mais pourquoi? — L'Italien
» Orsini a tiré sur l'Empereur.

» Et toi, qui es-tu? — Vous demandez mon père? il est
» mort depuis deux ans. — Mon mari? il est dans une
» maison de fous. — Mon frère? il est aux États-Unis.
— Mon autre frère? il est encore en Afrique où vous
» l'avez transporté en 1852.

» — Ton père est mort? ce n'est pas vrai, puisqu'il est
» sur la liste. Tu soutiens toujours qu'il est mort? Viens
» avec nous, il nous faut quelqu'un de ce nom. »

Et ailleurs : « Et vous, madame, vous êtes la femme
» d'un républicain, vous êtes républicaine vous-même;
» votre mari revient de Cayenne? Allons, laissez là votre
» mari, vos enfants, vos affections, votre ménage, vos
» occupations; suivez-nous au cachot et en Afrique. »

Et ailleurs encore : « Qui es-tu, toi? — Moi? que
» me voulez-vous? » Et la fille, aux gendarmes : « Que
» voulez-vous à mon père? — Retirez-vous; retirez-
» vous; nous l'emmenons en prison. Et l'enfant et la
» femme tombent étendues sans vie sur le parquet.

» Et ce colloque se continue, se prolonge, s'étend pen-
» dant des mois et dans tous les coins de la France entre
» les gendarmes et près de 2000 citoyens français. »

Le préfet, dans chaque département, prenait au hasard le nombre d'individus fixé par ordre ministériel. Les zélés bonapartistes, les gens poussés par des haines ou par des intérêts particuliers, signalaient aux préfets les individus dont ils voulaient se défaire. Quelques préfets s'y prirent à deux fois pour compléter leur liste : il y a eu deux transportations en 1858, la première du 24 au 26 février, la seconde après cette époque. Le département du Gard fut terrorisé à deux reprises différentes, M. Pougeard-Dulimbert, préfet de ce département, avait pris une part cruelle au coup d'État comme préfet des Pyrénées-Orientales. C'était un fonctionnaire tout à fait selon le cœur d'Espinasse. La femme d'un insurgé, mère depuis huit jours, ne voulait pas révéler la retraite de son mari, elle fut sans son enfant mise au cachot, où la fièvre de lait la prit ; un citoyen, espérant exciter la pitié du préfet pour cette malheureuse, lui dit qu'elle se mourait et que ses seins allaient éclater : « *C'est ce qu'il faut*, répondit-il, » *son secret sortira par là.* »

M. Pougeard-Dulimbert, peu de temps après avoir pris possession de la préfecture du Gard, reçut comme tous ses collègues, après l'attentat d'Orsini, un paquet de lettres de cachet signées en blanc ; comme il ne se souciait pas de se mettre mal avec la bourgeoisie nîmoise, il choisit ses premières victimes parmi les citoyens plus obscurs.

M. Eugène Ducamp (1), condamné de 1852, réfugié en Suisse et rentré au bout de trois ans sur la foi d'un sauf-conduit qu'il n'avait ni sollicité ni payé, donnait prise autant que qui que ce soit aux mesures dites de sûreté, mais il appartenait à une des meilleures familles de Nîmes ; il fut d'abord épargné. Malheureusement il était devenu depuis deux ans, à la suite de sacrifices d'argent très-importants, agent général de la *Compagnie du Phénix*, poste qui lui donnait par an près de 30 000 francs de bénéfices et dont le portefeuille, propriété du titulaire, valait plus de 150 000 francs.

La place était belle ! le préfet promettait depuis longtemps une place de receveur particulier au maire de Nîmes, qui, outre une promesse formelle, invoquait de

---

(1) Aujourd'hui membre du conseil général du département du Gard.

grands services, entre autres celui d'avoir accepté les fonctions de maire, dont personne ne voulait. Le gouvernement l'avait décoré, c'est vrai ! mais cela rapporte peu. La place d'agent général de la *Compagnie générale du Phénix* valait mieux.

M. Eugène Ducamp, deux mois après la première razzia du général Espinasse, le 24 avril vers midi, se promenant sur le boulevard, devant la porte de ses bureaux, fut accosté par un individu de mauvaise mine, râpé, canne à la main, col de crin, moustache grise en brosse, qui lui dit de la part de M. le préfet que celui-ci désirait lui parler. Arrivé à la préfecture, il se trouva en présence, non du préfet, mais du commissaire central qui lui dit : « Vous me voyez navré, j'ai une bien triste mission à
» remplir ; chargé de veiller sur votre conduite, je ne
» puis que vous en louer, mais il faut que quelque mau-
» vais drôle vous ait dénoncé, et je suis obligé de vous
» arrêter. »

M. Ducamp répondit : « J'ai été appelé en audience
» par le préfet ; a-t-il voulu me tendre un guet-apens ?
» S'il n'est pas un misérable, il faut que je le voie, que je
» lui parle ; c'est à lui que j'ai affaire. » — Le commissaire reprit : « Le préfet est occupé, vous lui écrirez de
» la prison ; du calme ; le plus sage est de vous rendre
» tranquillement à la maison d'arrêt, comme vous êtes
» venu ici, sans bruit fâcheux, sans esclandre. — Je
» suis venu ici en visite, de mon plein gré, vous voulez
» que j'aille en prison de même ! pour qui me prenez-
» vous ? pour un voleur ! Si quelqu'un doit rougir de tout
» ceci, ce n'est pas moi ; je n'irai en prison que par force,
» et j'irai le front haut. »

Le commissaire fit emmener le prisonnier par quatre sergents de ville, après lui avoir remis sa lettre de cachet signée : Espinasse, et portant la date de Paris 21 avril, le jour même où cette scène se passait; c'était donc une pièce signée en blanc, oubliée au fond d'un tiroir et exhumée sans motif politique.

Les gardiens attendaient à la geôle. Ils invitèrent M. Ducamp à déposer tout ce qu'il avait sur lui, sa montre, ses clefs, son argent, et comme l'un d'eux mettait brutalement la main sur lui pour le fouiller, il fit involontairement un geste de dégoût et un mouvement en arrière... « Oh ! oh ! mon petit, dit le principal gardien, c'est » comme ça ! allons ! allons ! apportez les petites ma-» chines, nous allons apprendre à ce monsieur qu'il n'est » pas le maître ici. »

Les gardiens lui mettent les fers aux mains; un des bracelets qu'on lui passe étreignant trop un de ses poignets, il en fait l'observation. — « Tu t'y feras, mon » bonhomme, ça prête ! d'ailleurs ça fait entrer l'amitié. »

Celui qui s'exprimait avec cette grossièreté avait cent fois parlé chapeau bas au prisonnier, du temps que M. Ducamp était avocat : « En avant ! » reprit le chef, et M. Ducamp fut entraîné, bousculé à travers un corridor et jeté la tête en avant dans un cachot en contre-bas de deux marches; il tomba sur ses mains enchaînées pendant que les verrous et la serrure criaient derrière lui; il resta accroupi à terre. En jetant les yeux autour de lui, il reconnut la cellule où, quelques années auparavant, il avait vu un misérable enfant de vingt ans que son défenseur n'avait pu sauver de la guillotine, hurler les angoisses de sa dernière nuit; il se trouvait à côté d'un vase cylindrique de terre grossière de 50 centimètres de haut, et d'une paillasse immonde, éventrée en plusieurs endroits, grabat du crime et de la misère, d'où s'échappait un paille concassée et pulvérulente. Il était escamoté, supprimé, il pensait à sa fortune engloutie, à sa mère désolée mourant loin de son fils. L'humidité des dalles le fit lever. Un peu avant la nuit, on glissa près du baquet, par la porte entrebâillée, une casserole où nageaient quelques légumes et une cuiller de bois; il regardait cela stupidement, en se disant : « Qui sait, tu te décideras peut-être à manger » de ça demain ou un peu plus tard. »

Soutenu par la fièvre, il allait dans l'ombre le long du mur opposé à la paillasse, comptant les heures une à une. Deux heures du matin sonnèrent; il entendit passer un camion ou quelque chariot lourdement chargé; il songea tout de suite aux voitures cellulaires. Des pas se firent entendre dans le corridor, sa porte s'ouvrit, le gardien-chef, une lanterne à la main, pénétra dans le cachot entre deux soldats la baïonnette en avant, et dit : « Levez-vous! vous allez partir. » Quatre gendarmes le conduisirent à la gare; deux brigades, l'arme au poing, se promenaient le long de l'esplanade et de l'avenue; à la gare il fut remis à deux gendarmes qui s'installèrent avec lui dans un compartiment spécial. Il descendait à Marseille à six heures du matin et traversait enchaîné un groupe d'employés dont plusieurs avaient, l'année auparavant, collaboré avec lui à la grande assurance de la Compagnie Paris-Lyon-Marseille, et à qui il avait à cette occasion offert à dîner; ces jeunes gens pâlirent à sa vue, et il leur dit doucement : « Vous savez que je ne » suis pas un coquin! »

M. Ducamp entra dans le préau de la maison d'arrêt à sept heures. Les malfaiteurs, qui jouaient au bouchon, s'empressèrent autour du nouveau venu et lui adressèrent insolemment quelques questions cyniques; l'un d'eux, changeant tout à coup de ton en voyant le silence méprisant du nouveau venu, lui dit : « Ah ! vous êtes un » politique, venez ! vous avez là-bas un camarade. »

Ce camarade était un brave ouvrier cordonnier d'Orléans, nommé Lenormand, qui, assis sur une marche, lisait dans un vieux livre; il apprit à M. Ducamp qu'il partait le matin même à neuf heures pour l'Afrique avec un autre, et que cet autre c'était sans doute lui. Aller en Afrique en redingote noire, chapeau de soie, bottes vernies et pas un sou en poche ! — M. Ducamp courut au guichet : « Pardon, monsieur ! dit-il au guichetier, pourrais-je » savoir si c'est moi qui pars ce matin avec l'honnête » homme que voilà là-bas. » — Un gendarme intervint : « Je vais vous le dire tout de suite, c'est moi qui mène le » convoi, comment vous appelez-vous ? » M. Ducamp dit son nom. — « C'est bien ça, reprit le gendarme, nous partirons à huit heures. » L'attente ne devait pas être longue ; les deux prisonniers furent menés dans la cour, on leur mit les menottes, et par les rues étroites et noires du vieux Marseille, on les dirigea tout droit sur le port de la Joliette ; au débouché d'un carrefour ils rejoignirent quinze individus enchaînés conduits par une brigade baïonnette au bout du fusil; c'était le convoi ; autrefois on disait : *la chaîne*.

Un bateau à vapeur ses feux allumés n'attendait plus que le convoi pour partir; le troisième jour à l'aube il touchait à Stora qui n'est qu'un abri où l'on débarque avant de se rendre à Philippeville. Un groupe de transportés attendait dans cette dernière ville le courrier de Bône à Alger, *le Titan*, pour être déposés les uns à Djidjelli, les autres à Bougie. Ce navire avait été quelque temps auparavant le théâtre d'une scène ignoble: des prisonniers politiques furent ce qu'on appelle mis à la broche (1) sur le pont; infamie inscrite injustement par les transportés au compte du commandant Leroux du *Titan*, qui appliqua la même mesure aux transportés dont faisait partie M. Ducamp, mais qui le fit le cœur navré, et par suite d'un ordre ajouté en marge par le contre-amiral Fourrichon, commandant la marine à Alger, ancien gouverneur de Cayenne. Le frère de M. Ducamp servait comme lieutenant de vaisseau sous les ordres de cet officier général. Voulant demander la grâce de son frère à l'Empereur, il sollicita un congé pour affaires de famille. M. Fourrichon lui répondit : « Je sais pourquoi » vous voulez ce congé, vous ne l'aurez pas. »

Pendant ce temps-là le maire de Nîmes, qui se posait comme ayant fait un voyage à Paris dans l'intérêt de M. Ducamp, disait avec mélancolie à son retour: « Le pauvre garçon n'était pas défendable ; on m'a » montré un dossier effrayant. » La place du « pauvre » garçon » était donc définitivement vacante ; rien n'empêchait cet honnête homme de la prendre pour lui. Il y fut nommé *gratuitement*, alors que des négociants très-honorables de Nîmes s'engageaient, s'ils avaient la préférence, à verser entre les mains de l'ancien titulaire des sommes variant de soixante à cent mille francs. La

---

(1) C'est-à-dire enchaînés à la file l'un de l'autre, et maintenus par une tringle de fer passée dans les anneaux de la chaîne.

Compagnie confisqua le portefeuille, la propriété, la fortune de M. Ducamp et en nantit purement et simplement son successeur, sous prétexte que le gouvernement voulait avoir un agent de confiance dans ce poste important par le grand nombre de sous-agents qui en dépendent.

Pendant que l'application de la loi de sûreté générale couvrait la France de deuil, les électeurs de Paris avaient été convoqués pour le 27 avril. Ils se réunirent donc ce jour-là pour choisir trois députés en remplacement du général Cavaignac et de MM. Goudchaux et Carnot, démissionnaires pour refus de serment. Le gouvernement présenta comme candidats : le général Perrot, ancien commandant supérieur des gardes nationales de la Seine, et MM. Eck et Perret. Un comité composé de MM. Hénon, Darimon, Havin, directeur politique du *Siècle*, Nefftzer, rédacteur en chef de la *Presse*, Émile Ollivier, Émile Durier, Philis, Ernest Picard, s'occupa du choix des candidats. Les noms de MM. Havin, Jules Favre et Alphonse Peyrat furent mis en avant. La candidature de M. Peyrat était, dans les circonstances actuelles, un hommage au journalisme et une leçon au pouvoir qui avait frappé l'année précédente la *Presse*, dont il était alors le rédacteur en chef, d'une suspension de deux mois. M. Émile Durier, chargé d'inviter M. Peyrat à une réunion électorale chez M. Émile Ollivier, le trouva décidé à décliner d'avance toute candidature. Il consentit néanmoins à se rendre à la réunion qui eut lieu le jour même où expirait le délai pour le dépôt de la déclaration légale. Une décision devenait urgente. M. Peyrat persista dans son refus ; le comité attendait avec impatience l'arrivée de M. Havin. « Messieurs, dit ce dernier en entrant, je vous apporte

» une mauvaise nouvelle, le conseil de surveillance du
» *Siècle* trouve que ma candidature dépasse la mesure de
» l'opposition que ce journal croit pouvoir en ce moment
» faire au gouvernement. Je me soumets à son appré-
» ciation, et j'en suis d'autant plus fâché que la députation
» de Paris aurait été le couronnement de ma carrière. »

Le plan du comité était renversé. Que faire? M. Jules Favre, obligé de soutenir un procès à Rouen, était parti en laissant à M. Ernest Picard sa déclaration en blanc, et en lui recommandant de n'en faire usage qu'après avoir pris l'avis de quelques hommes politiques qu'il lui désigna, et qui appartenaient tous au parti républicain. M. Picard les consulta; ils déclarèrent à l'unanimité que l'élection de l'avocat d'Orsini était un acte qui devait faire renoncer tous les électeurs à l'abstention : la déclaration de M. Jules Favre fut déposée. Le comité fit en même temps des démarches pressantes et longtemps infructueuses pour décider M. Liouville, ancien bâtonnier de l'ordre des avocats, à remplacer M. Havin. M. Liouville ne se décida que sur les instances de M. Émile Ollivier et de M. Picard, son secrétaire. M. Peyrat restait à remplacer : le nom de M. Ernest Picard avait été prononcé, ses amis le poussaient vivement à se mettre sur les rangs, il résistait par modestie : « Je ne suis pas assez connu, disait-il, ma candidature va paraître ridicule. » Comme il se sentait assez de talent pour justifier bientôt les prétentions de ses amis pour lui, ceux-ci n'eurent pas de peine à triompher de ses scrupules. Le conseil de surveillance du *Siècle*, dont M. Picard était membre, ayant déclaré à l'unanimité la candidature du directeur politique du journal périlleuse pour ses intérêts, ne trouvait pas non plus que la candidature d'un de ses membres fût sans danger. Le jeune candidat ne crut point devoir s'arrêter devant les observations de ses collègues. Le *Siècle* publia cependant son nom, en même temps que celui des autres candidats de l'opposition, en tête de ses colonnes, mais M. Picard donna sa démission, après l'élection. M. Jules Favre fut nommé. M. Liouville, qui ne voulut pas même se donner la peine de faire une profession de foi, n'échoua qu'à quelques centaines de voix de minorité. M. Picard passa le 10 mai 1858 au second tour de scrutin. Paris, en élisant le défenseur d'Orsini, resta fidèle à ce système d'hostilité qui lui avait fait choisir le général Cavaignac pour protester contre le 2 décembre, et M. Émile Ollivier pour consoler l'exil. La capitale de la France prouvait ainsi qu'elle avait pu subir le coup d'État, mais qu'elle n'acceptait pas le gouvernement qui en était sorti.

Le Corps législatif, qui s'était prorogé après le vote de la loi de sûreté générale, reprit ses travaux par la discussion de la loi sur l'exonération.

La loi du 25 avril 1855 avait substitué l'exonération au remplacement. La caisse de dotation de l'armée servait d'intermédiaire entre l'État et les citoyens désireux de se libérer, moyennant finances, du service militaire. Le remplacement était devenu un acte administratif, et l'exonération un impôt dont le gouvernement fixait seul le taux annuel. Les familles pauvres sous l'ancien système usaient d'une méthode de remplacement consistant à échanger les numéros du tirage au sort entre les appelés du même contingent cantonal, usage de plus en plus apprécié à mesure que le régime de l'exonération produisait ses conséquences naturelles. La loi de 1855 avait pour but non-seulement de remplacer un trafic immoral, mais encore de diminuer le prix des remplaçants, et le taux de l'exonération n'a cessé cependant de s'accroître depuis cette loi, il finit par atteindre le chiffre presque normal de 2500 francs, à peu près le double de celui de 1848. C'est au moment où le droit de substitution devenait plus précieux pour les pauvres, que la loi nouvelle le supprimait en quelque sorte par cet article : « La substitution de » numéros ne pourra plus avoir lieu qu'entre frères et » parents jusqu'au sixième degré. »

L'exposé des motifs du projet pour justifier cette restriction établissait une comparaison entre l'usage des substitutions comme trafic et l'ancien remplacement. M. Guyard-Delalain fit remarquer que si, en effet, on recourt plus à la substitution qu'autrefois, c'est que le prix de l'exonération est plus élevé. Les habitants des campagnes, obligés de renoncer à la ressource de la substitution, demandent un dédommagement, ne pourrait-on pas, ajouta l'orateur, sauvegarder les intérêts de la caisse de dotation, qui tiennent tant à cœur au gouvernement, en maintenant le droit de substitution, mais uniquement dans le cercle de la commune rurale ? Le général Allard, commissaire du gouvernement, repoussa cette demande; il profita de l'occasion pour essayer de répondre au reproche de poursuivre la suppression des substitutions afin de grossir les recettes de la caisse de dotation. Le gouvernement poussait en effet aux exonérations au risque de les voir devenir plus nombreuses que les rengagements. L'élévation du contingent de 80 000 à 100 000 hommes avait pour conséquence également de provoquer des exonérations multipliées. Le système d'exonération inspirait à la majorité du Corps législatif une répugnance que sa docilité le portait à dissimuler, mais qu'elle ne parvenait pas à lui faire entièrement oublier. Les attaques contre le projet furent nombreuses. M. Clary s'étonna que, depuis la loi de 1855, il fût plus coûteux de se faire exonérer après un an de service qu'au moment du tirage au sort. M. Corneille demanda que, au moyen d'une somme de 800 à 1000 francs, le remplacement fût assuré aux paysans à titre de forfait. M. Allard répondit à M. Clary qu'il fallait bien que l'État rentrât dans ses frais d'équipement et d'installation. M. Corneille n'obtint pas de réponse à sa demande, qui équivalait, il est vrai, à la suppression de l'exonération. M. Boissy d'Anglas essaya de prendre encore une fois la défense du droit de substitution, ce droit fut sacrifié par 226 voix contre 9. Le lendemain, le projet de loi appelant sous les armes un contingent de 100 000 hommes fut voté sans discussion par 226 voix contre 2.

Le règlement définitif du budget de 1856 eut de la peine à ranimer les débats du Corps législatif; un mois s'écoula, du 22 février au 9 avril, sans discussion importante. Le 3 mai, la Chambre adopta la substitution du Crédit foncier à l'État pour les prêts à faire, jusqu'à concurrence de 100 millions, en vertu de la loi sur le drainage. M. de Pierres fit remarquer que les 100 millions de crédit votés en 1856 n'avaient guère profité aux propriétaires, surtout aux petits.

La discussion du budget de 1859 commença le 26 avril.

Les commissions du budget réclamaient, depuis 1853, pour la Chambre des moyens plus sérieux de contrôler les dépenses. M. Devinck déclara que le gouvernement étant

entré dans une période de paix et de gloire, il convenait
« de faire retour aux principes d'une bonne administra-
» tion financière, c'est-à-dire à l'équilibre réel, celui qui
» ne compte pas comme ressource normale sur le décime
» de guerre, et qui s'obtient par le classement distinct des
» dépenses extraordinaires, par la régularité des moyens
» employés pour les couvrir, et par l'amortissement ».
M. Devinck répondait de l'avenir des finances si le gouvernement consentait à joindre à l'observation de ces règles la suppression des crédits supplémentaires et extraordinaires, et la diminution des dépenses ordinaires. L'accroissement régulier des recettes ne permettant pas de dégrever les contribuables du second décime de guerre, M. Devinck proposa de rogner les dépenses des neuf ministères, qui, en quatre années, avaient grossi de 80 millions. « Le gouvernement doit se pénétrer de l'im-
» possibilité qu'il y a de consacrer 1736 millions aux
» dépenses ordinaires. Le ministère de la guerre, ajouta
» M. Devinck, absorbe la plus grande partie des ressources
» du pays, soit 51 pour 100, et les dépenses de ce ministère
» s'accroissent tous les jours : de 1853 à 1858, elles se
» sont augmentées de 32 millions par la création de la garde
» impériale. » M. Devinck n'en termina pas moins son rapport par cette singulière péroraison : « Ce sera une
» des gloires de l'Empire d'avoir reçu les finances de la
» France en mauvais état et d'y avoir rétabli l'équilibre. »

M. Calley Saint-Paul contesta formellement cet équilibre, en se plaignant que les vœux émis par le Corps législatif n'eussent d'autre sanction que le rejet d'un ou de plusieurs budgets ministériels, et que le Corps législatif n'eût pas d'autres moyens pour manifester son opinion que les propositions de la commission du budget ; M. Calley Saint-Paul, tout en respectant la constitution, regrettait que le Conseil d'État ne tînt pas mieux compte des vœux de cette commission. M. Vuitry, chef de la section des finances au Conseil d'État, répondit sèchement à l'orateur que le budget était si économiquement dressé que la commission n'avait trouvé à y retrancher que 2 600 000 francs. M. Saint-Paul répliqua : « C'est qu'elle a été retenue par » son respect pour le gouvernement et par son dévoue- » ment à l'Empereur. »

Le budget fut discuté et voté en trois séances.

Le gouvernement provisoire de Février avait aboli les titres de noblesse. Les ducs, les comtes, les marquis et les barons durent se marier et mourir sans titre, avec leur simple nom, comme des vilains. Cela dura quelques mois. L'avénement d'un prince à la présidence de la République rendit leur ancien lustre aux titres nobiliaires ; le rétablissement de l'Empire leur en donna un nouveau. Un des premiers soins de Napoléon III fut de restaurer la noblesse par un décret qui la rangeait au nombre des *institutions de l'État*. Cela ne lui suffit pas : il voulut punir de peines correctionnelles « quiconque, sans droit et » en vue de s'attribuer une distinction honorifique, aurait » publiquement pris un titre de noblesse, changé, altéré » ou modifié le nom que lui assignent les actes de l'état » civil. » Cette loi, née de cette manie de répression qui est le cachet de l'Empire, est inutile, car le Code pénal suffit pour punir les fripons de leurs entreprises sur la crédulité des sots ; elle est dangereuse, car elle peut jeter le pouvoir dans de graves embarras, en créant un délit spécial dans une matière où le droit est inconnu de ceux qui l'appliquent. Il faut en effet, pour juger les questions de droit nobiliaire, des connaissances particulières qui manquent aux juges, et le législateur renvoie le juge chargé de résoudre ces insolubles problèmes du droit nobiliaire aux « usages de l'ancienne monarchie », comme si l'ancienne monarchie n'avait autre chose à présenter en fait d'usages qu'un chaos d'incertitudes et de contradictions.

Le projet de loi pour réprimer l'usurpation des titres de noblesse trouva des adversaires au sein du Corps législatif. M. Belmontet protesta contre toute résurrection des institutions du passé ; M. Taillefer vit dans le rétablissement même de la noblesse une faute politique : « Une no-
» blesse sans privilége, dit-il, est une institution qui ne
» peut apporter aucune force à l'État. En voulant ressus-
» citer les vieilles institutions du passé, on attaque l'Empire
» dans ce qui constitue sa vitalité et sa force. » MM. Lélut, Legrand, Émile Ollivier, prirent ensuite la parole. Le premier voulait maintenir la tolérance de la législation de 1832, attendu qu'il n'y a de possible, en France, que les distinctions personnelles et viagères. M. Émile Ollivier développa la même pensée, en ajoutant que l'existence d'une noblesse héréditaire est contraire aux principes de la révolution. Ce discours fut plusieurs fois interrompu par la majorité. M. Jules Favre assistait à cette séance du 7 mai. Il paraissait pour la première fois au Corps législatif. M. Picard, nommé le 10 mai, vint quelques jours plus tard compléter ce groupe des *Cinq* qui garde une place dans l'histoire comme protestation officielle de Paris contre l'Empire.

M. Legrand attaqua la loi avec vigueur : Il n'y a dans la constitution, dit-il, d'autre droit régalien que celui de faire grâce, celui de créer des nobles n'y est pas inscrit, le suffrage universel a remplacé les parchemins par une carte d'électeur, il est plus urgent de « couronner l'édifice » en donnant la liberté au pays que de créer une noblesse. La chambre entendit ces paroles en frémissant. M. du Miral, petit-fils d'un conventionnel, se chargea d'y répondre ; il défendit le droit pour l'Empereur de faire des nobles comme la chose la plus conforme aux sentiments de la nation, aux souvenirs de l'histoire et aux *nécessités des institutions monarchiques*. Or, à ses yeux, « l'Empire actuel ce n'est pas la démocratie, c'est la » monarchie ». M. Rigaud, prenant la parole après M. du Miral, déclara « que le souverain ayant le droit » de conférer la noblesse, le premier venu ne pouvait » se décerner à lui-même ce qui doit émaner de la pré- » rogative du souverain ; l'Empire, ajoutait-il, n'est pas » d'ailleurs un gouvernement démocratique ; la France, » en plaçant à sa tête un prince, un prétendant, l'héri- » tier d'une dynastie, n'a point fait acte de démocratie ». M. de Beauverger et M. Granier de Cassagnac, autre gentilhomme, défendirent la noblesse comme une propriété semblable à toutes les autres propriétés.

Cette loi laissait croire au pays qu'il existait en France une noblesse, c'est-à-dire une institution protégée par une législation faite pour elle seule et par un droit qui n'est pas le droit commun. Les esprits éclairés savaient qu'il n'en était rien, que les titres n'étaient pas la noblesse, et qu'il n'y avait plus de privilége ni dans les mœurs, ni dans les lois ; aussi quelques députés craignaient-ils que le gouvernement ne fût entraîné à rétablir les majorats et les substitutions. M. Baroche protesta contre ces

« vaines » terreurs, et le projet de loi fut voté par 211 suffrages contre 23 (1).

La loi sur la noblesse, comme toutes les lois qui ne sont pas le produit naturel de l'état social où elles sont nées, ne peut fonctionner qu'avec les plus grandes précautions; il faut pour la faire vivre l'entourer de ménagements, d'accommodements. Il n'est indifférent à personne de laisser usurper le nom de son père, la loi qui protége le vilain devrait suffire au noble. Le gouvernement impérial, en lui cherchant d'autres garanties, n'a fait que donner une consécration à la vanité d'une société bâtarde, parée de titres frelatés servant le plus souvent d'enseigne et de plastron à des chevaliers d'industrie.

Le gouvernement né du coup d'État avait été obligé d'entreprendre de gigantesques travaux dans Paris, véritable liste civile de la classe ouvrière; le Corps législatif ne connut qu'en les sanctionnant les sommes dépensées. Il vota douze millions et demi pour la participa-

---

(1) Voici les principaux titres français *conservés* ou *confirmés* depuis le rétablissement du conseil des sceaux des titres :

Comte Boulay (de la Meurthe); comte Casabianca; comte de Peluze (Marey-Monge, petit-fils du sénateur); comte Sieyès (par l'évolution de l'oncle); duc de Cambacérès; duc de Magenta; duc de Malakoff; duc de Plaisance; duc de Tascher; comte de Kératry; duc de Galague; comte de Palikao; duc de Morny; Fialin, duc de Persigny (écartelé aux 1er et 4e d'azur, semé d'aigles de l'Empire d'or, qui est concession impériale; aux 3e et 4e d'argent à la bande d'azur, chargée de trois coquilles du champ, qui est Fialin. Devise : *Je sers*); duc de Feltre (Goyon); duc de Montmorency (Talleyrand); comte Bourqueney; baron de Bussières, député; baron Graffenrod de Villars; vicomte Pernety, gendre du baron Haussmann; comte Welles de la Valette, fils adoptif du ministre de l'intérieur; comte Mimerel, sénateur.

Voici aussi les titres étrangers autorisés à partir de 1858, en vertu du rétablissement du conseil des sceaux des titres :

Comtes romains : vice-amiral Casy; vice-amiral Cécille; Clot-Bey; Janvier de la Motte, député; général de division Rostolan; Talleyrand-Périgord, prince de Sagan (Prusse); Colet, évêque de Luçon; F. de Corcelles; maréchal Vaillant.

tion de l'État aux travaux du boulevard de Sébastopol. C'était le commencement. Le préfet de la Seine et le ministre de l'intérieur conclurent un traité par lequel la ville s'engageait à ouvrir, dans le délai de dix ans, vingt grandes voies dont les frais évalués à 180 millions devaient être payés en partie par l'État. Sa part fixée à un tiers s'élevait à 60 millions.

La lutte fut très-vive entre le Conseil d'État et la commission, qui voulait réduire la subvention de l'État de 60 à 50 millions. Deux orateurs, également dévoués à l'Empire, M. Nogent-Saint-Laurens et M. Clary, ouvrirent la discussion par deux discours tout à fait opposés. M. Nogent-Saint-Laurens voyait dans l'exécution d'un projet « por-
» tant l'empreinte de la grandeur nationale, du pain assuré
» pour dix ans à la population ouvrière, et l'émeute suppri-
» mée par la destruction des vieux quartiers ». M. Clary soutint au contraire que la Bastille avait été prise par les ouvriers accumulés à Paris pour la construction du mur d'enceinte, et qu'il fallait redouter les effets d'une agglomération analogue, sans compter ceux de l'augmentation des loyers. M. Rouleaux-Dugage, grand défenseur du projet, retorqua les arguments de M. Clary et s'aventura jusqu'à prédire la prochaine diminution des loyers. M. de Kerveguen et M. Leclerc d'Osmonville s'élevèrent contre la part que Paris absorbe dans la répartition des ressources générales du pays. Quoi! s'écria M. Baroche, de 1831 à 1858, les départements n'ont-ils pas reçu 1 milliard 713 millions? On aurait pu lui répondre que cette somme comprenait les routes et les chemins de fer, mais le Corps législatif était pressé de voter des travaux « destinés à assurer la tranquillité du pays ». Cependant quarante-

cinq voix, chiffre énorme pour l'époque, protestèrent contre la subvention de 60 millions. Le Corps législatif vota ensuite un crédit supplémentaire de 300 000 francs, destiné à compléter le traitement des instituteurs primaires. On leur faisait attendre leur traitement quelquefois cinq et même six mois. Un autre crédit de 500 000 francs fut ouvert pour l'achat de la collection ornithologique du prince Charles Bonaparte, et les députés se séparèrent aux crix de : Vive l'Empereur !

Les élections pour le renouvellement de la deuxième série des conseils généraux avaient été fixées au 12 et au 13 juin ; le gouvernement nomma les conseillers généraux comme il avait nommé les députés. Le général Espinasse n'avait plus qu'à recueillir le fruit de son succès ; malheureusement il s'était laissé aller à signer une circulaire pour recommander aux établissements de bienfaisance la conversion en rentes sur l'État de leurs biens immobiliers. Ces propriétés, d'une valeur de 500 millions de francs environ, ne produisaient en moyenne qu'un revenu de 2 1/2 pour 100. Les administrations charitables, chargées de diriger les biens des hospices, s'en contentaient. Elles furent très-émues de la perspective de changer les biens fonds des hospices en rentes sur l'État dont la valeur était si susceptible de changement. Les membres des commissions envoyèrent en grand nombre leur démission ; le clergé, intéressé à ce que rien ne fût changé dans l'administration financière des établissements de bienfaisance, se plaignit vivement. Le gouvernement comprit qu'il avait fait une faute. Le général Espinasse reçut l'ordre de reprendre sa place aux Tuileries sur le banc des aides de camp de service, et M. Delangle, premier président de la Cour d'appel, devint ministre de l'intérieur quelques jours avant le 14 juin.

Un décret créa le ministère de l'Algérie et des colonies, qui fut confié au prince Napoléon. C'était la réalisation d'une idée du règne de Louis-Philippe que la nomination du duc d'Aumale comme gouverneur général fit abandonner.

La retraite du général Espinasse avait été vue avec une grande satisfaction par l'opinion publique et par les journaux.

Le *Siècle*, frappé de plusieurs avertissements, tremblait d'avoir le même sort que le *Spectateur* et la *Revue de Paris;* il savait que le parti clérical ne se lassait pas de demander sa suppression. Ce parti, vivement soutenu par l'Impératrice, allait-il cette fois l'emporter? Le conseil de surveillance de la Société des actionnaires du *Siècle* avait de graves raisons de le craindre. L'existence de plus de mille personnes dépendait du *Siècle;* la propriété de ce journal représentait une somme considérable répartie entre un très-grand nombre d'actionnaires, presque tous petits bourgeois, marchands et artisans. Les membres du conseil de surveillance se demandèrent si leur devoir n'était pas de faire tous les efforts compatibles avec la dignité et l'honneur pour sauver leur propriété, et ils chargèrent M. Havin de proposer au gouvernement un arrangement en vertu duquel la rédaction et le conseil de surveillance du *Siècle* se retireraient, à la condition que la menace de suppression ne fût suivie d'aucun effet.

M. Havin, jugeant qu'il valait mieux, dans un cas pareil, s'adresser à l'Empereur qu'à son ministre, écrivit au grand chambellan une lettre pour solliciter une audience. La réponse du grand chambellan ne se fit pas attendre. M. Havin était invité à se rendre tout de suite aux Tuileries.

M. Havin avait siégé sur le même banc que le représentant Louis Bonaparte à l'Assemblée constituante. M. Viellard, son *alter ego* dans l'administration du département de la Manche, était l'ami du prétendant ; des relations s'établirent par son intermédiaire entre le futur président de la République et le vice-président de l'Assemblée nationale. L'Empereur et M. Havin étaient donc d'anciennes connaissances. Le directeur politique du *Siècle*, en se retrouvant devant son ancien collègue, lui exposa la situation périlleuse dans laquelle ce journal se trouvait placé. Il ajouta qu'il ne pouvait pas croire que l'intention de l'Empereur fût de supprimer purement et simplement une propriété nécessaire à l'existence de tant de familles, mais que cependant les ennemis du *Siècle*, les cléricaux, annonçaient hautement sa suspension prochaine et sa suppression inévitable. L'Empereur, continua M. Havin, doit savoir si ces prédictions ont fondées, et si la politique du *Siècle* constitue un anger pour son gouvernement ; ne trouverait-il pas convenable dans ce cas de donner aux administrateurs de ce journal le temps nécessaire pour permettre à la propriété de passer entre les mains d'hommes nouveaux et sans engagement qui leur permît de mieux conformer la polémique du *Siècle* aux nécessités de la situation ?

L'Empereur répondit qu'il ne se passait guère, en effet, de jour sans que, d'un côté ou de l'autre, on ne lui demandât la suppression du *Siècle*, mais que, quant à lui, il n'avait aucun parti pris contre ce journal. Les deux interlocuteurs, après avoir causé pendant quelques instants, se séparèrent en échangeant une poignée de main. Le *Siècle* était sauvé pour cette fois, mais le parti clérical, si persistant dans ses haines et si puissamment secondé par l'Impératrice, ne prendrait-il pas un jour sa revanche? M. Havin emporta ce doute et cette crainte de son entretien avec l'Empereur ; heureusement l'idée d'une guerre en Italie commençait à germer dans la tête de Napoléon III; il allait bientôt avoir besoin du *Siècle*.

Les inquiétudes diminuées à l'intérieur redoublaient sur les questions extérieures. L'alliance anglaise semblait compromise depuis l'insertion des adresses des colonels au *Moniteur*. Cette alliance rassurait trop les intérêts industriels et commerciaux pour que le gouvernement ne fît pas tous ses efforts pour la renouer. Le maréchal Pélissier fut nommé, le 23 mars, ambassadeur en Angleterre. La présence à Londres du vainqueur de Malakoff, rappelant les souvenirs d'une guerre glorieusement terminée par les armées des deux pays, pouvait contribuer à leur rapprochement; le maréchal Pélissier, assez froidement accueilli à son début, lui-même en convient (1), vit la froideur générale cesser quand le *Moniteur* eut déclaré que la France ne préparait pas d'armement extraordinaire ; l'Empereur invita la reine d'Angleterre à l'inauguration des travaux du port de Cherbourg. Napoléon III, en faisant tomber les voiles qui couvraient la statue de Napoléon Ier, prononça un discours des plus

(1) Première dépêche du maréchal : « Reçu à Londres avec respect mais sans enthousiasme. »

pacifiques; les gens d'affaires respirèrent, les fonds montèrent à la Bourse de Paris.

L'Empire, après le 14 janvier, s'était retrempé à sa source, la violence. Allait-il détendre ses ressorts et tenter de se raffermir par la douceur? Le procès intenté à M. de Montalembert répondit à cette question.

M. de Montalembert avait publié, dans le *Correspondant* du 25 octobre 1858, un article intitulé : *Un débat sur l'Inde au Parlement anglais*. Cet article, d'une centaine de pages, était une sorte de réponse aux journaux catholiques qui avaient pris parti pour les fanatiques Indiens à l'époque de la révolte des Cipayes, en même temps qu'un parallèle entre le gouvernement libre de l'Angleterre et le gouvernement de la France. Le parquet aussitôt prit feu et releva dans cet article les délits d'excitation à la haine et au mépris des citoyens entre eux, d'attaque au respect dû aux lois, d'attaque aux droits et à l'autorité que l'Empereur tient de la Constitution et du suffrage universel, d'excitation à la haine et au mépris du gouvernement.

M. de Montalembert et M. Douniol, gérant du *Correspondant,* furent cités à comparaître, le 17 novembre 1858, devant la sixième chambre du tribunal de première instance de la Seine, jugeant en police correctionnelle. M⁰ Berryer, défenseur de M. de Montalembert, demanda et obtint la remise de l'affaire à huitaine, c'est-à-dire au 24 novembre.

Dès le matin, des groupes stationnent aux abords du Palais de justice; plusieurs escouades de sergents de ville les surveillent. La salle d'audience est bientôt envahie par les privilégiés, porteurs de cartes, par les magistrats et les avocats ; MM. Villemain, le duc de Broglie, Odilon Barrot, lord Howden, M. et Mme Bocher, Mme de Montalembert, un grand nombre d'anciens députés et de notabilités administratives assistent aux débats.

MM. de Montalembert et Douniol sont assis à côté de leurs avocats, Me Berryer et Me Dufaure.

Le siége du ministère public est occupé par M. le procureur impérial Cordoën, assisté de M. le substitut Ducreux. L'audience s'ouvre à midi.

M. le président Berthelin, s'adressant à l'auditoire : « Je préviens les assistants que toute marque d'approba- » tion ou d'improbation est sévèrement interdite, qu'elle » serait réprimée immédiatement, et que nous saurions, » pour cela, faire usage de la force dont nous disposons. » Le président, s'adressant ensuite à M. Douniol, rappelle les divers chefs de la prévention ; le prévenu déclare qu'il n'a lu l'article qu'après sa publication, et qu'il s'en rapporte à ce que diront ses défenseurs.

L'interrogatoire de M. de Montalembert commence ainsi :

« D. Comte de Montalembert, quel est votre prénom ?
» R. Charles.
» D. Votre profession ?
» R. Ancien pair de France, membre de l'Académie française. »

M. le président rappelle à M. de Montalembert qu'il est poursuivi pour avoir contrevenu aux lois des 11 août 1848 et 17 juillet 1849 sur la presse. M. de Montalembert répond qu'il n'a jamais eu l'intention d'attaquer des lois par lui votées, et qu'en écrivant son article il s'est borné à constater des faits, sans aucune arrière-pensée d'injure ou de dénigrement. M. le président lui fait observer qu'il est précisément poursuivi pour avoir constaté de prétendus faits, et qu'il aggraverait sa situation en renouvelant publiquement à l'audience le délit qui lui est reproché. M. de Montalembert ajoute qu'il ne peut pas mentir à sa conscience en niant, par exemple, que la France ne soit pas aussi libre que le Canada. Le président reprend son interrogatoire :

« D. Vous avez, dans un des passages incriminés, divisé la société française en deux camps : l'élite des *honnêtes gens* dans laquelle vous vous rangez, et les *lâches*, c'est-à-dire, suivant vous, les huit millions de Français qui ne partagent pas votre manière de voir?
» R. Il a toujours été permis de dire qu'il y a dans le monde des honnêtes gens et des lâches, je n'ai désigné personne individuellement.
» D. Vous connaissez mieux que personne la valeur des mots, et si, dans un salon, vous divisiez ceux qui s'y trouvent en lâches et honnêtes gens, croyez-vous que ceux que vous désigneriez comme des lâches ne se trouveraient pas outragés?
» R. Si je disais qu'il y a de par le monde des lâches et que quelqu'un me répondit : Vous parlez de moi; je lui dirais : J'en suis fâché pour vous, mais vous vous désignez vous-même.
» D. Au début de votre article, vous nous comparez à ces soldats vaincus dont parle Horace : S*uave mari magno turbantibus œquora ventis*..... »

M. Villemain, en entendant attribuer à Horace un passage de *Lucrèce*, ne put retenir une exclamation. « Sergents de ville, s'écria le président, veillez, et expul- » sez la personne qui troublerait l'audience. »

M. Cordoën, procureur impérial, bon administrateur de parquet, orateur nul, traita l'article du *Correspondant* d'œuvre « impie et antifrançaise ». Il fit ensuite la leçon au prévenu. « Ce qui vous porte, monsieur, à attaquer » la dynastie, c'est l'orgueil, ce sentiment qui fait que les » hommes qui s'éloignent du pouvoir deviennent les » ennemis de l'autorité; ce que vous auriez dû emprunter » à l'Angleterre, c'est son respect pour la loi et pour l'au-

» torité. Vous vous prétendez privé de liberté en France,
» vous vous trouvez enchaîné, bâillonné par les lois : eh
» bien ! je vous dirai, moi, que la France ne craint pas la
» comparaison avec l'Angleterre : elle a la liberté de la
» presse, la liberté d'enseignement, la liberté de con-
» science, l'égalité civile, l'inamovibilité de la magistra-
» ture, un corps électif nommé par le suffrage universel,
» et quoi que vous en disiez, j'affirme que je vis sous un
» gouvernement libre. » M. Cordoën, après cette solennelle affirmation de la liberté française, et comme pour mieux la constater, invoqua l'enthousiasme spontané des populations sur le passage de l'Empereur. « Ce spectacle, ajouta-t-il, en s'adressant une dernière fois à M. de Montalembert, est un spectacle plus grand que celui des meetings anglais. » M. de Montalembert et son défenseur, M⁰ Berryer, méritaient un adversaire plus éloquent.

M⁰ Berryer répondit au réquisitoire :

« D'abord, peut-on faire un reproche à M. de Montalembert d'avoir rappelé qu'en France, le journaliste, l'écrivain, l'éditeur lui-même ne doit jamais se départir de la *salutaire terreur d'un avertissement*.

» En vérité, messieurs, je me demande comment il y aurait là un délit; l'*avertissement est légal*, l'administration peut dire à chaque instant à l'écrivain : je vous avertis une fois, *deux fois*, et faites-y bien attention, à la troisième fois *je vous supprime*, j'anéantis votre journal, la pensée même de votre propriété ne m'arrêtera pas ; c'est donc un avertissement salutaire que celui qui peut prévenir une pareille suppression, et le mot salutaire est juste.

» Mais pour qui sait les choses, et ici il faut dire toute ma pensée, car dans un débat judiciaire on ne peut parler à demi-mots et à voix basse comme on le ferait dans la chambre d'un malade : — Le bâillon officiel, c'est autre chose que l'avertissement légal; il n'y a pas un journal qui n'ait reçu, à certain jour, la visite d'un monsieur en habit noir, ayant quelquefois l'apparence d'un homme respectable, et qui, envoyé par ordre officiel, vient, sous forme d'invitation, dire au gérant ou à l'éditeur : dans tel procès vous ne parlerez pas de ceci, dans telle discussion vous ne répondrez pas à telle attaque ; vous voudrez bien ne pas reproduire telle pièce..... Il y a même des fêtes dont on avertit de ne pas parler. »

M. le président interrompt l'orateur :

« Me Berryer, vous parliez tout à l'heure de la chambre d'un malade, vous vous trompiez ; mais, maintenant, vous vous croyez à la tribune, vous vous êtes défendu de la pensée d'attaquer les lois, et c'est précisément ce que vous allez faire.

» Me *Berryer* : C'est précisément ce que je n'allais pas faire (*rires prolongés*), car le bâillon officiel qui intervient pour empêcher le journalisme de s'aventurer sur un terrain périlleux, ce n'est pas l'*avertissement légal*, c'est l'avertissement administratif, avertissement qui, lui aussi, quoique illégal, doit inspirer de salutaires craintes. Et cet avertissement, on peut bien, sans crainte d'être accusé d'attaquer les lois, l'appeler *bâillon*. Ce n'est pas là l'attaque à une loi, c'est au plus la censure de certains actes de l'administration, censure qui, aux termes mêmes des lois que vous invoquez, est expressément autorisée. »

Me Berryer termina sa plaidoirie par cette péroraison :

« M. de Montalembert a obéi à une double inspiration : il a voulu exprimer son regret des libertés perdues et protester énergiquement contre les écrivains soi-disant religieux, soi-disant catholiques, qui, méconnaissant tous les principes de la religion, de l'humanité et de l'honneur, ne craignaient pas d'insulter l'Angleterre et d'applaudir aux massacres de Delhi et de Cawnpore.

» En glorifiant l'Angleterre, M. de Montalembert n'a commis aucun délit, on le reconnaît ; et quant au contraste mis en relief par l'écrit incriminé entre les institutions des deux pays, M. de Montalembert ne l'a pas cherché, il l'a trouvé. Dire que ce contraste doit cesser, le désirer, l'espérer, ce n'est pas insulter la France, c'est l'honorer.

» Quant aux lois que vous invoquez, elles ont été faites pour défendre les institutions que M. de Montalembert défend et regrette; vous ne voudrez donc pas les lui appliquer, et vous ne le pouvez pas, car en matière pénale on ne procède pas par analogie.

» Ah! messieurs, ne nous faites pas un crime de nos légitimes regrets. Nous vieillissons, nous n'avons plus qu'une chaleur qui s'éteint, laissez-nous mourir tranquilles et fidèles ! Nous sommes assez malheureux de voir notre cause, notre sainte et glorieuse cause, trahie, vaincue, reniée, insultée; laissez-nous croire que nous pouvons lui garder, au fond de nos cœurs, un inviolable attachement, laissez-nous le penser, laissez-nous le dire ! Laissez-nous garder et rappeler le souvenir de ces grands combats de la parole qui nous ont fait connaître, qui nous ont fait aimer les généreuses institutions que nous avons défendues, que nous défendrons toujours, et auxquelles nous serons fidèles jusqu'à notre dernière heure. »

M. Cordoën montra dans sa réplique la même faiblesse que dans son réquisitoire.

Le tribunal, après la plaidoirie de M⁰ Dufaure pour l'imprimeur Douniol, entra dans la salle du Conseil. Sa délibération dura plus d'une heure. M. le président Berthelin fit précéder le prononcé du jugement de cette allocution : « Audienciers, faites entrer les sergents de
» ville (une escouade de quinze sergents de ville est in-
» troduite dans la salle d'audience). Gardes, surveillez
» attentivement le public, et si le moindre signe d'appro-
» bation ou d'improbation se fait entendre, saisissez im-
» médiatement l'interrupteur et amenez-le à la barre.
» Le tribunal statuera. »

M. le président lut ensuite, au milieu d'un profond silence, le jugement suivant :

« Attendu que dans la revue, dite le *Correspondant*, a paru, le 25 octobre 1858, un article intitulé : *Un débat sur l'Inde au Parlement anglais;*
» Attendu qu'au cours de cet article, écrit dans un esprit de dénigrement systématique, l'auteur, par le contraste perpétuel qu'il se plaît à faire ressortir entre les institutions que la France s'est données et celles d'une puissance alliée de la France, prend à tâche de déverser l'ironie et l'outrage sur les lois politiques, les hommes et les actes du gouvernement; que trois délits : 1° le délit d'excitation à la haine et au mépris du gouvernement; 2° le délit d'attaque contre le principe du suffrage universel et les droits de l'autorité que le chef de l'État tient de la Constitution; et 3° le délit d'attaque contre le respect dû aux lois et l'inviolabilité des droits qu'elles ont consacrés, ressortent de l'ensemble dudit article, et particulièrement des passages commençant par ces mots : « Quand les oreilles me tintent », page 205; « Je concède », page 206 ; « Au Canada », page 209 ; « Nous avons non-seulement », page 215; « J'en étais pour ma part », page 252. « En un mot, la force », page 260 ; « Pendant que les réflexions », page 261 ; « J'ai déjà indiqué », page 266.
» Quant au quatrième délit imputé aux prévenus :
» Attendu que si, aux passages incriminés, se rencontrent des expressions qui ne devraient pas se trouver sous la plume d'un écrivain qui se respecte, et si ces expressions sont de nature à semer la désunion et l'excitation parmi les citoyens, elles ne manifestent pas suffisamment;

de la part de l'auteur, l'intention de troubler la paix publique ; que ce dernier délit ne se trouve donc pas complétement caractérisé ;

» Que le comte de Montalembert et Douniol demeurent convaincus d'avoir commis les trois délits ci-dessus relevés à leur charge ; délits prévus et punis par les articles 1er et 4 du décret du 11 août 1848, 1er et 3 de la loi du 27 juillet 1849.

» Faisant desdits articles application aux prévenus :

» Condamne le comte de Montalembert à six mois d'emprisonnement et 3000 francs d'amende ;

» Douniol à un mois d'emprisonnement et 1000 francs d'amende ;

» Dit qu'ils seront solidairement tenus desdites amendes ;

» Les renvoie sur le surplus des chefs de la prévention, les condamne aux dépens, et fixe à un an la durée de la contrainte par corps. »

La peine de six mois de prison infligée à M. de Montalembert était sévère. Heureusement ses amis apprirent, quelques jours après le procès, par l'*Indépendance belge*, qu'il ne la subirait pas. L'archevêque de Paris, d'après ce journal, sollicitait sa grâce auprès de l'Impératrice, et se croyait sûr de l'obtenir. M. de Montalembert ne pouvait accepter de pareilles sollicitations, il écrivit aussitôt la lettre suivante au prélat :

« Paris, le 29 novembre 1858.

» A S. ÉM. LE CARDINAL-ARCHEVÊQUE DE PARIS.

» Monseigneur,

» Le numéro de l'*Indépendance belge*, arrivé aujourd'hui à Paris, annonce que Votre Éminence, après avoir déjà fait diverses démarches dans mon intérêt, se proposerait d'intervenir auprès de l'Impératrice, à l'effet d'obtenir remise de la peine qui vient d'être prononcée contre moi.

» Je sais qu'il ne faut pas attacher une foi entière à des assertions de cette nature, mais l'immense publicité dont jouit le journal qui la contient, l'émotion que cette nouvelle a produite chez mes amis, tout me fait un devoir de signaler ce langage à Votre Éminence, et de protester, au besoin, contre les intentions qu'il suppose.

» Fier et honoré d'une condamnation qui constate ma fidélité aux principes politiques de ma vie entière, et qui vient si à propos pour justifier aux yeux de l'Europe tout ce que j'ai dit ou pensé sur la condition actuelle de la France, je n'ai en ce moment d'autre ambition que de laisser à mes juges la responsabilité de leurs actes. Je ne pourrais donc regarder que comme une véritable injure la moindre faveur émanée du pouvoir impérial.

» Au milieu des variations dont j'ai été témoin et des épreuves dont j'ai été victime, mon honneur est resté intact; c'est pour le préserver de toute atteinte, même apparente, que je me permets d'exprimer à Votre Éminence une inquiétude, peut-être superflue, mais profondément légitime.

» J'ai l'honneur d'être, Monseigneur, avec un profond respect, de Votre Éminence le très-humble et très-obéissant serviteur,

» CH. DE MONTALEMBERT. »

L'archevêque de Paris répondit qu'il n'avait jamais eu l'intention que lui attribuait l'*Indépendance*. M. de Montalembert s'apprêtait à vider son appel, lorsque le *Moniteur* du 2 décembre publia cette note :

« S. M. l'Empereur, à l'occasion du 2 décembre, a fait grâce à M. le comte de Montalembert de la peine prononcée contre lui. »

M. de Montalembert s'empressa d'écrire au rédacteur en chef de la feuille officielle :

« Paris, 2 décembre 1858.

» Monsieur le rédacteur,

Le *Moniteur* de ce matin contient, dans sa partie non officielle, une nouvelle que j'apprends en le lisant. Il s'exprime ainsi :

« S. M. l'Empereur, à l'occasion du 2 décembre, a fait grâce à » M. le comte de Montalembert de la peine prononcée contre lui. »

» Condamné le 24 novembre, j'ai interjeté appel de la sentence prononcée contre moi.

» Aucun pouvoir en France n'a eu, jusqu'à présent, le droit de faire remise d'une peine qui n'est pas définitive.

» Je suis de ceux qui croient encore au droit et qui n'acceptent pas de grâce.

» Je vous prie, et au besoin je vous requiers de vouloir bien insérer cette lettre dans votre prochain numéro.

» Agréez, etc.

» CH. DE MONTALEMBERT. »

La note du *Moniteur* parut d'abord une spirituelle

vengeance. La réflexion corrigea bientôt cette impression. Un gouvernement ne déploie pas inutilement l'appareil de la justice, il ne met pas ses organes en mouvement pour les faire servir à une malice. La grâce d'ailleurs met obstacle aux effets de la condamnation, mais elle ne la supprime pas. Le jugement subsiste. M. de Montalembert, dispensé de la prison et de l'amende, n'en restait pas moins sous le coup de la loi de sûreté générale ; il figurait dans la catégorie de ceux qu'on pouvait envoyer à Cayenne ou à Lambessa.

M. de Montalembert, assisté de Me Berryer, avait lui-même fait enregistrer son appel du jugement correctionnel. Cet appel vint devant la Cour impériale présidée par M. Perrot de Chezelles ; M. le conseiller Treilhard fit le rapport de l'affaire ; M. Chaix d'Est-Ange, procureur général, prononça le réquisitoire.

M. Chaix d'Est-Ange, qui avait été avocat brillant, spirituel, lettré, fut toujours possédé du démon de la politique. Député insignifiant sous Louis-Philippe, il comprit que sa médiocrité trouverait sa place sous l'Empire : il se rallia. L'idée de porter à son tour la toque au triple galon d'or de procureur général près la Cour impériale de Paris lui souriait, mais M. Rouland la tenait ferme sur sa tête. Lorsque M. Fortoul mourut on lui chercha un successeur ? M. Chaix d'Est-Ange eut l'occasion de parler de M. Rouland à l'Empereur, et de le proposer comme ministre de l'instruction publique. Il fut accepté ; sa place de procureur général devint vacante, et M. Chaix d'Est-Ange n'eut pas de peine à l'obtenir. Moins ferme que M. Rouland, plus éloquent que M. Vaïsse, il montra qu'un avocat mordant peut n'être qu'un filandreux orateur de parquet; aussi faible sur son siége de magistrat que sur son banc de député, il s'acquitta du travail de sa charge sans la remplir. M. de Montalembert, ancien *témoin* du président de la République, se posant en ennemi de l'Empereur, le promoteur de la campagne de Rome à l'intérieur, attaquant l'arbitraire impérial, prêtait le flanc à l'attaque. M. Chaix d'Est-Ange manqua de vigueur et fournit à l'accusé une occasion qu'il cherchait depuis longtemps d'expliquer sa conduite à l'époque du coup d'État, Mᵉ Berryer se chargea de ce soin :

« Arrive le 2 décembre 1851. Le 2 décembre, quelle a été la conduite de M. de Montalembert? La voici : il faut des explications entières.

» M. de Montalembert faisait partie d'une réunion de représentants qu'on appelait le *Cercle des Pyramides*, et il la présidait.

» Le 2 décembre paraît une proclamation du président contenant ces mots : « Mon devoir est de maintenir la République......; ma cause est celle de la France régénérée en 1789 ; » mais contenant encore bien d'autres choses. A la nouvelle de la violation de la constitution, la majorité des représentants se réunit à la mairie du Xᵉ arrondissement. Là, sur ma propre motion, la déchéance du président de la République est prononcée; injonction est faite à la haute Cour de justice de procéder contre lui comme prévenu du crime de haute trahison.

» De son côté, M. de Montalembert apprend l'arrestation de 240 de ses collègues, les violences qui ont été exercées ; aussitôt, il se rend au lieu des séances de la réunion qu'il préside, et là, il propose une protestation et la signe comme président de la réunion de la rue des Pyramides. La protestation, la voici :

» *M. le président* : Mᵉ Berryer, il me semble que ce que vous dites là est inutile à la défense.

» *Mᵉ Berryer* : Je vous demande pardon, monsieur le président; je défends un homme politique que l'on accuse d'être inconséquent avec lui-même; et je ne sache pas que, pour un homme à qui l'on vient dire qu'il a désiré, prôné et voté un gouvernement, il ne soit pas d'un besoin impérieux de mettre en lumière ses véritables actes.

» *M. le président* : Vous croyez donc la lecture de cet acte bien nécessaire?

» *Mᵉ Berryer* : Je la crois indispensable.

» *M. le président* : Eh bien! alors, faites-la rapidement.

» *Mᵉ Berryer* : Très-rapidement. Voici la protestation :

« *Dans l'impossibilité de se réunir au palais de l'Assemblée, les sous-*
» *signés, représentants du peuple à l'Assemblée législative, déclarent*

» *protester contre la dissolution de l'Assemblée nationale et contre sa*
» *dispersion par la violence.*

» *Fait à Paris, le 2 décembre 1851, à deux heures après midi.*

» CH. DE MONTALEMBERT, LEON FAUCHER, etc. »

» Il y a soixante signatures. Cette protestation est un acte public. Elle a été portée au président de l'Assemblée, M. Dupin. M. Dupin en a accusé réception par une lettre que j'ai entre les mains et dont voici le texte :

« *Mon cher collègue, selon votre désir, j'ai fait effectuer le dépôt de*
» *votre protestation qui demeurera jointe à la mienne dans les archives*
» *de l'Assemblée. Mon frère a aussi adhéré. (Rires prolongés.)*

» DUPIN. » (*Les rires redoublent.*)

» Une commission consultative est nommée par le dictateur. Le nom de M. de Montalembert y est porté avec plusieurs autres. Voici la lettre que les élus ont adressée au rédacteur du *Moniteur*, le 3 décembre 1851 (1), dont l'insertion a été refusée, mais dont les signatures que voici sur l'original garantissent l'authenticité :

« Monsieur le rédacteur,

» Dans votre numéro de ce matin, vous annoncez que nous sommes
» appelés à faire partie d'une commission consultative créée par un
» décret d'hier.

» Nous vous prions de vouloir bien faire savoir à vos lecteurs que, en
» présence de l'injuste et douloureuse incarcération d'un si grand
» nombre de nos collègues et amis, nous n'acceptons pas ces fonctions.

» Aux termes de la loi, nous vous demandons l'insertion de cette lettre.

» Agréez, etc. »

(*Suivent les signatures.*)

» Voilà pour les journées du 2 et du 3 décembre. Postérieurement, M. de Montalembert écrit une lettre publique, en date du 12 décembre, lettre qui a eu du retentissement, et qui, en effet, comme l'a dit M. le procureur général, a pour but d'engager à voter pour le président de la République, à l'occasion du plébiscite qui allait être soumis au suffrage universel. Dans cette lettre, il examine trois questions : Faut-il voter contre? Faut-il s'abstenir? Faut-il voter pour? M. de Montalembert, le 12 décembre, croit que, vu les circonstances, il n'y a pas d'autre parti à prendre que de voter pour le président de la République. « Je me
» dispense d'examiner, dit-il, si le coup d'État, que chacun prévoyait,
» pouvait être exécuté dans un autre moment et par un autre mode. Il
» me faudrait, pour cela, remonter aux causes qui l'ont amené, et juger

---

(1) L'insertion de cette lettre a été refusée par ordre des ministres réunis en conseil.

» des personnes qui ne peuvent aujourd'hui me répondre. » — Plus loin, il examine les différents partis : voter contre, c'est inutile ; s'abstenir, ce serait renoncer à sa qualité de citoyen : « Voter pour Louis-
» Napoléon, ce n'est pas approuver ce qu'il a fait ; c'est choisir entre lui
» et la ruine totale de la France..... Ce n'est pas sanctionner d'avance
» les erreurs ou les fautes que pourra commettre un gouvernement,
» faillible comme toutes les puissances d'ici-bas....... Remarquez bien
» que je ne prêche ni la confiance absolue, ni le dévouement illimité ;
» je ne me donne sans réserve à personne. » — Voilà la lettre de M. de Montalembert, voilà son adhésion. Le vote du 20 décembre a lieu : il ne s'agit pas de critiquer ; mais il faut bien rappeler quels sont les actes qui suivent immédiatement le 20 décembre. M. de Montalembert a le droit de protester contre l'inconséquence dont vous l'accusez.

» Que voit-il ? Quelques jours après, un décret d'omnipotence qui exporte, qui expatrie, qui chasse de France quatre-vingts citoyens des plus distingués, et parmi eux ces illustres généraux à qui la capitale devait de n'avoir pas été livrée au pillage et de n'être pas devenue un monceau de décombres.

» A ce décret que voit-il succéder ? Le 22 janvier 1852, le décret relatif aux biens de la maison d'Orléans, un décret qui porte atteinte au principe de la propriété. M. de Montalembert le considère comme la violation d'un droit fondamental de la société.

» *M. le président* : Me Berryer, vous ne pouvez pas attaquer un acte souverain.

» *Me Berryer* : Je n'attaque en aucune manière ; je dis seulement que cet acte a dû être jugé ainsi par un homme qui croyait qu'il y avait là une confiscation. La pensée de M. de Montalembert était celle de M. le procureur général ; pas de vous, monsieur le procureur général, mais de l'autre qu'on a restitué à la cour de cassation. (*Nouveau mouvement.*) Voici en quels termes (je ne lirai pas cette lettre en entier) M. Dupin s'exprimait : « En ce moment, au point de vue du droit civil, du droit
» privé, de l'équité naturelle et de toutes les notions chrétiennes du
» juste et de l'injuste, que je nourris dans mon âme depuis plus de cin-
» quante ans, comme jurisconsulte et comme magistrat, j'éprouve le
» besoin de me démettre de mes fonctions de procureur général (1). »
(*La voix de l'orateur est couverte par les éclats de rire de l'auditoire.*)

» Voilà l'impression de M. Dupin ; c'était aussi celle de M. de Montalembert : le même jour il avait protesté aussi publiquement qu'il l'avait pu en quittant la commission consultative ; le *Moniteur* le constate.

» Ensuite est venu le *décret organique de la presse* du 17 janvier 1852. C'est la loi ; il ne s'agit pas de la discuter. Mais ne perdons pas de vue les impressions qui ont dû dominer l'âme de M. de Montalembert, surtout en présence des dispositions de l'article 32 de cette loi. C'est sous l'empire de ces impressions qu'il s'est séparé de vous. Il n'y a plus à lui opposer sa conduite au 2 décembre : c'est un reproche injuste à

(1) Lettre de M. Dupin aîné au Prince-président de la République. Paris, 23 janvier 1852.

l'aide duquel on s'efforce de diminuer son caractère. C'est à cela que j'ai voulu répondre ; je crois l'avoir fait. »

M. de Montalembert se lavera difficilement du reproche d'avoir contribué au coup d'État par l'éclat de ses terreurs, par ses déclamations contre la presse, contre les réunions publiques, par l'exagération de son langage sur les dangers que le socialisme faisait courir à la France, par son alliance avec M. Louis-Napoléon Bonaparte. Le gouvernement en lui cherchant en quelque sorte une querelle personnelle, lui permit, sinon de se disculper entièrement de toute complicité dans l'avénement de l'Empire, du moins de proclamer de la façon la plus éclatante sa rupture avec lui : ses amis profitèrent tout de suite de cet avantage, et le proclamèrent bien haut : « Les bancs de » la police correctionnelle n'auront pas nui à M. de Mon- » talembert. Il s'y est présenté ayant pour loyaux témoins » et pour défenseurs illustres ceux qu'il avait autrefois » combattus, pour accusateurs ceux qu'il avait un moment » secourus ; il a eu l'occasion de venger l'honneur et » l'unité de sa vie contre d'injustes attaques ; il est sorti » de cette épreuve plus grand aux yeux de l'Europe, » plus libre envers son propre passé qu'il n'y était » entré (1). »

Un autre bénéfice de ce procès fut, pour M. de Montalembert, de n'être plus exposé à être envoyé à Lambessa et à Cayenne, car la Cour, amendant l'arrêt du tribunal, ne visa pas l'article 1er du 27 juillet 1849 qui l'assujettissait à l'application de la loi de sûreté générale.

(1) *Procès de M. de Montalembert au sujet de son écrit intitulé : Un débat sur l'Inde au Parlement anglais* (avant-propos). Bruxelles, Librairie polytechnique, 1859.

L'Empereur, condamné de son côté à la clémence, fit insérer une seconde note dans le *Moniteur :*

« L'Empereur, renouvelant sa première décision, a fait remise à M. le comte de Montalembert des peines définitivement prononcées contre lui par l'arrêt de la Cour impériale de Paris du 21 décembre 1858.

» Sa Majesté a également fait remise à M. Douniol, gérant du *Correspondant*, de la peine d'emprisonnement prononcée contre lui par le jugement du 24 novembre. »

L'effet de ce procès fut grand surtout à l'étranger. L'écho des débats ne put s'étendre et se prolonger en France. Le décret organique du 15 février 1852 interdisait aux journaux la reproduction des procès de presse ; la sentence seule pouvait être publiée.

La mort, quelques mois avant cette affaire, avait enlevé la duchesse d'Orléans à ses enfants et à ses amis.

La duchesse d'Orléans, en quittant la chambre des députés, le 24 février, s'était réfugiée aux Invalides, où M. Odilon Barrot vint la prévenir qu'il fallait chercher une autre retraite. Elle se rendit à pied, donnant le bras à M. de Mornay et suivie du comte de Paris tenant la main de M. de Lasteyrie, chez M. Anatole de Montesquiou ; elle repartit bientôt pour le château de Bligny appartenant au fils de son hôte. Le duc de Chartres, séparé d'elle depuis deux jours, l'y rejoignit le 27 février ; elle se mit en route, au milieu d'une tempête affreuse, traversa la Belgique et s'établit à Eisenach dans les premiers jours de mars 1848 ; c'est là que lui parvint la nouvelle du coup d'État du 2 décembre.

La fusion avait été, entre la duchesse d'Orléans et sa famille, l'occasion de dissentiments d'une certaine vivacité : « Sur une question qui ne pouvait avoir au plus
» qu'un intérêt d'avenir éloigné, elle a parlé autrement

» que quelques-uns de ses amis et que les conseillers
» naturels auxquels elle aurait le plus volontiers cédé
» sur tout, sauf sur ses devoirs, tels qu'elle les envi-
» sageait. Deux idées ont dirigé toute sa conduite, l'une
» à l'égard de son pays, l'autre à l'égard de ses enfants.
» Vis-à-vis de son pays, de cette partie du moins qui
» n'avait pas voulu le 24 février, elle se croyait engagée
» par le pacte de 1830, qui confiait à la famille d'Or-
» léans le dépôt de ses libertés ; vis-à-vis de ses enfants,
» elle se croyait le devoir de garder leur avenir intact
» et sans engagement. Elle ne se croyait pas libre de
» disposer de ce qu'elle regardait comme un dépôt
» entre ses mains, jusqu'au moment où elle en rendrait
» compte à ses fils (1). »

La duchesse d'Orléans passa l'hiver de 1856 en Italie. Le printemps la ramena en Angleterre. Elle y vécut pendant un an encore, au milieu des soins minutieux que sa faible santé rendait toujours nécessaires. Le 9 mai, elle fut prise de quintes de toux suivies de syncopes et de crises nerveuses; personne n'eut l'idée d'un danger pour elle, et elle moins que personne. Sa conversation n'avait rien perdu de sa vivacité ordinaire, elle augmentait quand ses fils entraient dans sa chambre. Le médecin la suppliait de ne pas tant leur parler : « Laissez-moi au moins les regarder, » lui dit-elle.

Le 17 mai, elle resta quelque temps sans connaissance à la suite de suffocations et de faiblesses. Le médecin s'approcha d'elle pour lui tâter le pouls. S'étonnant de tant de soins : « Vous me croyez donc bien malade ? »

---

(1) *Madame la duchesse d'Orléans*, 1 vol. in-18, Michel Lévy.

dit-elle. M. Gueneau de Mussy, déjà troublé, éluda la question et reprit : « Et vous, madame, comment vous trouvez-vous? — Mais pas mal : j'ai été bien souvent ainsi... Je voudrais me reposer. »

M. Gueneau de Mussy, retiré dans la pièce voisine, écrivait des billets pour donner des nouvelles de la malade. Le silence était si profond, qu'une amie, restée près de la porte, fut traversée d'un affreux pressentiment. « Il me semble qu'on est bien silencieux ici, » dit-elle à M. de Mussy. Il rentra dans la chambre de la princesse, jeta un regard sur elle, et sortit en levant les bras au ciel. Le passage d'une vie à l'autre avait été si doux, que les deux femmes restées près de son lit, les yeux fixés sur elle, n'avaient pas aperçu une altération dans ses traits, un changement dans sa physionomie; seulement son visage, sur lequel était revenue la jeunesse presque enfantine, avait pris une blancheur plus mate. La tolérance de l'évêque catholique permit de la déposer dans la chapelle de Weydbrige, entre la duchesse de Nemours et Louis-Philippe. Elle demande dans son testament de reposer, plus tard, dans la chapelle mortuaire de Dreux auprès de son mari (1).

(1) *Madame la duchesse d'Orléans.*

CHAPITRE X.

COMMENCEMENT DE LA GUERRE D'ITALIE.

1859.

SOMMAIRE. — Situation morale de l'Empire. — Il est obligé de *faire quelque chose*. — Il se décide à faire la guerre. — Il hésite entre une guerre en faveur de la Pologne et une guerre en faveur de l'Italie. — Cause de son irrésolution. — Il se décide pour la guerre italienne. — La Sardaigne et l'Italie. — M. de Cavour. — Il est mandé à Plombières. — La réception du 1er janvier. — Mariage du prince Napoléon avec la princesse de Savoie. — Discours de l'Empereur à l'ouverture de la session législative. — Comment Paris et la France apprennent qu'une nouvelle guerre est probable. — Discussion au Corps législatif sur la guerre. — Proposition de M. Jules Brame. — Proposition de M. Ernest Picard. — Situation de l'Italie. — Les duchés. — Naples. — Le muratisme. — Le gouvernement cherche à tromper l'opinion publique sur le maintien de la paix. — Note du *Moniteur*. — Le Congrès. — Alarmes de M. de Cavour. — Préparatifs de guerre. — Formation de l'armée. — L'opinion publique et la guerre. — L'Impératrice est déclarée régente. — Ultimatum de l'Autriche. — Départ de l'Empereur pour l'armée. — Premières opérations militaires. — Combat de Montebello, de Palestro et de Turbigo. — Bataille de Magenta. — Entrée des Français à Milan.

L'Empire, maître de l'administration, du budget, de l'armée, du clergé, du Corps législatif et du Sénat, arbitre souverain de la presse, armé d'une loi qui lui permettait d'envoyer à volonté ses ennemis à Cayenne ou à Lambessa, n'avait jamais paru si fort, en apparence et plus assuré de sa durée. En réalité, il était toujours aussi inquiet du lendemain et toujours aussi tourment de l'impuissance de vivre par lui-même. Il se sentait encore une fois acculé à la nécessité de *faire quelque chose* pour secouer la France de ce silence mystérieux, de ce calme menaçant qui est le résultat et en même temps l'effroi de la tyrannie. Ce *quelque chose* c'était la guerre.

L'Empire avait entrepris l'expédition de Crimée pour faire oublier à la nation la campagne de Décembre, et à l'armée ses anciens chefs. Une nouvelle guerre devenait nécessaire pour faire oublier à la France la liberté. L'Empereur, jetant un regard sur la carte de l'Europe, y chercha le théâtre d'un nouveau drame militaire. La Pologne et l'Italie lui parurent deux terrains propices. Lequel choisirait-il?

Le gouvernement impérial semblait décidé, au printemps de l'année 1855, a pousser vigoureusement la guerre contre la Russie et à l'attaquer par son côté le plus vulnérable. La guerre de Crimée, pour employer une expression alors en usage, ne passionnait pas l'opinion. Le gouvernement impérial comprit qu'il fallait en modifier le caractère et lui donner un double but : rendre à la fois leur indépendance à la Turquie et à la Pologne. M. de Persigny reçut donc l'ordre de sonder le gouvernement anglais pour savoir s'il se prêterait à une revendication des traités de 1815 en ce qui concerne la Pologne. L'Angleterre visait la Russie d'un autre côté. Les ouvertures de M. de Persigny restèrent sans résultat. La question polonaise aurait pu surgir de nouveau si le gouvernement impérial n'avait pas été si pressé d'escompter la prise de Sébastopol. Les négociations s'étant ouvertes à la mort de Nicolas, le gouvernement impérial s'efforça d'y faire comprendre le rétablissement du royaume de Pologne dans les conditions stipulées par le congrès de Vienne ; l'Angleterre refusa encore une fois de s'associer à cette tentative. Napoléon III, piqué contre son alliée, se rapprocha de la Russie. Après avoir poussé si vivement à la guerre contre cette nation, il se montra dans le congrès très-amical pour son ancienne ennemie, tandis que l'Angleterre, si lente à se mettre en campagne, devint très-hostile à la Russie et seconda les exigences de l'Autriche qui, sans avoir rien fait, voulait tout avoir. Le rapprochement entre la France et la Russie inquiétait cependant l'Angleterre ; elle mit à son tour la Pologne en avant. L'Autriche, en se joignant à elle, aurait servi ses propres intérêts plus qu'elle ne le supposait ; elle ne le fit pas ; c'est alors que la question italienne fut posée.

Napoléon III, craignant d'éveiller les soupçons du parti clérical tout prêt à se rallier à l'idée d'une guerre en faveur de la Pologne, hésita longtemps avant de s'engager sur le terrain de l'Italie. « On a osé me parler de la Pologne, » dit le Czar à ses ministres en rentrant à Saint-Pétersbourg après l'entrevue de Stuttgart. Cette réponse prouve que Napoléon III espéra longtemps que la Russie consentirait à faire quelque chose en faveur de la Pologne. La froideur avec laquelle les ouvertures de Napoléon III furent reçues par Alexandre II, désabusa le chef du gouvernement impérial sans troubler la bonne intelligence entre les deux souverains. La France et la Russie, entraînant la Prusse avec elles, votèrent ensemble contre l'Angleterre et l'Autriche dans toutes les conférences qui eurent lieu pendant les quatre années qui succédèrent à la guerre de Crimée. Le gouvernement impérial, grâce à l'appui de la Russie et de la Prusse, put mener à bonne fin l'union administrative des provinces danubiennes, prélude de l'union complète opérée par le suffrage populaire, premier essai d'une politique qui devait être imitée bientôt dans d'autres pays. L'union des provinces danubiennes fut un vrai coup de théâtre. L'Angleterre se demanda par quel brusque changement Napoléon III, après avoir sacrifié tant d'hommes et tant de millions pour maintenir l'intégrité de l'Empire ottoman, devenait le défenseur de ses vassaux révoltés et de ses ennemis en créant un hospodar indépendant, en envoyant les vaisseaux *l'Algésiras* et *l'Impétueuse* dans les eaux de Raguse pour protéger le prince de Montenegro, et en favorisant en Servie un changement de dynastie contraire aux vœux de la Porte.

L'Italie avait pour champion le roi de Sardaigne secondé par M. de Cavour. Napoléon III avait dit un jour à ce ministre : « Il n'y a que trois hommes en Europe, nous » deux et un troisième que je ne nommerai pas (1). » M. de Cavour méritait cet éloge. Véritable dictateur du royaume, il dirigeait tout, l'intérieur et l'extérieur, et subordonnait tout à ce but : la guerre. Faut-il qu'elle éclate, vaisseaux, artillerie, fortifications, argent, tout est prêt; M. de Cavour, ministre des finances, y a pourvu. L'opinion publique a-t-elle besoin d'être excitée, les lettres de Joseph de Maistre, brûlantes de patriotisme et de haine contre l'Autriche, sont publiées par les soins de M. de Cavour, ministre de l'intérieur. Le Piémont cherche-t-il des alliés, M. de Cavour, ministre des affaires étrangères, lui en trouvera; il caresse la Prusse, il gagne la Russie, il s'efforce de regagner l'Angleterre. Il donne à la cause de l'indépendance italienne deux appuis : le sentiment monarchique se confiant à la révolution, et la révolution donnant la main à la monarchie par sentiment national. Turin est devenu la ville sacrée de la Péninsule, tous les peuples de l'Italie et de l'Europe

---

(1) L'Empereur avait eu l'occasion de voir M. de Bismark.

ont les yeux sur elle, et l'Europe a les yeux sur Cavour.

La nouvelle de l'attentat d'Orsini tomba sur lui comme un coup de foudre. Quel effet cet attentat commis par un Italien allait-il produire sur Napoléon III, déjà peut-être ébranlé dans ses projets par la froideur de l'Angleterre? L'empereur des Français, sans s'expliquer, commença par exiger du Piémont une loi contre les réfugiés, semblable à celle dont la présentation venait de causer la chute de lord Palmerston. M. de Cavour dut se résigner à présenter cette loi qui ne fut pas votée sans de vives et pénibles discussions. Le chef du cabinet de Turin, toujours inquiet sur les intentions du maître de la France au sujet de l'Italie, était allé chercher quelques jours de repos en Suisse. Une lettre de Napoléon III vint le trouver à Genève, dans les premiers jours du mois de juillet. L'Empereur lui donnait rendez-vous à Plombières.

M. de Cavour se rendit dans cette ville par un détour avec un passeport portant un nom supposé. Les détails exacts de la conférence qui eut lieu entre Napoléon III et le ministre italien resteront probablement toujours secrets. Les clauses de la convention conclue entre la France et le Piémont sont pourtant connues, sauf la première qui déterminait la nature, le lieu et le prétexte de la rupture avec l'Autriche : elles portaient la création d'un royaume d'Italie du Nord s'étendant jusqu'à l'Adriatique et comprenant les duchés de Parme et de Modène, et la Toscane agrandie de la portion des États pontificaux située au versant des Apennins. Le Piémont, en retour, cédait à la France Nice et la Savoie.

Le reste de l'année 1858 s'écoula pour le Piémont en préparatifs militaires.

Le 1ᵉʳ janvier 1859, un ancien officier autrichien, le major Frazer, connu dans le monde du jockey-club, parut à midi sur le boulevard des Italiens devant le passage de l'Opéra, où se réunissent les courtiers marrons de la Bourse. Le major Frazer donna l'ordre à l'un de ces courtiers de vendre pour son compte une certaine quantité de rente. Les financiers du passage de l'Opéra, qui connaissaient les relations du major Frazer avec la diplomatie, accoururent et lui demandèrent quelle nouvelle lui faisait croire à la baisse ; il répondit en racontant qu'une espèce de scène venait de se passer aux Tuileries entre l'Empereur et l'ambassadeur d'Autriche, scène dont M. de Hubner venait de lui faire le récit. La nouvelle se répandit du passage de l'Opéra dans Paris, et de là dans la France entière, qui, réveillée brusquement de sa quiétude, se trouva en présence d'une guerre à laquelle personne ne s'attendait. Les alarmes étaient d'autant plus grandes, que le *Moniteur* gardait le silence sur l'incident de la réception officielle du 1ᵉʳ janvier. Le 4 seulement on lut dans le *Constitutionnel* la note suivante :

« A la réception du Corps diplomatique aux Tuileries le 1ᵉʳ janvier, l'Empereur a adressé à M. de Hubner, ambassadeur d'Autriche, des paroles qui, commentées dans le public, ont produit une certaine émotion. Nous sommes en mesure de reproduire textuellement le langage de Sa Majesté :
« Je regrette que nos relations avec votre gouvernement ne soient » pas aussi bonnes que par le passé. Je vous prie de dire à l'Empereur » que mes sentiments personnels pour lui ne sont pas changés. »

Ces lignes officieuses impressionnèrent si vivement l'opinion, que le gouvernement jugea nécessaire d'en combattre l'effet par cette note du *Moniteur* :

« Depuis quelques jours, l'opinion publique est agitée par des bruits alarmants auxquels il est du devoir du gouvernement de mettre un terme, en déclarant que rien dans nos relations diplomatiques n'autorise les craintes que ces bruits tendent à faire naître. »

La cause du refroidissement survenu dans les relations entre Paris et Vienne, c'était l'Italie; personne n'en doutait, cependant la presse officieuse, obéissant à un mot d'ordre et cherchant à donner le change, attribuait ce refroidissement aux affaires des principautés danubiennes et à celles de Servie.

La note suivante quelque temps après, insérée au *Moniteur,* démentait cette tactique ; elle était un indice certain de graves et prochains événements en Italie :

« Par décret impérial en date du 12 janvier 1859, M. Rouher, ministre de l'agriculture, du commerce et des travaux publics, est chargé de l'intérim du ministère de l'Algérie pendant l'absence de S. A. I. le prince Napoléon.
» *Paris, 13 janvier.* — Le prince Napoléon est parti ce soir pour Turin. L'absence de Son Altesse Impériale sera de peu de durée. »

Le *Constitutionnel* ajoutait que le prince Napoléon allait se marier avec la fille de Victor Emmanuel, et que les fiançailles du prince seraient célébrées le 17 janvier. Le général Niel, aide de camp de l'Empereur, avait été chargé de faire la demande de mariage. Le roi de Sardaigne, en annonçant l'union prochaine de sa fille aux députations des deux chambres qui venaient lui présenter l'adresse en réponse au discours du trône, termina son discours par ses paroles significatives : « L'année » commence bien, j'espère qu'elle se terminera mieux » encore ; cette alliance pourra devenir une source d'avan- » tages pour les éventualités futures. »

Le ministère de l'intérieur en France faisait, pendant ce temps-là, interdire la distribution de l'*Indépendance belge*, parce que ce journal persistait dans ses assertions relatives à l'existence d'un traité offensif et défensif entre la France et le Piémont. Ces mesures n'empêchaient pas le public de se dire que le roi de Sardaigne n'aurait pas consenti à s'allier à la famille Bonaparte sans un intérêt pressant, celui de s'assurer un auxiliaire contre l'Autriche. La signature du contrat de mariage de la princesse Clotilde avait été précédée en effet de la signature du traité annoncé par l'*Indépendance belge*. Le mariage fut célébré le 30 janvier. Les deux époux arrivèrent le 4 février à Paris, où l'Empereur et l'Impératrice les attendaient aux Tuileries.

L'ouverture de la session législative eut lieu trois jours après l'arrivée de la princesse Clotilde. Le discours de l'Empereur, attendu avec la plus vive impatience, contenait ce passage relatif à la grande question du moment :

« Depuis quelque temps l'état de l'Italie et sa situation
» anormale ne peuvent être maintenus que par des troupes
» étrangères qui inquiètent justement la diplomatie. Ce
» n'est pas néanmoins un motif suffisant de croire à la
» guerre. Que les uns l'appellent de tous leurs vœux
» sans raisons légitimes ; que les autres dans leurs craintes
» exagérées, se plaisent à montrer à la France les périls
» d'une nouvelle coalition, je resterai inébranlable dans
» les voies du droit, de la justice, de l'honneur national,
» et mon gouvernement ne se laissera ni entraîner ni
» intimider, parce que ma politique ne sera ni pusillanime
» ni provocatrice.

» Loin de nous donc ces fausses alarmes, ces défiances
» injustes, ces défaillances intéressées. La paix, je l'es-

» père, ne sera point troublée. Reprenez avec calme le
» cours de vos travaux. »

M. de Morny, prenant le lendemain la parole comme président du Corps législatif, développa cette double pensée, que rien ne peut s'accomplir de notre temps sans le concours de l'opinion publique, et que rien n'est plus efficace que la part d'influence réservée par la constitution aux élus du pays. Propositions hardies dans un moment où la guerre la plus discutée par l'opinion publique allait commencer sans que le pays eût été le moins du monde consulté, et chez une nation où le contrôle de la Chambre s'exerçait dans les tristes conditions que nous savons.

Ces deux discours ne changèrent rien à la disposition des esprits fort partagés au sujet de la prochaine guerre. Les partisans de l'ancien régime, les légitimistes de toutes les nuances, les cléricaux, les conservateurs timorés, criaient aussi haut contre la guerre que les agioteurs et les banquiers ; plusieurs chambres de commerce parlaient déjà de se réunir pour rédiger des adresses contraires à la politique du gouvernement en faveur de l'Italie. Le gouvernement coupa court à ces manifestations pacifiques, mais en même temps, pour tenir la balance et laisser les esprits en suspens, il frappa d'un avertissement le journal *la Presse*, à cause d'un article belliqueux sur la crise italienne, « considérant qu'une telle polémique est de nature
» à jeter dans les esprits des inquiétudes mal fondées ».

Le 5 mars, le *Moniteur* publia une note très-violente contre les auteurs de « rumeurs vagues et absurdes » signalant l'imminence de la guerre : « Qui donc peut avoir
» le droit d'égarer aussi outrageusement les esprits, d'a-

» larmer aussi gratuitement les intérêts! Qui pourrait
» montrer les éléments, si menus qu'on le veuille, de ces
» accusations générales que la malveillance invente, que
» la crédulité colporte et que la sottise accepte! » La
note officielle ajoutait qu'il était impossible à un homme
de bon sens de croire à la guerre, en présence des faits
les plus propres à « rassurer les esprits sincères et à faire
» justice des allégations des hommes intéressés à jeter du
» doute sur les pensées les plus loyales, et des nuages
» sur les situations les plus claires ».

Les torys avaient remplacé les wighs au pouvoir en Angleterre ; l'Italie ne perdait pas grand'chose au change. Lord Palmerston ne montrait plus, depuis quelque temps, que de l'aigreur au Piémont ; lord Derby se tint sur la réserve. Le commerce de Gênes était si convaincu pourtant de l'hostilité de l'Angleterre, qu'au mois de mars 1859 on n'aurait pas trouvé un armateur capable de fréter un navire à destination pour Liverpool. Le bruit d'un congrès commençait à circuler et à défrayer les conversations à Turin ; M. de Cavour n'y voulait pas croire. Un de ses amis, se rendant chez lui, trouva dans le vestibule son valet de chambre qui lisait les journaux : « Eh bien, lui dit-il, nous avons la paix. — Ah ! pour cela non, répondit le valet ; les gazettes ne savent pas ce qu'elles disent, M. le comte est trop content. » La paix, en effet, c'était la ruine du Piémont, il lui fallait la guerre à tout prix, et M. de Cavour tremblait de perdre l'occasion de l'engager. « Nous avons été amenés peu à peu à
» entreprendre une œuvre pleine de gloire et de justice,
» mais excessivement périlleuse. Nous n'avons pas assez
» tenu compte de l'égoïsme développé dans les sociétés

» modernes par les intérêts matériels. Malgré cet obsta-
» cle, j'espère que nous réussirons. L'Italie est mûre :
» l'expérience acquise en 1848 a porté ses fruits. Il n'y
» a plus ni Guelfes ni Gibelins. Sauf quelques exceptions
» insignifiantes, des Alpes à l'Adriatique il n'y a qu'un
» drapeau : celui de Victor-Emmanuel (1). »

Napoléon III, toujours incertain et irrésolu, influencé tantôt par le prince Napoléon, tantôt par l'Impératrice, mettant dans la balance les avantages et les inconvénients de cette guerre au point de vue de ses intérêts dynastiques, et ne sachant quel plateau l'emportait décidément, passait à chaque instant d'une résolution à l'autre. La crainte d'allumer un incendie général l'avait longtemps empêché d'aborder résolument la question italienne. La Russie pouvait seule par son appui permettre à la guerre de garder un caractère local. Il devint bientôt certain que la Russie se prêterait à toutes les combinaisons pour amener ce résultat. L'Angleterre inquiète envoya lord Cowley à Vienne, avec la mission difficile de trouver un arrangement de nature à empêcher une rupture entre l'Autriche et le Piémont, par conséquent entre l'Autriche et la France. Évacuation des États romains par les troupes françaises et autrichiennes; renonciation, par l'Autriche, aux traités signés avec les princes italiens et à l'occupation de leurs États; préparation des réformes sollicitées par les peuples italiens, tels étaient les points sur lesquels portaient les négociations des diplomates anglais. L'Autriche demanda si ces concessions lui assureraient la garantie de ses possessions en Italie. L'Angleterre s'adressa

---

(1) Lettre écrite par M. de Cavour à M. W. de la Rive, 20 mars 1859.

tout de suite à la Sardaigne pour recevoir des éclaircissements à ce sujet. La réponse de M. de Cavour ne laissa guère d'illusion à l'Autriche ; elle déclarait que les dangers d'une guerre ou d'une révolution ne pouvaient être conjurés momentanément que par la création d'un gouvernement national séparé pour la Lombardie et pour la Vénétie, la cessation de l'occupation des Romagnes, la reconnaissance du principe de non-intervention, l'établissement, à Modène et à Parme, d'institutions analogues à celles du Piémont, le rétablissement de la constitution en Toscane. M. de Cavour terminait ainsi : « Puisse l'An-
» gleterre obtenir la réalisation de ces conditions ! L'Italie
» soulagée et pacifiée la bénira, et la Sardaigne, qui a tant
» de fois invoqué son concours et son aide en faveur de
» ses concitoyens malheureux, lui vouera une reconnais-
» sance impérissable. »

L'Angleterre ne pouvait plus se faire illusion sur le succès de la mission de lord Cowley. La guerre était imminente. La presse anglaise accusait le gouvernement impérial de se livrer à des armements considérables et d'entretenir l'effervescence des esprits en Italie. Le *Moniteur* du 5 mars 1859 publia une note en réponse à ces accusations :

« L'Empereur n'a rien à cacher, rien à désavouer, soit dans ses préoccupations, soit dans ses alliances. L'intérêt français domine sa politique et justifie sa vigilance.

» En face des inquiétudes mal fondées, nous aimons à le croire, qui ont ému le Piémont, l'Empereur a promis au roi de Sardaigne de le défendre contre tout acte agressif de l'Autriche, il n'a promis rien de plus, et l'on sait qu'il tiendra parole.

» Est-ce là des rêves de guerre ? Depuis quand n'est-il plus conforme aux règles de la prudence de prévoir les difficultés plus ou moins prochaines et d'en peser les conséquences ?

» Nous venons d'indiquer ce qu'il y a de réel dans les pensées, dan les devoirs et dans les dispositions de l'Empereur ; tout ce que les exagérations de la presse y ont ajouté est *imagination, mensonge et délire.*»

Lord Cowley cherchait toujours à Vienne la possibilité d'un arrangement. Le prince Gortschakoff invoqua le vœu exprimé par les plénipotentiaires du Congrès de Paris que les États entre lesquels s'élèverait un dissentiment sérieux, acceptassent la médiation d'une puissance amie avant d'en venir aux armes. Il proposait un congrès. Les cabinets de Paris, de Londres et de Berlin l'acceptèrent. Le Piémont qui en était exclu protesta.

L'Autriche, le 22 mars 1859, consentit à se rendre au congrès, à la condition qu'il y aurait désarmement préalable de la part du Piémont. L'Angleterre insistait auprès de Napoléon III pour qu'il engageât le Piémont à se résigner à cette condition. Napoléon III consentit à prêter ses bons offices pour amener le désarmement, à condition que le Piémont et tous les autres États italiens feraient partie du congrès.

L'Angleterre demanda dans la note suivante, qui fut le dernier acte de l'espèce de médiation qu'elle avait tentée :

« 1° Qu'on effectuerait au préalable un désarmement général et simultané ;
» 2° Que ce désarmement serait réglé par une commission militaire indépendante du congrès, et composée de six commissaires, un pour chacune des cinq puissances, le sixième pour la Sardaigne ;
» 3° Qu'aussitôt cette commission réunie, le congrès procéderait à la discussion des questions politiques ;
» 4° Que les représentants des États italiens seraient invités, par le congrès, à siéger avec les représentants des cinq grandes puissances, absolument comme à Laybach. »

Le désarmement du Piémont n'était pas facile. Comment renvoyer dans leurs foyers ces volontaires réunis de tous les points de l'Italie pour tenter un suprême effort? La France, la Russie et l'Angleterre pensaient que le Piémont serait bien obligé de se résigner devant leur accord.

M. de Cavour, informé vers la fin du mois de mars 1859 qu'un changement contraire à l'Italie s'opérait dans l'esprit de Napoléon III, accourut à Paris. Sa première entrevue avec l'Empereur laissa le ministre italien convaincu qu'il ne pouvait plus compter sur son ancien allié, et qu'il ne lui restait qu'à faire un suprême appel aux forces révolutionnaires de l'Italie. Le baron Hübner, instruit des progrès du parti de la paix, presque certain de l'abandon de la Sardaigne par Napoléon III, pressait M. de Buol de le prendre sur un ton plus haut avec le cabinet de Turin. Le langage de l'Autriche ne tarda pas à prouver que ces conseils étaient écoutés.

L'Empereur, toujours en proie aux incertitudes de son caractère et de sa position, abandonna cependant bientôt ses intentions pacifiques sur les instantes sollicitations de son cousin le prince Napoléon, et bientôt M. de Cavour put repartir pour Turin avec la certitude d'une prochaine déclaration de guerre à l'Autriche, tandis que le baron Hübner, plus que jamais convaincu de l'inutilité du voyage de son adversaire, rassurait de plus en plus son gouvernement; le cabinet de Vienne redoubla donc d'insolence envers le Piémont. M. de Cavour laissa l'Autriche s'engager dans cette voie jusqu'au moment où elle lança son ultimatum qui équivalait à une déclaration de guerre :

« Le gouvernement impérial, Votre Excellence le sait, s'est empressé d'accéder à la proposition du cabinet de Saint-Pétersbourg de réunir un congrès des cinq puissances, pour chercher à aplanir les complications survenues en Italie.

» Convaincus, toutefois, de l'impossibilité d'entamer avec des chances de succès des délibérations pacifiques, en présence du bruit des armes et des préparatifs de guerre poursuivis dans un pays limitrophe, nous avons demandé la mise sur pied de paix de l'armée sarde, et le licenciement des corps francs ou volontaires italiens, préalablement à la réunion du congrès.

» Le gouvernement de Sa Majesté Britannique trouva cette condition si juste et si conforme aux exigences de la situation, qu'il n'hésita pas à se l'approprier, en se déclarant prêt à insister, conjointement avec la France, sur le désarmement immédiat de la Sardaigne, et à lui offrir, en retour, contre toute attaque de notre part, une garantie collective à laquelle, cela s'entend, l'Autriche aurait fait honneur.

» Le cabinet de Turin paraît n'avoir répondu que par un refus catégorique à l'invitation de mettre son armée sur pied de paix, et d'accepter la garantie collective qui lui était offerte.

» Ce refus nous inspire des regrets d'autant plus profonds que, si le gouvernement sarde avait consenti au témoignage de sentiments pacifiques qui lui était demandé, nous l'aurions accueilli comme un premier symptôme de son intention de concourir, de son côté, à l'amélioration des rapports malheureusement si tendus entre les deux pays depuis quelques années. En ce cas, il nous aurait été permis de fournir, par la dislocation des troupes impériales stationnées dans le royaume Lombardo-Vénitien, une preuve de plus qu'elles n'y ont pas été rassemblées dans un but agressif contre la Sardaigne.

» Notre espoir ayant été déçu jusqu'ici, l'Empereur, mon auguste maître, a daigné m'ordonner de tenter directement un effort suprême, pour faire revenir le gouvernement de Sa Majesté Sarde sur la décision à laquelle il paraît s'être arrêté.

» Tel est, monsieur le comte, le but de cette lettre. J'ai l'honneur de prier Votre Excellence de vouloir bien prendre son contenu en sa plus sérieuse considération, et de me faire savoir si le gouvernement royal consent, oui ou non, à mettre sans délai son armée sur pied de paix, et à licencier les volontaires italiens.

» Le porteur de la présente, auquel vous voudrez bien, monsieur le comte, faire remettre votre réponse, a l'ordre de se tenir, à cet effet, à votre disposition pendant trois jours.

» Si, à l'expiration de ce terme, il ne recevait pas de réponse, ou que celle-ci ne fût pas complétement satisfaisante, la responsabilité des graves conséquences qu'entraînerait ce refus retomberait tout entière sur le gouvernement de Sa Majesté Sarde. Après avoir épuisé en vain tous les moyens conciliants pour procurer à ses peuples la garantie de paix, sur laquelle l'Empereur est en droit d'insister, Sa Majesté devra, à son grand regret, recourir à la force des armées pour l'obtenir.

» Dans l'espoir que la réponse que je sollicite de Votre Excellence sera conforme à nos vœux tendant au maintien de la paix, je saisis, etc.

» BUOL.

» Vienne, le 19 avril 1859. »

La présentation par M. Baroche de deux projets de loi, l'un autorisant le gouvernement à élever à 140 000 hommes le contingent de la classe de 1858, l'autre lui donnant la faculté d'émettre un emprunt de 500 millions, était bien faite pour atténuer le bon effet de la note du *Moniteur* annonçant la proposition de désarmement faite par l'Angleterre, aussi M. de Morny crut-il devoir faire suivre la présentation de ces deux projets de quelques commentaires. Le président du Corps législatif, en déplorant l'inutilité des efforts de l'Empereur pour maintenir la paix, se félicita du moins que la guerre n'offrît aucun danger de conflagration générale, et qu'il ne s'agît que « d'une ques- » tion purement italienne, qui ne cachait aucun projet de » conquête, et qui ne pouvait enfanter aucune révolution ». Le Corps législatif accueillit ces explications avec une confiance et une docilité d'autant plus surprenantes que, jusqu'alors, suivant l'expression de son président, il « avait montré un esprit très-pacifique » ; il est vrai que, n'étant saisi de la question qu'en présence des faits accomplis, toute observation de sa part devenait inutile. Le contingent fut immédiatement voté à l'unanimité au cri de : *Vive l'Empereur !* M. Émile Ollivier protesta contre le rôle muet imposé au Corps législatif :

« M. Émile Ollivier dit que depuis quatre mois l'esprit public s'est ému : on s'est demandé avec anxiété si la France conserverait la paix ou si elle s'engagerait dans la guerre. L'orateur regrette que pendant ce long temps, il n'y ait eu de renseignements fournis que par les discussions du parlement anglais ou sarde, et que le Corps législatif ne soit enfin saisi de la question qu'en présence des faits accomplis (1). »

L'emprunt de 500 millions donna lieu à une discussion

---

(1) C'est sous cette forme plus que succincte que les débats du Corps législatif étaient reproduits dans le compte rendu officiel du *Moniteur*.

sérieuse. M. Anatole Lemercier, quoique rassuré par le respect de l'Empereur pour le Saint-Siége, demanda que le gouvernement voulût bien affirmer que toutes les précautions avaient été prises pour sauvegarder l'indépendance du pape et l'intégrité du territoire de l'Église. La réponse de M. Baroche fut si satisfaisante, que M. de La Tour se leva pour « garantir la vive reconnaissance » que les paroles de l'orateur du gouvernement excite- » raient au sein des populations bretonnes ».

M. Plichon exprima ses doutes et ses inquiétudes sur la guerre et sur ses résultats : La guerre conduirait-elle à l'unité ou à la fédération de l'Italie? serait-elle la confirmation ou la négation de la campagne de Rome en 1849? M. Baroche fit à M. Plichon cette singulière réponse, que rien n'était plus anti-patriotique qu'une discussion sur ce terrain, car elle pouvait porter le découragement dans l'âme des jeunes soldats qui rejoignaient leur drapeau. La Chambre couvrit d'applaudissements les paroles de M. Baroche qui ne la satisfaisaient nullement, et de murmures celles de M. Plichon qui étaient l'expression de sa pensée.

M. Jules Favre demanda la parole pour la première fois. M. de Morny, avant de la lui accorder, crut devoir prendre une précaution constatée par le *Moniteur* du 30 avril :

« M. le président, en donnant la parole à M. Jules Favre, recommande le silence à la Chambre. M. Favre est assez maître de sa parole pour que la Chambre soit certaine d'avance que le discours de l'orateur sera approprié à la gravité des circonstances. M. le président prie donc la Chambre d'écouter ce discours sans l'interrompre. »

M. Jules Favre interrogea le gouvernement sur la

cause et sur le but d'une guerre capable d'embraser l'Europe, et engagée sans que les représentants de la France eussent été consultés. Il montra la domination autrichienne, fondée sur la violence en Italie, et toutes les tyrannies de la Péninsule y compris le gouvernement pontifical restauré en 1849 par la France, chancelant au premier souffle de liberté parti du Piémont. L'Empire rétablira-t-il ces monarchies si la guerre les renverse? et « si le gouvernement des cardinaux est brisé, versera-t-il le sang des Romains pour le relever? » M. Baroche resta muet devant cette question. L'emprunt de 500 millions fut voté par 247 voix. M. Walewski, trois jours après (3 mai 1859), annonça officiellement la déclaration de guerre à la Chambre, qui adopta, dans la même séance, deux projets de loi pour lever 140 000 hommes par anticipation sur le contingent de 1859, et pour ouvrir un crédit de 90 millions pour dépenses urgentes. Quelques orateurs essayèrent vainement de ranimer la discussion sur la question italienne, la poudre allait parler.

M. Devinck déposa son rapport sur le budget le 3 mai, le jour de la déclaration de guerre à l'Autriche. « Nous
» avions reçu, dit le rapport, l'assurance que le gouver-
» nement avait l'espoir que la paix ne serait pas troublée,
» et qu'il emploierait tous les moyens de conciliation pour
» obtenir une solution pacifique des difficultés pendantes.
» Nous sommes heureux de le reconnaître, le gouverne-
» ment n'a négligé aucun moyen d'assurer, autant qu'il
» était en lui, ce résultat désirable. Mais les événements
» ont rendu stériles les efforts qu'il n'a cessé de faire dans
» un esprit de conciliation. » Le rapporteur du budget, toujours optimiste, célébra ensuite les améliorations in-

troduites dans la situation financière, surtout l'amortissement élevé un moment à 60 millions et ramené à 40; il se félicita de voir les accroissements survenus dans les dépenses évaluées depuis 1853 à 228 millions, balancés par une somme correspondante dans les accroissements de recettes. Le budget de 1860 sortit des mains de la commission équilibré de la façon suivante :

Dépenses . . . .   1 824 957 778 fr.
Recettes. 1 825 854 379

La commission présenta cinquante-deux amendements réclamant des réductions s'élevant à 4 446 302 francs.

Le Conseil d'État en admit trente-neuf.

Les crédits supplémentaires de 1859 avaient donné lieu à des réclamations repoussées aussitôt par un vote. M. Devinck les renouvela. Le Corps législatif demandait non point l'abrogation des crédits indispensables pour faire face aux besoins qui se manifestent dans l'intervalle des sessions, mais leur fixation par des règles déterminées. Les crédits depuis 1852 n'étaient plus soumis à aucune restriction : « Ils peuvent être indifféremment ouverts pour tous les chapitres du budget, quelle que soit la nature de la dépense ; leur rectification n'est soumise au Corps législatif que durant la session qui suit la clôture de l'exercice, c'est-à-dire lorsque le fait est consommé depuis deux ans, » M. Devinck gémit sur cet état de choses, mais avec discrétion, et mitigea ses critiques par les plus lyriques effusions sur l'incroyable prospérité des finances de l'Empire.

M. Jules Brame, profitant de la discussion du budget pour se plaindre de l'omnipotence des hauts fonctionnaires, demanda la création d'inspecteurs destinés à surveiller les préfets. « Tout contrôle, dit-il, a cessé sur les administrations départementales : la presse, soumise au régime des avertissements, a perdu toute indépendance ; quant aux députés, sans influence à Paris, ils sont aussi, par suite, sans action sur les préfets. » M. Brame proposait un mauvais remède ; des fonctionnaires contrôlant des fonctionnaires, *quis custodiet custodes ?* M. Devinck répondit à son collègue que le contrôle exercé sur les hauts fonctionnaires était plus que suffisant : « Jamais le gouvernement ne fut entouré de plus de » dévouement ; le dévouement se produit tous les jours » dans le sein du Corps législatif. Tous les faits qu'il im- » porte au gouvernement de connaître, lui sont à l'instant » signalés. » M. Devinck aurait bien fait d'expliquer comment une assemblée privée du droit d'interpellation pouvait signaler un abus quelconque ; mais ce député n'était pas optimiste à demi, il trouva la situation financière non-seulement améliorée, mais encore « satisfaisante ». Le Corps législatif, partageant cette satisfaction, vota le budget par 255 suffrages contre 5.

La Chambre discuta, le 16 mai, le projet de loi demandant une garantie d'intérêt pour les Compagnies de chemins de fer. Le Grand-Central, concédé en 1853 à M. de Morny et tombé presque en faillite, avait donné naissance, en 1857, au système des fusions, et par suite au partage du territoire entre six grands monopoles ; la convention du 11 août 1857, ratifiée par le Corps législatif sans soulever le moindre débat, ne suffisait pas aux Compagnies ; elles se plaignirent de ne pouvoir, sans de grandes pertes, exploiter les embranchements secondaires qui leur avaient été imposés par la convention de 1857. Le gouvernement, sans les décharger de leurs obligations, consentit à diviser l'ensemble des lignes concédées en réseau ancien et en réseau nouveau, et à garantir un intérêt *minimum* de 4 fr. 65 pour 100. Il se réservait de prélever sur les produits de l'ancien réseau ce qui dépasserait le *minimum* de garantie, et d'entrer, dans une certaine limite, en partage avec les Compagnies. Dans la pensée des rédacteurs du projet, il s'agissait de relever, par un effet moral, le crédit ébranlé des chemins de fer.

MM. Darimon et Picard prirent la parole contre le projet. M. Darimon montra le lien qui unit la politique aux affaires, les inconvénients des grands monopoles, le commerce ruiné par des tarifs différentiels, les voies navigables annulées par la confiscation et par la concurrence ; il insista sur le prix élevé des transports, sur les capitaux détournés du commerce et de l'agriculture, enfin sur la moralité du pays mise en péril par les scandales de la Bourse. Il parla en tribun de l'économie politique. M. Picard repoussa des conventions préparées sans le concours du Corps législatif et non discutées par la presse, il demanda le rejet d'un projet contraire aux principes de bonne administration, et la formation d'une sorte de jury national chargé d'examiner les tracés, et d'aviser, dans le cas où une ligne ne donnerait pas de produits. M. Plichon défendit si bien le projet, que M. Baroche déclara s'en rapporter à ce qu'il venait de dire ; M. Calvet-Rognat fit une histoire de la fusion du Grand-Central avec les Compagnies d'Orléans et de Lyon, dont M. Émile Ollivier contredit plusieurs passages. Finalement le vote du projet eut lieu par 224 voix contre 11.

Le Corps législatif s'occupa ensuite de l'annexion des communes renfermées dans l'enceinte des fortifications, et de la conversion en loi des décrets rendus en matière de douanes. Grand émoi parmi les partisans du régime protecteur; vives doléances au sein de la commission, rapport fougueux de M. Pouyer-Quertier. Les décrets qu'il s'agissait de sanctionner avaient produit leur effet; le rapport et la discussion ne pouvaient donc porter que sur la fixation de la limite assignée par la loi de 1814 aux droits du gouvernement en matière de règlements de douanes. M. d'Andelarre soutint que le gouvernement, en signant plusieurs décrets soumis en ce moment au Corps législatif, en particulier celui relatif aux céréales, avait donné à cette loi une extension abusive. Réponse de M. Greterin, conseiller d'État; réplique de M. d'Andelarre. M. Baroche demande la clôture d'un débat portant sur une question sans solution. Les protectionnistes seuls avaient parlé jusqu'ici; M. Curé prit la parole pour protester contre les doctrines formulées dans le rapport de M. Pouyer-Quertier, doctrines rétrogrades et entièrement contraires aux principes de 89. Cette discussion remplit la dernière séance de la session de 1859.

Les discussions du Corps législatif, peu faites dans ce temps pour passionner les esprits, perdaient encore de leur importance, en présence de la gravité des événements extérieurs. Le public ne songeait qu'à la guerre.

Examinons maintenant la situation intérieure de l'Italie.

Quelle était la situation politique de l'Italie au moment où la guerre allait commencer? Le grand-duc de Toscane, Léopold II, redoutait non-seulement la liberté, mais encore la vie; endormeur et endormi, son idéal eût été de régner dans les limbes. Les Toscans faisaient à son gouvernement une opposition littéraire en applaudissant les tragédies de Nicolini et en payant les amendes d'un imprimeur condamné pour avoir publié les *Histoires* de Fra Paolo Sarpi sans autorisation de la censure ecclésiastique. Le grand-duc avait choisi précisément le moment de l'algarade impériale à M. de Hubner pour se rendre à Naples, sous le prétexte d'assister au prochain mariage du duc de Calabre, mais en réalité pour s'entendre avec Ferdinand VII et avec Pie IX, qu'il vit à Rome en passant. Le grand-duc, en rentrant dans ses États, le 19 février, trouva les ressorts du gouvernement un peu relâchés et essaya de les tendre, mais rien ne put empêcher les volontaires de s'enrôler en foule dans l'armée du Piémont. Les fils des plus illustres familles partirent. La tentative d'un congrès provoqua la rédaction d'un Mémoire adressé par les notables Toscans aux futurs plénipotentiaires pour demander des institutions représentatives. Le congrès n'eut pas lieu, mais les espérances qu'il avait fait naître subsistèrent. La colère des Florentins fut grande, en apprenant, le 24 avril, que le grand-duc, invité à s'allier à la France et au Piémont, avait répondu qu'il voulait garder la neutralité. L'agitation grandissant, l'archiduc Charles, second fils du grand-duc, commandant l'artillerie toscane, convoqua, le 27 avril, les officiers de ce corps, au fort du Belvédère, pour leur communiquer un plan de bombardement de Florence. Les officiers déclarèrent qu'ils ne pouvaient compter sur leurs soldats, ils refusèrent d'obéir et s'emparèrent de la forteresse. L'archiduc demanda s'il était prisonnier. « Nullement ; partez, et conseillez à votre père de s'allier avec le Piémont : il en est temps encore. » Le grand-duc, pendant ce temps, promettait à la population entourant son palais de conclure cette alliance, et, pour gage de sa parole, il faisait arborer le drapeau tricolore au balcon du palais Pitti. Quelques jours plus tard, le peuple lui demanda son abdication. Il consentit à partir, à condition que le corps diplomatique garantirait sa sortie de Florence contre tout danger. Le grand-duc fit ses paquets, signa une protestation contre les faits accomplis, et prit la route de Bologne. Le roi de Naples, alors fort malade, dit, en apprenant sa fuite : « C'est la seconde fois qu'il quitte Florence, il n'y rentrera plus. »

La duchesse-régente de Parme, sœur du comte de Chambord, avait livré depuis longtemps son duché à l'Autriche, qui, non contente d'augmenter la garnison de Parme et de la forteresse, fit de la ville une espèce de camp retranché.

François V, duc de Modène, régnait, mais un major autrichien gouvernait. Carrare, capitale du duché, comptait 18 000 habitants : 100 étaient aux galères, 800 en prison, 4 ou 500 en exil ; les autres habitants vivaient sous la loi martiale ; cinq d'entre eux furent condamnés à mort pendant la durée de l'état de siége. François V était un idiot cruel : ni commerce, ni chemins dans ses États, mais des impôts écrasants et la bastonnade en permanence. François V, revenu de Vienne avec le grade de lieutenant général autrichien, s'amusait à passer des revues, ce qui n'empêchait pas ses soldats de déserter tous les jours en Piémont. Ceux qui lui restaient fidèles s'amusaient à faire feu dans les rues sur les gens qui chantaient des chansons patriotiques. Le grand-duc avait pris d'avance ses précautions pour s'enfuir au premier signal de danger, il emporta en Vénétie les richesses du Trésor, l'or, l'argent, les pierreries de la couronne, les pierres et médailles des musées, les manuscrits des bibliothèques. Il se fit même suivre de 80 prisonniers politiques, écroués par son ordre dans les cachots de Mantoue.

Le modèle et l'exemple de tous ces souverains, le *Roi*, était Ferdinand II de Naples ; né dans l'exil, il n'entendit parler à son retour que de prison, de galères, de confiscation, d'exil, de vengeance. Son précepteur fut un prêtre désigné par le prince de Canosa, le même qui, plus tard, chassé de Naples, vint fonder à Modène la *Voce della Verità*, journal ultra-catholique dont la polémique furieuse a été si bien imitée depuis. Il aimait les casernes, les parades, plus que la science et les lettres, mais son instinct guerrier n'était que du caporalisme. Il avait une haute idée de la puissance absolue de la royauté. Le testament de son père contenait des legs en grand nombre et des dispositions gênantes, il n'hésita pas à le déchirer. Une volonté sans scrupule jointe à un bonheur constant exerçait toujours une grande influence sur l'imagination du peuple. Ferdinand était un roi détesté mais populaire. Jamais prince ne montra un si grand mépris de la monarchie constitutionnelle : « Nous ne sommes pas du bois dont » on fait les toupies. » *Di chisto legno non se fanno strummoli*, dit-il dans le patois napolitain à ceux qui lui parlaient d'un de ses frères comme candidat au trône de Belgique.

Le Napolitain a un heureux naturel, mais son ignorance rend quelquefois très-dangereux ce bohème, ce lazzarone traditionnel, partageant son temps entre l'Église et Polichinelle, dînant d'une pastèque, soupant d'une tarentelle et dormant à la belle étoile. La férocité qu'il déploya contre les partisans et les défenseurs de la République Parthénopéenne est connue. Depuis cinquante ans, qu'avait-on fait pour ce peuple, pour secouer son ignorance et ses haillons? Rien. Le lazzarone, enfoncé dans la paresse et dans le vice, n'avait pas cessé d'être une espèce de sauvage prêt à se ruer, au signal des prêtres et des sbires, contre ceux qui osent penser, et qui ne courbent pas la tête sous le bâton.

Un édifice enfumé, sale, sombre, à la fois tribunal, prison et bazar, s'élève près de la *Porta Capuana*, au centre d'un des quartiers les plus pauvres et les plus populeux de Naples; les hommes d'affaires, les plaideurs, les marchands de cornes en corail, de tabatières en laves, étourdissent le passant de leurs offres bruyantes; ici les mendiants crient, là les sbires poussent un prisonnier qui se lamente. C'est la prison de la *Vicaria*. Cimarosa expia dans un des cachots de cette prison le crime d'avoir écrit la musique d'un hymne à la liberté. Le savant Dolomieu, en noircissant un peu d'eau avec les résidus de sa lampe, y écrivit sur les marges d'un livre de chasse, le seul qu'on voulut lui laisser, son *Traité de minéralogie*. Les arrêts de mort des victimes de toutes les réactions : 1789, 1815, 1820, 1848, ont retenti sous les voûtes sombres de la Vicaria. Là siégeait la commission des *bastonnades*, là un tribunal secret prononçait la sentence et la faisait exécuter sous ses yeux.

Le lazzaronisme et la bastonnade, voilà les ressorts du gouvernement napolitain. M. Gladstone avait révolté la conscience de l'Europe en publiant sa brochure sur les prisons de Naples. Les défenseurs de Ferdinand II auront beau contester telle ou telle assertion, tel ou tel détail contenu dans cette brochure ; la vérité est que les hommes de cœur ont le droit d'accuser le roi de Naples d'avoir forfait à sa mission en abrutissant des milliers d'âmes, en tenant dans l'ignorance un peuple dont l'éducation lui était confiée, en profanant la morale chrétienne et la dignité humaine par l'emploi de châtiments qui sont un attentat à toutes les deux.

La bourgeoisie napolitaine, menacée dans sa vie et dans ses biens par la convoitise et le fanatisme de la populace, comprimée par la plus ombrageuse des tyrannies, était cependant libérale et voulait une constitution, ou, à défaut de constitution, un despotisme éclairé qui la protégeât dans sa personne et dans ses biens contre les persécutions de la police et les coups de main du lazzaronisme. La république de 1799, si généreuse et si pure, vivait encore dans quelques souvenirs ; les républicains, sans être en mesure de dominer la situation, pouvaient influer sur elle ; la promptitude avec laquelle s'est développé plus tard le parti démocratique à Naples a prouvé sa vitalité latente : ce parti acceptait d'ailleurs alors la monarchie de Savoie.

Le muratisme comptait fort peu de partisans à Naples malgré les efforts de ses agents. Les libéraux, sans méconnaître les services matériels (routes, canaux, monuments) rendus au pays par la royauté de Joachim Ier, savaient par expérience que le despotisme bourbonnien avait trouvé ses plus habiles et ses plus impitoyables auxiliaires chez les muratistes. Le fils de Joachim Ier ne désespérait pas cependant de reconquérir la couronne de son père ; il répandait dans Naples des brochures en sa faveur. L'une de ses brochures (1) contient la lettre suivante de Lucien Murat à son neveu :

« Puisqu'il me semble comme à toi que je suis la seule solution possible, je me suis interdit toute initiative.

» Bien fou celui qui croirait que pour être né seulement sur les marches du trône, la couronne lui appartient, et considère l'héritage de tout un peuple comme sa propriété de la même manière qu'un simple particulier hériterait d'un troupeau.

» Que l'Italie m'appelle, et je serai fier de la servir. J'ajouterai même qu'elle n'en trouvera pas d'autres qui la serviront mieux que moi.

» Ses ennemis sont les miens, et il y a un compte bien terrible à régler entre nous. Mais si l'Italie faisait un autre choix, je ne ferais pas moins de vœux pour elle, et pour l'aider à réussir, je donnerais jusqu'à la dernière goutte de mon sang.

» Bienheureux celui qui sera l'élu de l'Italie : la mission est bien facile. Contiens-toi et souviens-toi de cette vérité qui pour être ancienne n'en est pas moins bonne : Noblesse oblige.

» LUCIEN MURAT. »

Les puissances avaient plusieurs fois demandé au roi de Naples d'adoucir les rigueurs d'une administration plus propre à enflammer les passions révolutionnaires qu'à les calmer. Il répondit à ces exhortations avec une verdeur que l'Autriche dut calmer, car il ne lui convenait pas qu'on mît le feu aux poudres. Ferdinand II, malgré les conseils de ses amis, se faisait souvent de mauvaises affaires avec les puissances. L'emprisonnement des mécaniciens du *Cagliari*, sujets britanniques, l'avait mis dans la nécessité de payer une indemnité de 4000 livres

(1) *Question italienne, Murat et les Bourbons.*

sterling. Le mariage de son fils n'adoucit point le chagrin que lui causa cet échec. Ce mariage eut lieu à Bari, sur la côte de l'Adriatique ; le roi avait été obligé de marcher quatre heures à pied dans la neige, il tomba malade le 9 janvier 1859. La reine, pour le décider à quitter Bari où il ne pouvait trouver aucun secours, fut obligée de recourir à un moine renommé par sa fervente piété. Ferdinand II, débarqué à Portici, se renferma dans son palais de Caserte avec ses médecins, mais il était atteint d'une maladie mortelle. Les nouvelles de la haute Italie lui donnèrent le coup de grâce. Il ordonna de signifier sa neutralité aux puissances et de destituer un employé dont le fils était allé comme volontaire rejoindre Garibaldi. Ce fut le dernier acte de sa volonté. Il mourut le 22 mai 1859 au milieu des intrigues de ses courtisans pour assurer la couronne au comte de Trani, son fils aîné du second lit. L'héritier légitime fut cependant reconnu et monta sur le trône.

L'ultimatum lancé par l'Autriche à la Sardaigne n'était pas acceptable et rendait inutile la proposition de congrès faite par la Russie. La guerre était décidée et le gouvernement français était parvenu à éviter qu'elle devînt générale.

Le baron Kellesberg, porteur de l'ultimatum du gouvernement autrichien, fut renvoyé à Milan avec le refus du gouvernement sarde d'y accéder. A l'expiration du troisième jour, le général Giulay reçut l'ordre d'envahir la Sardaigne.

La France avait disposé ses forces militaires de façon à pouvoir intervenir dans les affaires de Sardaigne dès que son intervention serait nécessaire. Les troupes furent

COMPOSITION DE L'ARMÉE D'ITALIE.

concentrées sur divers points des frontières; elles étaient réparties de la façon suivante :

« Le maréchal Magnan, commandant de l'armée de Paris, quartier général à Paris.

» Le maréchal Pélissier, duc de Malakoff, commandant l'armée d'observation, quartier général à Nancy.

» Le maréchal de Castellane, commandant de l'armée de Lyon, quartier général à Lyon.

» Le maréchal Baraguay-d'Hilliers, commandant du premier corps d'armée des Alpes.

» Le général de division de Mac-Mahon, commandant du 2ᵉ corps.

» Le maréchal Canrobert, commandant du 3ᵉ corps.

» Le général de division Niel, aide de camp de l'Empereur, commandant du 4ᵉ corps.

» S. A. I. le prince Napoléon, commandant un corps séparé.

» Le général Randon, major général de l'armée des Alpes. »

Les 1ᵉʳ et 2ᵉ corps s'embarquèrent de Marseille, de Toulon et d'Alger, les 3ᵉ et 4ᵉ franchirent le mont Cenis et le col de Genève. La garde impériale partit de Toulon.

Voici quelle était la composition de l'armée par divisions :

GARDE IMPÉRIALE.

« Première division d'infanterie : général Mellinet. — Deuxième division d'infanterie : général Camou. — Division de cavalerie : général Morris.

1ᵉʳ CORPS.

» Première division : général Forey. — Deuxième division : général de Ladmirault. — Troisième division : général Bazaine. — Division de cavalerie : général Desvaux.

2ᵉ CORPS.

» Première division : général de la Motte-Rouge. — Deuxième division : général Espinasse.

3ᵉ CORPS.

» Première division : général Renault. — Deuxième division : général Trochu. — Troisième division : général Bourbaki. — Division de cavalerie : général Partouneaux.

4ᵉ CORPS.

» Première division d'infanterie : général Vinoy. — Deuxième division d'infanterie : général de Failly. — Troisième division d'infanterie : général de Luzy de Pélissac.

5ᵉ CORPS.

» Première division d'infanterie : général d'Autemarre. — Deuxième division d'infanterie : général Ulric. »

L'Empereur, le 3 mai, adressa la proclamation suivante au peuple français :

« Français !

» L'Autriche, en faisant entrer son armée sur le territoire du roi de Sardaigne, notre allié, nous déclare la guerre. Elle viole ainsi les traités, la justice, et menace nos frontières. Toutes les grandes puissances ont protesté contre cette agression. Le Piémont ayant accepté les conditions qui devaient assurer la paix, on se demande quelle peut être la raison de cette invasion soudaine : c'est que l'Autriche a amené les choses à cette extrémité, qu'il faut qu'elle domine jusqu'aux Alpes, ou que l'Italie soit libre jusqu'à l'Adriatique ; car, dans ce pays, tout coin de terre demeuré indépendant est un danger pour son pouvoir.

» Jusqu'ici la modération a été la règle de ma conduite ; maintenant l'énergie devient mon premier devoir.

» Que la France s'arme et dise résolûment à l'Europe : Je ne veux pas de conquête, mais je veux maintenir sans faiblesse ma politique nationale et traditionnelle ; j'observe les traités à condition qu'on ne les violera pas contre moi ; je respecte le territoire et les droits des puissances neutres, mais j'avoue hautement ma sympathie pour un peuple dont l'histoire se confond avec la nôtre, et qui gémit sous l'oppression étrangère.

» La France a montré sa haine contre l'anarchie ; elle a voulu me donner un pouvoir assez fort pour réduire à l'impuissance les fauteurs de désordre et les hommes incorrigibles de ces anciens partis qu'on voit sans cesse pactiser avec nos ennemis ; mais elle n'a pas pour cela abdiqué son rôle civilisateur. Ses alliés naturels ont toujours été ceux qui veulent l'amélioration de l'humanité, et quand elle tire l'épée, ce n'est point pour dominer, mais pour affranchir.

» Le but de cette guerre est donc de rendre l'Italie à elle-même, non de la faire changer de maître, et nous aurons à nos frontières un peuple ami qui nous devra son indépendance.

» Nous n'allons pas en Italie fomenter le désordre, ni ébranler le pouvoir du Saint-Père, que nous avons replacé sur le trône, mais le soustraire à cette pression étrangère qui s'appesantit sur toute la

Péninsule, contribuer à y fonder l'ordre sur des intérêts légitimes satisfaits.

» Nous allons enfin sur cette terre classique, illustrée par tant de victoires, retrouver les traces de nos pères ; Dieu fasse que nous soyons dignes d'eux !

» Je vais bientôt me mettre à la tête de l'armée. Je laisse en France l'Impératrice et mon fils. Secondée par l'expérience et les lumières du dernier frère de l'Empereur, elle saura se montrer à la hauteur de sa mission.

» Je les confie à la valeur de l'armée qui reste en France pour veiller sur nos frontières, comme pour protéger le foyer domestique ; je les confie au patriotisme de la garde nationale ; je les confie enfin au peuple entier, qui les entourera de cet amour et de ce dévouement dont je reçois chaque jour tant de preuves.

» Courage donc, et union ! Notre pays va encore montrer au monde qu'il n'a pas dégénéré. La Providence bénira nos efforts ; car elle est sainte aux yeux de Dieu la cause qui s'appuie sur la justice, l'humanité, l'amour de la patrie et de l'indépendance.

» NAPOLÉON.

» Palais des Tuileries, 3 mai 1859. »

L'Empereur quitta les Tuileries en calèche découverte le 10 mai à cinq heures. La cérémonie religieuse qui devait avoir lieu dans la vieille cathédrale de Paris fut contremandée ; la foule immense qui se pressait dès le matin sur le parvis en fut pour ses frais de déplacement. La famille impériale entendit la messe à midi dans la chapelle des Tuileries.

Les ministres se réunirent à cinq heures dans les salons du palais, ainsi que les membres du conseil privé. L'Empereur, en petite tenue de général de division, coiffé d'un képi, vint leur faire ses adieux. A cinq heures et demie, il monta dans une calèche découverte où l'Impératrice prit place auprès de lui. Les Parisiens étaient dans une très-grande émotion. Cette guerre, qui avait pour but l'affranchissement de l'Italie, provoquait dans toutes les classes un grand enthousiasme. On applaudissait les régiments qui traversaient Paris, et lorsque l'Empereur s'achemina vers la gare de Lyon, on acclama celui qui allait prendre le commandement de notre armée et la mener sur le champ de bataille pour une noble cause. La rue de Rivoli, la rue Saint-Antoine, la place de la Bastille et la rue de Lyon étaient encombrées d'une population compacte, à travers laquelle le cortége avait peine à se frayer un passage. Il y avait du monde à toutes les fenêtres et jusque sur les toits.

Un grand nombre de maisons étaient pavoisées aux couleurs de France et de Sardaigne. Dans la cour du débarcadère, des mâts plantés de distance en distance portaient des trophées et des écussons. La haie était faite par les 14° et 15° bataillons de la garde nationale, un bataillon de la gendarmerie de la garde et un bataillon du 80° de ligne. Ces troupes étaient sous les ordres du général Soumain, commandant la place de Paris.

A l'une des extrémités de la grande salle d'attente du chemin de fer de Lyon était ménagée une salle de réception tendue de velours vert que bordaient des crépines d'or, et sur lesquelles se détachaient des écussons ou des panoplies. Dans cette salle se trouvaient le prince Jérôme, le prince Napoléon, la princesse Clotilde, le préfet de la Seine et le préfet de police, le maréchal Magnan, le général Lawœstine, plusieurs sénateurs, députés, conseillers d'État, les membres du conseil d'administration du chemin de fer. Peu d'instants avant l'Empereur, arrivèrent à la gare les personnes qui devaient partir avec lui. C'étaient le maréchal Vaillant, major général; les généraux Roguet, de Montebello, de Béville, Fleury, de la Moskowa; le colonel de Waubert de Genlis, chef d'état-major de la 2° division de la garde impériale; Reille, lieutenant-colonel, chef d'état-major de la 1re division de la garde impériale; M. Conneau, médecin; le baron Larrey, chirurgien; l'abbé Laine, aumônier de l'état-major général; les officiers d'ordonnance et les écuyers de l'Empereur.

Le convoi se composait de dix vagons : quatre vagons salons, un vagon terrasse, trois vagons de 1re classe et deux vagons de charge. Après avoir embrassé les princes de sa famille et serré la main des principaux dignitaires, l'Empereur partit à six heures dix minutes. L'Impératrice ne le quitta qu'à Montereau; elle était de retour à Paris à dix heures et demie.

L'Empereur, en touchant le sol italien, lança son premier ordre du jour à l'armée d'Italie :

« Soldats !

» Je viens me mettre à votre tête pour vous conduire au combat. Nous allons seconder la lutte d'un peuple revendiquant son indépendance et le soustraire à l'oppression étrangère. C'est une cause sainte qui a les sympathies du monde civilisé.

» Je n'ai pas besoin de stimuler votre ardeur : chaque étape vous rappellera une victoire. Dans la voie sacrée de l'ancienne Rome les inscriptions se pressaient sur le marbre pour rappeler au peuple ses hauts faits; de même aujourd'hui, en passant par Mondovi, Marengo, Lodi, Castiglione, Arcole, Rivoli, vous marcherez dans une autre voie sacrée, au milieu de ces glorieux souvenirs.

» Conservez cette discipline sévère qui est l'honneur de l'armée. Ici, ne l'oubliez pas, il n'y a d'ennemis que ceux qui se battent contre vous. Dans la bataille, demeurez compactes et n'abandonnez pas vos rangs pour courir en avant. Défiez-vous d'un trop grand élan, c'est la seule chose que je redoute.

» Les nouvelles armes de précision ne sont dangereuses que de loin. Elles n'empêcheront pas la baïonnette d'être, comme autrefois, l'arme terrible de l'infanterie française.

» Soldats ! faisons tous notre devoir, et mettons en Dieu notre confiance. La patrie attend beaucoup de vous. Déjà d'un bout de la France à l'autre retentissent ces paroles d'un heureux augure : « La nouvelle » armée d'Italie sera digne de sa sœur aînée. »

» NAPOLÉON.

» Gênes, 12 mai. »

Les grands corps de l'État, avant de se séparer, le 27 mai, voulurent donner une nouvelle preuve de dévouement à l'Empereur en manifestant le désir de voir le Prince impérial. L'Impératrice les reçut et leur adressa une petite allocution de remercîment.

L'Autriche, prête à la guerre depuis le commencement de 1859, aurait dû passer immédiatement la frontière, mais son armée ne franchit le Tessin à Gravellone que le 29 mars. Le général Giulay envahit le Piémont par les deux rives du Pô et adressa la proclamation suivante à son armée :

« Soldats,

» S. M. l'Empereur vous appelle sous les drapeaux pour rabaisser une troisième fois la vanité du Piémont et vider le repaire des fanatiques et des destructeurs de la paix générale de l'Europe. Soldats de tous grades, marchez contre un ennemi que vous avez constamment mis en fuite ; rappelez-vous seulement Volta, Sommacompagna, Curtatone, Montanara, Rivoli, Santa Lucia, et une année plus tard, à la Cava, à Vigegano, à Mortara et enfin à Novare, où vous l'avez dispersé et anéanti. Il est inutile de vous recommander la discipline et le courage : pour la première, vous êtes uniques en Europe, et pour le second, vous ne le cédez à aucune armée. Que votre mot d'ordre soit : *Vive l'Empereur et vivent nos droits !*

» GIULAY. »

Deux divisions du corps d'armée reçurent l'ordre de traverser le Tessin, d'occuper les provinces de la Novarèse et de la Lomellina, en poussant une pointe sur la Sésia pour occuper la ville de Verceil pendant qu'un autre corps d'armée traverserait le Pô et s'emparerait de la province de la Voghera.

Victor-Emmanuel appela l'Italie aux armes le 2 mai :

« Soldats,

» L'Autriche, qui, sur nos frontières, grossit ses armées et menace d'envahir notre territoire, parce qu'ici la liberté règne avec l'ordre, parce que non la force, mais la concorde et l'affection entre le peuple et le souverain régissent ici l'État, parce que les cris de douleur de l'Italie opprimée trouvent de l'écho, l'Autriche ose nous enjoindre, à nous armés seulement pour la défense, de déposer les armes et de nous mettre à sa merci !

» Cette outrageante injonction devait recevoir la réponse qu'elle méritait : je l'ai dédaigneusement repoussée. Soldats, je vous en fais part, certain que vous prendrez pour faite à vous l'insulte faite à votre roi, à la nation. L'annonce que je vous donne est une annonce de guerre.

» Aux armes, soldats !

» Vous trouverez en face de vous un ennemi qui n'est pas nouveau pour vous. Mais, s'il est brave et discipliné, vous ne craignez pas la comparaison, et vous pouvez vous vanter des journées de Goïto, de Pastrengo, de Santa Lucia, de Sommacampagna, de Custozza même, où quatre brigades seulement ont lutté pendant trois jours contre cinq corps d'armée. Je serai votre chef. Déjà, à diverses reprises, nous nous sommes connus ; une grande partie d'entre vous et moi combattions aux côtés de mon magnanime père, dans l'ardente mêlée où j'ai admiré avec orgueil votre bravoure.

» Sur le champ de l'honneur et de la gloire, vous saurez, j'en suis certain, conserver, même accroître, votre renom de bravoure. Vous aurez pour compagnons ces intrépides soldats de la France, vainqueurs en tant de batailles signalées, dont vous fûtes les frères d'armes à la Tchernaïa, et que Napoléon III, que l'on trouve toujours là où il y a une juste cause à défendre et la civilisation à faire prévaloir, envoie généreusement à notre aide en nombreux bataillons. Marchez donc, confiants dans la victoire, et ornez de lauriers fraîchement cueillis votre drapeau, ce drapeau qui, avec ses trois couleurs et avec la jeunesse d'élite accourue de toutes les parties de l'Italie et groupée sous ses plis, vous indique que vous avez pour tâche l'indépendance de l'Italie, cette œuvre juste et sainte qui sera votre cri de guerre.

» Victor-Emmanuel. »

L'armée régulière de Sardaigne comprenait cinq divisions d'infanterie de 13 000 hommes : deux bataillons de bersagliers, un régiment de cavalerie, trois batteries d'artillerie de 6 canons, et une compagnie de sapeurs étaient joints à chaque division.

La cavalerie, sous les ordres du général Sambuy, formait 16 escadrons, plus deux batteries d'artillerie représentant une force de 2200 chevaux et de 12 pièces d'artillerie. Les généraux Mollard, Cialdini, Cucchiari, Fanti et Durando étaient à la tête des cinq divisions d'infanterie ; le Roi, ayant le général Morozzo della Roca comme chef d'état-major, et le général la Marmora pour lieutenant, commandait en chef l'armée échelonnée depuis Casale jusqu'à Alexandrie et depuis cette forteresse jusqu'à Tortone et Novi. La division de cavalerie se repliait lentement du Tessin sur la Sésia, tandis que la division de Cialdini occupait la ligne de Dora Baltea fortifiée par le général Menabrea.

Giulay pendant ce temps-là montrait une grande incertitude dans ses plans de campagne. Tournerait-il ses forces principales vers le pays qui s'étend entre Casale et Alexandrie? Il courait risque de se heurter à plusieurs forteresses, sans parler des corps de Canrobert et de Niel. Persisterait-il dans un mouvement menaçant contre Turin? Il s'exposait à être assailli sur son aile gauche et à voir ses communications avec l'armée principale interceptées. Au lieu de se livrer à ces tâtonnements perpétuels, il eût pu, en marchant au début sur Turin ou sur Alexandrie, et en prenant possession du chemin de fer, battre les Français débouchant par le défilé de Novi et les Sardes séparés du reste de l'armée alliée. Le temps perdu par Giulay en inutiles démonstrations, en révélant ses hésitations, permit de prévoir l'issue de la campagne.

Le 3ᵉ et le 4ᵉ corps de l'armée française, descendant du mont Cenis et du mont Genèvre, marchaient sur Turin par la vallée de Dora-Riparia ; le premier et le second corps, la garde impériale et le matériel de l'armée, débarqués à Gênes, traversaient les Apennins et occupaient la vallée de la Scrivia.

Le quartier général français était à Alexandrie. Napoléon III, en y arrivant le 14, trouva dans la maison où il reçut l'hospitalité la carte sur laquelle le premier consul Bonaparte dressa le plan de la bataille de Marengo. Le quartier général sarde, à Occimiano, couvrait le passage du Pô à Casal et celui de la Sesia à Verceil. Les alliés formaient un croissant dont le 1er et le 2e corps de l'armée française occupaient l'extrême point.

L'armée française s'était concentrée à Alexandrie; les Autrichiens poussaient leurs patrouilles jusqu'aux villages de Montebello et de Casteggio. Le général Forey, à la tête de deux bataillons d'infanterie et de deux escadrons piémontais, quitta le 17 Casteggio pour explorer le terrain; les routes qui conduisent à Stradella et Casatica furent barricadées par ses ordres, et Montebello ainsi que Casteggio mis en état de défense.

Les rapports reçus par Giulay lui faisaient croire que les Français avaient l'intention de se porter avec des forces considérables sur Plaisance. Il se décida enfin à tâter son adversaire, et poussa une forte reconnaissance sur la rive droite du Pô. C'est à Montebello qu'il devait rencontrer l'ennemi.

Le champ de bataille de Montebello est compris entre les hauteurs de Casteggio, un des contre-forts des Apennins, et la plaine du Pô. Les barbares avaient pénétré plus d'une fois en Italie par cette vallée; une grande route, l'ancienne voie Émilienne, et un chemin de fer la traversent; la route, en quittant Genestrello, laisse les montagnes sur sa gauche et traverse un cours d'eau. C'est là que le combat allait s'engager. Giulay avait dirigé le 20 mai sur Casteggio le 9e corps d'armée commandé par le général Stadion, fort de 22 000 hommes, avec 7 batteries,

6 escadrons de cavalerie. La division Urban, s'avançant sur la route de Stradella et Voghera, flanquée à gauche jusqu'à Casatica par deux brigades, formait le centre de la ligne d'attaque; une autre brigade, sous le commandement du prince de Hesse, s'étendait à droite. Deux bataillons et demi avec l'artillerie composaient la réserve.

Les Autrichiens, à onze heures du matin, tombent à l'improviste sur les avant-postes piémontais établis entre Montebello et Casteggio, les repoussent et s'emparent de Casteggio, que les alliés n'ont pas occupé : l'avant-garde d'Urban pousse, sans trouver de résistance, une pointe sur Montebello; la cavalerie s'avance jusqu'à Genestrello, d'où les Autrichiens essayent de déloger les Français. Le général Forey, averti de leur approche, part de Voghera à la tête de deux bataillons du 74°; le reste de sa division le rejoint rapidement. Il place ses bataillons à droite et à gauche de la route de Voghera à Montebello, à la hauteur du ruisseau de Fossagazzo, l'un couvrant la chaussée à la Cascina-Nuova, l'autre appuyant le 84° régiment; deux pièces sur le pont du ruisseau prennent la route en enfilade. Une vive fusillade s'engage aussitôt sur toute la ligne entre les tirailleurs des deux troupes.

L'avantage semble d'abord du côté des Autrichiens qui emportent Genestrello : leurs colonnes débouchent déjà de ce hameau; le feu des deux pièces françaises les arrête; l'artillerie autrichienne riposte, les combattants maintiennent leurs positions, les forces sont à peu près égales, mais vers une heure et demie, le reste de la division Forey débouche par la route de Voghera. Les Français, formés sur deux colonnes, se jettent sur l'ennemi qui résiste énergiquement aux forces supérieures qui l'attaquent ; menacé sur sa droite et tourné sur sa gauche, il se retire en combattant sur Montebello. Les Français, maîtres de Genestrello, tournent vers quatre heures et demie leurs efforts contre ce village où les Autrichiens se sont retranchés : un combat corps à corps s'engage dans les rues que les Français enlèvent maison par maison ; le général Beuret est tué par un coup de feu. Les Autrichiens, après une résistance opiniâtre, se fortifient dans le cimetière ; ils sont enfin forcés de l'abandonner ; les Français reprennent leurs positions de la veille, abandonnant Montebello comme un point trop avancé et trop rapproché des forces ennemies.

Les Autrichiens avaient combattu avec la plus grande bravoure, mais leur but, qui avait été de reconnaître les forces et la position de l'ennemi, était manqué. La cavalerie piémontaise soutint bravement la belle réputation acquise par elle dans la campagne de 1848, soit en chargeant l'ennemi, soit en restant sous le feu de son artillerie et de sa mousqueterie. Giulay, en voyant l'opiniâtreté des alliés à défendre leurs positions en avant de Voghera, crut qu'ils voulaient pousser leurs attaques vers Plaisance ; il fit rapprocher du Pô une division du 3ᵉ corps d'armée pour empêcher l'ennemi de franchir ce fleuve au-dessus de l'embouchure du Tessin.

La campagne était commencée depuis vingt jours. Bonaparte, dans la campagne de 1796, avait en moins de temps enlevé les trente lieues de montagnes presque inaccessibles qui ferment la rivière de Gênes à l'occident, forcé les défilés des Apennins, battu les Piémontais et les Autrichiens, et ouvert les plaines du Piémont et de la

Lombardie à son armée. La campagne, commencée le 29 avril 1859, avait été conduite des deux côtés avec une bien grande lenteur. L'indécision régnait dans les mouvements des belligérants : les plans et les ordres de bataille variaient à chaque instant. Vingt-trois jours s'écoulèrent sans attaque de part et d'autre ; vingt-trois jours d'inaction entre deux armées qui se touchaient presque. Cette lenteur, qui paralysait l'élan national italien et qui contrastait tant avec l'activité des soldats français, était due à l'absence d'un plan de campagne toujours très-difficile à concerter entre deux alliés, surtout quand ces alliés gardent entre eux certaines réticences politiques.

Cependant l'abandon de Verceil par les Autrichiens indiquait clairement que leur intention n'était pas de disputer à l'ennemi le passage du Pô, mais de l'arrêter au passage de la Sesia, et au besoin de couvrir la route de Milan, en se repliant derrière le Tessin et en occupant le fort triangle formé par le Gravelone, la Polesine et le Pô. Giulay, en portant sa ligne de bataille sur la rive gauche du Tessin, surprit l'état-major français qui essaya de lui faire prendre le change par une feinte attaque du défilé de Stradella, clef de la route de Plaisance ; mais toutes les feintes manœuvres ne pouvaient guère l'alarmer depuis son changement de ligne.

Le premier corps d'armée française, après le combat brillant mais sans grand résultat stratégique de Montebello, occupe ce village ainsi que Casteggio et les hauteurs qui le dominent ; le 2e corps se porte sur Voghera ; le 3e corps, abandonnant Tortone, conserve son quartier général à Ponte Curone et occupe Castelmoro. Les 1er et 2e corps tiennent la route de Pavie et les crêtes qui bordent au nord-est la Scrivia. Le rappel de la division d'Autemarre de Bobbio, l'occupation de Verceil par les Piémontais, la concentration de leur armée sur la droite de la Sesia, les mouvements incessants de troupes sur le chemin de fer d'Alexandrie à Casale, et de Casale à Verceil, enfin l'expédition de Garibaldi étaient des mesures peu propres à persuader aux Autrichiens que les alliés voulaient attaquer leur gauche; elles pouvaient tout au plus les faire hésiter sur la question de savoir si c'était leur droite ou leur gauche qui allait être débordée sur Novare ou sur Mortara.

Le général Mac-Mahon reçut l'ordre de feindre de jeter un pont sur le Pô pour faire croire à l'ennemi que la ligne de Pavie était menacée. Les travaux commencèrent le 27 mai. Deux ponts de chevalets furent bientôt construits, pendant que les officiers du génie exploraient les passages de la Sesia, et choisissaient entre Prarolo et Palestro un point propre à l'établissement d'un pont véritable auquel le gué d'Albano, à 10 kilomètres de Verceil, devait servir d'auxiliaire.

Garibaldi, pendant que ces mouvements étaient en train de s'accomplir, surveillait le passage du Pô à Ponte-Stura et la route de Casale à Turin. Il avait été appelé à Turin par Cavour, vers le milieu d'avril 1859. Ces deux hommes, visant au même but, mais divisés sur les moyens de l'atteindre, séparés par la naissance, par le caractère, par l'éducation, avaient plus d'estime que de goût l'un pour l'autre. Garibaldi pourtant se rendit avec empressement à l'appel du ministre. Le jour commençait à peine à naître lorsqu'il entra sous la voûte du palais de *Piazza-Castello*. Le chef républicain, introduit dans la chambre rouge où le roi l'avait déjà reçu plus d'une fois, se trouva en présence de Victor-Emmanuel, de Cavour et de Farini.

Cavour entama le premier la conversation : « Eh bien,
» général, le jour si longtemps attendu est arrivé; la
» patience du comte de Buol est presque épuisée, nous
» avons besoin de vous ! »

Garibaldi répondit : « Je suis toujours prêt à servir mon
» pays, mais quel est votre plan? Allez-vous attaquer
» l'Autriche avec la force irrésistible d'une insurrection
» nationale?

» — Je n'ai pas, reprit Cavour, une foi aussi grande que
» vous dans l'efficacité d'une insurrection populaire pour
» vaincre les armées de l'Autriche; notre armée régulière
» est trop faible pour lutter contre les 200 000 hommes
» que nos ennemis ont à la frontière; nous avons dû nous
» ménager l'appui d'un allié puissant. Les paroles adres-
» sées par l'empereur des Français à l'ambassadeur autri-
» chien, le 1er janvier, vous disent assez quel est cet
» allié. » Garibaldi répliqua : « L'Italie se bat, mon premier
» devoir est de lui offrir mon épée : mon cri de rallie-
» ment sera désormais l'unité de l'Italie sous la royauté
» constitutionnelle de Victor-Emmanuel; mais n'oubliez
» pas que l'aide de l'étranger coûte toujours très-cher.
» Je souhaite que l'homme qui nous a promis son secours
» puisse racheter le 2 décembre aux yeux de la posté-
» rité en contribuant à rendre à l'Italie son indépen-
» dance. »

Le roi répondit à Garibaldi : « Napoléon III a toujours
» eu le désir de s'associer à cette œuvre. Aurais-je con-
» senti, ajouta-t-il, au mariage de ma fille avec le prince

» Napoléon, si je n'étais certain des bonnes intentions de
» l'Empereur. »

Garibaldi partit le lendemain pour Biella, où il prit le commandement des *chasseurs des Alpes*, corps de volontaires composé de jeunes patriotes et de vétérans ayant pris part à la défense de Rome en 1849. Après avoir rejoint Cialdini à Casale, il quitta cette ville le 8 mai pour soulever les populations lombardes dans tout le pays situé aux pieds de la partie méridionale des Alpes. A la tête de ses volontaires, il se glisse le long des montagnes et arrive à Chivasso le 10; le 12, il est à San-Germano, où des renforts portent l'effectif de sa troupe à 3180 hommes formant six bataillons et un escadron de guides : ces forces réunies en deux colonnes partent de Borgomanco dans la nuit du 22 au 23, et se dirigent, l'une du côté du nord par Orta, l'autre du côté du sud par Arona. Il entre à Castelletto le 23, franchit le Tessin sur un bac, surprend Sesto-Calende dans lequel il laisse une faible garnison, et, suivant la route de Côme, il entre dans Varèse avant la fin du jour ; il organise sans perdre de temps la défense de cette ville : les rues sont barricadées et les maisons crénelées forment autant de forteresses prêtes à soutenir l'assaut.

Sur ces entrefaites, le général autrichien Urban s'avance avec deux bataillons et demi tirés de la brigade restée dans le Milanais, une demi-batterie de 12 et deux chevalets de fusées ; le général Melzer lui amène plus tard des renforts avec lesquels il attaque résolûment Varèse ; mais Garibaldi, dérobant sa marche derrière un rideau de collines, tombe sur le flanc des Autrichiens et les oblige à se retirer en abandonnant trois canons sur le champ de bataille : il rentre à Varèse. Ce premier succès le décide à prendre l'offensive et à tenter une surprise sur Côme avant que l'ennemi puisse réunir sur ce point des forces considérables; il prend donc la grande route de Benazi ; puis, tout d'un coup, rebroussant chemin et formant son corps en deux colonnes, il dirige la première sur Camerlata, la seconde de Brillo à Chisso sur le territoire de la Suisse, le long d'un étroit sentier qui serpente entre les montagnes du lac de Côme. Les Autrichiens occupent l'extrémité de ce défilé; pendant qu'ils se préparent à recevoir les chasseurs des Alpes à Camerlata, ils sont attaqués à San Fermo : après une lutte acharnée, les Autrichiens sont poursuivis la baïonnette dans les reins jusqu'à l'entrée des faubourgs de Côme que Garibaldi finit par emporter.

Giulay, attaqué de front par l'armée alliée, voyait ainsi son flanc droit menacé par Garibaldi, et ses communications coupées par la population lombarde à moitié soulevée; la marche du 2ᵉ corps d'armée français faisait naître en lui de nouvelles inquiétudes sur la sécurité de son flanc gauche. Cependant, au lieu de laisser du monde en Lombardie pour couvrir sa droite, de s'opposer aux progrès des chasseurs des Alpes et de contenir les montagnards de Varèse, il avait rappelé à l'armée centrale Urban et les autres généraux détachés. Garibaldi partit de Côme dans la matinée du 30 mai et se dirigea par Varèse sur le fort de Laveno qu'il espérait surprendre. Ce fort, situé sur le lac Majeur, était armé de 22 pièces de gros calibre, et défendu par deux compagnies d'infanterie, un détachement de sapeurs du génie, une section d'artillerie, une compagnie de marins de la flottille. Garibaldi, maître des hauteurs, tenta d'enlever le fort par un coup de main à l'aube du 1er juin, mais il fut repoussé avec perte.

Le général Urban, ayant reçu l'ordre de reprendre l'offensive avec trois brigades et quatre batteries et de couper la retraite à Garibaldi sur le Tessin, était rentré le 31 mai à Varèse. La position des chasseurs des Alpes devenait critique : il ne leur restait plus qu'à se jeter dans les montagnes pour gagner Côme par des routes qui pouvaient, à chaque instant, leur être fermées. Heureusement les alliés s'étant remis en mouvement, Urban abandonna brusquement Varèse et se replia sur Gallerata.

Les Autrichiens, à la suite de leurs opérations sur la Sesia et à Varèse, s'étaient rapprochés de la ligne du Tessin, resserrant leur front de bataille et reportant leur aile droite plus en arrière; il ne restait à Novare qu'un détachement du 7e corps qui couvrait la route de Milan, ayant ses avant-postes sur l'Agogna. L'armée sarde, moins la 5e division laissée à la défense de la rive droite du Pô à Casale, s'ébranla le 30 mai pour se rendre de Verceil à Palestro, et assurer le passage de la Sesia à l'armée française. Cette rivière est guéable, mais souvent les grandes pluies la font monter considérablement ; son étroite vallée, couverte de forêts, de saussaies, de canaux, de rivières barrées par des digues, de chemins, de fossés, forme un labyrinthe au milieu duquel s'élèvent les villages de Casalina, Vinzoglio, Confienza et le gros bourg de Palestro, qui commande la plaine environnante. Les Autrichiens avaient concentré là de grands moyens de défense : les hauteurs étaient couronnées d'un parapet garni de deux canons qui battaient le passage de la Sesia et la route de Verceil. Des créneaux couronnaient les premières maisons du village ; une ligne de tirailleurs se dissimulait derrière le rideau des arbres ; les petits ponts servant de passage sur les canaux d'irrigation étaient gardés.

Les Piémontais commencent, le 30 mai, de grand matin, à franchir le fleuve sur deux ponts de chevalets près de Verceil; le passage est terminé à midi. Le roi Victor-Emmanuel marche avec la 4ᵉ division, commandée par le général Cialdini, sur Palestro, qui est la clef de la position ; les 3ᵉ, 2ᵉ et 1ʳᵉ divisions ayant à leur tête les généraux Durando, Fanti et Castelborgo, se dirigent l'une sur Vinzaglio, les deux autres sur Confienza. La 4ᵉ division, malgré les tirailleurs embusqués derrière les arbres ou cachés dans les hautes herbes, franchit successivement les canaux, déloge les défenseurs des maisons et s'empare de la grande route de Palestro et de l'église. Les Autrichiens, retranchés dans le cimetière, battent en retraite, après une longue défense, pas à pas, en combattant avec acharnement de maison en maison.

Pendant que la 4ᵉ division piémontaise se battait à Palestro, une colonne ennemie forte de trois compagnies et 2 pièces d'artillerie, avait été détachée de Robbio pour soutenir les défenseurs de Palestro, en attaquant le flanc gauche des assaillants. Cette colonne, parvenue à Vinzaglio, est subitement attaquée par les troupes de la division Durando, qui vient de chasser les Autrichiens du village; le commandant de la colonne autrichienne, après une lutte très-vive, se retire en bon ordre vers Palestro qu'il croit encore au pouvoir des siens; arrivé à proximité du village, il est entouré par les Piémontais; il parvient à se dégager et à s'ouvrir une retraite sur

Robbio, en abandonnant ses deux pièces de canon et un grand nombre de prisonniers.

La 2ᵉ division piémontaise avait aussi passé la Sesia et traversait Borgo-Verceil, lorsqu'elle se trouve en face d'un corps de cavalerie autrichienne arrivant en reconnaissance d'Orfengo par la route de Novare. L'artillerie piémontaise tire quelques volées de mitraille sur l'ennemi qui disparaît; la 2ᵉ division continue sa marche en deux colonnes sur les hauteurs de Catalina : l'une prenant la direction de Vinzaglio pour se relier à la 3ᵉ division, et l'autre se portant sur le village de Confienza que l'ennemi vient d'abandonner.

Giulay, à la suite de ces combats, porta son quartier général à Mortera; il se rendit le 31 mai, dans la soirée, à Robbio afin de se concerter avec le général Zobbel sur les moyens de reprendre les positions perdues. Le général Zobbel n'avait que quatre brigades formant un total de 18 000 hommes environ à mettre en ligne contre un ennemi supérieur en nombre, car l'armée piémontaise se trouvait déjà réunie sur la rive gauche de la Sesia. Palestro, défendu par la 4ᵉ division piémontaise forte de 11 à 12 000 hommes appuyés à des retranchements et couverts par le 3ᵉ régiment des zouaves français, était capable de résister à des forces plus imposantes; le 3ᵉ et le 4ᵉ corps de l'armée française, qui se préparaient à franchir la Sesia, formaient derrière elle une seconde ligne. Les alliés occupaient donc Verceil et les environs avec 14 divisions d'infanterie et 7 brigades de cavalerie.

Les Autrichiens commencent l'attaque à six heures du matin; leur avant-garde enlève les avant-postes piémontais et atteint les premières maisons de Palestro ; là, elle est obligée de reculer jusqu'au cimetière, entraînant dans ce reflux la colonne qui s'avance derrière elle. Les Piémontais, lancés sur l'ennemi, sont arrêtés par la réserve. Une brigade autrichienne venant de Confienza sans rencontrer d'obstacle tourne à gauche vers Palestro ; l'artillerie des alliés l'arrête. Une autre brigade, accourue en suivant la berge étroite de la rivière, traverse le canal, passe à gué la Sesia et ouvre bientôt le feu sur Palestro. Les boulets autrichiens atteignent un pont de bateaux construit par les Français.

Les chasseurs autrichiens poussent hardiment en avant et chassent les Piémontais de la Cascina di San Pietro. Enhardis par ce premier succès, ils s'avancent vers Palestro par le pont du canal, mais ils sont canonnés par une batterie française établie sur la rive gauche de la Sesia ; le 3e des zouaves, dont jusque-là les blés et une allée de peupliers ont dissimulé la présence, paraît sur le champ de bataille et attaque le flanc gauche des assaillants ; une batterie autrichienne, favorablement placée sur la hauteur, tire sur les zouaves qui s'avancent l'arme au bras, sans brûler une amorce, et jonchent la terre de leurs morts ; un canal les sépare de l'artillerie ennemie ; ils se jettent à l'eau, franchissent cet obstacle, courent sur la batterie et tuent les canonniers sur leurs pièces.

Les Autrichiens essayent, sous la protection de deux de leurs pièces, de reformer leurs bataillons et de résister de nouveau jusqu'à l'arrivée de leur brigade de réserve. Les Piémontais, joints aux zouaves, les repoussent. Un nouveau combat s'engage derrière le pont jeté sur la Bridda, défendu par deux pièces de canon et par une ferme composée de plusieurs bâtiments; mais bientôt les défenseurs de cette position sont refoulés par les alliés après une vigoureuse résistance. Les Autrichiens se retirent en désordre, poursuivis la baïonnette aux reins jusqu'au canal dans lequel ils sont précipités en grand nombre; les canonniers se sauvent avec leurs chevaux et abandonnent leurs pièces, le bataillon des chasseurs tyroliens se fait cependant admirer par le calme et le sang-froid avec lesquels il couvre la retraite sur Rivoltella.

Trois colonnes autrichiennes avaient concouru simultanément à la même attaque; elles avaient été battues chacune isolément par un ennemi qui, à la supériorité du nombre, joignait la force de la position. La quatrième colonne, forte de quatre bataillons seulement qui se trouvaient en réserve, entra à son tour en action contre 14 000 hommes fiers de leurs succès.

Le général Zobbel avait pris position à la Cascina di San Pietro; les Autrichiens s'élancent de là sur les Piémontais et les font reculer jusque dans les vignes et les vergers qui garnissent les approches de Palestro. Le général Zobbel, s'apercevant que, malgré cet avantage, toute tentative pour reprendre l'offensive est inutile, se retire sur Confienza, en se repliant d'abord sur Robbio pour éviter la 2ᵉ division piémontaise. Le 3ᵉ corps d'armée français, qui devait passer sur la rive gauche de la Sesia, ne put effectuer ce passage que très-tard, vers sept heures et demie, à cause d'une crue soudaine des eaux. Cette circonstance, qui pouvait compromettre les alliés si Giulay avait employé pour l'attaque de Palestro des forces plus considérables, sauva le corps de Zobbel d'un désastre.

Le général français Renault porte alors deux de ses bataillons en avant de Palestro, sur la gauche de la grande route conduisant à Robbio, et laisse en arrière de Palestro le reste de ses troupes. La 2° brigade de la division Trochu garde le pont sur la Sesia; la 1re brigade se retire derrière la position occupée le matin par les zouaves. La division Bourbaki couvre les ponts en deçà de la Sesia; l'artillerie de cette division canonne les colonnes ennemies en les prenant à revers, tandis que l'artillerie de la division Trochu les prend de front; le 3° corps contribua ainsi pour sa part au succès de la journée de Palestro. Les Autrichiens, restés sur la rive gauche du Pô, à Robbio, à Mortara, à Novare, se retirent le 2 juin derrière le Tessin, en faisant sauter le pont de San Martino, et se concentrent autour de Rosale où Giulay fixa son quartier général.

Le lendemain du combat de Palestro, un sous-lieutenant du régiment de cavalerie de Nice se présenta devant le colonel français Chabrol, chargé d'escorter les prisonniers autrichiens à Verceil. La présence de ce jeune officier, grand, mince, d'une tournure élégante, parlant le français le plus pur, étonna le colonel, qui ne put s'empêcher de lui demander quel était son pays : «Je suis Français, répondit-il, je suis de Chartres. — Comment êtes-vous venu de la Beauce servir en Sardaigne? L'officier reprit en riant : mon nom est de Chartres; je suis le second fils du duc d'Orléans.»

Le mouvement de concentration des alliés entre Alexandrie et Voghera s'était heureusement accompli; grâce à la victoire de Palestro, l'armée piémontaise, rassemblée sur la rive gauche de la Sesia, à deux étapes de Casale, s'était portée sur la rive gauche sans éveiller l'attention de l'ennemi ; l'armée française, de son côté, s'était déployée entre Alexandrie et Voghera, en quatre jours de marche ; elle avait passé par Casale sur la rive droite du Pô, puis sur la rive de la Sesia; 160 000 Franco-Piémontais s'y trouvèrent un moment réunis. Cette masse, éparpillée sur la longue ligne de Turin à Gênes passant par Casale, Alexandrie, Valenza et Voghera, s'était, en dix jours, rassemblée tout entière sur la Sesia, en franchissant deux fleuves en présence de l'ennemi.

Les transports des troupes françaises par le chemin de fer et les mouvements de leurs différents corps pour franchir le Pô avaient été signalés, dès le 28 mai, à l'état-major autrichien ; le 21 mai, la division Cialdini s'était mise en mouvement de Casale pour Verceil ; depuis ce jour, il y avait eu, sur les deux rives de la Sesia, une série de manœuvres et de combats qui auraient dû prouver à l'ennemi qu'il ne s'agissait pas d'une démonstration de la part des alliés, mais d'une grande opération de guerre qu'il fallait empêcher par une bataille ; lorsque toute l'armée piémontaise se fut portée sur la Sesia, suivie par le 3ᵉ corps d'armée français, il était facile de voir que les alliés avaient voulu transporter le théâtre de la guerre sur la rive gauche du Pô.

Le général Giulay, après le combat de Palestro, franchit de nouveau le Tessin. L'armée française, sans interrompre sa marche sur la rive droite du Pô, entre à Novare, où le quartier général s'établit; le 3 juin, elle se dirige sur le Tessin ; la division Espinasse occupe Trécate. La division Camou des voltigeurs de la garde gagne Robbio sur la rive gauche du Tessin : elle a reçu l'ordre de franchir cette rivière en face de Turbigo, village situé à 9 kilomètres du pont de Buffalora, et de protéger l'établissement d'un pont de bateaux qui doit servir, le lendemain, pour le passage du 2ᵉ corps d'armée. C'est là que va se livrer le second combat de la campagne.

Cinq batteries et un équipage de pont précédés par un escadron de cavalerie suivent la division Camou, qui arrive à Turbigo sans avoir rencontré d'ennemis, et place aussitôt en batterie 12 pièces de l'artillerie de la garde sur les hauteurs, à gauche de la grande route, et 12 pièces sur la rive basse pour obtenir des feux rasants. Cette artillerie bat les abords du point choisi pour l'établissement du pont. Quatre compagnies de chasseurs à pied de la garde, destinées à couvrir la jetée du pont dont les premiers travaux s'exécutent avec rapidité passent le Tessin. Une tête de pont est bientôt prête et armée de 2 pièces. Le lendemain, à deux heures du matin, la brigade Manèque, avec une batterie, occupe le village de Turbigo; la brigade Decaen opère des reconnaissances sur la rive droite du Tessin. La construction du pont sur ce fleuve étant achevée, le 2ᵉ corps se met en marche pour le franchir le 3 juin, à cinq heures; la 3ᵉ division doit rallier à Turbigo la 1ʳᵉ division venant de Novare. Le général Mac-Mahon, qui, avec son état-major, précède la 1ʳᵉ division pour reconnaître le terrain, atteint à trois heures le campement de la brigade Decaen; il se rend à Turbigo pour recevoir les rapports du général Camou mis sous ses ordres. L'ennemi ne s'est montré nulle part. Le général Mac-Mahon, suivi de son état-major, se rend à Robecchietto.

Ce village, placé sur la rive gauche du Tessin, à 2 kilomètres de Turbigo, s'élève sur un monticule qui domine de 13 à 20 mètres la vallée du Tessin; deux routes praticables pour l'artillerie conduisent de Turbigo à Robecchietto : l'une aboutit à la partie sud du village, l'autre à l'ouest. La route qui conduit à Buffalora et à Magenta se dirige vers l'est. Le général Mac-Mahon, du haut d'une éminence d'où il pouvait embrasser une grande étendue de terre, aperçut sur cette route une division autrichienne déjà parvenue à l'entrée du village, d'où le général la Motte-Rouge reçut l'ordre de la déloger; la division ennemie débouchait à peine du pont, le général la Motte-Rouge n'avait à sa disposition que le 3ᵉ régiment de tirailleurs algériens.

Ce régiment, formé en colonne, court tête baissée sur le village et force l'ennemi à la retraite. Le 45ᵉ régiment appuie le mouvement des Algériens; le 65ᵉ, qui traverse en ce moment le pont du canal, reçoit l'ordre, dès qu'il aura débouché sur le plateau, de se former à gauche de la 1ʳᵉ brigade pour couvrir le flanc des colonnes d'attaque. La 1ʳᵉ brigade de la 2ᵉ division sortie de Galliate s'approche du défilé qui conduit au pont; la 2ᵉ brigade de cette division ne doit quitter Trécate que lorsqu'elle aura été relevée dans ses positions par les grenadiers de la garde. Les Autrichiens, au nombre de quatre bataillons et de deux escadrons de hussards avec 4 pièces, prennent position à 300 mètres environ en arrière de Robecchietto, et ouvrent les premiers le feu avec leur artillerie. Les Français ripostent; le combat se prolonge sans résultat des deux côtés; le général autrichien, s'apercevant que des colonnes ennemies débouchent du pont de Buffalora, se retire laissant une pièce démontée au pouvoir des Français. Le

45ᵉ de ligne va s'élancer à la poursuite de l'ennemi, lorsque, tout à coup, deux escadrons de hussards servant d'éclaireurs à la colonne mobile du général Urban se montrent sur la gauche. Un bataillon français du 65ᵉ avec 2 pièces se porte en avant et fait rebrousser chemin à cette cavalerie. Un détachement de chasseurs tyroliens, qui cherche à enlever le pont sur le canal de navigation, est repoussé par le 2ᵉ voltigeurs de la garde ; à cinq heures, ces divers combats sont terminés. La victoire de Turbigo, prélude de celle de Magenta, permit à l'armée alliée de s'établir à cheval sur le Tessin et de prendre sa ligne de bataille.

Le 4 juin, le 2ᵉ corps, renforcé par la division des voltigeurs de la garde impériale et suivi de l'armée sarde, quitta Turbigo pour se diriger sur Buffalora et Magenta, tandis que la division des grenadiers de la garde impériale allait s'emparer de la tête du pont de Buffalora, sur la rive gauche du Tessin. Le 3ᵉ corps doit passer ce fleuve à Buffalora ; le 6ᵉ corps devra bivouaquer à Trecate ; le 1ᵉʳ corps s'établira dans les fortes positions d'Olengo, de la Bicoque de Castellazzo et de la Cavalotta. L'extrême droite de ce corps, appuyée à l'Agogna, sera couverte par la division Desvaux. La division de cavalerie du général Partounneau soutiendra la gauche du 1ᵉʳ corps en la ralliant au 4ᵉ. La ligne de bataille est donc celle d'Olengo à Magenta, perpendiculaire à la ligne de bataille des Autrichiens, ce qui place la droite des Français dans une position assez difficile.

La division Urban formait, à Gallerate et à Varèse, l'extrême droite des Autrichiens ; la division Clam, renforcée de quatre bataillons et de deux batteries, occupait

Magenta; une brigade de cette division était restée à Turbigo, après avoir détaché quelques bataillons à la tête du pont de San Martino, armée de grosses pièces. Cette tête de pont fut évacuée dans la nuit du 2 au 3. Les Autrichiens firent sauter le pont de Bussoletta : deux arches seulement furent renversées par l'explosion; elles avaient, en tombant l'une sur l'autre, donné aux voûtes une pente oblique qui permettait de les franchir. La position du général Clam pouvait donc être attaquée de front et de flanc par le pont de Bussoletta.

Le 2ᵉ corps d'armée autrichien, déjà sur la rive gauche du Tessin, marchait vers Magenta pour soutenir Clam. La division Reischach reçut l'ordre de se porter aussi en avant que possible. La cavalerie de réserve, au bruit du canon, prit la route de Magenta. Le quartier général autrichien, qui s'était transporté pendant le combat de Robecchietto, de Belsguardo à Rosale, où se rendit aussi le feld-maréchal Hess arrivé de Vienne, fut le soir même transféré à Abbiategrasso. Les 2ᵉ, 7ᵉ et 3ᵉ corps d'armée, ainsi que la cavalerie formant une seule colonne dans l'ordre indiqué, passèrent le Tessin sur le pont de Vigevano. Le 8ᵉ corps fut retardé dans sa marche sur Binasso par la nécessité de laisser défiler un grand transport de blessés, l'artillerie de réserve de l'armée, les équipages de pont, les voitures et le 5ᵉ corps. Tous les mouvements de marche étant finis dans la nuit du 3 au 4 juin, l'armée autrichienne se trouva placée ainsi : 1ᵉʳ et 2ᵉ corps à Magenta et dans les environs; le 5ᵉ corps à Abbiategrasso; le 5ᵉ corps à Fallavecchia, entre Rosale et Coronate; le 8ᵉ corps à Belsguardo et vers Binasco; le 9ᵉ corps en route vers Pavie; la cavalerie de réserve à Corbetta. Il y avait autour de Magenta 41 000 hommes, autour d'Abbiategrasso 17 000 hommes; en arrière de Fallavecchia 47 000 hommes, derrière Pavie 24 000 hommes; à Varèse, Urban avec 11 000 hommes; à Milan, une division du 1er corps, 13 000 : total 160 000 hommes. Ces troupes, qui venaient de faire de longues marches, eurent un jour de repos. Celles qui devaient s'opposer aux alliés sur la gauche du Tessin, distribuées depuis Magenta jusqu'à Belsguardo, occupant une étendue directe de sept lieues, avaient besoin d'une heure de marche pour se concentrer.

La ligne de bataille des Autrichiens se développait sur les élévations de terrain qui dominent la route de Buffalora à Milan, formant comme un arc de cercle dont cette route était la corde, ayant à sa gauche Ponte Vecchio di Magenta, le centre à Ponte Nuovo di Magenta, et la droite au village de Buffalora, bâti sur les deux rives du *Naviglio grande*, éloigné environ de 1500 mètres du pont de Buffalora construit sur le Tessin. Leur ligne de défense était couverte par le *Naviglio grande*, canal dérivé du Tessin, large de 30 pieds et profond de 5 à 6 pieds, coulant à mi-côte entre deux rives escarpées, et franchissable sur trois ponts, vis-à-vis les villages de Buffalora, Magenta et Robecchio.

Les bords de *Naviglio* s'élèvent de 5 à 6 pieds au-dessus du terrain : leurs pentes escarpées sont de 25 à 30 pieds de hauteur, couvertes de bois et maçonnées en plusieurs endroits. Des chemins bien entretenus courent sur les bords et traversent la ligne du chemin de fer, presque à fleur d'eau, sur des ponts formant comme des portes au-dessous desquelles passe la voie ferrée partant du pont de Buffalora. Cette voie se prolonge à droite en décrivant une courbe presque insensible vers les hauteurs qu'elle franchit à environ 600 mètres de Ponte Nuovo di Magenta. Ce hameau est donc le point d'intersection du canal et de la grande route de Milan ; il se compose de quatre fermes situées sur les deux côtés du canal et de la route.

Le pont du chemin de fer s'élève à 400 mètres environ en aval de Ponte Nuovo. Le hameau de Ponte Vecchio di Magenta est bâti sur les deux bords du canal en aval, à 1200 mètres environ de Ponte Nuovo di Magenta. Robecchio est situé à environ 3200 mètres plus loin. Magenta se trouve sur la route de Buffalora à Milan, à la distance d'environ trois lieues de cette ville, et à 2300 mètres environ de Ponte Nuovo di Magenta.

Le village de Magenta est accessible de tous les côtés ; le mouvement prononcé des Français qui s'avancent par la route de Milan et par la ligne du chemin de fer partant du pont du Tessin, fait de ce village la clef de la position des Autrichiens et leur point de ralliement.

Le terrain compris entre Ponte Nuovo di Magenta et le chemin de fer est coupé de rivières. L'espace entre la position des Autrichiens, les routes de Milan et le canal du *Naviglio grande* est couvert de haies, de broussailles épaisses, de bouquets d'arbres, de vignes, de mûriers, de prés et de rizières ; des courants d'eau et des fossés profonds le traversent. Un fantassin aurait de la peine à surmonter les obstacles de ce terrain, et il est presque impossible à l'artillerie et à la cavalerie de s'y mouvoir.

Les Autrichiens ont joint à ces obstacles naturels la fortification des bâtiments de la station du chemin de fer et de la douane, et deux banquettes, l'une en avant, l'autre en arrière du pont de Magenta, pour défendre l'approche du canal; deux traverses avec parapet s'élèvent sur la ligne du chemin de fer, aux deux points où cette ligne se voûte pour laisser passer deux courants d'eau. Une redoute, défendue par des abattis, commande la ligne du chemin de fer, à l'endroit où il s'encaisse entre les hauteurs précédant le *Naviglio grande*.

Le comte Clam, commandant le 1er corps d'armée autrichienne, avait sous ses ordres 13 000 hommes de son corps et tout le 2e corps fort de 17 000. Il distribua ses troupes de la façon suivante : une brigade derrière le *Naviglio*, établie solidement aux ponts de la route et du chemin de fer sur le canal; trois brigades à Magenta, une brigade à Robecchio, avec ses avant-postes à Ponte Vecchio di Magenta et sur trois autres points voisins. Cette position jointe à leur nombre, assurait aux Autrichiens un grand avantage sur la partie de l'armée alliée qui se trouvait séparée par le Tessin du reste de l'armée divisée elle-même sur la route de Novare à Buffalora, en plusieurs tronçons se livrant à des marches et à des contre-marches pour se rejoindre.

Les Autrichiens, en repassant sur la rive gauche du Tessin, avaient vainement cherché à faire sauter le pont de Buffalora. Le génie français put aisément le rendre praticable en posant sur les arches endommagées un tablier factice; le génie, à côté de ce pont stable, construisit un autre pont de bateaux sur lequel la brigade des grenadiers de la garde, commandée par le général Wimpffen, franchit le Tessin à huit heures du matin avec 2 pièces de canon, et prit position à droite et à gauche de la route de Milan. Le général Clam, à la nouvelle de l'approche des Français, pourvut à la défense des ponts du chemin de fer et de la route de Milan à Ponte Nuovo di Magenta ; un bataillon occupa le retranchement situé en avant du chemin de fer, quelques pièces furent mises en batterie de façon à enfiler la route ; un autre bataillon prit place comme réserve, derrière le retranchement ; une ligne épaisse de tirailleurs occupa le remblai qui longe le *Naviglio;* le reste de la brigade se tint en réserve derrière le canal. Une brigade de soutien se mit à cheval sur la route et le chemin de fer, à demi-distance entre le canal et Magenta ; une demi-brigade resta comme réserve générale à Magenta.

La brigade Wimpffen, parvenue à mi-chemin des maisons de Ponte Nuovo di Magenta, après avoir engagé le feu entre ses tirailleurs et les avant-postes ennemis, se retira pour prendre position à 500 mètres en avant du pont de Buffalora.

La 1re brigade de la division Mellinet s'établit derrière ce pont ; le 3e corps français, au lieu de se diriger sur Turbigo, reçut l'ordre de passer le Tessin au pont de Buffalora, et l'armée sarde celui de hâter sa marche pour rejoindre le 2e corps.

L'armée française, avant de s'engager, voulait attendre des renforts afin de concourir à l'attaque générale en même temps que la colonne venant de Turbigo. La division la Motte-Rouge quitta Robechello le 4 juin à neuf heures et demie du matin et se dirigea vers Valeggio. Le 7e chasseurs éclairait la marche de cette division ; le général Mac-Mahon marchait en tête de sa colonne ; la 2e division du 2e corps d'armée se dirigeait vers le même village. La division Camou suivait les traces de la division la Motte-Rouge.

Les 2ᵉ et 3ᵉ divisions sardes, arrivées le 3 juin au soir à Galliate, où elles avaient passé la nuit, franchirent vers midi le Tessin à Turbigo ; la 2ᵉ division se mit en marche vers Magenta, la 1ʳᵉ et la 4ᵉ division prirent position à Galliate. L'armée sarde et les corps de Niel et de Canrobert, se dirigeant sur le Tessin, étaient trop en arrière pour soutenir le 2ᵉ corps et les voltigeurs de la garde dans la lutte contre le général Clam à Magenta. Ce général avait disposé ses troupes, comme nous l'avons vu, derrière le canal avec le front vers l'ouest, mais il allait être attaqué aussi vers le nord. La colonne de droite de la division la Motte-Rouge traverse alors Induma et Cuggione sans rencontrer d'ennemis, puis elle se dirige vers Casale et Rubone : les avant-postes autrichiens échangent quelques coups de fusils avec les tirailleurs algériens marchant en tête de la colonne ; ils se replient en combattant sur Buffalora par Bernate ; les Algériens se lancent au pas de course sur ce village et l'enlèvent.

Les Autrichiens se rallient, à 2 kilomètres environ, aux premières maisons de Buffalora, mais le 2ᵉ corps ne se trouve point encore en posture de seconder l'attaque de Buffalora. Le général Mac-Mahon s'aperçoit qu'il a devant lui des colonnes considérables s'étendant de Cuggione à Magenta et pouvant l'accabler et le séparer de la division Espinasse. Il fait cesser l'attaque sur Buffalora et masse la 1ʳᵉ division par bataillons entre les deux cascines de Velegio et de Malassella, où Mac-Mahon attend qu'Espinasse se mette en ligne avec la 1ʳᵉ division et que les voltigeurs de la garde accourent se ranger derrière la 1ʳᵉ division.

L'état-major est établi sur le pont de Buffalora. Les

décharges réitérées de l'artillerie et la vive fusillade du côté du village de Casate, faisant supposer que le général Mac-Mahon est là avec son corps d'armée, ordre est donné à la division Mellinet d'attaquer la position occupée par l'ennemi en avant de Ponte di Magenta afin d'appuyer l'attaque de Mac-Mahon. Les 3° et 4° corps hâtent leur marche. La brigade Wimpffen, laissée en avant du pont de Buffalora sur la rive gauche du Tessin, s'ébranle à dix heures ; le 3° grenadiers suit la route à droite ; le 2° grenadiers, éclairé par des compagnies de zouaves, marche à gauche ; quatre pièces sont en batterie sur la route, trois compagnies de zouaves forment la réserve, pendant que le 1ᵉʳ grenadiers observe le flanc droit par lequel une attaque est possible. Le 3° grenadiers surmonte tous les obstacles du terrain sous le feu de l'ennemi ; il s'avance vers le mamelon sur lequel s'élève la redoute de Monte Rotondo. Arrêté un moment par les ravages que fait dans ses rangs le feu de l'artillerie ennemie, il revient à la charge et s'empare de la redoute. Les Autrichiens en se retirant veulent mettre le feu aux mines préparées sous les ponts du canal, mais le sergent qui s'approche la mèche à la main est tué. Les grenadiers s'avancent alors sur la droite de la redoute dans la direction de Ponte Vecchio di Magenta ; là ils se trouvent en face de forces considérables échelonnées le long du *Naviglio grande*. Le général français appelle à lui les trois compagnies de zouaves ; l'ennemi est sur le point de s'emparer du pont du chemin de fer et d'écraser les grenadiers qui en défendent la chaussée. Les zouaves s'avancent résolûment, mais ils vont être repoussés par la supériorité du nombre, lorsque le 3ᵉ bataillon des grenadiers et les zouaves de la brigade Cler arrivent. Les Français, traversant le canal malgré des obstacles de toute nature et le feu meurtrier de l'ennemi, occupent les maisons qui défendent les abords de Ponte Nuovo. Ils vont franchir le *Naviglio grande*. Le général Clam, les voyant approcher de Casale, et redoutant leur double attaque, adresse un rapport sur la situation à Giulay, à Abbiategrasso. Le général en chef autrichien ordonne aussitôt à une division du 7ᵉ corps de marcher sur Magenta, au 3ᵉ corps sur Robecco, et à une autre division du 7ᵉ corps de se rendre de Castelletto par Albairate à Cosbella; les 3ᵉ et 8ᵉ corps devront hâter leur marche pour arriver à Robecco. Une grande bataille va donc s'engager là où il semblait n'y avoir de prétexte que pour un combat d'avant-garde. Si Giulay, au lieu d'envoyer toutes ses troupes à Magenta où elles ne pouvaient arriver que tard, avait fait retirer celles de Clam en livrant de petits combats derrière le *Naviglio grande*, les Français se seraient trouvés en présence de toute l'armée autrichienne réunie dans une belle et forte position sur le flanc de la route de Milan (1). Ils occupaient la rive gauche du *Naviglio;* lorsque Giulay parut sur le champ de bataille, il était deux heures.

Giulay fait avancer une brigade de réserve vers Marcallo où vient d'arriver le 2ᵉ corps d'armée français, puis il se rend à Robecco pour diriger les préparatifs d'une attaque contre le flanc droit de la division des grenadiers de la garde impériale française, qui de Ponte

---

(1) *Histoire inédite de la guerre de* 1859 *en Italie*, par le général Jérôme Ulloa.

Nuovo di Buffalora s'est, comme on l'a vu plus haut, avancée vers le *Naviglio ;* les grenadiers et les zouaves courent grand risque d'être enveloppés ; quelques pelotons de chasseurs à cheval sont les seules forces qu'on puisse envoyer à leur secours. Cette petite troupe, lancée vigoureusement par le général Cassagnolles contre les colonnes ennemies, exécute quelques charges brillantes, mais infructueuses.

Les grenadiers de la brigade du général Wimpffen se portent en avant pour contenir l'ennemi, quatre pièces d'artillerie placées en même temps sur la route lancent des volées de mitrailles qui font de grands ravages dans les rangs des Autrichiens ; ceux-ci ne tardent pas à répondre à ce feu avec un nombre égal de pièces, le combat devient aussi sérieux sur la gauche que sur la droite ; les grenadiers français sont menacés d'être débordés par un ennemi supérieur en nombre ; des ordres pressants détachent du 4e corps la division Vinoy qui s'élance au pas de course vers le pont de Buffalora. La première division du 3e corps commandée par le général Renault, hâte aussi sa marche ; une brigade de cette division arrivée vers trois heures et demie au pont de Buffalora se jette sur la droite pour appuyer le général Wimpffen. Le général Picard qui la commande arrive à temps pour dégager les grenadiers de la garde. Le régiment autrichien Archiduc-Sigismond se replie lentement sur les contre-forts qui séparent Ponte Vecchio des rizières; les Autrichiens, barricadés dans ce village, dirigent une fusillade des plus vives sur les troupes du général Picard qui, à la tête de sa brigade, s'élance sur le village et s'en empare. L'ennemi laisse entre ses mains un grand nombre de prisonniers, mais il rompt le pont, s'embusque dans les maisons de la rive gauche du canal et de là dirige une vive fusillade sur les Français qui occupent l'autre partie du village.

Les Autrichiens font de nouveaux efforts pour reprendre la rive droite du *Naviglio*. Le général Reischach, à peine arrivé avec sa division à Magenta, se porte à la tête de la brigade Gablentz vers Ponte Nuovo par la route de Milan, se jette sur les Français, les repousse sur le pont, et leur prend un canon. Le général Cler est tué à la tête de ses grenadiers, et les Autrichiens réoccupent les maisons sur le canal sans pouvoir franchir le canal lui-même. Le général Lebzeltern, à peine suivi par deux bataillons, s'était dirigé sur Buffalora peu de temps après le départ de Gablentz; arrivé près du village, il fait attaquer par un de ses bataillons les maisons défendues par les Français. Lebzeltern est blessé en conduisant l'attaque; les Autrichiens essayent de la renouveler; ils sont repoussés une seconde fois.

Le 3º corps de l'armée autrichienne s'avance sur Robecco. Le prince Schwartzenberg, à la tête d'une brigade du 2º corps, qui se trouve à Robecco, se porte au delà de Ponte Vecchio sur la rive ouest du canal vers le flanc des Français. Son projet est de couper la division des grenadiers et de la repousser entre le Tessin et le *Naviglio*; mais tous ses efforts sont vains. Le général Picard conserve Ponte Vecchio. La position des Français n'en est pas moins critique; toutes les oreilles sont tendues pour savoir si le canon de Mac-Mahon ne se fait pas entendre sur la gauche. Les renforts du 4º corps n'arrivent pas, le 3º corps rencontre de grandes difficultés dans sa marche, la grande route étant entièrement couverte par l'artillerie et les équipages militaires; Canrobert n'atteint le pont de San Martino qu'à quatre heures; les généraux demandent des renforts de tous côtés, mais on manque de troupes; les Autrichiens s'avancent en grandes masses sur la route de Milan et menacent de forcer le passage du canal; leur 3º corps est à Robecco prêt à pousser en avant. La brigade Hartung se porte sur la rive ouest du *Naviglio* vers Ponte Vecchio, la brigade Durrfeld à gauche se dirige par Carpenzago vers San Damiano, et la brigade Wetzlar gagne du terrain dans la vallée même, le général Ramming déborde Ponte Vecchio et se met en communication avec l'aile gauche de la division Reischach. Le général Hartung déloge les quelques bataillons de la brigade Picard de leur position.

Le général Picard se précipite en vain avec le reste de sa brigade pour les soutenir, il est forcé de céder le terrain; voyant que le général Wimpffen court de nouveau risque d'être enveloppé, il fait des efforts inouïs et reprend le village de Ponte Vecchio qu'il est bientôt obligé d'abandonner. L'ennemi le déborde, il va être coupé de la brigade Wimpffen, lorsque le colonel du 9º de ligne prend position à la tête de deux bataillons de son régiment entre le canal et Ponte Vecchio. Le colonel tombe frappé de cinq balles en repoussant une colonne ennemie; les Autrichiens, pendant ce temps-là, massant de grandes forces sur la droite des Français, tâchent de rejeter la division Mellinet et la brigade Picard au delà du pont de Buffalora sur la rive droite du Tessin. Ces troupes opposent une résistance héroïque à l'ennemi sur le *Naviglio;* le salut de l'armée dépend de la possession de ce cours d'eau. Les renforts ne paraissent pas ; il y a là un moment d'angoisse mortelle ; enfin les voici ! il est cinq heures et demie.

La division du 4ᵉ corps, commandée par le général Vinoy, paraît la première sur le champ de bataille ; le général Niel, commandant le 4ᵉ corps, détache deux bataillons de la brigade Martimprey, chargés de chasser les Autrichiens de la ferme qu'ils occupent ; le reste de la brigade vole au secours de Wimpffen et de Picard. La brigade Charrière de la même division débouche du pont de Buffalora et se porte sur le canal. La lutte se soutient donc à Ponte Vecchio, à la redoute et à Ponte Nuovo. Le maréchal Canrobert, du 3ᵉ corps, rejoint la brigade Picard, qui se bat depuis quatre heures. Le général Vinoy s'empare de la partie du village de Ponte Vecchio située sur la gauche du canal et fait 200 prisonniers à l'ennemi ; l'autre partie du village sur la rive droite résiste à toutes ses attaques. Sa position n'est pas sans danger à cause du peu de troupes dont il dispose ; impossible de rallier la brigade de Martimprey qui marche dans la direction de Magenta ; le général Vinoy demande des secours : la brigade Jaurès de la division Renault du 3ᵉ corps d'armée arrive à six heures, les détachements du 3ᵉ corps autrichien se retirent sur tous les points. Quelques bataillons français, au moment où ils sortent de Ponte Vecchio, sont chargés par trois escadrons du régiment des hussards du roi de Prusse, venant de Carpenzago. Le maréchal Canrobert et les officiers de son état-major, entraînés dans la bagarre, mettent le sabre à la main ; les hussards autrichiens, après avoir poursuivi l'ennemi jusqu'au canal, essuient en revenant sur leurs pas le feu des Français logés dans les maisons du village. Cette charge brillante permet à deux régiments d'infanterie de se retirer sans être attaqués. Au même instant, de sourdes et lointaines détonations se font entendre, un cri s'échappe de toutes les poitrines : c'est le canon de Mac-Mahon !

Ce général était en avant de Cuggione au moment où la division Espinasse entrait en ligne avec la division la Motte-Rouge qui avait pour mission d'enlever le village de Buffalora qu'on supposait occupé par l'ennemi. La division Camou se porte en avant pour remplir l'espace entre les deux divisions du 2e corps et le 7e régiment de cavalerie augmenté de deux escadrons du 4e régiment de chasseurs placé à sa gauche. Le général Mac-Mahon marche dans cet ordre de bataille contre la droite des Autrichiens. Giulay n'avait pu d'abord lui opposer qu'une brigade qui, placée devant Marcallo, ne retarde pas longtemps le mouvement du général Espinasse. Recueillant quelques détachements épars il les envoie sur le champ de bataille. Le général Gablentz prend le commandement de deux brigades en remplacement du général Reischach blessé. La lutte sur le point de s'engager du côté du nord à Magenta doit décider du sort de la bataille.

La 1re division de la Motte-Rouge soutenue par deux bataillons en réserve s'avance contre Buffalora, mais l'ennemi vient d'abandonner le village en rompant le pont qui relie les premières habitations à celles qui sont placées sur l'autre rive du canal. Le 2e grenadiers de la garde impériale occupait ces maisons, n'ayant pu passer sur l'autre rive du canal défendue par des forces supérieures ; mais après la retraite des Autrichiens, il franchit le canal sur une passerelle construite à la hâte et rejoint le reste de la division Mellinet, qui occupe Ponte di Magenta. Le 73ᵉ traverse à son tour le canal; la division la Motte-Rouge trouvant Buffalora aux mains des Français se porte en convergeant sur la route de Buffalora à Magenta. La tête de cette division engage la lutte avec l'ennemi solidement retranché dans la Cascina Nuova. Cette ferme est enlevée après un rude combat : 6 à 700 Autrichiens mettent bas les armes. Le général Mac-Mahon s'avance toujours de l'autre côté. La division Espinasse est arrivée jusqu'à Marcallo sans rencontrer d'ennemis, mais au sortir de ce bourg, le 71ᵉ se trouve en présence des Autrichiens. Le général Espinasse, chassant l'ennemi des maisons qui ont vue sur la route qu'il occupe, se porte à la tête de la brigade Cassagne sur la droite dans la direction de Gustafama et rejette l'ennemi sur Magenta; Mac-Mahon, attaquant alors l'ennemi avec toutes ses forces, pousse après une série de combats sur Magenta avec ses trois divisions réunies.

Giulay avait rassemblé dans ce village tous les détachements des différentes brigades encore en état de combattre; il ne comptait, en fait de troupes fraîches, que sur une division arrivée à quatre heures. Mac-Mahon donne l'ordre de prendre Magenta. La division Espinasse l'aborde par la droite; la division la Motte-Rouge appuie cette attaque en se tenant en réserve sur la gauche. L'artillerie suit pour protéger les mouvements des troupes dans toutes les directions. Les assaillants s'ébranlent à la fois; un feu très-vif d'artillerie et de mousqueterie les reçoit à l'entrée du village; il faut pour s'en emparer prendre d'abord la gare du chemin de fer. Le général la Motte-Rouge dirige ses attaques sur ce point; bientôt la mêlée devient générale, on combat à la droite, au centre, à la gauche, sur toute la ligne; les Français sont déjà parvenus à la hauteur du chemin de fer ; ils menacent le centre du village sur lequel Mac-Mahon dirige tous ses efforts. Les combattants des deux côtés rivalisent de bravoure, le général Espinasse franchit la chaussée du chemin de fer et s'avance vers la rue qui conduit à Magenta ; l'entrée de cette rue est défendue par deux pièces et par une grande maison à plusieurs étages que les chasseurs tyroliens occupent.

Les Français forcent l'entrée de Magenta et s'emparent de la grande maison ; Espinasse est tué d'un coup de feu. Le général Castagny s'engage résolûment avec sa brigade dans le village et en déloge les Autrichiens de maison en maison. La résistance de l'ennemi est aussi opiniâtre sur les autres points du village : la brigade Gault laissée à la garde de Marcallo est rappelée à Magenta ; suivie des 1er et 2e régiments elle franchit la chaussée du chemin de fer et rejoint la brigade Castagny à la droite du village. Le général Martimprey cherchant à rallier le 2e corps s'est engagé à la tête de deux bataillons du 52e de ligne sur la route de Magenta ; il rencontre l'ennemi, s'empare d'une ferme où il essaye de résister à des forces supérieures, n'y pouvant réussir, il parvient à rejoindre la division la Motte-Rouge.

Cette division, après s'être emparée de la gare du chemin de fer, s'est portée en avant. Une partie des troupes qui la composent franchissant la voie ferrée s'est mise à cheval sur la route de Milan. L'autre partie, sous les ordres du général Polhès, a délogé les Autrichiens de l'église de Magenta. Le général Auger commandant l'artillerie a placé en batterie 30 pièces qui couvrent le village de leurs boulets. Les Autrichiens, débordés de tous côtés, se retirent lentement en défendant les maisons une à une et le terrain pied à pied. Une batterie de fusées couvre leur retraite. Magenta est enfin au pouvoir des Français à sept heures et demie.

Les deux armées campèrent sur le champ de bataille. Les pertes étaient considérables des deux côtés : les Français comptaient : morts ou blessés, 246 officiers, 3463 hommes et 735 disparus; les Autrichiens, 281 officiers, 3432 hommes et 4000 disparus, mais le résultat de la bataille était d'ouvrir Milan aux Français.

La nature du terrain sur lequel la bataille avait eu lieu permit aux Français de déployer leurs qualités naturelles. Ce terrain ne se prêtait qu'à des rencontres isolées, dans lesquelles, plus agiles de corps, plus prompts d'intelligence que les Autrichiens, ils devaient avoir l'avantage sur eux. Les corps d'armée autrichiens, accourus à la hâte pour disputer aux alliés le passage du Tessin, pas plus que les alliés, ne s'attendaient à une grande bataille, la lutte fut pour ainsi dire improvisée. L'armée française, grâce à sa vigueur à maintenir l'offensive malgré les pertes très-graves subies par sa droite, et grâce à la décision du général Mac-Mahon, restait victorieuse, mais la victoire lui avait été très-disputée, et peut-être lui aurait-elle échappé sans la lenteur de Giulay à renforcer sa droite à Magenta, et à faire entrer en ligne les troupes appartenant aux 3°, 7° et 5° corps d'armée. Giulay avait commis trois grandes fautes : d'abord en n'attaquant pas avec vigueur l'armée piémontaise à son entrée en campagne, ensuite en ne profitant pas de l'imprudence des alliés le 2 juin, lorsqu'ils abandonnèrent leur ligne de défense et de retraite défendue seulement par une partie du 1ᵉʳ corps français; enfin, en laissant les Français passer tranquillement sur la rive gauche du Tessin. Cependant les champs de Magenta, théâtre d'engagements acharnés, d'alternatives de succès et d'échecs, jonchés de morts et de blessés, n'auraient peut-être prêté leur nom qu'à une journée indécise sans le départ des Autrichiens le lendemain de la bataille; les vainqueurs ne les gênèrent nullement dans leur retraite. La nécessité de donner du repos aux troupes n'explique pas seule cette inaction, car l'armée piémontaise et un corps d'armée français n'avaient pas été engagés dans la lutte, mais l'armée française, encore disloquée, avait ses différents corps séparés par le *Naviglio* et le Tessin; un succès des Autrichiens sur un point quelconque de sa position pouvait la compromettre tout entière. Les Français, attaqués sur la rive gauche du *Naviglio*, n'auraient pu réunir que la moitié de leurs forces. Ils se concentrèrent donc au lieu de poursuivre l'ennemi. Une seule escarmouche eut lieu à la hauteur de Carpenzano; plusieurs généraux autrichiens étaient d'avis de s'arrêter là, de donner quelques heures de repos aux troupes et de livrer une seconde bataille. Cet avis ne fut pas suivi.

L'Empereur, deux jours après le combat, apprit lui-même au général Mac-Mahon qu'il le nommait maréchal de France et duc de Magenta. Le général Regnault de Saint-Jean d'Angely obtint la même dignité. Un *Te Deum* solennel fut chanté le 7 juin à Notre-Dame de Paris en l'honneur de cette victoire.

Les Autrichiens se retirèrent derrière le Tessin et

ensuite derrière le Mincio. Ils abandonnèrent Milan, où le maréchal Mac-Mahon entra le 7 juin à la tête du 2e corps, au milieu des acclamations d'une population ivre de joie.

La nouvelle de la bataille de Magenta ne pouvait manquer de produire une grande impression en Allemagne. Les Allemands se sentirent atteints dans leur amour-propre national. Les gouvernements de la Confédération ne paraissaient pas cependant disposés à faire la guerre au profit de l'Autriche. La diète fédérale et la Prusse se bornèrent à des préparatifs militaires encore bien éloignés d'une entrée en campagne.

CHAPITRE XI.

1859.

SOMMAIRE. — Retraite des Autrichiens derrière le Mincio. — Ils construisent des ouvrages de campagne à Melegnano. — Importance de cette position pour la sûreté des Français sur le Tessin. — Combat de Melegnano. — Prise de ce village. — Les Autrichiens se concentrent derrière le Mincio. — L'échiquier de l'armée autrichienne. — Incertitudes au quartier général français sur les mouvements de l'ennemi. — Ascension aérostatique de Godard. — L'empereur d'Autriche prend le commandement de ses troupes. — Les deux armées se rencontrent inopinément. — Le village de Solferino. — Les armées s'ébranlent. — Bataille de Solferino. — Entrevue de Villafranca. — M. de Cavour au quartier général. — Il quitte le ministère. — Rentrée de l'Empereur à Paris. — Son discours aux grands corps de l'État. — Le traité de Zurich. — L'Italie et la papauté.

Aussitôt après le départ des Autrichiens, la municipalité de Milan rédigea une adresse au roi de Sardaigne par laquelle elle renouvelait le pacte de l'annexion de la Lombardie au Piémont signé en 1848. Une autre adresse, remise le même jour à l'empereur Napoléon, exprimait les sentiments unanimes de reconnaissance de tous les citoyens. L'armée française établit ses bivouacs sur les remparts près de la porte de Pavie. Le 1er corps ayant quitté les campements en avant de Buffalora, porta son quartier général à San Pietro l'Olmo. Le 1er corps se rendit le 8 juin à San Donato et prit position sur la route de Melegnano à San Donato, afin d'intercepter la marche des Autrichiens qui se retiraient sur Lodi.

La brigade Roden, appartenant à la division d'arrière-garde Berger du 8e corps d'armée autrichien, s'était arrêtée à Melegnano et y élevait des ouvrages de campagne. Il fallait arrêter la construction de ces fortifications, et déloger les Autrichiens de leur position sur le canal autour de Milan en les rejetant au delà de l'Adda, si l'on ne voulait pas que la bataille de Magenta restât pour les alliés un journée brillante mais stérile.

Le maréchal Baraguey d'Hilliers reçut donc l'ordre d'enlever Melegnano. La nature du terrain coupé de canaux et de fossés remplis d'eau, les défenses élevées par les Autrichiens, donnaient à cette position une grande importance, quoiqu'elle ne se trouvât pas sur la ligne d'opération des alliés : il était urgent de chasser les Autrichiens de Melegnano et de hâter leur mouvement de retraite derrière l'Adda. Tant que les Autrichiens se maintiendraient en force sur la route de Milan à Lodi, les alliés ne seraient pas en sûreté dans leurs positions sur la gauche du Tessin.

Les dispositions suivantes furent prises pour obtenir ce résultat : Le 2e corps marche sur San Giuliano ; il devait, parvenu à ce village, se jeter sur la gauche pour tourner la droite de Melegnano, rejoindre la route de Cassano à Lodi, et s'y établir en coupant la ligne de l'ennemi. Le général Forey, avec la 1re division du 1er corps, prit la droite de la chaussée pour tourner la position des Autrichiens et concourir à l'attaque principale. La 2e division, commandée par le général de Ladmirault, se porta dans la direction de la ferme de San Brera, pour attaquer la gauche de l'ennemi, pendant que la division du général Bazaine le prendrait de front.

Les Autrichiens retranchés dans Melegnano occupaient solidement le vieux château, les maisons et les rues barricadées, l'entrée de la ville défendue par une batterie de quatre pièces de canon couvertes par un épaulement, et le cimetière dont les murs étaient crénelés.

La 3ᵉ division du 1ᵉʳ corps, commandée par le général Bazaine s'avançant par la grande chaussée de la route sur Melegnano, attaqua hardiment ce village. Elle soutenait seule, depuis plusieurs heures, un combat très-vif, lorsque le général Forey, avec la 1ʳᵉ division du même corps d'armée, se porta rapidement jusqu'à Pedriana, et ouvrit de là le feu de deux batteries de 12 pièces qui prenaient en écharpe Melegnano. Le général Ladmirault, à la tête de la 2ᵉ division, s'était joint à l'attaque de la 3ᵉ déjà bien éprouvée par le feu de l'ennemi. La 2ᵉ brigade de cette division, placée en seconde ligne derrière la 1ʳᵉ brigade, et obligée de parcourir un plus long chemin, marchait dans la direction de Carpianello et de San Brera. Le général Ladmirault, en tête de la 1ʳᵉ brigade, suivait jusqu'à San Giulano les traces de la 1ʳᵉ division du 2ᵉ corps et se dirigeait ensuite à gauche vers San Brera. Son artillerie, franchissant avec peine les obstacles accumulés sur sa route, traversée par de larges cours d'eau, avait atteint San Brera. Le général Ladmirault, sans l'attendre, courut à travers les vergers, les jardins et les champs placés sur le flanc gauche de Melegnano, au secours de la 3ᵉ division, chassa l'ennemi d'une ferme située sur la crête d'un plateau, et déborda ainsi l'attaque du centre. Une partie de l'infanterie passa ensuite le Lambro au moyen d'une écluse à San Brera, se glissa le long du ruisseau jusqu'à Melegnano, surprit un bataillon autrichien près du pont, le mit en fuite et s'empara de 6 pièces d'artillerie. La division Bazaine, malgré ses pertes, parvint, de l'autre côté, à forcer l'entrée de Melegnano et à refouler de tous côtés les Autrichiens qui se retirèrent en se défendant jusqu'au vieux château situé au milieu du village et aux abords du pont conduisant sur la route de Lodi.

La 2ᵉ brigade autrichienne, placée derrière Melegnano, se porte en avant pour protéger la retraite des défenseurs de ce village. Un bataillon de cette brigade charge les Français à la baïonnette et reprend le pont et les canons. Le général autrichien Bauer, quoique blessé, opère sa retraite sur la rive gauche du Lambro : la lutte continue encore dans les rues; un orage d'une violence extraordinaire éclate tout à coup et paralyse le feu des deux côtés; l'orage calmé, les Autrichiens, en sortant du village, accablent la portion de la 2ᵉ division arrêtée sur le Lambro, une batterie de la 2ᵉ division du 2ᵉ corps d'armée français canonne les détachements ennemis qui défilaient à sa portée. Ce corps d'armée dut borner son rôle à cette canonnade; arrivé plus tôt, il aurait rendu impossible la retraite de l'ennemi sur Lodi. Le général Bauer mourut de sa blessure pendant la retraite. Les pertes des deux côtés en morts ou blessés furent très-grandes. Les Autrichiens laissèrent une pièce de canon au pouvoir des Français.

L'armée autrichienne avait successivement abandonné les rives du Pô et les lignes du Tessin et de l'Adda pour se concentrer derrière le Mincio. Les alliés, tandis que les Autrichiens resserraient leurs forces, s'affaiblissaient au contraire en s'éloignant de leur base d'opération, et en s'élargissant; mais, autant les Autrichiens dans leur retraite avaient intérêt à éviter toute espèce d'engagement sérieux, autant les alliés auraient dû se montrer empressés de mettre obstacle à leurs mouvements rétrogrades. La maxime de faire un pont d'or à l'ennemi qui se sauve n'est pas toujours vraie, et, dans ce cas, elle était mal appliquée. Précisément, parce que les Autrichiens voulaient éviter la bataille pour la livrer ensuite dans des conditions meilleures, il fallait les obliger à une lutte incessante. Ce ne fut pourtant que huit jours après la bataille de Magenta que les Français, voyant que la retraite de l'ennemi sur le Mincio laissait libre leur flanc droit, se portèrent sur Brescia, par la route de Milan.

Les différents corps de l'armée autrichienne s'exerçaient chaque année en reproduisant sur le terrain même le simulacre des opérations de guerre du temps de la Révolution française. Ces leçons allaient-elles recevoir une éclatante application? La position des deux armées permit bientôt de croire qu'une grande bataille ne tarderait pas à se livrer dans ces lieux célèbres où, dans la campagne de 1796, s'étaient livrés les combats de Lonato et de Castiglione.

L'empereur François-Joseph, qui venait de prendre le commandement en chef de son armée, était parti de Vérone le 18 juin, se dirigeant sur Lonato pour passer ses troupes en revue. Les deux empereurs étaient en présence.

La marche en avant des alliés, malgré la retraite des Autrichiens, s'opérait à petites journées; les divers corps s'avançaient resserrés l'un contre l'autre, toujours prêts à former leur ligne de bataille défensive. Cette lenteur contrastait singulièrement avec les marches hardies et les conceptions rapides des généraux du temps de la République, époque où la vapeur, les chemins de fer, les télégraphes électriques ne servaient cependant pas d'auxiliaires à la tactique, et où les chefs avec des soldats mal payés, mal habillés, mal chaussés, obtenaient cependant des résultats prodigieux par leur importance et par leur promptitude, tandis que les généraux modernes, après une campagne signalée par tant de combats meurtriers et par une sanglante bataille, n'avaient réalisé que des avantages stratégiques presque insignifiants en comparaison des efforts tentés et du sang versé.

L'armée alliée venait enfin d'atteindre les limites de la Lombardie ; elle allait se trouver en face de l'ennemi qui avait eu tout le temps nécessaire pour relever le moral de ses troupes, leur donner du repos, disposer ses moyens de défense, réorganiser les colonnes d'attaque, assurer les communications et les lignes de retraite. La lenteur des Français peut, du reste, s'expliquer par les résultats si chèrement achetés de la bataille de Magenta, par la forte résistance qu'ils avaient rencontrée à Melegnano en attaquant seulement une partie de l'armée autrichienne ; ils craignaient de s'engager au milieu des masses ennemies et de s'éloigner de leur centre d'approvisionnement. La Lombardie renfermait plus de 300 000 combattants des deux côtés, masse énorme et sans exemple dans l'histoire des guerres d'Italie. Les ressources fournies par les plus grandes villes de cette province, la plus riche de la Péninsule, suffisaient à peine à la nourriture du soldat pendant une journée ; l'administration des vivres, obligée de nourrir ces masses d'hommes sans recourir aux réquisitions forcées, se trouvait souvent dans la nécessité d'envoyer chercher du pain jusqu'à dix lieues à la ronde ; il fallait donc ralentir les opérations militaires, afin de donner aux fournisseurs de l'armée le temps de remplir leur mission.

Les Autrichiens, en voyant trois corps d'armée français massés autour de Mélegnano, avaient pu leur prêter deux projets : l'un consistant à suivre la ligne d'opérations de Lodi à Pizzighetone, Crémone, Goïto, Mantoue, pour bloquer cette place, prendre Legnano et, après avoir franchi l'Adige, attaquer Vérone par les deux rives de cette rivière; l'autre à forcer le passage du Mincio à Goïto, d'y construire une double tête de pont, de descendre à Volta et à Brescia pour franchir le haut Mincio, attaquer Peschiera et enlever les hauteurs de Vérone. Les Français, par cette manœuvre, évitaient la plaine de Meldola, située au pied de Castenedolo, où l'ennemi, avec sa nombreuse et belle cavalerie, pouvait tenter le sort d'une bataille avec chance de succès. Mais une fois les alliés massés autour de Brescia, Cialdini et Garibaldi détachés pour fermer les débouchés du Tyrol, nul ne pouvait se tromper sur le véritable objectif de guerre des Français : c'était le camp retranché de Vérone et Peschiera qu'ils voulaient attaquer après avoir forcé le passage du Mincio.

La cause de la retraite des Autrichiens derrière ce fleuve n'était pas difficile à deviner, c'était le désir de livrer bataille sur un échiquier connu. Les Français, maîtres de Milan et arrivés sur la Chiese, devaient-ils marcher en avant avec circonspection, prêts à provoquer la bataille ou à l'accepter, ou attendre l'attaque de l'ennemi dans les campements de Brescia, au risque de perdre entièrement le fruit de la bataille de Magenta ? Les commandants des divers corps d'armée se réunirent sous la présidence de l'Empereur, le soir du 19 juin, pour discuter sur la suite des opérations. Le résultat de cette délibération fut que les alliés se porteraient en avant.

Le 4ᵉ corps, qui formait l'extrême droite, après avoir franchi la Chiese sur un pont de bateaux, s'établit au delà de cette rivière, à Carpenedolo. Les divisions de cavalerie des généraux Desvaux et Partouneaux, l'une du 1ᵉʳ corps et l'autre du 3ᵉ, furent mises sous le commandement du général Niel et destinées à s'établir devant Carpenedolo pour éclairer le pays. Le 3ᵉ corps établit ses bivouacs à Mezzano, en deçà de la Chiese, éclairant surtout la position du côté de Mantoue. Le 2ᵉ corps, après avoir traversé la Chiese sur deux ponts laissés par les Autrichiens, se porta en avant sur les routes de Goïto, Castiglione et Lonato ; le 1ᵉʳ corps resta en deçà de la Chiese, en suivant d'abord le chemin de Lonato. La garde impériale occupait la route de Castenedolo sur la droite du 2ᵉ corps.

L'armée piémontaise s'était portée au delà de la Chiese ; le 2ᵉ corps à Castiglione : la garde impériale l'avait remplacée à Montechiaro, résidence du quartier général.

Les alliés, depuis le 21 et le 22 juin, restèrent dans leurs positions, sans faire le moindre mouvement, retenus par la singulière incertitude régnant au quartier général sur les projets de l'ennemi. Des reconnaissances poussées sur la route de Goïto par un capitaine, à la tête de 40 chevaux, révélèrent l'existence des avant-postes autrichiens au delà de Ceresara ; le capitaine se retira en enlevant un petit poste de quatre hommes ; le 3ᵉ et le 4ᵉ corps multiplièrent en vain leurs reconnaissances. Napoléon III, espérant avoir des renseignements précis par le moyen des ascensions aérostatiques, envoya

M. Godard au maréchal Mac-Mahon, à Castiglione. Cet aéronaute s'éleva en ballon, mais il ne découvrit rien. Le 1ᵉʳ corps quitta cependant, le 23 juin, sa position, et traversa la Chiese pour se poster entre Lonato et Castiglione, reliant ainsi par sa gauche l'armée française à l'armée sarde, qui formait l'extrême gauche. Celle-ci était ainsi répartie :

La 1ʳᵉ et la 2ᵉ division sur les hauteurs qui dominent Lonato, Desenzano et Rivoltella; la 3ᵉ au delà de Lonato sur la route de Peschiera; la division de cavalerie en arrière de Lonato.

Les Autrichiens occupaient le terrain montueux au sud du lac de Garde; leur arrière-garde appuyée sur la Chiese. En cas d'attaque ils pouvaient se développer sur les coteaux entre Lonato et Vella. Leur état-major était partagé entre ces deux plans : prendre l'offensive sur cet excellent échiquier de guerre, ou bien continuer la retraite, laisser l'armée se reposer, se renforcer derrière le Mincio, reprendre ensuite l'offensive et rejeter les alliés au delà de la Chiese.

L'empereur d'Autriche, en prenant en personne, le 16 juin, le commandement de son armée, lui avait adressé cet ordre du jour :

« En prenant aujourd'hui le commandement en chef de mon armée, je veux continuer, à la tête de mes braves troupes, le combat que l'Autriche a été forcée d'entreprendre pour son honneur et pour son bon droit. Soldats, votre dévouement pour moi, votre bravoure si brillamment prouvée, sont pour moi des garanties que vous obtiendrez sous mes ordres ces succès que la patrie attend ! »

Le feld-maréchal Hess fut mis à la tête de la chancellerie impériale, avec le général Ramming pour sous-chef d'état-major. L'empereur d'Autriche donna, le même jour, l'ordre d'arrêter la marche en arrière de ses troupes et de réunir tous les détachements échelonnés, de sorte que l'armée put occuper, le 19, la ligne de Lonato à Acqua Fredda. Mais une partie des troupes avait déjà gagné le Mincio ; la difficulté des approvisionnements sur un terrain déjà épuisé, les dangers auxquels les différents détachements, retournant sur la Chiese, auraient été exposés, toutes ces considérations durent empêcher le retour offensif des Autrichiens ; leurs différents corps d'armée restèrent donc ainsi distribués : Le 7e corps à Lonato, le 1er et la division de cavalerie à Essente, le 8e à Castiglione. Ces troupes avaient leurs avant-postes sur la Chiese, le 5e était à Volta, le 3e à Evoito, le 2e à Castelvecchio, à l'ouest de Mantoue. L'armée autrichienne, pour passer de la défensive à l'offensive, eût été obligée de faire un changement de front sur l'aile gauche, Lonato formant le point de pivot.

La retraite des Autrichiens sur le Mincio continua le 21 et le 22 ; la rive droite du Pô fut abandonnée ; les deux brigades de garnison d'Ancône et de Bologne se retirèrent derrière le Pô. Les derniers détachements autrichiens franchirent ce fleuve le 21 juin. L'empereur d'Autriche réunit dans le quadrilatère presque toutes les forces dont il pouvait disposer.

Le 23 juin on avait reçu au quartier général français des rapports annonçant que les Autrichiens se trouvaient sur la gauche du Mincio, ayant même abandonné la position qu'ils occupaient sur la droite de cette rivière. Il fut donc décidé que l'armée tout entière marcherait. Rencontrerait-elle l'ennemi au delà de la Chiese ou sur les bords du Mincio ? Serait-elle attaquée dans sa marche ou dans la nouvelle position qu'elle allait occuper? Graves sujets de préoccupation pour l'homme chargé de la responsabilité du commandement plutôt que du commandement lui-même. L'heure approchait de la grande bataille qui devait décider des destinées de l'Italie et du second empire français. L'Empereur avait commis un grand acte de témérité en s'engageant dans une guerre européenne avec un seul allié, le Piémont : cet État venait de montrer la faiblesse de ses ressources; il ne possédait ni armée de réserve, ni arsenaux; appeler les populations italiennes à son aide, c'était proclamer la guerre révolutionnaire. Napoléon III, après la perte d'une bataille, devait donc se résigner à soutenir seul la lutte contre un ennemi enhardi par sa victoire et disposant de grandes ressources de guerre amassées dans son quadrilatère; il y avait là de quoi le faire réfléchir, lorsqu'il se trouva tout à coup, sans s'en douter, le 23 juin au matin, en face de 160 000 Autrichiens munis de 650 pièces de canon.

Les deux armées prirent leur ligne de bataille à la fin de la journée; les bagages et les approvisionnements défilaient encore à la nuit close par les ponts sur le Mincio. Les Autrichiens avaient leur droite et leur centre appuyés à d'excellentes positions défensives; leur gauche occupait, dans la plaine, une position trèsfavorable à l'offensive. L'empereur d'Autriche crut le moment favorable pour mettre à exécution le projet d'attaquer, avec l'aile droite et le centre de son armée, les campements des alliés établis sur la Chiese, et de les rejeter au delà de la Chiese jusqu'aux montagnes : il espérait qu'une partie seulement de l'armée alliée aurait passé la Chiese. Il se trompa sur ce point; mais ne se trompait-il pas aussi en croyant possible d'envelopper, avec 160 000 hommes, 151 000 vaillants soldats?

La Chiese et le Mincio versent leurs eaux au sud dans le Pô, et baignent des deux côtés une zone de terrain de 13 milles de largeur, dont un tiers se compose d'une suite non interrompue de collines, de mamelons et de contre-forts; le reste forme une magnifique plaine couverte de vignes, de mûriers, de maïs, de jardins potagers, de prairies entrecoupées de massifs d'arbres. Ces collines s'élèvent et s'abaissent de Volta jusqu'à Lonato. Elles décrivent, en passant par Castiglione, comme un arc de cercle adossé à la plaine; des bourgs clair-semés s'élèvent sur ces collines ou à leurs pieds. Le village de Solferino domine cette chaîne de collines avec son donjon appelé l'espion de l'Italie (la *spia d'Italia*) parce que la vue embrasse, de son sommet, un horizon qui s'étend jusqu'aux Alpes et jusqu'à la mer. Un château, entouré de cyprès et de murs, s'élève au nord de Solferino, non loin du cimetière entouré, lui aussi, de murailles. Plusieurs chemins conduisent à Solferino; le moins escarpé de tous est celui qui monte par Castiglione et redescend vers San Casciano.

Un autre plus abrupt effleure la dernière pente du cimetière : l'église de la *Madonna della Scoperta* s'élève près de ce sentier. Un troisième chemin longe au midi les hauteurs de la colline d'où se détachent comme des rameaux *Fenile della grota* et *Fenile delle fontane*. Ces hauteurs, du côté du couchant, font face à Castiglione, et du côté du levant aux petites collines de Cavriana. Le sol est entrecoupé de ravins; les troupes sont obligées de se frayer un passage à travers les mûriers et les vignes entrelacés ; de grands fossés et de longues murailles peu élevées mais très-larges servent de limites aux fermes. Le plateau de San Martino, que l'on aperçoit de loin, est seul assez large pour qu'un corps nombreux de troupes puisse y manœuvrer. Ce plateau est entouré au couchant et au nord d'escarpements assez semblables à des bastions. La route qui, de Rivoltella, coupe le chemin de fer de Peschiera, est d'une pente très-roide ; de nombreuses petites fermes couvrent des coteaux couronnés de pins. San Martino est une position très-forte. Une vallée, s'ouvrant au midi de Solferino, va se perdre dans des marécages ; au pied des collines, les grandes routes de Castiglione et de Carpenedolo qui, par Guidezzolo et Medole, mènent au pont de Goïto sur le Mincio, partent de cette vallée. Le carré compris entre Pozzolengo, Volta, Medole et Rivoltella forme à peu près le même terrain où fut livrée, en 1796, la bataille de Castiglione. Les Français et les Autrichiens vont se rencontrer une seconde fois dans ce champ clos.

Les alliés marchaient en ordre serré et préparés à toutes les éventualités de guerre, lorsqu'ils se trouvèrent en face des Autrichiens qui avaient l'avantage de la position, mais qui étaient accablés par la fatigue d'une longue marche de nuit et tourmentés par la soif et la faim, n'ayant reçu qu'une double ration d'eau-de-vie. Les alliés, nouvel avantage, s'avançaient en ordre de combat, tandis que les Autrichiens, sur le point de prendre l'offensive, allaient être obligés de changer leurs positions.

L'armée alliée s'ébranla le 24 à la pointe du jour.

Le maréchal Baraguey d'Hilliers, prévenu la veille que l'ennemi occupait le village de Solferino, avait réglé l'ordre de marche de son corps d'armée; la 2ᵉ division, chargée d'attaquer le village de Solferino, partit à trois heures du matin. La 1ʳᵉ division, destinée à appuyer la droite de la 2ᵉ, se mit en route à quatre heures, se dirigeant par Castiglione; la 3ᵉ division devait marcher sur les traces de la 1ʳᵉ, et ne quitter Esenta qu'à six heures du matin.

Ces mouvements s'opérèrent lentement, à cause de la difficulté du terrain et de l'ignorance où étaient les Français sur les intentions et sur les positions de l'ennemi. La 1ʳᵉ division du général Forey rencontra des postes autrichiens au petit village de la *Fontana;* elle arriva à la hauteur du second hameau; le 74ᵉ en délogea les Autrichiens, qui se retirèrent sur le *Monte Fenile,* d'où ils furent encore une fois chassés. La division Ladmirault, formée sur trois colonnes, se porta en avant et dispersa successivement quelques postes détachés. La division Bazaine, qui n'avait quitté ses bivouacs qu'à six heures, marcha derrière la division Forey. Le corps de Baraguey d'Hilliers avait, dès huit heures, balayé le terrain et assuré le déploiement de ses forces.

Le 5ᵉ corps autrichien, à la nouvelle de l'approche des Français, avait occupé le bord ouest de Solferino. La brigade qui venait de s'opposer à la marche de Forey formait l'avant-garde : elle se dirige sur Monte-Mezzano, petite hauteur à l'ouest de Solferino, où elle doit être appuyée à sa droite par la brigade Festetitz, établie sur le mont Carnol. Le bataillon des chasseurs de cette brigade est envoyé à Contrada San Martino et à Pagliote di Solferino. La brigade Pucher est développée en face de Monte Fenile. Il faut enlever ces positions pour atteindre Solferino.

Les Français placent quatre pièces sur le Monte Fenile, et ouvrent le feu contre les contre-forts de Solferino et contre l'artillerie autrichienne qui en couvre les abords. La brigade Dieu, de la division Forey, quoique appuyée par cette batterie, ne réussit pas à gagner la hauteur qui en est la plus voisine, vers l'est. La division Ladmirault, formée sur trois colonnes, entre en ligne avec la division Forey. Les colonnes de droite et de gauche se montrent sur le flanc de la position; celle du centre, avec 4 pièces, soutient cette attaque. Ces troupes ne peuvent pas aborder les contre-forts supérieurs de Solferino; elles sont repoussées avec de grandes pertes. Le 1er corps d'armée ne fait pas de progrès. Le 3e corps, parti de Castiglione à trois heures du matin sur la route de Castiglione à Giudizzolo, se heurte avec les Autrichiens en marche par la même route de Giudizzolo à Castiglione. L'avant-garde est aussi arrêtée aux abords de la Casa Morino, ferme considérable située sur le chemin de Medole à Solferino, un peu au-dessus du point d'intersection de cette voie avec la grande route qui conduit de Castiglione à Mantoue.

Les avant-postes du 3e corps autrichien occupant la ligne entre Casa Morino et le village de Giudizzolo, la fusillade s'engage à cinq heures du matin. Le 2e corps français se déploie en bataille sans pousser en avant.

Mac-Mahon envoie un aide de camp au quartier général pour l'avertir qu'il se trouve en face de l'armée ennemie occupant la ligne de Solferino à Cavriana. Le maréchal Mac-Mahon seul, séparé des 3e et 4e corps dont il n'a pas de nouvelles, n'ose pas engager le combat; il reste en place, en attendant les ordres du quartier général et des nouvelles du 4ᵉ corps qui doit couvrir son flanc droit. Ce corps, parti de Carpenedolo à trois heures du matin, suivait la route de Carpenedolo à Medole; les deux divisions de cavalerie Desvaux et Partouneaux, provisoirement sous les ordres du général Niel, avaient pris la grande route de Castiglione à Goïto qui touche à Giudizzolo, après avoir traversé une plaine de 3 à 4 kilomètres de largeur. Niel s'avançait sur une seule colonne, ayant son artillerie entre la 2ᵉ et la 3ᵉ division.

La pointe de l'avant-garde de ce corps, composée de deux escadrons de chasseurs à cheval, rencontre, à deux heures passées, un fort détachement de hulans autrichiens sur la hauteur, près d'une ferme placée sur la route, à peu de distance de Medole; aussitôt le combat s'engage entre les deux avant-gardes; bientôt, l'ennemi se replie en bon ordre sur le village de Medole occupé par deux bataillons d'infanterie, par une brigade de dragons et par quatre escadrons de hussards, établis dans le cimetière de Medole. La 1ʳᵉ division française marche en tête formée sur trois colonnes dont deux, au delà des deux canaux qui bordent la route, doivent tourner la droite et la gauche de la position ennemie, tandis que la 3ᵉ avec son artillerie va l'attaquer par la route principale. Mais les Autrichiens, trop faibles pour résister à des forces si supérieures, battent en retraite. Medole, 2 canons et 900 prisonniers sont, à sept heures du matin, au pouvoir des Français.

Le général autrichien Schafftogsche, commandant le 9ᵉ corps, informé de la présence des Français du côté de

Medole, dirige deux brigades vers le point menacé, laissant la troisième en réserve à Giudizzolo. La brigade de la division Créneville, qui a déjà deux de ses bataillons à Medole et un détachement à Casa Morino, est portée sur ce dernier point; une autre brigade de la même division s'avance en seconde ligne pour la soutenir, et la brigade de cavalerie est formée en colonne prête à appuyer et à rallier les escadrons de la brigade qui couvre son flanc droit dans la plaine.

Le maréchal Canrobert, commandant le 3º corps français, devait établir ses campements à Medole; mais, pour éviter de se jeter sur le 4º corps, au lieu de prendre la route de Carpenedolo, il suit le chemin beaucoup plus long d'Acqua Fredda et Castel Effredo. Le 3º corps ayant franchi la Chiese, près du village de Visano, au sud de Mezzano, se met donc en marche à deux heures et demie du matin; arrivé près de Castel Goffredo, il est arrêté par un régiment de hussards autrichiens qui occupe cette petite ville entourée d'une muraille et dont les portes sont barricadées. Les Français cependant y pénètrent, en chassent l'ennemi et poursuivent leur marche. Le maréchal Canrobert, empressé d'aller au secours du 4º corps, apprend que la division de Luzy de ce corps, après avoir enlevé Medole, est menacée dans son mouvement du côté de la route de Ceresara : il veut l'appuyer, mais la Chiese l'arrête. Il met deux heures à franchir cette rivière.

Les trois divisions piémontaises sont à l'extrême gauche du front de marche de l'armée alliée. Ces divisions, précédées par leurs avant-gardes respectives, éclairent la zone de terrain comprise entre le lac de Garde et Pozzelengo, dans la direction de Peschiera. La première division s'avance par Castel Venzago sur Madonna della Scoperta et gagne Pozzolengo, où est fixé le rendez-vous général. La 2ᵉ division marche vers Solferino pour lier l'armée piémontaise au corps de Baraguey d'Hilliers; les 3ᵉ et 4ᵉ divisions, poussant des reconnaissances sur tout le pays qui se trouve entre le lac de Garde et la chaussée du chemin de fer de Venise, se dirigent par la route de Rivoltella sur Pozzolengo.

La Madonna della Scoperta est une église entourée de bâtiments, perchée sur une crête. Les Piémontais attaquent les Autrichiens à sept heures et demie du matin et les repoussent; mais une brigade du 5ᵉ corps, qui se trouve au pied du Monte Croce, à 1600 mètres environ de Solferino, se porte en avant pour déloger les Piémontais. Cette brigade, retardée dans sa marche par les cours d'eau, rejoint la 2ᵉ brigade de la 2ᵉ division du même corps. Les Autrichiens attaquent à leur tour avec vigueur les Piémontais et les rejettent jusqu'à *Fenile Vecchio*, au carrefour de la cascina Rondato. Pendant ce temps, l'avant-garde de la 5ᵉ division piémontaise, forte d'un bataillon de bersagliers, de deux escadrons de chevau-légers et de deux pièces d'artillerie, laisse sur la droite les hauteurs de San Martino, et s'avance par la Strada Lugana, vers Pozzolengo, refoulant les avant-postes du 8ᵉ corps autrichien.

Le général Benedeck, à l'approche des Piémontais, fait garnir les crêtes par les troupes de la brigade d'avant-garde, tandis que les avant-postes escarmouchent avec l'ennemi; puis il rassemble ses troupes et se porte en avant.

Benedeck avait éparpillé 25 000 hommes sur une grande étendue de terrain. Des six brigades dont il dispose, il en avait détaché deux. Les Piémontais ne surent pas tirer parti de cette faute. Benedeck, après avoir repoussé l'avant-garde de la 5ᵉ division piémontaise, menace de lui couper la retraite ; mais le général Mollard, à la tête de la 3ᵉ division piémontaise, accourt au bruit du canon, par la Strada Lugana, menaçant à son tour le flanc droit des Autrichiens. Le général Mollard, à neuf heures sonnées, réunit la 1ʳᵉ brigade de sa division et attaque les hauteurs de San Martino. Deux fois 6000 Piémontais montent à l'assaut, deux fois ils sont repoussés par des forces supérieures ; Mollard se retire enfin sur la route directe de Rivoltella. Les Autrichiens le poursuivent et s'emparent des cascines situées devant leur front. La 5ᵉ division, accélérant sa marche, arrive de Rivoltella sur le champ de bataille ; la brigade Mollard revient à la charge ; mais elle perd bientôt les positions qu'elle a reconquises, les Piémontais battent en retraite jusqu'à Rivoltella, où ils se rallient autour de la 2ᵉ brigade de la division Mollard. Quelques détachements piémontais, qui n'ont pas conservé le meilleur ordre dans la retraite, reculent jusqu'à San Zeno. Les troupes fatiguées avaient besoin de repos ; le brave général Mollard, avec une seule brigade fraîche, ne voulut pas renouveler l'attaque.

Pendant que, sur les lignes des deux armées, se livrent ces combats partiels, les deux aides de camp des maréchaux Mac-Mahon et Baraguey d'Hilliers annoncent au quartier général que l'ennemi déploie de fortes colonnes sur les hauteurs de Solferino et de Cavriana.

L'Empereur, à sept heures, se rend avec son état-major et sa garde de Montechiaro à Castiglione. Tous les corps d'armée se trouvent en marche à une grande distance les uns des autres; il est urgent de les rallier, afin qu'ils puissent se soutenir mutuellement. La cavalerie de la garde impériale, destinée comme réserve à couvrir, dans la plaine, la droite du 2ᵉ corps découverte par l'absence du 4ᵉ corps, est mise sous le commandement de Mac-Mahon. Le 3ᵉ corps reçoit l'ordre d'appuyer le 4ᵉ et de se garder à droite contre un corps autrichien qui, d'après les avis reçus, doit se porter de Mantoue sur Assola; la 2ᵉ division piémontaise quitte la route de Solferino pour soutenir les 3ᵉ et 5ᵉ divisions battues à San Martino, et la 1ʳᵉ batterie se rend à Madonna della Scoperta. La situation des alliés, malgré ces dispositions, n'est pas sans danger. Les Piémontais, à leur gauche, sont dispersés et maltraités. Au centre, Baraguey d'Hilliers, séparé par une grande distance de l'armée piémontaise, a son flanc gauche découvert et son flanc droit menacé par l'ennemi qui occupe, avec des forces considérables, la vaste étendue de Solferino à Guidissolo; son front de bataille est engagé en face de la formidable position de Solferino. Le 2ᵉ corps, déployé perpendiculairement à la route de Castiglione à Goïto, se trouve isolé; il doit empêcher l'ennemi de s'avancer par les intervalles qui le séparent sur la gauche du 1ᵉʳ corps et sur la droite du 4ᵉ qui ne peut encore déboucher dans la plaine de Medole. Le sort de la bataille dépend du résultat de l'attaque de Solferino.

Les Français dirigent leurs plus grands efforts sur ce point. Le général Forey reçoit l'ordre de s'avancer, ayant une brigade du côté de la plaine, l'autre sur la hauteur contre le village de Solferino. La division des voltigeurs de la garde, commandée par le général Camou, doit appuyer cette attaque. L'artillerie de la garde va prendre position à 300 mètres de l'ennemi. La garde impériale entre en ligne à onze heures avec la division Forey.

Cette double attaque, soutenue par le feu d'une batterie de l'artillerie de réserve du 1er corps et de deux pièces de bataille placées sur le *Monte Fenile*, doit décider du succès au centre de la ligne.

L'empereur d'Autriche, dès le commencement de l'action, avait quitté son quartier général avec tout son état-major pour se rendre à Volta, où il reçut la nouvelle du choc des Français contre Solferino; il avait donné, à neuf heures et demie, les ordres suivants : La 2e armée, commandée par le général Schlick, défendra Solferino aussi longtemps que possible; le 8e corps, après avoir repoussé les Piémontais sur le lac de Garde, enverra des détachements pour soutenir le 3e corps. La 1re armée continuera son mouvement comme il lui a été prescrit et dégagera le centre attaqué par l'ennemi. La division de cavalerie de réserve Mensdorff est chargée de soutenir la 1re armée pendant sa marche.

Cette armée devait donc se porter en avant et atteindre Carpenedolo; le 1er corps de la 1re armée était déjà en marche vers Solferino. La 1re division du 7e corps se porta en avant pour soutenir le 5e corps; la 2e division du même corps, qui n'avait pas encore fait sa soupe, suivit la 1re.

Revenons maintenant à Solferino contre lequel gronde le canon de *Monte Fenile*. La 2e brigade de la division

Forey se porte rapidement en avant pour gagner la hauteur la plus voisine vers l'est de Solferino, mais elle est repoussée par une forte colonne autrichienne qui débouche de la plaine boisée sur la droite de la position. La brigade française, accablée par la supériorité du nombre, est soutenue par le général Manèque, à la tête de trois bataillons des voltigeurs de la garde qui repoussent l'ennemi jusqu'au pied du Monte Sacro, où la lutte devient plus acharnée. La 2e brigade de la division Forey cherche à tourner le flanc droit de la tour de Solferino, mais le feu de mousqueterie et de mitraille de l'ennemi fait au milieu d'elle de cruels ravages. Les Autrichiens se défendent avec bravoure et opiniâtreté.

La division Ladmirault, à son tour, s'est portée à l'assaut du cimetière et du château défendus par deux brigades. Les Français sont disposés en colonnes : le général Douay à droite, le général Négrier à gauche. Un escadron du 2e chasseurs, en profitant des inégalités du terrain pour masquer sa faiblesse, couvre le flanc gauche de l'attaque pour empêcher l'ennemi de se jeter dans l'intervalle qui sépare l'armée piémontaise du 1er corps. Ces colonnes d'attaque rencontrent la plus vive résistance ; le général Ladmirault, en atteignant les premiers retranchements de l'ennemi, est blessé à l'épaule par une balle ; il reste à son poste et lance contre l'ennemi sa réserve forte de quatre bataillons ; une seconde balle l'atteint : le 1er régiment des zouaves appuie la droite de la 2e division, mais tous les efforts des assaillants s'épuisent contre les feux croisés du mamelon des cyprès et du cimetière et contre les difficultés du terrain. Le maréchal Baraguey d'Hilliers appelle vainement au secours de cette attaque une grande partie de la division Bazaine.

Les Autrichiens, décimés et accablés de fatigue, après une lutte de six heures, sont devenus incapables de la continuer. Ils attendent avec impatience le 1ᵉʳ corps qui n'arrive pas. Le comte Stadion retire ses troupes des retranchements de Solferino, et confie la garde du château, de la tour et du cimetière à sa brigade de réserve et à des détachements de renfort envoyés par le général Zobel.

Le maréchal Baraguey d'Hilliers, convaincu qu'il ne mènera son attaque à bonne fin qu'en tournant la position, tente de s'emparer de la tour de Solferino et du mont des Cyprès; de là il prendra l'église et le cimetière à revers. Les troupes gravissent les collines sous une grêle de projectiles pendant qu'une batterie de la garde, dirigée par le général Lebœuf, prend position avec l'artillerie du 1ᵉʳ corps sur le point très-exposé où se joignent le Monte Carnal et le Monte Mezzana. Cette artillerie bat le cimetière, le château de Solferino et le mamelon aux cyprès, où les Autrichiens ont également placé de l'artillerie; l'ennemi résiste bravement, mais les Français redoublent d'énergie et se rendent enfin maîtres du mamelon des Cyprès, ainsi que du mur qui relie ces formidables hauteurs.

Tandis que le 1ᵉʳ corps français est engagé à Solferino, le 2ᵉ corps lutte avec le 1ᵉʳ corps autrichien commandé par le général Clam. Les Autrichiens occupent la position de San Cassiano et Cavriana, et menacent d'isoler le maréchal Mac-Mahon. Heureusement le succès obtenu à Solferino va permettre de le dégager. Les grenadiers du général Mellinet remplissent l'intervalle qui sépare le

1er corps du 2e; mais le général Manèque et la batterie de la garde dirigée par le général Lebœuf, se trouvant à Monte Sacro en face de forces supérieures, ont besoin d'être secourus. Les grenadiers accourent sur ce point. Le général Manèque, à l'arrivée de ce renfort, se jette avec ses voltigeurs sur l'ennemi et le chasse de la position de Casal del Monte. Le général Manèque se maintient sur le plateau de Monte Sacro; la brigade des grenadiers est chargée de soutenir la gauche du 2e corps. Le général Noël, qui commande cette brigade, se porte avec ses grenadiers sur le village de San Cassiano. Le maréchal Mac-Mahon, grâce à ces puissants renforts, peut non-seulement contenir l'ennemi, mais encore prendre l'offensive.

Pendant que les troupes de Baraguey d'Hilliers se groupent sur les hauteurs de Solferino, le général Decaen se porte perpendiculairement à la route de Mantoue. Le maréchal Mac-Mahon s'avance ensuite jusqu'au camp de Medole, plaine d'une lieue carrée; il se place sur les deux côtés en ligne avec la 2e division; la droite dans la direction de Medole couverte par un pli de terrain qui la met à l'abri de l'artillerie ennemie. La 2e brigade se tient en réserve derrière Casa Marino, reliant le 1er corps au 2e; 24 pièces d'artillerie, qui battent le camp de Medole, sont placées devant le front de l'infanterie. Les deux divisions de cavalerie Partouneaux et Desvaux, à peine arrivées avec leurs deux batteries, sont placées de façon à occuper l'espace libre entre Medole et Monte Medilano. La division Partouneaux, à la gauche de la 2e division du 4e corps, général Vinoy, est masquée par les bois de Medole. La division Desvaux est déployée entre la route de Giudizzolo et les bois. Le 2e corps résiste, dans cette position, au feu continu de l'artillerie ennemie ; la brigade Hartung du 5ᵉ corps autrichien venant de Giudizzolo, à neuf heures du matin, par la route de Mantoue, s'avance vers Casa Marino. Les Autrichiens mettent en batterie leur artillerie à 1000-1200 mètres du front de bataille du 2ᵉ corps, et ouvrent un feu très-vif. Le maréchal Mac-Mahon fait avancer les quatre batteries de la 1ʳᵉ et de la 2ᵉ division de son corps et les batteries à cheval de la garde qui se sont jointes à son artillerie ; leur feu prend en écharpe l'artillerie autrichienne inférieure en nombre, et l'oblige à chercher une nouvelle position en arrière. Mac-Mahon, protégé pendant ce temps-là par le feu de son artillerie, conservait sa position sans pouvoir secourir le 1ᵉʳ corps à Solferino, ayant son flanc gauche découvert et menacé par la division de cavalerie du général Mensdorff.

Six escadrons de hussards tentent, vers huit heures, de tourner la gauche de Mac-Mahon ; ils rejettent devant eux les patrouilles de cavalerie française, chargent à la hauteur de Casa Marino les bataillons de la division Decaen, refoulent un bataillon de chasseurs français, poussent en avant et, rencontrant un détachement de cavalerie de la garde impériale, ils le repoussent en désordre sur la grande route de Castiglione.

Le 2ᵉ corps attendait l'entrée en ligne du 4ᵉ corps ; pour hâter la jonction du 2ᵉ corps au premier, Mac-Mahon reçoit l'ordre d'opérer un mouvement de conversion à gauche ; il fait en même temps remplir, par la division de cavalerie de la garde, le vide que le 2ᵉ corps laisse sur la droite. Cette division n'avait quitté Castenedolo qu'à huit heures, retardée, comme on vient de le voir, dans sa marche par les hussards autrichiens; elle arrivait cependant à temps sur le champ de bataille.

Mac-Mahon, averti que le général Niel est en mesure de se porter sur Cavriana, prend l'offensive en faisant avancer la 1re division vers Solferino pour opérer sa jonction avec la brigade des grenadiers, restée devant San Cassiano. La 2e division, commandée par le général Decaen, doit suivre le mouvement. La division la Motte-Rouge, couverte par les tirailleurs algériens, tourne à droite San Cassiano et Cavriana, où il y a des forces considérables. Un combat acharné va se livrer sur ce point. Les Algériens se sont déjà emparés d'une redoute sur le premier mamelon de Monte Fontana; mais le prince de Hesse, parti plus tard et retardé dans sa marche par les équipages et les voitures qui encombrent la route, vient d'entrer en ligne avec sa division. Ce général, établi dans une position défendue par une suite de mamelons, résiste intrépidement aux Français, repousse leur première attaque et, se repliant sur la crête, il se porte en avant, à la tête de deux brigades, repousse les Français et reprend la redoute occupée par les tirailleurs algériens. Les Français reviennent à la charge et s'emparent du mamelon Fontana qui retombe une seconde fois aux mains des Autrichiens.

Le prince de Hesse continue sa marche sur San Cassiano; les grenadiers de la garde et l'artillerie accourent de Solferino. Le général d'artillerie Sevelinge prend en écharpe et d'enfilade la route de Cavriana. Quatre pièces sont portées à bras au sommet du mont Fontana, quatre autres sur le flanc de la colline. Cette artillerie ouvre un feu très-vif, auquel l'artillerie autrichienne, d'une portée inférieure, répond faiblement.

L'empereur d'Autriche, même après la perte de ses positions de Solferino, conservait encore l'espoir de la victoire. Il donne l'ordre de rassembler toutes les troupes de la 2ᵉ armée en état de combattre sur les hauteurs de Cavriana. Il espère qu'un succès dans la plaine changera le sort du combat. Le 7ᵉ corps est intact : une brigade du 3ᵉ corps et la division de cavalerie de Mensdorff, formant un total d'environ 24 000 hommes, établies dans une bonne position, peuvent encore lutter contre les 34 000 Français appartenant au 2ᵉ corps d'armée et à la garde impériale. Laissons François-Joseph à ses espérances, et revenons au 4ᵉ corps laissé au delà de Medole.

La tête des colonnes du 3ᵉ corps d'armée autrichienne paraît à Medole à neuf heures et demie du matin. Le général Luzy, commandant la 1ʳᵉ division, serré de près par une division autrichienne, envoie aussitôt demander des renforts au maréchal Canrobert, qui donne l'ordre à deux brigades de la division Renault de soutenir la droite du 4ᵉ corps. Le maréchal, croyant, sur de fausses informations fournies par l'Empereur, qu'un corps ennemi, fort de 20 à 30 000 hommes, est sorti de la place de Mantoue, ordonne à la 2ᵉ et à la 3ᵉ division encore échelonnées sur la Chiese de se tenir prêtes à repousser l'ennemi. La division du général de Luzy venait de soutenir des combats acharnés au moment où la division Renault, marchant par la route de Medole, se portait en avant, dans la direction de Rebecco.

L'empereur François-Joseph, de la hauteur de Cavriana où il s'est rendu à dix heures, s'aperçoit que le mouvement du général Wimpffen par Medole sur Carpendolo a complétement séparé la 1ʳᵉ armée de la 2ᵉ; il ordonne au général Wimpffen de se diriger, avec le gros de ses forces, sur Castiglione à cheval sur la grande route pour faire échouer l'attaque de l'ennemi sur ce point. Le 11ᵉ corps se trouvant vers midi à la hauteur de Giudizzolo, deux de ses brigades sont dirigées sur Robecco pour soutenir le 9ᵉ corps, et deux autres pour servir de réserve au 3ᵉ corps; au nord de la route une cinquième brigade forme la réserve générale. La division autrichienne Creneville se retire devant Canrobert, après avoir échangé quelques coups de canon avec l'artillerie du général Renault, montrant ainsi qu'elle renonce au projet de tourner l'extrême droite du 4ᵉ corps pour rompre la gauche en attaquant la division Vinoy postée, au sortir de Medole, dans la direction de Casanova sur la route de Mantoue, à 2 kilomètres de Giudizzolo. Cette division, dans sa marche pour joindre la route de Castiglione à Goïto d'où elle doit prendre à droite pour se rendre à Giudizzolo, rencontre la division Crenneville; un combat acharné s'engage. Le général Niel craignant, s'il s'avance dans la plaine, d'être accablé par les fortes colonnes d'infanterie et de cavalerie autrichiennes, appuyées par une nombreuse artillerie, ordonne au général Vinoy de se rapprocher du 2ᵉ corps; le général de Failly entre en ligne avec le général Vinoy. Le général Niel fait, en même temps, demander pour la seconde fois des secours au maréchal Canrobert.

Le 9ᵉ corps autrichien, appuyé à la ferme de Casanova, sur la lisière du bois, prend en ce moment l'offensive. Les Autrichiens s'avancent vers Medole, mais ils sont repoussés par la division Luzy. Deux brigades autrichiennes attaquent la division Vinoy qui, protégée par les batteries de réserve, se maintient en position. L'infanterie et la cavalerie autrichiennes, décimées par l'artillerie française, se retirent. La brigade Hartung du 3ᵉ corps autrichien arrive sur le champ de bataille, et tente en vain de réoccuper la ferme de Casanuova; la division Vinoy se porte en avant, et cherche à se rapprocher de Castiglione à Giudizzolo. Il est midi; les deux divisions de cavalerie Desvaux et Partouneaux, débouchant dans la plaine, les deux batteries de ces divisions se joignent à l'artillerie du général Soleille. Les attaques du 9ᵉ corps autrichien contre Casanuova étaient manquées. Ce corps avait trop éparpillé ses forces pour réussir dans son dessein.

Pendant que le général Vinoy prend position à Casanuova, le général Douay s'empare de Rebecco; mais il s'épuise à s'y maintenir contre les attaques continuelles de l'ennemi renforcé. Le général Niel envoie au secours du général Douay une demi-brigade de la division Vinoy : les Autrichiens se jettent entre ces deux généraux, lorsque, vers dix heures, apparaît la tête de la division Failly. Le 2ᵉ et le 4ᵉ corps, avec 3500 chevaux des deux divisions de cavalerie, forment une masse de 44000 hommes.

Les 3ᵉ, 9ᵉ et 11ᵉ corps autrichiens et la division de cavalerie Mensdorff qui leur étaient opposés comptaient 65 000 hommes; mais le 9ᵉ corps et une brigade du 3ᵉ combattaient seuls; le reste se trouvait encore en arrière. Les Français, attaqués par des forces supérieures en nombre, conservent bravement leurs positions autour de Casanuova dont ils ont fait le pivot de leur position.

Le 4ᵉ corps lutte pendant plusieurs heures, perdant et regagnant du terrain. Le général Douay, grièvement blessé à Rebecco, a dû quitter le commandement; sa brigade a été repoussée du village, mais, bientôt renforcée de quatre bataillons de la division Luzy, elle reprend la position.

La division Renault du 3ᵉ corps vient d'arriver à Rebecco; trois bataillons de cette division sont destinés à renforcer la position. Le maréchal Canrobert, ne voyant pas paraître d'ennemis sur sa droite, envoie enfin au général Niel la 1ʳᵉ brigade de la division Trochu, commandée par le général Bataille.

Ces renforts de troupes fraîches permirent au général Niel de pousser, dans la direction de Giudizzolo, une partie des divisions de Luzy et de Failly. Ces troupes se trouvent en face de forces supérieures : le général Trochu se porte en avant pour le soutenir. Mensdorff reprend l'offensive à trois heures et demie. Il fait avancer ses troupes sur trois colonnes : la 1ʳᵉ, par la route de Giudizzolo à Castiglione; la 2ᵉ, par celle qui mène à Rebecco; la 3ᵉ, par un chemin creux qui se trouve entre ces deux points. Le flanc gauche du général Trochu est menacé par une colonne de cavalerie qui couvre la marche d'une forte colonne d'infanterie hongroise. Le général Desvaux charge l'ennemi qui, formé en carrés, repousse son attaque. Les Français reviennent à la charge; mais la mitraille et la mousqueterie ennemie font des ravages dans les deux lignes de la division française; un orage mêlé de grêle, d'éclairs et de tonnerre, suivi d'une pluie torrentielle, met fin au combat.

Le général Wimpffen tente de nouveau de chasser le

général Vinoy de la ferme de Casanuova; il pousse en avant les réserves des 3°, 9° et 10° corps, et il fait converger sur ce lieu le feu de plusieurs batteries de canons et de fusées. Les Autrichiens, sous la protection de ce feu, se lancent à l'assaut et arrivent jusqu'au mur même de la ferme.

Le prince de Windischgraetz dirige l'attaque à la tête de son régiment; son cheval est tué et deux balles le renversent lui-même, ainsi que son lieutenant-colonel. Les Autrichiens continuent l'assaut. La position des Français va devenir périlleuse, lorsque trois bataillons arrivent à leur secours, attaquent de flanc l'infanterie autrichienne et la forcent à la retraite.

Il était quatre heures.

Le général Wimpffen, ayant employé ses dernières réserves, bat en retraite sous la protection du 11° corps, et, pendant l'effroyable ouragan dont nous venons de parler, avant même que le maréchal Canrobert eût déployé toutes ses forces. Niel était sauvé grâce à l'héroïsme de ses soldats, mais au prix de 5000 hommes morts ou blessés.

L'empereur d'Autriche, au milieu de ses troupes, soutient encore à Cavriana l'honneur de ses armes : son centre enfoncé, sa droite menacée, sa position n'est plus tenable, il faut qu'il se retire sur le Mincio.

La retraite des Autrichiens sur le Mincio dépendait de la bravoure de la division Hesse, chargée de défendre le terrain de Cavriana jusqu'à Volta. Il était trois heures et demie lorsque la 2° armée se mit en retraite vers Volta; Mac-Mahon, poussant ses attaques avec une grande vivacité, avait ordonné au général la Motte-Rouge de soutenir, avec la brigade de réserve, la colonne composée des tirailleurs algériens et des brigades des grenadiers qui venaient d'être repoussées par le prince de Hesse. La 2ᵉ division suit le mouvement : cette division appuyait, avec la première colonne, la droite de la 2ᵉ division, et se reliait, avec ses deux autres colonnes, à la division de cavalerie Desvaux. Les Autrichiens, ne pouvant résister à l'impétuosité d'attaques toujours renouvelées, se retirent au delà de la crête du mont Fontana et gagnent le vallon en avant de Cavriana. Pendant que le général la Motte-Rouge prend position sur les crêtes du mont Fontana, la division Decaen chasse l'ennemi des fermes qui se trouvent devant elle dans la plaine.

Une colonne de cavalerie autrichienne qui menaçait de tourner la droite est chargée en flanc par le général Cassaignolles ; les Autrichiens sont refoulés, Cavriana est au pouvoir des Français.

La lutte entre les Piémontais et les Autrichiens continue pendant ce temps-là ; Benedeck n'a pas encore quitté la position de San Martino, et le général Gaal tient encore à Madonna delle Scoperta. Ce général avait tenté un mouvement contre les Piémontais, qui cherchaient à se mettre en communication avec l'aile gauche du 1ᵉʳ corps français dans la direction du nord. Le maréchal Baraguey d'Hilliers, s'apercevant que Gaal va tourner l'armée piémontaise et ne pouvant l'arrêter avec de l'infanterie, vu la distance qui les sépare, donne l'ordre au général Forgeot de diriger contre l'ennemi le feu de son artillerie. Six pièces placées à la *Contrada San Martino* prennent les colonnes ennemies de flanc et les forcent à rebrousser chemin. Gaal quitte la position de la Madonna delle Scoperta.

Le roi Victor-Emmanuel attendait la division française qui devait l'aider à renouveler les attaques. Cette division, partie de Lonato à onze heures, ne put prendre part à la lutte que vers quatre heures et demie, lorsque déjà la journée était décidée en faveur des Français.

Le général Fanti lance la brigade Piémont dans la direction de Pozzolengo pour soutenir le général Durando.

La 2e brigade est dirigée vers San Martino pour appuyer la 5e division et la 3e, général Mollard. Cette brigade et les 5e et 3e divisions, protégées par le feu de quatre batteries, abordent les hauteurs de San Martino sous une grêle de balles, les enlèvent avec une grande bravoure et s'emparent de trois pièces. Le général Mollard occupe les cascines, derrière lesquelles il prend position et où il se tient ferme malgré tous les efforts que fait l'ennemi pour le déloger. La 1re division, commandée par le général Durando, s'est aussi avancée dans la direction de San Martino, mais elle a rencontré l'ennemi et n'a pu arriver au lieu de sa destination. La 1re brigade de la division Fanti, avec le bataillon des bersagliers, s'avance vers Pozzolengo et bat l'ennemi posté sur le mont Fenile. Le général Fanti avait fait mettre en batterie sur le mont San Giovanni quatre obusiers qui, prenant par derrière les défenseurs de San Martino, contribuèrent au succès du général Mollard. Benedeck, qui a reçu l'ordre de se retirer, quitte successivement toutes ses positions. Son arrière-garde tient bon jusqu'à neuf heures du soir. Benedeck, fier d'avoir défendu la position de San Martino pendant toute la journée, se retire en bon ordre après avoir fait éprouver des pertes sensibles aux Piémontais.

Le 7e corps de la 2e armée autrichienne est destiné à

couvrir la retraite. Au centre, les troupes du 7ᵉ corps, qui retournaient à leurs premières positions près de Quaderni, et les détachements des différents corps sous les ordres du général Clam, à Volta, sont rassemblés au pont de Valeggio : les Autrichiens, pour faciliter la retraite, jettent un pont de bateaux sur le Mincio, à la hauteur de Campagnola. Deux brigades de la division du prince de Hesse se sont dirigées sur Volta, d'où elles facilitent le passage à l'artillerie par Borghetto et Valeggio : la 2ᵉ armée se trouva ainsi le lendemain sur la rive gauche du Mincio. La 1ʳᵉ armée, qui avait à parcourir un chemin plus long, put néanmoins transporter toutes ses troupes et son matériel de guerre au delà du fleuve avec un ordre parfait : son arrière-garde occupa Giudizzolo jusqu'à dix heures du soir et commença seulement alors la retraite sans être inquiétée. Le quartier général de la 1ʳᵉ armée fut établi à Goito ; celui de la 2ᵉ à Valeggio ; le quartier impérial à Villafranca ; le commandant du 2ᵉ corps d'armée autrichienne s'était, le 24, porté en avant ; mais, apprenant que l'avant-garde de la division d'Autemarre se trouvait à Piadena, il entra dans Mantoue.

Les Français victorieux bivouaquèrent sur le champ de bataille.

L'immense étendue de terrain occupé la veille par les deux armées était couverte de cadavres d'hommes et de chevaux, de corps mutilés, de membres épars, de débris d'armes rougies de sang ; les routes, les fossés, les ravins, les prés jonchés de morts, les champs ravagés, les haies renversées, les murs des maisons des villages percés par les boulets et prêts à s'écrouler, un espace de plus de 20 kilomètres retentissant du cri des mourants et des blessés demandant du secours, voilà le spectacle qu'éclaira le soleil du lendemain. L'ensevelissement des morts dura trois jours et trois nuits.

On répète qu'il faut se garder de la furie française, mais que si l'on arrête son premier élan, il est facile de la dompter, tandis que les Allemands, manquant d'entrain dans l'attaque, sont inébranlables dans la résistance. La bataille de Solferino dément cette assertion qui semble passée à l'état d'axiome. Les 2e et 4e corps français résistèrent à des forces très-supérieures avec un sang-froid admirable. A la ferme de Casanuova et à Rebecco, ils restèrent immobiles et imperturbables comme s'ils avaient pris racine dans le sol. La conduite des Autrichiens à Casanuova, à Rebecco, à Monte Fontana, à San Martino, les charges de la division Hesse, les attaques du 35e régiment sous les ordres du prince Windischgraetz, et les brillantes charges du régiment des hussards commandé par le colonel Edelsheim, prouvèrent que les Allemands savaient, eux aussi, être impétueux et brillants. Les Piémontais ne démentirent pas leur vieille renommée de vaillants soldats.

Les deux armées s'étaient, comme on l'a vu, trouvées à l'improviste en face l'une de l'autre, les Autrichiens occupant une forte position, étudiée longtemps d'avance, et formant une ligne de défense d'environ quatre lieues, dont le centre dominait les ailes; cette position pouvait servir de pivot à cette ligne dans toutes les manœuvres des troupes placées aux deux ailes. Les alliés avaient donc commis une grande faute en laissant les Autrichiens se retirer tranquillement après le combat de Melegnano et en les perdant de vue. Si le grand art de la guerre est d'imposer la bataille, aucun des deux généraux en chef ne peut se vanter de l'avoir pratiqué. L'armée française, obligée d'accepter la bataille de Solferino, remporta la victoire, grâce à son organisation et au caractère du soldat français, qui ne se laisse pas dominer par l'imprévu. Les différents corps de l'armée française, en attendant les ordres de l'état-major général, se mirent en mouvement selon les positions de leur front de marche, subordonnant leurs opérations à celles des corps à leur proximité. L'armée autrichienne ne pouvait montrer la même élasticité. Les commandants des différents corps, dépendant des généraux en chef des grandes armées, n'osaient rien faire sans leurs ordres ; quoique l'attaque eût commencé de très-bon matin, les corps ne reçurent leurs instructions particulières qu'à dix heures; le 5ᵉ et le 8ᵉ corps, attaqués l'un à Solferino et l'autre à Madonna della Scoperta et à San Martino, furent seuls sérieusement engagés jusqu'à cette heure. L'armée autrichienne dut à la bravoure et à l'intrépidité du 5ᵉ corps, sous les ordres du général comte Stadion, de n'avoir pas subi une défaite plus complète. Le succès de ce corps jusqu'à dix heures resta infructueux à cause de la lenteur du 1ᵉʳ et du 7ᵉ corps appelés à son secours, et à cause de la 1ʳᵉ armée, qui, malgré sa grande supériorité numérique (65 000 hommes), ne parvint à entamer aucun des deux corps français isolés.

Le maréchal Baraguey d'Hilliers ne gagna du terrain qu'après midi seulement. Le mouvement des deux armées autrichiennes avait déjà commencé, elles purent prendre l'offensive sur la droite et sur la gauche et renforcer le centre ; les Autrichiens, massés vers midi dans les dernières positions autour de Solferino, avaient alors l'avantage de la position et du nombre.

Les Piémontais, à l'arrivée de la 1re division sur le champ de bataille vers une heure, pouvaient réunir 22 000 hommes environ et se jeter avec cette force sur les 18 000 Autrichiens de San Martino, mais ils se fractionnèrent dans l'attaque, et Benedeck put les repousser successivement. L'avantage des Autrichiens à San Martino et leur vaillante résistance à Solferino auraient peut-être changé le sort de la journée s'ils avaient manœuvré au centre et à leur gauche avec plus d'ensemble et en masse. Le général Schlik, qui avait eu l'idée d'envelopper le flanc gauche de Mac-Mahon, n'employa pour cette manœuvre décisive que six escadrons de hussards qui causèrent cependant un certain désordre dans la division Decaen. Cette manœuvre, exécutée par toute la division de cavalerie de Mensdorff, appuyée par des batteries d'artillerie à cheval, pouvait compromettre Mac-Mahon et délivrer Solferino.

Le 1er corps d'armée, chargé d'appuyer le 5e, ne prit aucune part à la bataille de Solferino ; le 7e corps, qui devait également soutenir le comte Stadion, arriva tard à son poste et se trouva partagé en deux divisions, l'une en arrière de Solferino, l'autre à San Cassiano. Pendant l'attaque de Solferino, les 3e, 9e et 11e corps et la cavalerie de Mensdorff ne parvinrent pas à déloger le 4e corps français. Les Autrichiens, selon leur habitude, combattaient en fractions de la force d'une brigade, tandis que les Français agissaient presque toujours par divisions s'appuyant entre elles. L'artillerie autrichienne, malgré sa supériorité numérique, se trouva toujours inférieure en nombre dans les combats partiels. Les Autrichiens n'employèrent pas de grandes masses dans les attaques, ils négligèrent de réunir de grosses réserves, de sorte que lorsque la 1re armée commença son mouvement de conversion pour tourner l'aile droite des Français dans la plaine, il était déjà trop tard, car le 2e corps, resté sur la défensive à Casa Marino, s'était porté en avant et se trouvait en communication avec le 4e corps et celui-ci avec le 3e. Plus de 30 000 Français se montrant en ligne, Wimpffen ne pouvait plus réussir dans sa manœuvre tournante. S'il eût agi dès le commencement de la journée selon son inspiration et d'après les conditions du combat, il aurait pu, profitant de sa supériorité numérique et de sa belle et nombreuse cavalerie, envelopper le 4e corps qui se trouvait isolé et battre le 2e et le 3e; mais il voulut attendre les ordres du quartier impérial. Ces ordres arrivèrent tard, et la gauche des Autrichiens perdit l'occasion. Une autre faute des Autrichiens fut aussi de n'avoir pas organisé une forte réserve pour l'engager utilement sur les points décisifs et au moment opportun. Le général Hesse avait conseillé d'employer dans ce but le 6e et le 10e corps. Cette réserve aurait pesé d'un grand poids dans la balance des forces qui luttèrent avec des chances égales pendant plusieurs heures.

La victoire restait aux Français, mais ils n'avaient pas poursuivi l'ennemi; les résultats de la victoire étaient donc incomplets, cependant l'espoir d'atteindre le but fixé par la proclamation de Napoléon III au commencement de la campagne animait tous les cœurs. La lutte allait recommencer; telle était la conviction générale. M. de Cavour, deux jours après Solferino, avait trouvé Napoléon III très-dégoûté des querelles de ses généraux, profondément impressionné par les horribles scènes de guerre dont pour la première fois de sa vie il avait été témoin, mais par-dessus tout, fier et enchanté de la gloire militaire que la France venait d'obtenir. L'Empereur avait même donné à entendre au ministre piémontais que, pour assurer la défaite totale de l'ennemi, il n'hésiterait pas à faire appel aux Hongrois. M. de Cavour était donc revenu plein d'espoir du quartier général. La certitude du succès augmentant sa gaieté naturelle, il dit à un de ses compatriotes, correspondant du *Daily News* (1) : « Quand comptez-vous aller à Mantoue embrasser votre famille? — Le correspondant répondit : Vous en savez sans doute le jour mieux que moi. — Eh bien! je fixe votre entrée solennelle à Mantoue le 1er août, car je ne partage nullement l'opinion générale sur la difficulté d'entrer dans Vérone; qu'un corps français débarque sur les côtes de la Dalmatie et le quadrilatère sera bientôt pris. »

Les officiers les plus distingués de l'émigration hongroise avaient déjà obtenu la permission de suivre l'état-major des armées alliées; leurs allées et venues continuelles entre Turin et le quartier général, la présentation de Kossuth à Napoléon III par le sénateur Pietri, et par-dessus tout, les ordres donnés à la flotte française dans l'Adriatique, faisaient croire qu'un mouvement révolutionnaire ne tarderait pas à éclater sur le Danube. L'Autriche semblait toucher à sa perte. Les Italiens comptaient sur une délivrance complète. Tout à coup l'inquiétude vint se mêler à ces espérances. Les observateurs froids

---

(1) M. Arrivabene, membre du parlement italien.

remarquaient que depuis le passage du Mincio les armées alliées n'avaient pas montré l'activité nécessaire dans les circonstances où elles se trouvaient, et qu'elles ne s'empressaient guère de prendre avantage de la désorganisation complète dans laquelle se trouvait l'armée autrichienne. Le 6 juillet 1859, l'Empereur avait envoyé un plénipotentiaire à Vérone ; de quelle mission était-il chargé ? Le bruit se répandit qu'il était porteur d'une proposition d'armistice. Les officiers français et italiens se refusaient d'autant plus à y croire, que de grands mouvements de troupes s'effectuaient sur la route de Valeggio : le corps du maréchal Canrobert s'était déjà formé en ligne de bataille dans la plaine ; on s'attendait à un combat. La nouvelle n'était que trop fondée. Le général Fleury, au moment où s'opéraient ces mouvements sur la route de Valleggio, recevait de François-Joseph l'acceptation de l'armistice proposé par Napoléon III, et réglait les conditions d'une entrevue entre les deux souverains.

Napoléon III et François-Joseph se rencontrèrent le 11 à Villafranca dans la maison de Gaudini Morelli Bugna, à Contrada Cappuccini. Cette entrevue dura un peu moins d'une heure ; la conversation se fit en italien et en allemand. Rien ne fut écrit. L'encrier et le papier, après le départ des deux interlocuteurs, étaient intacts sur la table où on les voit encore ; l'empereur d'Autriche, s'il faut s'en rapporter à une brochure publiée sous l'inspiration du cabinet de Vienne (1), n'eut qu'à faire appel aux intérêts dynastiques de son vainqueur pour en obtenir tout ce qu'il pouvait souhaiter : « Vous et moi,

---

(1) *La paix de Villafranca*, par le chevalier Debrauz.

» lui dit-il, nous sommes deux pères ; préoccupons-nous
» moins de nos intérêts personnels que de l'avenir de
» nos héritiers, et nous tomberons facilement d'accord ;
» quant à moi, je vous en donne l'assurance la plus
» solennelle, je ne me prêterai jamais à aucune coalition
» destinée à faciliter un changement de dynastie en
» France. » Le traité de paix, signé bientôt après entre
les deux gouvernements impériaux sous le nom de *Préliminaires de Villafranca*, prouve que François-Joseph avait touché la corde sensible :

PRÉLIMINAIRES DE VILLAFRANCA.

« Les deux souverains favoriseront la création d'une confédération italienne. Cette confédération sera sous la présidence honoraire du Saint-Père.

» L'empereur d'Autriche cède à l'empereur des Français ses droits sur la Lombardie, à l'exception des forteresses de Mantoue et de Peschiera, de manière que la frontière des possessions autrichiennes partirait du rayon extrême de la forteresse de Peschiera, et s'étendrait en ligne droite le long du Mincio jusqu'à Le Grazie, de là à Scarzarolo et Luzzara au Pô, d'où les frontières actuelles continueront à former les limites de l'Autriche.

» L'empereur des Français remettra les territoires cédés au roi de Sardaigne.

» La Vénétie fera partie de la confédération italienne, tout en restant sous la couronne de l'Empereur d'Autriche.

» Le grand-duc de Toscane et le duc de Modène rentrent dans leurs États en donnant une amnistie générale.

» Les deux empereurs demanderont au Saint-Père d'introduire dans ses États des réformes indispensables.

» Amnistie pleine et entière est accordée de part et d'autre aux personnes compromises à l'occasion des derniers événements dans les territoires des parties belligérantes.

» 11 juillet 1859. »

Les deux souverains, après être restés pendant une heure en tête à tête, descendirent dans la rue et se présentèrent mutuellement les principaux personnages de leur suite.

François-Joseph était pâle et triste.

Victor-Emmanuel apprit le soir même de la bouche de Napoléon III que si François-Joseph acceptait les préliminaires que le prince Napoléon était allé lui porter à Vérone, la paix serait bien vite conclue. Le roi de Piémont répondit d'un ton froid : « Quelle que soit la déci-
» sion de Votre Majesté, je garderai toujours la plus vive
» gratitude pour ce qu'elle a fait pour l'indépendance
» de l'Italie, et je vous prie de croire que dans n'importe
» quelle occasion vous pouvez compter sur ma fidélité. »

M. de Cavour, à la nouvelle de la conclusion de l'armistice, crut d'abord qu'il ne s'agissait que d'assurer aux troupes le temps de repos dont elles avaient grand besoin. Un courrier français qui se rendait à Paris, rencontrant un de ses collègues piémontais à la gare de Turin, lui fit part de ce qui se passait au quartier général ; le courrier en informa M. de Cavour. Voilà comment le premier ministre du royaume de Sardaigne apprit l'entrevue prochaine des deux empereurs ; il partit aussitôt pour Monzanbano avec son secrétaire M. Nigra. Les deux voyageurs trouvèrent le chemin de fer coupé à Dezenzano, et le pays en fermentation : des groupes animés, s'entretenant à voix haute des événements du jour, couvraient la place publique ; le café dans lequel les deux voyageurs entrèrent en attendant une voiture de poste, retentissait d'injures et de malédictions contre l'empereur des Français ; l'un l'accusait de trahison, l'autre s'écriait que cette triste fin de la guerre avait été prédite par Mazzini, quelques semaines auparavant, dans son journal *Pensiere ed azione*. Ces discussions passionnées donnaient à M. de Cavour une idée de l'effet que la brusque conclusion de la paix allait produire, et du danger qui pouvait en résulter pour son gouvernement.

M. de Cavour put enfin trouver une voiture délabrée qui le conduisit au quartier général. Les officiers qui le virent descendre de la *timonella* eurent de la peine à le reconnaître, tant sa figure si ouverte et bienveillante avait une expression de mauvaise humeur et de dureté; il répondit à peine à leurs saluts, demanda brusquement où était le roi, et se dirigea vers la *Casa Melchiori* où il logeait. Victor-Emmanuel et son ministre restèrent longtemps ensemble. Le lendemain ils eurent une seconde entrevue dans laquelle le roi apprit à son ministre que le sacrifice était consommé. M. de Cavour ne put se contenir à cette nouvelle; il laissa échapper des mots très-irrévérencieux pour l'empereur des Français et même pour le roi de Sardaigne : « L'Italie, trahie et blessée dans sa dignité, il ne restait plus à Victor-Emmanuel que deux partis à prendre : rejeter les propositions de paix en retirant son armée de la Lombardie, ou abdiquer. » La violence de son langage, la rudesse de ses expressions, obligèrent M. de Cavour à se tenir pendant quelque temps éloigné du roi.

M. de Cavour sortit exaspéré de la *Casa Melchiori*, M. Nigra et son secrétaire essayaient en vain de le calmer. Des officiers et des correspondants de journaux, profitant du moment où il buvait un verre d'eau dans un café, s'approchèrent pour avoir des nouvelles. M. Nigra, se penchant à l'oreille du correspondant du *Daily News*, lui dit : « Vous pouvez écrire en Angleterre que le comte de Cavour n'est plus le conseiller de la couronne, et que Rattazzi ne tardera pas à être chargé de former un ministère. » La voiture stationnait devant le café. Le ministre, déçu dans ses plus chères espérances, y remonta sans prononcer une parole, et donna de la main le signal au cocher. La voiture partit au milieu des cris de : « Vive Cavour ! »

M. de Cavour atteignit Dezenzano au moment même où quatre voitures dans lesquelles se trouvaient Napoléon III, le prince Napoléon et leur suite, arrivaient au quartier général. Le roi Victor-Emmanuel reçut ses hôtes à la porte de la villa, et les conduisit dans la salle où le couvert était mis. La figure de l'Empereur n'indiquait comme d'habitude aucune émotion ; le prince Napoléon parlait avec volubilité aux généraux sardes ; Victor-Emmanuel gardait le silence en s'efforçant de paraître empressé. Le roi de Sardaigne, après le dîner triste et rapide, conduisit ses hôtes à la *Casa Melchiori*; quelques mots à peine furent échangés entre eux pendant le trajet ; une politesse sèche et froide remplaçait déjà la cordialité dans les rapports entre les officiers des deux nations : ils se parlaient encore ; quelques jours plus tard, ils ne se saluèrent plus.

Le 12 juillet, Napoléon III adressa cet ordre du jour à l'armée :

« Soldats !

» Les bases de la paix sont arrêtées avec l'empereur d'Autriche. Le but principal de la guerre est atteint, l'Italie va devenir pour la première fois une nation. Une confédération de tous les États de l'Italie, sous la présidence honoraire du Saint-Père, réunira en un faisceau les membres d'une même famille ; la Vénétie reste, il est vrai, sous le sceptre de l'Autriche : elle sera néanmoins une province italienne faisant partie de la confédération.

» La réunion de la Lombardie au Piémont nous crée de ce côté des Alpes un allié puissant qui nous devra son indépendance. Les gouvernements restés en dehors du mouvement ou rappelés dans leurs possessions comprendront la nécessité des réformes salutaires. Une amnistie générale fera disparaître les traces des discordes civiles. L'Italie, désormais maîtresse de ses destinées, n'aura plus qu'à s'en prendre à elle-même si elle ne progresse pas régulièrement dans l'ordre et la liberté.

» Vous allez bientôt retourner en France ; la patrie reconnaissante accueillera avec transport ces soldats qui ont porté si haut la gloire de nos armes à Montebello, à Palestro, à Turbigo, à Magenta et à Solferino, qui, en deux mois, ont affranchi le Piémont et la Lombardie, et ne se sont arrêtés que parce que la lutte allait prendre des proportions qui n'étaient plus en rapport avec les intérêts que la France avait dans cette guerre formidable.

» Soyez donc fiers de vos succès, fiers des résultats obtenus, fiers surtout d'être les enfants bien-aimés de cette France qui sera toujours la grande nation, tant qu'elle aura un cœur pour comprendre les nobles causes et des hommes comme vous pour les défendre.

» Au quartier impérial de Valeggio, le 12 juillet 1859. »

L'Empereur partit le même jour pour la France. Le silence de la foule qui remplissait les rues de Milan et de Turin sur son passage lui révéla les sentiments des Italiens sur cette paix de Villafranca qui laissait la Vénétie à la merci de l'étranger, et rendait les duchés à l'Autriche en les restituant aux archiducs. Napoléon III, dans sa réponse au discours du gouverneur de Milan, s'étonna cependant de l'ingratitude des Italiens.

Le lendemain de son arrivée aux Tuileries, il reçut les grands corps de l'État et leur adressa ce discours :

« Messieurs,

» En me retrouvant au milieu de vous qui, pendant mon absence, avez entouré l'Impératrice et mon fils de tant de dévouement, j'éprouve le besoin de vous remercier d'abord, et ensuite de vous expliquer quel a été le mobile de ma conduite.

» Lorsque, après une heureuse campagne de deux mois, les armées française et sarde arrivèrent sous les murs de Vérone, la lutte allait inévitablement changer de nature, tant sous le rapport militaire que sous le rapport politique. J'étais fatalement obligé d'attaquer de front un ennemi retranché derrière de grandes forteresses, protégé contre toute diversion sur ses flancs par la neutralité des territoires qui l'entouraient, et, en commençant la longue et stérile guerre des sièges, je trouvais en face l'Europe en armes, prête, soit à disputer nos succès, soit à aggraver nos revers.

» Néanmoins, la difficulté de l'entreprise n'aurait ni ébranlé ma résolution, ni arrêté l'élan de mon armée, si les moyens n'eussent pas été hors de proportion avec les résultats à attendre. Il fallait se résoudre à briser hardiment les entraves opposées par les territoires neutres, et alors accepter la lutte sur le Rhin comme sur l'Adige. Il fallait partout franchement se fortifier du concours de la révolution. Il fallait répandre encore un sang précieux qui n'avait que trop coulé déjà; en un mot, pour triompher, il fallait risquer ce qu'il n'est permis à aucun souverain de mettre en jeu que pour l'indépendance de son pays.

» Si je me suis arrêté, ce n'est donc pas par lassitude ou par épuisement, ni par abandon de la noble cause que je voulais servir, mais parce que dans mon cœur quelque chose parlait plus haut encore : l'intérêt de la France.

» Croyez-vous donc qu'il ne m'en ait pas coûté de mettre un frein à l'ardeur de ces soldats qui, exaltés par la victoire, ne demandaient qu'à marcher en avant?

» Croyez-vous qu'il ne m'en ait pas coûté de retrancher ouvertement devant l'Europe de mon programme le territoire qui s'étend du Mincio à l'Adriatique?

» Croyez-vous qu'il ne m'en ait pas coûté de voir dans des cœurs honnêtes de nobles illusions se détruire, de patriotiques espérances s'évanouir?

» Pour servir l'indépendance italienne, j'ai fait la guerre contre le gré de l'Europe; dès que les destinées de mon pays ont pu être en péril, j'ai fait la paix.

» Est-ce à dire maintenant que nos efforts et nos sacrifices aient été en pure perte? Non. Ainsi que je l'ai dit dans les adieux à mes soldats, nous avons droit d'être fiers de cette courte campagne. En quatre combats et deux batailles, une armée nombreuse, qui ne le cède à aucune en organisation et en bravoure, a été vaincue. Le roi de Piémont, appelé jadis le gardien des Alpes, a vu son pays délivré de l'invasion et la frontière de ses États portée du Tessin au Mincio. L'idée d'une nationalité italienne est admise par ceux qui la combattaient le plus. Tous les souverains de la Péninsule comprennent enfin le besoin impérieux de réformes salutaires.

» Ainsi, après avoir donné une nouvelle preuve de la puissance militaire de la France, la paix que je viens de conclure sera féconde en heureux résultats ; l'avenir les révélera chaque jour davantage pour le bonheur de l'Italie, l'influence de la France, le repos de l'Europe. »

La paix surprit la France autant que l'Italie. Aussi ce discours est-il plein de l'embarras dans lequel se trouvait Napoléon III pour justifier sa conduite. Ne savait-il pas, avant de commencer la guerre, qu'il serait obligé de compter avec la révolution? Les mouvements de l'Allemagne étaient-ils plus menaçants après Solferino qu'après Magenta? Aucune réponse satisfaisante ne pouvait être faite à ces interrogations. Quelle preuve l'Empereur pouvait-il donner à l'appui de cette assurance, que tous les souverains de la Péninsule comprenaient le besoin impérieux de réformes salutaires? Le contraire était évident. Quoique l'Empereur eût répondu au corps diplomatique admis le 21 à lui présenter ses félicitations, qu'il comptait sur la durée de la paix, le sentiment public ne prit point le change, et les doutes à ce sujet redoublèrent dans tous les esprits au moment même où l'armée opérait son retour en France. Elle fit son entrée triomphale à Paris, le 14 août, au milieu des acclamations publiques. Les maréchaux, les généraux et les principaux officiers supérieurs de l'armée d'Italie furent réunis par l'Empereur dans un banquet aux Tuileries, et le lendemain le silence commença à se faire sur ses exploits, comme il s'était fait sur les prouesses de l'armée de Crimée.

Le refus du maréchal Canrobert de marcher sur Rebecco à trois heures donna lieu entre lui et le maréchal Niel à une correspondance qui, sans l'intervention personnelle de l'Empereur, se serait terminée par un duel. Le maréchal Canrobert, atteignant Medole de bonne heure et aidant Niel au début de l'action, aurait pu couper l'aile gauche des Autrichiens et changer leur défaite en une déroute complète. Son indécision, fatale à l'Italie, comme elle l'avait été à la France en Crimée, rendit possible et presque nécessaire le compromis de Villafranca, d'où la guerre générale fut sur le point de sortir.

CHAPITRE XII.

LES PROSCRITS.

1848-1859.

SOMMAIRE. — Les réfugiés de 1848 et de 1849. — Histoire de la proscription en Belgique. — Les premiers proscrits. — Mesures rigoureuses du gouvernement belge contre eux. — Vie des proscrits en Belgique. — Le refuge et la proscription en Angleterre de 1848 à 1859. — Les journaux : la *Voix du Proscrit*, le *Proscrit*. — Les proscrits de 1851. — Les sociétés : la *Commune révolutionnaire*, la *Révolution*. — Duel entre Barthélemy et Cournet. — Les proscrits chassés de Jersey. — Les proscrits en Suisse. — Les proscrits en Italie. — Les proscrits en Espagne. — Les amnisties partielles. — L'amnistie de 1859. — Les proscrits doivent-ils l'accepter ? — Discussion à ce sujet. — Rentrée des proscrits.

Le gouvernement impérial, dominateur absolu de la France, vainqueur dans deux grandes campagnes, visant à une sorte d'autocratie européenne, restaurateur de la liberté des peuples, ne pouvait pas avoir l'air de trembler devant quelques républicains. L'amnistie était devenue une nécessité. Le *Moniteur* publia, le 15 août 1859, le décret suivant :

« NAPOLÉON,
» Par la grâce de Dieu et la volonté nationale empereur des Français,
» A tous présents et à venir, salut,
» Avons décrété et décrétons ce qui suit :
» ART. 1ᵉʳ. — Amnistie pleine et entière est accordée à tous les individus qui ont été condamnés pour crimes et délits politiques, ou qui ont été l'objet de mesures de sûreté générale.
» ART. 2. — Notre garde des sceaux ministre de la justice et notre ministre de l'intérieur sont chargés de l'exécution des présentes.
» Fait au palais des Tuileries, le 16 août 1859.

» NAPOLÉON.

» Par l'Empereur :
» *Le garde des sceaux ministre secrétaire d'État au département de la justice,*
» DELANGLE.

Le ministre secrétaire d'État au département de l'intérieur,
Duc DE PADOUE. »

Avant de parler des suites de ce décret, il est indispensable de revenir de quelques années en arrière. La proscription a son histoire qui mérite d'être racontée. Elle commence au lendemain de la révolution de février. Les principaux acteurs du 15 mai prirent les premiers le chemin de l'exil. Ils passèrent en Belgique. Le gouvernement de ce pays ne se montra pas très-hospitalier pour les réfugiés de cette époque; Louis Blanc fut arrêté, déposé dans le *Mammeloker*, une des prisons de Gand, fut conduit à Ostende par des gendarmes qui ne le quittèrent que sur le pont du bateau à vapeur partant pour l'Angleterre. Les journées de juin 1848 et du 13 juin 1849 amenèrent de nouveaux réfugiés en Belgique. Ledru-Rollin, Martin Bernard, Étienne Arago, Considérant, Boichot, Nattier, franchirent la frontière; la police de Bruxelles leur intima l'ordre de vider le pays dans les vingt-quatre heures. Félix Pyat, et Thoré, rédacteur en chef de la *Vraie République*, échappèrent à ces ordres rigoureux par l'isolement et l'obscurité de leur existence. L'opinion publique en Belgique protesta plus d'une fois contre cette sévérité; aussi, lorsque MM. Cantagrel, ex-représentant, Servient, Songeon, Périer, ex-lieutenant-colonel de la légion de Belleville, le bottier Morel, le vétérinaire Talende, Tessié du Mothay, ingénieur, arrivèrent plus tard en Belgique, le mauvais effet produit par les précédentes expulsions empêcha la police de les mettre à la porte : il en fut de même pour Étienne Arago, revenu d'Angleterre, ainsi que pour Songeon, Favre, Ménars, Victor Borie, Boucher arrivé l'un des premiers en Belgique sous un nom d'emprunt, Lengrand, Jean Courmot (de Reims), Camus (du Loiret) et Anquetil, tous condamnés pour délits de presse. Ces proscrits vivaient de leur travail, attendant que l'année 1852 sonnât pour eux l'heure de la délivrance.

Les républicains réfugiés en Angleterre : Louis Blanc, Ribeyrolles, Martin Bernard, Naquet, accoururent en Belgique à la nouvelle du coup d'État ; Étienne Arago, Félix Pyat, Favre, Moreau, Angibert, Songeon, Servient, Anquetil, Camus, Boucher, Borie, franchirent la frontière française, et purent la repasser sans être pris ; Naquet pénétra même jusqu'à Paris. Les proscrits, après le succès du coup d'État de Louis Bonaparte, sortant des casemates, des prisons, des pontons, des geôles, affluèrent bientôt en Belgique, les uns conduits par des gendarmes, les autres munis de feuilles de route. Le *Moniteur* publia, le 7 janvier 1852, un décret qui fermait les portes de la patrie aux citoyens « dont la présence en France pourrait empêcher le calme de se rétablir » ; un autre décret du lendemain partagea ces hommes en trois catégories. La première comprenant les déportés à la Guyane ou à Alger : Marc Dufraisse, Greppo, Miot, Maltié et Richardet. La seconde les citoyens expulsés : Édouard Valentin, Paul Racouchot, Agricol Perdiguier, Eugène Cholat, Louis Latrade, Michel Renaud, Joseph Benoît (du Rhône), Joseph Bayard, Jean Colfavru, Joseph Doutre (du Rhône), Pierre-Charles Gambon, Charles Lagrange, Martin Nadaud, Barthélemy Perrier, Victor Hugo, Cassal, Signard, Viguier, Charrassin, Bandsept, Savage, Joly, Cambier, Boisset, Duché, Ennery, Guilgot, Hochstuhl, Michot-Boutet, Baune, Bertholon, Schœlcher, de Flotte, Joigneaux, Laboulaye, Bruys, Esquiros, Madier de Montjau, Noël

Parfait, Émile Pean, Pelletier, Raspail fils, Théodore Bac, Bancel, Belin (de la Drôme), Besse, Bourzat, Brives, Chavoix, Dulac, Dupont (de Boussac), Gaston Dussoubs, Guitter, Lafon, Lamarque, Pierre Lefranc, Jules Leroux, Francisque Maigne, Malardier, Mathieu (de la Drôme), Millotte, Roselli-Mollet, Charras, Saint-Ferréol, Pommier, Testelin (du Nord). La troisième catégorie se composait de MM. Duvergier de Hauranne, Créton, Baze, Thiers, Chambolle, de Rémusat, Jules de Lasteyrie, Émile de Girardin, général Laydet, Pascal Duprat, Quinet, A. Thouret, Victor Chauffour, Versigny, les généraux Lamoricière, Changarnier, Le Flo, Bedeau, Laydet ; ils étaient momentanément expulsés comme « s'étant fait remarquer par leur violente hostilité au gouvernement ».

Les généraux Changarnier, Lamoricière, Bedeau, Le Flo, le colonel Charras, et M. Baze, apprirent en effet le 8 janvier que la prison de Ham s'ouvrirait pour eux à condition de s'engager à partir pour l'Angleterre ; ils finirent cependant par obtenir l'autorisation de se rendre sur le continent. Le général Le Flo seul fut conduit par des agents de police jusqu'à Douvres. Le général Changarnier et le colonel Charras choisirent comme retraite la Belgique. Le général Lamoricière et M. Baze, se rendant l'un à Aix-la-Chapelle, l'autre à Cologne, ne firent que traverser Bruxelles escortés de même que le général Le Flo par des agents. Le général Changarnier et le colonel Charras, arrivés le matin dans cette ville, en repartirent le lendemain pour Liége et pour Louvain. Le général Bedeau arriva le dernier à Bruxelles.

Le général Cavaignac fut mis en liberté le 17 décembre 1851. M. de Morny apprit sa délivrance à madame Odier, par ce billet :

« Madame,

» Connaissant les opinions de votre famille et désirant lui donner la preuve de l'intérêt amical qu'il lui porte, le président me charge de vous dire qu'il verrait avec peine la cérémonie du mariage de votre fille avec l'honorable général Cavaignac attristée par les murailles d'une prison, et de vous envoyer un ordre pour qu'il soit mis en liberté. »

Le général Cavaignac écrivit aussitôt à M. de Morny :

« Si le gouverneur de Ham avait reçu l'ordre pur et simple de m'ouvrir les portes de cette prison, j'aurais aussi purement et simplement repris ma liberté, qui m'a été illégalement ravie. Mais l'ordre qui m'élargit est accompagné d'une lettre que vous n'avez pu considérer comme confidentielle et qui m'a été naturellement communiquée.

» Les commentaires qui s'y trouvent et les motifs qu'elle attribue au pouvoir, au nom duquel vous agissez, ne sont pas de nature à être acceptés par moi. Assurément, personne n'a plus souffert et ne souffre plus que moi des tristes retards de mon union avec mademoiselle Odier, mais je ne crains pas qu'elle y voie elle-même un motif d'accepter ma mise en liberté.

» Je ne dois pas quitter ce lieu, Monsieur le ministre ; je n'ai rien fait pour y être amené. Je n'ai point le désir de rester ici prisonnier malgré ceux qui m'ont illégalement arrêté, mais je ne veux pas, et mon honneur y est intéressé, accepter aucune transaction contraire à ce que je me dois à moi-même. »

Les représentants expulsés par le décret du 9 janvier retrouvèrent à Bruxelles quelques-uns de leurs anciens collègues de la Constituante, Laussedat, Besse, Bourzat, Brives, Bruys, Burgard, le docteur Gambon, Fleury (de l'Indre), Buvignier, Démosthènes Ollivier, Vergues, Simiot, et plusieurs autres compatriotes parmi lesquels Carion ancien commissaire de la République, Arsène Meunier, Geniller, Gentil Sarre, Amable Lemaître, Hippolyte Magen, hommes de lettres. Les représentants Michel (de Bourges), Kestner, Bayard, Rey, Arnaud (de l'Ariége), Aubry (du Nord), Fayole (de la Creuse), Bourke, Rochat, Barthélemy (d'Eure-et-Loir), Crétin, avaient quitté la France sans être atteints par le décret du 9 janvier. Victor Hugo débarqua en Belgique sous la blouse et avec le livret d'un ouvrier, Schœlcher déguisé en prêtre, Deluc en maçon; le représentant Ferrier sauva son beau-frère condamné à mort, en l'habillant en femme et le faisant passer pour sa fille. Les illusions sont permises aux proscrits; elles naissent facilement, surtout dans les premiers jours de l'exil. Victor Hugo s'imagina qu'il déciderait le roi des Belges à faire marcher son armée à laquelle un corps de réfugiés servirait d'avant-garde, non pas sur la France, mais contre le gouvernement du 2 décembre dont Léopold Ier ne songeait, au contraire, qu'à s'assurer les bonnes grâces. Les réfugiés ne tardèrent pas à s'en apercevoir. Cournet, l'un des chefs de la barricade du Château d'Eau pendant les journées de Juin, qui vint de Londres à Bruxelles le 4 décembre avec l'autorisation du bourgmestre, M. de Brouckère, d'y passer cinq jours, fut mis aux arrêts, gardé à vue dans son hôtel, et, les cinq jours expirés, renvoyé en Angleterre. Bianchi, rédacteur en chef du *Journal de Lille*, fut empoigné sur le territoire belge, et conduit en prison les menottes aux mains; il n'en sortit que pour se rendre en Angleterre. Cœurderoy subit à peu près le même traitement. Victor Schœlcher abandonna bientôt Bruxelles, où il lui était impossible de publier son *Histoire du coup d'Etat;* Nadaud et Malardier, ses collègues, le suivirent en Angleterre; Pascal Duprat s'y rendit pour publier ses *Tables de proscription.*

Les proscrits arrivés en Belgique sans papiers légalisés par l'ambassade belge à Paris, ou ne justifiant pas de leurs moyens d'existence, étaient expulsés ; les autres restaient soumis à la surveillance de la police qui leur imposait les plus dures conditions de séjour : ne rien écrire, ni faire, ni dire, qui pût porter ombrage au gouvernement français, ne pas exercer leur profession s'ils étaient médecins, avocats ou professeurs, enfin accepter l'internement dans les villes de l'intérieur. La misère était grande parmi eux. Le gouvernement leur refusait les moyens de gagner leur vie. M. Labrousse, ancien sous-directeur de l'École polytechnique en France, eut l'idée de reconstituer à Bruxelles l'école centrale du commerce et de l'industrie qu'il y avait fondée lors de son premier exil : MM. Deschanel et Challemel-Lacour, anciens élèves de l'École normale ; Chauffour, professeur de droit à la Faculté de Strasbourg ; Ennery, professeur de l'Université ; Baune, ancien directeur de l'École municipale de Lyon ; Servient et Deluc, répétiteurs à l'École polytechnique ; Rambert, professeur de chimie à l'École de Saint-Cyr, devaient occuper des chaires dans l'établissement de M. Labrousse : le colonel Charras avait consenti à se charger du cours d'histoire militaire, Bancel du cours d'éloquence, Laussedat du cours d'anatomie, Versigny du cours de philosophie du droit, Pascal Duprat du cours d'économie politique, Marc Dufraisse du cours de la législation comparée (1). Le gouvernement belge n'accorda pas à M. Labrousse l'autorisation de fonder cette école. MM. Joly, Dupont (de Bussac),

(1) Il professe encore, en ce moment, ce cours avec le plus grand éclat à l'École polytechnique de Zurich.

Madier de Montjau, avocats distingués, ne purent obtenir leur inscription sur aucun tableau d'avocats en Belgique. Les docteurs Laussedat et Testelin, après plusieurs demandes infructueuses, renoncèrent à solliciter l'autorisation d'exercer la médecine. La permission d'ouvrir une conférence fut refusée à MM. Versigny, Challemel-Lacour et Madier de Montjau. Il n'y avait pas de cabinet de lecture à Bruxelles, un réfugié eut l'idée d'en fonder un; le gouvernement s'y opposa. Greppo, chargé d'installer des métiers à la Jacquard à Deynze, fut obligé de rompre son traité parce qu'on voulait le séparer de son collègue Benoît menacé d'être chassé de Belgique. Il partit pour Londres. Le docteur Gambon soignait gratuitement à Termonde les malheureux atteints de la fièvre de marais; les médecins du pays le dénoncèrent comme exerçant illégalement la médecine et le firent condamner à l'amende. A. Morel, ancien rédacteur du *National*, et Geniller, professeur de mathématiques, parvinrent cependant à se créer peu à peu une position des plus honorables en donnant à Liége des leçons et des conférences. M. Challemel-Lacour put enfin parler à Anvers, ce qui lui était interdit à Bruxelles; Arsène Meunier, ancien instituteur, Agricol Perdiguier donnèrent des leçons. Michot-Boutet reprit à Louvain son métier de menuisier. Charles Bruys, Laboulaye, David, Maigne et Saint-Ferréol (1) vivaient retirés à Bruges, où ils étaient internés avec le capitaine d'artillerie Cholat et Lagrange.

Eugène Sue, retiré sur les bords du lac d'Annecy, ne put obtenir l'autorisation de rendre visite à ses amis

---

(1) Auteur du livre les *Proscrits français en Belgique*. Plusieurs détails de ce chapitre sont empruntés à cet ouvrage intéressant.

en Belgique. M. Étienne Arago et le colonel Charras en furent expulsés : M. Edgar Quinet n'obtint la permission de prendre les bains de mer à Blankenberghe que par une délibération du conseil des ministres. La surveillance, l'espionnage incessant auxquels il était soumis l'engagèrent à se rendre en Suisse. Les proscrits dont le gouvernement croyait avoir à se plaindre n'étaient pas toujours renvoyés de Belgique; on se contentait quelquefois de les interner. M. Camille Berru, coupable d'avoir, dans une revue théâtrale, fait rire aux dépens de la police, fut relégué pour un mois à Ostende par M. Nothomb. Le gouvernement n'eut bientôt plus à craindre une invasion de réfugiés. Ceux qui se présentaient à la frontière étaient des écrivains condamnés pour des délits de presse, et qui préféraient l'exil à un emprisonnement de plusieurs années. Les autres proscrits nouveaux venus, obligés de se cacher, perdaient patience et cherchaient asile ailleurs. Quelques-uns, vaincus par la misère, se faisaient prendre par la police et emprisonner comme Attibert, échappé de Cayenne. Le parquet, avant de l'expédier en Angleterre, lui fit faire trois mois de prison avec les voleurs. Maradix, le maire de Beaumont qui, condamné à la transportation, avait quitté l'asile où il se cachait pour mettre un *non* dans l'urne du plébiscite du 20 janvier 1852, fut pris dans un café où il ne se rendait qu'à la nuit et conduit à l'*Amigo*.

Barbès, à qui sa grâce avait été imposée en 1855, et qui avait vu s'ouvrir les portes de sa prison, n'aurait pas voulu rester une heure de plus en France, mais de quel côté devait-il se diriger? La frontière belge était fermée à tous les proscrits politiques anciens et nouveaux.

Il parvint pourtant à la franchir, grâce au dévouement d'un ami, M. Colard, qui fut la providence des exilés (1). Mais l'autorisation de séjourner en Belgique lui fut impitoyablement refusée. Il quitta Bruxelles pour se rendre à la Haye (2). Raspail, gracié également à son insu quelque temps après Barbès, et mis en liberté malgré sa résistance, parvint comme lui à se réfugier en Belgique. Il n'y serait pas resté plus longtemps que Barbès sans l'intervention de M. Vilain XIIII, député clérical, qui lui offrit un asile dans sa maison, et qui déclara qu'on ne lui arracherait son hôte que par la force. M. Vilain XIIII, devenu plus tard ministre des affaires étrangères, se montra dans une autre occasion importante le défenseur des réfugiés. Les journaux bonapartistes de Paris ne craignirent pas de déclarer que l'abbé Vergès, l'assassin de l'archevêque de Paris, était un agent des sociétés secrètes belges et des proscrits français, demandaient au gouvernement belge l'extradition des prétendus complices du meurtrier. M. Vilain XIIII répondit, dans la séance du 30 janvier 1857, aux députés qui s'informaient de la vérité ou de la fausseté de ces accusations, qu'il ne connaissait pas de sociétés secrètes en Belgique, et que les Français étaient dignes de l'hospitalité qu'ils recevaient.

(1) M. Colard était un ouvrier tailleur qui s'était établi à Bruxelles après avoir fait son apprentissage à Paris et qui avait fréquenté la jeunesse républicaine sous Louis-Philippe. Devenu riche, il vint généreusement au secours des réfugiés en leur ouvrant sa bourse et ses vastes ateliers d'habillements confectionnés où il admettait comme ouvriers surnuméraires les proscrits que la police voulait expulser parce qu'ils ne justifiaient pas de leurs moyens d'existence. Colard est mort il y a quelques années, et son souvenir reste cher à ceux qui l'ont connu dans l'exil.

(2) Où il est encore.

La situation des proscrits belges s'améliora pourtant à la longue, grâce à l'influence de MM. Charles de Brouckère, Tielemans et Gendebien. Le fabuliste Lachambaudie eut la permission de faire des lectures, M. Bancel d'ouvrir des conférences à l'Université, M. Deschanel au Cercle artistique et littéraire, et M. Madier de Montjau à la Société philharmonique. M. Erdan exposa ses théories sur la création d'une langue universelle; les médecins devinrent libres d'exercer leur profession, mais les avocats, M. Baze excepté, ne parvinrent jamais à se faire inscrire au tableau. Le moderne barreau belge se montrait moins hospitalier que l'ancien qui avait ouvert ses rangs aux proscrits de la Restauration.

MM. Bertal, juge de paix; Lefebvre, notaire; Aubanel, licencié en droit et docteur en philosophie; Poron, notaire; Amable Lemaître, journaliste, se firent professeurs dans diverses institutions, ainsi que Laboulaye et Ennery. MM. Louchet, Carion, Labrousse, Fleury, Brives, Fargin-Fayole, Saint-Prix, Oscar Gervais, tentèrent les chances du commerce des vins; le juge Delort se fit directeur de théâtre; Rousseau, avoué, teneur de livres et répétiteur; Aisière (de Clamecy), blanchisseur; Camille Berru et Saillant dirigèrent pendant quelque temps une école de natation couverte et chauffée; Buvignier était correcteur d'imprimerie; Tapon, ancien avocat, et Rudoux, ancien architecte, s'adonnèrent à la photographie; Popelu se fit souffleur dans un théâtre; Thérin utilisa comme chantre sa voix de basse-taille pour ne pas être à charge à la caisse de secours.

Les proscrits publièrent à Bruxelles un grand nombre de brochures anonymes. Le représentant Callet, qui avec le rédacteur de la *Gironde*, Campan, représentait la proscription orléaniste, se distingua dans cette guerre de pamphlets par la vigueur de ses attaques. La *Nation* ouvrit courageusement ses colonnes aux proscrits jusqu'au jour où elle cessa de paraître. La police belge ne permit le séjour de la Belgique qu'aux proscrits qui justifiaient de leurs moyens d'existence. Les autres étaient ramenés à la frontière française, d'où on les renvoyait à la frontière belge. Une seule issue leur restait ouverte : la mer; ils passaient en Angleterre. Six mille républicains français traversèrent la Belgique en décembre 1851 et janvier 1852, quatre cents environ y restèrent. L'union demeura toujours assez grande parmi eux.

La *Société d'assistance fraternelle*, formée pour recueillir les souscriptions, distribuer les secours et défendre les exilés devant la police, pouvait, sur la demande des intéressés, se changer en tribunal de famille ; cela ne lui est arrivé que trois fois pendant la longue durée de la proscription. Nous allons trouver plus de discordes en Angleterre.

Les conventionnels proscrits par la Restauration, ne voulant pas demander un asile à l'ennemi implacable de la révolution, se réfugièrent partout, excepté en Angleterre. Le rapprochement opéré entre les Anglais et les Français depuis trente ans, délivra les accusés du 15 mai, du 24 juin 1848, et du 13 juin 1849 de ces scrupules de haine patriotique ; ils trouvèrent donc en Angleterre l'asile que leur refusait la Belgique. Landolphe, représentant, Kersausie, Delescluze, Fomberteau, Léclanché, Berjeau, Ribeyrolles, s'y réfugièrent.

MM. Louis Blanc et Caussidière y retrouvèrent Casavan,

Barthélemy, le docteur Lacambre évadés de la prison de l'Abbaye. Ledru-Rollin, Martin Bernard, Étienne Arago, Considérant, Boichot, Nattier, expulsés de la Belgique où ils avaient espéré trouver un refuge après le 13 juin 1849, se rendirent également à Londres qui était le lieu d'asile des proscrits de toutes les nations. Ils se réunirent au nombre d'une vingtaine : Berjeau, Daratz, Ch. Delescluze, Dupont (de Paris), Étienne Arago, le général Ernest Haugh, L. Leclanché, Ledru-Rollin, Martin Bernard, Joseph Mazzini, D. Pilette, Podolecki, Rattier, Charles Ribeyrolles, Worcell, pour fonder le *Proscrit, journal de la république universelle*, paraissant tous les mois par livraisons de 48 pages in-8°. Le premier numéro, portant la date du 1ᵉʳ juillet 1850, débutait par un manifeste de Ledru-Rollin :

AU PEUPLE.

« Peuple, ceux qui te guident se trompent ou te trahissent.

» Ils se trompent, en demandant à l'habileté, au calcul, à l'inaction, le succès que tes ennemis n'attendent que de leur témérité.

» Ils te trahissent, s'ils te disent qu'après avoir subi, sans protester, le plus monstrueux des attentats, tu te retrouveras vaillant et tout entier au jour du dernier péril, car il est plus facile de ne point accepter le joug que de le briser.

» L'audace, cette force des révolutions, elle qui t'a toujours fait victorieux, serait-elle passée de ton cœur au cœur de tes ennemis ?

» Écoute-les parler : ce n'est pas de soixante ans, c'est de six siècles que la France doit reculer ; ce qui leur faut, ce n'est même pas la monarchie bourgeoise, c'est la monarchie des bons vieux temps, avec son ignorance, ses superstitions, ses aristocraties insolentes, ses castes, ses extorsions, ses fureurs sanguinaires.

» Ainsi qu'à la veille de la Saint-Barthélemy, ils saluent tous les jours, dans leurs gazettes, la guerre civile comme la plus sainte de toutes les guerres, la plus agréable au Dieu des prêtres et des rois.

» Ils sanctifient l'épée, ils déifient la force.

» Étouffer la République, pour eux n'est point assez ; il faut supprimer par le fer jusqu'au dernier des penseurs, des soldats de la révolution.

» Dans les vertiges de leurs terreurs, ils en arrivent, les insensés, jusqu'à rappeler de leurs vœux les atrocités salutaires de la sainte inquisition, ses tourmenteurs et ses bûchers.

» Et c'est en présence de ces énormités sauvages, c'est pendant que la République, mortellement frappée, crie vengeance par toutes ses blessures, comme par autant de bouches sanglantes, qu'on t'énerve, qu'on t'assoupit, qu'on t'endort, sans se demander si la République agonisante sera encore debout à ton réveil !

» Ah! combien ces conseils de la pusillanimité doivent peser à ton courage, et avec quelle anxiété ne dois-tu pas désirer d'entendre, au milieu de cette muette coalition de la peur, quelqu'une de ces voix inspirées qui te parle le grand langage de la révolution !

« Peuple, te dirait-elle, plus de faiblesse, plus de repos, la République
» est en danger! Partout la royauté l'a minée à l'intérieur, et l'étranger
» est à tes portes. Ils ne t'entretiennent que du nombre de leurs soldats,
» aie confiance dans le droit impérissable, dans le dévouement, dans
» l'idée, dans la foi de tes pères. Elle fut leur épée invisible, leur dieu
» des armées, et tout se dissipa devant elle. »

» Eh bien! cette rude parole du devoir, du sacrifice, puisqu'elle ne trouve plus d'apôtres officiels au sein de la patrie, nous essayerons, nous proscrits, de la faire pénétrer jusqu'à toi.

» Nos noms ne te sont point inconnus; depuis vingt ans, ils ont été mêlés à toutes les luttes de la liberté.

» Notre politique à l'extérieur pourrait se résumer dans une date : c'est la guerre aux rois, la fraternité des peuples, la république universelle, la solidarité humaine. C'est la croisade de la délivrance et non la politique de la conquête; il faut qu'on puisse répéter de la France d'aujourd'hui ce que Shakspeare lui-même disait si justement de celle du XIIe siècle : « La France à qui la conscience a ceint l'armure, et que
» le zèle et la charité ont conduite sur les champs de bataille, *comme*
» *le véritable soldat de Dieu!* »

» Au dedans, notre programme c'est celui de la révolution, c'est celui des idées mûres et qui se peuvent appliquer demain; c'est, en un mot, celui que, dans des temps meilleurs, la Montagne et la presse socialiste élaborèrent en commun.

» C'est la République, c'est-à-dire l'homme dans toute sa dignité et en possession de lui-même; l'homme fort de la nourriture de l'esprit et de la nourriture du corps;

» C'est le suffrage universel, direct, s'exerçant toujours, en révoquant le pouvoir à son gré;

» C'est le droit au travail;

» Le crédit;

» L'association volontaire;

» L'éducation gratuite et obligatoire;

» L'établissement d'un impôt unique, proportionnel et progressif;

» L'abolition de tout impôt indirect et de tout monopole;

» Peuple, ces biens, ils sont à toi si tu les veux, mais à quelles conditions?

» A la condition de redevenir révolutionnaire, et de ne plus te laisser aller aux utopies et aux vaines paroles. Crois-le bien : à chaque succession de temps sa tâche ; assez de solutions sont prêtes pour qu'on ne se lance pas, chimériquement, à la suite d'esprits orgueilleux et funestes, dans les champs de cet avenir qu'il n'est pas plus donné à notre faiblesse d'entraîner que de devancer.

» A la condition de ne plus compter que sur toi-même, de ne plus demander à tes directeurs, à tes chefs, ce que doivent suffire à te dicter ton intrépidité et ta conscience.

» Sois toujours prêt pour la défense de la République, comme les premiers chrétiens étaient toujours prêts pour la mort, et comme eux tu triompheras.

» La direction, au surplus, d'où pourrais-tu l'attendre?

» De la presse? Après t'avoir engagé, de loin, à la résistance, elle s'est rabattue sur le refus de l'impôt, puis sur la transformation de l'impôt, puis.... que sais-je? Elle a peur.

» Les derniers représentants socialistes par toi nommés, ces hommes de feu qui devaient tout embraser, ces révélateurs de l'avenir, près de qui tout était obscurantisme et passé, ils ne se sont pas donné le temps de s'asseoir, de laisser sonner la douzième heure, que déjà ils avaient renié trois fois la Révolution et abdiqué entre les mains de la réaction.

» Et la Montagne, il faut bien lui dire ici ce que lui dira l'histoire. Elle s'est montrée indigne du grand nom dont ses ennemis l'avaient honoré. Dépourvue de mandat, elle a laissé mettre aux voix deux questions au dessus de toutes les questions : la Constitution et le suffrage universel ; elle a donc, en votant, habilité, autant qu'elle l'a pu, une majorité radicalement incapable, et légitimé l'usurpation. Puis l'attentat commis, elle est demeurée sur ses sièges, comme s'il pouvait encore y avoir une opposition sérieuse, des garanties de droit là où ne règne plus que la force, et un peuple à représenter quand il a été mis au ban de la Constitution.

» Encore un coup, peuple, n'aie plus foi qu'en toi seul, mais aussi ne rends plus, désormais, personne responsable des lâchetés que tu pourrais commettre.

» Semblable à cet homme de guerre que Bossuet compare à un aigle qu'on voit toujours, soit qu'il vole au milieu des airs, soit qu'il se pose sur quelque rocher, porter de tous côtés des regards perçants et tomber si sûrement sur sa proie, qu'on ne peut éviter ses ongles non plus que ses yeux ; aussi vifs doivent être tes regards, aussi vite et impétueuse ton attaque, aussi fortes et inévitables tes redoutables mains.

» Pas de vaines terreurs ; que toutes tes forces demeurent entières pour les vrais périls, mais, aussi, que tout soit prêt dans le cas suprême, et, comme dit le prophète : Que toutes les flèches soient aiguisées, que tous les arcs soient tendus ! L. R. »

Un article de Mazzini suit le manifeste de Ledru-Rollin.

Voici sa conclusion : « Il faut que la démocratie euro-
» péenne se constitue. Il faut qu'à la ligue des pouvoirs
» corrompus ou mensongers vienne enfin s'opposer, dans
» sa réalité et dans sa puissance, la SAINTE-ALLIANCE
» DES PEUPLES. Il faut poser en commun la première
» pierre du temple sur le fronton duquel l'avenir inscrira :
» DIEU EST DIEU, ET L'HUMANITÉ EST SON PRO-
» PHÈTE. La victoire est à ce prix, l'initiative est à tous. »

Les rédacteurs du *Proscrit* se montrèrent très-préoccupés d'abord de la crainte d'une invasion des armées de la Sainte-Alliance en France. « L'invasion de la France
» est un fait menaçant, prochain, inévitable ; et cette
» invasion, appuyée par les factions royalistes, serait infail-
» liblement victorieuse, si la France n'avait pour auxi-
» liaire le ferment d'esprit républicain disséminé dans
» toute l'Europe. » Ils ne cessaient de demander que l'armement et les manœuvres de l'armée française fussent mis au niveau des progrès accomplis par les armées étrangères.

Le comité central démocratique européen, constitué en Angleterre vers la fin de l'année 1849, publia dans le *Proscrit* son premier manifeste *Aux peuples*, signé : Ledru-Rollin, Joseph Mazzini, Albert Darasz, Arnold Ruge.

Le *Proscrit* n'eut que deux numéros ; il fut remplacé par la *Voix du Proscrit, organe de la République universelle*, publiant un numéro par semaine. Ce journal débute par un deuxième manifeste du comité central démocratique européen, proposant un rapprochement, une fusion, entre les fractions du parti démocratique. De ce travail intérieur devait sortir un comité national ; les délégués des comités nationaux constitueraient le comité central de la démocratie européenne.

Ces journaux de l'exil, pleins des passions que l'exil fait naître ou fortifie, débattaient avec violence les questions qui entretenaient depuis longtemps la discorde dans les rangs du parti républicain, et ils la rendaient plus visible. Ce parti était surtout divisé depuis la loi du 31 mai, sur la question de savoir s'il devait prendre part aux élections municipales, départementales et législatives qui se feraient sous l'empire de cette loi. La *Voix du Proscrit* prêchait l'abstention : « Partout où il y a une élection à
» faire, les électeurs doivent s'abstenir de voter jusqu'au
» rétablissement absolu du suffrage universel. » Comme s'il ne valait pas mieux choisir des représentants capables de proposer ce rétablissement que de l'attendre d'une protestation muette.

La *Voix du Proscrit* soutenait, en même temps que l'abstention électorale, la théorie du *gouvernement direct du peuple*. « Le peuple, exerçant sa souveraineté sans
» entrave, d'une *façon permanente*, dans les assemblées
» électorales, dont la police a été réglée par la consti-
» tution de 1793 ;

» Ayant, aux termes de cette même constitution, l'*ini-*
» *tiative* de toute loi qu'il juge utile ;

» Votant expressément les *lois*, adoptant ou rejetant
» par oui ou par non les lois discutées et préparées par
» une assemblée de délégués ;

» Une assemblée de délégués ou *commissaires nommés*
» *annuellement*, préparant les lois, et pourvoyant par des
» *décrets* aux choses secondaires et de grande adminis-
» tration ;

» Un président du pouvoir exécutif chargé de pourvoir
» à l'application de la loi, *président élu et toujours révo-*
» *cable* par la majorité de l'assemblée ;

» Tel est, disait ce journal à la veille du coup d'État, le
» principe le plus propre à assurer la victoire ; tel est
» l'étendard sous lequel tout démocrate, sans abdiquer
» ses croyances, peut se ranger et servir la République.
» Qu'il nous soit donc permis de faire un dernier et
» suprême appel à nos confrères des départements qui
» ne se sont point encore groupés autour de ce drapeau. »

M. Louis Blanc publiait aussi un journal, *le Monde nouveau ;* des polémiques très-violentes s'élevèrent non-seulement entre ces deux organes de l'émigration, mais entre eux et les journaux de l'opposition radicale à Paris. Les choses allèrent si loin entre la *Voix du Proscrit* et le *Vote universel* qui représentait les opinions d'une fraction de la montagne, qu'un duel parut inévitable. Ces guerres intestines affaiblissaient le parti républicain au moment où il avait le plus besoin d'union, c'est-à-dire à la veille même du coup d'État.

La *Voix du Proscrit* fut remplacée le 29 novembre 1851 par le *Peuple, journal des Proscrits de la République universelle,* journal hebdomadaire qui n'eut qu'un numéro. La disparition de ce journal ne rétablit pas la concorde parmi les proscrits après le coup d'État. Des sociétés rivales se formèrent dans les commencements de l'été de 1852 : la *Commune révolutionnaire*, où dominait Félix Pyat, avec des lieutenants comme Cœurderoy, de Jacques, Barthélemy, etc., et la *Révolution*, qui reconnaissait pour chef Ledru-Rollin. Cette société avait nommé par régions des présidents parmi lesquels figuraient Delescluze, Naquet,

Cournet, Camus, Dupont (de Paris), etc. En dehors de ces deux grandes fractions, une autre, moins importante, affectait des prétentions plus tranchées au socialisme : Greppo, Nadaud, Duché, Chevassus, Couturat, Veillard, en faisaient partie. Louis Blanc se fit recevoir franc-maçon dans cette société; sans appartenir précisément à aucune société, il était en relations avec les membres de la *Commune* plutôt qu'avec ceux de la *Révolution*.

Le public de Londres, assez indifférent à l'existence des proscrits, ignorait les divisions intérieures qui régnaient entre eux, lorsque le duel entre Cournet et Barthélemy appela l'attention sur elles.

Barthélemy, condamné vers 1840 aux travaux forcés pour avoir tué un sergent de ville, sortit du bagne après la révolution de Février; il fut pris sur les barricades de Juin, et s'évada, comme nous l'avons dit, des prisons du conseil de guerre; il parvint jusqu'en Angleterre, où il devint l'un des membres les plus ardents de la *Commune révolutionnaire;* il répétait partout que si lui et ses amis rentraient en France, le premier coup de fusil serait pour Ledru-Rollin. Ce propos peut donner une idée des sentiments que nourrissaient, les uns à l'égard des autres, les membres de la *Commune* et ceux de la *Révolution;* les premiers affublant dédaigneusement les seconds du titre de *ministres*, de *préfets*, pendant que ceux-ci les traitaient de *communistes* et de *partageux*.

Les Anglais apprécient difficilement la persistance du sentiment social qui force un Français à craindre un refus de duel comme une tache indélébile. Cependant, plusieurs journaux de Londres avaient récemment trouvé malséante la conduite d'un officier qui semblait faire quelque difficulté pour se rendre sur le terrain. Le bruit se répandit tout à coup qu'un duel avait eu lieu entre des proscrits français, et que l'un d'eux était resté sur le carreau. Le *Morning Advertiser* publia bientôt une lettre signée Arthur R. Reeves qui dînait, disait-il, tous les jours à Grafton street dans le même restaurant que les réfugiés, et qui racontait les principales circonstances du duel. Les deux combattants étaient Cournet et Barthélemy. Cournet, arrivé à Londres l'année précédente pendant l'exposition avec un paquet confidentiel pour Barthélemy, prit des renseignements sur celui-ci et apprit qu'il protégeait une maison de mauvais renom. Il préféra envoyer le paquet plutôt que de le remettre lui-même : de là une brouille, des explications, et finalement le duel. La rencontre décidée, ils s'étaient rendus à Windsor en fumant. Sur le terrain, les pistolets furent chargés et remis à chaque combattant, placé à une distance de quarante pas. Cournet tire le premier et manque son adversaire; Barthélemy, sans quitter sa place, dit : « Il est encore temps de vous rétracter, faites-le ? » Cournet refuse. Barthélemy vise son adversaire et presse la détente, mais son pistolet ne part pas : Cournet lui donne le sien; cette fois le pistolet part et Cournet tombe mort. L'auteur de la lettre ajoutait : « Cournet a succombé après trois » heures de douloureuse agonie. Je ne finirai pas cette » lettre sans dire, à l'honneur des réfugiés français, que » tous étaient opposés à ce duel, et qu'il n'y a eu que de » la faute du défunt qui avait refusé de comparaître de- » vant le tribunal fraternel français à Londres. Dieu merci » pour l'humanité, il n'y avait pas de femmes mêlées dans » cette affaire, il n'y a eu là qu'un sentiment d'honneur

» poussé trop loin. » La presse anglaise reprit à cette occasion la thèse du duel. Reeves ayant ajouté, dans sa lettre, que la rencontre était non-seulement nécessaire mais inévitable, le *Morning Herald* déclara qu'aucun duel ne peut être nécessaire, parce qu'un duel ne peut être juste, ni moralement, ni religieusement, ni socialement. « Il paraît, ajouta le même journal, que le motif du
» tragique épisode d'Egham n'est point, comme nous
» l'avons dit, une affaire d'amour, mais une discussion
» politique, et que la malheureuse victime, qui avait
» un grade élevé dans la marine française, laisse une
» femme et des enfants. Nous savons par les interprètes
» de l'interrogatoire d'hier, que les étrangers arrêtés
» pour s'être mêlés de cette affaire ont allégué qu'ils
» étaient allés à Windsor pour leur plaisir, et que leur
» ami, après avoir escaladé une haie, s'était suicidé. Cette
» version est tout à fait contradictoire avec les déclara-
» tions de divers témoins. La victime de ce duel était,
» dit-on, un ami intime du républicain Ledru-Rollin,
» honneur réclamé par deux autres personnes arrêtées,
» MM. Baronnet et Edmond Allain. »

L'affaire passa devant la cour d'assises, selon le vœu de la loi anglaise. Londres n'eut pas d'autre préoccupation pendant le cours des débats ; le jury acquitta Barthélemy, qui ne pouvait évidemment pas, dans cette affaire, être considéré comme un assassin. Il n'en fut pas de même quelques années après : Barthélemy, continuant sa vie de débauche à Londres, tua le père de sa maîtresse, ainsi que le policeman qui accourait pour s'emparer de sa personne. Il passa devant la cour d'assises, fut condamné à mort et exécuté.

Les amis de Cournet lui firent de touchantes funérailles. Le corps, transporté à une heure de Barley-now-inn dans le cimetière paroissial d'Egham, sur les épaules de six de ses compatriotes, était suivi de cent cinquante Français proscrits parmi lesquels Ledru-Rollin qui excitait particulièrement la curiosité générale, Schœlcher, Savoye, Xavier Durieu, Martin Bernard, Pfliéger, Delescluze, Ribeyrolles, Cahaigne, Gustave Naquet; le cortége marchait précédé d'une bannière entourée d'un crêpe noir avec cette inscription : *République démocratique et sociale*. M. Delescluze prononça un discours, et le cri de *Vive la République* retentit comme un dernier adieu sur la tombe. Le *Morning Chronicle* s'indigna d'une telle profanation et somma en quelque sorte l'évêque de Wincester d'ordonner une enquête.

La mort de Cournet mit le comble à l'antagonisme entre les proscrits, et amena bientôt la dislocation des deux sociétés. Le nombre des proscrits diminuait d'ailleurs tous les jours. Soixante réfugiés, médecins, artistes, artisans, craignant de ne pas pouvoir exercer leur art ou leur industrie à Londres, demandèrent à être envoyés en Amérique. Lord Granville les fit partir, paya leur passage, les recommanda à l'ambassadeur anglais chargé de leur remettre 100 francs à chacun à leur arrivée. Les représentants Hochstul, Lafon, Bruckner, s'embarquèrent aussi pour l'Amérique, où Caylus du *National* avait déjà trouvé un refuge, ainsi que Victor Considérant.

Un certain nombre de proscrits, parmi lesquels Victor Hugo et sa famille, Ribeyrolles, ancien rédacteur de la *Réforme*, le docteur Deville, Amiel, professeur de chimie, Frank, photographe, ancien commandant de la garde nationale de Vienne, le docteur Barbier, etc., avaient fixé leur résidence à Jersey. Ribeyrolles fonda dans l'île un journal intitulé : *l'Homme*. Ce journal publia, au mois d'octobre 1855, une lettre sur le voyage de la reine d'Angleterre à Paris, dans laquelle Félix Pyat reprochait à S. M. Victoria d'avoir abjuré sa pudeur de femme en acceptant l'hospitalité de la famille impériale de France. Une protestation contre cette lettre est aussitôt placardée sur tous les murs de la ville : « Hommes de Jersey, » vous qui vous vantez avec raison de votre loyauté, » souffrirez-vous que la première dame du pays, votre » reine bien-aimée, soit insultée impunément ! » Les citoyens de Jersey, enflammés de colère et d'indignation, convoquent ensuite un meeting dans lequel, tout en protestant du respect dû à l'hospitalité, ils demandent la suppression de l'*Homme*. Les journaux de Londres et le *Times* surtout sont furieux contre la lettre et contre son auteur : « Que le citoyen Pyat et ses amis se tiennent » pour avertis, ou ils pourraient bien avoir à faire bien- » tôt des complots démocratiques et sociaux sur quelque » sol éloigné et plus sympathique. »

Tandis que le *Times* lançait ainsi ses menaces contre les exilés, l'agitation redoublait à Jersey. Ribeyrolles et les collaborateurs de l'*Homme* étaient tous les jours désignés par des affiches à la vengeance populaire; des rassemblements menaçants restaient en permanence devant les bureaux de l'*Homme*. Un centenier avertit les réfugiés de ne sortir qu'armés. Le gouverneur de Jersey, cédant aux injonctions des membres du meeting, dressa une liste d'expulsion composée de trente noms, sur laquelle se trouvaient ceux de Victor Hugo et de ses fils. Le ministre de l'intérieur, Georges Grey, confirma la sentence; trente-trois réfugiés reçurent vers la fin du mois d'octobre 1855 l'ordre de quitter immédiatement l'île. Beaucoup d'entre eux y gagnaient leur vie : MM. Deville et Barbier comme médecins; M. Amiel comme professeur de chimie ; M. Frank y avait ouvert un atelier de photographie.

L'expulsion brutale de Victor Hugo et des autres proscrits de Jersey fit grand bruit en Angleterre. Un meeting présidé par un membre du Parlement eut lieu à Londres pour protester contre la conduite du ministre de l'intérieur. Cobden, malade, s'excusa de ne pouvoir s'y rendre, et déclara qu'il s'associait d'avance à ses résolutions. Le président du meeting rappela que l'Angleterre, après avoir accueilli Charles X, Louis-Napoléon, Louis-Philippe, n'avait aucune raison de refuser son hospitalité à des républicains; la Turquie, ajouta-t-il, s'est honorée en refusant de livrer les réfugiés polonais, et cette noble conduite n'a pas été sans influence sur l'empressement du peuple anglais à prendre sa défense contre la Russie. L'expulsion, condamnée avec indignation par le meeting, fut maintenue par le gouvernement. Les réfugiés quittèrent Jersey le mercredi soir, 18 octobre, en nombre et bien armés, car une troupe de gens porteurs de gourdins les attendait au passage. La police empêcha tout conflit. Tandis que les autres proscrits se dispersaient dans différentes directions, Victor Hugo avec sa famille se fixa à Guernesey; c'est là qu'il écrivit le fameux pamphlet *Napoléon le petit*, et l'immortel livre intitulé *les Châtiments*.

La publication à Londres d'un manifeste démocra-

tique, au plus fort même de l'affaire de Jersey, révéla une fois de plus au public les divisions intestines des proscrits. Ce manifeste portait les trois signatures de Ledru-Rollin, de Mazzini et de Kossuth. M. Louis Blanc se plaignit dans les journaux anglais qu'ils n'eussent pas consulté leurs amis avant de publier cette pièce. « Pourquoi ré-
» véler nos secrets? Puisque vous l'avez fait, j'ai le droit
» de vous dire mon avis. Il est bon d'organiser le parti
» républicain, mais sur l'unité des principes, de quel
» droit êtes-vous ses chefs? Il faut pour s'entendre que
» l'on discute, surtout avec des hommes de nuances
» opposées; Mazzini peut compter sur le concours des
» républicains pour délivrer l'Italie, mais les socialistes
» qu'il a calomniés ne lui permettront pas de se poser en
» arbitre des destinées de la France. »

Ces discussions, bien oubliées aujourd'hui et bien inutiles, trompaient du moins les ennuis de l'exil. L'Angleterre est d'ailleurs un pays libre de discussion, et son gouvernement, moins soumis que celui de la Belgique aux influences extérieures, pouvait se montrer plus tolérant envers les proscrits. L'opinion publique, quoique parfois peu indulgente pour eux, maintenait cependant le droit d'asile comme un honneur national et comme une tradition patriotique. Le gouvernement impérial de France essaya vainement, comme on l'a vu, de forcer l'Angleterre à le violer, il se crut même un moment sur le point de réussir, car ses instances répétées allèrent jusqu'à forcer le cabinet britannique à délibérer sur l'extradition de Ledru-Rollin, mais les ministres, même les plus prévenus en faveur de l'empire français, reculèrent devant cette honte, et le droit d'asile fut respecté.

Les représentants Kopt, Hochstul, Beyer, Janot, Menaud, Avril, Holzeman, Roujot, Kœnig, Hofer, avaient été condamnés par contumace par la haute cour de Bourges après l'affaire du 13 juin; ils s'étaient réfugiés en Suisse, ainsi qu'un grand nombre d'habitants de Lyon et des départements voisins, obligés de quitter leur patrie pour éviter les poursuites provoquées par la journée du 13 juin. Landolphe, Kersausie, Delescluze, Fomberteau, Ribeyrolles, Madier de Montjau jeune, y séjournèrent également quelque temps avant de se rendre en Angleterre. Ferdinand Flocon, l'ancien membre du gouvernement provisoire, et les républicains de la Drôme, du Rhône, du Gard, de l'Ardèche, du Doubs, du Jura, gagnèrent aussi en grande partie la Suisse après le coup d'État. Ils n'y trouvèrent pas d'abord une hospitalité bien sûre. Le Conseil fédéral suisse avait expulsé dès le 4 mars 1851 : Louis Avril, Berger, Cœurderoy, Lhomme, Mathey, Parin, Pfliéger, Pyat, Rigaut, Boichot, Péchaut, Thoré, coupables d'avoir adressé une proclamation au peuple français. La sévérité du Conseil fédéral redoubla naturellement lorsque la dictature de Bonaparte s'affirma davantage en France. Il ordonna l'expulsion de M. Thiers, et menaça la duchesse d'Orléans, qui séjournait dans le canton d'Argovie, d'une semblable mesure. Le Conseil fédéral finit cependant par s'adoucir. Les républicains français trouvèrent enfin un asile assuré dans des cantons qui se montrèrent fiers de leur offrir l'hospitalité.

Les habitants des départements du Var, des Basses-Alpes et de Vaucluse s'insurgèrent après le coup d'État. Le manque de prévoyance, l'absence de plan et les menées des faux démocrates firent avorter l'insurrection :

ceux qui y prirent part et qui furent assez heureux pour échapper aux dénonciations et à la rage des soldats, cherchèrent presque tous un refuge dans les États sardes et particulièrement à Nice. Le nombre des proscrits dans cette ville, au mois de janvier 1852, était évalué à cinq ou six cents. Ils furent disséminés plus tard sous différents prétextes dans des villes des États sardes. Le gouvernement français s'effrayait de voir tant de républicains réunis dans une ville frontière.

Les proscrits en Italie se comportèrent en honnêtes gens et en bons citoyens. Les uns créèrent à Nice et dans les environs des établissements de commerce et d'industrie; les autres exercèrent des professions libérales dans les limites qu'autorisaient les lois; d'autres enfin vécurent du travail manuel; les ouvriers se firent remarquer par leur intelligence et par leur assiduité au travail. L'un d'eux fonda un atelier de mécanicien, un autre une fabrique de noir animal, un autre découvrit un procédé nouveau pour la fabrication de l'alcool; d'autres établirent des ateliers d'ébénisterie, de serrurerie, etc. M. Elzéar Pin, ancien constituant, qui avait dirigé le mouvement dans le département de Vaucluse pour la défense de la constitution et des lois, propagea des procédés nouveaux d'agriculture et obtint une médaille au concours agricole de Nice.

Giraud, réfugié et aubergiste à Nice, avait été, au moment du coup d'État, l'un des héros d'une terrible histoire: Giraud et un autre insurgé ayant été surpris par une bande de gendarmes, le capitaine de cette troupe décide qu'ils seront fusillés. Deux cavaliers emmènent les prisonniers au fond d'une vieille chapelle, et tirent à chacun d'eux un coup de pistolet derrière l'oreille. Le trot des chevaux avait fait descendre la charge des pistolets de façon à lui enlever la plus grande partie de sa force. Le coup les étourdit seulement. Les gendarmes les croient morts et s'éloignent. Giraud sort bientôt de son engourdissement et secoue son camarade qui donne signe de vie à son tour. Ils se cachent dans un bois, attendant la nuit, puis ils se séparent et chacun regagne son gîte. Giraud avait confié à l'un des gendarmes sa montre et sa bourse pour qu'il les remît à sa femme. Il arrive pendant la nuit et se cache chez lui. Sa femme reçoit, bientôt après, la visite du gendarme, qui, sans parler de la bourse, lui raconte la mort de son mari; elle fond en larmes, et joue admirablement son rôle. Le lendemain elle prend le deuil, pendant que, grâce à des amis dévoués et intelligents, son mari franchit la frontière.

Les proscrits de Nice organisèrent une Société de secours, qui malheureusement ne dura pas, grâce aux menées de prétendus républicains qui cherchaient toutes les occasions de jeter le trouble et la discorde dans leurs rangs. On fut obligé de recourir à des cotisations cachées dont le résultat fut moins complet, mais le zèle des vrais républicains sut grandir avec les difficultés, et les malheureux proscrits purent faire parvenir leur obole à leurs camarades sans travail et sans ressource.

L'émigration dans les États sardes comprenait des avocats, des médecins et des pharmaciens, des magistrats, parmi lesquels un président de tribunal, des officiers de terre et de mer. Plusieurs d'entre eux se fixèrent dans la presqu'île de Saint-Jean. Il s'y forma un petit cénacle dont les membres discutaient les affaires politiques, les questions d'économie politique, de littérature et d'art; des lectures et des récits intéressants les aidaient à supporter les peines de l'exil.

Les proscrits qui demandèrent au gouvernement l'autorisation de rentrer en France, avant l'amnistie, étaient généralement des ouvriers sans travail et séparés de leur famille. Ceux qui possédaient quelques ressources ou qui pouvaient s'en créer par leur industrie, n'ont regagné leurs foyers qu'après l'amnistie générale. Le gouvernement sarde se montra toujours bienveillant pour les républicains français, qui n'eurent qu'à se louer de tous ses fonctionnaires et particulièrement de M. de la Marmora, frère du général de ce nom, alors intendant à Nice ; le fait suivant en est la preuve :

Quatre proscrits du département de Vaucluse, ne pouvant résister au désir de revoir leur pays et leur famille, avaient franchi le pont du Var et s'étaient dirigés vers la France. Des gendarmes les rencontrent et leur demandent s'ils ont des passe-ports. Sur leur réponse négative ils sont conduits à Grasse. Le sous-préfet de cet arrondissement les interroge, ils répondent qu'ils sont ouvriers et que, ne trouvant pas d'ouvrage à Nice, ils retournent chez eux. Le sous-préfet ne prend pas le change, et donne l'ordre aux gendarmes de faire repasser le pont du Var aux prétendus ouvriers. Les voilà bientôt en présence des carabiniers sardes. Les fugitifs sont retenus prisonniers dans la caserne voisine ; un proscrit exerçant une industrie près de là est informé de l'événement, il court chez un ancien représentant du peuple et le prévient de la mésaventure de ses compatriotes. Celui-ci se rend aussitôt chez l'intendant de la Marmora qui est, lui dit-on, au Cirque philharmonique; il l'y trouve en effet jouant au whist. M. de la Marmora, après quelques mots échangés avec le représentant, se fait remplacer à la table de jeu, et ils arrivent ensemble chez le commandant des carabiniers qui délivre en leur présence l'ordre de mettre les prisonniers en liberté. Tout ceci se passait entre onze heures et minuit.

Un autre fait encore : Le gouvernement français réclamait impérieusement l'extradition de deux réfugiés, Cote et Jourdan, du département des Hautes-Alpes, pour crime de droit commun. C'est ainsi qu'il qualifiait les actes de ceux qui avaient combattu pour le droit et la loi. L'intendant de Nice refusait de livrer ces deux citoyens, mais bientôt les ordres de Turin devenant pressants et formels, il fallut obéir. Rassurez-vous, dit l'intendant aux amis des deux proscrits, *nous sommes petits*, nous ne pouvons rompre en visière, mais nous savons tourner les difficultés. Bientôt après, des passe-ports furent remis aux deux proscrits, et sous un déguisement ils purent gagner la Suisse.

L'Allemagne ne pouvait guère, à cause des difficultés de sa langue, attirer les proscrits; Seinguerlet et Hibruit furent à peu près les seuls qui s'y fixèrent. L'Espagne, au contraire, ouvrit ses villes à la plupart des exilés de l'Aude, des Pyrénées, de la Garonne ; Richardet, Salmon, Duputz, Raynal, Hippolyte Magen, Xavier Durieu, vinrent s'y établir à des époques différentes.

La capitale du Brésil garde les cendres de Ribeyrolles, mort à Rio-de-Janeiro ; Montevideo, celles d'Amédée Jacques; Charles Quentin et Antide Martin attendirent dans cette ville la fin de leur exil. Quelques proscrits pénétrèrent jusqu'en Australie et en Chine. Miot, moins heureux que ses collègues frappés par le décret de janvier ou par les commissions mixtes, fut seul, parmi les représentants, soumis à la transportation. Il subit courageusement cette peine jusqu'à l'amnistie, en Algérie, dans une forteresse isolée sur la frontière du désert.

La politique conseillait au dictateur de faire oublier le plus tôt possible les horreurs du 2 décembre. Les proscrits, sauf des exceptions, furent, bientôt après le coup d'État, libres de rentrer dans leurs foyers en s'engageant à renoncer à la politique et à reconnaître les faits accomplis. Une simple demande signée par un proscrit ou par un de ses amis suffisait à lui rouvrir la patrie. Les ouvriers, les paysans, les individus désignés au hasard par les commissions mixtes, obtinrent ainsi leur grâce. Le gouvernement impérial avait intérêt à augmenter le nombre de gens recourant à sa clémence : gendarmes, gardes-chiourmes, geôliers, faisaient les plus grands efforts auprès des transportés et des prisonniers pour les engager à signer leur recours en grâce. Malheur à ceux qui la refusaient! Les plus durs travaux, les plus cruels châtiments les attendaient. Les transportés de Cayenne, plutôt que de s'humilier devant l'Empire,
« aimaient mieux braver les exhalaisons empoisonnées
» d'une plage meurtrière où tombaient chaque jour à
» côté d'eux de nouvelles victimes, comme Agenon (de
» Marseille), Ailhaud (du Var), Rottau (d'Angers); d'au-
» tres s'exposaient pour fuir à toutes les rigueurs des
» geôliers, et ils venaient de voir Eugène Millelot (de la
» Nièvre), condamné, pour tentative d'évasion, à recevoir
» cent coups de corde, succomber au vingt et unième

» coup, en présence de son père, de son frère et de ses
» amis, forcés d'assister à ce cruel spectacle (1) ! »

Plusieurs amnisties avaient précédé celle de 1859 : la première eut lieu à l'occasion du mariage de l'Empereur; elle comprenait les représentants à la Constituante ou à la Législative : Huguenin (de Saône-et-Loire), Astouin, Pégot-Ogier et Mulé (de la Haute-Garonne); huit rédacteurs de journaux des départements : Ousby, du journal *l'Aveyron républicain;* Desolme, du *Journal de Périgueux;* Lami-Serret, du *Républicain de Lot-et-Garonne;* et MM. Naclens, à Condom ; Amouroux, à Châteauroux ; Vinchot, à Dijon; Duportal, à Toulouse ; Jolibois, à Colmar, etc.

MM. Créton, Duvergier de Hauranne, Chambolle, Thiers, de Rémusat, F. de Lasteyrie, Laydet et Thouret furent autorisés, le 1er avril 1852, à rentrer en France dont ils étaient *éloignés momentanément*. Le représentant Michel Renaud voyant son nom sur cette liste, répondit : « Avant d'user de la faculté de rentrer dans mon
» pays, j'ai besoin de consulter ma conscience. Je ne dois
» rien, en tout cas, à l'homme du 2 décembre ; n'en
» excepte mon mépris et une haine éternelle. » Le *Moniteur* du 31 janvier 1853, en annonçant qu'à l'occasion du mariage de l'Empereur, plus de trois mille grâces avaient été accordées à des personnes ayant pris part aux troubles de décembre 1851, ajouta qu'à la suite de cette mesure de clémence, il resterait encore environ douze cents personnes soumises soit à l'expulsion, soit à la transportation. Le gouvernement, jouant une triste comédie,

---

(1) *Les proscrits français en Belgique,* par Amédée de Saint-Ferréol.

s'excusait de sa générosité et insistait sur les restrictions qu'il y mettait, comme si le pays eût été effrayé et mécontent de sa clémence. Le 24 février 1853 parut une nouvelle liste de cent cinquante graciés, parmi lesquels MM. Ayraud-Degeorges, du *Progrès du Pas-de-Calais*, et Jules Huart, du *Propagateur des Ardennes*.

Quelques grâces individuelles avaient été demandées par des tiers. Le docteur Véron crut devoir à son tour, dans ses *Mémoires d'un bourgeois de Paris*, solliciter la rentrée d'Eugène Sue qui se hâta de lui adresser la lettre suivante :

« Annecy-le-Vieux, 16 octobre 1853.

» On m'écrit, monsieur, que dans le premier volume de vos *Mémoires* vous dites en parlant de moi : « Puissent ces renseignements vrais sur cet écrivain faire cesser pour lui les tristesses de l'exil. » Sans apprécier autrement le sentiment qui a dicté ces lignes, vous trouverez bon, monsieur, qu'au nom de ma dignité, je déclare publiquement que jamais je n'ai, directement ou indirectement, autorisé personne à intervenir dans la position qui m'est faite et que j'accepte.

» Agréez, etc. »

Le poëte languedocien Jasmin, dînant à Saint-Cloud à la table de l'Empereur, comme il avait dîné autrefois dans le même lieu à la table de Louis-Philippe, se piqua d'émulation et demanda en vers patois à l'Impératrice la cessation de l'exil de son compatriote M. Baze. Ce dernier apprit bientôt qu'il pouvait rentrer sans conditions ; il refusa, mais le décret n'en parut pas moins au *Moniteur*.

Barbès, emprisonné à Belle-Isle, avait écrit à un de ses amis, le 18 septembre 1854, au moment de la guerre de Crimée :

« .... Je suis bien heureux de te voir aussi dans les sentiments que tu m'exprimes. Si tu es affecté de chauvinisme parce que tu ne fais pas de vœux pour les Russes, je suis encore plus chauvin que toi, car j'embitionne des victoires pour nos Français. Oui! oui! qu'ils battent bien à bas les Cosaques, et ce sera autant de gagné pour la cause de la civilisation et du monde! Comme toi, j'aurais désiré que nous n'eussions pas la guerre; mais, puisque l'épée est tirée, il est nécessaire qu'elle ne rentre pas dans le fourreau sans gloire. Cette gloire profitera à la nation qui en a besoin plus qu'à personne. Depuis Waterloo, nous sommes les vaincus de l'Europe, et, pour faire quelque chose de bon même chez nous, je crois qu'il est utile de montrer aux étrangers que nous savons manger de la poudre. Je plains notre parti s'il en est qui pensent autrement. Hélas! il ne nous manquait plus que de perdre le sens moral, après avoir perdu tant d'autres choses. »

Cette lettre passa par hasard sous les yeux de Balestrino, chef de la police municipale. Il demanda l'autorisation de la montrer à M. Pietri, préfet de police, celui-ci la fit voir à l'Empereur, qui, après l'avoir lue, écrivit immédiatement au ministre de l'intérieur :

« Saint-Cloud, 3 octobre.

» Monsieur le ministre,

» On me communique l'extrait suivant d'une lettre de Barbès. Un prisonnier qui conserve, malgré de longues souffrances, de si patriotiques sentiments, ne peut pas, sous mon règne, rester en prison. Faites-le donc mettre en liberté sur-le-champ et sans condition.

» Sur ce, je prie Dieu qu'il vous ait en sa sainte garde.

» NAPOLÉON. »

Barbès, indigné que l'homme du coup d'État prétendît lui infliger sa clémence, répondit au *Moniteur* :

« Monsieur le directeur,

» J'arrive à Paris, je prends la plume, et je vous prie d'insérer bien vite cette note dans votre journal.

» Un ordre dont je n'examine pas les motifs, car je n'ai pas l'habitude de désigner les sentiments de mes ennemis, a été donné au directeur de la maison de détention de Belle-Isle.

» Au reçu de cette nouvelle j'ai frémis d'une indicible douleur de vaincu, et j'ai refusé, tant que je l'ai pu, pendant deux jours, de quitter ma prison.

» Je viens ici pour parler de plus près et mieux me faire entendre.

Qu'importe à qui n'a pas droit sur moi que j'aime ou que je n'aime pas mon pays?

» Oui! la lettre qu'on a lue est de moi, et la grandeur de la France a été, depuis que j'ai eu une pensée, ma religion.

» Mais, encore un coup, qu'importe à qui vit hors de ma foi et de ma loi que mon cœur ait ces sentiments? Décembre n'est-il pas là et, pour toujours, un abîme entre moi et celui qui l'a fait.

» A part donc ma dignité personnelle blessée, mon devoir de loyal ennemi est de déclarer, à tous et chacun ici, que je repousse de toutes mes forces la mesure prise à mon endroit.

» Je vais passer à Paris un jour pour qu'on ait le temps de me remettre en prison, et, ce délai passé, je vais de moi-même chercher l'exil.

» A. BARBÈS. »

Cette lettre parut dans le journal officiel en même temps que la note suivante :

« Barbès proteste contre l'acte de clémence dont il a été l'objet : il ne le comprend pas. »

C'est l'Empereur qui ne comprenait pas qu'il n'est pas facile pour un homme comme Barbès de jouer le rôle de comparse dans une comédie de générosité.

Les républicains proscrits se demandèrent à la nouvelle de l'amnistie générale de 1859 : « Faut-il l'accepter, » au risque de donner à l'homme du 2 décembre le droit » de dire qu'il a pardonné à ses ennemis, et que ceux-ci, » convaincus de leur impuissance, sont rentrés comme » des brebis égarées au bercail; ou bien la repousser au » nom du droit et de la justice? » La réponse à cette question est dans les lettres qui suivent :

EXTRAIT DE L'UNION COMMERCIALE D'ANVERS.

« Le *Moniteur* vient de nous apporter la fameuse AMNISTIE SANS CONDITIONS, annoncée, il y a deux ou trois jours, par l'*Indépendance*.

» Vous me connaissez assez, j'espère, mon cher ami, pour être d'avance certain que, *sans conditions* comme avec conditions, moi, ancien représentant du peuple à l'Assemblée violée par le coup d'État, je n'accepterai pas, à la face du monde, pour moi et pour le corps illustre dont j'ai fait partie, le *pardon* de l'auteur même du coup d'État. Avec Dante, mon illustre prédécesseur dans l'exil, je dis :

« Moi ! je consentirais à être reçu en grâce comme un enfant ! Je
» pourrais rendre hommage à ceux qui m'ont offensé, comme s'ils avaient
» bien mérité de moi ! Ce n'est pas par ce chemin que je veux rentrer
» dans ma patrie... Si je ne rentre pas par un autre chemin, je ne
» rentrerai jamais. Eh quoi ! le soleil et les étoiles ne se voient-ils pas
» de toute la terre ? Ne pourrai-je méditer, sous toute zone du ciel, la
» douce vérité ? Non, et, je l'espère, le pain même ne me manquera
» pas. »

» Qu'importe, cher ami, qu'on ne me demande pas, comme à lui, une sorte d'amende honorable ? N'est-ce pas la plus réelle et la plus grave d'accepter un *pardon* pour le devoir accompli, la liberté et le droit de la patrie défendus ? N'est-ce pas la plus réelle et la plus grave de reconnaître un tel pouvoir, en se résignant à vivre sous son administration et sous sa loi ; à être coudoyé par ses agents, les plus hauts comme les plus humbles ; à répondre à l'occasion à leur appel ; à s'éloigner sur leur ordre ? Dieu me garde d'agir ainsi ! Je ne sais ce que feront mes compagnons ; comment ils envisageront la question. Des cœurs droits, des consciences loyales, peuvent errer ; mais plus nombreux seraient ceux qui, par leur rentrée en France, *amnistieraient* involontairement le 2 décembre, consacreraient et excuseraient l'oubli de ce grand attentat, trop oublié ou trop excusé déjà, plus je regarderais comme une obligation rigoureuse de continuer, autant qu'il est en moi, par la renonciation volontaire à la patrie, la protestation du droit contre le fait.

» Un ancien représentant du peuple (1). »

A LOUIS BONAPARTE.

« Vous décrétez une amnistie ; vous pardonnez à ces milliers de citoyens depuis si longtemps jetés par vous sur la terre étrangère, par vous tenus à la chaîne sous le climat meurtrier de l'Afrique, dans les marais empestés de Cayenne.

» Ils défendaient contre vous la Constitution issue du suffrage libre et universel, cette Constitution qui avait reçu votre serment solennel de fidélité et que vous avez trahie.

» C'est pour cela que vous les avez frappés naguère.

» Maintenant, vous les amnistiez. Le criminel pardonne à ses victimes ; vous deviez emprunter ce nouveau trait aux Césars de Rome dégénérée. Devant l'opinion publique, devant l'histoire, je ne veux pas me prêter à ce perfide changement de rôle. A qui viola la loi il n'appartient pas de faire grâce à qui la défendit.

(1) M. A. Madier de Montjau aîné.

» Votre amnistie est un outrage à ceux qu'elle atteint; elle cache un piége, un guet-apens, comme chacune de vos paroles, comme chacun de vos serments; cela ne me touche pas.

» Mais le représentant du peuple que vous avez violenté, emprisonné, banni; l'officier que vous avez spolié, moi que vous avez persécuté jusque sur la terre d'exil, je le déclare, je ne vous amnistie pas. Je ne vous pardonne pas la mort de quinze mille Français massacrés en décembre, dévorés par vos prisons et vos bagnes, par les misères et les chagrins de l'exil. Je ne vous pardonne pas l'attentat à la Constitution que vous aviez jurée, la destruction de la République qui vous avait rendu la patrie.

» Enfin, je ne vous pardonne pas d'avoir déshonoré le suffrage universel par la fraude et la terreur, d'avoir asservi et systématiquement démoralisé mon pays.

» Certes, loin de la famille, loin de la patrie, la vie a bien des amertumes; mais dans la servitude, elle serait plus amère encore.

» Le jour où la liberté, le droit, la justice, ces augustes proscrits, rentreront en France pour vous infliger le plus mérité des châtiments, j'y rentrerai. Ce jour-là est lent à venir, mais il viendra; et je sais attendre.

» CHARRAS.

» Zurich, 21 août 1859. »

A MONSIEUR LE RÉDACTEUR DU NATIONAL.

« Monsieur le rédacteur,

» C'est au nom de huit années d'exil, que je vous prie de vouloir bien insérer les lignes ci-jointes dans votre estimable journal.

» Agréez, monsieur, l'expression de ma considération la plus distinguée.

» EDGAR QUINET.

» Je ne suis ni un accusé ni un condamné; je suis un proscrit. J'ai été arraché de mon pays par la force, pour être resté fidèle à la loi, au mandat que je tenais de mes concitoyens.

» Ceux qui ont besoin d'être amnistiés, ce ne sont pas les défenseurs des lois; ce sont ceux qui les renversent. On n'amnistie pas le droit et la justice.

» Je ne reconnais à personne le droit de me proscrire, de me rappeler à son gré dans mon pays, sauf à me proscrire encore. Je ne puis me prêter à ce jeu, où se perd et s'avilit la nature humaine.

» En rentrant aujourd'hui dans mon pays, je devrais renoncer à le servir, puisque mes mains seraient liées.

» Les exilés, pour rentrer dans leur pays, n'ont besoin du consentement de personne; ils ont pour eux la loi; ils sont seuls juges du moment où il leur conviendra de retrouver une patrie que nul n'a eu le droit de leur ôter.

» La loi a été proscrite avec eux; elle doit être rétablie avec eux. Est-ce leur rendre une patrie, que leur accorder, au lieu de la France qu'ils ont connue, une France sans droit, sans dignité possible, sans sécurité, dépouillée, par la violence et par la ruse, de tout ce qu'elles ont pu lui enlever?

» Si tant d'années souffertes par nous d'exils, de transportations, de déportations et de mort, ne doivent pas être perdues pour la justice et pour l'humanité, je réclame, avant tout, pour la France, au nom de tant de tortures injustement subies, les réparations suivantes :

» Je demande que les garanties ordinaires chez les peuples modernes soient rétablies pour les Français ; que nul ne puisse être enlevé et séquestré par voie administrative, ni banni, ni transporté soit en Afrique, soit à Cayenne, ni expulsé de son pays, sans un jugement régulier et décision du jury; que la publicité des débats ne soit plus interdite; que les condamnations prononcées par les tribunaux ne puissent plus être changées et aggravées par l'arbitraire; que la peine de deux années de détention ne puisse plus être transformée en un bannissement perpétuel, c'est-à-dire, le plus souvent, en peine de mort; que les biens confisqués soient rendus à leurs légitimes propriétaires; et, comme garantie qui renferme toutes les autres, que la liberté de la tribune et celle de la presse soient restituées à la nation.

» Quant au droit de proscription, je demande qu'il soit considéré comme nul et non avenu, n'ayant jamais existé, n'ayant pu ni ne pouvant donner aucun titre légal ni pouvoir quelconque contre ceux auxquels il a été ou serait appliqué.

» Tel est, en effet, le seul moyen de fermer la porte à l'ère des proscriptions dans laquelle le monde est rentré. Car, si l'on est quitte envers l'humanité pour rappeler de l'exil, après dix ou vingt ans, ceux qui survivent; si l'on ne tient aucun compte des morts que ceux-ci laissent après eux, ni de ceux que la souffrance a minés et qui ne reviennent dans leur pays que pour y mourir ; si la violence n'est plus prise au sérieux par les hommes; si elle n'entraîne, contre celui qui l'exerce, aucune conséquence; si elle ne réveille aucune idée de justice ni de réparation ; si, au contraire, tout doit se changer en reconnaissance, qui voudra, à l'avenir, s'abstenir d'une violence heureuse ?

» C'est donc l'ère des proscriptions indéfinies qui est consacrée ; et, chacun faisant à son tour ce qui a été admis par celui qui a précédé, tout changement, tout renouvellement de parti sera marqué par l'expulsion de tous les partis contraires.

» Voilà la perversion absolue de la conscience humaine qu'il s'agit d'empêcher; et, puisque l'Europe, même libre, se tait, puisqu'elle semble accepter le droit de proscription, comme autorisé par le succès et entré dans les mœurs, c'est au proscrit de revendiquer la justice, de faire parler la conscience, non à son profit, mais à celui des autres.

» Je ne veux pas que les proscripteurs d'aujourd'hui soient les proscrits de demain.

» Je ne veux pas que la France et le monde retombent dans cette ère où chaque parti, à son avénement, expulse, bannit, extirpe en masse les partis opposés.

» Je ne veux pas que ce gouffre déjà si profond se creuse davantage, de manière à engloutir tout ce qui reste du droit parmi les hommes.

» Voilà pourquoi, moi proscrit, je proteste, pour aujourd'hui et pour demain et pour tous les temps à venir, contre ce droit de proscrire qui est le contraire du droit et ne peut rien fonder.

» La conscience d'un homme semble, en ce moment, bien peu de chose ; mais peut-être le moment viendra où l'on trouvera bon de se rappeler que des exilés ont emporté et gardé le droit avec eux, et que toute justice n'est pas encore morte sur la terre.

» EDGAR QUINET.

» Veytaux (Suisse), 30 août 1859. »

A M. LE RÉDACTEUR DU TIMES.

« Monsieur,

» Je pensais que le silence du mépris eût été notre meilleure réponse à la mesure qui vient d'être prise par le gouvernement du 2 décembre au sujet des Français réfugiés à l'étranger, les faux rapports publiés par certains journaux à mon égard m'obligent à une explication.

» Mon vœu le plus cher est de rentrer en France, je ne me préoccupe pas du nom que les Bonaparte, avec tant de mauvais goût, donnent à leur acte. Quoiqu'ils aient écrit *Amnistie* sur la porte, la trouvant ouverte je passerais, s'il était possible de passer avec sécurité. Je n'ai pas la prétention d'être un *émigré*, ni un martyr imaginaire ; d'un autre côté, je ne veux pas être un *transporté* volontaire.

» Grâce au respect de soi-même, manifesté par le peuple anglais, nous pouvons maintenir et nous maintenons dans le monde le drapeau de la République française. Les décembristes, désespérant de pouvoir étouffer notre voix ici, cherchent à nous tendre un piége pour nous bâillonner. Là est le véritable but de cette mesure, car personne ne peut leur attribuer des motifs généreux. C'est un nouveau piége tendu par des hommes experts en *coups de Jarnac*. Quelle confiance peut-on placer dans leur décret ? Sera-t-il plus sacré à leurs yeux qu'un serment ? Quelle garantie peut-on trouver dans la parole de leur chef ? Cet homme sans principes n'a-t-il pas violé les engagements les plus solennels et n'a-t-il pas trahi tout le monde ? M. Bonaparte n'est pas un *gentleman* (homme d'honneur) ; sa parole a moins de poids qu'une feuille morte entraînée dans la boue à tous les vents. Nous ne pouvons nous fier à lui ni à ses complices. Des hommes qui peuvent se jouer des engagements qu'ils ont pris ne se considéreront jamais comme liés par quelques mots insérés dans le *Moniteur*, un journal désigné par l'Europe comme le *menteur* depuis qu'il est dans leurs mains.

» Nous ne pouvons jamais oublier le 2 décembre, l'hypocrisie, la lâcheté, et le massacre de ce temps ; nous ne pouvons jamais oublier que les exécrables auteurs de ces attentats ont dit, en les commettant, que tout était *pour sauver la République en danger*. Ce serait folie à nous de nous livrer à des ennemis qui trempent leurs mains dans le sang, le mensonge et le parjure. Entre nous et l'Empire, il n'y a pas de communauté possible, car l'Empire, c'est le crime.

» Pour ma part, j'attendrai, pour rentrer dans mon pays à mes risques et périls, le moment où je pourrai aider à y rétablir avec la République, le règne des lois et de la liberté.

» Puisque j'ai pris la plume, permettez-moi de protester contre ces expressions d'*amnistie*, de *pardon*, de *clémence*, etc., que je trouve même dans des journaux anglais. M. Bonaparte n'a pas plus qualité pour nous accorder une amnistie, qu'il n'en a jamais eu pour nous envoyer en exil. Il serait absurde de lui reconnaître ce droit. Le pouvoir qu'il possède, il le possède par le vol ; par conséquent, il ne l'a pas. Fortifiez et développez ce pouvoir comme vous voudrez, il ne ressemblera jamais qu'à la force de l'assassin. Un assassin peut vous arracher la vie ; il ne peut vous condamner à mort. Pourquoi alors nous parler de *pardon* ? Toutes les notions de bien et de mal, de justice et d'injustice, ont-elles péri dans le naufrage de la République française ? Depuis quand les violateurs de la loi sont-ils autorisés à pardonner à ses défenseurs ?

» Le décret de M. Bonaparte est un tissu d'immoralités. Lui, nous donner l'amnistie ! Comment le pourrait-il ? Il est sous le poids d'une accusation de la haute cour de justice de France, du 2 décembre 1851, qui le renvoie devant les tribunaux pour crime de haute trahison. Il est vrai que des soldats, conduits par des généraux tarés, ont jeté les juges dehors ; mais ce fut un acte de force brutale qui ne peut altérer des principes éternels. Aussitôt que l'autorité de la loi sera rétablie dans notre pays, le premier gendarme venu le mettra en prison pour être jugé. Les droits, la justice sont inaltérables. J'attends avec confiance leur exercice.

» Je suis, monsieur, votre très-obéissant serviteur,

» Victor Schœlcher.

» Londres, 2 septembre 1859. »

A MONSIEUR LE RÉDACTEUR DU NATIONAL.

« Monsieur,

» Serait-ce trop réclamer de votre obligeance, dans le but de mettre fin aux questions qui me sont adressées de divers côtés, que de vous prier de vouloir bien reproduire dans votre journal les lignes suivantes ?

» J'ai eu une foi trop vive en mon pays, pour ne pas préférer l'exil au spectacle de sa dégradation. A ceux qui me demandent si je rentrerai en France par une porte rouverte par l'homme du 2 décembre, je réponds : Jamais!

» Clément Thomas.

» Moestroff, 9 septembre 1859. »

A MONSIEUR LE RÉDACTEUR DE LA REVUE DE NAMUR.

« Monsieur le rédacteur,

» Je vous remercie des termes obligeants dans lesquels vous avez bien voulu parler de moi, à propos de l'amnistie. Je vous sais gré surtout d'avoir rappelé à vos lecteurs que l'*outrage aux mœurs* pour lequel on affecte aujourd'hui, dans les journaux des départements, au ministère de l'intérieur à Paris, et à l'étranger dans les bureaux d'ambassade, de dire que j'ai été condamné, n'est rien de plus que la publication d'un gros livre dans lequel j'ai cru prouver que l'Eglise n'entend rien à la morale, et que, par son dogme, par sa casuistique et par son culte, elle la corrompt. C'est même à la fausse doctrine de l'Eglise qu'il faut, selon moi, attribuer les honteux excès dans lesquels nous voyons tomber à chaque instant les membres du clergé, tant régulier que séculier.

» Malheureusement, je suis obligé de rectifier vos paroles en ce qui concerne ma prochaine rentrée en France. Le décret d'amnistie ne m'est point applicable, attendu que le caractère de cette amnistie est essentiellement politique, et que, depuis la loi du 25 février 1852, les délits de presse, ou commis par la voie de la presse, ne sont plus que des délits ordinaires, lesquels ne tombent pas dans les termes du décret. La note du *Moniteur*, qui a étendu le bénéfice de l'amnistie aux journaux frappés d'avertissements ou de condamnations, ne m'est pas applicable non plus, puisque, d'après la loi précitée, cette note ne peut constituer qu'une exception et que l'exception confirme la règle.

» Comme tout le monde, j'ai cru, sur la foi de quelques journaux belges qui se sont empressés de publier des catégories d'amnistiés, parmi lesquels figurait mon nom, j'ai cru, dis-je, un moment que j'étais compris dans l'amnistie. Il m'a suffi de jeter les yeux sur les textes du *Moniteur* pour me détromper : je n'ai pas eu besoin pour cela, comme on l'a écrit, d'envoyer ma femme en consultation ou sollicitation à Paris.

» Vous dirai-je maintenant, monsieur le rédacteur, ma pensée sur cette amnistie, à propos de laquelle on a fait tant de suppositions et jusqu'à des protestations ? Toute chose se définit par ce qu'elle contient et par ce qu'elle ne contient pas. Que le vainqueur de Solferino et de Magenta amnistie les ennemis de son pouvoir, cela s'explique : il se juge trop haut désormais, trop bien assis, pour avoir à les craindre, de près ni de loin ; mais qu'en même temps le pacificateur de Villafranca ait cru devoir laisser là où ils sont les ennemis condamnés de l'Eglise, on le comprend encore mieux. Tranquille sur l'avenir de sa dynastie, Napoléon III est loin d'être aussi rassuré sur la solidité du Saint-Siège et la perpétuité de l'Eglise; et c'est pour cela que nous nous trouvons exclus de l'amnistie, M. Erdan, M. de la Châtre, moi et bien d'autres.

» Peut-être que je me trompe, peut-être que les intentions de l'Empereur n'ont pas été comprises, et que le rédacteur du décret, par sottise ou méchanceté, aura jugé à propos de ne faire les choses qu'à moitié. Je voudrais qu'il en fût ainsi. Je voudrais savoir si Napoléon III se figure qu'il a vaincu pour deux, pour l'Eglise et pour lui. J'aurais le plaisir, je l'avoue, d'aller voir si la France est aussi jésuite et encapuchonnée qu'on le suppose ; oui, j'irais, au risque de me voir condamner de nouveau *pour outrages aux mœurs.*

» Je suis, avec la plus parfaite considération, monsieur le rédacteur,

» Votre très-humble et obligé,
» P. J. PROUDHON.

» Bruxelles, 27 août 1859. »

Ces protestations suffisant à la sauvegarde du principe, il était inutile d'imposer l'exil à tous les amnistiés, de les séparer de leurs familles, de leurs amis, de leurs intérêts, pour un temps d'une durée indéterminée. M. Louis Blanc émit donc l'idée de diviser les proscrits en deux catégories : l'une restant comme une revendication vivante à la frontière, l'autre rentrant dans la patrie commune pour y continuer la lutte du parti républicain contre l'Empire. « Louis Bonaparte ayant étouffé la voix de la France, il est
» intéressé à l'étouffer au delà des frontières. On ne fut
» jamais tyran à demi. Un cri d'enfant fait tressaillir le
» démon du silence ; la lueur d'une lampe lointaine
» fatigue les yeux du hibou. Quelle victoire pour l'Em-
» pire s'il était parvenu à nous mettre, à nous aussi, un
» bâillon à la bouche, et à éteindre jusqu'aux flambeaux
» portés sur le sol étranger par des mains françaises ! Il
» fallait donc déjouer ces projets trop faciles à deviner ; il
» fallait enlever à Louis Bonaparte la tentation de frapper
» ceux qui rentraient, en leur conservant des défenseurs
» dans ceux qui ne rentraient pas, et en ôtant à l'homme
» qui allait disposer de leur sort, l'espoir d'arriver par
» leur destruction à l'anéantissement du parti tout
» entier (1). »

---

(1) *Le parti républicain et l'amnistie,* par Louis Blanc. Bruxelles.

Félix Pyat, au nom de la *Commune révolutionnaire*, s'était associé aux protestations de ses compagnons d'exil. Le parti républicain semblait unanime dans sa détermination, lorsqu'une lettre portant sa signature parut tout à coup dans le *Courrier de l'Europe* à l'adresse de Louis Blanc. Félix Pyat, revenant sur la question de l'amnistie, exprimait ses regrets que M. Louis Blanc, nommé naguère en même temps que Victor Hugo, quatre autres citoyens et lui Pyat, membres d'un comité d'union pour les proscrits, n'ait pu s'aboucher et s'entendre avec ses collègues sur une déclaration commune. Félix Pyat ajoutait qu'il se voyait forcé de lui donner publiquement les motifs qui avaient fait adopter aux membres du comité d'union une décision différente de la sienne :

« Les proscrits français ayant le pouvoir comme le droit d'être en France, serviront-ils mieux la France en Angleterre? serviront-ils plus utilement et plus dignement la liberté dehors que dedans? Le différend n'est que là, n'exagérons ni en plus ni en moins l'influence des proscrits. Vous dites qu'ils l'exerceront mieux de loin. Nous disons, nous, s'ils en ont une, ils l'exerceront mieux de près. Nous disons : l'amnistie est un moyen pour l'Empire. Pourquoi ne serait-elle pas un moyen pour la liberté? Pourquoi rejeter ce moyen d'avance, sans savoir s'il n'aura pas son jour et son heure d'opportunité? Pourquoi nous engager d'abord et quand même à ne pas l'employer? Pourquoi nous refermer volontairement le passage? Pourquoi nous condamner à l'impuissance, quelles que soient l'occasion, la convenance, l'utilité, la nécessité d'agir? Ce n'est pas le tout que de mépriser l'ennemi en perspective, ce n'est pas le tout que de protester en hommes dignes et libres, ce n'est pas le tout que d'écrire en anglais pour la France, qui lit peu, même le français, et qui ne lit jamais qu'avec la permission de l'autorité. Pourquoi donc réduire à priori les restes du parti à rien, tous les hommes d'action à néant ? »

Félix Pyat et Louis Blanc engagèrent une discussion à laquelle se mêlèrent bientôt des récriminations personnelles, et dont il n'était pas facile de saisir le sens et l'utilité. Félix Pyat reconnaissait comme Louis Blanc que le droit d'amnistier les victimes ne saurait appartenir au persécuteur, et qu'il est bon de le dire très-haut; Louis Blanc, de son côté, admettait comme Félix Pyat que le droit des proscrits de rentrer en France quand ils le jugeraient à propos, n'en restait pas moins entier, et que ceux-là mêmes qui faisaient entendre les plus vives protestations contre l'amnistie, se réservaient de revenir dans leur patrie, aussitôt qu'ils pourraient y rentrer en citoyens en vertu de leur droit, et pour faire leur devoir. La discussion roulait évidemment sur des arguties; mais la conscience, lors même qu'elle se crée des scrupules exagérés, mérite le respect de tous. Il est permis cependant, sans adresser aucun reproche aux proscrits qui repoussaient alors l'amnistie et qui la repoussent encore aujourd'hui, de leur rappeler l'exemple des conventionnels bannis par la Restauration, qui, moins subtils que leurs descendants, aussitôt la porte de la patrie entr'ouverte même par des amnisties partielles, se précipitaient pour y entrer.

Ledru-Rollin, à qui seul il était interdit de profiter du bénéfice de l'amnistie, exhortait, dans une lettre au *Daily News*, avec beaucoup de bon sens politique, les autres à en user :

A M. LE RÉDACTEUR DU DAILY NEWS.

« Monsieur,

» Quand j'ai reçu la première nouvelle de l'amnistie, ma pensée a aussitôt embrassé les climats meurtriers de la Guyane et de l'Afrique, qui ne garderont déjà que trop de tombes, et je me suis écrié : « Enfin ! » et je me suis réjoui sincèrement; ensuite, je me suis dit que, pour un grand parti, il y a quelque chose de moins stérile que l'indignation mentale et le dédain ; ce sont les actes.

» Pourquoi donc renoncer à ces actes, à cette activité, quand ils sont possibles ? Bannis sans droit, rappelés sans droit, par la seule force, chacun de nous, dans mon opinion, a à se faire cette question : « Est-
» il probable que j'agirai plus utilement, que je servirai mieux notre

» cause, si, au lieu de protester, je m'empresse de mettre à profit un
» fait existant, ou si, du moins, je me réserve la faculté d'en profiter,
» à mon jour et à mon heure, suivant l'occasion? »

» Telle était, à mon avis, la conduite la plus pratique, par conséquent, la plus politique à tenir; c'est pourquoi mon avis a toujours été contraire à toute protestation, chaque fois que, des diverses régions de la proscription, mes amis m'ont fait l'honneur de me le demander.

» En cela, pour ce qui me regarde il me semble que j'ai suivi une heureuse inspiration. Il se trouve que toute espèce de protestation de ma part aurait été non-seulement importune, mais encore ridicule, puisque les portes de la France, rouvertes pour tous, devaient rester fermées pour moi, le gouvernement déclarant que je ne suis pas compris dans l'amnistie.

» Non pas, cependant, que je sois nominativement exclu, c'eût été un appel à la sympathie publique, je suis exclu sans bruit, jésuitiquement, à l'aide d'une de ces distractions inattendues, que Tartuffe aurait enviées. On refuse simplement de me considérer comme un condamné politique, je ne suis qu'un meurtrier ordinaire. O hypocrites! si le piège est, au premier abord, trop grossier pour tromper personne, il révèle du moins un caractère odieux de plus, de cette persécution par contumace soulevée contre moi, il y a quelque deux ans, et dont le sens véritable a paru alors inexplicable à bien des gens. « Pourquoi, se demandait-on, le condamner deux fois à la même peine? »

» En fait, on ne cherchait pas à me condamner d'une façon plus grave, mais on voulait me condamner sous un chef différent, afin d'abord, de me dépouiller, si c'était possible, de mon droit de refuge, et, à tout hasard, de m'exclure, sans même mentionner mon nom, d'une amnistie générale tôt ou tard inévitable.

» Je ne veux pas revenir sur cette énormité légale; le sentiment public l'a condamnée. A quoi servirait-il, d'ailleurs, de rappeler, pour la plus grande confusion des cours judiciaires de France, qu'un homme que je n'avais jamais vu, un homme dont j'ignorais même le nom, un homme qui n'était pas même capable d'articuler mon nom à moi, ayant déclaré qu'il croyait m'avoir vu dans un certain endroit, d'où j'étais parti sans même avoir prononcé un seul mot, cela a été jugé suffisant pour me frapper comme un de ses complices? Il est vrai que, pour ce service, il n'a pas tardé à obtenir son pardon.

» Je le répète, il serait inutile d'insister plus longtemps sur ce grotesque et misérable mensonge, auquel personne n'a cru, pas même le cabinet anglais de cette époque. Certes, il semblait tout disposé à me livrer; nous étions à ce moment, dans les plus beaux jours des concessions et de l'alliance. Néanmoins, les ministres ont depuis reconnu publiquement, par l'organe de lord Clarendon, que les allégations portées contre moi étaient d'une nature si futile, que l'extradition ne pouvait qu'être refusée péremptoirement.

» Tels sont les faits fondamentaux de la cause.

» Quant à son caractère au point de vue juridique, j'ai été mis en accusation pour complot ayant pour objet un attentat contre le chef d'un État.

» Or, en vertu de la loi française, un complot indique nécessairement un délit politique.

» Un attentat implique également de toute nécessité un crime politique, les deux mots ayant été spécialement introduits dans le langage de la jurisprudence pour mieux désigner un crime d'un caractère exceptionnel et public.

» C'est même par le fait de la fiction politique la plus forcée, la plus outrageusement impudente qui se puisse imaginer, que ce crime (un attentat) a été élevé, dans l'échelle des pénalités, aux proportions d'un parricide. L'homme du 2 décembre, un père de ses sujets ! Ah ! certes, ce n'est pas la nature, c'est la politique seule qui est capable de se livrer à d'aussi monstrueuses assimilations.

» Permettez-moi d'ajouter que la déportation, la peine même qui m'a été infligée, est une pénalité exclusivement politique.

» Donc l'accusation et la pénalité caractérisant clairement l'offense, un pareil crime, en supposant qu'il eût jamais existé, n'était jamais et ne pouvait jamais être qu'un crime politique.

» Je défie tous les jurisconsultes français de dénier l'exactitude de cette conclusion, sans même en excepter ceux qui ont, à force de bassesses, déshonoré ce titre respectable, les Dupin, les Baroche, les Troplong.

» Maintenant, la fraude étant dévoilée, que reste-t-il en réalité? Deux ennemis politiques, face à face, dont l'un juge utile de frapper l'autre d'ostracisme.

» C'est bel et bon. Mais cette haine si grossièrement envenimée contre un homme, ne s'égare-t-elle pas quelque peu et ne manque-t-elle pas d'habileté ?

» Lui, qui se proclame assis d'une manière inébranlable sur son trône, qui a l'audace de bâtir en granit et en porphyre le mausolée de sa dynastie ; lui, qui surtout prétend faire trembler l'Europe devant lui, joue-t-il un jeu bien habile, en paraissant trembler au seul prononcé de mon nom? L'opinion publique décidera.

» Quant à moi, si ce n'était l'impuissance à laquelle je suis réduit pour servir la cause de la liberté, je n'ai pas l'occasion de me plaindre de ce nouveau coup. J'ai servi à M. Bonaparte la même politique qu'il m'applique, avec cette différence cependant, que j'ai agi ouvertement, franchement, sans organiser la fausseté en système, et sans mettre en œuvre les plus perfides machinations.

» Ministre de l'intérieur, j'ai ordonné que M. Bonaparte fût appréhendé au corps, comme hors la loi ;

» Membre du gouvernement provisoire, j'ai voté contre le rappel des lois qui bannissaient sa famille ;

» Membre de la commission exécutive, j'ai été chargé de défendre, devant l'Assemblée, le maintien de ces lois ;

» Et j'ai rempli cette tâche avec ardeur, parce que je sentais qu'il était nécessaire de protéger les masses contre leurs impressions erronées ; parce que je prévoyais que le peuple, à peine émancipé, ne tarderait pas, sous le charme décevant de la tradition, à être plongé de nouveau dans la servitude du premier empire. L'histoire dira si j'avais tort.

» Il est une chose, en tout cas, que j'ai le droit d'affirmer, parce qu'elle est attestée par l'évidence manifeste : si M. Bonaparte avait été tenu loin de la France, si tout espoir de retour lui avait été fermé pour jamais, il n'aurait pas eu le loisir ni les moyens de préparer, de concert avec le parti réactionnaire, ces sanglantes et néfastes journées de juin 1848, qui ont été le tombeau de la République.

» Si cette force a constamment agi, pour le mal et la tyrannie, d'une façon lente, patiente et incessante, pourquoi alors, nous qui n'avons en vue que le bien public et le triomphe de la liberté, nous priverions-nous de nos moyens d'agir ?

» N'oublions pas que tout républicain qui revient en France sans s'être dégradé, est, en dépit de tout, un foyer rayonnant de lumière et un soldat prêt pour le jour prochain.

» J'ai l'honneur, etc.

» LEDRU-ROLLIN.

» Londres, 14 septembre 1859. »

Tous les proscrits que la mort a épargnés sont aujourd'hui, à part quelques exceptions volontaires, rentrés dans leur patrie. L'histoire doit leur rendre cette justice, que, dans un long exil, ils ont fait honneur au parti républicain, à la France, et que leur présence n'a pas été inutile aux pays où ils ont trouvé un asile, à la Belgique surtout, qui gardera longtemps les traces de l'enseignement des Bancel, des Madier de Montjau, des Deschanel, et à l'Angleterre même, qui a pris dans les rangs de la proscription des professeurs comme Esquiros, Savoye, Cassal, Boucher, Dupont, pour plusieurs de ses établissements d'instruction publique. Tous les proscrits, ouvriers, commerçants, hommes de lettres, dans la mesure de leurs forces, ont satisfait à la grande loi du travail. Victor Hugo a composé dans l'exil le livre des *Châtiments*, *les Contemplations*, *la Légende des siècles*, *les Misérables;* Ledru-Rollin publia un livre plus éloquent que vrai, *la Décadence de l'Angleterre;* Schœlcher, l'*Histoire de la terreur bonapartiste;* Eugène Sue, l'*Histoire d'une famille du peuple;* Edgar Quinet, *la Révolu-*

tion ; Charras, *la Campagne de 1813 et Waterloo ;* Marc Dufraisse, *le Droit de paix et de guerre.* D'autres, comme Ribeyrolles, comme Amédée Jacques, comme Rozier le poëte (de l'Aveyron), ont été empêchés par la mort d'achever leurs œuvres commencées. Honneur à leur mémoire et à celle des victimes du coup d'État qui ont succombé loin de leur patrie avant le jour de la justice et de la liberté !

TAXILE DELORD.

CHAPITRE XIII.

POLITIQUE INTÉRIEURE.

1859-1860.

SOMMAIRE. — Discours des présidents des Conseils généraux. — Amnistie à la presse. — Expédition au Maroc. — Création de l'*Opinion nationale*. — Embarras de la politique impériale en Italie. — Expédition en Chine. — M. Billault remplace le duc de Padoue au ministère de l'intérieur. — Signature et inutilité du traité de Zurich. — Fin de l'année 1859. — M. Thouvenel est nommé, le 4 janvier 1860, ministre des affaires étrangères, en remplacement de M. Walewski. — Embarras de la politique impériale à l'intérieur. — Le programme du 5 janvier. — Le traité de commerce. — La session législative. — Révision des pouvoirs. — Élections contestées de M. de Ferrière et de M. de Dalmas, sous-chef du cabinet de l'Empereur. — Discussion sur les affaires d'Italie. — Lettre de l'Empereur au pape. — L'encyclique du 19 janvier. — Le père Lacordaire à l'Académie française. — Dépêche de M. Thouvenel. — Procès du *Siècle* contre l'évêque d'Orléans. — Lamoricière est nommé commandant en chef de l'armée papale. — La cocarde blanche à Rome. — Faiblesse de l'Empire dictatorial.

Les Conseils généraux, réunis le 22 août, votèrent des adresses de félicitations à l'Empereur au sujet de la guerre d'Italie qu'ils avaient toujours désapprouvée. Le *Moniteur* publia les discours de ceux de leurs présidents qui par leurs relations avec le gouvernement passaient pour être initiés à sa politique. M. de Morny, président du Conseil général du Puy-de-Dôme, déclara que l'Empire était plus que jamais la paix; que l'Empereur savait tout le prix de l'alliance anglaise, et qu'il entendait la maintenir. Une pareille affirmation, dans un moment où le langage de la presse britannique contre la politique impériale commençait à effrayer le commerce et l'industrie par sa violence, ne pouvait manquer d'être bien accueillie à la Bourse, qui salua également de ses acclamations la fin du discours de M. de Morny annonçant l'intention bien arrêtée de l'Empereur « de lancer la France dans les travaux de la paix ».

Un décret publié le 16 août annula les avertissements donnés aux journaux ; M. de la Guéronnière, ancien journaliste, fut nommé par un second décret directeur de la presse au ministère de l'intérieur. Les feuilles belges introduites en France avec l'autorisation du gouvernement virent, on ne sait trop pourquoi, dans cette nomination le présage de prochaines modifications dans le régime de la presse, et même de la suppression du décret du 17 février 1852. Les journaux français, espérant que le gouvernement allait les soustraire à la juridiction administrative, traitèrent naïvement la question de savoir lequel valait mieux du jury ou du tribunal correctionnel pour juger les délits de presse. Le *Moniteur* souffla bientôt sur ces illusions en publiant une circulaire de M. le duc de Padoue, ministre de l'intérieur, aux préfets, traçant à ces fonctionnaires les règles de conduite à tenir à l'égard des journaux. Le gouvernement ne songeait pas le moins du monde à modifier la législation en vigueur. L'effet de cette circulaire ne paraissant pas suffisant, une note fort sèche, corroborée par plusieurs avertissements, « prévint loyalement les jour- » naux que le gouvernement était décidé à ne plus tolé- » rer des excès de polémique qui ne pouvaient être con- » sidérés que comme des manœuvres de partis ». Les journaux se le tinrent pour dit, et rentrèrent dans leur mutisme ordinaire.

Le gouvernement impérial ne borna pas sa générosité

à l'amnistie pour la presse : un nouveau journal reçut l'autorisation de paraître. M. Adolphe Guéroult, ancien saint-simonien, ancien rédacteur du *Temps*, du *Journal des Débats*, de la *République*, de la *Presse*, homme de talent, socialiste pratique, croyant, comme tous les saint-simoniens, plutôt aux intérêts qu'aux idées, indifférent à la forme des gouvernements et aux programmes des partis, les avait servis tous parce que, d'après sa doctrine, ils ont tous leur raison d'être, et qu'il n'en est pas un seul dont on ne puisse tirer quelque chose dans l'intérêt général. L'Empire démocratique, opposant à la vieille Europe le principe des nationalités, ébranlant le vieux catholicisme par la ruine du pouvoir temporel des papes, parut à M. Adolphe Guéroult une phase inévitable à traverser. Il voulut fonder un journal pour soutenir cette politique. Obtenir l'autorisation de créer un nouvel organe de publicité, c'était, même pour un homme pouvant compter sur les protections les plus puissantes, comme celle du prince Jérôme, un but difficile à atteindre. Les efforts de M. Adolphe Guéroult auprès des ministres restèrent longtemps infructueux ; il s'adressa à l'Empereur et il en obtint une audience. Napoléon III lui témoigna sa satisfaction de la politique de la *Presse*, dont il était le rédacteur principal pendant la guerre d'Italie, en lui reprochant seulement « d'avoir quelquefois trop » tôt démasqué les batteries ». M. Adolphe Guéroult reçut en même temps la promesse formelle que l'autorisation de fonder un journal lui serait accordée. Restait à obtenir des bureaux de la presse au ministère de l'intérieur l'accomplissement des formalités nécessaires pour la publication. Malheureusement l'Impératrice ne voyait pas d'un bon œil la faveur accordée, les bureaux traînèrent les formalités en longueur, espérant les rendre inutiles. Il fallut les leur arracher. L'*Opinion nationale* parut enfin le 30 septembre avec une sorte de dédicace au prince Jérôme à qui elle devait la vie.

A cette époque, le gouvernement impérial envoyait un corps d'armée pour châtier les tribus marocaines sur les frontières de l'Algérie, et encourageait l'Espagne dans ses préparatifs d'expédition contre le sultan de Maroc qui avait insulté son pavillon. Le cabinet de Londres ne pouvait voir d'un œil indifférent cette double expédition contre un souverain son allié, ni les prétentions de l'Espagne à s'établir en face de Gibraltar, dans un pays uni par d'étroites relations de commerce avec l'Angleterre. Il cherchait donc à susciter des obstacles à la politique impériale en soutenant la politique d'annexion en Italie, et en pesant de toute son influence sur les ministres du sultan, dans l'intention d'entraver le percement de l'isthme de Suez, entrepris par M. de Lesseps sous le patronage du vice-roi d'Egypte.

Les négociations de Zurich se traînaient péniblement, et la paix de Villafranca menaçait de briser l'œuvre de l'indépendance italienne. Une confédération présidée par le pape, comptant dans son sein l'empereur d'Autriche, resté maître de la Vénétie, et les archiducs rétablis sur leur trône, c'était un mince résultat des efforts et des sacrifices du peuple français et du peuple italien.

Mantoue et Peschiera, demandées dans la première proposition d'armistice, étaient les clef de la Lombardie; elles restèrent entre les mains de l'Autriche, qui, retranchée dans son quadrilatère, pouvait attendre l'heure et le jour de reprendre sa conquête. L'Italie menacée sentit dès lors le besoin de se concentrer et de s'unir. Le roi de Sardaigne se serait peut-être contenté pour le moment de fonder un royaume puissant dans la vallée du Pô, mais l'Italie voulait autre chose. M. de Cavour, un moment abattu, le sentit et laissa Napoléon III signer un traité inexécutable, en disant : « Je l'ai fait se jeter à l'eau, il faudra bien qu'il nage. »

Le soulèvement des Romagnes, qui s'unirent au gouvernement provisoire des duchés, porta un nouveau coup à la domination temporelle du pape. M. de Cavour n'était plus ministre, il semblait même en disgrâce, mais sa politique lui survivait. La signature du traité de Zurich, le 10 novembre 1859, ne produisit aucun effet sur l'opinion. Ces actes, — car il y eut trois traités séparés, — qui furent rédigés d'après les bases posées dans les préliminaires de Villafranca, laissaient des points fort importants, et en particulier la question des duchés, sans solution.

L'Italie avait déjà mis la main sur les deux tiers du territoire pontifical, elle voulait Rome. L'Empereur, croyant toujours à la possibilité de réconcilier l'Italie et la papauté, avait dit à l'archevêque de Bordeaux en traversant cette ville au mois d'octobre 1859 : « Le pouvoir temporel du saint-père n'est point opposé à la liberté et à l'indépendance de l'Italie. » Le 31 décembre de la même année, il écrivit au pape lui-même : « Ce
» qui me paraîtrait le plus conforme aux véritables
» intérêts du saint-siége, ce serait de faire le sacri-
» fice des provinces révoltées. Si le saint-siége, pour le
» repos de l'Église, renonçait à ces provinces qui depuis

» cinquante ans suscitent tant d'embarras à son gouver-
» nement, et qu'en échange il demandât aux puissances de
» lui garantir la possession du reste, je ne doute pas du
» retour immédiat de l'ordre. Le saint-siége assurerait
» ainsi à l'Italie naissante la paix pendant de longues an-
» nées, et au saint-siége la possession paisible des États
» de l'Église. »

L'Italie et le saint-siége étaient bien éloignés d'une pareille transaction.

La situation des affaires extérieures préoccupait vivement l'opinion publique; le gouvernement impérial chercha une diversion à cette inquiétude des esprits. L'entrée du fleuve Pei-ho ayant été refusée aux ministres de France et d'Angleterre envoyés à Pékin pour échanger les ratifications du traité de 1858, l'escadre anglaise avait vainement essayé de forcer le passage. Un seul navire, *le Ducheyla*, portait à côté de cette escadre le pavillon français. Le gouvernement impérial prit pour lui la moitié de l'offense, et s'empressa d'annoncer qu'il allait se concerter avec l'Angleterre pour obtenir des Chinois la réparation de l'insulte faite aux deux nations. Une expédition contre la Chine devait entraîner des dépenses considérables, mais les hommes d'affaires ne regardaient pas à l'argent pour rétablir l'entente entre l'Angleterre et l'Empire. Deux nations unies sur mer pouvaient-elles se faire la guerre sur terre? La Bourse hâtait donc de tous ses vœux la fin des préparatifs de l'expédition qui plus d'une fois parut ajournée, à la grande terreur des financiers. La nomination officielle du général Cousin-Montauban au commandement de l'expédition mit fin à leurs appréhensions.

La Bourse, comptant désormais sur l'entente entre l'Angleterre et le gouvernement impérial, n'attachait pas une grande importance à la question romaine ; elle ne fit nulle attention à l'article publié par M. de Montalembert d'abord dans le *Correspondant* et ensuite en brochure ; l'avertissement donné au journal et la saisie de la brochure passèrent inaperçus. La Bourse, rassurée sur la politique, ne s'alarmait plus que de la langueur des transactions, augmentée par le conflit judiciaire entre les agents de change et les courtiers marrons vulgairement appelés *coulissiers*. Ces derniers, frappés d'interdiction par les tribunaux, demandaient la révision de la loi conférant un privilége aux agents de change. Le gouvernement tenta de mettre fin à cette lutte par le décret du 13 novembre qui permit aux agents de change de s'adjoindre deux commis sous le nom d'*assesseurs*. Ce décret et les modifications introduites par le syndicat de la corporation des agents de change dans le régime des liquidations, des primes, et des courtages, ne satisfirent personne. La ville de Paris avait fait placer des tourniquets payants à chaque entrée de la Bourse ; ces tourniquets furent maintenus malgré les réclamations des boursiers, qui les accusaient d'éloigner les spéculateurs.

M. Billault était redevenu ministre de l'intérieur à la place du duc de Padoue, sans que ce changement fût justifié par d'autre raison qu'un dissentiment entre M. Haussmann et le ministre de l'intérieur sur les attributions de la préfecture de la Seine et de la préfecture de police. L'expédition de Maroc avait pris fin le 20 novembre ; celle de Chine allait mettre à la voile : mince sujet de diversion au milieu des inquiétudes renaissantes au sujet de l'Italie.

D'après les termes du traité de Zurich, les Italiens, à peine débarrassés de l'étranger, étaient sommés de lui tendre la main, de s'unir avec lui, et de compter pour la défense de leur indépendance sur des princes qui avaient combattu contre eux : la confédération se rompait avant d'avoir existé. L'Italie, plus que jamais menacée, avait soif d'union. Napoléon III le voyait bien, mais il craignait, en conformant publiquement sa politique à cette nécessité, de se brouiller avec les légitimistes et les cléricaux. De là, ces conseils donnés en sachant bien qu'ils ne seraient pas suivis ; ces promesses qu'il était bien sûr de ne pas tenir ; ces avances, tantôt à la révolution, tantôt à l'Église, dont la révolution et l'Église se méfiaient également ; de là, ces instructions écrites démentant les instructions verbales ; ces attestations publiques, contredites par les assertions secrètes ; de là, cette politique incertaine, indécise, ne sachant où elle veut aller, s'opposant à tout sans rien empêcher, politique de mensonge et de duplicité dont aucun gouvernement n'avait donné l'exemple depuis le premier empire. La nouvelle d'un congrès pour régler les affaires d'Italie fut accueillie avec colère par le parti clérical qui s'attendait à y voir triompher la solution proposée dans la brochure *le Pape et le Congrès*, écrite par M. de la Guéronnière sous l'inspiration de l'Empereur. L'*Univers* et l'évêque d'Orléans protestèrent avec violence contre cette brochure qui concluait à l'affranchissement des Romagnes et à des changements dans les institutions politiques des États romains. L'espoir d'un congrès s'évanouit en même temps que l'année 1859, qui s'annonçait sous de sombres auspices.

Le bruit se répandit que le nonce du pape déclinerait sous un prétexte quelconque l'honneur qui lui revenait, en qualité de doyen du corps diplomatique, d'adresser les félicitations habituelles à l'Empereur à l'occasion du jour de l'an. Ce bruit était faux. Le nonce, en prenant la parole, se borna simplement à offrir à l'Empereur « les hommages et les vœux du corps diplomatique ». Napoléon III répondit : « Qu'il était heureux de
» rappeler que, depuis son entrée au pouvoir, il avait
» toujours professé le plus profond respect pour les droits
» reconnus, et que le but constant de ses efforts serait
» de rétablir partout, autant qu'il dépendrait de lui, la
» confiance et la paix. » Ces assurances vagues agitèrent les esprits au lieu de les calmer. Le 4 janvier, parut au *Moniteur* un décret contenant la nomination de M. Thouvenel, ambassadeur à Constantinople, au poste de ministre des affaires étrangères en remplacement de M. Walewski, qui passait pour tenir fort au maintien du pouvoir temporel et à l'exécution du traité de Zurich. Quelques journaux, oubliant qu'il n'y a aucune conclusion à tirer de l'opinion personnelle des ministres sous un régime comme celui de l'Empire, virent dans le départ de M. Walewski un heureux augure pour la cause de l'Italie. Cette cause, presque abandonnée par le gouvernement impérial, recevait des encouragements directs de l'Angleterre qui cherchait à recueillir l'héritage de popularité de Napoléon III. L'Autriche pressait ses armements en Vénétie. Le roi de Naples, comme si les batailles de Magenta et de Solferino n'avaient pas eu lieu, déclarait

qu'il entendait rester complétement étranger à la confédération italienne, le pape en repoussait la présidence et réclamait impérieusement la restitution des Romagnes. La situation du gouvernement impérial à l'extérieur se compliquait des craintes de l'Allemagne, des susceptibilités de la Russie, et des empiétements de Victor-Emmanuel qui, sourd aux avertissements, aux notes, aux lettres de Napoléon III, continuait le cours de ses annexions.

Les embarras n'étaient pas moins nombreux à l'intérieur, grâce à l'ardeur pétulante avec laquelle les évêques se portaient à la défense du pouvoir temporel des papes, élevé par eux presque à la hauteur d'un dogme. Leurs mandements irrités répondaient du haut de la chaire à l'auteur de la brochure *le Pape et le Congrès*, à ce « catholique sincère qui, au milieu des supplications et des » génuflexions les plus touchantes, demande à Pie IX l'ab- » dication de sa souveraineté temporelle ». Le parti clérical, excité par la prédication épiscopale, menaçait de rompre l'alliance avec l'Empire, se répandait en récriminations et en injures contre l'Empereur, et faisait entendre les plus terribles menaces contre son gouvernement. L'inquiétude gagnait peu à peu tous les esprits ; l'expédition de Chine était, nous l'avons dit, un dérivatif bien insuffisant, le remède ordinaire du gouvernement impérial, c'est-à-dire une grande guerre, était chose impossible pour le moment. Il eut recours à un petit coup de théâtre. Le *Moniteur* du 5 janvier publia la lettre suivante au ministre d'État :

« Monsieur le ministre,

» Malgré l'incertitude qui règne encore sur certains points de la politique étrangère, on peut prévoir avec confiance une solution pacifique.

Le moment est donc venu de nous occuper des moyens d'imprimer un grand essort aux diverses branches de la richesse nationale.

» Je vous adresse dans ce but les bases d'un programme dont plusieurs parties devront recevoir l'approbation des Chambres, et sur lequel vous vous concerterez avec vos collègues, afin de préparer les mesures les plus propres à donner une vive impulsion à l'agriculture, à l'industrie et au commerce.

» Depuis longtemps on proclame cette vérité qu'il faut multiplier les moyens d'échange pour rendre le commerce florissant ; que, sans concurrence, l'industrie reste stationnaire et conserve des prix élevés qui s'opposent aux progrès de la consommation ; que, sans une industrie prospère qui développe les capitaux, l'agriculture elle-même demeure dans l'enfance. Tout s'enchaîne donc dans le développement successif des éléments de la prospérité publique ! Mais la question essentielle est de savoir dans quelles limites l'État doit favoriser ces divers intérêts, et quel ordre de préférence il doit accorder à chacun d'eux.

» Ainsi, avant de développer notre commerce étranger par l'échange des produits, il faut améliorer notre agriculture et affranchir notre industrie de toutes les entraves intérieures qui la placent dans des conditions d'infériorité Aujourd'hui, non-seulement nos grandes exploitations sont gênées par une foule de règlements restrictifs, mais encore le bien-être de ceux qui travaillent est loin d'être arrivé au développement qu'il a atteint dans un pays voisin. Il n'y a donc qu'un système général de bonne économie politique qui puisse, en créant la richesse nationale, répandre l'aisance dans la classe ouvrière.

» En ce qui touche l'agriculture, il faut la faire participer aux bienfaits des institutions de crédit : défricher les forêts situées dans les plaines et reboiser les montagnes ; affecter tous les ans une somme considérable aux grands travaux de desséchement, d'irrigation et de défrichement. Ces travaux, transformant les communaux incultes en terrains cultivés, enrichiront les communes sans appauvrir l'État, qui recouvrera ses avances par la vente d'une partie de ces terres rendues à l'agriculture.

» Pour encourager la production industrielle, il faut affranchir de tout droit les matières premières indispensables à l'industrie, et lui prêter exceptionnellement à un taux modéré, comme on l'a déjà fait à l'agriculture pour le drainage, les capitaux qui l'aideront à perfectionner son matériel.

» Un des plus grands services à rendre au pays est de faciliter le transport des matières de première nécessité pour l'agriculture et l'industrie ; à cet effet, le ministre des travaux publics fera exécuter le plus promptement possible les voies de communication, canaux, routes et chemins de fer, qui auront surtout pour but d'amener la houille et les engrais sur les lieux où les besoins de la production les réclament, et il s'efforcera de réduire les tarifs, en établissant une juste concurrence entre les canaux et les chemins de fer.

» L'encouragement au commerce par la multiplication des moyens d'échange viendra alors comme conséquence naturelle des mesures précédentes. L'abaissement successif de l'impôt sur les denrées de grande consommation sera donc une nécessité, ainsi que la substitution de droits protecteurs au système prohibitif qui limite nos relations commerciales.

» Par ces mesures, l'agriculture trouvera l'écoulement de ses produits; l'industrie, affranchie d'entraves intérieures, aidée par le gouvernement, stimulée par la concurrence, luttera avantageusement avec les produits étrangers, et notre commerce, au lieu de languir, prendra un nouvel essor.

» Désirant avant tout que l'ordre soit maintenu dans nos finances, voici comment, sans en troubler l'équilibre, ces améliorations pourraient être obtenues :

» La conclusion de la paix a permis de ne pas épuiser le montant de l'emprunt. Il reste une somme considérable disponible qui, réunie à d'autres ressources, s'élève à environ 160 millions. En demandant au Corps législatif l'autorisation d'appliquer cette somme à de grands travaux publics et en la divisant en trois annuités, on aurait environ 50 millions par an à ajouter aux sommes considérables déjà portées annuellement au budget.

» Cette ressource extraordinaire nous facilitera non-seulement le prompt achèvement des chemins de fer, des canaux, des voies de navigation, des routes, des ports, mais elle nous permettra de relever en moins de temps nos cathédrales, nos églises, et d'encourager dignement les sciences, les lettres et les arts.

» Pour compenser la perte qu'éprouvera momentanément le Trésor par la réduction des droits sur les matières premières et sur les denrées de grande consommation, notre budget offre la ressource de l'amortissement, qu'il suffit de suspendre jusqu'à ce que le revenu public, accru par l'augmentation du commerce, permette de faire fonctionner de nouveau l'amortissement.

» Ainsi, en résumé : Suppression des droits sur la laine et les cotons;

» Réduction successive sur les sucres et les cafés;

» Amélioration énergiquement poursuivie des voies de communication;

» Réduction des droits sur les canaux et, par suite, abaissement général des frais de transport;

» Prêts à l'agriculture et à l'industrie;

» Travaux considérables d'utilité publique;

» Suppression des prohibitions;

» Traité de commerce avec les puissances étrangères.

» Telles sont les bases générales du programme sur lequel je vous prie d'attirer l'attention de vos collègues, qui devront préparer sans retard les projets de lois destinés à le réaliser. Il obtiendra, j'en ai la ferme conviction, l'appui patriotique du Sénat et du Corps législatif, jaloux d'inaugurer avec moi une nouvelle ère de paix et d'en assurer les bienfaits à la France.

» Sur ce, je prie Dieu qu'il vous ait en sa sainte garde.

» NAPOLÉON.

» Palais des Tuileries, le 5 janvier 1860. »

La France apprit presque en même temps par le discours de la reine d'Angleterre au parlement qu'un traité de commerce venait d'être signé entre elle et l'Empereur des Français. Ce traité se serait fait attendre longtemps encore si l'annexion de la Savoie et de Nice n'avait pas refroidi les rapports entre le cabinet des Tuileries et les autres cabinets européens. Si la brochure *le Pape et le Congrès* fut écrite en vue de flatter les instincts et les intérêts protestants de l'Angleterre par une manifestation contre le pouvoir temporel, le traité de commerce eut pour origine le besoin de maintenir lord Palmerston au pouvoir, s'il faut s'en rapporter à la lettre (1) écrite par l'un des hommes qui ont le plus contribué à sa conclusion :

« A ce moment, une négociation entre la France et l'An-
» gleterre pour le changement du tarif des douanes fran-
» çaises et la modification des articles du tarif anglais
» concernant certaines productions importantes de la
» France, se présentait comme ayant des chances favora-
» bles par le concours qu'y donnait l'intérêt politique des
» gouvernements. Le cabinet dirigé par lord Palmerston
» devait, s'il faisait un traité pareil, s'attacher les repré-
» sentants des villes manufacturières et renforcer d'autant
» sa majorité, qui en avait grand besoin. De son côté, l'em-
» pereur Napoléon III craignait le renversement de lord
» Palmerston, chez lequel il trouvait, dans ce temps-là,
» des dispositions amicales, tandis que le parti tory lui
» montrait des sentiments hostiles. Il devait donc être
» bien aise de donner des forces à lord Palmerston. »

M. Michel Chevalier se rendit en Angleterre au mois

---

(1) Lettre de M. Michel Chevalier à M. Bonamy Price.

d'octobre 1859, pour présider le congrès international des poids et mesures réuni à Bradford, mais l'objet principal de son voyage était le traité de commerce (1). Il arriva le 8 à Londres, et le lendemain même il eut une conférence avec Richard Cobden. M. de Persigny, ambassadeur du gouvernement impérial en Angleterre, était dans la confidence des négociations. M. Michel Chevalier, admis le 15 au soir, après la réunion du cabinet, auprès de M. Gladstone, chancelier de l'Échiquier, lui fit connaître l'article de la Constitution de 1852, qui donnait à l'Empereur le droit de négocier les traités de commerce : « *en trois quarts d'heure* tout fut convenu entre » le chancelier de l'Échiquier et moi. Les dispositions » sur lesquelles nous fûmes d'accord furent à peu près » celles que porte le traité de commerce définitivement » signé le 23 janvier 1860 (2). »

M. Michel Chevalier et Richard Cobden se retrouvèrent à Paris le 22 novembre. L'Empereur les reçut séparément à Saint-Cloud le 27 ; il leur fit part de son adhésion au traité, en leur recommandant le secret. Les négociations commencèrent au retour de l'Empereur de Compiègne. Les négociateurs du côté de la France étaient M. Rouher, ministre du commerce, et M. Baroche, ministre des affaires étrangères par intérim, en l'absence de M. Thouvenel ; du côté de l'Angleterre, Richard Cobden et lord Cowley. M. Michel Chevalier assistait aux conférences et y prenait part. M. Achille Fould, ministre d'État, entretenait l'Empereur dans des dispositions favorables. M. Magne, ministre des finances, et M. Gréterin

(1) Lettre à M. Bonamy Price.
(2) Lettre à M. Bonamy Price.

directeur des douanes, grands partisans du système restrictif, n'étaient pas dans le secret.

Le silence absolu recommandé par l'Empereur fut bien gardé par tout le monde. M. Rouher se méfiait de ses bureaux, où la direction du commerce extérieur était confiée à un homme fort honorable, mais ami déclaré de la prohibition ; ils ignoraient donc complétement le travail auquel se livraient les négociateurs (1). Les termes du traité à peu près réglés, le conseil des ministres en eut connaissance. L'opposition de quelques membres n'empêcha pas la conclusion de cet acte. L'Angleterre l'accepta et ne cessa pas de garder rancune au gouvernement impérial de l'annexion de Nice et de la Savoie. Lord Russell ne tarda pas même à prononcer l'arrêt de mort de l'alliance anglo-française telle qu'elle avait existé pendant la guerre de Crimée, en déclarant que l'Angleterre « ne devait pas se séparer du reste des nations de l'Eu- » rope, qu'elle devait être toujours prête à agir avec les di- » vers États, si elle voulait ne pas redouter aujourd'hui » telle annexion, et demain entendre parler de telle autre.»

Le 21 mars 1860 une députation savoisienne reçue aux Tuileries, avait exprimé ses vœux pour la réunion de la Savoie à la France. L'Empereur, après la signature du traité de cession qui eut lieu le 24 mars, envoya MM. Laity et Pietri, sénateurs, à Chambéry et à Nice pour procéder à la formalité du vote. Le *Moniteur* pendant ce temps-là remplissait ses colonnes avec les adresses des corps constitués, des tribunaux, des hospices, des couvents, des confréries et des archi-confréries religieuses, en faveur de

(1) Lettre à M. Bonamy Price.

l'annexion. La Suisse protestait cependant, au nom d'une convention de 1564 et des traités de 1815, contre l'incorporation à la France de certains districts neutralisés de la Savoie. Le gouvernement offrit à l'Angleterre et à la Suisse de réunir une conférence à laquelle seraient invitées les puissances signataires des traités de 1815 pour concilier les dispositions de ces actes diplomatiques avec celles du traité du 24 mars; mais les formalités diplomatiques sont longues à échanger, et le sénatus-consulte du 13 juin réunit trois départements à l'Empire français avant que les puissances eussent pu se mettre d'accord. L'annexion supprima la conférence.

L'ouverture de la session était attendue avec une vive impatience. Le Corps législatif, composé de partisans des idées conservatrices en politique aussi bien qu'en industrie, ne pouvait voir d'un bon œil les atteintes portées au principe légitimiste, au pouvoir temporel du pape en Italie, et en France au vieux régime de la prohibition et de la protection. L'Empereur, dans son discours d'ouverture de la session, fit des efforts visibles pour calmer d'avance le mécontentement. Après avoir prononcé d'un ton de regrets l'oraison funèbre du traité de Zurich, et constaté sans l'approuver l'annexion des Romagnes et des duchés au royaume d'Italie, il ajouta : « Je ne puis passer sous
» silence l'émotion d'une partie du monde catholique. Le
» passé, qui devait être une garantie de l'avenir, a été tel-
» lement méconnu, les services rendus tellement oubliés,
» qu'il m'a fallu une conviction bien profonde pour
» conserver le calme ; les faits cependant parlaient
» hautement d'eux-mêmes : depuis onze ans je soutiens
» seul le pouvoir du saint-père. »

L'Empereur, parlant ensuite des Romagnes soulevées pour faire cause commune avec lui contre l'Autriche, demanda si l'on pouvait les livrer à une nouvelle occupation : « Mes premiers efforts ont été pour les récon-
» cilier avec leur souverain, et, n'ayant pas réussi, j'ai
» tâché du moins de sauvegarder le principe du pouvoir
» temporel du pape... D'après ce qui précède, vous voyez
» que si tout n'est pas terminé, il est permis d'espérer
» une solution prochaine. » Laquelle ? l'Empereur n'en disait rien, et l'accueil fait par le saint-père à la brochure *le Pape et le Congrès* faisait présager celui réservé aux propositions du même genre.

L'Empereur ne doutait pas cependant de la prochaine pacification de l'Italie. Il n'y avait donc plus, selon lui, qu'à entrer dans l'ère de paix et de prospérité préparée par la fin prochaine du régime des prohibitions et par la signature du traité de commerce : « Afin que ce traité
» puisse produire ses meilleurs effets, je réclame votre
» concours le plus énergique par l'adoption des mesures
» qui doivent en faciliter la mise en pratique. »

M. de Morny paraphrasa comme d'habitude les paroles de l'Empereur. Le penchant de la France à la réglementation fut l'objet de ses plus vives attaques ; il établit un long parallèle entre les doctrines de protection et de libre échange, terminé par l'éloge de « l'entière
» liberté civile, source unique de prospérité d'un pays ».
Le président du Corps législatif, passant de l'économie politique à la religion, reprocha durement au clergé d'oublier les services rendus par l'Empereur au catholicisme, et termina son allocution par un appel à la concorde sur le terrain de l'économie politique :

« Votons avec empressement les lois qui se rattachent
» à ces questions économiques, et entrons résolûment
» dans une ère nouvelle de paix, de progrès et de
» liberté. »

Le Corps législatif aurait aimé à dire tout de suite son sentiment sur les affaires d'Italie et sur le traité de commerce, mais le règlement l'obligeait à remettre les éclaircissements sur la première question au vote du contingent militaire, et sur la seconde à la discussion d'une loi déposée sur les cotons. Il s'occupa, en attendant, de quelques élections contestées. M. de Ferrière, candidat officiel, avait été nommé dans l'Orne contre M. de Torcy, candidat dévoué mais non officiel. Le préfet de l'Orne ne recula devant rien pour assurer le triomphe du candidat officiel. Il lança contre M. de Torcy la terrible accusation de « faire alliance avec les partis hostiles, » et de porter atteinte à la liberté du suffrage univer- » sel par une coalition ». La validation de l'élection était douteuse. M. de Ferrière, suivant l'exemple de M. de Ségur, donna sa démission avant la discussion. M. Ernest Picard ne se contenta pas de cette satisfaction, il prit la parole, et l'élection de M. de Ferrière fut annulée. Le préfet resta en place ; la Chambre mit les excentricités de sa circulaire sur le compte d'une rédaction trop précipitée.

Une autre élection fut l'objet d'un débat encore plus orageux. La constitution proclame l'incompatibilité entre les fonctions publiques rétribuées et le mandat législatif ; mais il était devenu de jurisprudence que les aides de camp, chambellans, secrétaires et employés de l'Empereur, de l'Impératrice et des Princes, ne seraient plus considérés comme fonctionnaires. Le total de ces députés s'élevait à une quarantaine environ. M. de Dalmas, sous-chef du cabinet de l'Empereur, éprouva le besoin d'augmenter ce nombre. Il fut donc candidat officiel dans la circonscription de Fougères et de Vitré où personne n'avait jamais entendu parler de lui, contre M. Le Beschu de Champsavin, conseiller à la cour impériale de Rennes.

Le candidat expédié en Bretagne, reçu par le préfet et recommandé chaudement par lui aux électeurs, les agents de l'autorité se mirent en campagne, et les prêtres, sommés comme les autres fonctionnaires de prêter leur concours au sous-secrétaire de l'Empereur ne s'y épargnèrent point. Un curé s'écria du haut de sa chaire : « Voter pour M. de Dalmas, c'est voter pour l'agrandis- » sement de l'Église. » L'archevêque de Rennes aurait bien voulu soutenir M. Le Beschu, mais comment se hasarder à combattre M. de Dalmas, un homme désigné aux suffrages bretons par l'Empereur lui-même ? Il essaya de garder une espèce de neutralité. Quant au préfet, il déclara nettement en se mettant en campagne qu'aucun des candidats « n'était mieux en position de le seconder dans l'accomplissement des œuvres de bien public qu'il avait commencées ; voter contre ce candidat, c'est voter contre l'Empereur ». M. Thil, sous-préfet de Feugères, ne voulant pas rester au-dessous d'un si beau zèle, adressa cette circulaire aux maires de cet arrondissement :

« Monsieur le maire,
» Le scrutin ouvre demain.
» J'ai l'honneur de vous rappeler que vous devez l'ouvrir immédiatement après la première messe ; que vous aurez sur le bureau un certain nombre de bulletins portant le nom de M. de Dalmas, et *pas d'autres*;

qu'il est important que des personnes intelligentes et sûres, munies de bulletins portant le nom de Dalmas, occupent les abords de la mairie et protégent les électeurs si bien intentionnés de votre commune contre l'erreur et le mensonge.

» Un cantonnier restera à votre disposition pendant les deux jours du scrutin.

» Trois candidats sont en présence :

» M. de Dalmas, secrétaire sous-chef du cabinet de l'Empereur, candidat du gouvernement ;

» M. Le Beschu de Champsavin ;

» M. Dréo, gendre de Garnier-Pagès, fondateur de la république de 1848, un de ceux qui décrétèrent les 45 centimes, dont vous avez gardé le souvenir.

» M. de Dalmas représente le principe du dévouement au gouvernement, à l'autorité, à l'ordre, et peut seul, par sa position, favoriser le développement des nombreux intérêts de l'arrondissement.

» M. Dréo représente la république, le socialisme, la misère !

» Entre ces deux candidatures opposées, la candidature de l'honorable M. Le Beschu doit s'effacer devant les intérêts de l'ordre et de la société menacés.

» Faites voter en masse, monsieur le maire, pour M. de Dalmas, candidat du gouvernement ; et, par votre conduite éclairée et patriotique, vous servirez à la fois le gouvernement de l'Empereur et l'intérêt général du pays.

» *Le sous-préfet de Feugères,*
» THIL. »

Les bulletins du candidat indépendant ne furent pas distribués par suite de la peur faite à ses distributeurs. Les distributeurs de M. de Dalmas menaçaient les électeurs qui avaient reçu le bulletin de M. Le Beschu, en leur disant : « Livrez-nous ce bulletin, nous avons le bon, M. le préfet ne veut pas qu'on en mette d'autre dans l'urne. » Les distributeurs de M. Le Beschu étaient également terrifiés par les brigadiers de gendarmerie. Ces faits restèrent constatés devant la commission, il fut prouvé qu'un maire avait voté pour ses électeurs. Le sénateur de Lariboissière, président du Conseil général du département, appelé comme témoin, déclara que dans son propre salon le préfet avait promis au maire d'une commune de faire nommer son fils secrétaire général, et que pendant l'élection la terreur régnait dans la circonscription de Feugères et de Vitré, au point que les électeurs indépendants n'osaient pas voter. Les fonctionnaires tremblaient, un facteur fut suspendu, et le préfet alla jusqu'à révoquer un fossoyeur!

L'élection de la 3° circonscription d'Ille-et-Vilaine eut lieu le 18 décembre 1859. M. Le Beschu de Champsavin, le candidat vaincu, adressa directement sa protestation à la Chambre le 17 février 1860. Le 6° bureau devint comme un champ clos où combattirent tour à tour le préfet d'Ille-et-Vilaine, M. de Lariboissière, président du Conseil général, l'archevêque de Rennes, MM. de Dalmas et Le Beschu. Ce dernier accusait M. de Dalmas de s'être prévalu oralement et par écrit de l'appui de l'archevêque de Rennes, alors que ce prélat avait toujours voulu garder la plus stricte neutralité.

Les abus de la candidature officielle ne furent jamais mieux dévoilés. Personne cependant ne réclama contre le principe, l'archevêque de Rennes déclara même que c'eût été un bonheur pour lui de se mêler à l'élection, qu'il l'aurait fait s'il n'avait écouté que son dévouement sincère à l'Empereur, et si un sentiment de délicatesse que M. de Dalmas avait paru comprendre ne l'en avait pas empêché. L'archevêque ajouta, il est vrai, « mais aujourd'hui, des raisons bien autrement déter- » minantes pour une âme honnête me font plus que » jamais l'obligation de garder une réserve qui me coûte » beaucoup, croyez-le bien, je veux parler du dégoût » que m'inspirent les agissements qu'on se permet, me » dit-on, pour faire réussir une candidature qui n'avait

» nul besoin de pareils moyens, et qui, permettez-moi,
» mon cher monsieur, de vous le dire en vrai Breton, sous
» le rapport du candidat et de son auguste patron, méri-
» tait d'être traitée avec plus de respect ».

La Chambre des députés sous Louis-Philippe annula deux fois l'élection de Louviers, par ce motif que le candidat avait promis un embranchement de chemin de fer à cette ville. M. Plichon invoqua vainement cet exemple contre l'élection de Vitré. M. Rigaud, rapporteur, lui répondit que, dans sa conviction, la protestation de M. Le Beschu était due à son ressentiment de n'avoir pas vu sa candidature appuyée par l'administration. M. Picard, avec un courage infatigable, prit de nouveau la parole dans cette discussion. Il lut le manifeste du sous-préfet de Feugères, et se contenta d'ajouter : « Je ne demande au-
» cune rigueur contre son auteur, j'espère seulement
» qu'il ne recevra pas de récompense. »

M. Baroche se hâta de répliquer que la circulaire de M. Thil avait été blâmée par le ministre de l'intérieur, et de se rejeter sur le grand argument qui consiste à mettre en balance la faible minorité obtenue par le candidat indépendant et la formidable majorité du candidat officiel; il s'agissait de justifier les moyens employés pour l'obtenir. M. Baroche employa ce raisonnement qui n'avait encore rien perdu de son effet : « Si on laissait le suffrage universel
» sans direction aux prises avec les passions locales, il
» pourrait devenir un grand danger. » La Chambre repoussa donc la demande d'enquête, mais l'admission de M. de Dalmas n'eut lieu qu'à une majorité de 14 voix : 123 contre 109. La signification morale du débat se trouve dans ces paroles de M. de Flavigny : « La discus-

» sion a prouvé que si l'on peut valider cette élection, on
» ne peut plus la réhabiliter. »

Trois députés, MM. de Cuverville, Keller, Anatole Lemercier, avaient publié dans la *Bretagne* une lettre à l'Empereur, pour le prévenir que si les incertitudes au sujet du pouvoir temporel du pape se prolongeaient, « cela séparerait tous les catholiques sincères de Napo-
» léon et de sa dynastie ». M. Anatole Lemercier se chargea de commenter cette lettre dans la séance du 11 avril où s'ouvrit la discussion d'une proposition tendant à réduire à 100 000 hommes le contingent militaire élevé l'année précédente à 140 000 hommes. L'orateur clérical soutint que la guerre avait changé la politique du gouvernement impérial à l'égard de la papauté, qu'il aurait pu empêcher l'annexion de la Romagne. Pourquoi ne l'a-t-il point fait? « Les arguments employés pour
» justifier l'annexion des Romagnes s'appliqueraient tout
» aussi bien aux autres possessions du saint-siége; or,
» le gouvernement est-il toujours disposé — comme on
» a le droit de l'espérer après des promesses solennelles
» maintes fois répétées — à faire respecter le domaine
» temporel dans toute son intégrité? »

M. Jules Favre répondit à M. Lemercier et aux orateurs qui avaient parlé dans le même sens. On vit alors pour la première fois se poser à la tribune le contraste et le danger d'un Corps législatif sans influence sur la politique extérieure, et d'un chef de l'État pouvant décider sans consulter personne toutes les questions de paix et de guerre, promettant le 3 mai à l'Italie de la rendre libre des Alpes à l'Adriatique, et signant le 12 juillet les préliminaires de Villafranca, condamnant le pouvoir temporel dans des brochures comme *le Pape et le Congrès*, et proclamant officiellement la nécessité de son maintien. « Il est temps, dit M. Jules Favre, que des » explications catégoriques mettent fin à une politique » de malentendus, de démentis et de volte-faces inaccep- » tables pour le pays. »

Un tumulte violent succède à ces paroles; le président rappelle l'orateur à l'ordre. Le tumulte redouble quand, s'expliquant sur la peine dont il vient d'être frappé, il dit qu'il a voulu tout simplement démontrer « qu'une » nation qui renonce à ses droits s'expose à tous les » périls et à toutes les aventures ». La Chambre finit par s'apaiser, et M. Granier de Cassagnac, remplaçant M. Jules Favre à la tribune, s'efforça de rassurer le clergé sur les intentions de l'Empereur : « Son dévouement pour le trône pontifical est sans limites, mais ses moyens d'action sont bornés. »

Le moment était venu pour le gouvernement de répondre aux questions posées par M. Lemercier ; M. Baroche se chargea de ce soin. « Le gouvernement » français, dit-il, considère le pouvoir temporel comme » une condition essentielle de l'indépendance du saint- » siége. Le pape ne saurait être réduit à la condition » d'un simple évêque placé sous la domination d'un » souverain... Le vœu de l'Empereur est que le pouvoir » temporel soit respecté de tous. Quant à lui, il a con- » science de l'avoir toujours respecté. Si une interven- » tion morale avait suffi, le saint-père, affranchi de » l'occupation étrangère, régnerait paisiblement sur ses » sujets. L'Empereur sera toujours un défenseur zélé et » respectueux du pouvoir temporel; il saura remplir à

» la fois ses devoirs de souverain et de catholique. »

M. Baroche ne parlait pas de la restitution des Romagnes ; quant aux assurances données par lui sur le maintien du pouvoir temporel des papes, elles semblaient fort équivoques, car ce pouvoir réduit à Rome existait-il encore ? Est-ce à cette ville que le gouvernement impérial entendait le réduire ? M. Lemercier constata que l'affirmative résultait de la discussion même. M. Baroche se contenta de répondre qu'il n'acceptait pas cette conclusion.

Le Corps législatif s'occupa enfin du contingent de 100 000 hommes. Il fut voté malgré l'opposition de M. d'Andelarre qui demandait une diminution. Le général Allard lui répondit qu'il fallait une armée de 600 000 hommes à la France. « L'Empereur l'a demandée, tous les » militaires l'ont demandée, toutes les commissions de » défense l'ont demandée. » La Chambre n'avait plus qu'à s'incliner. Le projet fut voté à l'unanimité moins huit voix.

L'Empereur ayant manifesté sa volonté, le traité de commerce ne pouvait manquer d'être accueilli avec enthousiasme par les feuilles officieuses qui, la veille, étaient protectionnistes. Les conversions éclatèrent. Le gouvernement, malheureusement, n'avait pas pris la peine d'avertir les journaux dévoués à la prohibition, que la prohibition était condamnée ; ils manquèrent du temps nécessaire pour préparer le public à leur changement, et ils passèrent brusquement dans le camp du libre-échange. Quelques grands industriels eurent plus de peine à se résigner ; ils menacèrent leurs ouvriers d'une diminution de salaire et d'une suspension de travail, mais comme l'agitation pouvait avoir des conséquences d'une gravité imprévue, ils se calmèrent et préparèrent leurs arguments pour l'enquête. Les derniers murmures de la tempête soulevée par ce coup d'État commercial de l'Empereur s'appaisèrent dans le pays en attendant que l'orage recommençât à la Chambre.

Le programme du 5 janvier avait tranché la question de la liberté commerciale ; le traité de commerce avec l'Angleterre était conclu ; il ne restait plus aux protectionnistes qu'à voter les mesures pour les aider à soutenir la concurrence contre l'étranger, contenues dans le projet de loi destiné à diminuer les tarifs d'entrée sur les laines, les cotons et les autres matières premières. La discussion dura depuis le 28 avril jusqu'au 2 mai. M. de Flavigny repoussa le projet de loi en se plaçant au point de vue politique : « Le système dans » lequel on entre tend à déposséder la Chambre de ses » droits qui sont la garantie du pays. Je ne puis donner » mon assentiment à des dispositions qui déshéritent le » Corps législatif de droits inscrits au frontispice de la » constitution ; et pour caractériser mon dissentiment, » je voterai contre la loi. » M. Jérôme David, qui prononçait son discours de début, « se dit partisan » déclaré d'un traité qui présageait une prospérité » commerciale et industrielle dont on ne saurait fixer les limites » ; il fit cependant les mêmes réserves que M. de Flavigny : « Je regrette que le pouvoir législatif, appelé » depuis un demi-siècle à régler les moindres détails du » régime des douanes, soit privé d'intervenir dans les » décisions qui fixeront pour dix ans le sort de l'industrie » française.... Je regrette qu'on ait laissé à l'État un

» concours qui, il est vrai, pourrait être gênant en maintes
» circonstances, mais qui ne saurait se remplacer dans les
» moments difficiles. Il existe dans la vie des gouverne-
» ments comme dans la vie des individus, des organes
» essentiels qu'il ne faut pas affaiblir sous peine de les
» trouver dénués de vitalité dans un moment suprême. »

M. Jérôme David semblait, par ce discours, se ranger parmi les défenseurs les plus sincères de la liberté : « Je
» la désire ardemment, s'écria-t-il, car, sans elle, le
» génie d'un homme peut resplendir dans l'histoire du
» monde; sans elle, un nom peut traverser les siècles
» entouré d'une auréole de gloire, mais jamais on ne
» crée rien de durable; sans elle, on peut donner des
» moments de répit et même d'éclat à une société chance-
» lante, mais on ne la sauve pas. » Qui ne se serait attendu à voir cet orateur descendant de la tribune prendre place entre MM. Jules Favre et Ernest Picard? Il alla s'asseoir à l'extrémité de la droite, parmi les partisans les plus ardents du pouvoir personnel.

Le projet de loi soulevait une question d'interprétation constitutionnelle. Le texte d'un traité signé par l'Empereur équivaut-il à une loi? M. Baroche se prononça pour l'affirmative, et invoqua le sénatus-consulte du 14 février 1852, dont l'article 6 est en effet formel, et celui du 23 décembre de la même année, où il est dit : « Les
» traités de commerce faits en vertu de l'article 6 de la
» Constitution, *ont force de loi pour les modifications de*
» *tarif qui y sont stipulées.* » M. Baroche crut le moment favorable pour défendre le traité lui-même, il le fit avec succès. Il était plus facile, en effet, de justifier l'acte que la façon dont il avait été accompli.

M. Émile Ollivier, après avoir approuvé le traité parce qu'il promettait d'exercer une heureuse influence sur le bien-être de tous, profita de l'occasion pour opposer l'ardeur de certains députés à disputer au pouvoir les prérogatives en matière de douanes, à la facilité avec laquelle ils faisaient abandon entre ses mains de toutes les libertés vitales d'un pays : liberté d'écrire, liberté de parler, liberté de se réunir et de s'associer. « Sans doute,
» dit-il, on doit regretter qu'une question aussi considé-
» rable que celle du traité de commerce n'ait pas été sou-
» mise à l'appréciation du pays; mais ce n'est pas la pre-
» mière fois que des droits importants ont été mis en oubli.
» Quand les réclamations se sont fait entendre dans cette
» assemblée, les protectionnistes les ont-ils appuyées?
» Aujourd'hui qu'ils se croient atteints, ils se plaignent
» amèrement; ils doivent pourtant en prendre leur parti :
» ce qui vient de se passer n'est qu'un premier pas fait
» dans une voie où il faut avancer toujours dès qu'on y
» est entré. Au lieu de se lamenter, qu'ils acceptent donc
» courageusement la lutte, de concert avec cette grande
» famille ouvrière qui les entoure; qu'ils aident le traité
» à produire ses résultats; enfin, qu'ils commencent à
» aimer la liberté, non pas telle ou telle liberté, non pas
» la liberté économique, non pas même la liberté civile,
» mais la liberté sans épithète, la liberté qui est une
» source de biens et de maux, mais qui porte en elle-
» même le remède aux maux qu'elle peut produire. »

La discussion n'alla pas plus loin. Le projet de loi sur les laines, cotons et autres matières premières fut adopté par 249 voix. Quatre députés seulement, MM. Plichon, de Cuverville, Lespérut, de Flavigny, crurent devoir

« caractériser leur dissentiment » par une boule noire.

Un débat technique sur les sucres absorba les quatre séances suivantes. L'abrogation des perceptions interdisant la sortie des écorces à tan, des bois à brûler, et de certaines essences employées par l'industrie, occupa ensuite le Corps législatif. M. Picard, au milieu de cette discussion, fit une tentative hardie : Le *Courrier de Paris* avait été frappé d'un avertissement pour avoir discuté les articles du Code pénal sur les coalitions d'ouvriers. M. Picard voulut signaler l'étrange contraste entre le silence imposé aux journaux sur les questions relatives à la liberté du travail, et la conduite du gouvernement improvisant la solution des plus graves questions économiques : « Si j'avais le droit d'interpellation... » M. de Morny l'interrompit brusquement : « Vous ne l'avez pas... » — Ne l'ayant pas, je me rassois... »

Le rachat par l'État des principaux canaux appartenant encore à l'industrie, l'emploi de 31 millions restés disponibles sur l'emprunt de 500 millions contracté pour la guerre d'Italie, furent l'objet des délibérations de la Chambre. Le gouvernement proposait d'employer ces 31 millions à des travaux d'utilité publique dont la dépense, fixée d'abord à 150 millions, fut ramenée au chiffre de 45 millions. Il ne présentait aucune pièce justificative, aucun document propre à indiquer au Corps législatif la somme sur laquelle il était appelé à voter. M. Émile Ollivier insista sur cette lacune et sur la nécessité d'écouter les vœux si souvent renouvelés des commissions du budget en faveur du rétablissement de la spécialité : « Comment le Corps législatif pourrait-il consentir à voter » en bloc et par ministère les 45 millions qu'on lui de-

» mande? Il ne s'agit pas du budget : l'article 12, dont la
» Chambre d'ailleurs a demandé l'abrogation ou la modi-
» fication, est ici inapplicable. Il faut respecter cette règle
» impérieuse de comptabilité, qui veut que tout crédit
» spécial soit l'objet d'un vote spécial. Quand le Corps
» législatif présentera quelque vœu à l'avenir, quelle au-
» torité aura-t-il, s'il offre aujourd'hui ce fâcheux spec-
» tacle d'une assemblée qui a demandé la spécialité des
» dépenses, et qui déclare ensuite elle-même que ses
» vœux n'ont aucune valeur, puisqu'elle donne la pre-
» mière l'exemple du mépris de ses propres désirs? »
M. Vuitry, commissaire du gouvernement, répondit à l'orateur de l'opposition, après l'avoir rappelé au respect de la Constitution, que la discussion par chapitre ayant été définitivement supprimée par l'article 12, le chapitre n'existait plus au point de vue législatif, et que les lois des crédits supplémentaires devaient être votées par le ministère comme le budget. M. Louvet, rapporteur de la commission, approuva le commissaire du gouvernement; M. Ségris fit quelques réserves au profit de la spécialité des crédits extra-budgétaires. Ce débat platonique se termina par une adhésion générale de la Chambre aux vues du gouvernement.

L'Empereur avait inséré dans sa lettre du 5 janvier la promesse formelle de secourir l'industrie; le gouvernement, jaloux de le mettre en situation de tenir ses engagements, présenta un projet de loi affectant une somme de 40 millions à des prêts à l'industrie pour renouveler ou améliorer son matériel. C'était de la protection déguisée, l'argent de tous employé à soutenir les entreprises de quelques-uns. Aussi ce projet fut-il vivement combattu

dans les bureaux. Le gouvernement voulait être autorisé à prêter directement de l'argent aux industriels. La commission proposait de leur faire des avances de fonds par l'intermédiaire d'un comptoir spécial garanti par l'État. La loi porta la double empreinte de ces deux systèmes ; elle n'avait au fond aucune utilité, comme le fit très-bien voir M. Brame, parlant au nom de la commission : « On a pré-
» tendu que l'industrie attendait avec impatience cette loi
» des 40 millions. Moi, je crois pouvoir dire qu'elle n'y atta-
» che aucune importance ; elle sait que cela ne servira qu'à
» favoriser un petit nombre de personnes ; elle sait que
» quand une loi ne peut secourir utilement que quatre-
» vingts individus, alors qu'il y en a des milliers qui
» souffrent, cette loi ne peut être bonne à rien. Le sys-
» tème du gouvernement est mauvais. L'industrie et la
» commission le repoussent énergiquement. Maintenant
» le système de la commission est-il excellent ? Elle ne le
» prétend pas ; c'est seulement un germe que l'on peut
» développer. » La Chambre, en désapprouvant cette loi, se croyait obligée de la voter pour dégager la parole du chef de l'État ; elle aurait cependant voulu l'amender, mais elle était comme privée du droit d'amendement par les précautions prises dans le but de le régler.

Le rapport de M. Busson sur le budget ne fut déposé que le 30 juin. En vain aurait-on cherché dans ce document les conseils et les admonestations stéréotypés de M. Devinck. C'est à peine si, au milieu des accents de l'optimisme le plus lyrique, un faible vœu était exprimé en faveur de l'extension du contrôle financier du Corps législatif. Grâce à une réduction sur les recettes de 1 845 700 000 francs à 1 840 100 000 francs, l'équi-

libre était parfait et la situation financière admirable. M. Busson s'arrêtait respectueusement, sans y toucher, devant les gigantesques budgets de la guerre et de la marine. « Ici nous nous trouvons en présence des con-
» sidérations les plus graves, car cette dépense touche
» à l'honneur et à la sécurité du pays. Qui donc alors
» peut en être aussi bon juge que celui qui a si bien sau-
» vegardé ces grands intérêts ? » La théorie de M. Busson tendait à rendre le contrôle législatif inutile. M. Darimon ayant proposé un amendement portant sur les dépenses de la loi de sûreté générale, M. Busson s'empressa de déclarer que la commission l'avait rejeté de peur d'avoir l'air de provoquer, à propos de questions financières, l'abrogation d'une loi politique.

M. Émile Ollivier, à l'occasion de la discussion du budget, essaya de jeter un coup d'œil sur la situation intérieure du pays. La conduite de l'administration à l'égard des journaux fut sévèrement jugée par lui dans un discours interrompu presque à chaque phrase par M. de Morny. Le président du Corps législatif n'entendait pas que la discussion du budget servît de prétexte aux orateurs de l'opposition pour adresser des questions au gouvernement. Il arrêta M. Ollivier lorsque celui-ci voulut caractériser le régime de la presse, en lui faisant observer que ce régime était étranger au budget, « que le décret organique sur
» les journaux se reliait à la Constitution jurée par l'ora-
» teur, et que cette Constitution avait supprimé les in-
» terpellations auxquelles il revenait par voie indirecte.
» Si l'on vous laissait, dit-il, interroger le gouverne-
» ment sur toute espèce de sujet, la discussion de la
» loi de finance serait interminable. » M. Baroche

prit la parole à son tour pour déclarer qu'il était impossible de laisser ainsi attaquer « les lois organiques sans » lesquelles la Constitution ne pourrait ni fonctionner, » ni durer. » Le droit d'interpellation rendrait nécessaire la présence des ministres au Corps législatif, « ce qui » est antipathique à la Constitution ». M. Baroche engagea ensuite les députés désireux de présenter des observations sur la marche des affaires, à user de la liberté de la brochure. Malheureusement il ne promettait pas de garantir la liberté de l'imprimeur. M. Jules Favre essaya de prouver que les principes de 89 inscrits au frontispice de la Constitution étaient partout violés ; il ne lui fut pas même permis de soutenir que la presse ne jouissait d'aucune liberté : « La presse est libre pour le bien, lui répondit M. Belmontet, elle ne l'est pas pour le mal, et cela doit suffire. »

M. Jules Favre protesta contre le maintien du décime de guerre. La protestation semblait naturelle dans la bouche d'un orateur de l'opposition ; mais qu'un membre de la majorité comme M. Larrabure ne craignît pas de se plaindre de l'insuffisance des attributions du Corps législatif, d'affirmer que le Conseil d'État seul faisait les budgets de la France, et que le déficit était permanent depuis 1852, il y avait là de quoi surprendre. M. Larrabure ajouta que si l'on n'avait pas eu sans cesse recours à des moyens extraordinaires : suppression de l'amortissement, surtaxe des alcools, décime de guerre, emprunts, etc., tous les budgets se seraient soldés par des découverts. Que devenait l'optimisme de M. Busson ? Le Corps législatif aurait bien voulu appuyer M. Larrabure de quelques *très-bien!* mais il les garda dans son cœur par respect pour le gouvernement, et le budget fut voté à l'unanimité moins *cinq* voix.

Le chemin de fer de Graissessac était, comme le Grand-Central, une de ces affaires en déconfiture, que le gouvernement aurait bien voulu relever, ne fût-ce que pour l'honneur de la spéculation. Il s'agissait de lui appliquer le bénéfice des mesures prises en 1859 dans l'intérêt des grandes lignes. Le rapport jetait un voile prudent sur les vicissitudes traversées par cette entreprise, qu'il prétendait être d'utilité publique, tandis que le chemin de fer de Graissessac à Béziers avait été construit tout simplement pour créer un débouché aux produits du bassin houillier de Graissessac. Sa concession datait de 1852, ère féconde de la grande spéculation. Un Corse dont le nom figure dans plusieurs affaires de ce temps était l'un des concessionnaires. Les mines de Graissessac ne devaient pas de longtemps donner un produit réel; c'était le cas d'agir prudemment. Les concessionnaires acceptèrent cependant la concession de quatre-vingt-dix-neuf ans sans subvention et sans garantie d'intérêts. Étaient-ils riches? Non, car ils furent obligés de s'adresser à des entrepreneurs de travaux publics pour verser leur cautionnement de 200 000 francs. L'entreprise des travaux passa quelques jours après dans les mains des concessionnaires du chemin, lesquels la cédèrent à leur tour moyennant une prime de 2 millions 300 mille francs aux entrepreneurs qui avaient versé le cautionnement. Ces entrepreneurs eux-mêmes firent plus tard une rétrocession au profit d'autres entrepreneurs qui, outre la prime de 2 millions 500 mille francs, s'obligèrent à verser 1 million 700 mille francs entre les mains des cédants directs. Les actionnaires étaient donc débiteurs d'une somme de plus de 4 millions avant même d'avoir été appelés à verser leurs capitaux.

Accorder une subvention de plus d'un million par an à une entreprise qui avait déjà donné lieu à des procès scandaleux dont plusieurs étaient encore pendants, et qui résumait les plus mauvaises pratiques de la spéculation, M. Darimon s'en indigna ; il protesta vivement contre toute tentative d'assimiler le chemin de Graissessac aux chemins à qui l'État avait garanti l'année dernière un minimum d'intérêt pour leurs obligations, et un minimum de dividende pour leurs actions. Le compte rendu officiel résume ainsi son discours : « L'orateur est de ceux
» qui, en matière économique et financière, sont pour la
» stricte justice et le droit un peu étroit. Les garanties
» données par l'État à quelque titre que ce soit lui sem-
» blent des aumônes faites à l'intérêt privé au détriment
» des affaires publiques. Dans les affaires, liberté, res-
» ponsabilité, telle est sa devise. En réalité, il n'y a ici
» qu'un intérêt en jeu ; c'est l'intérêt de la morale pu-
» blique. Il ne faudrait pas que la Chambre émît un vote
» qui pourrait être interprété comme un bill d'indem-
» nité donné aux actes qui viennent d'être signalés. »

M. Léopold Le Hon, rapporteur, plaida les circonstances atténuantes en faveur de ce « chemin terrible », comme l'appela M. Ernest Picard. La discussion prit deux séances. Le discours de M. Darimon et les spirituelles observations de M. Picard empêchèrent les contribuables de payer les fredaines de quelques industriels véreux. Le projet de loi fut ajourné et retiré plus tard de l'ordre du jour.

Des velléités de résistance accueillirent deux autres projets, l'un pour substituer le Crédit foncier au Comptoir d'escompte de Paris, pour toutes les opérations de ce comptoir avec le sous-comptoir des entrepreneurs; l'autre autorisant le Crédit foncier à faire des prêts aux communes, aux départements et aux associations agricoles. Quant au Crédit agricole, le gouvernement présenta, pour venir à son aide, une loi par laquelle une subvention de 400 mille francs par an était accordée pendant cinq ans à une Société spéciale. Une autre loi basée sur les dispositions de la loi de 1857, sur les landes de Gascogne, régla les dispositions à prendre pour arriver au reboisement des montagnes.

La réforme des tribunaux donna naissance à deux incidents constitutionnels. Le gouvernement avait proposé un projet de loi pour réduire le nombre des conseillers et des juges dans les cours et dans les tribunaux où les procès étaient moins nombreux, et pour l'augmenter dans les autres. Le patriotisme local et l'intérêt personnel avaient là de quoi s'émouvoir. Comment les contenter tous les deux? Les influences entrèrent en lutte au Conseil d'État et dans la commission ; il en résulta que la loi, en voulant contenter tout le monde, ne contenta personne. Les deux premiers articles du projet ne furent adoptés qu'après une assez vive discussion. Le troisième paragraphe, qui mettait en coupe réglée la cour de Poitiers, devint l'objet d'amères allusions au favoritisme qui avait dicté les dispositions de la loi. M. Roques-Salvaza proposa l'ajournement. Les orateurs du gouvernement se récrièrent à ce mot, et contestèrent à la Chambre le droit d'ajourner les projets de loi. Son unique droit consistait, selon eux, à tenter de les amender par l'intermédiaire de sa commission. Tout projet déposé devait être accepté ou rejeté en bloc. M. de Parieu, vice-président du Conseil d'État, invoqua l'autorité du pacte fondamental contre ce qu'il appelait une tentative de rétablir le droit d'amendement direct, supprimé par la Constitution et par un sénatus-consulte. La Chambre persistant, un conflit allait-il éclater? On chercha un moyen pour l'empêcher. Le chemin de Graissessac devint bon à quelque chose, il fournit au Corps législatif et au gouvernement un faux-fuyant pour se tirer d'affaire. Le projet de loi ne fut pas ajourné mais suspendu.

M. Sax, fabricant d'instruments de musique, faillit aussi devenir la cause d'un attentat du même genre contre la Constitution. Le Corps législatif demandait l'ajournement du projet de loi relatif à la prolongation de ses brevets. Les commissaires du gouvernement s'y refusaient par les mêmes raisons constitutionnelles. M. de Morny jugea prudent d'intervenir : « Le Corps législatif
» se plaint souvent d'abdiquer tout contrôle entre les
» mains d'une commission ; il regrette qu'il lui soit im-
» possible, même en étant d'accord avec le gouvernement,
» d'améliorer une loi qui lui paraît défectueuse... Je
» suis aussi d'avis qu'il y a quelque chose à faire ; qu'il
» me soit permis de donner à la Chambre un conseil : les
» concessions s'obtiennent par l'esprit de conciliation. »
M. Sax, grâce à l'esprit de conciliation des députés, eut gain de cause, mais le règlement de la Chambre était jugé et condamné par ses ambiguïtés, par ses contradictions perpétuelles entre le principe du régime représentatif qu'il contient à l'état de théorie, et le principe du régime consultatif qu'il traduit en fait. Ce règlement supprimait

en quelque sorte le droit de voter l'impôt et les lois, droit reconnu par la Constitution au Corps légistatif. Les projets suspendus ou retirés reparaissaient sous forme de décrets. Les députés murmuraient contre leur impuissance, mais sans oser se permettre un acte direct d'opposition. MM. Plichon, de Flavigny, de Pierres, Hallez-Claparède, Lemercier seuls ne craignaient pas quelquefois d'être d'un autre avis que le gouvernement sur les questions politiques; MM. Larrabure, Ségris, Devinck, hasardaient de temps en temps quelques timides observations sur les finances; l'opposition des autres députés impérialistes se cachait dans le huis clos des bureaux. Les *cinq* essayaient de lutter à ciel ouvert et de parler au public par les fenêtres, mais elles étaient hermétiquement fermées par un compte rendu propre à intercepter toute clarté. La petite phalange ne se décourageait pas cependant, et elle continuait à porter au gouvernement personnel des coups dont l'écho parvenait de temps en temps aux oreilles du public.

La session finit le 20 juillet; ouverte le 1er mars, continuée sans animation jusqu'au 11 avril, les séances devinrent plus fréquentes à partir de cette époque, mais le 30 mai, date de la clôture approchant, l'état peu avancé des travaux du Corps législatif rendit une prorogation au 30 juin nécessaire. Une nouvelle prorogation de vingt jours permit seule d'achever la discussion du budget, quoique M. de Morny eût pris, comme on l'a vu, toutes les précautions nécessaires pour qu'elle ne se prolongeât pas.

Maintenant que nous avons obéi à la nécessité de ne pas interrompre les travaux de la session, nous allons revenir aux premiers jours de l'année 1860, au moment où le *Moniteur* publia la réponse du pape aux félicitations qui lui étaient adressées le 1ᵉʳ janvier par le général de Goyon, au nom des officiers de la division française en garnison à Rome :

« Monsieur le général,

» Si chaque année nous avons reçu avec plaisir les vœux que vous nous avez présentés au nom des braves officiers et de l'armée que vous commandez si dignement, ces vœux nous sont doublement chers aujourd'hui à cause des événements exceptionnels qui se sont succédé, et parce que vous nous assurez que la division française qui se trouve dans les Etats pontificaux y est placée pour la défense des droits de la catholicité. Que Dieu vous bénisse donc, vous et toute l'armée française ; qu'il bénisse également toutes les classes de cette généreuse nation !

» En nous prosternant aux pieds de ce Dieu qui fut, est et sera dans l'éternité, nous le prions, dans l'humilité de notre cœur, de faire descendre abondamment ses grâces et ses lumières sur le chef auguste de cette armée et de cette nation, afin qu'éclairé de ces lumières il puisse marcher sûrement dans sa route difficile, et reconnaître encore la fausseté de certains principes qui ont été produits ces jours derniers dans un opuscule qu'on peut appeler un monument insigne d'hypocrisie et un tissu ignoble de contradictions. Nous espérons qu'à l'aide de ces lumières, disons plus, nous sommes persuadé qu'avec l'aide de ces lumières il condamnera les principes contenus dans cet opuscule ; nous en sommes d'autant plus convaincu que nous possédons quelques pièces qu'il y a quelque temps Sa Majesté eut la bonté de nous faire parvenir, et qui sont une véritable condamnation de ces principes. C'est avec cette conviction que nous implorons Dieu pour qu'il répande ses bénédictions sur l'Empereur, sur son auguste compagne, sur le prince Impérial et sur toute la France. »

La fameuse brochure née de l'inspiration impériale, *le Pape et le Congrès*, traitée de monument insigne d'hypocrisie et de tissu ignoble de contradictions par un souverain régnant depuis dix ans, grâce à l'unique appui de l'Empereur, il y avait de quoi se sentir blessé; mais le *Moniteur* se contenta de déclarer que cette allocution n'aurait peut-être pas été prononcée, si Sa Sainteté eût déjà reçu la lettre que S. M. l'Empereur lui avait adressée à la date du 31 décembre, lettre dont il donna le texte :

« Très saint-père,

» La lettre que Votre Sainteté a bien voulu m'écrire le 2 décembre m'a vivement touché, et je répondrai avec une entière franchise à l'appel fait à ma loyauté.

» Une de mes plus vives préoccupations, pendant comme après la guerre, a été la situation des États de l'Église, et certes, parmi les raisons puissantes qui m'ont engagé à faire si promptement la paix, il faut compter la crainte de voir la révolution prendre tous les jours de plus grandes proportions. Les faits sont une logique inexorable, et, malgré la présence de mes troupes à Rome, je ne pouvais échapper à une certaine solidarité avec les effets du mouvement national provoqué en Italie par la lutte contre l'Autriche.

» La paix une fois conclue, je m'empressai d'écrire à Votre Sainteté pour vous soumettre les idées les plus propres, selon moi, à amener la pacification des Romagnes, et je crois encore que si, dès cette époque, Votre Sainteté eût consenti à une séparation administrative de ces provinces et à la nomination d'un gouverneur laïque, elles seraient rentrées sous son autorité. Malheureusement cela n'a pas eu lieu, et je me suis trouvé impuissant à arrêter l'établissement du nouveau régime. Mes efforts n'ont abouti qu'à empêcher l'insurrection de s'étendre, et la démission de Garibaldi a préservé les Marches d'Ancône d'une invasion certaine.

» Aujourd'hui le congrès va se réunir. Les puissances ne sauraient méconnaître les droits incontestables du saint-siége sur les Légations ; néanmoins, il est probable qu'elles seront d'avis de ne pas recourir à la violence pour les soumettre. Car si cette soumission était obtenue à l'aide de forces étrangères, il faudrait encore occuper les Légations militairement pendant longtemps. Cette occupation entretiendrait les haines et les rancunes d'une grande portion du peuple italien, comme la jalousie des grandes puissances : ce serait donc perpétuer un état d'irritation, de malaise et de crainte.

» Que reste-t-il donc à faire ? car enfin cette incertitude ne peut pas durer toujours. Après un examen sérieux des difficultés et des dangers que présentaient les diverses combinaisons, je le dis avec un regret sincère, et, quelque pénible que soit la solution, ce qui me paraîtrait le plus conforme aux véritables intérêts du saint-siége, ce serait de faire le sacrifice des provinces révoltées. Si le saint-père, pour le repos de l'Europe, renonçait à ces provinces qui, depuis cinquante ans, suscitent tant d'embarras à son gouvernement, et qu'en échange il demandât aux puissances de lui garantir la possession du reste, je ne doute pas du retour immédiat de l'ordre. Alors le saint-père assurerait à l'Italie reconnaissante la paix pendant de longues années, et au saint-siége la possession paisible des États de l'Église.

» Votre Sainteté, j'aime à le croire, ne se méprendra pas sur les sentiments qui m'animent ; elle comprendra la difficulté de ma situation ; elle interprétera avec bienveillance la franchise de mon langage, en se souvenant de tout ce que j'ai fait pour la religion catholique et pour son auguste chef.

» J'ai exprimé sans réserve toute ma pensée, et je l'ai cru indispensable avant le congrès ; mais je prie Votre Sainteté, quelle que soit sa décision, de croire qu'elle ne changera en rien la ligne de conduite que j'ai toujours tenue à son égard.

» En remerciant Votre Sainteté de la bénédiction apostolique qu'elle a envoyée à l'Impératrice, au Prince impérial et à moi, je lui renouvelle l'assurance de ma profonde vénération.

» De Votre Sainteté, votre dévot fils,

» NAPOLÉON.

« Palais des Tuileries, 31 décembre 1859. »

Céder quelque chose du pouvoir temporel! le parti clérical n'en admettait pas même la pensée. Il répondit à la proposition impériale en imprimant un redoublement de vigueur à l'agitation que depuis longtemps il avait organisée au moyen des journaux, des mandements et surtout des Sociétés religieuses de bienfaisance à la tête desquelles marchait la Société de Saint-Vincent de Paul dirigée par son comité central siégeant à Paris, et dirigeant à son tour neuf cents comités ou *conférences* dans les départements. Le gouvernement chargea le *Constitutionnel* de donner un avertissement indirect à la Société de Saint-Vincent de Paul et aux autres Sociétés du même genre. « Si les associations, dit ce journal, ces-
» saient de rester sur le terrain charitable, si elles ve-
» naient à s'immiscer dans les querelles des partis, on
» verrait alors surgir des questions de légalité qu'il est
» prudent de laisser dormir. Il faudrait s'attendre par
» suite à voir les journaux qui les ont toujours vues avec
» défiance, *signaler leur illégalité et mettre le gouverne-*
» *ment en demeure de faire respecter la loi.* »

La presse anti-cléricale saisit avec ardeur l'arme que lui fournissait le gouvernement : « Est-ce que l'organisation » de ces diverses sociétés ne donne pas à réfléchir ? Quoi ! » pour une seule société neuf cents comités, trois en » moyenne par arrondissement administratif. Cinq cents » à l'étranger, et tous relevant d'un comité supérieur » siégeant à Paris, qui sans doute relève lui-même du » sacré collége ! Jamais organisation plus complète et » plus savante a-t-elle jamais existé ? N'est-ce pas un » second État dans l'État ? Si nos populations n'étaient » pas aussi sages, si heureusement elles n'étaient pas » indifférentes à toutes les indignations factices, est-ce » qu'il n'y aurait pas là un danger ? Ce danger, nous » l'avions déjà signalé il y a plusieurs années ; avions-nous » tort (1) ? »

Le pouvoir temporel avait dans les salons et dans les académies, des avocats éminents mais impopulaires qui le défendaient sans le servir. M. Villemain lança une brochure en son honneur; M. Thiers se préparait, disait-on, à imiter son collègue de l'Académie française. Les avertissements, en attendant, continuaient à pleuvoir sur les journaux cléricaux : l'*Union de l'Ouest* et l'*Écho de la frontière* furent frappés le même jour pour la seconde fois. Rien ne ralentissait leur ardeur; ils rendaient menace pour menace aux feuilles démocratiques : « Si, par malheur, » les œuvres de charité recevaient quelque atteinte, si la » liberté du bien en souffrait, si les misères immenses » auxquelles se dévouent les associations charitables » étaient moins aisément et moins abondamment secou-

---

(1) Le *Siècle*, 11 janvier.

» rues, les pauvres sauraient à qui s'en prendre.... au
» *Siècle* (1). »

Quelles étaient les intentions réelles du gouvernement impérial à l'égard du saint-siége ? Le pays en était réduit à interroger les moindres actes et les moindres paroles de ses agents ; tantôt la nomination d'un fonctionnaire, tantôt le discours d'un ministre à une solennité quelconque. M. Rouland, ministre de l'instruction publique, présidant la distribution des prix des associations polytechnique et philotechnique, glissa dans son discours cette phrase : « Je ne vous parlerai pas des complica-
» tions créées par la force d'événements imprévus, et
» qui peuvent entraîner les plus loyales résolutions à se
» modifier elles-mêmes. » Ces quelques mots parurent l'indice de prochaines modifications aux arrangements de Villafranca.

L'encyclique du 19 janvier redoubla l'ardeur et le courage du parti clérical :

PIE IX, PAPE.

« Vénérables frères,

» Salut et bénédiction apostolique.

» Nous ne pouvons, par aucune parole, vous exprimer, vénérables frères, de quelle consolation et de quelle joie nous ont pénétré, au milieu de nos très-grandes amertumes, le témoignage éclatant et admirable de votre foi, de votre piété, de votre dévouement, de la foi, de la piété, du dévouement des fidèles confiés à votre garde, envers nous et envers le siége apostolique, et l'accord si unanime, le zèle si ardent, la persévérance à revendiquer les droits du saint-siége et à défendre la cause de la justice.

» Dès que, par notre lettre encyclique du 18 juin de l'année dernière, et par les deux allocutions que nous avons ensuite prononcées en consistoire, vous avez connu, l'âme remplie de douleur, de quels maux

---

(1) *L'Union.*

étaient accablées en Italie la société religieuse et la société civile, et quels actes audacieux et abominables de révolte étaient dirigés, soit contre les princes légitimes des États italiens, soit contre la souveraineté légitime et sacrée qui nous appartient, à nous et à ce saint-siége, répondant à nos vœux et à nos soins, vous vous êtes empressés, sans aucun retard et avec un zèle que rien ne pouvait arrêter, d'ordonner dans vos diocèses des prières publiques.

» Vous ne vous êtes pas contentés des lettres si pleines de dévouement et d'amour que vous nous avez adressées ; mais, à la gloire de votre nom et de votre ordre, faisant entendre la voix épiscopale, vous avez publié des écrits aussi pleins de science que de piété pour défendre énergiquement la cause de notre très-sainte religion, et pour flétrir les entreprises sacriléges dirigées contre la souveraineté civile de l'Église romaine.

» Défendant constamment cette souveraineté, vous vous êtes fait gloire de confesser et d'enseigner que, par un dessein particulier de la Providence divine qui régit et gouverne toutes choses, elle a été donnée au pontife romain afin que, n'étant soumis à aucune puissance civile, il puisse exercer dans la plus entière liberté et sans aucun empêchement, dans tout l'univers, la charge suprême du ministère apostolique qui lui a été divinement confiée par le Christ Notre-Seigneur. Instruits par vos enseignements et excités par votre exemple, les enfants bien-aimés de l'Église catholique ont pris et prennent encore tous les moyens de nous témoigner les mêmes sentiments.

» De toutes les parties du monde catholique nous avons reçu des lettres dont le nombre se peut à peine compter, souscrites par des ecclésiastiques et par des laïques de toute condition, de tout rang, de tout ordre, dont le chiffre s'élève parfois à des centaines de mille, qui, en exprimant les sentiments les plus ardents de vénération et d'amour pour nous et pour cette chaire de Pierre, et l'indignation que leur causent les actes audacieux accomplis dans quelques-unes de nos provinces, protestent que le patrimoine du bienheureux Pierre doit être conservé inviolable dans toute son intégrité et mis à l'abri de toute attaque.

» Plusieurs des signataires ont en outre établi, avec beaucoup de force et de savoir, cette vérité par des écrits publics. Ces éclatantes manifestations de vos sentiments et des sentiments des fidèles, dignes de tout honneur et de toute louange, et qui demeureront inscrites en lettres d'or dans les fastes de l'Église catholique, nous ont causé une telle émotion, que nous n'avons pu, dans notre joie, nous empêcher de nous écrier : « Béni soit Dieu, père de Notre-Seigneur Jésus-Christ, père des miséricordes et Dieu de toute consolation, qui nous console dans toutes nos afflictions ! »

» Au milieu des angoisses dont nous sommes abreuvé, rien ne pouvait mieux répondre à nos désirs que ce zèle unanime et admirable avec lequel, vous tous, vénérables frères, vous défendez les droits de ce saint-siége, et cette volonté énergique avec laquelle les fidèles qui vous sont confiés agissent dans le même but. Vous pouvez donc facilement comprendre combien s'accroît chaque jour notre bienveillance paternelle pour vous et pour eux.

» Mais tandis que votre zèle et votre amour admirables envers nous, vénérables frères, et envers ce saint-siège, et les sentiments semblables des fidèles adoucissaient notre douleur, une nouvelle cause de tristesse nous est survenue d'ailleurs. C'est pourquoi nous vous écrivons ces lettres pour que dans une chose de si grande importance les sentiments de notre cœur vous soient de nouveau très-clairement connus.

» Récemment, comme plusieurs de vous l'ont déjà appris, le journal parisien intitulé le *Moniteur* a publié une lettre de l'empereur des Français par laquelle il a répondu à une lettre de nous, où nous avions prié instamment Sa Majesté Impériale qu'elle voulût protéger de son très-puissant patronage dans le congrès de Paris l'intégrité et l'inviolabilité de la domination temporelle de ce saint-siège, et l'affranchir d'une rébellion criminelle. Dans sa lettre, rappelant certain conseil qu'il nous avait peu auparavant proposé au sujet des provinces rebelles à notre domination pontificale, le très-haut Empereur nous conseille de renoncer à la possession de ces mêmes provinces, voyant dans cette renonciation le seul remède au trouble présent des affaires.

» Chacun de vous, vénérables frères, comprend parfaitement que le souvenir du devoir de notre haute charge ne nous a pas permis de garder le silence après avoir reçu cette lettre. Sans aucun retard, nous nous somme hâté de répondre au même Empereur, et dans la liberté apostolique de notre âme nous lui avons déclaré clairement et ouvertement que nous ne pouvions en aucune manière adhérer à son conseil, parce qu'il porte avec lui d'insurmontables difficultés, vu notre dignité et celle de ce saint-siège ; vu notre sacré caractère et les droits de ce même siège, qui n'appartiennent pas à la dynastie de quelque famille royale, mais à tous les catholiques.

» Et en même temps nous avons déclaré « que nous ne pouvons pas céder ce qui n'est point à nous, et que nous comprenions parfaitement que la victoire qui serait accordée aux révoltés de l'Émilie serait un stimulant à commettre les mêmes attentats pour les perturbateurs indigènes et étrangers des autres provinces, lorsqu'ils verraient l'heureux succès des rebelles. »

» Et entre autres choses, nous avons fait connaître au même Empereur « que nous ne pouvons pas abdiquer les susdites provinces de notre domination pontificale sans violer les serments solennels qui nous lient, sans exciter des plaintes et des soulèvements dans le reste de nos États, sans faire tort à tous les catholiques, enfin sans affaiblir les droits non-seulement des princes de l'Italie qui ont été dépouillés injustement de leurs domaines, mais encore de tous les princes de l'univers chrétien, qui ne pourraient voir avec indifférence l'introduction de certains principes très-pernicieux ».

» Nous n'avons pas omis d'observer que « Sa Majesté n'ignore pas par quels hommes, avec quel argent et quels secours les récents attentats de rébellion ont été excités et accomplis à Bologne, à Ravennes et dans d'autres villes, tandis que la très-grande majorité des peuples demeurait frappée de stupeur sous le coup de ces soulèvements qu'elle n'attendait aucunement et qu'elle ne se montre nullement disposée à suivre ».

» Et d'autant que le très-sérénissime Empereur pensait que ces provinces devaient être abdiquées par nous à cause des mouvements séditieux qui y ont été excités de temps en temps, nous lui avons opportunément répondu que cet argument n'avait aucune valeur parce qu'il prouvait trop, puisque de semblables mouvements ont eu lieu très-fréquemment et dans les régions de l'Europe et ailleurs ; et il n'est personne qui ne voie qu'on ne peut de là tirer un légitime argument pour diminuer les possessions d'un gouvernement civil.

» Nous n'avons pas omis de rappeler au même Empereur qu'il nous avait adressé une lettre très-différente de sa dernière avant la guerre d'Italie, lettre qui nous apporta la consolation, non l'affliction. Et comme d'après quelques mots de la lettre impériale publiée par le journal précité, nous avons cru avoir sujet de craindre que nos provinces rebelles de l'Émilie ne fussent regardées comme déjà distraites de notre domination pontificale, nous avons prié Sa Majesté, au nom de l'Église, qu'en considération de son propre bien et de son utilité, elle fît complétement évanouir notre appréhension.

» Ému de cette paternelle charité avec laquelle nous devons veiller au salut éternel de tous, nous avons rappelé à son esprit que tous un jour devront rendre un compte rigoureux devant le tribunal du Christ et subir un jugement très-sévère, et qu'à cause de cela chacun doit faire énergiquement ce qui dépend de lui pour mériter d'éprouver plutôt l'action de la miséricorde que celle de la justice.

» Telles sont les choses, entre autres, que nous avons répondues au très-grand empereur des Français. Et nous avons cru devoir vous en donner communication, pour que vous d'abord, et tout l'univers catholique, connaissiez de plus en plus que, moyennant l'aide de Dieu, selon le devoir de notre très-grave ministère, nous essayons tout sans peur et n'omettons aucun effort pour défendre courageusement la cause de la religion et de la justice ; pour conserver intègre et inviolé le pouvoir civil de l'Église romaine avec ses possessions temporelles et ses droits qui appartiennent à l'univers catholique tout entier ; enfin, pour garantir la cause juste des autres princes.

» Appuyé du secours de Celui qui dit : « *Vous serez opprimés dans le monde, mais ayez confiance, j'ai vaincu le monde* (Jean, XVI, 33), et : *Bienheureux ceux qui souffrent persécution pour la justice* » (Matt., v. 10), nous sommes prêt à suivre les traces illustres de nos prédécesseurs, à mettre en pratique leurs exemples, à souffrir les épreuves les plus dures et les plus amères, à perdre même la vie avant que d'abandonner en aucune sorte la cause de Dieu, de l'Église et de la justice. Mais vous pouvez facilement deviner, vénérables frères, de quelle amère douleur nous sommes accablé en voyant l'affreuse guerre qui, au grand dommage des âmes, afflige notre très-sainte religion, et quelle tourmente agite l'Église et ce saint-siége.

» Vous pouvez aussi facilement comprendre quelle est notre angoisse quand nous savons quel est le péril des âmes dans ces provinces troublées de notre domination, où des écrits pestilentiels ébranlent chaque jour plus déplorablement la piété, la religion, la foi et l'honnêteté des mœurs. Vous donc, vénérables frères, qui avez été appelés au partage de notre sollicitude et qui avez témoigné avec tant d'ardeur votre foi, votre constance et votre courage pour protéger la cause de la religion, de l'Église et de ce siège apostolique, continuez à défendre cette cause avec encore plus de cœur et de zèle ; enflammez chaque jour davantage les fidèles confiés à votre soin, afin que, sous votre conduite, ils ne cessent jamais d'employer tous leurs efforts, leur zèle et l'application de leur esprit à la défense de l'Église catholique et de ce saint-siège, ainsi qu'au maintien du pouvoir civil de ce même siège et du patrimoine de saint Pierre, dont la conservation intéresse tous les catholiques.

» Nous vous demandons principalement et avec les plus vives instances, vénérables frères, de vouloir bien, en union avec nous, adresser sans relâche, ainsi que les fidèles confiés à votre soin, les prières les plus ferventes au Dieu très-bon et très-grand, pour qu'il commande aux vents et à la mer, qu'il nous assiste de son secours le plus efficace, qu'il assiste son Église, qu'il se lève et juge sa cause ; pour que dans sa bonté il éclaire de sa grâce céleste tous les ennemis de l'Église et de ce siège apostolique ; enfin, que par sa vertu toute-puissante il daigne les ramener dans les sentiers de la vérité, de la justice et du salut.

» Et afin que Dieu invoqué incline plus facilement son oreille à nos prières, aux vôtres et à celles de tous les fidèles, demandons d'abord, vénérables frères, les suffrages de l'immaculée et très-sainte mère de Dieu, la vierge Marie, qui est la mère très-aimante de nous tous, notre espoir le plus fidèle, la protection efficace et la colonne de l'Église, et dont le patronage est le plus puissant auprès de Dieu.

» Implorons aussi les suffrages du bienheureux prince des apôtres, que le Christ Notre-Seigneur a établi la pierre de son Église contre laquelle les portes de l'enfer ne pourront jamais prévaloir ; implorons également les suffrages de Paul, son frère dans l'apostolat, et enfin ceux de tous les saints qui règnent avec le Christ dans les cieux. Connaissant, vénérables frères, toute votre religion et le zèle sacerdotal qui vous distingue éminemment, nous ne doutons pas que vous ne vouliez vous conformer avec empressement à nos vœux et à nos demandes.

» Et, en attendant, pour gage de notre charité très-ardente pour vous, nous vous accordons avec amour et du fond du cœur à vous-mêmes, vénérables frères, et à tous les clercs et fidèles laïques confiés aux soins de chacun de vous, la bénédiction apostolique, jointe au souhait de toute vraie félicité.

» Donné à Rome, près Saint-Pierre, le 19 janvier de l'an 1860, l'an quatorze de notre pontificat. »

Les journaux reçurent, le 30 janvier seulement, l'autorisation de publier ce document arrivé en France dix jours auparavant. Les évêques redoublèrent de mandements ; les simples prêtres signèrent des lettres d'adhésion à l'encyclique. L'*Indépendant de l'Ouest*, averti l'année précédente, reçut un nouvel avertissement pour avoir reproduit une adresse du clergé des diocèses du Mans et d'Angers au pape Pie VI, le 23 mars 1792.

Les félicitations du pape à l'évêque d'Orléans pour sa réponse à la brochure impériale *le Pape et le Congrès* arrivèrent à Paris le 14 février, le jour même où la *Gazette de France* recevait un deuxième avertissement. Le gouvernement répondit avec fracas à l'encyclique par la plume de M. Rouland. Le ministre de l'instruction publique adressa ensuite une circulaire à l'épiscopat, dans laquelle il demandait naïvement au pape, « sans cesser de croire que nous sommes de bons catho-
» liques, qu'il voulût bien, en sa qualité de souverain
» d'un État italien, envisager les événements comme la
» Providence elle-même les laisse se dérouler dans la
» longue histoire de l'humanité ».

L'épiscopat accueillit avec dédain la circulaire ministérielle, et le clergé inférieur redoubla d'ardeur et d'audace ; non content d'injurier en chaire les ennemis du pouvoir temporel et de les vouer aux peines éternelles, il fit remonter ses anathèmes jusqu'au chef de l'État. Le ministre de l'intérieur effrayé s'empressa d'adresser, lui aussi, une circulaire aux préfets ; les préfets, à leur tour, envoyèrent des circulaires aux sous-préfets, les sous-préfets aux maires ; le ministre de la justice stimula en même temps le zèle des procureurs généraux. Tous les fonctionnaires furent prévenus d'avoir à se tenir sur leurs gardes contre les conspirations cléricales. La justice administrative ne cessa pas de sévir contre la presse religieuse, mais les avertissements, il faut lui rendre cette justice, ne parvinrent pas à l'intimider.

L'élection du père Lacordaire à l'Académie devint, au milieu de ces luttes, un événement politique. La passion des honneurs littéraires, des distinctions académiques, survit à tout dans l'âme des Français; elle trouble le prêtre à l'autel, et le moine au fond de sa cellule. Il est vrai que le moine moderne ne ressemble guère à celui d'autrefois. L'abbé Lacordaire s'était jeté dans un cloître sans pour cela renoncer au monde; le père Lacordaire avait porté un moment la rosette de représentant sur son froc de dominicain; il voulut l'orner de palmes vertes, et le voilà frappant à la porte de messieurs les membres de l'Académie française. Quelle anomalie et quel scandale, disaient les impies, de voir un prêtre sollicitant le suffrage d'un athée ! Car M. Mérimée a montré son parfait dédain pour la Divinité dans une brochure bien connue des amateurs de curiosités littéraires (1), ou d'un hérétique comme M. Guizot que l'ordre des Dominicains aurait fait brûler il y a cinq siècles. Un moine parlant à ses futurs confrères de leurs œuvres, plus ou moins légères, vantant à tel auteur dramatique le succès de ses pièces, félicitant un romancier de l'excellent style de sa dernière production; quel scandale de la part du vicaire général de la province de France ! Quelques journaux doutaient encore de sa candidature, lorsque M. de Marcellus, honoré aux dernières élections académiques du plus grand nombre de suffrages après l'élu, déclara qu'il s'apprêtait à lutter contre tout autre rival, mais qu'il

(1) Cette brochure a pour titre H. B. Elle contient la biographie d'Henri Beyle, plus connu sous le pseudonyme de Stendhal.

se reprocherait d'enlever un seul vote à l'éloquent et catholique orateur. « J'aurais bien mal profité, ajoute-t-il,
» de ses enseignements, si je ne savais pas immoler, même
» ma plus chère ambition, à l'éclat et à l'attrait que ses
» saintes prédications et ses excellents écrits peuvent re-
» cevoir encore de la couronne académique. »

Les journaux démocratiques et les journaux cléricaux débattaient avec ardeur cette candidature. Les premiers reprochaient au père Lacordaire d'être prêtre; plus que prêtre, moine; plus que moine, dominicain; les seconds répondaient : « Qu'importe ! cela ne l'empêche pas d'être
» un partisan ardent, trop ardent peut-être, de la liberté,
» car on l'a accusé de se montrer républicain parfois, et
» même un peu socialiste. C'est comme représentant des
» idées libérales que l'Académie le nommera. Ceux qui
» l'attaquent se font les auxiliaires du pouvoir. » — « Le
» père Lacordaire n'est ni un républicain ni un socialiste,
» reprenaient les journaux libres-penseurs, nous en avons
» pour garants M. le comte de Marcellus, M. le comte de
» Falloux et M. le comte de Montalembert. Ils ne sont pas
» gens à laisser leur patronage s'égarer sur un démagogue.
» Le père Lacordaire est-il ce qu'on nomme un libéral ?
» pas davantage. Que les dominicains aient changé à leur
» avantage depuis saint Dominique, nous voulons bien le
» croire, mais qu'ils se soient convertis à la liberté, c'est
» autre chose. N'y aurait-il pas ici quelque confusion, par
» hasard ? Le mot de liberté a-t-il réellement la même
» signification pour un dominicain que pour nous ? »

Le père Lacordaire élu, la guerre continua, non plus sur le terrain académique, mais devant les tribunaux. Le *Constitutionnel*, répondant à une brochure de l'évêque d'Orléans, avait rappelé à ce prélat certains passages très-hostiles au pouvoir temporel des papes, tirés des écrits d'un de ses prédécesseurs au même siége, M. Rousseau, ancien prédicateur de Louis XVI. Le *Siècle* ne manqua pas de les reproduire. M. Dupanloup répondit au *Constitutionnel* une longue lettre dans laquelle, au milieu d'attaques violentes contre la mémoire de M. Rousseau, les rédacteurs du *Siècle* étaient qualifiés de gens sans honneur. MM. Havin, directeur politique, Louis Jourdan, Leon Plée, Taxile Delord, rédacteurs de cette feuille, intentèrent un procès en calomnie à l'évêque d'Orléans; les arrière-neveux de M. Rousseau imitèrent leur exemple. Ces petits événements détournaient l'opinion publique de préoccupations plus sérieuses, à la grande satisfaction du gouvernement que la cession de deux provinces de l'Italie à la France menaçait de graves complications. La *Presse* reçut un avertissement pour les avoir signalées.

Quels changements la retraite de M. Walewski avait-elle apportés dans la politique impériale relativement au saint-siége? Aucun indice ne pouvait mettre sur la trace les esprits curieux, lorsque, à la surprise générale, le *Siècle*, qui n'avait pas pour habitude de recevoir les communications officieuses du gouvernement, publia en tête de ses colonnes la note suivante portant la signature du ministre des affaires étrangères :

« On nous communique le texte de l'importante dépêche suivante du ministre des affaires étrangères à notre ambassadeur à Vienne :
» Monsieur le marquis, ma dépêche précédente vous a fait connaître les propositions dont le gouvernement de Sa Majesté Britannique a pris l'initiative au sujet de l'Italie, ainsi que l'accueil qu'elles ont reçu de moi, conformément aux ordres de l'Empereur. Nous avons le ferme espoir que le cabinet de Vienne appréciera le caractère de nos réponses, et les sentiments de franchise et de loyauté qui nous les ont inspirées.

» En prenant possession de mes fonctions dans les conjonctures actuelles, je me trouve en présence d'une situation difficile dont la prolongation offrirait les plus graves dangers pour l'Europe, et j'ai dû me préoccuper, avant tout, des moyens d'y mettre un terme. Des entretiens que j'ai eus avec mon prédécesseur, et de l'étude attentive des documents à laquelle j'ai apporté un esprit dégagé de toute convention, il est résulté pour moi une conviction que mon devoir était de ne pas dissimuler à l'Empereur, et Sa Majesté m'a autorisé à m'en ouvrir sans détour avec vous.

» Sans remonter plus loin dans le passé, je prends les faits à la date même de la signature des préliminaires de Villafranca.

» Au lendemain de cet événement mémorable, l'Empereur, encore tout plein, si j'ose ainsi parler, des souvenirs de son entrevue avec son auguste adversaire de la veille, caractérisait, dans une proclamation adressée à son armée, le résultat qu'il croyait avoir obtenu, sans pousser plus loin la guerre, grâce à la modération des deux souverains.

« Les bases de la paix sont arrêtées avec l'empereur d'Autriche, » disait Sa Majesté, le 13 juillet dernier. Le but principal de la guerre est » atteint : l'Italie va devenir pour la première fois une nation.... La Vé- » nétie reste, il est vrai, sous le sceptre de l'Autriche ; elle sera néanmoins » une province italienne..... Les gouvernements restés en dehors du » mouvement ou rappelés dans leurs possessions, comprendront la néces- » cessité de réformes salutaires..... L'Italie, désormais maîtresse de ses » destinées, n'aura plus qu'à s'en prendre à elle-même si elle ne pro- » gresse pas régulièrement dans l'ordre et la liberté ! »

» En prononçant ces paroles, monsieur le marquis, l'Empereur nourrissait l'espoir que l'organisation nouvelle de l'Italie pourrait se concilier avec la restauration, sous certaines conditions déterminées, des anciennes dynasties. Sa Majesté aimait surtout à penser que les chefs de ces dynasties iraient eux-mêmes au-devant des difficultés qu'il leur fallait surmonter pour ramener les dispositions de leurs sujets, et qu'un temps précieux ne serait point perdu. Au contraire, que s'est-il passé ? Les anciens gouvernements demeurés en possession de leurs États n'ont opéré aucune des réformes que l'Empereur avait en vue. Le saint-siége, tout en se montrant plus disposé à déférer sur ce point à nos conseils, a cru devoir ajourner indéfiniment la réalisation de ses promesses.

» Le gouvernement autrichien a gardé le silence sur les intentions généreuses qui avaient été manifestées à l'Empereur à l'égard du gouvernement de la Vénétie. Le duc de Modène a voulu rentrer de force dans ses États; et le grand-duc de Toscane, avant de prendre une résolution que les intérêts de sa maison le pressaient d'adopter sans retard, a attendu qu'une assemblée se fût réunie pour proclamer sa déchéance. La situation générale, en un mot, se trouvait déjà gravement compromise lorsque les négociations pour la signature du traité de paix se sont ouvertes à Zurich.

» Le gouvernement de l'Empereur, néanmoins, fidèle à ses promesses, a hautement admis la réserve des droits dynastiques en Toscane, à Modène et même à Parme, bien que rien n'eût été convenu à Villafranca en faveur du duc Robert.

» Pendant que ce gage était donné par le gouvernement de l'Empereur dans les stipulations de Zurich, deux envoyés, M. le comte de Reiset d'abord, et un peu plus tard M. le prince Poniatowski, que ses relations anciennes en Toscane accréditaient particulièrement pour cette mission, étaient chargés de se rendre dans l'Italie centrale afin d'y porter des conseils et d'y prodiguer des exhortations. L'impression que leur langage et leurs démarches ont causée suffit assurément pour en démontrer la sincérité. J'en appelle sans crainte sur ce point aux informations que la cour de Vienne a pu recueillir.

» Pénétré du vif désir, non-seulement de remplir ses promesses, mais de travailler efficacement au succès d'une combinaison qui lui semblait propre à assurer la tranquillité et l'indépendance de l'Italie, le gouvernement de l'Empereur n'a pas hésité à compromettre sa popularité. Le langage qu'il tenait à la même époque à Turin était empreint d'une égale fermeté. Tous ses efforts ont échoué devant la résistance des populations.

» Après avoir ainsi multiplié ses démarches pour amener la réconciliation des princes avec leurs peuples, le gouvernement de Sa Majesté, en présence de l'inefficacité de ces diverses tentatives, et voyant la combinaison qu'il avait promis de seconder plus vivement repoussée, en raison même de son insistance à la faire accepter, avait pensé que l'autorité de l'Europe assemblée aurait réalisé l'objet qu'il se proposait.

» Voulant, avant toute chose, accomplir ses engagements, et désespérant de triompher, sans le concours des autres cabinets, de l'opposition qu'il rencontrait dans l'Italie centrale, il avait donc provoqué la réunion d'un congrès. Mieux qu'aucune autre puissance, l'Autriche connaissait la persévérance avec laquelle nous avons poursuivi ce plan de conduite. Elle sait aussi comme nous avons regretté les objections que la convocation des plénipotentiaires a soulevées quand déjà ils étaient sur le point de se réunir.

» Le gouvernement de l'Empereur, monsieur le marquis, s'est ainsi trouvé en face de l'hypothèse que la cour de Vienne savait depuis longtemps que nous ne pouvions ni ne voulions aborder, celle de l'emploi de la force pour imposer une solution.

» Je ne dirai rien qui étonne l'Autriche, encore moins voudrais-je laisser échapper un seul mot susceptible de la blesser ; mais cette puissance pourrait-elle être chargée de procéder elle-même à la restauration des dynasties dépossédées, sans que le résultat de la guerre ne fût anéanti et son but désavoué? La France, à son tour, pourrait-elle, sans démentir ses principes, faire violence aux populations? Je laisse à la loyauté de M. le comte de Rechberg le soin de répondre à ces questions. Ainsi, dans les deux sens, impossibilité morale d'agir.

» C'est ici le lieu, au surplus, de signaler un fait nouveau. On aurait pu croire, par le souvenir de ce qui s'est passé il y a dix ans, que l'anarchie déborderait dans l'Italie centrale et que l'esprit dissolvant de la démagogie ne tarderait pas à tout envahir. Ces appréhensions ne se sont pas encore vérifiées, et, à quelque influence que ce résultat, selon les opinions diverses, puisse être attribué, ce qui est certain, c'est que l'ordre, en définitive, a généralement régné nonobstant l'excitation des circonstances et l'irrégularité des pouvoirs.

» Le spectacle inattendu offert par l'Italie, en surprenant les uns, a inspiré aux autres des sympathies, et ce dernier sentiment s'est fait jour dans une partie de l'Europe avec une force qu'il n'y a pas à méconnaître. De là une situation que ni le gouvernement de l'Empereur ni l'Autriche, à raison des conséquences qui découleraient d'une appréciation erronée des dispositions de l'opinion publique, ne sauraient ne pas prendre en très-sérieuse considération.

» A Dieu ne plaise, monsieur le marquis, que nous ne soyons aussi convaincus que personne de la sainteté des engagements. Mais la France s'est-elle engagée à rétablir à tout prix et par tous les moyens possibles sur leurs trônes les dynasties de Parme, de Modène et de Toscane? Les stipulations de Villafranca ni celles de Zurich n'ont pas assurément une telle portée.

» La France n'a promis que son concours moral, concours dont il lui faut bien, après six mois d'efforts, constater l'impuissance. Son regret, que le cabinet de Vienne n'en doute point, est sincère et profond; le gouvernement de l'Empereur l'exprime sans hésitation; mais force lui est de compter avec des difficultés insurmontables, et dont le gouvernement autrichien lui-même, comme l'atteste une communication récente de M. le prince de Metternich, renonce à espérer la solution par l'influence d'un congrès.

» Faut-il s'arrêter indéfiniment devant un tel obstacle? Faut-il fermer les yeux sur les dangers que cet état d'incertitude fait peser sur l'Europe entière? Faut-il laisser tout au hasard, au risque de voir des sentiments purement révolutionnaires se substituer forcément à des sentiments que nous ne demandons pas à l'Autriche d'approuver, mais qu'elle ne saurait demander non plus à un gouvernement sorti du suffrage populaire, de condamner d'une manière absolue.

» A ce jeu périlleux, les idées monarchiques qui n'ont cessé jusqu'ici de caractériser le mouvement italien, feraient bientôt place à des idées d'une autre nature. Les populations finiraient par s'habituer à un régime auquel il ne manquerait plus que son vrai nom, régime qui trouverait comme une raison d'être dans des traditions anciennes dont la trace n'est pas encore effacée dans certaines parties de la Péninsule.

» Je ne suppose pas, monsieur le marquis, que ces considérations ne se soient jamais présentées à l'esprit de l'empereur François-Joseph, et elles ne devaient pas échapper à celui de l'empereur Napoléon.

» Du moment où l'emploi d'une force étrangère est exclu de toutes les combinaisons, comment donc sortir de cette impasse? La conviction profonde du gouvernement de l'Empereur est que la dernière des quatre propositions anglaises peut servir à en indiquer le moyen. Il sait que cette conviction, fût-elle partagée par la cour de Vienne, elle ne saurait le proclamer. Ce qu'il espère de sa sagesse, c'est que si la différence des principes peut et quelquefois doit conduire à des appréciations différentes, il n'est pas nécessaire qu'il en résulte, lorsque l'honneur est sauf des deux parts, des conflits désastreux et si éloignés des intentions de la France et de l'Autriche.

» Écartons pour un instant les incidents et allons droit au point de fait qui domine la situation. L'Italie, pendant des siècles, a été un champ ouvert à une lutte d'influence entre la France et l'Autriche; c'est ce champ qu'il faut à jamais fermer. Si l'une des deux puissances anciennement rivales faisait un sacrifice qui dût profiter directement à l'autre, si la domination de l'Italie, changeant seulement de mains, devait encore nous appartenir pour un temps, la question se présenterait sous un aspect qui rendrait toute discussion oiseuse et stérile. Ce n'est pas ainsi que le débat est posé.

» La France ne cherche pas à se substituer à l'Autriche en Italie; c'est l'Italie elle-même qu'il s'agit de constituer comme un intermédiaire, comme une sorte de terrain désormais impénétrable à l'action tour à tour prédominante et toujours précaire de l'une ou l'autre des deux puissances.

» En dehors d'une pareille solution qui, je ne fais aucune difficulté d'en convenir, n'est pas, sinon quant à son esprit, du moins quant à sa modalité, celle qui avait été prévue à Villafranca et à Zurich, j'en cherche vainement une autre qui ne contienne pas les éléments de nouveaux orages pour l'avenir.

» Que cette solution, au contraire, s'accomplisse, je ne dirai pas avec l'assentiment du cabinet de Vienne, assentiment que le gouvernement de l'Empereur ne cherche pas à obtenir, mais sans son opposition formelle, et l'œil le plus pénétrant ne saurait désormais découvrir une cause de conflit ultérieur entre la France et l'Autriche; il n'est plus, en effet, un seul intérêt considérable en Europe au sujet duquel il ne leur soit facile de s'entendre. A cette identité d'intérêts, je suis autorisé par l'Empereur à le proclamer, il se joindrait de sa part le sentiment d'une estime particulière pour le souverain et le gouvernement qui, dans des circonstances aussi délicates et aussi solennelles, feraient preuve à son égard d'un bon vouloir que Sa Majesté saurait toujours apprécier.

» Je n'ai pas besoin d'ajouter que s'il s'associait à la combinaison proposée par le gouvernement de Sa Majesté Britannique, le gouvernement de l'Empereur tiendrait à honneur d'en entourer l'exécution de toutes les garanties de sincérité désirables, et que, si une chance quelconque de restauration restait encore aux dynasties dépossédées, nous veillerons scrupuleusement à ce qu'elle ne leur fût point enlevée.

» Vous remarquerez, monsieur le marquis, que je ne vous ai point parlé jusqu'ici de la situation des Romagnes : c'est que cette question n'a pas été l'objet, comme celle des duchés, de stipulations expresses entre la France et l'Autriche. Je me réserve de la traiter dans une prochaine dépêche.

» Je n'hésite pas, toutefois, à vous dire, dès aujourd'hui, que si, en se reportant aux actes internationaux auxquels la cour de Vienne a pris part au même titre que nous, le gouvernement de l'Empereur ne peut considérer la possession des Légations par le saint-siége que sous un point de vue temporel ; il n'en déplore pas moins amèrement que la cour de Rome, sourde à ses avis, et l'on peut même dire avec plus de raison indifférente aux conseil unanimes de l'Europe depuis 1834, comme à la leçon des événements, ait laissé les choses arriver au point où elles sont, et que nous nous prêterions encore, à la seule condition que le principe de non-intervention de la part des puissances étrangères fût maintenu, à tous les tempéraments et à toutes les combinaisons qui seraient jugés propres à préparer une solution moins radicale que le démembrement.

» Vous voudrez bien, monsieur le marquis, donner lecture de cette dépêche à M. le comte de Rechberg et lui en remettre copie s'il vous en exprime le désir.

» Agréez, etc.

» *Signé* : THOUVENEL.

» Paris, 31 janvier 1860. »

Ce document ne renfermait du reste aucun fait nouveau, de nature à éclaircir la politique impériale en Italie. M. Thouvenel s'efforçait de prouver que Napoléon III ne s'était jamais engagé à rétablir à tout prix les dynasties de Toscane, de Parme et de Modène, ni à garantir l'intégrité du domaine temporel, mais s'avançait beaucoup en déclarant qu'aucune insurrection nouvelle ne serait tolérée en Italie.

Les plus hauts personnages se mêlaient à la lutte religieuse, et lorsqu'elle semblait près de finir, de nouveaux incidents venaient la ranimer. Les journaux cléricaux s'emparèrent de la lettre de félicitation adressée par le comte de Chambord à M. Villemain pour recommencer les hostilités. Le gouvernement leur répondit par de nombreux avertissements. Le *Siècle* voyant l'administration sévir contre les feuilles religieuses, crut pouvoir en conclure qu'elle allait se relâcher de sa sévérité contre la presse dévouée à la libre pensée. M. Larroque, ancien recteur de l'Académie de Lyon, avait publié un

livre intitulé : *Examen critique de la religion chrétienne;* ce livre, imprimé à Bruxelles, saisi à Paris comme suspect d'attaque à la religion, avait été l'objet d'une ordonnance de non-lieu, attendu que le fait de la publication en France n'apparaissant pas suffisamment prouvé, il n'y avait pas lieu à examiner si le délit d'attaque à un culte reconnu y était contenu. M. Louis Jourdan, en rendant compte de ce livre dans le *Siècle*, signala l'arrêt de la chambre des mises en accusation comme une preuve du rétablissement de la libre discussion. M. Billault lui prouva qu'il se trompait, en le frappant d'un avertissement motivé sur les attaques contenues dans son article contre les principes fondamentaux du christianisme, attaques «plus coupables encore, propagées par
» la voie de la presse périodique que lorsqu'elles se pro-
» duisent dans des ouvrages qui, par leur forme et leur
» nature, ne s'adressent qu'à un nombre très-limité de
» lecteurs».

Le procès du *Siècle* et de la famille Rousseau contre M. Dupanloup, évêque d'Orléans, fut appelé le 15 mars devant la première chambre de la Cour impériale de Paris, sous la présidence de M. le premier président Devienne. M. le procureur général Chaix-d'Est-Ange devait porter la parole au nom du ministère public. M. Dupanloup avait confié sa défense à Mes Berryer et Dufaure; la famille de M. Rousseau remit la sienne à Me Plocque, bâtonnier de l'ordre des avocats. Me Jules Favre, étant obligé de partir pour Lyon, Me Senard resta seul chargé de soutenir la plainte du *Siècle*. Une foule considérable, au milieu de laquelle on remarquait M. de Montalembert, M. de Broglie fils, le général Oudinot,

faisait queue dès huit heures du matin à la porte de la première chambre. Le prince Napoléon, le maréchal Magnan, M. de Royer, vice-président du sénat, M. Dupin, procureur général à la Cour de cassation, M. Benoit-Champy, président du tribunal de la Seine, M. Napoléon Daru eurent de la peine à trouver place dans la salle. L'affaire prit trois audiences; les journaux ne purent en rendre compte par deux motifs : d'abord, parce qu'il s'agissait d'un délit de diffamation, et ensuite parce que le délit avait été commis par la voie de la presse. Les débats ne répondirent point par leur vivacité à la curiosité générale. L'arrêt de la cour débouta les rédacteurs du *Siècle* de leur plainte, et déclara qu'il n'y avait pas lieu d'examiner celle des héritiers Rousseau, attendu que la diffamation contre la mémoire d'un mort ne constitue pas un délit prévu par la loi pénale. La loi de 1819, qui réglemente la répression en fait d'injure ou de diffamation, ne contient en effet aucune disposition relative à ce délit : elle définit la diffamation l'imputation d'un fait portant atteinte à l'honneur d'une *personne*, mot qui, dans le langage du droit et du droit répressif, ne désigne jamais qu'une personne vivante. « Si les héritiers Rousseau,
» dit l'arrêt, ont été blessés par la publication de docu-
» ments appartenant à la vie privée de leur parent, et
» qu'ils devaient croire à l'abri de toute divulgation dans
» le dépôt où leur confiance les avait laissés; s'ils ont
» été cruellement troublés dans leurs sentiments de fa-
» mille par une discussion à la fois hautaine et ironique
» de souvenirs qu'ils regardent comme placés sous la
» garde même de celui qui les a si durement réveillés, ils
» sont forcés de reconnaître eux-mêmes que ces violences,

» que les entraînements des passions politiques ou reli-
» gieuses expliquent sans les justifier, n'étaient point diri-
» gées contre eux personnellement. »

L'évêque d'Orléans ayant répudié par l'organe de son avocat toute intention d'insulter à l'honneur des rédacteurs du *Siècle*, ces derniers n'interjetèrent pas appel, mais le procureur général près la Cour de cassation se pourvut dans l'intérêt de la loi.

Le bruit causé par ce procès se calmait, lorsque le parti clérical jeta tout à coup un cri de triomphe et de défi aux adversaires du saint-siége. Le général Lamoricière venait d'accepter le commandement en chef de l'armée du pape, car Pie IX, pour répondre à ceux qui lui reprochaient de ne pouvoir se défendre lui-même, avait résolu de se donner une armée. Il lui fallait un général pour la commander. Le général Changarnier avait dit à un ami dévoué du pape : « Si le saint-père veut
» créer une armée, qu'il nous appelle Lamoricière ou moi,
» et nous la lui organiserons. » Le vainqueur d'Abd-el-Kader, titre sous lequel les journaux cléricaux aimaient à désigner Lamoricière, essayait de tromper les ennuis de la retraite par les pratiques de la dévotion. Légitimiste dans son enfance, saint-simonien dans sa jeunesse, sceptique dans son âge mûr, il était revenu, en vieillissant, à ses premières impressions politiques et religieuses. Général de la garde nationale parisienne dans les derniers jours du règne de Louis-Philippe, ministre du général Cavaignac, ambassadeur du président Louis-Napoléon Bonaparte, enfant gâté de tous les gouvernements, plein de confiance dans son génie, il s'occupait de tout sans rien approfondir : politique, finances, administration. Parlant sur tout sujet

avec une facilité voisine de la loquacité, il avait pu aisément se faire une grande popularité dans un pays comme la France, indulgent aux militaires et aux parleurs. Exagérant ses croyances de même qu'il avait exagéré toutes les opinions qu'il avait traversées, dévot comme il était autrefois républicain, il recevait les gens son livre de prières à la main, comme sous la République il les recevait au ministère de la guerre avec son brûle-gueule à la bouche. La légitimité, depuis le coup d'État du 2 décembre, l'avait ressaisi en même temps que le catholicisme; mais orléaniste ou républicain, légitimiste ou catholique, c'était toujours Lamoricière, c'est-à-dire un homme vif, courageux, un peu tapageur, cherchant à frapper l'imagination des autres, et ne préservant pas toujours la sienne des exagérations et des illusions.

M. de Corcelles, ancien envoyé du général Cavaignac à Rome, se chargea de lui faire les premières ouvertures de la part de Pie IX; il reçut cette réponse : « C'est une cause pour laquelle j'aimerais bien à mourir; » » mais la crainte de perdre des droits acquis comme officier général, la nécessité de solliciter du gouvernement impérial la permission de servir à l'étranger, et par conséquent de révéler par cette demande les projets encore secrets de Pie IX, firent naître dans l'esprit de Lamoricière des hésitations qui durèrent jusqu'à la fin de l'hiver. M. de Mérode, camérier secret de Sa Sainteté, ancien officier de l'armée d'Afrique, parent de madame de Lamoricière, arriva, dans les premiers jours du mois de mars 1860, chez le général, alors retenu par la goutte dans son château de Prouzel en Picardie; il lui portait les états de situation de l'armée pontificale; ils n'étaient guère satisfaisants. Lamoricière, malgré son désir de servir le saint-siége, ne put s'empêcher d'en faire la remarque et de présenter quelques objections sur la difficulté de recruter une armée au sein de populations hostiles au gouvernement. M. de Mérode parvint à lever ces objections. Lamoricière, décidé à remplir le mandat qu'on lui offrait, composa tout de suite son état-major particulier de MM. de Pimodan, autrefois attaché à l'état-major de Radetski; de Chévigné, ex-aide de camp du duc de Modène; Caïmi, officier d'artillerie au service de la duchesse de Parme; et de Charette. Il quitta secrètement son château le 19 mars, après avoir écrit cette lettre au général Bedeau :

« Cher ami,

» Je déplore de plus en plus de n'avoir pu vous rencontrer à Nantes, et je suis désolé de ne pouvoir en ce moment aller vous embrasser. Je charge ma femme, ou un de nos amis communs, — si ma femme ne peut aller à Nantes, — de vous dire le parti que j'ai pris. Je n'ai vraiment d'espoir qu'en Dieu. Car, d'après ce que je sais, la force d'un homme ne peut suffire à l'œuvre que je vais entreprendre. Ce n'est pas de l'audace, qui pourtant, j'espère, ne me manquera pas au besoin, c'est du dévouement que j'attends la récompense là-haut bien plus assurément qu'ici-bas.

» Adieu ; je pars dans un quart d'heure et je dis au revoir à des gens qui ne savent pas où je vais.

» Tout à vous, bien cher ami,

» DE LAMORICIÈRE. »

» Prouzel, 19 mars 1860. »

Lamoricière était le soir même à Bruxelles, d'où il repartit le lendemain avec M. de Mérode après un entretien avec le père Dechamps (1), qui l'avait ramené à la pratique du catholicisme. Les voyageurs traversant l'Allemagne s'arrêtèrent deux jours à Vienne, où la police

(1) Depuis évêque de Vannes et archevêque de Malines.

autrichienne les tint aux arrêts dans leur chambre; ils s'embarquèrent à Trieste pour Ancône. M. de Corcelles, envoyé par le pape au-devant de Lamoricière, l'attendait dans cette ville. Le général en chef prit plaisir à inspecter les fortifications de cette ville, où il passa en revue pour la première fois les soldats qu'il allait commander.

Lamoricière, arrivé le 1ᵉʳ avril à Rome, eut dès le lendemain une audience du pape qui lui donna sa bénédiction, en même temps que l'autorisation d'entrer à son service, qu'il s'était chargé de demander lui-même au gouvernement impérial. La nomination du général Lamoricière au commandement en chef de l'armée pontificale parut le 7 avril dans le *Journal de Rome*, et le lendemain, jour de Pâques, il adressa la proclamation suivante à ses troupes :

« Soldats,

» Sa Sainteté le pape Pie IX ayant daigné m'appeler à l'honneur de vous commander pour défendre ses droits méconnus et menacés, je n'ai point hésité à reprendre mon épée.

» Aux accents de la grande voix qui, naguère, du haut du Vatican, faisait connaître au monde les dangers du patrimoine de saint Pierre, les catholiques se sont émus, et leur émotion s'est bientôt répandue sur tous les points de la terre.

» C'est que le christianisme n'est pas seulement la religion du monde civilisé, il est le principe et la vie même de la civilisation ; c'est que la papauté est la clef de voûte du christianisme, et toutes les nations chrétiennes semblent avoir aujourd'hui la conscience de ces grandes vérités, qui sont notre foi.

» La révolution, comme autrefois l'islamisme, menace aujourd'hui l'Europe, et aujourd'hui comme autrefois, la cause du pape est celle de la civilisation et de la liberté dans le monde.

» Soldats ! ayez confiance et croyez que Dieu soutiendra notre courage à la hauteur de la cause dont il confie la défense à nos armes. »

Malheureusement, l'armée destinée à préserver l'Europe d'une seconde invasion des musulmans n'était pas dans un état des plus brillants : composée en grande partie de troupes étrangères, sans magasins, sans arsenaux, sans services administratifs, commandée par des officiers manquant d'instruction, très-souvent de considération, cumulant avec leur grade des emplois et des industries n'ayant rien de commun avec la guerre, cette armée n'existait que sur le papier. Le commandant en chef en entreprit la réorganisation avec sa pétulance habituelle. Les volontaires français et belges, ainsi que les secours matériels affluaient à Rome. M. de la Rochefoucauld offrit au saint-père deux batteries de canons rayés. Les catholiques lyonnais se chargèrent de subvenir aux frais des fortifications d'Ancône ; des sommes considérables — plus de trois cent mille écus — furent envoyées de tous côtés au général Lamoricière, qui, ne voulant pas empiéter sur les attributions du ministre des finances, fit nommer une commission composée de trois cardinaux de nationalités différentes, les cardinaux Wiseman, Villecourt et Reisach, et de l'évêque Ferrari, ministre des finances, pour recueillir et pour centraliser les secours (1). Les inspections succèdent aux revues, les tournées, aux inspections. Le général Lamoricière, toujours en route, parcourt les Marches et l'Ombrie, visitant les casernes, les hôpitaux, les champs de manœuvres, s'arrêtant dans les villes et dans les villages, tantôt jouant au tyran et déclarant qu'il noiera dans le sang toute tentative d'insurrection ou d'embauchage, tantôt s'amusant à de petites scènes de magnanimité arrangées pour la circonstance. Un postillon le verse-t-il au

---

(1) *Lamoricière à Rome*, par Maxime de la Rochetterie.

coin d'une rue de Pérouse, le directeur de la police fait arrêter le maladroit et le transforme en révolutionnaire qui a voulu attenter aux jours du commandant en chef. Lamoricière le fait venir : « Vous allez, lui dit-il » d'un ton de vieux Romain, me conduire à Gubbio, » examinez la voiture : s'il arrive un malheur, ce sera » un malheur pour vous. » Une autre fois le cuisinier d'une auberge est accusé de vouloir l'empoisonner. Lamoricière, avant de se mettre à table avec ses officiers, mande cet homme et lui adresse ces paroles : « Vous voulez m'empoisonner ; tant pis pour vous si je meurs, je vais ajouter un article à mon testament en vertu duquel vous serez pendu aussitôt après ma mort. » Les Italiens faisaient semblant d'être effrayés, mais ils riaient intérieurement de ces comédies qui se changeaient quelquefois en véritables gamineries. Les habitants de Pérouse avaient l'habitude d'abandonner le *Corso* dès que la musique militaire venait y jouer, et de se réfugier sur une autre promenade ; c'était leur façon de protester contre le gouvernement. Lamoricière fit suivre de retraite en retraite par cette musique les *dilettanti* récalcitrants, obligés ainsi de subir les polkas et les valses pontificales.

Les journaux légitimistes se complaisaient dans le récit des actes les plus ordinaires de Lamoricière et s'efforçaient de les grandir. Il semblait que l'armée pontificale fût appelée à restaurer non-seulement le pouvoir temporel du pape, mais la légitimité dans toute l'Italie et dans l'Europe entière. Un événement inattendu vint surexciter encore les passions du parti légitimiste et clérical. Garibaldi, pendant que Lamoricière organisait son armée, avait fait voile de Gênes vers la Sicile dans la nuit du 5 au

6 mai. Le 7, du pont de son navire il appelait par une proclamation les sujets du pape à la révolte : « Que les » Marches, l'Ombrie, la Sabine, la campagne de Rome, » le pays napolitain, s'insurgent afin de diviser les forces » de l'ennemi... Demain les prêtres de Lamoricière vous » diront que quelques musulmans ont envahi votre ter- » ritoire. Eh bien ! ces musulmans sont ceux qui se » sont battus pour l'Italie, à Montevideo et à Rome, etc. »

Le récit des événements militaires dont l'Italie fut le théâtre à cette époque trouvera sa place au commencement du volume suivant. Le parti clérical en attendait l'issue avec la plus grande confiance ; cependant les grandes chaleurs commençaient ; l'armée pontificale, habituée en tout temps et surtout dans la saison chaude au *far niente* des garnisons, à la fraîcheur des casernes, aux douceurs de la sieste, se vit tout à coup soumise à un régime bien différent : marches, contre-marches, ascensions de montagnes, ordres de départ donnés à l'improviste, exercices soudains, brusques manœuvres ; cette activité fébrile n'allait guère aux officiers pontificaux. Quinze d'entre eux donnèrent à la fois leur démission dans un seul régiment ; les hôpitaux étaient encombrés ; comment remplir les vides de l'état-major et des cadres ? Les rivalités des puissances catholiques, le mauvais vouloir des autres puissances rendaient le recrutement difficile. L'empereur François-Joseph n'aurait pas mieux demandé que de fournir des hommes à Lamoricière, mais « il ne fallait pas que l'Autriche parût chercher à Rome » une revanche de Solferino et essayât de faire d'Ancône » où abordaient ses recrues une tête de ligne contre le » royaume naissant d'Italie. L'ombrageuse sollicitude du

» gouvernement français s'inquiétait de tout ce qui sem-
» blait menacer l'existence ou le développement futur de
» cet enfant gâté et mal venu pour lequel il avait de si
» inconcevables tendresses (1). »

Napoléon III avait encouragé le pape à former une armée, espérant qu'il lui demanderait un de ses généraux pour la commander. Le choix de Lamoricière, la composition de son état-major, les nombreux légitimistes réunis autour de lui, étaient autant de piqûres pour le gouvernement impérial. Le comte de Chambord, toujours prudent et mesuré, avait beau recommander aux volontaires de n'arborer d'autres couleurs que les couleurs pontificales, ils ne tenaient nul compte de ses recommandations. La cocarde blanche était portée publiquement dans Rome. Le gouvernement impérial, se croyant menacé par une vaste conspiration légitimiste, redoubla de rigueur contre la presse de cette nuance, et de taquinerie contre le clergé. La *Gazette de Lyon* fut supprimée par un décret du 20 octobre; le ministre de l'intérieur, quelques jours après, ordonna par une circulaire aux préfets d'appliquer aux mandements et aux lettres pastorales des évêques la loi générale prescrivant pour les imprimés la double formalité de la déclaration et du dépôt, et dans certains cas l'obligation du timbre. Cette loi recevait tous les jours une dérogation exceptionnelle en faveur des publications de l'autorité religieuse; M. Billault ne s'en aperçut que lorsque le clergé se permit d'attaquer les brochures sur le pouvoir temporel sorties des officines officielles. Il jugea qu'il était temps de faire rentrer

(1) *Lamoricière à Rome*, par M. de la Rochetterie.

les évêques dans le droit commun, et de distinguer entre les mandements en placard pour être affichés et lus dans les églises, et ceux qui, sous le format de la brochure, se mêlaient aux débats temporels. Les malheureux imprimeurs, comme si ce n'était pas assez des mille embûches des lois sur la presse, étaient chargés de faire la distinction : « C'est à eux que sont imposées les » obligations du dépôt et du timbre, c'est contre eux » que serait dirigée la poursuite s'ils ne les remplissaient » pas. »

Le clergé, que l'attitude du gouvernement dans la polémique sur les associations religieuses aurait dû avertir de l'inutilité présente de ses tentatives pour en accroître le nombre, ne désespérait pas cependant de donner une organisation hiérarchique au denier de Saint-Pierre; l'évêque d'Orléans avait même déjà tracé le plan d'une Société. M. Billault lui signifia par une note du *Moniteur* d'avoir à en déchirer les statuts.

L'année 1860 fut dure pour les journaux. La *Presse*, la *Gazette de France*, l'*Univers*, le *Correspondant*, la *France centrale*, la *Gironde*, l'*Union de l'Ouest*, l'*Océan de Brest*, l'*Indépendant de l'Ouest*, l'*Écho de la Frontière*, frappés de deux avertissements; le *Siècle*, l'*Opinion nationale*, le *Courrier du Dimanche*, le *Journal des villes et des campagnes*, le *Mémorial de l'Allier*, l'*Espérance de Nantes*, le *Mémorial de Niort*, l'*Espérance de Nancy*, l'*Echo de l'Aveyron*, avertis une fois; la *France centrale* et le *Journal de la Guadeloupe* suspendus; l'*Univers*, la *Gazette de Lyon*, la *Bretagne*, l'*Algérie nouvelle* supprimés, étaient là pour témoigner des sévérités de l'administration. La suppression de l'*Univers*, qui avait eu lieu dans les commencements de l'année, excite peu de pitié. Ce journal n'avait-il pas déclaré que « la » bras séculier des gendarmes est de beaucoup le meil- » leur défenseur de la liberté de conscience? » Ne s'était-il pas fait une joie de répondre aux partisans de la monarchie constitutionnelle et de la République qui déploraient la perte de la liberté : « Quant à nous, nous sommes » suffisamment libres? » La liberté de parler et d'écrire ne devait-elle pas, selon lui, être refusée « à ceux qui ne » se confessent point? » Non content d'approuver la législation sur la presse, calquée, disait-il, sur celle de l'Église à laquelle l'avertissement et la suppression étaient empruntés, ne s'était-il pas drapé fièrement dans cette théorie? « Quand je suis le plus faible, je vous demande » la liberté parce que tel est votre principe; mais quand » je suis le plus fort, je vous l'ôte parce que tel est le » mien. » Personne ne plaignit l'*Univers* le jour où il apprit à ses dépens ce que vaut la liberté restreinte à ceux qui se confessent, et où le gouvernement lui dit, en empruntant ses propres paroles : « Quand j'ai besoin » de vous, je vous donne la liberté parce que tel est mon » intérêt, et quand je n'en ai plus besoin, je vous l'ôte » s'il m'est utile de vous l'ôter. »

Le gouvernement, en frappant les défenseurs du saint-siége, tenait néanmoins à paraître en excellents termes avec lui. Une épée ayant été offerte à Napoléon III, au nom des habitants de Rome, à l'occasion de la guerre d'Italie, il eut soin de faire remarquer que ce témoignage spontané des sentiments des Romains devait d'autant plus le toucher « que le gouvernement du saint-père y avait » donné son approbation ».

Pendant toute cette année 1860, nous assistons à une longue série de combats, d'escarmouches, de taquineries entre le parti clérical et le gouvernement impérial. Le saint-père ayant besoin d'argent, en demanda naturellement aux capitalistes; les mandements relatifs à l'emprunt romain se multiplièrent, les évêques le prêchaient comme un jubilé ou comme une distribution d'indulgences. Le gouvernement impérial, importuné de ce bruit, autorisa les journaux à publier le compte rendu de la séance du Sénat dans laquelle M. Dupin aîné avait fait le rapport d'une pétition relative à l'observation des lois sur les associations religieuses. La presse démocratique profita de l'occasion pour signaler le développement considérable pris par ces associations qui possédaient déjà des propriétés immobilières dépassant 80 millions de revenus, soit plus de deux milliards de francs en capital. Elle fit ensuite remarquer que ces corporations puissantes ne se distinguaient, comme le prouvaient les nombreux procès jugés contre elles pendant les dernières années, ni par de bien vifs scrupules sur les moyens de s'approprier ces biens, ni par un bien grand caractère d'utilité. Nulle association religieuse ne peut, selon les prescriptions de la loi, se former sans l'autorisation de l'État. Les associations religieuses s'en passaient et tout était dit. Des milliers d'associations religieuses existant en France sans être autorisées, des associations laïques pouvaient-elles agir avec ce sans-façon?

Le gouvernement impérial, en se servant de la presse démocratique, tenait à marquer qu'il n'était pas l'esclave de son auxiliaire. Il venait de donner aux journaux libres penseurs toute liberté d'attaquer les sociétés reli-

gieuses, il procura aux sociétés religieuses, par un de ces coups de bascule qui lui étaient familiers, la satisfaction d'entendre dénoncer la presse comme coupable d'un attentat quotidien à la morale. M. Billault versa, le 1ᵉʳ juillet 1860, dans le sein des préfets l'aveu de la douleur que lui causait l'immoralité du roman-feuilleton : « Monsieur le préfet, ce n'est pas seulement pour le main-
» tien de l'ordre que l'administration a reçu de la loi sur la
» presse des pouvoirs spéciaux, c'est aussi pour la défense
» de la morale publique. Le roman-feuilleton, qui, dans
» les colonnes intérieures d'un journal, blesse les sen-
» timents honnêtes, fait autant et peut-être plus de mal
» que les excitations qui, dans les colonnes supérieures,
» tenteraient d'agiter les esprits. » M. Billault ne se contentait pas d'attaquer le roman-feuilleton des grands journaux : « A côté des feuilles politiques lui prêtant leur
» publicité en échange des abonnements qu'elle peut
» attirer ou retenir, nous avons vu surgir une foule de
» petites publications uniquement destinées à l'exploi-
» tation de cette littérature malsaine et la livrant chaque
» semaine à vil prix, par centaine de mille exemplaires,
» à l'avidité des lecteurs. Pour qui conserve encore
» quelque respect de la décence et du bon goût, un
» tel débordement est déplorable ; il est plus que temps
» d'y mettre un terme. L'intelligence du peuple a droit
» à des aliments meilleurs, et il ne faut pas plus laisser
» corrompre les cœurs que pervertir les esprits. »

Une presse libre aurait répondu à ces déclamations hypocrites : « La plus grande part de responsabilité dans
» cette démoralisation ne revient-elle pas au gouvernement
» qui protége, en l'exemptant du timbre et du droit de

» poste, cette petite presse qui ne vit que de cancans, de
» romans ignobles, et qui la comble de ses faveurs parce
» qu'il espère avec la petite presse détruire la grande en
» commençant par la déshonorer. »

La France seule, avait dit Napoléon III, combat pour une idée. Cette idée, pour le second Empire comme pour le premier, n'était-elle que l'augmentation de son territoire? L'annexion de la Savoie et de Nice pouvait le faire craindre. Le second Empire ayant repris possession de sa frontière naturelle du côté des Alpes, ne la réclamerait-il pas du côté du Rhin. Le prétexte de la conquête sous le premier Empire c'était le Code civil; sous le second, le principe des nationalités. Hongrie, Pologne, Vénétie, tous ces pays n'avaient-ils pas aussi le droit de s'appartenir comme l'Italie? Le *Moniteur* eut beau déclarer que l'Empereur était animé des intentions les plus pacifiques et « faisait ses efforts pour rétablir en Europe la confiance » ébranlée », les déclarations du *Moniteur* ne faisaient plus d'effet. L'Empereur profita de la présence à Baden du prince-régent de Prusse, des rois de Wurtemberg, de Bavière et de Hanovre, de cinq ducs et grands-ducs, pour passer le Rhin le 15 juin et s'offrir lui-même comme une note vivante à l'Allemagne alarmée. Le *Moniteur* ne manqua pas d'appuyer sur cette visite et de proclamer qu'elle ne pouvait manquer de « faire cesser le concert » unanime de bruits malveillants et de fausses apprécia- » tions » qui circulaient en Europe. Le bruit d'un nouvel emprunt fut la réponse de l'opinion publique à cette note. Il fallut recourir encore au *Moniteur* pour le démentir.

Le gouvernement impérial n'aurait pas été fâché d'intervenir dans l'Italie méridionale et de réconcilier François II et Victor-Emmanuel, mais l'Angleterre ne se montrait guère favorable à cette intervention. La froideur régnait plus que jamais entre les cabinets des Tuileries et de Windsor. Le premier proposait-il un expédient, le second le repoussait aussitôt. La question d'Orient, comme si ce n'était pas assez de celle d'Italie, se dressa tout à coup en face des deux gouvernements. Les Druses massacraient les Maronites, et la Porte était impuissante à réprimer ces massacres. Le président du Conseil d'État, interrogé par un membre du Corps législatif sur les mesures prises pour protéger la vie et les propriétés des chrétiens européens et maronites, répondit qu'il agirait, mais que, ne pouvant agir seul, il allait s'entendre avec les puissances. L'intervention française en Syrie était aussi impopulaire chez les Anglais que l'intervention à Naples. Des meetings se succédaient à Londres et retentissaient de menaces et d'injures contre l'Empereur; même hostilité dans le langage des journaux. Les volontaires s'organisaient et s'exerçaient dans tous les comtés, le gouvernement armait les côtes, levait des marins, renforçait les escadres. La crainte d'une guerre avec l'Angleterre se répandit de nouveau. L'Empereur comprit qu'il n'était pas assez fort pour imposer une pareille guerre à la France, et il écrivit le 1ᵉʳ août à M. de Persigny, son ambassadeur en Angleterre, une lettre publiée dans tous les journaux. Napoléon III, après avoir désavoué toute idée de conquête, nié une prétendue augmentation de son armement, et protesté que l'humanité seule rendait nécessaire l'expédition en Syrie, adjurait les ministres anglais « de laisser les jalousies » mesquines et les défiances injustes », pour s'entendre loyalement avec lui. Le gouvernement anglais finit par se rendre et par signer le protocole relatif à l'expédition de Syrie le 3 août à Paris.

Les assurances pacifiques prodiguées par l'Empereur aux souverains allemands à Baden, et au gouvernement anglais dans sa lettre à M. de Persigny, n'avaient d'autre valeur que celle que l'intérêt personnel lui-même peut donner aux promesses de l'intérêt personnel. Les puissances s'en rendaient bien compte; Napoléon III le sentait, et il aurait bien voulu les réunir en congrès afin d'agir plus aisément sur elles. Ce désir est nettement exprimé dans ce passage de la note du 29 septembre qui précède l'envoi de nouveaux renforts à Rome : « Il » ne saurait appartenir qu'aux grandes puissances réu- » nies en congrès de prononcer un jour sur les ques- » tions posées en Italie par les événements; mais jusque- » là le gouvernement de l'Empereur continuera à rem- » plir, conformément à la mission qu'il s'est donnée, les » devoirs que lui imposent ses sympathies pour le saint- » père, et la présence de notre drapeau dans la capitale » de la catholicité. » Un congrès! c'était le rêve perpétuel du gouvernement impérial : l'empereur d'Autriche, l'empereur de Russie et le prince-régent de Prusse se chargèrent cette fois de le dissiper, en se donnant rendez-vous pour le mois d'octobre à Varsovie.

L'impression de cette nouvelle fut énorme. Est-ce le réveil de la Sainte-Alliance, le prélude d'une nouvelle coalition? Que va-t-il se passer du 22 au 26 octobre dans cette réunion de souverains où il sera probablement plus question de la France que de l'Italie? Nul moyen de le savoir. Un seul homme, maître de diriger les événements, en fait connaître ce qu'il veut au pays. La France, plongée depuis le coup d'État dans une somnolence maladive, attend que le lendemain lui apporte la paix ou la guerre. Triste et périlleuse condition pour le gouvernement lui-même. Cette nation endormie se réveillera-t-elle à l'heure d'un suprême danger pour l'Empire? Le gouvernement impérial se sentait en outre affaibli par ses tergiversations, par sa mauvaise foi, par la rupture presque complète de son alliance avec le clergé, par la force que les passions religieuses donnaient à la faction du parti légitimiste qui ne s'était pas ralliée à lui, par l'argument que le parti démocratique tirait de cette antithèse de l'Italie rendue à l'indépendance et à la liberté politique par un gouvernement qui supprimait cette liberté à la France. La jeunesse, symptôme significatif dans un pays comme la France, s'éloignait de plus en plus de l'Empire; la haine du régime sorti du 2 décembre se montrait aussi vive dans les lycées (1) que dans les écoles. Le Corps législatif devenait lui-même un sujet d'inquiétude pour le gouvernement. Les députés, pendant la session, montrèrent une certaine impatience de leur rôle qui se bornait à sanctionner des textes élaborés sans leur concours, à légaliser uniquement les volontés ministérielles formulées en chapitres

---

(1) L'ancien roi de Westphalie étant mort cette année, M. Rouland donna pour matière de la composition en vers latin au concours général : *Le prince Jérôme Bonaparte*. Un des jeunes concurrents, enlevé quelques années plus tard aux lettres qu'il aurait cultivées avec succès, composa sur ce sujet une pièce de vers satiriques qui courut tout Paris en manuscrit, et qu'on trouvera quelques pages plus loin.

de budget au lieu de régler les dépenses de l'État, à souscrire aux traités de paix et de commerce signés par l'Empereur au lieu de les discuter. L'Empire, déjà épuisé au bout de quelques années, effrayé de sa faiblesse et de son isolement, se demanda où il pourrait trouver la force nécessaire pour prolonger son existence. La réponse à cette question se trouvera dans le volume suivant.

FIN DU DEUXIÈME VOLUME.

PIÈCES ET DOCUMENTS

Nous publions sous ce titre des lettres et notes qui nous ont été envoyées après l'apparition de notre premier volume.

I

3 avril 1869.

Monsieur,

Un journal de province me fait connaître, en les reproduisant, deux passages de votre *Histoire du second Empire*, où il est question de moi.

1° On lit à la page 363 du premier volume :

« Paris, à minuit, semblait tranquille ; on n'entendait dans les rues que les pas de quelques patrouilles. Les généraux Bedeau, Cavaignac, Changarnier, Lamoricière, Le Flo, MM. Baze, Charras et Roger (du Nord), montaient à cette heure dans un convoi cellulaire dirigé sur la forteresse de Ham. M. Léopold Le Hon, secrétaire de M. de Morny, commandait le convoi ; ses ordres portaient qu'en cas de tentative d'enlèvement ou d'évasion, les prisonniers seraient fusillés..... »

Il n'est pas exact que je me suis rendu à Ham dans les circonstances que vous relatez. Je n'ai donc pas eu à recevoir les ordres dont vous parlez.

2° On lit à la page 398 :

« Les femmes et les sœurs des prisonniers de Ham attendaient dans cette ville le sort réservé à leurs maris et à leurs frères. Le 8 janvier, vers une heure du matin, la porte de l'auberge habitée par elles retentit de coups redoublés. C'est un messager accouru de la citadelle pour leur apprendre l'arrivée de M. Léopold Le Hon, qui a déjà procédé au transfert des généraux de Paris à Ham ; ses prisonniers ne tarderont pas à être enlevés. Madame Lamoricière, madame Le Flo, la sœur du général Bedeau se rendent au château ;

impossible d'y pénétrer. L'émissaire de M. de Morny, qui sort de la prison, passe au milieu de ces femmes les pieds dans la neige, grelottantes, éplorées ; le père de madame Le Flo, vieillard aux cheveux blancs, soutenait sa fille ; les deux autres dames se précipitèrent à la portière de la voiture qui ramenait le secrétaire du ministre de l'intérieur : « De grâce, s'écrient-elles, laissez-nous voir nos maris et nos frères, dites-nous ce qu'on va en faire ! » M. Le Hon entra sans répondre dans la cour de la citadelle, un bruit de roues se fit bientôt entendre : une voiture passa sous la voûte au galop. L'une de ces dames, malgré la rapidité des chevaux, reconnut le général Changarnier qu'on entraînait : « Général, où vous mène-t-on ? » La voix du général Changarnier se perdit dans le bruit du vent, des coups de fouet et des roues. Le colonel Charras passa ensuite avec la même rapidité. Ces courageuses femmes attendaient encore à la porte du fort à cinq heures du matin ; un employé du greffe, touché de pitié, leur apprit que les prisonniers de Ham étaient conduits hors de France. »

Ce récit contient de nombreuses erreurs. Voici ce qui s'est passé.

Prévenues de mon arrivée, mesdames de Lamoricière, Baze et de Busnel, cette dernière sœur de M. le général Bedeau, se présentèrent vers quatre heures du matin à la porte du château, demandant à être introduites près de leurs maris et frères. Je fis prier ces dames de revenir à sept heures, en leur donnant l'assurance que leur désir serait réalisé. Quelque temps après, ayant eu à sortir en voiture du château pour me rendre dans la ville, j'aperçus, à mon retour, les mêmes dames stationnant encore à la porte. Je m'empressai d'envoyer auprès d'elles le commandant de la place pour leur renouveler l'assurance précédemment donnée en mon nom. Elles déclarèrent qu'elles étaient restées, malgré ma première communication, et qu'elles ne se retireraient que si je prenais l'engagement de ne pas faire partir leurs maris et frères avant qu'elles n'eussent été admises auprès d'eux. Le commandant leur rapporta tout de suite un engagement formel de ma part.

Je m'occupais, pendant ce temps, d'organiser le départ de MM. le général Changarnier et le colonel Charras, qui n'avaient pas de parents auprès d'eux, et qui quittèrent Ham à six heures du matin.

Avant sept heures, mesdames de Lamoricière, Baze et de Busnel eurent accès auprès de leurs maris et frères, et restèrent au château jusqu'au moment de leur départ.

MM. Le Flo, Baze, Lamoricière et Bedeau ne partirent successivement que dans les journées du 8 et du 9, chacun d'eux étant accompagné des personnes de leurs familles qui les entouraient.

Telle est, monsieur, la vérité que je puis appuyer de documents authentiques restés entre nos mains. Vous voyez que votre récit s'en éloigne beaucoup.

Je fais appel à votre loyauté pour réclamer de vous les rectifications que je viens de vous indiquer, et je ne doute pas que vous me donnerez la légitime satisfaction à laquelle j'ai droit, en introduisant ces rectifications dans la prochaine édition de votre ouvrage. Je souhaite même que vous jugiez convenable et opportun de les mentionner à la fin du second volume que vous préparez.

Dans l'attente de votre réponse, je vous prie, monsieur, de recevoir l'expression de mes sentiments distingués.

Comte Léopold Le Hon.

La réponse à cette lettre se trouve dans l'extrait suivant du livre *Le gouvernement du Deux-Décembre*, par notre honorable confrère Victor Schœlcher :

« Les femmes et les sœurs des prisonniers de Ham viendront aussi témoigner dans le grand procès que l'humanité intente aux barbares du xixe siècle. Journellement éprouvées par toutes sortes de menues vexations, elles attendaient là, pleines d'anxiété, l'issue de cet inique emprisonnement. Le 8 janvier, vers une heure de la nuit, l'auberge qu'elles habitent se remplit de bruit, elles apprennent tout à coup qu'on vient enlever les prisonniers. Saisies, consternées, elles se donnent à peine le temps de se vêtir, elles accourent avec leurs enfants à la porte de la forteresse. Impossible de pénétrer, elles attendent. Au bout d'une heure, M. le comte Léopold Le Hon, l'envoyé de M. le comte de Morny, sort à pied de la forteresse, il les voit toutes, exposées aux rigueurs intenses de la saison, les pieds dans la neige, à peine couvertes, il les voit et les laisse à la porte ! En sa qualité de gentilhomme, il ne les salue même pas... Il y avait avec elles un vieillard, le père de madame Le Flô ; ni la vue des cheveux blancs, ni celle des petits enfants, ni celle des femmes livrées à un véritable supplice physique et moral, ne peuvent toucher le cœur de ce jeune homme de vingt-cinq ans.

» Peu après, il revient dans une voiture. Pouvant tout supposer de la part des assassins du 4 décembre, ces dames étaient dans une mortelle inquiétude. Malgré madame Le Flô qui disait : « Vous n'obtiendrez rien de ce malheureux, » madame Lamoricière et madame Busnel, sœur du général Bedeau, se précipitent à la portière de la voiture : « De grâce, disent-elles, laissez-nous voir nos maris, nos frères ; apprenez-nous leur sort. — Allez donc vite, répond le comte Léopold, s'adressant au cocher, allez donc vite... » La voiture repasse : « Qui est là ? crient-elles. Où vous mène-t-on ? » Le vent seul les entendit. C'était le général Changarnier qu'on entraînait. La voiture rentre et ressort : « Qui est là ? » crient-elles encore, et elles ont à peine le temps d'entrevoir la figure du colonel Charras.

» Les courageuses femmes attendirent ainsi jusqu'à cinq heures du matin ! Le jeune M. Le Hon les savait à la porte, au milieu d'une nuit d'hiver, sans abri possible contre le froid et le givre qui tombait, sans secours contre l'anxiété qui les dévorait, il ne leur envoya pas une parole qui pût les tranquilliser. Ce ne fut qu'à cinq heures du matin qu'elles apprirent la destination des autres prisonniers. Oh !

M. Léopold Le Hon est bien le... secrétaire intime de M. Morny.

» Au retour de cette expédition, son... ministre lui donna la croix d'honneur. » (*Le gouvernement du Deux-Décembre*, p. 379.)

II

NOTE PERSONNELLE A M. DE MONTALEMBERT.

Dans la lettre de M. de Montalembert du 12 décembre 1851, publiée par M. Taxile Delord, *Histoire du second Empire*, 4ᵉ édition, le passage suivant contenant des réserves essentielles, a été omis par les journaux impérialistes qui ont récemment réimprimé cette lettre ; mais il ne saurait être omis par un historien de bonne foi. L'auteur espère donc que ces lignes seront rétablies par M. Delord dans sa prochaine édition.

Page 352. — Les points qui suivent les mots *contre laquelle j'ai eu le bonheur de voter*, indiquent une lacune qui n'existe pas dans l'original. En revanche, quatre lignes plus loin, après ces mots : *celle des idées et des mœurs*, il n'y a pas la moindre trace des trente-deux lignes que la réimpression a supprimées et qui se terminent ainsi :

« Remarquez bien que je ne prêche ni la confiance absolue, ni le dévouement illimité ; je ne me donne sans réserve à personne, je ne professe aucune idolâtrie, pas plus celle de la force des armes que de la raison du peuple. Je me borne à chercher le bien dans le domaine du possible, et à choisir, au milieu des secousses par lesquelles Dieu nous éprouve, la partie qui répugne le moins à la dignité du chrétien et au bon sens du citoyen. »

Page 408. — Il serait équitable d'ajouter que M. de Montalembert, le jour même où fut publié le décret relatif à la confiscation des biens de la maison d'Orléans, donna sa démission de membre de la Commission consultative, en même temps que MM. de Mérode, Mortemart, etc. ; ainsi que le constate le *Moniteur* du 26 janvier 1852.

Page 517. — M. Billault, président de l'Assemblée, ayant à plusieurs reprises interrompu M. de Montalembert, celui-ci lui dit : « Monsieur le président, j'en appelle à votre passé ; vous ne pouvez pas m'interrompre davantage, et voici pourquoi. Quand le roi Louis-Philippe était sur son trône, vous étiez l'avocat de son fils le duc d'Aumale ! Comment pourriez-vous aujourd'hui me fermer la bouche, à moi, l'avocat désintéressé du roi mort et de ce prince exilé ?

Page 532. — La demande d'autorisation de poursuites contre M. de Montalembert, adressée au Corps législatif en mars 1854, avait pour motif, non pas *une diffamation à l'endroit de M. Dupin aîné*, mais l'offense à la personne de l'Empereur et l'excitation à la haine et au mépris du gouvernement impérial, commises dans une lettre adressée à M. Dupin, au sujet de l'éloge du nouveau régime que celui-ci avait prononcé au comité agricole de Corbigny.

III

NOTE COMMUNE A MM. MONTALEMBERT, DARU ET DE MORTEMART.

Dans l'*Histoire du second Empire*, par M. Taxile Delord, 1869, 4ᵉ édition, pages 275 à 277, il se trouve un passage emprunté à M. Granier de Cassagnac, et complétement contraire à la vérité. M. de Montalembert, M. Daru et M. de Mortemart, désignés dans ce passage, n'ont pas cru devoir s'occuper des assertions d'un personnage tel que M. Granier de Cassagnac, mais ils ne sauraient laisser entrer dans le domaine de la publicité, sous la garantie du nom de M. Taxile Delord, des faits absolument faux. Voici la vérité :

En novembre 1851, dans le court intervalle de temps qui s'écoula entre le rejet de la proposition des questeurs (17 novembre) et le coup d'État, divers membres de l'Assemblée, appartenant à l'ancienne majorité et à la réunion que présidait M. le duc de Broglie, se réunirent chez M. Daru, vice-président de l'Assemblée nationale, pour rechercher les moyens de sortir de la crise formidable dont on était menacé. Ces réunions se tinrent à trois reprises différentes, le 21, le 25 et le 30 novembre. Il y fut proposé de renouveler la proposition tendant à la révision de la Constitution conformément à l'article III de la Constitution. Cette proposition devait avoir pour but précis d'établir deux Chambres et la rééligibilité du Président. Dans le cas où, comme au mois de juillet, on n'obtiendrait pas la majorité exigée par la Constitution (celle des trois quarts des suffrages exprimés), les partisans de la révision agitèrent le projet d'un appel au peuple consulté dans ses comices sur la proposition qui serait acceptée par la majorité numérique des membres de l'Assemblée. Mais dans aucune des trois réunions tenues chez M. Daru, ni M. de Montalembert, ni personne, n'alla jusqu'à *requérir l'emploi de la force*, comme le prétend M. Granier de Cassagnac, *pour imposer ce vote à la minorité*. Le 22 novembre, MM. de Montalembert, de Mortemart et de Mouchy se rendirent à l'Élysée, non pas pour porter au Président de la République *une proposition revêtue des signatures de cent soixante députés*, comme le dit M. Granier de Cassagnac, mais uniquement pour lui communiquer le projet adopté dans la réunion tenue chez M. Daru. Le Président les reçut avec une réserve bienveillante, en témoignant avant tout le désir de savoir quel serait le nombre des représentants qui prendraient devant l'Assemblée et le public la responsabilité de cette proposition. On s'occupa sans délai de réunir des adhérents, le texte du projet fut déposé dans un bureau de l'Assemblée, et il était déjà revêtu de cent soixante signatures, le 29 novembre. Le lendemain 30, M. de Montalembert fut chargé de reprendre avec le Président de la République les négociations suspendues depuis le 22. Il écrivit dès le lendemain, 1ᵉʳ décembre, au prince, pour lui demander une nouvelle entrevue à cet effet ; mais il ne reçut d'autre réponse que celle du coup d'État dans la nuit suivante.

Telle est l'exacte vérité sur tout ce qui se passa entre le Président et la réunion tenue chez M. Daru. Ce récit est emprunté aux notes écrites de MM. Daru, de Montalembert et de Mortemart. On voit à quel point il diffère du récit de M. Granier de Cassagnac, reproduit par M. Taxile Delord, et l'on comprend que les membres nommés dans l'*Histoire du second Empire* ne puissent pas accepter la responsabilité du rôle qu'on leur fait jouer.

IV

IN PRINCIPUM JHERONIMUM.

(Matière de vers du concours général.)

Ut declamatio fiat.

Vous ne comprenez pas qu'il eût été plus sage
De laisser reposer cet homme en son tombeau ;
Vous voulez que, prenant cette vie au passage
La muse de l'histoire y porte son flambeau ;

Vous ne comprenez pas qu'au temps où du suaire
L'Italie en grondant veut secouer les plis,
Et se rappelle enfin le sublime ossuaire
Où tous ses vieux héros dorment ensevelis ;

Au temps où les enfants du grand Caton d'Utique
Se lèvent de nouveau pour le libre combat,
Et vont du sol sacré de la patrie antique
Chasser avec mépris Mastaï et Bomba ;

Il aurait mieux valu pour votre gloire, élire
Un homme au bras robuste, un homme au cœur hardi,
Et puisqu'il vous fallait mettre en nos mains la lyre,
Y faire au moins vibrer ton nom, Garibaldi !

Vous ne comprenez pas que nos veilles muettes
Ont de chacun de nous fait un républicain,
Que nous supportons mal nos fers, que nos poëtes
Ce sont les Juvénal, les Hugo, les Lucains !

Que nous attendons tous, le cœur plein d'espérance,
L'heure si désirée et si longue à venir,
L'heure du grand réveil, l'heure sainte où la France
Elle aussi du passé voudra se souvenir.

Vous ne comprenez pas que pour les jours prospère
Nous réservons nos chants avec un soin jaloux ;
Qu'il en est parmi nous peut-être dont les pères
Furent crucifiés par vos maîtres, à vous !

Non! vous vous êtes dit au fond de votre chambre :
Ils chanteront! Vieillards, vous vous trompiez. Allez.
Faites chanter la France aux fers depuis décembre;
Mais que ce ne soit pas par des fils d'exilés !

Donc à propos d'un toit effondré qui s'écroule,
D'un débris surnageant qui tombe au fond de l'eau,
A propos d'un Zéro disparu de la foule,
Il faut parler de vous, ô morts de Waterloo !

Il faut parler de vous, parce qu'un vain fantôme,
Vivant à peine hier, pourrit sinistre et seul ;
Il faut aller troubler à propos d'un Jérôme
La paix de votre gloire et de votre linceul !

O morts de Waterloo, dormez dans la poussière !
Héros, ne rouvrez pas vos yeux inanimés !
Il n'est rien de commun entre votre âme altière
Et ce vieillard impur ; ô grands vaincus, dormez !

Vous serviez un tyran, l'histoire en tiendra compte,
Mais à la mort, joyeux, vous marchiez à grands pas ;
Nous qui, portant le joug, marchons droit à la honte,
A votre souvenir nous n'insulterons pas.

Paix aux cadavres ; paix aux tombeaux ! Qu'on nous laisse,
Nous recueillant dans l'ombre et dans l'austérité,
Préparer à l'écart, sans peur et sans faiblesse,
Le long enfantement de notre liberté !

Qu'on nous laisse rêver aux hautes aventures !
Nous sommes dédaigneux des tyrans triomphants,
Cités de l'avenir, républiques futures,
Vos premiers citoyens, et vos premiers enfants.

Et s'il faut au vieux roi qui dort aux Invalides,
Vieux fou qu'hier encor sa maîtresse battait,
Quelques vers bien sentis, quelques hymnes splendides,
Nous en laissons la gloire à monsieur Belmontet !

JACQUES RICHARD.

TABLE DES MATIÈRES

CONTENUES DANS LE TOME DEUXIÈME.

L'EMPIRE

(SUITE.)

CHAPITRE PREMIER. — LA LOI DE RÉGENCE (1856) 1

La fièvre de l'agiotage. — Fluctuations soudaines des fonds publics. — Ses dangers. — Cupidité universelle. — Le Gouvernement a l'air de combattre cette cupidité. — Lettres de l'Empereur à M. Ponsard et à M. Oscar de Vallée. — La spéculation et l'agiotage redoublent d'ardeur. — Embarras généraux du commerce et de l'industrie. — La Banque de France élève son escompte à 6 pour 100. — Insuffisance de la récolte en céréales. — Crise monétaire et financière. — Enchérissement des substances alimentaires. — Souffrances des classes bourgeoises et des classes pauvres. — Crise des loyers. — Avénement de M. Haussmann à la préfecture de la Seine. — Les inondations. — Voyage de l'Empereur dans les départements inondés. — Paris Césarien. — Corruption des mœurs. — Affluence des princes étrangers dans la capitale. — Baptême du Prince impérial. — L'Impératrice reçoit la rose d'or. — Situation politique du Sénat. — Le Sénat et la Pairie. — Le Sénat reçoit un *avertissement* sous forme de note insérée au *Moniteur*. — Le Sénat s'oppose à la promulgation de la taxe sur les voitures. — Le sénatus-consulte sur la Régence est présenté au Sénat. — Vive discussion sur cette loi. — Le serment de régence. — Contiendra-t-il l'engagement de faire exécuter le concordat? — M. de la Valette propose un amendement dans ce sens. — Rejet de cet amendement. — Le sénatus-consulte est adopté à l'unanimité.

CHAPITRE II. — LE PARTI RÉPUBLICAIN (1852-1857). 29

Le coup d'État et les associations ouvrières. — Les condamnés dans les départements. — Les prisons départementales. — Les internés. — Les transportés. — Les pontons. — Le *Canada*. — Le *Duguesclin*. — Chiffre approximatif des expulsions. — Situation du parti républicain. — Mort d'Armand Marrast. — Mort et enterrement de Lamennais. — Les conspirations. — Affaire de la Reine-Blanche. — La machine infernale de Marseille. — Arrestation de M. Goudchaux à Paris. — Arrestation du docteur Guépin et de M. Mangin, rédacteur du *Phare de la Loire* à Nantes. — Complot de l'Hippodrome. — Complot de l'Opéra-Comique. — Attentat de Pianori. — Son jugement. — Son exécution. — Bellemare tire un coup de pistolet sur une voiture de la cour. — Il est reconnu fou. — Des arrestations ont lieu à la suite de cette affaire. — Arrestation de l'ancien colonel de l'artillerie de la garde nationale, Guinard. — Il est remis en liberté. — La machine infernale de Perenchies. — L'échauffourée d'Angers. — *La Marianne*. — Faux bruits de nouveaux attentats sur la personne de l'Empereur. — Encore des arrestations dans les départements. — État moral du parti républicain.

CHAPITRE III. — La légitimité. — L'orléanisme. — La fusion (1850-1857). 118

Le parti légitimiste. — Manifeste de Wiesbaden. — Le duc de Lévis, le duc Des Cars, le marquis de Pastoret, le général de Saint-Priest, Berryer, désignés comme ses mandataires par le comte de Chambord. — Manifestes du comte de Chambord. — La majorité du parti légitimiste se rallie à l'Empire. — Défection de MM. de la Rochejacquelein, de Mouchy, de Pastoret. — Mesures du gouvernement français contre les correspondants légitimistes. — Arrestations de MM. de Saint-Priest, duc d'Almazan, René de Rovigo, de la Pierre, Villemessant, Virmaitre, Aubertin, de Coetlogon, de Mirabeau. — Le gouvernement, pour tenir la balance égale entre les partis, fait arrêter MM. Théodore Pelloquet, Eugène Chatard, Charles Monselet, Vergniaud, Charreau père, Étienne, Gérard. — Procès des *Correspondants*. — Poursuites contre les légitimistes dans les départements. — Le complot de Vincennes. — La *Ligue fédérale*. — Décadence du parti légitimiste. — Le jockey-club et la légitimité. — Le comte de Chambord et le Crédit foncier. — Les légitimistes et la Russie. — L'orléanisme et la légitimité. — Les orléanistes et les républicains. — Le stathoudérat. — Procès du *Bulletin français* à Bruxelles. — Les décrets du 24 janvier au Conseil d'État. — Démission de M. Reverchon, conseiller d'État. — Procès de M. Bocher. — La fusion. — Son origine. — Entrevue entre le comte de Chambord et le duc de Nemours à Vienne. — Mort du dernier Louis XVII. — Brochures bonapartistes contre la fusion. — M. Troplong descend dans la lice. — Le comte de Chambord à Nervi. — La fusion est rompue.

CHAPITRE IV. — Le journalisme (1851-1857). 164

La presse devant l'opinion publique. — La presse anglaise et la presse française. — Causes du peu de sympathie d'une partie du public français pour la presse. — La presse à bon marché. — L'annonce et la presse. — Conséquences de la réforme de M. de Girardin. — M. Charles Duveyrier. — Il fonde la régie générale des annonces. — Le roman-feuilleton. — La presse au lendemain du coup d'État. — La nouvelle législation sur la presse. Précautions prises par le gouvernement contre les journaux français et étrangers. — Les journaux autorisés. — Journaux du gouvernement. — M. Mirès achète le *Constitutionnel* et à M. de Morny et à M. Véron leur part de gérance du *Constitutionnel* au prix de douze cent mille francs. — Effet produit sur le public par l'énormité de cette somme. — M. Arthur de la Guéronnière désigné par M. Mirès est agréé par le gouvernement comme directeur politique du *Constitutionnel* et du *Pays*. — M. Arthur de la Guéronnière. — La *Patrie*, M. Delamarre rédacteur en chef de la *Patrie*. — Journaux de l'opposition : Le *Siècle*, M. Havin directeur politique du *Siècle*. — Le *Journal des Débats*, MM. Armand Bertin, Saint-Marc Girardin, de Sacy. — L'*Assemblée nationale*. — La *Gazette de France*, M. Lourdoueix. — L'*Union*, M. Laurentie. — Journaux religieux : l'*Univers*, M. Veuillot. — Situation spéciale de la *Presse*. — M. Émile de Girardin. — Le journalisme sous le régime administratif. — Le *Figaro*, M. de Villemessant. — Rôle de la chronique et de la presse cléricale. — M. de Villemessant et M. Louis Veuillot.

CHAPITRE V. — LE CLERGÉ (1848-1857). 209

Les querelles religieuses renaissent avec l'Empire. — La monarchie de Juillet et l'Église. — La révolution de Février et l'Église. — La loi sur l'instruction publique. — L'Église et le bonapartisme. — Les congrégations et les sociétés religieuses travaillent à la fondation de l'Empire. — M. Sibour archevêque de Paris. — Alliance entre la philosophie et la religion. — La fête des Écoles. — Le *Ver rongeur*. — La question des études classiques. — Lettre entre l'*Univers* et l'archevêque de Paris. — Une partie de l'épiscopat se déclare en faveur de l'*Univers*. — L'encyclique du 21 mars 1853. — Défaite de l'archevêque de Paris. — Le sacre de Napoléon III. — Conditions que le pape met à son voyage en France. — Surveillance exercée sur la chaire. — Le sermon du père Lacordaire à Saint-Roch. — Les catholiques libéraux et les ultramontains. — L'Immaculée Conception. — Proclamation de ce dogme.

CHAPITRE VI. — L'ACADÉMIE. — L'UNIVERSITÉ. — LA LITTÉRATURE (1850-1857). 241

L'opposition à l'Académie. — Les partis à l'Académie. — Réception de MM. de Montalembert, Alfred de Musset, Dupanloup. — Le prix de morale partagé entre le père Gratry et M. Jules Simon. — M. Berryer demande à ne pas faire la visite traditionnelle à l'Empereur. — Correspondance à ce sujet entre M. Berryer et M. Mocquart. — Séances secrètes de l'Académie. — Réception de M. de Broglie. — *Laboremus*. — M. de Sacy. — Mort de M. Molé. — M. de Falloux. — M. Guizot. — Son influence sur l'Académie. — Une nouvelle classe de l'Académie des sciences morales et politiques. — Dix académiciens par décret. — Le décret de réforme. — Les salons. — L'Université. — M. Fortoul ministre de l'instruction publique. — Réforme de l'Université. — M. Dumas est nommé vice-président du Conseil général de l'instruction publique à la place de M. Thiers. — Suppression de l'enseignement philosophique dans les lycées. — La bifurcation. — Mort de M. Fortoul. — La littérature. — Quelques écrivains seulement se rallient à l'Empire. — MM. Sainte-Beuve, Prosper Mérimée, Théophile Gauthier.

CHAPITRE VII (1857). 273

Assassinat de l'archevêque de Paris. — L'assassin est un prêtre interdit nommé Vergès. — Condamnation à mort et exécution de Vergès. — Dernière session de la législature de 1852-1857. — Le libre échange et la protection. — Loi de dotation de 100 000 francs au maréchal Pélissier. — Révision du code militaire. — Rejet des circonstances atténuantes. — Renouvellement du privilége de la banque de France. — Le projet de loi est faiblement défendu par M. Devinck. — M. Kœnigswaster l'attaque avec vigueur. — Il est adopté par la chambre. — Les paquebots transatlantiques. — Loi sur les grands travaux de Paris. — L'impôt sur la propriété immobilière. — Le Grand-Central. — Rachat de l'habitation de Longwood. — Les élections. — Mort de Béranger. — Inauguration du Louvre. — Mort du général Cavaignac. — Ouverture de la session. — Vérification des pouvoirs. — Trois élections contestées. — Procès Migeon. — Fin de l'année 1857.

CHAPITRE VIII (1858) 343

Réception du corps diplomatique aux Tuileries le 1er janvier 1858. — Discours du nonce. — Réponse de l'Empereur. — Tranquillité générale des esprits. — Attentat d'Orsini. — Antécédents de l'auteur de l'attentat. — Orsini en Angleterre. — Il cherche des complices. — Fabrication des bombes. — Orsini et Pieri à Paris. — La police aurait pu les arrêter. — Orsini fixe le jour de l'attentat au 14 janvier. — Arrestation de Pieri sur le trottoir de la rue Le Peletier. — Cette arrestation ne change rien aux dispositions ordinaires de la police. — La triple explosion. — L'Empereur, l'Impératrice, le général Roguet. — L'Empereur à l'Opéra. — Attitude morale de la foule sur les boulevards. — L'Empereur et l'Impératrice aux Tuileries. — Arrestation des auteurs de l'attentat. — Procès d'Orsini et de ses complices. — Lettre d'Orsini à l'Empereur. — A-t-il jamais été sérieusement question de faire grâce à Orsini? — Testament d'Orsini. — Dernière lettre d'Orsini à l'Empereur. — Exécution d'Orsini.

CHAPITRE IX (1858) 369

Attitude du gouvernement après l'attentat d'Orsini. — Suppression de la *Revue de Paris* et du *Spectateur*. — Création des grands commandements. — L'Impératrice est désignée régente. — Formation du conseil privé. — Adresses des colonels. — Menaces contre l'Angleterre. — Motion de M. Milner-Gibson au parlement anglais. — Démission de lord Palmerston. — Discussion de la loi de sûreté générale au Corps législatif. — Le général Espinasse ministre de l'intérieur et de la sûreté générale. — Les transportations de 1858. — Élections partielles à Paris : MM. Jules Favre, Ernest Picard et Perrot sont élus. — Suite de la session du Corps législatif. — La loi sur l'exonération militaire. — Le budget. — Loi sur la noblesse. — Loi sur les grands travaux de Paris. — Fin de la session. — Renouvellement des conseils généraux. — Circulaire sur les établissements de bienfaisance. — Elle cause la chute d'Espinasse. — M. Delangle le remplace. — Le prince Napoléon ministre de l'Algérie et des colonies. — Voyage à Cherbourg. — Procès de M. de Montalembert. — Mort de la duchesse d'Orléans.

CHAPITRE X. — Commencement de la guerre d'Italie (1859). 426

Situation morale de l'Empire. — Il est obligé de *faire quelque chose*. — Il se décide à faire la guerre. — Il hésite entre une guerre en faveur de la Pologne et une guerre en faveur de l'Italie. — Cause de son irrésolution. — Il se décide pour la guerre italienne. — La Sardaigne et l'Italie. — M. de Cavour. — Il est mandé à Plombières. — La réception du 1er janvier. — Mariage du prince Napoléon avec la princesse de Savoie. — Discours de l'Empereur à l'ouverture de la session législative. — Comment Paris et la France apprennent qu'une nouvelle guerre est probable. — Discussion au Corps législatif sur la guerre. — Proposition de M. Jules Brame. — Proposition de M. Ernest Picard. — Situation de l'Italie. — Les duchés. — Naples. — Le muratisme. — Le gouvernement cherche à tromper l'opinion publique sur le maintien de la paix. — Note du *Moniteur*. — Le congrès. — Alarmes de M. de Cavour. — Préparatifs de guerre. — Formation de l'armée. — L'opinion publique et la guerre. — L'Impératrice est déclarée régente. — Ultimatum de l'Autriche. — Départ de l'Empereur pour l'armée. — Premières opérations militaires. — Combats de Montebello, de Palestro et de Turbigo. — Bataille de Magenta. — Entrée des Français à Milan.

CHAPITRE XI (1859). 499

Retraite des Autrichiens derrière le Mincio. — Ils construisent des ouvrages de campagne à Melegnano. — Importance de cette position pour la sûreté des Français sur le Tessin. — Combat de Melegnano. — Prise de ce village. — Les Autrichiens se concentrent derrière le Mincio. — L'échiquier de l'armée autrichienne. — Incertitudes au quartier général français sur les mouvements de l'ennemi. — Ascension aérostatique de Godard. — L'empereur d'Autriche prend le commandement de ses troupes. — Les deux armées se rencontrent inopinément. — Le village de Solferino. — Les armées s'ébranlent. — Bataille de Solferino. — Entrevue de Villafranca. — M. de Cavour au quartier général. — Il quitte le ministère. — Rentrée de l'Empereur à Paris. — Son discours aux grands corps de l'État. — Le traité de Zurich. — L'Italie et la papauté.

CHAPITRE XII. — LES PROSCRITS (1848-1859). 546

Les réfugiés de 1848 et de 1849. — Histoire de la proscription en Belgique. — Les premiers proscrits. — Mesures rigoureuses du gouvernement belge contre eux. — Vie des proscrits en Belgique. — Le refuge et la proscription en Angleterre de 1848 à 1859. — Les Journaux : *La Voix du Proscrit*, le *Proscrit*. — Les proscrits de 1851. — Les sociétés : *La Commune révolutionnaire*, la *Révolution*. — Duel entre Barthélemy et Cournet. — Les proscrits chassés de Jersey. — Les proscrits en Suisse. — Les proscrits en Italie. — Les proscrits en Espagne. — Les amnisties partielles. — L'amnistie de 1859. — Les proscrits doivent-ils l'accepter ? — Discussion à ce sujet. — Rentrée des proscrits.

CHAPITRE XIII. — POLITIQUE INTÉRIEURE (1848-1859). . . . 594

Discours des présidents des conseils généraux. — Amnistie à la presse. — Expédition au Maroc. — Création de l'*Opinion nationale*. — Embarras de la politique impériale en Italie. — Expédition en Chine. — M. Billault remplace le duc de Padoue au ministère de l'intérieur. — Signature et inutilité du traité de Zurich. — Fin de l'année 1859. — M. Thouvenel est nommé, le 4 janvier 1860, ministre des affaires étrangères en remplacement de M. Walewski. — Embarras de la politique impériale à l'intérieur. — Le programme du 5 janvier. — Le traité de commerce. — La session législative. — Révision des pouvoirs. — Élections contestées de M. de Ferrière et de M. de Dalmas, sous-chef du cabinet de l'Empereur. — Discussion sur les affaires d'Italie. — Lettre de l'Empereur au pape. — L'encyclique du 19 janvier. — Le père Lacordaire à l'Académie française. — Dépêche de M. Thouvenel. — Procès du *Siècle* contre l'évêque d'Orléans. — Lamoricière est nommé commandant en chef de l'armée papale. — La cocarde blanche à Rome. — Faiblesse de l'Empire dictatorial.

PIÈCES ET DOCUMENTS. 669

FIN DE LA TABLE DES MATIÈRES DU DEUXIÈME VOLUME.

Paris. — Imprimerie de E. MARTINET, rue Mignon, 2.

www.ingramcontent.com/pod-product-compliance
Lightning Source LLC
Chambersburg PA
CBHW050054230426
43664CB00010B/1313